비극의 군인들

근대한일관계사의 秘錄

비극의 군인들

근대한일관계사의 秘錄

이기동 지음

일조각

신판 서언

　본서는 1982년에 출간되어 초판으로 끝나고 말았으므로, 근대 한일관계사라는 특수한 주제에 관심을 갖고 있는 독자들의 수요에 충분히 부응할 수 없었다. 그런 까닭으로 지인들로부터 간혹 재판을 낼 의향이 없는가 하고 질문을 받기도 했으나 이를 받아들일 처지도 아니었다. 본디 본서를 마지막으로 근현대사에 대한 다소간의 관심에서 벗어나 고대사 연구에 보다 집중할 목적으로 간행한 것인 만큼 더 이상 이 책에 미련을 갖고 싶지 않았다.

　그러던 중 2013년 봄, 출판사 책임자와 대담하다가 오래전에 절판絶版된 본서의 재판 이야기가 나와 별다른 주저 없이 개정改正 증보판을 내기로 의견의 일치를 보았다. 어느덧 저자도 학계의 현역에서 물러나 시간적 여유가 생긴 데다가 무엇보다도 평소 구저舊著의 결함이랄까, 미비未備한 점을 절실하게 느꼈기 때문이었다. 초판 「서언」에서 지적했듯이 구저에 수록된 일곱 편의 글은 1970년부터 몇 해 동안 종합잡지에 발표된 것들인데, 10년 뒤 이를 철저하게 점검하지 못한 채 책으로 묶은 데다가 그로부터 다시 30여 년이 지나는 동안 세상에 알려진 새로운 관련 자료들이 적지 않게 쌓여 있던 터였다. 그러므로 이를 꼭 신판에 반영하여 후세에 전하는 것이 저자에게 남겨진 책무라고 생각했다.

　이번 신판에서 가장 고심한 부분은 제3편 「고종 황제와 이토伊藤 통감의 확집確執」이었다. 구판에서는 시종무관 어담魚潭의 회고록에 의거하여 이토가 러일전쟁 직후 전권대사로 내한하여 이른바 보호조약을 강압적으로 체결한 뒤 한국 통감으로 정식 부임하여 고종 황제의 주변을 단속, 사실상의 포로상태로 만든 '궁금宮禁' 조치를 취할 때까지의 7, 8개월간을 다룬 데서 그쳤다. 이는 실상 본 주제의 서막에 불과한 것이므로 1909년 여름 이토가 통감직에서 물러날 때까지의 3년간을 더 추적할 필요를 느꼈다. 다만 저자는 이 작업을 진행해 가는 도중에 미처 예상치 못한 어려움에 부딪쳐 꼭 3년 이상 고군분투하지 않으면 안 되었다. 한때는 과연 이 작업을 무사히 끝마칠 수 있을지 회의감에 사로잡힌 적도 있었다. 급기야 이 작업이 완료되었을 때 저자는 본편 집필이야말로 심각한 고통이면서 한편으로는 크나큰 기쁨의 시간이었음을 깨닫게 되었다. 본서의 주제인 군사적 관점에서 동떨어진 것처럼 보이는 제3편이 이렇게 대대적인 보완작업에 의해서 양적으로 크게 늘어나 본서에서 차지하는 비중이 역전逆轉된 점을 참작하여 「일본 육사 출신의 역사」로 되어 있던 구저의 부제副題를 신판에서는 「근대한일관계사의 비록秘錄」으로 바꿔 보았다.

구저의 수정 보완을 불가피하게 한 새로운 관련 자료 가운데 가장 주목되는 것은 김광서(일명 김경천)에 대한 것이다. 그는 제1차 세계대전이 끝난 뒤 1920년대 초에 시베리아 연해주에서 독립운동을 전개한 주역이었으나, 그 후의 행방을 제대로 알 길이 없었다. 하지만 그로부터 70여 년의 세월이 흐른 뒤인 1991년 말 구소련의 몰락을 계기로 한국정부가 러시아·카자흐스탄과 수교함에 따라 김광서의 유족에 의해서 본인의 자전적自傳的인 일기 및 그를 정치범으로 체포하여 재판한 각종 공문서가 국내에 알려져 그의 생애 마지막 20년간의 공백을 메울 수 있게 되었다. 그리하여 구판 제1편에서 일본 육사 출신을 개관하는 가운데 「수수께끼의 인물 김광서」라는 조그만 항목으로 다루었던 그를 신판에서는 제5편으로 새롭게 꾸며 그의 전 생애를 기술했다.

한편 이와 같은 시기에 공개되기 시작하여 국내에도 알려진 제정帝政 러시아 말의 기밀문서들 가운데는 대한제국이 일본에 병합倂合되기 직전인

1910년 초여름 본서 제4편의 주인공인 이갑이 고종 태황제의 비밀지령을 받고 상하이에 있던 러시아 기관원과 접촉을 꾀한 사실을 보여주고 있어 흥미를 끌었다. 이밖에 제6편과 제7편의 주인공들인 홍사익과 이우 공에 대해서는 근래 평전 혹은 소설류가 출간되는 등 세간의 이목耳目을 끌고 있으나, 자료적 뒷받침이 매우 미약한 실정이다. 이들에 대해서는 문헌 기록이나 구전口傳자료 모두 근본적인 한계가 있으나, 이번 기회에 바로잡고 보충한 것도 적지 않다. 또한 제8편 「계림회 시말기」에서 다룬 청년장교들 가운데 새로운 자료의 발굴은 별로 없었으나, 일본 육군 항공 중위 최정근이 1945년 봄 오키나와에서 가미카제神風 특공特攻으로 전사하여 소좌로 두 계급 특진한 사실이 특공을 다룬 일본인들의 저서에 자주 등장하고 있으므로, 이를 정리하여 독립된 항목으로 꾸며 보았다.

이상 신판의 특징을 간략하게 소개했거니와, 신판을 내는 데 7년 이상 시간을 끌게 된 것은 전적으로 저자의 책임이라고 통감하고 있다. 저자가 제3편을 가까스로 완성한 뒤 어떤 공직을 맡아 개정 증보작업에 전력을 기울이지 못하게 된 만큼 달리 변명의 여지가 없다고 생각한다. 작업이 한없이 늦어지고 있음에도 불구하고 너그러이 받아주신 김시연 사장님과 난삽하기 짝이 없는 수정 원고를 컴퓨터에 입력하는 수고뿐 아니라 집필 시기에 따라 달라진 문체를 통일하고 또한 문장을 다듬어 주신 편집부 한정은 선생께 고마운 마음을 표하고 싶다.

2020년 대서大暑
저자

초판 서언

본서에 수록된 7편의 글은 저자가 지난 1970년에서부터 3, 4년 동안에 걸쳐 『신동아新東亞』・『세대世代』・『월간중앙月刊中央』 등 종합지에 발표한 것들이다. 당시 한국고대사 연구에 뛰어들었다가 이런저런 사정으로 고전하고 있던 저자는 우연한 계기로 한국 현대사의 이면에 가려진 몇몇 군인들의 비극적인 생애에 관심을 갖게 되었는데, 차차 이에 흥미를 느끼게 되어 자료가 입수되는 대로 이를 이른바 논픽션의 형식으로 엮어 발표하곤 했었다. 자료를 섭렵하는 동안 문교부 국사편찬위원회에 비장秘藏되어 있는 어담魚潭 소장少將 회고록과 김형섭金亨燮 대좌大佐 회고록을 열람할 기회를 갖게 된 것은 저자에게 큰 도움이 되었다. 왜냐하면 이들 회고록이야말로 대한제국 말기 황실과 국내외 정세, 특히 일본의 한국침략에 따른 군부軍部의 대응과 동향을 전해 주는 제1급 자료였기 때문이다.

처음에는 여러 가지로 망설여지는 작업이기도 했으므로 이를 체계적으로 쓸 생각까지는 없었다. 그러나 점차 편 수가 늘어나게 됨에 따라, 이를 하나의 계통을 세워 써보기로 결심하기에 이르렀다. 즉 한말韓末에서부터 일제日帝 통치기간을 거쳐 해방 직후 국방경비대 창설에 이르기까지의 일본 육군사관학교 출신 군인들의 전全 자취를 더듬어 보기로 한 것이다. 이것은 신생 대한민국 육군・공군의 창건과정에서부터 6・25전쟁의 종결 시기까지, 어쩌면 제1공화국 시대의 군부를 이해하는 데 매우 긴요한 작업으로 믿어졌기 때문이다.

그리하여 1880년대 최초의 일본 육사陸士 유학생으로 비극적인 최후를 마친 박유굉朴裕宏에서부터 시작하여 혁명일심회革命一心會의 대역음모 시말始末, 군대해산을 전후한 시기의 대한제국 황실과 한국주차 일본군 사이에 가로놓인 육사 출신 장교들의 운명과 결단, 한말 군부의 숨은 실력자의 한 사람이었던 이갑李甲, 일본 육군중장에까지 승진하였다가 해방 직후 전범戰犯으로 처형된 홍사익洪思翊, 히로시마廣島 원폭의 희생자가 된 운현궁雲峴宮 주인인 중좌中佐 이우李鍝 공, 그리고 해방 후 신생 한국 군부를 이끌고 가게 될 채병덕蔡秉德 등이 육사 재학 중에 만든 친목단체인 계림회鷄林會 이야기 등을 다루게 된 것이다. 「일본 육사 출신의 계보」는 이 같은 일련의 작업이 끝난 뒤 60여 년간을 정리한 것으로, 말하자면 그 개관인 셈이다.

이러한 글들이 잡지에 발표될 때마다 독자 제위諸位로부터 받은 격려와 조언은 적지 않았다. 그중에서도 계림회 이야기가 발표된 직후, 저자에게 잘못된 점을 하나하나 지적해 주신 김정렬金貞烈 장군과 또한 홍사익 장군의 상하이上海 시절 비화를 알려주신 김명수金明水 교수의 친절한 호의에 깊이 감사하지 않을 수 없다. 무엇보다도 한일군사사軍事史에 대한 해박한 지식으로 수년간 저자를 일깨워주신 전 육군본부 전사과장戰史課長 이성재李性宰 선생의 지도 편달에는 감사할 따름이다.

특히 홍 장군 이야기가 재일교포 작가 김희명金熙明 선생에 의해 일역日譯되어 일본에 소개된 것은 저자 망외望外의 기쁨이기도 했다. 이에 따라 홍 장군을 둘러싼 한일 간의 민족문제는 근대 한일관계사를 재검토하는 하나의 실마리가 되어 일본 지식층 사이에 관심을 끌게 되었다. 츠쿠바 쓰네하루筑波常治가 일본의 유력지 『문예춘추文藝春秋』 1973년 8월호에서 이 문제를 다룬 뒤 야마모토 시치헤이山本七平에 의한 본격적인 취재·조사의 결과가 역시 일본의 유력지 『제군諸君!』 지상에 연재되게 된 것도 그 기연機緣은 실로 이 일역日譯에 있었던 것이다.

저자는 본래 현대사의 전문가도 아니며, 또한 비록秘錄을 쓸 만한 입장에 있지도 않다. 다만 비극적인 일생을 마친 인간들에 대한 저자의 관심이랄까 애착심이랄까가 결국 이러한 글을 쓰게 한 듯하다. 저자의 현대사 편력은 이기백李基白 선생의 권도勸導를 받아서 다시 고대사 연구로 복귀함으로써 곧 끝나고 말았거니와, 선생으로부터 그간 이를 책으로 묶어보라는 말씀이 몇 번 있었던 것을 계속 망설여 왔다. 그것은 이 일에 종사할 시간적 여유도 없었거니와 본서의 발간이 현대사 편력의 청산작업으로서 결국 이로써 현대사와는 영영 이별하게 되는 것처럼 느껴졌기 때문이기도 했었다. 그러던 중 마침 고대 한일관계사를 재검토하는 실마리가 된 『광개토왕비廣開土王碑의 탐구探求』 번역 일이 끝난 뒤 그 현대판이라고도 할 수 있는 본서를 엮어보는 것이 어떻겠느냐는 일조각一潮閣 대표 한만년韓萬年 선생의 권유도 있고 하여 이 일에 감히 착수하게 된 것이다.

이번 출판에 즈음하여 구고舊稿를 일부 개정하여 정확을 기하려고 하였는데 특히 홍 장군에 관한 글은 전면적으로 개정하였다. 또한 내용의 중복을 피하기 위해서는 이갑李甲에 대한 글도 전면적으로 축소 개정하지 않으면 안 되었다. 이상적으로 말한다면 구고 전부를 새로 쓰는 것이 바람직했을지 모른다. 하지만 현대사 연구를 포기해버린 현재의 저자에게 그것은 새로운 관심을 유발하는 작업밖에는 되지 않을 것으로 생각되어, 이상 두 편의 글만을 새로 집필하고 나머지 것은 간단한 보정에 그치고 말았다. 이 점 독자 여러분의 관용 있으시기를 비는 바이다.

끝으로 편집과 교정, 색인 작성에 많은 협력을 아끼지 않으신 일조각 편집부 여러분께 감사의 뜻을 표한다.

1982년 성하盛夏

著者

직원 및 생도

이응준	지청천	유승렬	남상필
신우현	이종혁	김종규	이교석
	김석원	민병은	지석규
森募保	北原一視	山内六郎	清水千里

신태영	박창하	안병범	이대영
이강우	원용국	강우영	장유근
권영한			
梅澤銀造	栗田八十吉	河合增太郎	申村球太郎
		清野孝藏	羽田清八

장성환	장기윤	장석윤	홍사익
김종식		高橋節雄	이희겸
波岡茂輝			肥田鎭夫
西四辻祐三郎	久能司		尾田信忠

백홍석	이동훈	유관희	박승훈
김인욱	이응섭	윤상필	민덕호
人見忠次郎	安東伊三次郎	時野谷常三郎	比田井鴻

김준원	유승렬	
조철호	정훈	
남우현		
岡木能男	棚橋信三郎	

1910년 8월, 병합 직전 일본 육군중앙유년학교 재학 중인 한국 학생들(김정렬金貞烈 씨 소장).

영친왕 이은과 이토 히로부미(위키피디아 제공).

일본 도쿄 세이조학교 유학 시절의 팔형제배(김정렬 씨 소장).
앞줄 왼편 두 번째부터 김기원, 박두영, 박영철, 유동열. 뒷줄 중앙이 이갑.

대한제국 시대 팔형제배의 가족사진(김정렬 씨 소장).
뒷줄 왼편부터 김응선, 유동열, 남기창, 박두영, 박영철, 김기원, 전영헌, 이갑.

시베리아 망명시절의 추정 이갑(1877. 6. 22.~1917. 6. 13.)

대한제국 육군참령 시절의 이갑.

1910년대 도쿄 기병연대 시절의
김광서.

1930년대 전반
블라디보스토크 국제사범대학 교수 시절의
김광서.

1939년 상하이 흥아원 화중연락부 조사관
시절의 홍사익.

1936년 1월, 만주 고유수 부락 개선간담회를 마치고.
앞줄 왼편에서 네 번째가 관동군 참모부 재직 중이었던 홍사익(육군중좌).

1935년 이우 공과 박찬주의 결혼기념사진(위키피디아 제공).

1944년 중국 타이위안 소재 제1군사령부 참모 시절의 이우 공
(안천, 『황실은 살아 있다』하권).

차례

VIII 계림회 시말기

일러두기

1. 이 책은 이기동의 『비극의 군인들』(일조각, 1982)의 개정증보판이다.
2. 일본 및 중국의 인명과 지명, 사물 등은 현행 〈외래어표기법〉에 따라 표기했다.
3. 일본식 혹은 중국식 한자는 한국식 한자로 바꾸어 표기했다.
4. 잡지, 신문, 단행본은 겹낫표(『 』)로 표기하고, 논문, 법령, 발표문을 포함한 문서는 홑낫표(「 」)로 표기했다.

I 일본 육사
출신의
계보

해설

이 글은 한말·일제 강점기를 통하여 일본 육군사관학교에서 공부한 한국인 유학생들의 이야기다. 한국인의 일본 육사와의 인연은 1874년 동교同校 개교 후 1883년 박유굉朴裕宏이 그 예비 코스인 육군 '유년생도'로 입교, 소정의 과정을 마친 후 1886년 '사관생도'로 진학한 이래 1945년 민족의 해방 때까지 60여 년의 긴 역사를 갖고 있다. 그리고 이 기간 중 배출된 졸업생 숫자만도 114명에 달한다. 여기에 다시 1940년대 전반에 만주국 초급장교 3명과 만주국 군관학교 예과 졸업자로서 일본 육사 본과에 편입, 졸업한 24명을 추가한다면 모두 141명이나 된다. 물론 이 숫자는 일본 육사 졸업생 총 숫자인 5만 2천여 명에 비하면 그 0.3퍼센트에도 미치지 못하지만, 외국인으로는 중국인과 비교되는 많은 수효이며 더욱이 이들이 한국현대사의 전개에 끼친 영향은 결코 과소평가할 수 없다.

이들의 계보는 크게 초창기·중간기·말기의 세 시기로 나누어 대세를 파악할 수 있다. 조선 왕조는 문호門戶를 개방한 이래 외국의 선진제도와 문물文物을 받아들여 정치·경제·군사·사회의 여러 부문에 걸쳐 개혁을 추진했으나 외세의 간섭은 시종 끊이지 않았으며 개혁을 둘러싸고 정파 간의 마찰과 대립이 크게 노출되어 결코 순조롭게 진행되지 못했다. 초창기 육사 유학생들은 이 같은 정세 동향 및 변화에 가장 민감하게 영향을 받았다. 동기생 21명을 자랑하는 제11기생들은 자신들을 국외에 방치한 보수정권에 불만을 품고 비밀결사 일심회一心會를 결성하여 정부전복을 모의한 적도 있었다. 그 뒤 러일전쟁이 일어나 일본 세력이 국내에 밀어닥치게 되자 이들은 관전觀戰 무관의 직함을 갖고 일본군을 따라 종군한 15기생 8명과 함께 대한제국 군부의 요직에 대거 진출, 그 추요부樞要部를 장악했다. 다만 그 기간이 짧았다. 왜냐하면 일본의 강압에 의해

군대해산(1907년)과 육군무관학교 폐지(1909년), 그리고 한국 병합(1910년)이 단행되었기 때문이다. 이에 맞서 노백린·이갑·유동열 등은 국외로 망명하여 독립운동에 헌신하기도 했으나, 적지 않은 사람이 일본의 식민통치에 순응·협력하는 등 총독정치에 안주安住하는 길을 택했다.

그러나 일본은 무관학교를 철폐하는 동시에 해당 학교의 재학생 1·2학년 도합 40여 명을 일본 육사에 보내 위탁교육 형식으로 소정의 과정을 마치도록 했다. 이들이 중간기에 속하는 사람들이다. 그러나 그로부터 꼭 1년 뒤 나라가 망하자 유학생들은 일본 군인으로 신분이 바뀌고 말았다. 그들을 대한제국의 유복자라고 평하는 것도 이 같은 사정 때문이다. 유학생들은 처음 합병소식을 듣자 전원 즉각 퇴교하여 귀국하자는 주장도 했으나, 기왕에 유학 온 이상 초보적인 군사지식이나마 습득하고 장차 육군중위에 진급한 뒤 일본 군복을 벗고 독립운동에 나서기로 결의했다. 그들 중 10여 명은 자의, 혹은 신병·학업성적 불량·징계 등의 사유로 재학 중 탈락하여 실제로 제26기생 13명, 제27기생 20명 도합 33명이 소위로 임관했다. 그들은 일본 내 각 부대에 배치되어 근무할 때 전의회全誼會라는 모임을 결성하여 서로 간의 연락을 도모함으로써 동지애를 돈독히 하기로 약속했는데, 이는 어떤 이념을 표방했다기보다는 어디까지나 친목단체의 성격이 강했다. 그리하여 정작 3·1운동이 일어났을 때 처음 약속을 지킨 사람은 제23기 선배인 김광서[1]와 제26기 이청천[2], 조철호, 제27기 이종혁[3], 이동훈 등 몇 사람에 지나지 않았다. 한편 일본군에 잔류한 사람들의 절반 이상은 1925년의 대규모 군비축소 때 군대를 떠났고, 해방 당시까지 군직에 있던 사람은 10명 내외였다. 이들 중에는 홍사익처럼 육군중장에 오른 사람도 있었으나 3명은 육군대좌에 그쳤고, 나머지 사람들은 모두 육군중좌에 그쳤다.

---

1 일명 김경천.
2 일명 지청천. 본명은 지석규, 뒤에 지대형으로 개명.
3 마덕창이란 가명을 사용.

중간기의 사람들이 육사에 진학한 뒤로부터 대략 한 세대쯤 지난 1933년부터 한국인들은 다시금 육사의 문을 두드리기 시작했다. 만주사변이 일어난 지 2년이 지난 때였다. 처음에는 매년 2명 정도가 입학하던 것이 3명으로 늘었고, 태평양전쟁이 일어난 이듬해(1942년)에 6명으로 급증하고, 다시 해방되던 해(1945년) 4월에는 9명으로 늘어나 1933년 이후 일본 육사에 직접 입학한 사람은 45명이며, 만군을 거쳐서 입학한 사람을 합치면 모두 72명이 된다. 이들 말기에 속하는 유학생들의 친목단체가 바로 계림회鷄林會였다. 이 명칭은 처음 도쿄 시내에 일요하숙을 마련한 뒤 학교 당국에 보고할 때 사용한 것이다. 이들 중 해방 당시 육사 혹은 육군예과사관학교에 재학 중인 제59기·60기·61기생을 제외한 선배들은 대다수가 참전 경험을 갖고 있었으며, 그중 몇몇은 전사했다. 전쟁에서 살아남은 대다수의 계림회원들은 해방 후 군정시대부터 건군에 참여하여 대한민국 국군(육군·공군)의 최고 간부층을 형성했으며, 6·25전쟁으로 본연의 거대한 모습을 드러내기 시작하여 군부의 수뇌부에 진출했다. 특히 만주국 군대를 통해서 일본 육사에 유학한 사람들 중 일부가 5·16 군사정변을 주도하여 오랜 기간 국가권력을 송두리째 장악한 것은 주지의 사실이다.

1. 육사와의 인연

1969년 일본 구 육군의 친목단체인 가이코오샤偕行社는 『육군사관학교』라는 호화판 책자를 편찬·발행했다. 이 책 끝에 실린 연표에는 박유굉朴裕宏이라는 한국인 유학생의 이름이 두 번 짤막하게 등장한다. 즉 1883년 조條에 "1월 조선국인 박유굉, 유년생도幼年生徒로서 입교"라 한 것이 보이는데, 그로부터 5년 뒤인 1888년 조에는 "5월 보병사관생도 조선국인 박유굉 자살하다"로 이어지고 있다.

이 책의 연표에 이름이 실린 한국인은 매우 드물다. 다만 일제로부터 이른바 조선 왕공족王公族 대우를 받던 영친왕英親王[4] 이은李垠과 그의 두 조카인 이건李鍵·이우李鍝 공 형제만은 각기 입학과 졸업 사실이 명기되어 있지만, 일반 한국인으로서 여기에 이름이 등장하는 것은 박유굉과 홍사익洪思翊 두 사람뿐이다. 후자는 오로지 실력으로 일본군 중장까지 승진한 특이한 존재였기 때문에 그의 이름을 연표에 집어넣을 만 했을 것이다. 홍사익의 경우 1912년 12월 제26기생 766명이 입교했다는 기사 뒤에 괄호를 넣어 "홍사익 이하 조선 학생 13명 포함"이라 기재하고 있다. 역시 1914년 5월 제26기생 739명 졸업 귀대歸隊라는 기사에 이어 "홍사익 보병 22번"이라고 그의 졸업 석차까지 적어놓고 있다.

필자는 처음 이 연표에서 이른바 조선 왕공족 세 사람과 홍사익의 이름은 보았으나 박유굉의 이름에는 미처 주목하지 못했다. 그것은 그의 유학 연대가 필자의 예상보다 훨씬 빨랐기 때문이다. 종래 필자는 한국인의 육사 유학을 1894년의 갑오개혁甲午改革 이후로 막연히 생각하였

---

4 1926년 이복형인 순종 황제가 승하한 뒤로부터 왕세자 신분에서 즉위한 형식이므로 이왕李王이라 호칭했음.

었다. 따라서 연표의 1894년 이전 부분에 대해서는 일별一瞥할 생각조차 갖지 않았던 것이다. 그러나 전 주한 일본 대사관 방위주재관防衛駐在官이었던 야베 히로타케矢部廣武 일등육좌陸佐[5]가 1974년에 작성한 한국 출신 일본 육사 동창생 명부에서 연표에 박유굉 관련 기사가 실려 있는 사실을 알게 되었다.

최초의 육사 유학생 박유굉, 그는 과연 어떤 사람이며 또 무슨 까닭으로 자살하기에 이르렀는가. 필자는 한국개화사를 전공하는 서강대학교 이광린李光麟 교수(1924~2006)의 가르침에 따라 『사화기략使和記略』을 찾아보았다. 이 책은 1882년 여름 임오군란壬午軍亂이 일어난 뒤 조선 정부가 일본과 맺은 6개 항의 제물포조약에 따라 사과의 뜻을 표하기 위해 그해 가을부터 이듬해 1월 6일까지 일본에 갔다 온 전권대신 겸 수신사였던 금릉위錦陵尉[6] 박영효朴泳孝(1861~1939)의 일기인데, 일찍이 국사편찬위원회에서 사료총서의 하나로 편찬발행한 『수신사 기록』에 포함되어 있다.

잘 알려진 바와 같이 고종 19년 임오년 7월, 가뜩이나 박봉인 터에 13개월이나 급료가 밀려 굶주림에 허덕이던 구식군대 병사들은 한 달치 급료를 지급받는 과정에서 당국의 무성의하고 모욕적인 처우에 격분한 나머지 주무관청인 선혜청으로 달려가 단단히 항의했다. 그런데 선혜청 당상堂上[7]인 병조판서 민겸호閔謙鎬가 주동자들을 붙잡아 혹독하게 고문하고 감옥에 가두자 병사들은 그의 집을 부수고 흥선대원군을 찾아가 도움을 요청했다. 이에 대원군이 지지의 뜻을 표명하자 그들은 급기야 궁궐 안으로 쳐들어가 왕비 민씨의 측근인 영의정 이최응李最應[8]과 민겸호 등 몇몇 고관들을 죽이기까지 했다. 이때 그들은 후환을 없애기 위해 왕비까지 시해하려고 궐내에서 수색을 벌였으나, 청나라 군대가 출동하면

---

5 대령에 상당. 뒤에 육장보陸將補를 거쳐 육장陸將에 승진함.
6 여기서는 철종의 사위를 가리킴.
7 장관직.
8 대원군의 친형.

서 진압되고 말았다. 군란이 벌어지던 중 구식 군인들은 서대문 밖으로 몰려가 일본 공사관을 불태우고, 신식군대인 별기군別技軍의 교관으로 초빙되어 서울에 와 있던 일본 육군 공병소위 호리모토 레이조堀本禮造를 죽였다. 그러므로 제물포조약에서 조선은 그 손해보상금을 지불하고 호리모토를 죽인 이른바 '흉도凶徒'들을 20일 이내로 붙잡아 처벌할 것을 일본 측에 약속하게 되었다. 이 때문에 사신을 일본에 보내 유감을 표하는 동시에 조약이행을 다짐하는 국서國書를 전달하지 않으면 안 되었다.

박영효의 사행일지에 의하면 당시 그를 수행한 공식, 비공식 인물 가운데는 김옥균金玉均, 서광범徐光範 등 이른바 개화당開化黨의 요인들이 다수 포함되어 있었다. 박영효 일행은 약 3개월간 일본 정계의 요인들을 두루 만나보고 또 일본 주재 각국 외교사절과도 광범위하게, 그리고 분주하게 접촉했다. 따라서 이광린 교수는 수신사 일행이 "한국 역사상 처음으로 외교다운 외교를 했다"고 평할 정도인데[9], 박유굉은 수신사 일행을 따라간 10여 명의 유학생 가운데 한 사람이었다.

당시 그의 나이 16세. 그가 박영효와 어떤 관계였는지는 알 길이 없다. 어쨌든 그는 함께 도일渡日한 12세의 박명화朴命和와 1년 전에 신사유람단紳士遊覽團을 따라 일본에 와서 계속 머물고 있던 18세의 윤치호尹致昊, 김화원金華元 등과 함께 국비생으로 선발되었다. 윤치호는 장차 한말을 대표하는 진보적 개명開明관료이자 계몽적 지식인이 될 사람이요, 박명화는 곧 1905년 을사조약乙巳條約 체결 당시 고종 황제가 일본의 특명전권대사 이토 히로부미伊藤博文을 대면할 때 통역을 담당한 박용화朴鏞和이다. 당시 제실帝室 회계심사국장이라는 요직에 있던 박용화는 을사'오적五賊'과 보조를 맞춘 것으로 세간에 전해져서 '육적六賊'의 한 사람으로까지 지탄을 받기도 했다. 그러나 을사'보호'조약 체결 이후 의병운동이 고조되기 시작한 1906년 6월 그는 고종의 밀지密旨와 군자금을 각지의

---

9 이광린, 『개화당 연구』, 일조각, 1973, 55쪽.

의병장에게 몰래 전해주고 있다는 혐의를 받아 한국에 주둔한 일본군 헌병대에 잠시 구금된 적도 있는 등 친일파와 반일파의 상반된 평가를 받던 중 1907년 초 의문의 죽음을 당했다.

1880년대 초는 바야흐로 개화운동이 본격화하던 시절이었다. 그것은 동시에 통일신라시대 이후 1천 년 동안 막혀 있던 해외 유학의 문호門戶가 비로소 다시금 열리던 시절이기도 했다. 박유굉이 국비 유학생으로 선발되어 일본의 학교에 입학할 절차를 밟고 있던 그해 가을만 해도 이미 십수 명의 한국 유학생들이 일본에서 영어, 화학, 양잠, 군사학, 혹은 기독교 등을 배우고 있었다.

윤치호와 박명화는 당시 이름난 사상가이자 교육자인 나카무라 마사나오中村正直가 경영하는 사숙私塾 동인사同人社라는 영어학교에, 김화원은 제피소製皮所에 각각 입교 신청서를 냈으나 박유굉은 군사학을 배우려고 했다. 그는 정규 사관양성소인 육군사관학교를 지망했다. 그보다 앞서 세 사람, 즉 신복모申福模[10]와 장대용張大鏞, 이은돌李銀突[11]이 이미 군사학을 배우고 있었다. 이들은 1881년 9월 제3차 수신사로 일본에 온 조병호趙秉鎬의 수행원이었는데, 그해 10월 수신사가 귀국한 뒤에도 그대로 현지에 남아 앞의 두 사람은 육군 도야마戶山학교에서, 후자는 하사관 전문 양성기관인 육군 교도단敎導團에서 각각 코스를 밟았다고 기록되어 있다. 이 도야마학교는 도쿄 시내 신주쿠新宿구區에 있는 지명을 따서 교명을 붙였는데 사격과 검술·체조 그리고 군악대 훈련을 목적으로 1874년 창립된 육군 교육기관이었다. 특히 군대는 전투 중 나팔 소리로 진퇴를 결정했으므로 나팔 부는 병사의 육성이 중시되었다. 『사화기략』에 의하면 박영효 일행이 일본에서 체류하고 있을 때 이은돌은 나팔을 부는 군악대 과정을 수료하고 귀국 선편을 기다리는 중이었고, 신복모는

---

10 『사화기략』에는 봉모鳳模로 표기됨.
11 『사화기략』에는 이은석李殷石으로 표기됨.

도야마학교 입학허가를 받았다고 되어 있어 체재기간이 조금씩 다른 것을 알 수 있다.

박영효가 일본 외무성에 이들의 유학교섭을 벌인 지 40여 일 만인 이 해 12월 13일에 박유굉은 박명화[12]와 함께 후쿠자와 유키치福澤諭吉가 도쿄 미타三田에 세운 게이오의숙慶應義塾에 입학했다. 여기서 그들은 일어를 속성速成으로 공부했다. 이듬해 정월 박영효 일행이 귀국한 직후 박유굉은 육사에 유년생도로 입교했다. 본디 육사의 예비교로 육군유년학교가 1872년 설치되었으나 지원자가 매우 적었으므로 몇 년 뒤에 폐교되었고, 1877년 이래 육사에 유년생도 자격으로 모집하였다.[13] 이때 그는 학교 규정에 따라 머리를 짧게 깎았고 일본인 생도와 같은 복장을 했다.

2. 박유굉朴裕宏의 자결

이처럼 그는 군인이 되기 위한 첫발을 내디딘 셈이었으나, 전도前途가 순탄한 것만은 아니었다. 첫째로 학비 문제가 있었다. 당시 관비생官費生에 대한 학자금은 김옥균이 일본에서 기채起債한 돈으로 충당하고 있었으나 박유굉이 육사에 입교한 그 해 5월 김옥균의 주선으로 도일한 유학생이 61명이나 되었다. 그중 서재필徐載弼, 이규완李圭完, 신응희申應熙, 정난교鄭蘭敎, 박응학朴應學, 정행징鄭行徵, 임은명林殷明, 신중모申重模, 윤영관尹泳觀, 하응선河應善, 이병호李秉虎, 이건영李建英, 백낙운白樂雲, 정종진鄭鍾振 등 14명이 도야마학교에 떼 지어 입학했다. 이 때문에 학자금은 점차 바닥이 나서 뒤에 '사관생도'라고 불린 이들 14명은 1년 만에 귀국하지 않으면 안 되었다. 둘째로는 그를 유학시킨 장본인인 박영효가

---

12 박용화.

13 그 뒤 1887년 6월 다시금 유년학교가 창설되어 육사의 유년생도 제도는 폐지됨.

귀국 직후 한성판윤에 제수除授되었다가 몇 달 못가서 1883년 4월 광주 廣州 유수留守라는 한직으로 밀려나면서[14] 실제로 실각한 점이다. 이것은 유학을 마친 뒤의 장래를 어둡게 하는 요인으로 작용했다.

그래도 한 가닥 희망은 있었다. 광주 유수로 밀려난 박영효가 남한산 성을 수비하는 수어청守禦廳의 장관직인 수어사를 겸하였는데, 그는 이를 좋은 기회로 여겨 양병養兵에 착수했다. 그리하여 1883년 봄, 도야마 학교에서 학업을 마치고 귀국한 신복모와 나팔수 이은돌이 교관이 되어 약 1,000명에 달하는 병사들을 신식으로 훈련시킬 수 있었다. 두 사람 은 이에 앞서 4월 초 직업군인 출신으로 42세가 되는 이창규李昌奎와 함 께 무과급제의 자격을 부여받고, 수구파의 거두이자 외아문 장관[15]인 민 영목閔泳穆을 장관[16]으로 하여 신설된 해방영海防營[17]의 교관으로 있다가 박영효가 지휘하는 수어청으로 옮긴 것이었다. 그러나 대규모 신병훈련 은 민씨 일파로부터 위험시되어 결국 박영효는 1883년 10월에 면직되고 신식훈련을 받은 군대는 국왕 친위부대인 전영前營과 후영에 각각 편입되 었다. 이에 따라 신복모 등은 친군 4영 중에서도 주력부대라 할 수 있는 전영 교관이 되는, 그야말로 뜻하지 않은 행운을 누리게 되었다.

이때부터 갑신정변이 일어날 때까지 13개월 동안 그들이 친위부대 병 사 교련에 신풍新風을 일으키고 있던 사실은 당시 서울 주재 미국 공사관 의 통역인 동시에 외아문 주사를 겸임했던, 역사무대의 이면裏面에서 중 요한 역할을 맡은 젊은 윤치호의 일기를 보면 어느 정도 짐작할 수 있다. 즉 1883년 12월 19일(양력) 일기에는 신복모가 지도하는 교련훈련을 참 관했던 미국 공사 푸트Lucius H. Foote가 크게 칭찬했다고 한다. 윤치호

---

14 광주 유수는 한성판윤과 함께 정2품 경관직 문관으로서 중요한 벼슬이기는 하지만, 당시의 박영효의 입장에서는 밀려난 것이라 볼 수 있음.

15 독판.

16 해방사海防使.

17 경기·황해·충청 3도의 수군을 통합 지휘하는 친군영.

는 1884년 3월 28일(양력)에도 한국에 온 미국 해군사관과 군의관을 신복모의 교련 실습장으로 안내했다. 이로부터 8개월 뒤 일어난 갑신정변 때 전·후·좌·우 4개 군영軍營의 최고 지휘관들을 단번에 몰살시킨—비록 우영사右營使 민영익閔泳翊만은 중상을 입었지만 요행히 목숨을 건졌고 친군 해방사인 중신 민영목이 이때 살해됨— 쿠테타의 행동대원들은 이처럼 소리 없이 육성되어 갔다. 실제로 거사 직전 신복모는 전영 소속 장사 13명을 데리고 부평富平에서 몰래 상경하여 한강변 압구정 근처에서 예비 훈련을 실시한 뒤 진고개 부근에 매복, 행동개시 명령을 기다렸다.

한편 서재필을 비롯한 14명의 도야마학교 수료자들은 1884년 7월 말 귀국하여 국왕 앞에서 교련체조와 행진, 철봉경기 등을 보여주어 호감을 사기도 했으나 당시 민씨閔氏척족戚族정권의 냉대로 군에서 변변한 자리 하나 얻지 못하고 있었다. 귀국 직후인 8월 신설된 조련국操鍊局의 사관장士官長에 임명되었던 서재필의 회고에 의하면 당시 그들이 국왕에게 사관학교 설치의 필요성을 역설하여 동대문 밖에 세워 주겠다는 언약까지 받았으나[18], 한국에 파견되어 청淸나라의 종주권宗主權을 내세우며 한국의 자주적인 근대화정책을 사사건건 간섭하고 있던 위안스카이袁世凱의 반대에 부딪혀 실현되지 못했다. 더욱이 이해 10월 민영익이 외아문 협판을 사직하고 우영사에 취임하여 친위부대 통솔권을 장악하면서 이들 '사관생도'의 입지는 더욱 불리해졌다. 이때 민영익은 군대 훈련을 위해서라는 구실로 서울에 와 있던 청국 장교 5명을 우영과 좌영의 교관으로 채용했는데, 이는 필경 서울에 주둔 중인 1,500명가량의 청나라 군대와 결탁하려는 노골적인 의사표시와 다름없었다.

그러던 중 마침내 1884년 12월 4일 개화당에 의한 이른바 갑신정변이 일어났다. 20세를 갓 넘긴 서재필은 사관생도 집단의 선두주자로 일약

---

18 1925년 동양 최대의 경기장인 '경성운동장'이 들어선 현 서울시 중구 을지로 7가 일대는 조선 왕조 말기 주요 군사시설인 하도감下都監 터였음.

신정부의 병조참판이 되어 친위군의 주력부대인 전영前營을 실제로 지휘하는 정령관正領官을 겸했다.[19]

하지만 정변이 3일 만에 실패로 돌아가자 사태는 암담해진다. 김옥균, 박영효, 서광범 등 쿠데타의 주동 인물들과 서재필을 비롯한 이규완, 신응희, 정난교 등 사관생도들은 일본 군대를 따라 인천으로 피신, 일본으로 망명하는 데 성공했으나 미처 피신하지 못한 관련인사들은 붙잡혀 처형되고 말았다. 최초의 도야마학교 수료자였던 신복모는 이번 쿠데타의 선두에서 행동대를 지휘하였으나 행방불명이 되었고, 정종진은 러시아 국경으로 월경越境하여 가까스로 목숨을 건졌다.[20] 다만 고종을 모시고 집춘문集春門을 거쳐 북악산 아래 송동松洞에 있는 북관왕묘北關王廟에 당도한 우의정 홍영식과 박응학, 정행징, 윤영관, 하응선, 이병호, 이건영, 백낙운 등 7명의 도야마학교 후배들은 청군에 몰살당했으며, 23세의 신중모는 붙잡혀 의금부에서 지독한 국문鞫問을 받은 뒤 군기시軍器寺[21] 앞에서 능지처참의 극형에 처해졌다.

정변 직후부터 밀어닥친 박해의 검은 손길은 일본 유학생들에게도 어김없이 다가왔다. 유학생들에 대해 전원 귀국명령이 내려진 것이다. 그러나 유학생들은 무작정 귀국하는 데 두려움을 느끼지 않을 수 없었으므로 20명의 관비·사비생 가운데 이에 응한 사람은 단지 3명뿐이었다. 박유굉도 이를 거부했다. 그러나 그로부터 얼마 뒤인 1885년 1월 박유굉은 난데없이 육사를 찾아온 독일인 묄렌도르프Paul Georg von Möllendorff[22]로부터 협박을 받게 된다. 그는 2년 전 청나라 정계의 최고 실력자인 북양대신北洋大臣 리훙장李鴻章의 추천으로 조선 정부 최초의

---

19 박영효는 전영과 후영의 명목상의 장관직인 영사營使를 겸했음.
20 정종진은 한말 일제 병합 초기에 걸쳐 전라북도 운봉, 익산, 무주에서 군수를 역임함.
21 갑신정변이 일어나기 직전 신설된 기기국機器局에 흡수 합병됨.
22 한국식 이름은 목린덕穆麟德.

외국인 고문으로 초빙되어 외교 및 통상교섭 사무를 전담한 통리아문[23]의 협판協辦[24]직에 해관海關(세관) 창설의 최고 책임자를 겸하여 목참판穆參判으로 행세하고 있었다. 당시 그가 도쿄에 온 까닭은 갑신정변의 뒤처리로, 조선이 일본과 맺은 한성조약에 따라 일본에 사과의 뜻을 표하기 위해서였다.

정변 때 서울에 거주하던 일본 상인 등 40여 명이 희생되었고, 마침 관동關東 지방을 홀로 '유력遊歷' 중에 정변소식을 듣고 급히 상경하던 공사관 수행원[25] 이소바야시 신조磯林眞三 육군대위가 과천현 잠실리, 혹은 남문 밖 청파동에서 한국 민중들에게 살해되었으므로[26] 일본은 피해보상금과 더불어 이소바야시 대위를 죽인 범인을 반드시 찾아내어 법에 따라 처벌할 것, 또한 정변 때 불에 탄 일본 공사관을 신축하는 데 필요한 공사비까지 지불할 것을 조약에 명문화했던 것이다.

일본 측은 이소바야시가 '참모'대위인 점을 강조하면서[27] 그의 시신을 찾아낼 것과 범인을 체포할 것을 강력히 요구했다. 조약체결을 위해 서울에 온 일본 전권대표 이노우에 가오루井上馨는 한국 대표 김홍집金弘集에게 "천황이 이소바야시 대위의 조난소식을 듣고 매우 당혹했을 만큼 그는 유명한 무관에 속했습니다. 우리나라 군신은 모두 이 사실에 비참

---

23 외아문으로 통칭.
24 차관급에 해당함.
25 실제로는 무관 격임.
26 공교롭게도 같은 시기 남도 지방 유행遊行에 나선, 미국 공사관 무관이던 포크 George C. Foulk 해군소위(한국식 이름은 복구福久이다)는 충주에서 정변소식을 들었는데, 공사관의 보호요청에 적극적으로 협조한 한국 궁중宮中의 특별한 배려에 의해서 무사히 귀경했다. 그는 평소 개화파 인사들과 접촉하면서 정변을 지지하는 입장이었다.
27 참모본부는 일본이 1878년 프러시아·독일 모델을 따라 정부로부터 군령권을 독립시켜 권력을 유지하려는 군부의 의도가 작용했다고 하는데, 천황 직속의 독립 기구로서 위세가 높았다. 참모본부는 소속 장교들을 한반도에 파견하여 측량과 지도 제작을 하였으며, 이소바야시는 이러한 기밀 업무에 종사하던 가운데 갑신정변으로 흥분한 군중들에게 맞아 죽은 것이다.

함을 느꼈으며 시신의 참상을 보고서는 더욱 분노감이 격해졌습니다"라
고 엄포를 놓았다. 포도청이 정변이 일어난 날에 살해된 일본인을 조사
한 결과 과천 잠실리에서 한 사람, 남문 밖 청파동에서 두 사람의 시체
가 각각 발견되었으며, 이소바야시의 살해범인 김태흥金太興을 남문 밖
에서 체포하여 자백을 받았다. 그는 종범 원한갑元漢甲과 함께 여러 사
람이 보는 가운데 효수형을 받았다. 이때 일본에 파견된 사절단의 전권
대신은 예조참판직에 있던 서상우徐相雨였고 목 참판은 부대신이었으나,
조선외교를 좌지우지하고 있던 목 참판은 상급자를 무시한 채 독자적으
로 행동했다. 그는 서상우에게 알리지도 않은 채 일본주재 러시아 공사
를 만나 만약 러시아 정부가 조선에 군사 교관단을 보내 준다면 그 대가
로 함경도 영흥만(원산항) 일대를 러시아에 조차租借하는 특혜를 베풀겠
다는, 실로 권한 밖의 대담한 제의를 하여 뒤에 크나큰 외교 분쟁을 빚
기까지 했다.

　박유굉의 일본인 동기생 중 가깝게 사귀었던 이시미츠 마키요石光眞
淸(1868~1942)는 육사 유년생도 및 사관생도 시절에 박유굉이 겪은 고난
에 대해 생생한 증언을 남긴 바 있다. 그는 구마모토熊本현 출신으로 육
사 졸업 후 청일전쟁에 종군하여 타이완 점령전투에 참가했고, 러시아에
유학한 뒤 1899년 흑룡강 가의 러시아 국경도시 블라고베시첸스크[28]에
잠입하여 첩보수집과 같은 특무공작에 종사했는데, 러일전쟁이 일어난
1904년에 육군소좌[29]로 예편하여 본격적으로 대륙낭인浪人의 길에 들어
섰다가 끝내 실의失意 속에서 파란만장한 생을 마감한 비운의 인물이다.
그가 만년에 저술한 회고록 4부작은 1950년대 말에 공간되었는데, 그중
제1권인 『성하城下의 사람』(1958)에는 박유굉과 묄렌도르프의 만남에 대

28　1921년 한국독립군이 소련의 볼셰비키 정권이 실제로 조종하는 완충국가인 치타 소
　　재 극동공화국 당국의 무장해제 강요에 저항하다가 수백 명이 몰살당한, 이른바 자
　　유시 참변이 일어난 곳에서 가까움.

29　소령.

해 다음과 같이 회고하고 있다. 즉 목 참판이 1887년[30] '어울리지 않는' 한복을 입고 육사를 방문하여 정렬하고 있던 전교생 앞에 박유굉을 불러내어 격려의 말을 했다고 한다. 조선 정부의 외교사절이 자기나라 유학생을 격려한 것은 당연한 일이겠으나, 박유굉은 그날 밤 침대에 엎드려 소리 내어 울었다는 것이다. 어찌하여 그는 목 참판의 '격려'의 말에 울어야 했는가? 그가 감격에 북받쳐 울었다고는 도저히 생각되지 않는다. 그가 목 참판이 일본에 온 이유를 간파하고 있었다고 짐작되기 때문이다. 목 참판의 방일은 겉으로는 일본 정부에 사과의 뜻을 표하는 데 있었으나, 실제로는 갑신정변의 주역인 김옥균·박영효 등을 한국에 강제로 끌고가기 위해 일본 정부를 상대로 송환교섭을 벌이는 데 그 목적이 있었다. 특히 목 참판은 정변이 일어나기 전부터 김옥균을 최대의 정적으로 간주하여 어떻게 해서든지 그를 제거하려고 했었다. 김옥균이 악성화폐인 당오전當五錢 주조를 강력하게 밀고 나간 목 참판을 기회가 있을 때마다 비판했기 때문이다. 김옥균 등이 정변에 실패하여 일본 공사를 따라 인천 제물포의 일본인 조계지로 피신했을 때 급히 뒤쫓아 온 목 참판이 일본공사에게 그의 인도를 끈질기게 요구한 것이라든지, 일본으로 출항 대기 중인 민간 선박에까지 올라와 수색작업을 지휘한 것만 보더라도 개화파 인사들에 대한 그의 개인적인 적대감을 충분히 짐작할 수 있다. 어쩌면 목 참판은 사관학교의 당국자에게 박영효의 일파인 박유굉의 퇴학조치를 요구했을 개연성이 높다고 짐작된다. 다만 조선 정부의 요청이 일본의 군 당국에 의해 거부된 덕택인지 박유굉은 목 참판이 다녀간 뒤에도 유학생활을 계속할 수 있었다. 이때 유길준의 동생인 유성준兪星濬은 마지못해 귀국했다.

그러자 1885년 4월 정부는 4년 전 신사유람단 단원의 수행원으로 도일한 적이 있는 안종수安宗洙를 도쿄에 보내 유학생들을 만나 설득하도

---

30 정확히는 1885년.

록 했다. 하지만 유학생들은 그의 귀국 권유에 응하지 않았다. 이해 5월 당시 귀국을 거부한 유학생은 10여 명에 달했다.

마침 1885년 11월 김옥균이 일본의 일부 불평정객과 결탁, 낭인浪人을 모집하여 본국으로 침공하려 한다는 소문이 국내에 들어가자 정부 당국은 신경과민이 되어 갑신정변 직후 가까스로 목숨을 건진 관련인물들을 다시금 수색하여 처형하거나 귀양 보냈다. 한편 조정은 망명자들의 인도를 정식으로 일본 정부에 요청하기에 이르렀다. 하지만 이 국사범國事犯 인도 요구는 다시금 일본 정부에 의해 거절되었다. 이에 본국에서는 일본에 자객을 보내어 정변의 주역들을 암살하려고 꾀했다. 시인이자 서화가로 명성이 높았던 외아문 주사 지운영池運永이 이 같은 사명을 띠고 도일했다가 요코하마에서 일본 경찰에 붙잡혀 본국에 압송된 것도 이때의 일이었다.

이에 발맞추기라도 하듯이, 1886년 5월 유학생들을 귀국시키기 위한 최후의 사자使者가 또다시 도쿄에 나타났다. 이번에 파견된 통리교섭통상사무아문 주사인 박준우朴準禹의 설득은 그전의 안종수에 비해 끈질겼고 또한 강경하기 이를 데 없었다. 결국 그의 위협에 못 이겨 그간 기독교로 개종한 뒤 미국 성서공회의 요청으로 성서 번역에 종사하고 있던 이수정李樹廷을 비롯하여 서양의 경찰제도를 연구하고 있던 유길준의 사촌동생인 유형준俞亨濬 등 6명의 유학생들이 귀국했다. 이때 고국으로 귀환하지 않은 4명의 유학생 중 이계필李啓弼은 미국으로 건너가 1891년 한국인 최초로 미국 대학 졸업생이 되었다. 박유굉은 이번에도 귀국 권유를 뿌리쳤다. 당시 그는 유년생도과정을 거의 끝마쳐 갈 때였고, 이해 8월에는 제11기 사관생도로서 승급할 예정이었다.[31]

---

31 제11기의 다음 기는 육사관제의 개정으로 사관후보생 제1기가 됨. 1945년 일본의 패전 당시 육사의 예비교인 육군예과사관학교에 재학 중이던 최하급 학년이 사관후보생 제61기였음.

생명을 보장받고 박준우를 따라 귀국한 6명은 귀국 즉시 처형되고 말았다. 유학생들은 대개 김옥균 등의 알선으로 일본에 온 인물들이었으므로 정부는 어디까지나 그들을 개화파를 추종하는 불순분자로 간주했던 것이다. 한편 이즈음 본국정부에서는 귀국을 거부한 박유굉 등 잔류 유학생들에 대해서는 그 보복의 방편으로 국내에 있는 가족들을 끌고 와서 처형 혹은 구금했다.

박유굉이 사관생도가 되어 본격적으로 근대 군사지식을 습득한 지 2년, 1888년 5월 27일(음력 4월 17일) 그는 갑자기 자결하고 만다. 그의 나이 22세. 그는 이날 아침 5시 반 경 다른 생도들이 식당에 간 사이에 기숙사에서 권총으로 인후부咽喉部를 쏘아 곧바로 절명했다.『지지신보時事新報』가 5월 28일 자에 이를 보도하자 29일『도쿄이치니치東京日日신문』·『요미우리讀賣신문』·『우편보지報知신문』·『개진改進신문』·『메자마시めざましし신문』·『마이니치每日신문』 등 거의 모든 일간지가 이 사건을 비중 있게 다루었다.[32] 그가 이처럼 젊은 나이에 스스로 목숨을 끊을 수밖에 없었던 진짜 이유는 과연 무엇이었던가.

3. 타루비墮淚碑에 얽힌 한恨

당시 그의 죽음을 보도한 신문 기사에 의하면 박유굉은 고국에 돌아가면 영어囹圄의 몸이 되어 중형을 면할 수 없는 처지이므로 군사학을 연마하더라도 나라를 위해서 봉사할 기회가 주어지지 않을 것이며, 일본에 남아 있더라도 무용지물이 될 것을 한탄해서 결국 자결의 길을 선택한 것이라고 했다. 특히『지지신보』는 6월 1일 자 잡보雜報란「박유굉 씨 자살

---

32 김상기金祥起,「조선 말 도일 유학교육의 실태와 연구동향」,『호서사학湖西史學』 19·20합집, 1992, 191~194쪽.

의 여문餘聞」이라는 해설기사에서 그가 죽기 얼마 전에 작성한 것으로 보이는 4통의 유서를 언급하고 있어 주목된다. 이들 유서는 그에게 그동안 학비를 대 준 것으로 알려져 있는 장교학교감 시게노 기요히코滋野淸彦 육군소장[33]과 육사교장 데라우치 마사타케寺內正毅 대좌[34], 육사 생도대 중대장 스나가 다케요시須永武義 대위[35], 그리고 구대장 및 친구들에게 한 통씩 쓴 것이라고 하는데, 학교 당국에서 모든 유서를 가져갔으므로 구체적인 내용은 잘 알 수 없다고 하였다. 그러면서도 이 신문기사에는 유서의 내용이 대체로 세 조목으로 되어 있는 듯하다면서 그중 알 수 있는 두 개 조목을 다음과 같이 소개하고 있다. 즉 첫째로 자신이 단재短才 미력微力하여 도저히 장차 조국을 위해 위훈偉勳을 세울 희망이 없고, 둘째로 조선의 국세國勢가 다시 만회할 길이 없는 퇴패頹敗에 빠져 있으므로 살아서 그 정황을 차마 볼 수 없다고 한탄한 내용이라는 것이다. 한편 이 기사에는 평소 박유굉이 사용한 명함 뒤쪽에 "사나이가 뜻을 세워 고향을 떠난 바에야 학문이 이루어지지 않으면 죽어도 돌아가지 않으리[36]" 라는 일종의 좌우명으로 짐작되는 한문구절이 쓰여 있었다고 했다.

박유굉의 자살 배경이랄까, 동기와 관련하여 생전의 그의 고뇌를 가장 박진감 넘치게 증언하는 것이 앞서 소개한 일본인 동기생 이시미츠의 회고담이다. 그는 한 편지에서 다음과 같이 쓰고 있다.

조선이 약소국이어서 청나라로부터 속국 취급을 받고 러시아로부터는 침략의 위협 아래 놓여 있을 때였다. 박유굉은 일요일이나 공휴일에는 도쿄에 있는 동지를 찾아가 가르침을 받곤 했지만, 천부적인 재능도 있고 다

---

33 1886년 9월 육사교장에 취임했다가 이듬해 6월 6일 장교학교감으로 전보됨.
34 1887년 6월 15일 육사교장 심득(心得, 대리)이 되었다가 그해 11월 16일 정식으로 교장에 취임함.
35 뒤에 헌병사령관 역임, 중장. 1909년 7월 제6사단 예하 보병 39여단장으로 한국에 주둔해 있을 때 순종 황제를 알현한 적이 있음.
36 원문은 "男兒立志出鄕關, 學若不成死不還".

정다감한 소년이었던 그는 모국의 곤경을 깨닫고 가슴속에 느껴지는 바가 많았을 것임에 틀림없다. 그러나 혼자서 교정의 연못 귀퉁이나 혹은 자기 방에서 생각에 잠기기에는 부끄러운 점이 많았다. 동기생들은 그의 마음을 이해하여 위로의 말을 건넸다.

"자네는 우리들과 같이 학생으로서 수양할 때다. 정변과 같은 것들로 고민해서는 안 된다. 일본도 언젠가는 자네 나라와 같은 처지에 빠질지 알 수 없다. 청나라와 러시아의 위협을 받고 있다는 점은 (귀국과) 조금도 다르지 않다. 바다를 사이에 두고 떨어져 있다는 차이가 있을 뿐이 아닌가. 졸업한 다음에 지위를 얻게 되면 결사적으로 나서는 것이 좋지 않을까?"

이렇게 말하자 그는 고개를 끄덕이며 미소를 지었지만 가슴속의 고뇌는 없어지지 않는 모양이었다."

비교문화론의 입장에서 한국과 중국의 일본 유학생 문제를 연구한 가미가이도 겐이치上垣外憲─ 도요東洋대학 독문과 교수[37]는 이 자료를 소개하면서 1880년대 일본 정부의 조선과 망명인사에 대한 얄팍한 태도를 익히 알고 있었던 박유굉으로서는 진정 마음을 열고 일본인 친구들의 동정어린 설득을 솔직히 받아들일 수 없었을 것이라고 추측하고 있다. 왜냐하면 그는 도쿄에 망명 중이던 선배 동지들에게서 일본 역시 믿을 수 없는 나라라는 것을 듣고 있었기 때문이라고 한다.[38]

이상으로 박유굉의 일본인 친구 회고담과 일본 신문기사를 보았는데, 한국인에 의한 증언은 전혀 찾아 볼 수 없는 것일까? 그렇지는 않다. 윤치호尹致昊(1865~1945)의 일기는 지금까지 남아 있는 자료로, 그는 박유굉이 죽기 6년 전 도쿄에서 만나 잠시 교제한 바 있다. 윤치호는 처음에는 농학을 공부하려다가 영어로 전공을 바꿨는데, 박유굉이 자결할 당시에

---

37 뒤에 교토에 있는 국제일본문화연구센터 교수 역임.
38 가미가이토 겐이치上垣外憲─ 저, 김성한 역, 『일본유학과 혁명운동』, 진흥문화사, 1983, 23~26쪽(원제 日本留學と革命運動).

는 상하이上海에서 미국인 선교사가 경영하던 중서서원中西書院에 적을 두고 영어를 배우고 있었다. 박유굉의 자살 소식에 접한 그는 이 해 6월 5일(음력 4월 26일)의 일기를 다음과 같이 쓰고 있다.

　　화火. 맑음. 일과日課 여전하다. 선선하다. 일본 사관학교에 들어가 공부하여 내년에 졸업하게 된 박유굉이 6, 7일 전 자살한 소식을 들으니 참혹하고 가련하다. 비록 그 사연은 자세히 모르겠으나 그 국가형세 한심한 일과 그 가사家事 창망한 것을 슬피 여겨 자살한 듯, 더욱 불쌍하며 이때까지 공부하여 일시에 무단히 버렸으니 아깝다. 이것도 또한 우리나라 국운인가.[39]

　윤치호가 말하는 '가사 창망'이란 구체적으로 박유굉 일가가 처한 크나큰 역경逆境을 의미할 것이다. 그는 그 사정을 알고 있었던 듯하거니와, 이로 미루어 보면 본국으로부터 전해진 가족 내지는 일가에 대한 비통한 박해 소식이 그를 절망하게 만든 것 같다. 그다음 윤치호가 말하는 '국가형세 한심한 일'이란 실로 모호한 표현이지만 대체로 개화파에 의한 정치개혁의 좌절, 민씨척족閔氏戚族세력의 도량跳梁, 청나라의 더욱 심해지는 주권 위협과 러시아·일본의 경쟁적인 세력 확장 등을 가리키는 것으로 생각할 수 있겠다. 그러나 정작 장본인인 박유굉의 입장에서 보면 보다 더 직접적인 사유가 있었음 직하다. 어쩌면 그간 일본 조야朝野의 한국 망명 인사들에 대한 동정적인 태도가 차츰 냉담해진 때문이 아니었을까.
　갑신정변 직후 망명인사들에 대한 조선 정부의 인도 요구에 대해 국제법상의 관례를 들어 이를 거부하던 일본 정부도, 한국으로부터의 거듭된 끈질긴 인도 요청으로 이제는 그들을 거추장스럽고 성가신 존재로 대하기 시작했던 것을 상기할 필요가 있다. 김옥균은 1886년 그를 죽이려

39　원문은 한문. 송병기宋炳基 역, 『윤치호 일기 하下』, 탐구신서探求新書, 1975, 226 쪽에 의함.

고 몰래 보낸 지운영을 본국에 압송한 일본 정부에 의해 도쿄 남쪽으로 1,000km 떨어진 머나먼 중부 태평양의 마리아나 제도에 인접한 오가사와라小笠原섬으로 추방당했다가, 2년 뒤 홋카이도北海道 삿포로札幌로 거주제한을 당했다. 또한 박유굉의 자결 당시 육사 교장이 사무가형型의 냉혹한 데라우치寺內正毅 대좌[40], 바로 그였다는 것도 아울러 고려할 필요가 있지 않았을까.

여기서 다시 그를 줄곧 좌절케한 것이 학비 문제가 아니었던가 싶다. 갑신정변 후 귀국을 거부한 순간 이미 본국으로부터 국비 유학생 자격을 박탈당한 그는 스스로 학자금을 마련해야만 했다. 앞서 말한『육군사관학교』연표에 의하면 사관생도 제11기생으로 입교한 190명 가운데 관비官費가 18명, 일부 관비가 170명, 그리고 자비自費가 2명으로 되어 있다. 박유굉은 자비생 두 명 가운데 한 사람이었음에 틀림없다. 그는 처음 얼마 동안은 망명인사들로부터 지원을 받았을지 모르나 그것이 어렵게 되자 주로 학교장을 비롯하여 생도대 중대장·구대장과 일본인 동기생들이 조금씩 모아 주는 돈으로 어렵게 유학생활을 계속했다. 그는 차츰 이를 구차하게 느끼게 된 듯하다. 무엇보다도 그에게 졸업 후의 전망이 전혀 서지 않았던 점이 일본인 동기생들의 양양洋洋한 전도에 비하여 비참하게 느껴지진 않았을까.

대한제국 말기의 계몽적인 역사가였던 김택영金澤榮(1850~1927)이 1893년 박유굉의 묘갈명墓碣銘을 쓴 것은 이채로운 일이라고 할 수 있다. 『소호당韶濩堂문집』(정본定本)에 의하면 그는 1887년[41] 4월 조선 정부가 설치한 일본 공사관에 근무명령을 받아 도쿄에 있을 때 본국 출신의 육사생도로 뛰어나다고 칭찬이 자자한 박유굉의 이야기를 들었다고 한다. 그는 군교軍校[42]의 자식으로 어느 고을 출신인지는 모른다. 14세에 유학생으로

40 뒤에 초대 조선총독. 대장大將·원수元帥 역임.
41 1888년의 착오임.
42 장교.

뽑혀 학업에 온 힘을 기울였는데, 그 재주를 기특하게 여긴 일본인 동기생들이 그의 딱한 처지를 알고 도와주어 7년간 학업을 계속할 수 있었다고 하였다. 김택영은 이 같은 이야기를 듣고 장하게 여겨 본국정부에 학자금을 지급해 달라고 품신稟申하는 한편 그를 격려했다고 하는데, 이달 17일(양력5월 27일) 박유굉이 갑자기 학습 중에 창환槍丸을 잘못 다뤄 가슴을 찔린 사고로 죽었다는 소식을 접하게 되었다는 것이다. 이에 덧붙여 그는 박유굉에게 마음에 맺힌 병환이 있어 자결한 것이라는 소문도 있다고 했다. 그리고 그가 죽은 다음날 도쿄 아카사카赤坂 아오야마靑山 묘지에 매장했는 바, 이날 폭우가 쏟아지는 가운데 학교 관계자와 평소 고인과 알고 지낸 50여 명이 장지에까지 따라왔고 장차 동기생 100여 명이 돈을 모아 비석을 세울 계획이라고 쓰고 있다.[43]

박유굉이 죽은 뒤 12년 만인 1900년(고종 광무 4년) 4월, 그의 무덤 앞에는 3단 기단 위에 1.3미터 높이의 한 비석이 세워졌다. 이름하여 타루비墮淚碑. 그 뒷면에는 '오호박유굉지묘嗚呼朴裕宏之墓'라 쓰고 '대한광무 4년 4월건지大韓光武四年四月建之'라 새겨져 있는데, 당시 일본에 유학 중이던 후배들에 의해 건립된 듯하다. 예전 중국 서진西晋 초기(3세기 후반)에 양자강 남쪽 오국吳國을 평정하기 위해 형주도독제군사荊州都督諸軍事로 양양襄陽을 진무鎭撫하던 양호羊祜는 선정을 베풀었거니와, 그가 죽은 뒤 양양 현산峴山에 세워진 송덕비頌德碑가 보는 이로 하여금 그의 유덕遺德을 생각나게 하여 눈물을 흘렸다는 것이 타루비의 고사故事인 걸 보면[44], 박유굉의 경우 이 비석 이름이 꼭 어울리는 것인지 어떤지는 언뜻 판단이 서지 않는다. 아마도 자살을 결행하기까지의 그의 마지막 나날이 당시 망명인사들에게 너무나 애통하게 기억된 때문이었으리라.

---

43 『김택영 전집』 제2권, 아세아문화사, 1978, 328~330쪽.
44 한국에는 충무공 이순신이 순국한 지 5년 뒤인 1603년 가을, 그의 부하 장졸들에 의해서 '타루비(보물 제571호)'라는 이름이 붙여진 비석이 만들어져 전남 여수 시내의 고소대姑蘇臺에 모셔진 사실이 있음.

박유굉의 무덤과 타루비는 오랫동안 사람들의 기억에서 잊혀져 왔었다. 그러던 중 1970년대 초에 김옥균의 체일滯日행적을 추적하던 한 신문사 취재단에 의해 도쿄 아오야마靑山묘지의 외국인 묘역에 있는 김옥균 묘에서 10미터쯤 떨어진 곳에서 우연히 재발견되었다.[45] 비록 발견자는 박유굉이 누구이며, 타루비가 어떤 사유로 그곳에 세워졌는지에 대하여는 알지 못했으나 어쨌든 묘비를 발견한 건 다행이었다. 이 타루비가 영원히 그의 고혼孤魂을 달래주었으면 한다.

그러나 2005년 아오야마 묘지의 소유권자인 도쿄도都가 무연고자의 묘역을 그해 10월까지 정리해 공원으로 만들 계획을 추진함에 따라 박유굉의 묘와 비석은 김옥균의 가묘假墓와 비석[46]과 더불어 강제로 옮겨질 위기에 몰렸다. 마침 일본 주재 한국 대사관 당국이 이 소식에 접하고 묘지 관리비를 대납하여 계속 보존할 수 있게 되었다. 무엇보다도 대한제국 정부의 박해를 받은 끝에 죽음의 길을 선택한 뒤 오랜 세월 철저하게 버림받아온 박유굉의 명예가 대한민국 정부에 의해서 뒤늦게나마 이 같은 형식으로 회복된 것은 실로 불행 중 다행이 아닐 수 없다.

4. 보수반동의 시대

박유굉의 비극은 개인의 일만으로서 끝난 것이 아니었다. 그것은 다음에 오는 유학생들이 겪어야 했던 비극의 서장序章이자 그 전형적인 경우가 되었기 때문이다. 실로 앞으로 전개되는 이야기들은 그 구체적인 사례들의 반복일 따름이다.

박유굉이 자결한 바로 그해 조선 정부는 미국인 군사고문 W. M. 다

---

45 김승한金昇漢 편저, 『일본에 심은 한국Ⅱ』, 중앙신서, 1979, 95쪽.
46 1904년 일본인 유지들에 의해 건립되었는데 묘비문은 김옥균의 양자 김영진金英鎭의 요청으로 일본에 망명 중인 유길준이 찬술하였음.

이Dye 장군 등 4인을 고빙雇聘하여 연무공원鍊武公院이란 사관양성소를 설치했다. 이 기관은 갑오개혁 때 신설된 군부에 흡수될 때까지 6년간 존속했다. 그동안 정부는 단 한 명의 유학생도 일본 육사에 파견하지 않았다. 다만 한말에 궁내부고문관宮內府顧問官을 지낸 미국인 윌리엄 F. 샌즈Sands의 『비외교적 회고록Undiplomatic Memories: The Far East, 1896~1904』(1930)에 의하면 연무공원 수료생 가운데 몇몇 사람들은 일본 육사에 유학했다고 하며,[47] 그 시기는 갑오개혁 이후임이 분명하다. 『육군사관학교』 연표나 외국인 유학생 항목에는 이 사실이 전혀 보이지 않는다.

1894년 이른 봄 호남 지방에서 궐기한 동학 농민군이 순식간에 전국으로 번져나가자 진압을 구실로 한국에 출동한 청국과 일본 양국 군대가 각각 아산만 일대와 경인지구에 주둔한 채 대치 상태에 들어갔다. 7월 23일(양력) 새벽 일본군 2개 대대 병력이 난데없이 경복궁을 점령하여 국왕을 사실상 포로로 만든 상황에서 일본이 조선 정부에 내정개혁을 강요함으로써 갑오개혁이 전격적으로 단행되기 시작했다. 갑신정변이 실패로 돌아간 뒤 10년 가까운 세월 동안 청국의 내정간섭으로 자주권이 크게 훼손당하고 있는 가운데, 절치부심 실력을 쌓아온 외아문 계통의 개화파 관료들과 외국인 군사교관을 초빙하여 운영된 별기군·연무공원 등에서 신식군대 훈련 경험을 쌓은 일부 고급장교들은 일본 세력을 배경으로 정치개혁을 추진했다. 이들 중 핵심인물들은 대개 양반의 서자 출신이거나 혹은 문과를 거치지 않은 경력 때문에 평소 차별대우를 받았으므로 기존의 신분제도와 정치체제에 은근히 불만을 갖고 있었다. 그런 까닭으로 갑오개혁은 비록 일본 측에 의해 강요된 측면이 있었음에도 불구하고 제한된 의미에서는 반청反淸독립사상으로 무장된 개화파 관료들

---

47 William Franklin Sands, *Undiplomatic Memories: The Far East, 1896~1904*, New York : Whittlesey House, McGraw-Hill Book Co., 1930, p. 48.

의 자율적 개혁운동이었다고 볼 여지가 없지 않다.[48] 개혁이 본궤도에 오른 12월 중순경에는 그간 일본 혹은 미국에 망명 중이던 박영효, 서광범徐光範 등 갑신정변의 주역들이 귀국하여 내각의 실권을 장악했다. 그들은 서울에 주둔한 일본군 장교의 지도하에 만들어진 훈련대訓練隊라는 신식군대를 넘겨받아 이를 권력의 방패로 이용했다. 또한 1895년 봄 여기에 3개월 과정의 사관양성소를 부설했다. 주조선 일본 공사관부 무관武官으로 조선 군부 고문관을 겸임하고 있던 구스노세 유키히코楠瀬幸彦 중좌[49]가 양성소의 교관이 되어 사실상 이를 장악했다.

같은 해 4월 1일 사관양성소에 입소한 생도들은 6월 12일 참위參尉로 임관되었고, 이들 중 왕유식王瑜植, 권태한權泰翰[50], 이대규李大珪, 김상열金商說[51], 안태승安泰承 등 일부 장교들은 일본 육사 유학이 결정되어 이해 8월 14일 자로 유학명령이 내려졌다.[52] 이 밖에도 조성근趙性根[53], 신우균申羽均[54], 성창기成暢基 등 훈련대의 부위副尉급 기성 장교들이 이들과 함께 유학명령을 받았다. 샌즈가 회고록에 연무공원 출신자 가운데 육사에 유학한 사람들이 있다고 한 것은 바로 이들로 추측된다. 현재 그 확증은 없으나 이들밖에는 달리 추측할 사람이 없기 때문이다.

근래 국사편찬위원회에서 편집, 발행한 『대한제국관원이력서大韓帝國官員履歷書』(1972)에는 이희두李熙斗, 조성근, 성창기, 권태한, 왕유식 등 당시 유학명령을 받은 장교들의 경력사항이 보이는데, 이에 의하면 유학생들은 그해 가을 도일渡日하여 10월 도쿄 주오中央구 쓰키지築地에 있는 세이조成城학교 보통과에 입학하였다. 이 학교는 1885년 문무강습관으로

---

48 유영익柳永益, 『갑오경장 연구』, 일조각, 1990, 제4장 및 제5장 참조.
49 뒤에 육군대신陸軍大臣·중장中將 역임.
50 초명은 학진學鎭.
51 상열相說로 표기하기도 함.
52 안태승은 9월 1일 부위로 승진되고 10월 6일 유학명령이 취소됨.
53 초명은 희범羲範, 9월 1일 부위로 승진.
54 신우균에 대하여는 9월 1일 명령이 취소됨.

창립된 사립이었으나 당시 육군장교 생도를 양성하는 육사의 예비교로서 명성이 높았다. 교명 자체가 『시경詩經』 대아大雅의 첨앙瞻印 조 '철부성성 哲夫成城'에서 따온 것으로, 슬기로운 사나이는 성城을 이룬다는 자못 군국적인 색채가 짙은 명칭이다. 1897년이 되면 이른바 육군보충조례라는 것이 만들어져 육사 입학에 있어서 심상尋常중학교[55] 출신자도 채용할 수 있게 되지만, 그때까지는 세이조학교와 육군유년학교의 독무대였다.

　그들은 이듬해, 즉 1896년 1월 육사에 입교했다. 『육군사관학교』 연표와 외국 유학생 조條에는 "한국 육군사관 11명이 최초로 입교"라 기록하고 있다. 이 기사는 조금 착오를 범하고 있다. 왜냐하면 11명 중 현역 장교가 6인이고 나머지 5인은 생도 자격이었기 때문이다. 즉 앞서 거명한 부위급의 성창기, 조성근과 참위급의 왕유식, 권태한, 이대규, 김상열 외에 생도 자격인 이희두를 비롯하여 장명근張明根, 박장화朴莊和, 최병태崔炳台, 박희병朴羲秉 등이 포함된 것이다. 이들 생도 중 이희두를 제외한 나머지 4인은 모두 지난해 국비 장학생으로 일본에 와서 게이오의숙에 입학한 사람들이다. 특히 박장화는 1886년 도쿄에 와서 6명의 학생들을 반강제로 귀국시킨 박준우의 장남이었다. 이들을 육사 기별期別로 따지기는 어려운데, 지난번 청일전쟁으로 갑자기 육사의 수학연한修學年限이 단축되어 입학과 졸업이 불규칙하게 되어버렸기 때문이다. 다만 1895년 가을에 8기생이 입교하고, 1896년 9월에 9기생이 입교한 사실로 미루어 유학생들은 오히려 8기생과 같이 교육을 받지 않았을까 생각한다.

　이들의 전도는 밝지 않았다. 왜냐하면 그들이 입교한 직후인 2월 본국에서는 이른바 아관파천俄館播遷이라는 정변이 일어나 친일 정부가 하루아침에 몰락하고 친러親露·친미親美적인 새로운 정부가 들어섰기 때문이다. 그들의 유학을 주선한 친일 정객들은 또다시 일본으로 망명했다. 친

55　심상중학교는 구제舊制 중학교의 전신으로서 1896년 수업 연한 5년의 남학교로 출발하여 1899년 중학교로 개칭함.

러 정부가 유학생들을 그대로 방치할 까닭이 전혀 없었다. 더욱이 유학생 중에는 과거 친일 정부의 요인要人들과 가까운 관계에 있던 사람이 적지 않았다.

예상했던 대로 유학생들은 이해 7월 8일 자로 돌연 회국回國명령을 받았다. 당시의 정부 문서에는 이 명령을 받은 사람의 이름이 현역장교 6명밖에 나타나지 않으나 실제로 소환명령은 생도 전원에게 적용되는 것이었다. 다만 장차 군 요직要職에 앉게 될 이희두의 이력서에는 이때 귀국한 사실이 적혀 있지 않다. 그는 계속 남아 1897년에는 육사를, 1898년에는 도야마학교를 각각 졸업하고 도쿄 아자부麻布 보병 제3연대에서 견습사관見習士官 과정을 마친 것으로 되어 있다. 그러나 관보에 의하면 조성근과 이희두는 1898년 9월 22일 일본 유학을 명령받았고, 이듬해 8월 19일 회국명령과 동시에 무관학교 교관에 발령받았음이 확인된다.

여기서 궁금하게 여겨지는 것이 이희두를 제외한 나머지 4인 생도들의 후일담이다. 이들 중 가장 이채異彩를 띠는 인물은 박희병(1871~1907)이다. 그는 철원 출신으로 만 24세 때인 1895년 한국인으로는 유일하게 게이오의숙에 입학했는데, 당시 그는 외아문 주사라는 장래가 촉망되는 직함을 갖고 있었다. 재미 역사학자인 방선주方善柱 박사가 끈질기게 추적한 바에 의하면 그는 뒤에 유명한 독립운동 지도자가 된 박용만朴容萬의 숙부인데, 1894년 관립 영어학교를 졸업하고 외아문에 취직했다. 그는 게이오의숙에서 공부하다가 다시 육사생도로 입교했으나, 마침 본국에서 귀환명령을 받을 무렵 일본에 보빙報聘대사로 왔다가 귀국허가를 받지 못해 하는 일 없이 소일하던 의화군義和君 이강李堈[56]을 따라 함께 도미하여 한국 유학생이 많이 모여 있는 버지니아주 세일럼시의 로노크대학에 입학했다. 여기서 1898년까지 예과과정을 수료한 그는 이듬해 귀국, 외부 주사로 복직하여 수년간 미국인이 경영하는 평안북도 운산 금광에서 통

---

56 뒤에 의친왕.

역을 겸한 대미교섭 관리로 일했다. 그는 평북에 체재하는 동안 선천宣川에 신성학교를 설립하여 박용만을 불러 교사로 채용했고 1905년 그에게 평안도 유지들의 자제와 이승만의 아들 등 8명을 데리고 도미하도록 주선하기도 했다.[57] 그런데 이즈음 해외 이민업무를 담당하는 수민원綏民院 관리들의 부주의로 말미암아 1천여 명에 달하는 노동이민자들이 일본인 전문사기범에게 속아 멕시코 유카탄반도 아가베 농장에 노예로 팔려간 어처구니없는 사건이 발생했다. 1천 명 가운데 200여 명은 1904년~1905년 일본이 강요한 군제개혁에 의해서 제대한 군인들이었다. 많은 민족지사들이 신도로 있는 서울 상동尙洞교회 청년회는 박희병에게 현지 사탕수수 농장에 가서 진상을 조사해 달라고 요청했다. 그는 이를 수락하여 1906년 1월 멕시코에 도착했다. 하지만 을사조약으로 외교권을 상실한 데다 현지 상황도 불리하여 그는 농장에는 가지 못하고 미국으로 들어가 콜로라도주 덴버에 정착했다. 그는 자신의 신분이 일본의 총영사관에 노출될 것을 꺼려 장현章鉉이라는 가명을 사용했다. 그는 박용만을 앞세워 동포들을 위한 직업소개소와 숙박시설을 운영하는 등 재미 유지들을 뒤에서 지휘하다가 1907년 6월 13일 의문의 병사를 했다.

나머지 3명 중 최병태는 1895년 6월 게이오의숙에 입학할 당시 25세로 경기도 마전麻田군[58] 출신이라고 입학서류에 기재되어 있는데 그 뒤의 소식은 알 수가 없다. 그리고 장명근은 1895년 5월 게이오의숙에 입학할 때의 서류에 23세로 경기도 고양군 지도知道면 출신인 것으로 되어 있다. 필자는 이 장명근이야말로 육사 제11기생으로 1900년 7월 17일 참위로 임관한 장인근張寅根과 같은 사람이 아닐까 추정한다. 1895년도 게이오의숙의 입학생 자료에 당연히 올라 있어야 할 장인근의 이름이 보이지 않는 것으로 미루어 볼 때, 장명근은 육사 재학 중 인근으로 개명하지

---

57 뒤에 유한양행을 창설한 9세의 유일한柳一韓도 이때 도미함.
58 현 철원·연천군.

않았을까 짐작된다. 신소설 작가로 유명한 안국선安國善이 1895년 8월 게이오의숙에 입학할 때 안명선安明善이었던 것은 참고자료가 될 것이다. 다만 『일성록日省錄』 1900년 7월 22일(양력) 조의 북청北靑 진위대 장교 인 사이동에 참위 장명근의 이름이 보여 재고再考의 여지가 없지도 않다.

끝으로 박장화는 1895년 9월 게이오의숙에 입학할 당시의 서류에 23 세로 거주지는 한성 북부 재동으로 되어 있다. 고위관리 박준우의 장남 인 그는 귀국한 지 3년 뒤 육군참위로 임관되어 함경남도 북청 소재 제5 진위대에서 몇 년간 복무한 사실이 확인된다. 이때 그와 함께 근무한 선 배 장교 중에는 1896년 일본 육사에서 연수하던 중 귀국한 김상열이 있 었다. 당시 두만강 건너 만주 지방에는 이른바 청비淸匪라 통칭되는 중국 인 비적들이 노략질을 일삼아 국경을 넘어 삼수三水·갑산甲山 일대로 침 범하고 있을 때였으므로, 북청진위대는 다른 지역의 부대처럼 한가롭지 않았다. 특히 1900년에 접어들면서 청조淸朝 당국의 은근한 비호를 받는 외세 및 기독교 배격단체인 의화단 세력이 중국 산동 지방에서 일어났 고, 그 여파가 곧바로 화북 지방을 거쳐 만주로 파급됨에 따라 청비들은 떼를 지어 한·만 국경지대로 파고들었다. 결국 청비 토벌에 시달리던 진 위대원들 사이에 불평이 쌓여 이해 초여름 북청진위대에 큰 소요가 일어 났고, 대대장 이병무李秉武 참령은 부하들을 제대로 통제하지 못했다는 이유로 문책을 당해 근신처분을 받기까지 했다.

이 소요사건이 하나의 계기가 되었는지 이해 7월 25일을 기해 군부 당 국은 종래의 진위대대를 연대로 증편增編했다. 이에 따라 북청지방대는 진위 제5연대로 승격되고 예하에 3개 대대[59]를 두어 국경 방비를 다소간 강화했다. 이병무는 이로부터 7년 뒤 한국 군대가 일본의 강압에 의해 서 해산당할 때 군부대신[60]으로서 그 장의葬儀 위원장 역할을 했는데, 본

---

59 함남 덕원德源(현 원산)에 제1대대, 북청에 제2대대, 함북 종성에 제3대대.
60 육군부장副將.

인이 작성하여 내각에 제출한 이력서에 의하면 일본 육사에 유학한 경력을 갖고 있다. 즉 연무공원 출신인 그는 1894년 9월 의화군의 수원隨員으로 도일한 뒤 육군교도단을 거쳐 1895년 5월 육사에 입교하였고 이듬해 3월 10일 수학증서를 받았다고 했다. 그가 1896년 4월 27일 육군정위에 승진해서 무관학교 교관으로 발령받았다는 것은 이 같은 유학경력을 참작한 조치로 짐작된다. 뒤에 육군참령으로 승진하여 무관학교 교두敎頭[61]로 있던 그는 1899년 6월 북청지방대 대장에 취임했다.

앞에서 본 이병무·이희두·조성근·왕유식·권태한 등 유학생들은 귀국하여 다시금 군직으로 돌아갔다. 그들은 1904년 러일전쟁이 일어날 때까지 8년간 주로 육군무관학교에 배치되어 친러 정부 아래서 그럭저럭 버티어냈다. 그러나 러일전쟁이 터지자 진정 그들이 득의得意하는 시대가 찾아왔다. 이때부터 1907년 여름 군대해산의 비극이 닥칠 때까지 3년간은 그들의 황금시대였다. 물론 이 전성시대를 구가한 것은 그들만은 아니었다. 오히려 그들의 후배들인 제11기, 제15기생들이 이 시기의 주역이었다. 먼저 제11기생부터 보기로 한다.

5. 혁명을 꿈꾸다

제11기생 21명은 1895년 4월, 일본세력을 배경으로 한 개혁정부의 내부대신으로 정계의 최고 실력자였던 박영효가 발의하여 직접 선발까지한 사람들이 대부분이었다. 이때 전국에서 응모한 200여 명 가운데 123명이 합격하여 제1진 114명이 5월 초 일본에 건너간 뒤 이듬해 1896년 1월까지 몇 차례에 걸쳐 도일한 사람들까지 총 192명에 달했다.

이들은 박유굉의 경우처럼 처음 게이오의숙慶應義塾에서 1년 내지 1년

---

61 교수부장 격.

2개월간 일본어와 기초학과에 해당하는 이른바 보통학普通學을 공부했다. 이해 8월 게이오의숙을 대표하여 평의원 가마타 에이키치鎌田榮吉가 서울에 와서 학부대신 이완용과 전문全文 16조에 달하는 계약서를 쓰고 유학생 위탁계약을 정식으로 체결했다. 그 후 군인을 지망한 21명이 세이조학교를 거쳐 1898년 12월 제11기생으로 육사에 진학했는데 이들의 명단 및 인적사항을 게이오의숙 입학 시기별로 보면 다음과 같다.

입학	성명	연령	출신지	가족 관계	비고
5월	김봉석 金鳳錫	15	서울 초동	김경임金景臨의 장남	뒤에 상설相卨로 개명
	김교선 金敎先	16	서울 서부 사동	김효희金孝熙의 장남	
	장호익 張浩翼	25	충청도 청안현 내면	장진석張晉錫의 차남	뒤에 괴산군
	김규복 金圭福	16	서울 서부 수교동	본인이 호주	
	어담 魚潭	15	경기도 광주부 고덕리	어용선魚龍善의 장남	
	권승록 權承祿	18	서울 남부 이동履洞	권용진權溶鎭의 장남	
	김홍남 金鴻南	21	서울 남부 명동	김봉남金鳳南의 셋째 동생	
	이희준 李熙峻	17	서울 중부 한동漢洞	이긍무李兢懋의 장남	뒤에 기옥基鈺으로 개명 추정
	김형섭 金亨燮	18	평안도 숙천군 평리	김찬성金攅成의 장남	뒤에 평원군
	조학희 趙學熙	22	서울 북부 대동帶洞	조병로趙秉老의 5남	뒤에 택현宅顯으로 개명 추정
	장명근 張明根	23	경기도 고양	장일근張日根의 동생	뒤에 인근寅根으로 개명 추정되지만 이론의 여지가 있음
	방한숙 方漢肅	22	서울 중부 장교동	방한덕方漢德의 동생	뒤에 영주泳柱로 개명
	김관현 金寬鉉	21	경기도 수원부 옥길리	김재희金在喜의 3남	
	김희선 金羲善	20	평안도 증산현 용덕리	김진교金鎭喬의 3남	뒤에 강서군

6월	노경보 盧景輔	22	황해도 풍천군 동곡리	노진보盧震輔의 셋째 동생	뒤에 송화군, 뒤에 백린伯麟으로 개명
	김홍진 金鴻鎭	23	평안도 평양부 엽동燁洞	본인이 호주	
9월	강태응 姜泰膺	27	서울		뒤에 용구容九·용희 容熙로 몇 차례 개명 추정
11월	임재덕 林在德	26	충청도 천안군 신촌	임의영林儀榮의 장남	
	권호선 權浩善	24	충청도 온양군 좌부동	본인이 호주	
	윤치성 尹致晟	19	서울 중부 전동	윤영렬尹英烈의 3남	
	김경식 金慶植	15	경기도 광주부 학현리	김정우金鼎禹의 장남	뒤에 성은成殷으로 개명

하지만 이들이 재학 중 겪은 고난은 박유굉의 경우와 크게 다를 바가 없다. 이미 제2진이 유학의 길에 오른 직후인 7월 6일(양력), 그들의 유학을 적극 주선한 박영효가 반역음모를 꾀했다는 혐의로 갑자기 실각하여 일본으로 다시금 망명한 것이 유학생들의 앞날을 어둡게 했다. 박영효의 반역음모란 기껏해야 왕궁호위를 미국인 다이 장군이 지휘하던 구식군대 대신 훈련대로 교체하려 했다는 정도에 불과했다. 무엇보다도 그들이 도일한 이듬해 2월 아관파천이 일어나면서 정부의 방침이 일변하여 관비 지급이 중단되었다. 즉 정부는 유학생들을 친일 분자로 간주했던 것이다. 사실 21명 중 권승록은 과거 친일 내각의 경무사警務使[62]를 지낸 권형진權瀅鎭[63]의 조카였으며, 이기옥의 아버지도 친일 내각 아래서 군수郡守를 역임하는 등 정치에 관련했던 까닭에 당시 투옥 중이었다. 다행히 일본 정부가 그들의 학비를 대주어 학업만은 계속할 수 있었지만, 박유굉의 경우처럼 졸업 후의 전망은 거의 없었다.

1899년 11월 21일 육사를 졸업한 21명은 도쿄 제1사단 예하 보병 제1

---

62 경찰부장관 격.

63 1900년 일본에서 귀국 후 자수, 형사刑死.

연대와 제3연대 기타 포병대, 공병대에서 견습사관 생활을 시작했다. 그리고 6개월 뒤 이 과정을 마치게 된 이들은 1900년 6월 22일, 일본인 동기생들이 소위로 임관되는 시기에 맞추어 7월에 본국정부로부터 참위參尉로 임관한다는 사령장을 일본 주재 조선 공사관을 통해서 받기까지 했다. 이렇게 되기까지 그들은 많은 어려움을 겪어야 했지만, 귀국에 관한 어떤 지시도 없었고 더욱이 봉급도 한 푼 보내주지 않아 하루하루의 호구지계糊口之計가 막연해졌다.

궁여지책으로 그들은 공사관의 방을 얻어 자취를 시작하는 한편, 본국 정부에 직접 탄원하기 위해 노백린, 어담, 윤치성, 김성은, 김규복, 임재덕 등 6명을 대표로 뽑아 귀국하게 했다. 그러나 이들의 사명은 성공을 거둘 수 없었고, 게다가 김규복은 따뜻한 도쿄에서 추운 서울로 돌아와 기후의 격변으로 서울 여관에서 병사하고 말았다.

이처럼 사정이 절박한 국면에 다다르자 그들은 이 고난의 운명에 대결하여 과감히 궐기하기로 결심하였다. 즉 그들 중 비교적 연장자에 속하는 일부는 비좁은 공사관을 뛰쳐나가 도쿄 시내 야쿠오지藥王寺 부근에 집을 빌려 기거하면서 비밀결사 혁명일심회革命一心會를 결성하였다. 그리고 주동인물 몇 사람은 당시 일본에 망명 중이던 유길준과 접촉하여 구체적인 실행 준비를 모색하게 되었다.

일단 거사계획을 세우기는 하였으나 일심회 동지들은 당장 극심한 생활고를 벗어날 길이 없었다. 공사관에서 비공식으로 대주던 생활비도 이내 끊어지고 말았다. 그들은 박영효 등 망명인사들로부터 약간의 도움을 받기도 했으나 그것만으로는 도저히 15명의 생계를 도모할 수가 없었다. 게다가 더 이상 도쿄에 남아 있을 명분도 없어 보였다. 망명인사들처럼 국외에서 혁명을 추진한다는 일 자체가 불합리하게 생각되었다. 그렇기에 일단 귀국한 다음 군대에 침투하여 기회를 엿보는 것 외에는 다른 방법이 없어 보였다.

6. 생사의 갈림길

이처럼 귀국 방침이 서자 동지들은 1901년 초부터 각자 귀국하기 시작했다. 그리고 다행히 당시 원수부元帥府 회계국총장會計局總長으로 고종황제의 최측근이었던 민영환閔泳煥 부장副將의 열성 어린 주선으로 이 해 4월 19일에는 동기생 6명이 무관학교 교관에 임명되었다. 즉 보병과에는 노백린과 김형섭이, 포병과에는 어담과 김교선이, 공병과에는 김성은이, 그리고 기병과에 김희선이 임명되었다. 1896년 초에 개교한 무관학교는 그간 러시아 군사교련단장 푸치아타 대령 이하 몇 명의 러시아 장교의 지도 아래 러시아식式으로 운영되었고, 1900년 초에 이르러서는 128명의 졸업생을 배출하게 되었다.

육사 출신자들이 부임할 당시 학생은 수백 명에 달하였다. 그들은 대개 양반 자제들이었다. 교장 이학균李學均 참장參將은 고종 황제의 심복 중의 한 사람으로, 황제의 대리인으로써 미국인 사업가들에게 전기사업의 이권을 주는 비밀교섭을 맡기도 했는데 장교교육에도 어느 정도 경험이 있던 사람이었다. 그는 1888년 정부가 미국인 군사 고문의 지도로 사관양성소인 연무공원鍊武公院을 세웠을 때 다이 장군의 조교로서 활약했었다. 이 때문에 그는 정치적으로는 배일친미적排日親美的인, 이른바 정동파貞洞派와 연결되어 있었으나 육사 출신 교관들에 대해서는 정치적 배경은 어찌되었든 능력을 평가하는 입장이었다. 따라서 무관학교의 교육훈련도 차츰 러시아식에서 일본식으로 바뀌어져 갔다.

6명의 육사 출신 장교들이 무관학교에 취직했다는 소식은 도쿄에 남아 있던 동기생들에게 새로운 희망을 불어 넣어 주었다. 그리하여 이듬해, 즉 1902년 봄에는 조택현, 장호익, 권호선 등 일심회의 핵심인물들 마저 귀국했다. 그리고 그들은 귀국 즉시 발령을 받았다. 즉 강용희는 무관학교 교관으로, 김봉석은 동 학도대學徒隊 구대장으로 각기 취임했고, 조택현·장호익·김홍남·방영주 등은 3등 군사軍司[64]에 임명되어 각자 함북 종성鐘城,

평북 강계江界와 의주義州, 함남 북청北靑의 지방 진위대의 보급장교인 향관鎭衛隊餉官으로 내려갔다. 그러나 이로부터 불과 십여 일이 못되어 조택현, 장호익, 권호선, 김홍진, 김형섭, 김희선, 김교선, 방영주 등 8명은 약간의 시차時差를 두고 당국에 의해 갑자기 체포되고 말았다. 즉 유길준이 일본 육사 출신 장교들을 규합, '제2의 갑신정변'을 꾀하려 했다는 이른바 임인년壬寅年(1902)의 모계謀計가 백일하에 탄로났기 때문이었다.

당시 유길준은 공작금 염출을 위해 후카가와深川라는 일인日人을 인천에 밀파, 호상豪商이던 서상집徐相潗과 접촉하게 했다. 하지만 서상집은 유길준의 밀계密計를 인천 감리監理 하상기河相驥에게 밀고하였고, 하상기는 다시 이를 직접 황제에게 보고함으로써 유길준이 꾸민 공작의 전모가 드러나게 되었다. 더욱이 당국은 그간 서상집을 통하여 유길준의 공작계획에 찬동한 육사 출신 장교명단과 그들의 서약서 사본까지 입수하고 있었다. 이처럼 일찍부터 일심회의 기밀을 알고 있던 궁정宮廷 당국은 그들을 일망타진할 만반의 준비를 갖추고, 조택현 등 핵심간부들이 귀국하기를 기다리고 있던 중이었다. 다만 김관현·김홍남·이기옥·장인근·강용희·권승록 등은 당국의 손이 뻗치기 전에 탈출에 성공했다.

결국 8명의 장교들은 이른바 국사범으로서 2년 동안 서울 감옥에 억류되었다. 그동안 권호선은 옥사했다. 급기야 1904년 2월 러일전쟁이 터지고 이와 동시에 일본 세력이 갑자기 밀어닥치기 시작하자 정부는 장차 이 사건에 대해 일본 측의 간섭이 있을 것으로 예상하여 급히 이들의 처형을 서둘렀다. 그리하여 3월 10일 이들은 평리원平理院[65]에 끌려가 전원 사형선고를 받았다. 곧이어 형이 집행되었다.

당시 장호익, 조택현, 김홍진 순서로 참형이 집행되었는데 이때 독립협회獨立協會의 만민공동회운동으로 종신형을 받고 복역 중이었던 이승만

---

64 병참兵站·경리직經理職으로 참위에 상당함.
65 당시 최고재판소에 해당함.

李承晩은 창문 틈으로 이 집행을 목도하였고, 특히 처형 직전 '만세!'를 세 번 외친 장호익의 당당한 태도에 깊은 감명을 받았다. 마침 이 소식이 곧 친척, 동기생들에게 알려져 주한 일본군사령부 참모장 사이토 리키자부로齊藤力三郎 중좌[66]의 구명운동이 전개되었고, 그것이 주효하여 김희선, 김형섭, 김교선, 방영주 등 네 명은 처형되기 직전에 감일등減一等, 종신 유형終身流刑에 처해졌다. 당시의 극적인 상황은 이로부터 25년이 지난 뒤 조선군사령부朝鮮軍司令部 예하 조선보병대 감독장교였던 니시요쓰쓰지 긴타카西四辻公堯 육군소장[67]의 권유에 따라 집필된『김형섭 대좌 회고록金亨燮大佐回顧錄』에 생생하게 기술되어 있다.

이들은 귀양생활 1년 만에 1905년 5월 한국주차 일본군사령관 하세가와 요시미치長谷川好道 대장[68]의 주선으로 마침내 사면의 특전을 받았고, 이어 10월에는 참위로 복직했다. 당시 그들의 동기생으로 이 사건에 걸려들지 않았던 노백린, 어담 등은 이미 정령正領[69]에, 김성은, 윤치성 등은 부령副領[70]이라는 고위직에 승진되어 군부의 숨은 실력자로 성장하고 있었다. 육사 제11기생의 이야기는 본서의 제II장「일심회의 야망」에서 상세하게 다룰 것이므로 일단 이 정도로 끝내는 것이 좋을 듯하다.

7. 각광을 받은 팔형제배八兄弟輩

다음은 제15기생이다. 이들은 1901년 11월 세이조학교를 졸업한 뒤 육군 각 연대에서 소정의 과정을 마친 다음 1902년 12월 육사에 입교, 이

---

66 이후 주한공사관부附 무관을 겸함.
67 자작子爵.
68 3·1운동 당시 조선총독·원수.
69 현재의 대령에 상당하나 그 비중은 매우 컸음.
70 현재의 중령에 상당.

듬해 11월 졸업했는데, 한말의 일본 육사 유학생 전부를 통틀어 가장 축복받은 행운아들이었다.

제15기생은 보병과의 김기원金基元, 김응선金應善, 남기창南基昌, 이갑李甲[71], 기병과의 유동열柳東說, 박영철朴榮喆, 포병과의 박두영朴斗榮, 그리고 공병과의 전영헌全永憲 등 모두 8명이었다. 이들 중 전영헌만은 현역 부위의 자격으로 육사에 입학했다. 이들 가운데 전영헌을 비롯하여 김기원·김응선·박영철 등 4인은 관비생이었고, 유동열·이갑·박두영[72]·남기창[73] 등 4인은 사비생이었으나 러일전쟁에 함께 종군하여 생사고락을 같이한 처지였으므로 다른 기수에 비하여 유달리 단결의식이 강했다. 후일 세간에서는 그들을 흔히 팔형제배八兄弟輩라 일컬었다.

육사 졸업 후 도쿄 근위사단近衛師團[74]에 배속되어 견습사관 생활을 하고 있던 그들은 곧 러일전쟁이 돌발하자 일본군 부대를 따라 종군하게 되었다. 그들은 근위사단이 한국을 통과하게 되었을 때 본국정부로부터 원수부 관전장교觀戰將校라는 영예로운 칭호를 얻었고 그 후 전선이 만주로 확대, 이동하자 6월 귀국명령을 받은 전영헌·남기창·박두영·박영철을 제외한 나머지 참위들은 각 전선을 자유로이 시찰할 수 있었다. 그들은 많은 희생을 무릅쓰고 뤼순旅順요새를 공격 중이던 제3군의 전황도 둘러보았고 군사령관 노기 마레스케乃木希典 대장과는 기념사진 촬영까지 했다.

그들이 전선시찰을 마치고 서울에 돌아오자 장안의 화제는 온통 그들에게 집중된 느낌이었다. 일본군 관전장교라는 직함은 그 자체가 매력적인 것으로 보였을 뿐만 아니라, 이미 엄청난 힘으로 밀어닥치기 시작한 일본 세력 아래서 일군日軍의 절대적인 비호를 받게 될 그들이 장차 크게

---

71 초명은 휘선彙璿.
72 초명은 중수重琇.
73 초명은 규대圭大.
74 사단장은 하세가와長谷川 중장.

출세할 것으로 여겨졌기 때문이다. 실제 그들이 당시 정계에서 일본 전문가로 자처하는 현영운玄暎運이나 이토 히로부미伊藤博文의 양녀로 소문난 그의 부인 배정자裵貞子 등과 자주 접촉했던 것은 사실이다. 당시 한국 주둔 일본군 헌병대의 기밀문서에도 박두영과 유동열이 늘 현영운의 집을 들락거렸다고 기록되어 있다. 더욱이 얼마 뒤 근위사단장이던 하세가와 중장이 대장으로 진급하여 한국주차駐箚 군사령관으로 부임해오자 그들의 지위는 더욱 확고해졌다.

처음에는 그들 모두 사관양성소인 무관학교에 보직을 받았다. 박두영과 박영철은 교관으로, 유동열, 김기원, 김응선, 이갑 등은 학도대學徒隊 구대장으로 취임했다. 당시 무관학교에는 그들의 선배도 적지 않았다. 어담은 교장부관副官이었고 노백린은 교관으로 있었다. 더욱이 같은 해(1904년) 9월 일본 측의 강요로 군비축소가 단행되고, 이에 따라 근대교육을 받지 않은 무관들이 대거 군직을 떠나게 되자 육사 출신자들은 군의 각 요직에 등용되었다. 특히 그들은 무관학교 외에 신설된 연성研成학교[75] 및 유년학교[76]에 대거 진출하게 되어 한말 3대 군사교육기관을 통째로 장악했다.

8. 갑자기 끝난 황금시대

육사 제15기생의 이야기는 본서의 제Ⅴ장 「추정秋汀 이갑」에서 상세하게 다루겠거니와, 1904년 가을 군제개혁 때부터 1907년 여름 군대해산의 비운이 도래할 때까지 3년 동안 육사 출신자들이 차지한 주요 직책을 보면 다음과 같다.

---

75 구식 장교 재훈련기관.
76 무관학교 예과과정에 해당.

계급	이름	직책
부장 副將	이병무李秉武	무관학교 교두教頭(교수부장 역임)·교장 군부 교육국장·군부대신
참장 參將	이희두李熙斗	무관학교 학도대장·연성학교장. 군부 군무국장·군부협판協辦(차관)
	조성근趙性根	무관학교장·군부 참모국장·동同 군무국장
정령 正領	어담魚潭	군무국 마정馬政과장·시종무관
	노백린盧伯麟	무관학교 학도대장·연성학교장·군부 교육국장·무관학교장
부령 副領	김성은金成殷	공병대장·군부 참모국 과장(1906년 말경 사망)
	왕유식王瑜植	군부 교무과장·군무국 보병과장
	권태한權泰翰	무관학교 학도대 중대장·동 학도대장
	윤치성尹致晟	군부 참모국 제1과장·시종무관
	전영헌全永憲	연성학교 교성대장·군부 인사은상人事恩賞과장
참령 參領	이갑李甲	군부대신 관방官房부관·군부 교육국 교무과장
	유동열柳東說	기병대장·참모국 제2과장·마정과장
	박두영朴斗榮	포병대장·군무국 포공砲工과장·병기과장
	박영철朴榮喆	시종무관·대신大臣관방부관
	김기원金基元	공병대장·교육국 편수과장
	김응선金應善	대신부관·동궁배종東宮陪從무관
	남기창南基昌	연성학교 교관·교육국 교무과원·대신부관
	임재덕林在德	시위혼성여단侍衛混成旅團부관·제1연대 제3대장
	이대규李大珪	연성학교 부附
정위 正尉	김희선金羲善	시위기병대장
	김교선金敎先	시위야전포병대장
	김형섭金亨燮	시위공병대장

이 밖에 제11기생 가운데 일본에 망명했다가 뒤늦게 복직한 강용희,
권승록, 김관현, 김홍남, 방영주, 이기옥 등도 정위正尉로 복무했다. 이
처럼 이 기간 중 그들은 이병무를 정점으로 하여 군부의 수뇌층과 중견
층을 구성하였고, 특히 군정 분야와 교육기관은 그들의 독무대인 인상
을 주었다.

그러나 이들의 황금시대도 어디까지나 일본군 비호庇護하에 이뤄진 것
이었고, 비유하자면 '다모클레스의 칼' 아래 춤춘 것에 불과하였다. 그들

의 출세가 전광석화電光石火처럼 어느 날 갑자기 찾아온 것이었다면 몰락 또한 돌발적이었다. 1907년 여름 네덜란드 헤이그밀사사건을 구실로 고종 황제의 양위讓位를 강압한 일제는 마침내 7월 31일자로 용병傭兵 형식을 쇄신하여 후일 징병제에 의한 양병良兵을 양성한다는 미명 아래 군대해산을 단행하고 말았던 것이다.

이처럼 숨막히는 고비에서 시종무관侍從武官 어담 정령正領과 군부 교육과장 이갑 참령參領, 그리고 서울을 수비하는 제1연대 3대대장 임재덕 참령은 황제의 양위를 저지하기 위해 대신격살大臣擊殺 음모를 꾸몄다 하여 체포되기도 했다. 하지만 대부분의 육사 출신 장교들은 '대세'에 순응하는 길을 택하였다.

9. 조선보병대의 역사

군대해산 당시 한국군은 서울의 2개 연대[77]와 지방의 8개 대대[78], 기타 헌병대, 홍릉수비대洪陵守備隊 등을 합쳐 모두 9천 명 내외였다. 이때 일제는 왕궁 호위를 위해 시위侍衛연대 예하의 보명 1개 대대를 남겨두게 하였는데, 이것이 바로 1931년 4월 1일 해산될 때까지 24년간 '헛총 메고 빈 대궐 지키던' 조선보병대의 전신이었다.

군대해산 후 육사 출신자들 가운데 일부는 보병대에 배속되었다. 초대 대장隊長은 왕유식 부령으로 1909년에 정령으로 승진된 뒤 1910년 조국의 병합을 맞았다. 5백여 년 전 고려 왕조의 멸망과 더불어 가해진 왕씨 일족에 대한 신왕조의 가혹한 박해 속에서 간신히 살아남은 한 후예가 이제는 왕실경호대장으로서 조선 왕조의 최후를 지켜보았던 것이다. 아

---

77 혼성여단混成旅團 편성.
78 이중 제8대대는 함경남도 북청北靑에 신설하는 중이었음.

무래도 일제의 짓궂은 인사人事라는 느낌이 든다.

한편 이때 이병무를 비롯한 육사 출신 최고위 장교들은 군부[79]의 이름 뿐인 자리를 지키다가 병합으로 친위부마저 폐지되자 대거 조선군사령부부朝鮮軍司令部附가 되어 이른바 왕공족부무관王公族附武官을 하거나 '세계에 하나밖에 없는 평화군대'인 조선보병대의 고위대원이 되었다.

물론 육사 출신자 모두가 친일 분자였다는 의미는 아니다. 군대해산 후 군직에 남아 있던 육사 출신 장교라 할지라도 군상軍相 이병무의 줏대 없는 행동에는 불만이 많았고, 따라서 그들은 자주 대신과 충돌하기도 했다. 하지만 적극적인 저항을 시도한 사람은 몇몇에 불과했다. 노백린은 군대해산 직후 무관학교장에 임명되었으나 곧 군직을 박차고 고향인 황해도에 은거하면서 비밀결사 신민회新民會에 관여, 민족운동을 전개했다. 또한 이갑, 유동열도 역시 신민회에 관여하였고 군복을 벗은 다음에는 일진회一進會에 맞서 서북학회西北學會를 중심으로 정치 사회적 계몽 활동을 벌였다.

1909년 3월 한국주차 일본군사령부 헌병대에서 당시 중요 인물 153 명을 대상으로 내사內査해서 작성한 기밀문서에 의하면 이갑은 "장차 함경·평안·황해 3도의 청년을 교육하여 기호畿湖·삼남三南 세력을 압도함으로써 정계에 웅비雄飛하려는 야심이 있다"[80]는 것이요, 유동열은 "청년교육의 이름 아래 배일사상排日思想을 고취"[81]하고 있다는 것이었다. 이들 세 명과 평안남도 증산군[82] 출신인 제11기생 김희선金羲善은 병합 직전 국외로 망명하여 광복운동을 전개하였지만, 대다수의 유학생들은 조선군사령부에 소속되어 총독정치의 체제 속에 안주하는 길을

---

79 1909년 친위부親衛府라 개칭.
80 최영희崔永禧, 「한말관인의 경력일반韓末官人의 經歷一般」, 「사학연구史學研究」 21, 1969, 397쪽.
81 최영희, 위의 글, 394쪽.
82 1914년 강서군에 통합됨.

택하였다.

　조선군사령부의 한국인 장교들 가운데 육사 출신자들은 일본 군인과 동등한 대우를 받으며 진급했다. 그 결과 이병무, 조성근, 어담 등은 중장에까지 승진하였고 이희두, 왕유식 등은 소장에, 김응선[83], 김형섭, 박두영 등은 대좌에, 권승록, 김기원 등은 중좌에까지 각각 진급했다.

　한편 병합을 전후하여 군직을 떠나 관리생활을 시작한 육사 출신자들도 몇몇 있었거니와 그중에는 김관현, 박영철처럼 1920년대에 도지사道知事를 각각 두 번씩이나 역임한 사람도 나타났고 특히 후자는 관계 은퇴 후 금융계, 실업계에 진출하여 재계의 실력자가 되기도 했다.

　또한 을사조약 체결을 전후하여 경찰관리로 전신轉身한 김봉석[84]은 병합 후 총독부 경무국警務局 촉탁으로 한국 관행慣行 조사업무에 다년간 종사하였고 그 공로로 총독의 자문기구인 중추원 참의中樞院參議가 되기도 했다. 사실 도야마학교 출신의 사관생도로서 갑신정변 때 살아남은 이규완, 신응희 등이 초대 총독부 도장관道長官이 된 것이라든지, 혹은 정난교가 초대 도참여관道參與官[85]을 지낸 것도 이들과 비슷한 경우라 할 수 있다. 이들은 군직 혹은 관직을 은퇴한 뒤에는 중추원 참의가 되었다. 1935년 당시 중추원 칙임勅任대우 참의 25명 가운데 육사 출신자로는 조성근, 어담, 박영철, 김관현 등 4명이 있었고, 주임奏任대우 참의로는 정난교, 김상설 등이 있었다. 그리고 일제 말기에는 다시 박두영이 참의가 되었다.

　일제의 총독정치는 이처럼 육사 출신자들에 대해서 커다란 배려를 아끼지 않았고 어디까지나 비호적庇護的이었다. 병합 당시 순종 황제純宗皇帝의 시종무관侍從武官이었던 어담 정령은 그의 회고록에서 "진실로 동서고금 이처럼 쉽사리 말로末路를 다한 나라는 달리 없다. 이완용 내각

83　영친왕부 무관으로 20여 년간 재직.
84　김상설로 개명.
85　부지사副知事 격.

은 이 합병에 즈음하여 병합에 찬성한 극소수의 양반 및 자기들의 친척을 귀족에 열列해 줄 것을 요구하였을 뿐, 인민의 권리 옹호에 부付해서는 한 마디도 언급하지 않았다"고 개탄하였으나 그 자신은 총독정치에 순응한 공로로 1920년 4월 정식으로 일본 육군 포병대좌로 임관되고, 1922년 9월에는 육군 최연소 소장에, 그리고 1930년 12월에는 육군중장이 되어[86] 이듬해 8월 예편한 뒤에는 중추원 참의에 칙임되어 일제 말인 1943년 7월 5일에 죽을 때까지 재임했다.

육사 출신의 장교들 중 단연 이채를 띠는 인물은 실업계에 뛰어든 윤치성이라 할 수 있다. 그는 1909년 기병부령으로 군에서 퇴직한 뒤 장차 대규모 공업회사 설립을 전망하면서 임재덕 참령, 신규식申圭植 부위 등 퇴역장교들을 끌어들여 대한공업회[87]를 결성하였다. 신규식은 대한제국 무관학교 출신으로 뒤에 중국에 망명하여 독립운동의 지도자가 된 사람이다. 윤치성의 백부는 군부대신을 지낸 윤웅렬尹雄烈이었고, 사촌 형은 학부 및 외부협판과 독립협회 회장을 지낸 윤치호尹致昊였으며, 큰형은 1894년 말 도일하여 게이오의숙에서 공부하고 돌아와 학부 학무국장을 지낸 윤치오尹致旿였으므로, 집안의 배경이나 재력도 상당한 편이었다. 윤치성의 개인 집에 임시 사무소를 차린 대한흥업회에는 잠시나마 노백린과 유동열이 사무원으로 일하기도 했다. 그는 광주 분원에서 도자기를 제조하여 판매하는 분원分院자기주식회사를 비롯하여 가죽제품 제조회사를 차렸는데, 특히 한국산 우피牛皮가 질이 좋아 인기를 끌었다. 그는 가죽 생산에만 머물지 않고 구두 제작에도 착수하여 제혁·제화사업은 크게 발전하였다. 한편 분원자기회사에서는 을사조약의 강압적인 체결에 항의하여 자결, 순국한 민영환의 사진과 혈죽血竹을 새긴 자기필통을 만들어 판매하였다. 그는 이 밖에도 군대해산 당시의 군부

---

86 어담은 1922년에 소장으로 진급했고, 전역을 얼마 남겨놓지 않은 1930년 12월에 중장으로 진급했음.

87 뒤에 대한흥업회로 개명.

차관[88]이었던 외삼촌 한진창韓鎭昌 등을 끌어들여 운현궁 등에 식품재료를 조달하는 회사를 차렸다. 이 가운데 분원자기회사만은 총독부가 들어선 뒤 1911년 초부터 시행된 조선회사령의 엄격한 심사기준을 통과하여 설립인가를 취득, 한동안 살아남을 수 있었다.[89] 그러나 일제의 탄압과 자본부족으로 인해 얼마 지나지 않아 모든 회사가 청산되어 모처럼 퇴직군인들의 생계수단 확보를 위한 윤치성의 노력도 물거품이 되고 말았다.

조선보병대는 1931년 해체될 때까지 몇 번이나 존폐의 고비를 넘겨야 했다. 1920년대 초반부터 밀어닥친 군비축소의 여파가 바로 그것이었다. 1925년의 대군축大軍縮 때에 조선보병대를 해체해야 한다는 논의가 일부에서 일어났으나, 당시 순종 황제가 아직 생존해 있다는 등의 이유로 간신히 그 존속이 결정되었다. 하지만 그 이듬해 순종이 죽자 이를 존속시킬 명분이 없어졌고 더욱이 20년대 말 세계경제공황의 여파로 허덕이던 총독부는 마침내 1931년에 들어서 긴축예산을 이유로 이를 폐지시키기로 결정했다.

해체 당시 조선보병대의 전 병력은 장교 17명을 포함하여 209명. 그 해대식解隊式은 이해 4월 8일 오전 10시, 현 정부종합청사 자리에 있던 영전營前(청헌당淸憲堂)에서 거행되었다. '따! 따! 따!' 울리는 보병대 최후의 나팔소리와 함께 2백여 명의 한국인 대원들은 창덕궁을 향해 마지막 긴 경례를 올렸다.

한편 일제 강점기 조선보병대 청사였던 청헌당은 1865년(고종 2)에 착공하여 3년 뒤에 완공, 삼군부三軍府 청사로 사용되다가 갑오개혁 뒤에는 시위대侍衛隊 청사로 전용轉用된 것이었는데, 해방 후 체신부 청사의 일부로 사용되다가 1967년 정부종합청사 신축으로 철거와 동시에 태릉 육사

---

88 육군참장.
89 전우용全遇容,『한국 회사의 탄생』, 서울대 출판문화원, 2011, 제3장 및 제4장 참조.

구내 국기게양대 옆자리에 이건移建되어 현재에 이르고 있다.[90]

10. 대한제국의 유복자遺腹子들

이제는 제26기생과 제27기생 33명의 이야기를 할 차례가 되었다. 제26기생은 병합 직후인 1912년 12월 육사에 입교, 1914년 5월 졸업했다. 또한 제27기생은 이보다 꼭 일 년씩 늦다. 이처럼 그들은 병합 후 육사에 유학하였으나 본래는 대한제국 정부의 관비생官費生으로 도일했다.

1907년의 군대해산 때 무관학교는 그대로 존속되었으나 1909년 7월 말 명목상의 존재였던 군부가 폐지될 때 무관학교 역시 폐쇄되고 말았다. 통감부의 강압적인 지시에 의한 것임은 말할 나위도 없다. 그러나 이와 동시에 한국 정부와 통감부 사이에는 사관 양성을 일본 정부 당국에 위임하기로 합의를 보아 폐교 당시의 1, 2학년 학생들 가운데 일부를 국비생으로 일본에 유학시키기로 하였다.

이에 따라 유학생 선발을 위한 이른바 소양素養시험이 실시되어 학도들은 한 사람씩 일본군 장교 앞에 불려가 면접을 받았다. 당시 이 면접을 담당한 장교가 무관학교에 감독관으로 파견 나와 있던 니시요쓰쓰지 긴타카西四辻公堯[91] 대위였다. 그는 2년 전 한국 군대해산 때 수원 소재 진위鎭衛 제1대대의 해산을 감독, 지휘했는데, 마침 그 예하의 분견소分遣所가 있는 강화도의 한국군대가 해산에 저항하여 의병을 일으키자 이를 진압한 경력이 있었다. 그는 뒤에 함북咸北 나남羅南 소재 제19사단 예하 보병 제76연대장을 거쳐 1929년 대명待命과 동시에 소장에 명예진급, 조선군사령부 조선보병대 감독 장교를 한 사람이다. 그는 본디 구게公家 계

---

90 『육군사관학교삼십년사陸軍士官學校三十年史』, 1978, 338쪽.
91 통칭은 구교.

통의 오구라小倉 자작 가문에서 태어나 육사를 제11기로 졸업한 뒤, 1910
년에 역시 구게 계통인 니시요쓰쓰지 자작 집안의 양사자養嗣者가 되었
으므로 면접 당시에는 오구라 유사부로祐三郎 대위로 행세했다. 그는 한
국 출신의 육사 제26, 27기생들에게는 귀족 출신임을 뽐내던 경박한 청
년장교로 기억되고 있으나, 그가 한국에서 군대생활을 마칠 즈음에 저
술한 『20년 전의 한국군인 및 군대』(1928)와 특히 『한말외교비화』(1930)는
통감정치에 대하여 비판적으로 서술한 것으로 평가받고 있다.[92] 여기서
'비판적'이라 함은 그가 서울에 체류할 때 보고 들은 대로 기록했다는 의
미일 뿐, 그가 일제의 한국 침략정책에 대해 본디 비판적인 인식을 갖고
있었다는 의미는 아니다.

어쨌든 당시 무관학교 학도들 가운데는 이 소양시험을 기피하거나 신
체검사에 불합격하여 선발에서 탈락된 자가 여러 명 있었다고 한다. 당
시 2학년 재학생들 중 18명이 이 시험에 통과했다. 이들이 육사 제26기
생이 된다. 또한 1학년 학생 26명이 역시 이를 통과했다. 이들이 제27기
생이 된다. 선발이 끝나자 이해 8월 4일 이들 44명의 유학이 결정되어 오
구라 대위의 인솔하에 9월 3일 본국을 출발했다.

유학생들은 일본에 도착하자 곧 예정대로 도쿄 중앙유년학교 예과 2,
3학년생으로 입교했다. 이 학교 본과는 1920년 육사 예과로 개편되었는
데[93] 육사의 예비과정에 해당하였다. 그들의 입교 당시 교장은 구노 츠카
사久能司 대좌로 얼마 뒤 장군이 되고 여단장을 거쳐 1913~1915년 사이
에 임시조선파견대臨時朝鮮派遣隊(대구 주둔) 사령관을 지낸 인물이다. 또
한 그들의 재학 중 담당 구대장區隊長은 1945년 8월 15일 일본이 항복하
던 날 육군대신[94]으로 자결한 아나미 고레치카阿南惟幾 중위였다고 한다.

---

92 다보하시 기요시田保橋潔, 「근대조선관계사료近代朝鮮關係史料 1, 2」, 『청구학총青
    丘學叢』 10, 1932, 170쪽.
93 그 후 다시 1937년에는 육군예과사관학교로 독립함.
94 대장.

유학생들은 병합 때까지는 '한국 학생반'에 편성되었으나 교육 훈련은 일본 학생과 같았다. 또한 일본인과 같은 복장을 하였으나 다만 금장襟章 빛깔만이 달랐다. 즉 일본인들이 빨간색이었던 데 비해 유학생들의 것은 분홍색이었다.

그들이 입교한 지 두 달이 지나지 않아 안중근安重根의 의거가 있었거니와, 이 때문에 그들은 일본인 교관들로부터 '강韓고로!'라는 욕설을 들었다. 더욱이 입교 후 채 1년이 되지 않은 1910년 8월 그들은 망국의 비운을 겪어야 했다.

기울어진 조국을 다시 일으키겠다는 일념으로 오직 학교 공부에 열중하고 있던 그들에게[95] 합방 소식은 문자 그대로 청천벽력이 아닐 수 없었다. 이제부터 그들은 조국을 위해서가 아니라 일본제국의 간성干城이 되지 않으면 안 되었기 때문이다.

유학생들은 병합 소식에 비분강개하여 요코하마橫浜에 있는 어느 요정에 모여 밤새도록 술을 거나하게 마시면서 앞으로의 거취를 토론하였다. 혹은 박유굉의 무덤이 있는 아오야마靑山묘지에서 비밀집회를 갖고 이 문제를 의론하기도 했다. 어떤 사람은 곧 전원 퇴학하여 귀국하자고 했고, 또 어떤 사람은 천황의 거처로 연결되는 궁성 니쥬바시二重橋 앞에 가서 집단 자결하여 분한 마음을 풀자고 했다. 사실 그들 중에는 충무공의 후예인 이대영李大永도 있었다. 그러나 그들은 결국 연배가 높은 지석규의 주장에 따라 이왕 군사교육을 배우러 온 것이니 배울 것은 끝까지 배운 다음 장차 중위中尉가 되는 날 일제히 군복을 벗어던지고 조국 광복을 위해 총궐기하기로 맹세하였다. 다만 이응준李應俊은 당시 2, 3명의 유학생이 탈출한 것으로 기억하고 있다. 당시 육사에 유학 중이던 청국 유학생들은 1911년 10월 본국 우창武昌에서 신군新軍이 봉기하여 신해혁명辛亥革命의 단서가 열리게 되자 혁명군에 적극 투신하기 위해 전원 퇴교하여 귀

---

95 제26기생들은 무관학교 재학 중 노백린 교장의 감화를 받았음.

국했는데, 한국 유학생들은 망한 나라의 유복자 신세로 떨어졌으니 참으로 딱한 처지에 놓이게 된 것이다. 후일담이지만 장제스蔣介石(1887~1975)는 1908년 봄 유학생으로 일본에 와서 육사의 예비학교인 진무振武학교를 거쳐 1910년 이래 니가타新潟현 다카다高田[96] 소재 제13사단 야포병연대에서 대부隊附 근무 중이었는데 우창의 의거 소식을 접하고 십수 명의 동기들과 즉시 귀국을 결의했다. 그리고 이를 연대장에게 신고하자, 사단장 나가오카 가이시長岡外史 중장은 그들의 앞날을 기원하는 뜻에서 연회를 베풀어 주기까지 했다고 한다. 장제스는 귀국하자마자 11월 3일 상하이 탈환 전투에 참가했고, 1924년 6월에는 이른바 국공합작國共合作의 산물로 탄생한 황푸黃埔육군군관학교의 초대 교장이 되었다. 그가 여기서 속성으로 양성한 초급장교를 기반으로 1926년 7월 국민 혁명군 총사령이 되어 북벌北伐을 개시, 2년 뒤 도처에 군벌이 할거하던 전 중국을 일단 통일하는 데 성공하여 이른바 난징南京국민정부를 세운 것은 잘 알려진 사실이다.

11. 바꿔진 금장襟章

이들 유학생들의 정신적인 동요를 눈치챈 생도대生徒隊에서는 비밀리에 그들의 일기를 내사內査하여 가령 우국적인 구절이라도 발견되는 경우에는 본인을 불러 추궁하고 협박했다. 얼마 후 그들은 신임 교장 마쓰우라 히로타케松浦寬威 대좌 앞에 불려가 일시동인一視同仁, 즉 병합과 동시에 유학생들을 일본인 학생과 똑같이 취급한다는 내용의 훈시訓示를 들었다. 또한 학교 당국은 장차 유학생들을 일본군의 간부로서 중용할 것이라고 달랬다. 이 방침에 따라 '한국 학생반'은 곧 폐지되어 일본 학생들과

---

96 현 조에쓰上越.

섞여서 새로이 배치되었고, 대한제국의 건재를 상징하고 있던 유일한 표지인 분홍색 금장은 빨간색으로 바뀌었다.

제26기생 13명은 1912년 5월 유년학교를 졸업하고 사관후보생으로서 전국 각 부대에서 근무했다. 이전에 김정렬金貞烈 장군이 소장하고 현재는 공군회관에 기증된 그들의 앨범 '사막천沙漠泉'에는 각자의 출생연도(간지干支로 표기), 출신지방, 배속연대 등이 표시되어 있는데 이를 보면 다음과 같다(순서는 가나다순임).

이름	출생연도	출신지방	배속연대
권영한權寧漢	1887	경기 광주	보병 23연대
김준원金埈元	1888	서울	보병 43연대
민덕호閔德鎬	1887	경기 양평	보병 39연대
박승훈朴勝薰	1890	경기 수원	보병 4연대
신태영申泰英	1891	서울	보병 33연대
안병범安秉範	1890	경기 수원	보병 13연대
염창섭廉昌燮	1890	서울	보병 38연대
유승렬劉升烈	1893	충남 공주	보병 6연대
이대영李大永	1892	서울	보병 12연대
이응준李應俊	1890	평남 안주	보병 3연대
조철호趙喆鎬	1890	경기 시흥	보병 29연대
지석규池錫奎	1888	서울	보병 10연대
홍사익洪思翊	1889	경기 안성	보병 1연대

즉 도쿄에 근무하게 된 사람은 제1사단 예하의 홍사익과 이응준뿐이었고 그 밖에 조철호와 박승훈은 제2사단 예하 센다이仙台 연대에, 신태영과 유승렬은 제3사단 예하 나고야名古屋 연대에, 안병범과 권영한은 제6사단 예하 구마모토熊本 연대에, 지석규와 민덕호는 제10사단 예하 히메지姬路 연대에, 김준원과 이대영은 제11사단 예하 젠쓰지善通寺 연대와 마루카메丸龜 연대에, 그리고 염창섭은 제16사단 예하 교토京都 연대에서 근무하게 되었다. 염창섭은 이때의 인연으로 뒤에 중위로 예편한 후 교

토대학京都大學에 진학하게 된다.

이들은 6개월간의 대부隊附 근무를 마치고 다시 육사에 진학, 1년 6개월 간 군사학을 공부한 다음 1914년 5월 졸업했다. 이들의 육사 재학 중 생도대 구대장으로는, 육군대신을 거친 뒤 제2차 세계대전 중 조선군사령관으로 3년 동안 재임한 이타가키 세이시로板垣征四郎 대장과 역시 세계대전 중 1944년 육사 동기생인 도조 히데키東條英機 수상首相 겸 참모총장 아래서 군사참의관의 겸직 형식으로 참모차장을 역임한 우시로쿠 준後宮淳 대장[97]이 있었다. 후자는 우시로쿠 도라오後宮虎郎 전 주한대사의 선친이다. 이러한 인연 때문에 1973년 2월 우시로쿠 대사는 이응준, 이대영, 김석원金錫源 등 육사 출신자들을 대사 관저로 초청하여 오찬을 베푼 일이 있으며, 한편 1975년 봄 그가 한국을 떠나게 되자 육사 출신자들이 전별연餞別宴을 열어주기도 했다.

한편 제27기생 20명은 이들보다 1년 늦게 유년학교를 졸업하고 사관후보생으로 6개월간 각 연대에서 근무했다. 다시 육사에 진학한 그들은 1915년 5월 졸업하였는데, 역시 '사막천'에 의하면 이들의 출생연도, 출신지방, 배속연대는 다음과 같다.

이름	출생연도	출신지방	배속연대
김석원金錫源	1893	서울	보병 61연대
김인욱金仁旭	1892	평남 용강	보병 48연대
김종식金鍾植	1890	평북 곽산	보병 2연대
김중규金重圭	1894	경기 과천	보병 8연대
남우현南宇鉉	1891	경남 진주	보병 41연대
박창하朴昌夏	1894	경기 인천	기병 23연대
백홍석白洪錫	1889	평남 덕천	보병 54연대
서정필徐廷弼	1891	서울	보병 45연대
원용국元容國	1891	서울	기병 25연대
유관희柳寬熙	1891	경기 양천	보병 55연대

---

97 두 사람 모두 당시 계급은 중위였음.

윤상필尹相弼	1890	함남 함흥	기병 15연대
이강우李降宇	1889	경기 죽산	보병 22연대
이동훈李東勛	1890	평남 순천	보병 59연대
이종혁李種赫	1892	충남 면천	보병 24연대
이희겸李喜謙	1887	경기 통진	보병 71연대
장기형張璣衡	1889	경기 양천	보병 35연대
장석윤張錫倫	1892	서울	보병 68연대
장성식張星熄	1891	서울	보병 19연대
장유근張裕根	1892	서울	보병 69연대
정훈鄭勳	?	서울	보병 20연대

즉 윤상필이 제1사단 예하 나라시노習志野 기병연대에 배속된 것을 비롯하여 장석윤은 제3사단 예하 기후岐阜 연대에, 김중규와 김석원은 제4사단 예하 오사카大阪 연대와 와카야마和歌山 연대에, 이강우와 이희겸은 제5사단 예하 마츠야마松山 연대와 히로시마廣島 연대에, 서정필은 제6사단 예하 가고시마鹿兒島 연대에, 박창하는 제8사단 예하 모리오카盛岡 기병연대에, 장기형과 장유근은 제9사단 예하 가나자와金澤 연대와 도야마富山 연대에, 정훈은 제10사단 예하 후쿠치야마福知山 연대에, 이종혁은 제12사단 예하 후쿠오카福岡 연대에, 김종식과 이동훈은 제14사단 예하 미토水戸 연대와 우쓰노미야宇都宮 연대에, 원용국은 제15사단 예하 도요하시豊橋 기병연대에, 장성식은 제16사단 예하 쓰루가敦賀 연대에, 남우현과 백홍석은 제17사단 예하 후쿠야마福山 연대와 오카야마岡山 연대에, 그리고 유관희와 김인욱은 제18사단 예하 사가佐賀 연대와 구루메久留米 연대에 각각 배속되어 대부생활을 했다.

유학생들은 육사 졸업 후 다시 6개월간의 견습사관 생활을 하였거니와 임관任官 후에도 원대原隊에 계속 남아서 초급장교 생활을 계속했다. 참고로 제26, 27기생 33명을 출신 도별道別로 보면 서울과 경기도가 각각 12명으로 가장 많고 그다음이 평안도의 5명, 충청도의 2명, 나머지 함경도와 경상도가 각각 1명씩이다. 한편 유학생들 가운데 10여 명은 자

원 혹은 질병·성적 불량·징계 등의 사유로 중앙유년학교나 육사 시절에
퇴교당했다. 도일 당시 무관학교 2년생이었던 이은우李殷雨·남상필南相
弼·이건모李建模와 1학년생이었던 윤우병尹佑炳·신우현申佑鉉·유춘형柳春
馨·이응섭李應涉·정동춘鄭東春·민병은閔丙殷·강우영姜友永·이교석李敎奭
등이 그들이다. 특히 민병은과 이교석은 졸업 몇 개월 전 교칙위반으로,
강우영은 대부근무에 적응하지 못해 탈락했다. 다만 탈락자로 간주되고
있는 정동춘에게 퇴교기록이 없는 점 등을 고려할 때 그가 정훈으로 개
명한 것이 아닐까 생각된다.

12. 항일운동의 대열에

　제26기생들의 육사 졸업 직후 제1차 세계대전이 일어났다. 당시 일본
은 영국과 동맹국이었던 관계로 영국의 교전국인 독일에 대해 선전을 포
고하고 즉각 중국 산둥山東 방면에 출병하여 독일의 극동 거점인 자오저
우만膠州灣을 공격하였다. 그리고 이어 이듬해 3월에는 지석규(이청천) 소
위가 소속되어 있는 제10사단이 점령지인 칭다오靑島에 파병되었다. 이로
써 그는 제1차 세계대전의 참전 장교가 된 셈이다.
　그 후 일제가 러시아의 공산혁명정권을 봉쇄하기 위해서 시베리아에
출병하기로 결정하자 1918년 9월 이응준, 염창섭 두 중위와 제29기생인
조대호趙大鎬 소위[98]가 최초의 출정부대를 따라 블라디보스토크[99]로 파
견되었다. 당시 일본은 블라디보스토크를 우라시오浦鹽라 호칭하여 이
출정부대를 우라시오 파견군派遣軍이라 불렀는데, 특히 이응준은 동同
군사령부 본부직원으로 임시 차출되었다.

98　망국대신인 조중응趙重應 자작의 사자嗣子.
99　해삼위海蔘威.

한국인 장교들의 출정 소식은 당시 도쿄의 한국인 유학생들 사이에 커다란 물의를 빚어냈다. 요컨대 한국인을 침략전쟁의 최일선에 내세워 희생시키지 말라는 집단항의였다. 마침 염 중위의 친동생인 염상섭廉尙燮이 당시 게이오의숙대학慶應義塾大學에 재학 중이었던 사정도 작용하여 유학생들의 반발이 한층 거셌던 듯하다. 그러나 그 후 전선이 확대됨에 따라 신태영·이희겸·안병범·이대영·이종혁·원용국 등 한국인 장교들이 소속부대를 따라 시베리아 전선에 동원되었다.

곧이어 1919년에 일어난 3·1운동은 그간 일군日軍부대에서 근무하고 있던 제26, 27기생들에게 커다란 충격을 주었다. 그리하여 지석규(이청천), 이종혁 등은 일군부대를 탈출, 독립운동에 나서게 되었고, 그 밖에 조철호趙喆鎬는 합병 당시의 약속대로 1918년 중위로 승진하자 곧 예편하여 국내에서 민족운동을 벌였다.

물론 이들의 대선배들도 3·1운동을 계기로 독립운동에 한층 더 자신을 갖고 그 직후 4월 상하이上海에서 수립된 대한민국임시정부에 참여, 활약했다. 제11기생인 노백린과 김희선은 그해 9월에 단행된 임시정부 국무원 개각改閣에서 각각 군무부의 총장과 차장으로 추대되었고[100], 제15기생인 유동열柳東說은 참모총장이 되었다.[101]

유감스럽게도 장래가 크게 기대되던 제15기생 이갑李甲은 3·1운동이 일어나기 2년 전 노령露領 연해주 니콜스크-우스리스크[102]에서 41세로

---

100 노백린은 그 후 국무총리에 추대되었으나 1926년 1월22일 52세로 병사함.

101 그는 그 후 계속 독립운동에 투신하다가 해방 후 귀국, 이응준의 추천으로 미군정청美軍政廳 통위부統衛部 초대 부장을 지냈으나 6·25전쟁 때 납북됨.

102 현 우스리스크. 우스리스크의 옛 이름으로는 니콜스코예, 니콜스크-우스리스크, 보로실로프 등이 있는데, 1866년 러시아 아스트라한주州로부터 이주한 농민들이 수이푼강의 지류인 라코브카강 하구의 강변에 '니콜스코예' 마을을 형성한 때를 시작으로 삼는다. 이후 니콜스코예는 1898년 4월 시로 승격되면서 '니콜스크-우수리스크'로 개칭되었고 1935년 스탈린의 측근인 국방인민위원 보로실로프의 이름을 따서 '보로실로프'로 개칭됐다. 스탈린 사후인 1957년 보로실로프는 다시 현재의 우수리스크로 이름이 바뀌었다.

병사했으므로 임시정부에 참여할 수 없었다.

3·1운동 직후 병가病暇를 내어 서울에 와 있던 이청천은 그해 6월 만주로 빠져나가 남만주 지린성吉林省 류허현柳河縣에 있는 독립군 양성소인 신흥무관학교新興武官學校에 찾아가 교성대장敎成隊長으로서 교장 이시영李始榮을 도와 후진 양성에 전념했다. 한편 그는 서간도 지방 독립군 부대의 최고 지휘부로 서로西路군정서가 구성되자 부대 사령관에 추대되었다. 그러던 중 1920년 10월 북로北路군정서에 의해 감행된 청산리靑山里전투 후 일제의 강압에 굴복한 중국군벌 세력이 학교 폐쇄의 강경책을 취하자 북간도 안투현安圖縣의 삼림지대로 근거지를 옮기게 되었다. 그후 1921년 초 닝안寧安에서 김좌진金佐鎭, 홍범도洪範圖, 조성환曹成煥 등과 합류한 그는 새로운 대오隊伍의 편성을 마친 다음 소만 국경의 우수리강을 건너 이만(현 달네레첸스크)으로 갔다.

이청천은 이만에서 귀국 선편을 기다리고 있던 체코인 부대로부터 성능이 뛰어난 총기류를 구입하였고 이는 병사들의 사기도 드높였으나, 뜻밖에 극동공화국 당국에 의해 강제로 무장해제를 당하고 말았다. 이 나라는 러시아 공산혁명파가 자바이칼 지방의 반혁명군(이른바 백군白軍)을 제압한 뒤 바이칼호 동남쪽 교통의 요지인 치타에 새로이 세운 정권으로, 시베리아를 점령 중인 일본군과 볼셰비키 정권 사이의 완충역할을 자임하면서 일본에 대해 국교를 제안하고 있었다. 그런 까닭으로 한국 독립군을 단속함으로써 일본군 당국의 환심을 사려고 했던 것이다. 이 같은 돌발 사태에 직면하자 독립군 부대들은 시베리아의 파리로 불리는 바이칼호 서남쪽의 이르쿠츠크로 근거지를 옮기게 되었다. 실제로 당시 연해주에서 활동하던 민족운동의 지도자들도 이르쿠츠크로 본부를 옮기고 있었다. 이청천이 부대를 끌고 헤이룽黑龍강 중류의 하항河港 블라고베셴스크[103] 부근

---

103 그 강 건너 북만주의 국경도시 헤이허黑河에는 유력한 일본군의 특무기관이 있었음.

의 알렉셰프스크[104]에 이르렀을 때 치타 정부로부터 독립군이 공산혁명에 저항하고 있는 백군을 치는 데 협력하는 대가로 군관학교를 세워주고 대포, 기관총 등 무기를 무상으로 대여해 주겠다는 제의를 받았다. 그러나 얼마 뒤 치타 정부는 독립군이 민족주의 입장에서 조국의 독립을 주장하는 파시스트 집단이며, 이는 민족을 초월하여 연방제 국가건설을 목표로 하고 있는 소비에트 러시아 정부의 이념과는 배치된다고 비난하여 양쪽의 갈등은 깊어져 갔다. 사정이 더욱 악화된 데는 한국독립군 부대의 처리 문제를 둘러싸고 소비에트 러시아 당국과 극동공화국이 견해 차이를 보인 점과 또한 고려 공산당 계열의 독립운동가들이 상하이파와 이르쿠츠크파로 분열되어 서로 암투를 벌인 것도 원인이 되었다. 급기야 6월 하순 치타 정부는 이르쿠츠크파의 책동에 넘어가 독립군에게 무조건 무장해제를 요구하기에 이르렀고, 이청천을 비롯한 많은 부대장들은 이에 항의했으나 치타 정부는 6월 28일 독립군 기지를 이중으로 포위한 가운데 중기관총과 대포로 공격을 가해왔다. 이에 독립군은 전사자 272명, 포로 917명, 행방불명자 259명, 익사자 31명이라는 처참한 피해를 입었다. 이것이 독립운동 역사상 가장 비극적인 '자유시 참변' 혹은 '헤이허黑河 사변'이었다. 이청천은 이르쿠츠크로 끌려가 재판에 회부되어 사형선고를 받았으나, 뜻밖에도 21일 만에 석방되어 시베리아를 떠날 수 있었다.

그는 만주사변이 일어난 뒤 1933년 북만주 치치하르에 잠입하여 지하운동을 지휘하면서 한중연합군의 총참모장에 취임하였다. 또한 1940년 9월 충칭重慶에서 창설된 대한민국임시정부 예하 광복군의 초대 사령관으로서 해방을 맞이했다. 제헌制憲국회의원, 초대 무임소장관無任所長官, 제1야당인 민주국민당民主國民黨 대표최고위원을 역임한 그는 1957년 70세로 병사했다.

---

104 볼셰비키 혁명 후 '자유'를 뜻하는 스보보드니로 개명.

1919년 만주로 망명한 이종혁도 그곳에서 독립운동에 투신했다. 마덕창馬德昌이라는 가명으로 한때 군벌軍閥 마잔샨馬占山 부대의 교관으로 일했던 그는 육군주만참의부陸軍駐滿參議府 군사위원장으로서 1920년대에 누구보다 앞장서서 독립운동의 일선에서 활약했다. 하지만 그는 1928년 9월 평톈奉天[105]에서 한국인 밀정의 고발로 일경日警에 의해 검거되어 국내에 압송되었고 신의주 지방법원에서 7년 징역형을, 평양 복심覆審법원에서는 징역 5년형을 언도받았다. 이처럼 그가 비교적 가벼운 형을 받게 된 것은 지난날 일군 시절 시베리아 출병 때에 공을 세워 훈勳 6등의 서훈을 받았기 때문이라고 한다. 일제 당국은 형무소 교회사敎悔師를 통하여 '잘못했다'는 말 한마디만 한다면 사면해 주겠다고 그를 회유하였으나 그는 이를 끝내 거부했다고 한다.[106] 이종혁은 옥중에서 늑막염으로 고생하다가 1934년 평양에서 중환자의 몸으로 출감했다. 그러나 가족도, 거처할 집도 없었던 그는 원봉圓峰 유봉영劉鳳榮[107], 김석원 등 친지들이 주선하여 박영효, 윤치호 등에게서 약간의 돈을 받아 평북 선천宣川의 이영찬李永贊 집에서 정양생활에 들어갔으나, 1935년 12월 14일에 불귀의 객이 되고 말았다. 그의 무덤에는 '무명순국열사無名殉國烈士'의 묘라는 비석이 세워졌다.[108]

한편 조철호는 일제 강점기 국내에서 어려운 항일민족운동을 전개하였다. 그는 임관 후 센다이仙台 제2사단 예하 제29연대 제3중대에서 근무하다가 병합 당시의 약속대로 중위에 진급한 1918년에 전역하여 귀국했다. 그는 평북 정주定州 오산五山학교에서 교편을 잡고 있다가 3·1운동 때 전교생 만세 시위를 주도했다. 그 직후 그는 상하이로 망명했다가 체포되어 옥고를 치렀다. 가출옥되어 다시 사회활동을 시작한 그는 1922

---

105 현 선양.
106 김석원金錫源, 『노병老兵의 한恨』, 육법사育法社, 1977, 174~175쪽.
107 전 조선일보 부사장, 1897~1985.
108 김석원, 위의 책, 197~200쪽.

년 10월 대원 8명으로 조선소년군朝鮮少年軍을 창설하여 한국 보이스카우트 운동의 창시자가 되었고, 이듬해 방정환方定煥 등과 함께 조선소년운동협회를 조직하고 5월 1일을 어린이날로 제정했다. 1926년에는 중앙고등보통中央高等普通학교의 교원으로 있으면서 6·10만세운동을 배후에서 지도함으로써 또다시 교단에서 추방된 그는 북간도로 망명하였으나, 그 후 귀국하여 동아일보사東亞日報社 수위로 일하다가 1932년 일제 당국에 다시 한번 피검되었다. 이 밖에도 그는 중일전쟁이 일어난 1937년 파고다 공원에서 열린 시국강연회 때 조선소년군이 태극마크와 무궁화가 도안된 복장을 착용했다는 이유로 구속되고 일본의 어용단체인 건아단健兒團에 통폐합시킬 것을 강요받았다. 그는 다시 동아일보사에 복직하여 발송부發送部 책임자로 일하기도 했다.[109] 그는 1939년부터 보성전문普成專門학교에서 체육을 담당하다가 1941년 3월 22일 52세를 일기로 병사했다. 그는 한국 청소년운동의 선구자로 한국 보이스카우트를 창설한 공로를 인정받아 1998년 문화관광부에 의해 7월의 '문화인물'로 선정되었고, 2008년 3월 22일 중앙중고교와 중앙교우회는 그의 기일忌日을 맞아 서울 종로구 계동 중앙중학교 교정에서 '한국 스카우트 발상지비發祥之碑 제막식'을 가졌다.

13. 수수께끼의 인물 김광서

그러나 이 시기 육사 출신으로서 가장 이채를 띠고 있는 인물은 단연 김광서金光瑞이다. 1970년경까지만 해도 육사 제23기 출신의 일본군 기병중위騎兵中尉로 3·1운동 직후 망명하여 1920년대 전반에 만주와 시베리아 연해주에서 독립운동에 종사하다가 죽었다고 하는 것이 이제까지

---

109 『동아일보사사東亞日報社史』 1, 1975, 429쪽.

그에 대한 지식의 전부였었다. 그러던 중 『김일성열전金日成列傳』(1974)의 저자인 성균관대학교 행정학과 이명영李命英 교수(1928~2000)의 끈질긴 추적 끝에 그의 정체가 비로소 조금씩 드러나기 시작했다. 이 교수의 지론持論은 1920년대 초에 연해주 일대에 해당하는 노령露領에서 독립군을 지휘한 김경천金擎天이 바로 김광서이며, 그는 당시 함경도 지방에 살던 한국 민중 사이에서 김일성 장군으로 구전되었다는 것인데, 다음의 서술은 주로 이 교수의 발굴 성과를 토대로 한 것이다.

앞에서 소개한 '사막천'에 의하면 김광서는 함남 북청北靑 출신으로 정해생丁亥生, 즉 1887년에 출생하였으며 도쿄 제1사단 예하 기병 제1연대에서 대부隊附생활을 하였다. 그의 육사생도 시절의 이름은 현충顯忠이었다고 한다. 그는 육사 26, 27기생들이 일본 도쿄 중앙유년학교에 편입학하던 1909년 12월, 유일한 한국인으로 육사 제23기생으로 입학하였는데, 다만 유학 경위는 밝혀지지 않고 있다. 하지만 그의 아버지인 김정우金鼎禹가 대한제국 포병부령副領으로 군기창장軍器廠長[110]이란 요직에 있었던 것이 크게 도움이 되었을 것으로 생각된다. 국사편찬위원회에서 간행한 『대한제국관원이력서大韓帝國官員履歷書』(1972)에 의하면 김정우의 본관本貫은 시흥始興으로 1895년 정부가 파견한 도일 유학생 가운데 한 사람이다. 그는 30대 후반의 적지 않은 나이에 아들과 함께 게이오의숙에서 보통과普通科를 마친 다음 도쿄공업고등학교[111]에서 기계과를 전공한 것으로 되어 있다.

김광서는 1911년 5월 육사를 졸업한 뒤 도쿄 제1사단 기병 제1연대에서 근무하였다. 그 때문에 그는 제26, 27기 후배들과 접촉이 잦았다. 1916년 12월 제26, 27기생들 가운데 홍사익, 이응준, 윤상필, 김종식 등 도쿄에서 근무하던 한국인 장교들이 발기인發起人이 되어 친목단체인

---

110 현재의 육본 병기감兵器監·조병창장에 상당함.
111 현 도쿄공대의 전신.

전의회全誼會를 만들었을 때 그는 회장으로 추대되었다. 이 전의회는 말하자면 한말韓末의 일심회一心會를 계승한 것이고, 또한 1930, 1940년대의 계림회鷄林會의 전신이 되는 셈인데, 3·1운동이 일어난 뒤에도 한동안 회보를 발간하여 동창 상호 간의 친목을 돈독히 하는 한편 회원 소식을 알려주기도 했다. 회보의 일부는 홍사익의 아들 홍국선洪國善 씨[112]가 소장하고 있었다.

김광서 중위는 1919년 초 도쿄 유학생들을 중심으로 하여 무언가 일어날 듯한 기운이 무르익자 병가를 얻어 2월 20일 서울 사직동社稷洞 본가에 돌아왔다. 이때 이청천, 이응준 등도 귀국했다. 김광서는 은밀히 후배들과 접촉하면서 함께 만주로 망명하여 항일운동에 나설 것을 모의하는 한편 겉으로는 낮에는 당구나 치고 밤에는 술집에나 출입하면서 일본군 헌병대의 눈을 속였다고 한다. 그는 서울에 와있던 몇 달 안 되는 동안 이강李堈 공[113]의 애인과 염문艷聞을 퍼뜨려 장안의 화제가 되기도 했다.

그는 이해 6월 이청천과 함께 신의주를 거쳐 만주로 빠져나가는 데 성공했다. 그들은 서간도西間島의 신흥무관학교를 찾아가 독립군 간부 양성에 힘을 쏟았다. 일본 육사에서 근대 군사교육을 받은 장교 두 사람이 항일투쟁의 대열에 참가했다는 소식이 한번 퍼져나가자 만주의 한인동포들은 이에 커다란 용기를 얻었고 앞을 다투어 무관학교로 몰려들었다고 한다.

이해 겨울 김광서는 무기 구입차 연해주에 들어갔는데 그 이듬해 3월 초 태평양에 면한 시베리아 북쪽 끝 니콜라옙스크[114]에서 일본 군대가 볼셰비키군과 이에 합류한 재在러시아 한국인 2세 박일리아가 이끄는 부대를 공격하다가 참패한 사건이 일어났다.[115] 이 사건을 계기로 4월 초 블라

112　예비역 육군대령, 1984년 별세.
113　의친왕義親王.
114　니항尼港, 현 푸가초프.
115　그 뒤 일본 수비대는 정전협정을 다시금 위반하고 저항하다가 5월 25일 영사관 직

디보스토크 교외 신한촌新韓村의 한국인 교민 300여 명을 포함한 노령의 교포들이 마침 시베리아에 출병 중인 일군들에 의해 무참히 보복학살되었다. 이때부터 김광서의 항일무장투쟁은 비로소 본격화된다. 그는 1920년 봄부터 연해주 일대의 한국인 청년들을 규합하여 처음에는 적군赤軍과 연합하여, 나중에는 단독으로 일본군 및 백군白軍을 상대로 피나는 전투를 시작했다. 때때로 그는 교포들을 괴롭히는 중국인 마적떼를 소탕하기도 했다. 당시 연해주 일대에는 그 외에도 이용李鏞 등을 포함하여 모두 48개의 독립군부대가 활동했다고 하는데, 그는 시종 독자적으로 활동했다. 이용은 그와 함경남도 북청北靑 동향 출신의 동년배로, 1907년 네덜란드의 수도 헤이그에서 열린 만국평화회의에 고종 황제의 밀사로 파견되었다가 분사憤死한 이준李儁의 아들이었다.

김광서는 당시의 심정을 국민회의 취재차 상하이로 찾아온 국내 신문기자에게 다음과 같이 토로하기도 했다.

"미국이 독립전쟁을 할 때에 겨울에 맨발을 벗고 얼음 위를 지나가서 얼음에 발이 베어져 발자국마다 피가 흘렀다더니 우리 군사도 이때 발자국마다 피가 고이었소. 그러나 사람 없는 산천에 보이는 것은 망망한 백설과 하늘뿐인데 깎아지른 듯한 산을 지날 때에 우리는 불국명장佛國名將 나폴레옹의 알프스산 넘던 행군을 연상하였소. 달 밝은 밤에 눈 위로 행군하는 우리의 모양은 완연히 한 예술이요 그림이었소."[116]

1922년 일군이 시베리아에서 철수하자 적군은 어제까지의 동맹군인 한인독립군에 대해 무장해제를 요구해 왔다. 이를 거부한 김광서는 적군의 눈을 피해 이만 부근의 소만蘇滿 국경지대로 이동하여 부대 훈련을 계

원, 교민, 그리고 일본군 수비대 720여 명이 몰살당한 사건이 발생함.
116 『동아일보東亞日報』, 1923년 7월 29일 자.

속했다. 하지만 대대적인 독립운동을 일으킬 만한 여건은 조성되어 있지
않았다. 그는 1923년 상하이에 가서 임시정부의 개조 문제를 난상토의
한 국민대표회의에 참석하기도 했으나 망명투사들의 이데올로기적 확집
確執, 특히 더러운 정치놀음에 실망하고는 다시 노령으로 돌아왔다.

점차 무력투쟁이 불가능해지자 그는 둔전병屯田兵 양성에 전념하게 된
다. 그는 구로지코 부근에 무관학교를 세우기 위해 노력했고, 사관생도
의 교재용으로 일본 육사의 교과서와 전범령典範令을 번역하기도 했다.
한편 그는 정치적 노력의 시도로서 한족군인구락부韓族軍人俱樂部를 조직
하기도 했다. 그러나 공산혁명을 주장하는 얼마우저[117]들과 매사에 충돌
이 있었고, 1925년 그는 마침내 그들과 손을 끊고 말았다. 다만 이범석李
範奭 씨의 회고록『우등불』(1971)이나 유고『신흥무관학교시절新興武官學校
時節』에 의하면 김광서는 소련 여성과 결혼하고 공산주의자가 된 것으로
기술되어 있으나, 이명영李命英 교수의 추리대로 이때 그는 노령을 떠나
간도 방면으로 잠입하지 않았을까 짐작된다. 하지만 만주 역시 보호구역
은 아니었다. 왜냐하면 바로 이때 독립군에 대한 일日·만滿 당국의 합동
취체取締를 강화한 이른바 미쓰야三矢협정이 체결되었기 때문이다. 미쓰
야는 당시 조선총독부 경무국장이었다.

그 후의 김광서에 대해서는 전혀 알 길이 없었다. 그가 언제, 어디에서
죽었는지 아무도 알지 못했고 다만 이 교수의 생각처럼 1931년 만주사변
이 일어난 뒤 다시 한번 항일투쟁이 고조되었을 때 그의 활약상이 전혀
보이지 않는 점으로 미루어 만주사변 전에 세상을 떠난 것이 아닐까 추
측할 수 있을 뿐이었다.

그러나 1982년 3월 도쿄 자유사自由社에서 1930년대의 김광서의 동정
에 대해 기술한 책이 출판되었다. 임은林隱(필명)이 지은『북조선왕조성립
비사·김일성정전北朝鮮王朝成立秘史·金日成正傳』이 바로 그것이다. 필자는

---

117 한인 2세.

그 당시 소련에 망명 중인 북한 정권 초창기에 활동한 공산주의자라고 했다. 1990년을 전후하여 차츰 국내에 알려지게 된 소식에 의하면, 이 책의 저자는 허진許鎭[118]이며, 한말 고종 황제의 측근으로 1908년 전국적인 의병연합조직을 이끌고 서울 탈환작전에 나섰다가 포천군 일동면 유동리에서 일본군에 잡혀 1908년 문을 연 서대문형무소에서 제1호 사형수로 순국한 왕산旺山 허위許蔿의 손자임이 밝혀졌다. 그가 필명으로 사용한 임은은 바로 허위의 본거지였던 금오산 아래 경북 선산군 구미면 임은리[119]의 동네 이름에서 따온 것이라고 한다. 만년에 모스크바에 본부를 둔 재소在蘇고려인협회 회장을 지낸 그는 비록 김광서를 전설상의 김일성 장군으로 보는 것에는 찬성하지 않는 입장이지만, 김광서의 만년에 대하여 다음과 같이 쓰고 있다.

"그러나 김광서(김경천)는 1930년대에 중국 동북東北에 간 일이 없으며 항일연군抗日聯軍 산하의 무장대오武裝隊伍에 가담한 일도 없다. 그는 30년대 전반기까지는 주로 해삼위海蔘威에서 한족군인구락부라는 것을 조직하여 산산이 흩어진 조선 항일역량을 다시 수습해 보려고 애를 썼다. 그러나 소기의 성과를 거두지 못하고 실의의 나날을 보내다가 원동(극동)조선遠東朝鮮사범대학에서 군사교관·일어강사로 후진 양성사업에 종사하였다. 이 시기에 원동 연해주 군관구軍管區 산하의 모 기관에서 영관급 고급장교로 복무한 일은 있으나 그것은 조선의 광복을 위하여 자기가 진격명령을 내릴 수 있는 독립된 무장대오의 지휘관으로서가 아니었다. 소련 당국에 초빙되어 군사전문가로서 '붉은 군대' 창건에 도움을 주었을 뿐이다. 1933년 그는 스탈린의 마수에 걸려 체포되었다. 1936년까지 투옥되었다가 일단 석방이 된 그는 1937년 많은 우리 동포들과 함께 소련 중앙아시아로 이주를 하지 않

---

118 본명은 웅배雄培, 1927~1997.
119 현 구미시 임은동.

으면 안 되었다. 그가 간 곳은 카자흐스탄이라고 한다. 그곳에서 그는 콜호즈 작업반장이란 말단 직위로 노동생활을 하며 나날을 보냈다. 그는 민족주의진영으로 투신하지도 않았다. 그는 민족주의자도 아니었고 그렇다고 민족주의와 외면할 정도의 공산주의자도 아니었다. 한 사람의 김경천은 조선의 혁명과 독립투쟁을 물심양면으로 도와주지 않는 소련을 원망하기도 하였고, 다른 한 사람의 김경천은 국내전쟁을 치르고 나서 지치고 허약해진 소련이, 세계 제국주의 열강에 포위되어 있는 소련이 일본을 자극하지 않으려고 조심하고 있다는 것을 이해하고 있었을 것이다. 그는 자신의 무력武力도, 무력無力도 너무나 잘 아는 사람이었다."

대체로 봐서 모호한 서술이라 하지 않을 수 없으나 어쨌든 반론을 펼만한 자료도 남아 있지 않은 현재의 처지로서는 버리기도 아깝다는 느낌이다. 그러나 1990년대에 들어와 구소련이 갑자기 해체되어 신생新生 러시아를 비롯한 카자흐스탄 등 여러 나라와 국교가 수립되면서 김광서 일가의 행방이 비로소 국내에 알려지기 시작했다. 이에 따라 그의 마지막 나날에 대한 의혹이 차츰 풀리게 된 것은 진실로 한국 민족운동의 역사 연구에 큰 수확이라 할 수 있다. 특히 그가 만년에 쓴 간단한 회고록과 항일 무장투쟁시기에 기록한 일기가 발견되어 그의 전 생애를 다시금 검토할 필요성이 제기되었다. 본서 제Ⅴ장은 바로 이 같은 새로운 자료에 의거하여 재구성해 본 그의 약전略傳이므로, 이를 참고하시기 바란다.

14. 홍사익의 장군 가도街道

이청천, 이종혁, 조철호 등이 일제에 맞서 저항한 것과는 달리 상당수의 제26, 27기생들은 3·1운동 이후에도 계속 일군에 남아 해방될 때까지 재직했다. 상당수의 장교들은 1925년의 군비축소 시행에 따라 대위

로 명예진급하면서 예편하여 새로운 삶을 추구하였으나 그다지 주목할
만한 것은 없었다. 일본의 대학에 청강생으로 진학한다거나, 혹은 은행
원, 중학교사가 된다거나 하는 정도에 지나지 않았다.

전의회 발기인의 한 사람이었던 김종식은 예편할 때 받은 500원圓을
갖고 그럭저럭 살아가다가 뒤에 서울 시내 대동大東상업학교 배속장교를
한 인연으로 일제 말기 교장직에 취임하기도 했다. 그러나 계속 일군에
남아 있던 사람 가운데는 홍사익처럼 제2차 세계대전 말기에 육군중장
까지 진급한 경우도 있다.

홍사익 중위는 3·1운동이 일어난 그해 6월 육군성陸軍省 인사국에 파
견명령을 받았는데, 그 이듬해 12월에는 육군 최고 학부로서 그 자체가
최고의 등용문이기도 했던 육군대학교에 제35기생으로 입학하여 뒷날
장군이 될 수 있는 발판을 구축하였다. 그에게는 남다른 두 가지 유리한
조건이 있었다. 첫째로 그의 육사 졸업성적이 좋았다. 그는 제26기 보병
과 471명 가운데 22등으로 한국인 중 수석이었다. 이 때문에 그는 A급
부대라고 할 수 있는 도쿄 시내 한복판 아카사카赤坂에 위치한 보병 제
1연대에 배속되어 근무했다. 또한 그의 학구적이고 유연한 인품은 육사
제29기생인 영친왕 이은李垠의 육군대학 '어학우御學友'로서 적격이라는
평을 받았다. 바야흐로 일제는 3·1운동 후 한국인에 대한 차별 대우를
조금이나마 완화할 필요를 느끼고 있을 때였으므로 평균 10대의 1의 합
격률이라는 어려운 육군대학 관문을 통과한 홍사익을 받아들이기로 결
정했다.

그는 1923년 12월 영친왕과 함께 3년 과정인 육군대학을 졸업한 후 원
대原隊인 보병 제1연대로 돌아가 1924년 3월 대위로 진급하면서 중대장
으로 근무했고, 이어 참모본부 제4부[120] 내국전사과內國戰史課로 전출되
어 러일전쟁 전사 편찬업무에 종사했다. 그는 1929년 8월 소좌로 진급하

---

120 편찬 담당.

면서 같은 제1사단 예하 도쿄 아자부麻布 소재 보병 제3연대 제3대대장에 임명되었다.

그의 부임 당시 연대장은 전 육군에서 수재로 이름난 나가타 데츠잔永田鐵山 대좌였는데, 1년 뒤에는 야성적인 성격으로 이름난 야마시타 도모유키山下奉文 대좌로 바뀌었다. 홍사익은 이 야마시타와 15년 뒤 필리핀 주둔 최고사령부인 제14방면군方面軍의 사령관[121]과 병참감[122]의 자격으로 필리핀에서 함께 패전을 맞게 되는데, 두 사람이 모두 전범으로 현지에서 처형되었다.

이 시절 홍사익과 관련된 장교들 중에는 비명에 간 사람이 많은데, 연대장 나가타 대좌만 하더라도 그렇다. 육군 통제파統制派의 최고 리더로서 확고한 명성과 지위를 쌓아가고 있던 그는 1935년 육군성 군무국장[123] 재직 중 이른바 황도파皇道派 계열의 한 장교에 의해서 집무실에서 군도로 살해당했다. 또한 홍사익의 부하였던 안도 데루조安藤輝三 중위는 황도파 계열의 청년장교였는데 1936년 이른바 쇼와유신昭和維新을 구호로 내걸고 궐기한 2·26사건 때 보병 제3연대의 궐기부대를 총지휘[124]하였고, 결국 사건 주모자의 한 사람으로 얼마 뒤 처형되었다. 2·26사건을 다룬 아시자와 노리유키芦澤紀之의 『새벽의 계엄령』(1975)에 의하면 안도 중위는 제3연대 근무 시절 상관인 홍사익 소좌에게 군인의 사생관死生觀에 대해 질문했고, 홍사익은 풍부한 중국고전 지식으로 친절하게 지도했다고 한다.[125]

1931년 8월 지바千葉현에 있는 육군보병학교 교관으로 전직된 홍사익은 1933년 4월 관동군사령부 군정부 고문단의 일원으로 전출되어 펑톈

---

121 대장.

122 중장.

123 소장.

124 당시 제6중대장·대위.

125 아시자와 노리유키芦澤紀之, 『새벽의 계엄령 暁の戒厳令—安藤大尉とその死』, 도쿄: 후요쇼보芙蓉書房, 1975, 57~59쪽.

奉天에 있는 만주국滿洲國 중앙육군훈련처中央陸軍訓練處[126]에서 간부훈련을 고문, 지도했다. 그 이듬해 8월 중좌로 진급한 그는 관동군사령부 참모부 제3과로 전임되어 1936년 8월 다시 육군보병학교 주사主事 겸 교관으로 일본에 돌아올 때까지 한국인 교포 관련 사무를 담당했다.

그 뒤의 그의 경력은 이 같은 특수 임무와 학교 관계 사무에 한정되어 있다. 그는 1938년 3월 대좌로 승진한 뒤 흥아원興亞院[127] 조사관으로 상하이에서 경제 관련 업무에 종사했으며, 1941년 3월 소장으로 승진한 뒤에는 북중국 하북성河北省 주둔 제108여단장, 1942년 4월 만주 공주령학교公主嶺學校 간사[128]를 거쳐 1944년 봄 필리핀 포로수용소장이라는 역시 특별한 임무를 맡았다. 그리고 이해 10월 중장으로 승진한 그는 12월 말 제14방면군의 병참감을 겸하게 되어 이듬해 8월 일본이 급기야 연합군에 항복할 때까지 8개월간 게릴라 상태로 저항하는 일본 군인과 일본 민간인들을 먹이기 위해 식량을 수집, 배양, 조달하는 총책임을 떠맡게되었다. 그는 오늘날 살아 있는 일본의 '노병'들이 몸서리치며 회고하는 바로 그 자활감부自活監部의 책임자였던 것이다.

15. 중좌中佐·대좌大佐 그룹의 사람들

한편 홍사익을 제외한 나머지 동기생들은 1920년대 초에 조선군사령부 예하 제19사단[129]과 제20사단[130]으로 대거 전속轉屬되어 고국으로 돌아왔다. 이 같은 전속조처가 일본군 당국의 모종의 판단에 의한 결과임은 대

---

126 군관학교의 전신.
127 제2차 세계대전 중 대동아성大東亞省으로 개편됨.
128 부교장 격.
129 함북 나남.
130 서울 용산.

략 틀림없으나 처음부터 그러한 계획이 있었던 것은 아니었다. 김석원의 회고록 『노병老兵의 한恨』(1977)에 의하면 3·1운동이 일어나 일본 본토 내의 각 연대에서 1개 중대씩 뽑아 한국에 차출, 동원할 때 그가 소속되어 있던 제61연대도 출동하였으나 그만은 상부의 지시로 출동하지 않은 채 와카야마和歌山 연대본부에 남아 있었다고 한다. 그랬던 그가 1920년 서울 용산의 제20사단 예하 제78연대로 전속된 것은 전적으로 조선군사령관 우쓰노미야 타로宇都宮太郎 대장의 배려에 의한 것이었다고 한다. 즉 우쓰노미야는 1918년 7월 조선군사령관으로 영전榮轉되기 전까지 오사카 제4사단장으로 재직하였는데, 그때 사단 예하 제61연대를 시찰하고 특별히 김석원을 불러 격려했다는 것이다. 마침 3·1운동 직후 김석원이 휴가차 서울에 왔을 때 우쓰노미야 대장[131]을 찾아가 서울로 전속시켜 줄 것을 조른 결과 실현된 것이라 한다.[132] 이때 김석원은 그의 소개로 갑신정변의 주역이었으며 당시 후작이었던 '귀인貴人' 박영효를 알게 되어 위관 시절 거의 매주 빠짐없이 그를 찾아가는 등 크게 심취했다고 한다.

이응준의 경우도 이와 마찬가지이다. 그의 회고록 『회고 90년』(1982)에 의하면 3·1운동 직후 요양이란 명목으로 서울에 온 그는 김광서, 이청천 등과 함께 국외로 탈출할 계획을 추진하다가 군자금 마련에 애로를 느껴 결국 뒤로 처지게 되었다고 한다. 그는 계획을 변경하여 이미 작고한 이갑의 딸과 결혼, 평양에서 신방을 꾸몄는데 결혼 전의 권총 분실사건이 탄로 나서 평양 헌병대에 불려 다니던 중 마침 우쓰노미야 대장의 호출을 받아 상경, 그와 면담한 것이 계기가 되어 결국 도쿄 제3연대에서 용산 소재 제20사단 예하 보병 제79연대로 전속되었다고 한다.

이 우쓰노미야라는 사람은 1885년 육군소위로 임관한 후 육군대학교를 우등으로 졸업하고 1890년 참모본부 제2국에 들어가 뒤에 '동양의 몰

---

131 1919년 11월 대장 진급.
132 『노병의 한』, 99~103쪽.

트케'로 불린 유명한 가와카미 소로쿠川上操六 장군의 문하생이 되었다. 가와카미는 두 명의 황족 출신 참모총장 밑에서 참모차장으로 9년간 복무한 뒤 1898년 초 곧바로 총장이 되고 대장으로 진급했다가 이듬해 5월에 죽었는데, 작전분야에 관한 한 육군 최고의 실력자였다. 일본이 동학농민군 진압을 구실로 1894년 6월 한국에 침입하였다가 역시 같은 목적으로 한국에 파견된 청국군을 상대로 7월 하순 전쟁을 도발한 것도 가와카미의 강경한 주전론에 끌려들어갔기 때문이었다. 전쟁에 참패한 청국이 러시아에 의존하려는 경향을 보이는 가운데 서구열강에 의한 중국 분할 경쟁이 격화되고 있을 무렵인 1898년, 우쓰노미야 소좌는 참모본부의 밀명을 띠고 청나라 공사관 무관을 역임한 중국통인 가미오 미츠오미神尾光臣 대좌[133]·가지카와 쥬타로梶川重太郎 대위[134]와 함께 이른바 변법파變法派 인사들과 접선하기 위해 청국에 파견된 일도 있다. 그는 한커우漢口에서 변법파의 중요인물인 탄쓰퉁譚嗣同을 만나 청·일동맹의 체결과 영국의 원조를 알선하겠다고 제안했다. 다만 변법파에 의한 개혁운동은 그해 9월 21일 황제가 서태후西太后에 의해 유폐幽閉당한 무술戊戌정변으로 말미암은 백일유신百日維新으로 좌절을 맛보았고, 탄쓰퉁은 일본으로의 망명을 주선하겠다는 참모본부의 제안을 거절하여 끝내 목숨을 잃고 말았다. 그로부터 2년 뒤 외세 배격을 주창하며 궐기한 중국 민중의 이른바 의화단義和團사건[135]이 일어났을 때 우쓰노미야는 이를 진압할 목적으로 6월 참모본부 제2부장 후쿠시마 야스마사福島安正 소장을 사령관으로 하여 편성한 임시파견대의 작전담당 참모로 참전한 일도 있었다.

우쓰노미야는 중국뿐 아니라 한국에 대해서도 큰 관심을 보였다. 그는 육사를 제11기로 졸업한 한국인 장교들이 본국정부로부터 버림받아 귀국하지 못한 채 도쿄주재 한국 공사관의 한 귀퉁이에서 숙식宿食하고 있는

---

133 제1차 세계대전 초기 중국 칭다오青島 수비군 초대 사령관 역임, 대장.
134 뒤에 소좌로 예편.
135 일본에서는 이를 북청北淸사변이라 호칭함.

것을 동정하여 1900년 말 공사관을 찾아와 일개 육군소좌의 신분으로 한국 공사 조병식趙秉式을 상대로 크게 항의한 적이 있으며[136], 1906년 대좌 시절에는 한국 정부의 시종무관侍從武官으로 잠시 도일한 육사 제11기 출신 어담을 당시의 참모총장 고다마 겐타로兒玉源太郎 대장에게 소개시키기도 하였다[137]. 그는 조선군사령관 재직 시절 많은 한국인 육사 출신 장교와 접촉하였는데 김석원이나 이응준도 그중 한 사람이었다. 강동진姜東鎭 교수가 조선 총독 사이토 마코토齊藤實 관계문서에서 찾아낸 우쓰노미야의 한 각서(문서번호 739)에 의하면 그는 상하이 임시정부에서 활약하던 유동열, 김희선 등 육사 출신자들을 전향시키기 위해서 밀정을 보내는 등 공작활동도 벌였는데, 김희선이 변절하게 된 것도 이 때문이라고 한다.[138]

우쓰노미야 대장은 1920년 8월 조선군 사령관 재직 중 졸도하여 2년간의 한국 근무를 마치고 대기직인 군사참의관軍事參議官으로 전보되어 귀국한 뒤 1922년 2월 62세로 죽었는데, 육군에서는 주류인 조슈長州군벌과 사쓰마薩摩군벌에 맞서 이른바 '사가佐賀군벌'이라는 미니 군벌을 만들 정도로 인기가 있던 군인이었다. 특히 그는 젊은 장교를 매료시키는 마력을 지녔던 듯하다.

이응준의 회고록에는 다음과 같은 얘기가 나온다. 우쓰노미야는 권총을 분실하여 말썽을 빚은 이응준의 과실을 불문에 부쳤을 뿐 아니라 그의 장인 이갑이 취한 행동[139]은 군인으로서 당연한 일이며 훌륭한 일이었다고 칭찬하였다고 한다. 그런 다음 느닷없이 영국 대사관 무관 시절부터 갖고 있던, 백색 인종과 유색 인종의 세력 분포를 색깔로 표시한 세계지도를 펼치고는 백색 인종에 대항하여 한·중·일 3국이 분발 연대해야

136　본서 제Ⅱ장『일심회一心會의 야망野望』참조.
137　본서 제Ⅲ장『고종 황제와 이토 통감의 확집』참조.
138　강동진姜東鎭, 『일본의 조선지배정책사연구』, 동경대학출판회, 1979, 한국어판 1980, 193～194쪽.
139　한국 독립운동.

할 것을 설파하였다고 한다.

또한 일단 원대原隊인 도쿄 보병 제3연대에 귀임했던 이응준이 1920년 4월 조선군사령부로 전속명령을 받아 사령관 우쓰노미야 대장에게 신고하자 당분간 사령부에 출근하지 말고 병 치료에 전념하라는 특별 배려를 베풀어 주었다. 우쓰노미야 사령관이 강원도 지방을 시찰할 때 이응준은 사령관의 각별한 호의로 부관·참모와 더불어 사령관의 전용 승용차를 타고 수행하기도 했다. 그러다가 어느 날 춘천 수비대장을 하고 있던 니시요쓰쓰지 중좌와 해후했는데, 낮에 사령관 앞에서 부들부들 떨며 수비대 현황을 보고한 니시요쓰쓰지는 저녁 회식 때 이응준에게 "자네, 출세했네 그려!" 하며 빈정거렸다. 무관학교 시절 그의 교관이었고 일본으로 유학을 갈 때는 그와 동기생들을 직접 인솔했을 뿐만 아니라 중앙유년학교 예과과정 때까지 그들을 감독 지도하면서 함께 지낸 니시요쓰쓰지의 경박한 성품을 잘 알고 있던 이응준은 "어찌할 수 없는 자라고 치지도외置之度外할 수밖에 없었다"고 회고한 바 있다.

이응준이 우쓰노미야 대장의 졸도 소식을 듣고 관저로 문병을 가자, 대장은 의친왕이 문안 인사 때 갖고 온 프랑스 포도주 두 병을 그대로 이응준에게 선물했다. 그뿐만 아니라 우쓰노미야는 귀국 전에 사복 차림으로 이응준 중위의 용산관사로 찾아와 작별인사를 하기까지 했다. 이응준의 그에 대한 인상은 다음과 같다.

"그가 나에게 보인 호의는 비록 정책적인 회유의 뜻이 다분히 포함되어 있다 하더라도 나로서는 달리 생각하는 바 또한 없지 않았다. … 그동안 내가 겪어본 그 많은 일본인 중에서 그와 같은 생각과 행동을 보인 사람은 거의 없었다."[140]

---

140 『회고90년』, 139~140쪽.

우쓰노미야가 평소의 지론인 아시아 연대連帶주의의 입장에서 1911년 중국에서 신해辛亥혁명이 일어났을 때 참모본부 제2부[141] 부장[142]으로 이를 성원한 것이라든지, 한국 민중의 저항에 나름의 이해심을 갖고 일본의 가혹한 식민지 무단武斷통치에 대해서 다소간 비판적인 태도를 보인 것도 사실이다. 그의 초대를 받아 함께 식사한 적이 있는 조선 기독교 청년회 총무였던 윤치호는 그가 한국인에게 일종의 자치를 허용하자는 데 찬성한 까닭에 당시 일본인들은 그가 한국에 대해 유화적宥和的이라고 하여 비난했다고 한다.[143]

그는 왕성하게 활동하였던 생애 마지막 15년 동안의 일기·편지·서류 등 7,200여 점을 죽은 뒤에 공개해도 좋다고 유언했는데, 80여 년의 세월이 흐른 뒤 일본여자대학의 기라 요시에吉良芳惠 교수의 5년간에 걸친 정리 끝에 2007년 초 그 일부가 세상에 알려졌다. 기라 교수의 당초 예상으로는 10년은 족히 걸릴 것으로 보았지만, 자료의 공개가 일본과 인접 국가들과의 관계 개선에 도움이 될 것으로 확신했으므로 하루라도 빨리 내용을 알리고 싶어 정리와 편찬을 동시에 진행했다고 한다. 그중 한국인의 큰 관심을 끌고 있는 1919년 4월 15일에 수원군[144] 향남면 제암리에서 발생한 일본 군인에 의한 한국인 학살사건에 대해 보면 우쓰노미야는 4월 18일 자 일기에 "서울 남쪽에서 일본군이 약 30명을 교회에 몰아넣고 학살·방화하였다"고 사실대로 기록하였다. 다만 일본군 당국은 사건 발표 때는 학살·방화 사실만은 부인했으나, 내부적으로는 이 사건을 일으킨 아리타 도시오有田俊夫 육군중위에게 30일간의 중근신 처분을 내렸다. 그의 아들인 우쓰노미야 도쿠마宇都宮德馬(1906~2000)가 보수적인 자민당 소속 중의원 의원으로 일본의 군비축소를 주장하며 일본과 공산

---

141 정보 담당.
142 소장.
143 『윤치호 영문일기』, 1919년 12월 10일 자.
144 현 화성시.

당 통치하의 중국과의 국교회복을 추진한다거나 평양으로 찾아가 김일성을 면담하고, 혹은 김대중 납치사건이 일어났을 때 자민당 정권이 사건처리에 미온적이라며 1976년 탈당하는 등[145] 자민당 내에서 '좌파'로 불릴 정도로 비주류의 길을 걸은 것도 어찌 보면 우쓰노미야 대장의 행보行步와 닮은 데가 있다.

이응준의 회고록에는 우쓰노미야 대장과의 일화가 많이 나오고 있는데, 전반적으로 느껴지는 인상은 비록 적일지라도 존경할 만하니 그를 따른다는 심리가 분명히 있었던 것 같다. 또한 군인 특유의 직업의식이 대다수의 한국인 장교들을 계속 일군에 붙잡아 둔 요인이 된다. 어찌됐든 그들은 1920년대 중반에 대위로 승진했고, 다시 1933, 1934년경에는 소좌로 진급하였는데, 1937년 7월 중일전쟁이 터질 무렵 그들의 소속부대를 보면 다음과 같다.

제19사단	보병 37여단 예하	보병73연대(나남 소재) 안병범安秉範
		보병74연대(함흥 소재) 김인욱金仁旭
	보병 38여단 예하	보병75연대(회령 소재) 이대영 李大永, 정훈鄭勳
제20사단	보병 39여단 예하	보병77연대(평양 소재) 백홍석白洪錫
		보병78연대(용산 소재) 김석원金錫源, 이강우李降宇
	보병 40여단 예하	보병79연대(용산 소재) 유승렬劉升烈, 이응준李應俊
		보병80연대(대구 및 대전 소재) 박승훈朴勝薰, 신태영申泰英, 남우현南宇鉉

제26, 27기생 33명 가운데 이들 12명과 홍사익을 합친 13명이 결국 해방 직전까지 일군 부대에서 활약하였다. 제27기생 한국인 가운데 육사 수석인 윤상필은 용산 기병 제28연대 소속으로 1931년 이른바 만보산萬寶山사건 때 조사단의 한 사람으로 활약했고, 그 직후 만주사변이 일어나자 조선군사령부 연락장교로 관동군사령부에 배속되어 동 참모부

<hr>

145 그 뒤 무소속으로 참의원의원 역임.

제3과에서 한국인 관계 사무를 맡았으나 곧 소좌로 예편한 뒤에는 만주국 개척총국開拓總局의 고위관리가 되었다. 동시에 그는 만주국 협화회協和會의 이사로도 활동했다.

이들 중 김석원 소좌는 중일전쟁 발발과 동시에 북중국으로 출동한 제20사단 예하 제40여단[146]의 첨병尖兵대대장으로 출전하여 베이징 근교 남하촌南下村 전투에서 분전, '용명勇名'을 떨쳐 무공武功이 발군拔群한 자에게 수여하는 긴시金鵄훈장을 받기도 했고, 정훈 소좌는 조선군사령부 보도부로 전속되어 1930년대 말기 군부의 언론통제 시절에 한국인 경영의 신문·잡지 검열 및 전쟁동원에 '민완敏腕'을 휘두르기도 했으나 대다수의 동기생들은 전국 각 중학교 혹은 전문학교에 군사교련 교관으로 배속되어 따분한 근무를 계속했다. 비단 현역장교뿐 아니라 이미 오래전에 대위 혹은 중위로 예편한 사람들도 사립중학교 교련교관으로 취직했다. 왜냐하면 차츰 전선이 확대되어 현역장교만으로 배속장교를 충원하기가 어려워졌기 때문이다. 작가 김이석金利錫(1914~1964)의 단편소설 『교련教鍊과 나』에 등장하는 예비역 중위 '이희근'은 이희겸를 지칭하는 것으로 생각된다.

이들 현역 장교들은 1930년대 말에 전원 중좌로 진급하고 다시 제2차 세계대전 말기에 이응준, 유승렬, 김석원 등은 대좌로 진급하였으나 몇몇은 중좌에 그쳤다. 그들이 맡은 직책이란 원산元山기지사령부 수송관(이응준), 정거장停車場 사령관(안병범) 혹은 각 도道 병사부 제1과장[147]이라는 역시 한직閑職에 불과했다. 다만 유승렬만이 파푸아뉴기니 전선에 출동한 제20사단 위생대장으로 생사의 고비를 넘겼다.

그러나 해방 후 이들 가운데 이응준, 신태영, 유승렬, 박승훈, 안병범, 이대영(이상 제26기), 김석원, 백홍석(이상 제27기) 등은 대한민국 육군

---

146 여단장 야마시타 도모유키 소장.
147 서울은 백홍석, 평양은 김석원, 해주는 신태영.

에 참여하여 전원 장군이 되었다[148]. 그들 중에는 국방부장관(신태영), 체신부장관(이응준), 육군참모총장(이응준, 신태영), 기타 사단장(유승렬, 김석원, 백홍석 등)을 역임한 사람도 있었다. 하지만 이들은 신생 대한민국 육군을 이끌어가기에는 고령이었으므로, 대개 각 도道에 설치된 병사구 사령관직에 만족해야만 했다.

해방 후의 주역은 그들의 아들[149] 혹은 사위[150]들이 다수 포함되어 있는 다음 세대의 몫이었다. 즉 계림회 그룹의 사람들이 그들이다.

16. 계림회鷄林會의 탄생

계림회는 1933년 이후 육사에 유학한 한국 사람들의 친목단체 이름이다. 이 단체에 대하여는 본서 제Ⅷ장 「계림회 시말기鷄林會 始末記」에서 조금 상세하게 다뤘는데, 1945년 일제가 패망할 때까지 총 72명의 회원을 갖게 되어 일본 육사 유학생 총 인원수의 꼭 절반에 이르고 있다. 다시 말하면 일제 말기 12년 동안에 배출된 유학생 숫자는 그 이전까지의 반세기 간에 걸친 전체 유학생 수와 맞먹는 셈이다.

사실 제26, 27기생이 배출된 이래 1933년 제49기생 두 명이 육사에 진학할 때까지 20여 년 이상 한국인의 육사 유학은 거의 단절 상태에 놓여 있었다. 물론 그간 영친왕 이은, 조대호(이상 제29기), 엄주명(제30기), 이건李鍵 공(제42기), 이우李鍝 공(제45기) 등 이른바 조선 왕공족과 귀족자제들이 유학한 바 있고 또 1928년에 이형석李炯錫이 제44기생으로 입학한 일

---

148 일찍 예편한 제26기의 대위 김준원金埈元과 제30기의 중위 엄주명嚴柱明도 역시 장군이 되었다. 다만 중위로 예편한 제27기의 장석윤張錫倫은 가장 먼저 미군정청 하의 국방경비대 창설 때부터 참여하였으나 대령에 그쳤고, 대위로 예편한 제27기의 유관희柳寬熙도 역시 대령에 그쳤다.

149 김준원·정렬, 신태영·응균應均, 안병범·광호光鎬·광수光銖, 유승렬·재흥載興.

150 이응준의 사위 이형근李亨根, 백홍석의 사위 채병덕蔡秉德.

이 있으나, 이는 오히려 예외적이라 할 수 있다.[151]

사정이 이렇게 된 데는 몇 가지 원인을 찾을 수 있다. 첫째로 지적할 수 있는 것은 일반적인 배일排日 풍조이다. 병합 직후 무단정치시대에 생겨난 한국인의 일제에 대한 적개심은 1920년대의 이른바 문화정치 시대에 들어와서는 상당히 누그러진 것이 사실이지만, 그렇다고 아직 육사의 문호를 두드릴 정도까지는 되지 못하였다. 둘째로는 이때까지 한국인을 대상으로 한 고등보통학교(일본인의 중학교에 해당함)에 교련과목이 없어 육사 입학시험에 커다란 장애가 되었다는 사실이다[152]. 셋째로는 육사 입학시험이 그 자체로 쉽지 않았다는 점이다. 그러나 1931년 만주사변을 고비로 사정이 크게 달라졌다. 세계 경제공황의 여파로 경기불황의 늪에서 헤어나지 못하고 있던 식민지 조선에서는 최고 학부를 마친 사람일지라도 직장을 얻는 일이 어려워졌을 뿐 아니라, 한편으로는 1932년경부터 갑자기 일본인을 대상으로 한 중학교에 나와 있던 배속장교들이 우수한 한국 학생을 찾아다니면서 귀찮을 정도로 육사를 지원하라고 권유하고 나선 것이다.

이것은 일본 군부의 방침에 따른 것이었다고 생각되는데, 만주사변 이듬해인 1932년부터 조선군사령부는 한국 통치상 중요한 문제인 한국인의 병역 문제에 대해서 '신중하고 심각한' 연구에 착수했다는 문서가 있다.[153] 어쩌면 그 직접적인 계기는 조선군사령관의 경질 때문이 아니었을까 짐작된다. 즉 1932년 5월 조선군사령관 하야시 센주로林銑十郎 대장이 교육총감으로 영전하여 본국에 돌아가고, 그 후임으로 교육총감부 본부장[154]이던 가와시마 요시유키川島義之 중장[155]이 취임했다. 그런데 일

---

151 재학 중 신병으로 휴학하여 제45기로 졸업함.
152 1934년 9월부터 고보高普에도 교련이 실시되기 시작함.
153 미야타 세츠코宮田節子 저, 이형랑 역, 『조선민중과 황민화皇民化 정책』, 일조각, 1997, 30쪽.
154 교육총감의 차석.
155 1936년 2·26사건 당시 육군대신·대장.

본의 군제에 의하면 육사의 생도선발 사무는 교육총감부 소관이었고, 선발위원장은 교육총감부 본부장이 겸했던 것이다. 즉 최근까지 선발위원장의 경험이 있던 가와시마가 조선군사령관에 부임한 셈이다.

배속장교들뿐만 아니라 학교장의 간절한 권유도 있어 일본인 중학교의 극소수 한국인 학생들 가운데 일부가 육사를 지원하게 되었다. 당시 중학교는 5년제였으나 육사의 규정으로는 4학년 1학기를 마치게 되면 그 입학 자격이 부여되었다[156]. 그리하여 1932년 겨울, 당시 평양중학교 4학년생이었던 채병덕蔡秉德과 경성중학교 학생이었던 이종찬李鍾贊이 이에 응시, 합격하여 이듬해 4월 제49기생으로서 4년제 육사에 입교했다.

육사의 내무생활은 매우 엄격했다. 다만 일요일만은 외출이 허가되었다. 이 경우 일본 학생들은 각기 향토 출신의 선배장교들이 운영하는 이른바 현인회縣人會의 일요하숙日曜下宿이란 데에 가는 것이 상례였다. 이 하숙은 물론 일반하숙과는 달라서 상당한 시설을 갖춘 건물인 경우가 많았고 대개는 재단법인으로 운영되었다. 특히 지난 반세기 이상 일본 육군을 지배해 온 수많은 인재를 배출한 야마구치山口현이나 가고시마鹿兒島현의 일요하숙 같은 데는 3백 명가량을 수용할 수 있는 대회관이었다.

그러나 이것은 한국 출신 유학생들에게는 인연이 없는 이야기였다. 채병덕 등은 동향회同鄕會가 없었으므로 도쿄 시내의 아는 사람의 집이나 찾는 것이 고작이었다. 단 한번 그들은 입교 직후 유일한 한국인 선배였던 이형석의 안내로 히로시마廣島 현인회의 일요하숙인 초수회草水會에 간 일이 있었다. 이형석은 평북 선천 출신으로 1928년 신의주고보 4학년 재학 중에 육사에 입학하였던 것인데 그간 신병身病으로 1년 휴학하여 아직 졸업반에 있었다. 그러나 그가 초수회에 참석할 수 있었던 것은 그가 히로시마현 후쿠야마福山에 있는 보병 제5사단 예하 제41연대에서 이

---

156 중학교는 고등보통학교에 앞서 이미 교련교육을 실시하고 있었음.

른바 대부隊附생활을 했기 때문이다. 한편 이형석은 자기가 육사를 졸업할 때인 1933년 한국인 두 명이 입학한 것으로 미루어 자신의 이례적인 입학 허가는 "장차 한국인도 쓸 만한가 어떤가 시험하기 위한 것"이 아니었을까 회상한 적이 있다.

그러나 그해 6월 이형석이 육사를 졸업하고 후쿠야마 연대로 떠나버리자 채병덕과 이종찬은 더욱 쓸쓸하고 답답하여 향수병이 날 지경이었다. 물론 일요일에는 두 사람이 꼭 외출하곤 했으나 일본인 생도들처럼 현인회에 가서 편안히 쉴 수 있는 처지도 아니었다. 마침 형편이 이럴 때 그들은 당시 교육총감부에 근무하고 있던 영친왕 이은 중좌의 배려로 도쿄 요쓰야四谷에 조그만 회관을 갖게 되었다. 그것은 데라타寺田라고 하는 일본인 소유 운송점 뒤채에 있는 2층짜리 독립건물이었는데, 이 운송점은 당시 영친왕부 무관으로 근무하던 김인욱 소좌를 포함한 제26, 27기 생들과 깊은 인연이 있었다. 즉 그들이 1910년대 초 사관후보생 시절 바로 이 집을 구락부로 사용했기 때문이다.

그러한 인연 때문인지 집주인은 그들을 매우 친근하게 대해 주었고 또 20여 년 전 그들 옛 선배들의 젊은 시절 모습을 이야기해 주기도 했다. 그리고 20여 년 전의 것이라고 하면서 사진첩 하나를 보여 주었을 때 그들은 감격할 수밖에 없었다. 이 앨범은 '사막천'이란 이름이 붙여진 것으로 그들 선배들이 육사 재학시절 이 집에 신세진 것을 기념하여 남겨놓은 것이었다.

이 사진첩은 그들에게 무한한 암시와 교훈을 주었다. 그 앨범 가운데는 민족의 독립을 위해 국외에서 항일운동에 종사하고 있던 김광서(김경천), 지석규(이청천), 이종혁(마덕창) 등이 있었고, 또 일본군의 중견간부로 활동하는 홍사익도 있었기 때문이다. 더욱이 이 앨범의 표지 이름이 '사막의 오아시스'라는 의미였기 때문에 그들은 합병 직후 선배들의 말로 표현할 수 없었던 열렬한 조국애와 한없는 통분痛忿을 역력히 헤아릴 수 있었다.

이 앨범은 그들 두 사람은 물론 다음 해부터 입교해 들어오는 후배들에게 둘도 없는 경전이 되었다. 그들은 이 운송점 뒤채를 일요 하숙처로 정하고 이를 학교 당국에 등록하기 위해 회명을 '계림회'라 정했다. 처음 그들은 사진첩 이름대로 사막천회라 할까도 생각해 보았으나 회명으로는 한 글자가 많아 결국 한국의 유서 깊은 옛 칭호인 계림을 쓰기로 했다. 이로부터 학교 당국에서도 계림회라 표시했고 또한 학교에서 발간되는 회보에도 이를 사용했다.

17. 대한민국 군벌 예비군豫備群의 형성

1934년 4월 두 사람이 예과 2학년에 진급하였을 때 새로이 두 명의 한국인이 제50기생으로 입교했다. 이용문李龍文(평양고보 출신)과 지인태池麟泰(군산중학 출신)였다. 특히 이용문은 채병덕과 평양 종로보통학교 동기동창이었다. 이로써 육사에는 모두 4명의 한국인 생도가 재학하게 되었다.

채병덕 등은 2학년 후반기에 접어들자 병과구분兵科區分을 받았다. 즉 채병덕은 포병과(중포重砲)로, 이종찬은 공병과로 결정되었다. 그들이 새로운 기술을 익혀야 하는 병과를 지망했던 까닭은 그들의 대선배들이 거의 모두 보병과에 속했던 까닭으로[157], 장차 우리나라 군대가 발족될 경우 신기술이 필요할 것이라고 판단했기 때문이라 한다.

계림회 동지들은 그 후 병과를 선택함에 있어 이들의 영향을 받는다. 즉 제50기의 이용문과 지인태는 각각 기병(기갑)과[158]와 항공병과를, 제52기의 최명하崔鳴夏와 박범집朴範集은 각각 항공병과와 포병과를 지망했다. 그 후 항공병과가 크게 인기를 끌게 되자 김정렬金貞烈(제54기), 김창

---

157 제26, 27기생 33명 가운데 30명이 보병과이고 나머지 3명이 기병과였음.
158 여기서 기병과는 보·포·기(기병 나중에는 기갑)의 전투병과로 기술병과가 아님.

규金昌圭(제55기), 전원상田源上(제55기), 최정근崔貞根(제56기), 정상수鄭祥秀(제57기), 신상철申尙澈(제58기), 박원석朴元錫(제58기), 한용현韓鏞顯(제58기), 홍승화洪承華(제59기), 장지량張志良(제60기) 등도 이를 지망하여 항공사관학교를 졸업(제59·60기는 재학 중 해방)하였는데, 이들 중 제2차 세계대전에서 살아남은 사람들은 후일 한국 공군에서 크게 활약하게 된다.

1935년 3월 채병덕 등은 예과를 마치고 사관후보생으로서 6개월간의 대부생활에 들어갔다. 채병덕은 제12사단 예하 규슈九州 나가사키長岐현 사세보佐世保중포대대로, 이종찬은 보병 제3사단 예하 공병대대가 있는 아이치愛知현 도요하시豊橋로 갔다. 그들은 이 생활을 마치고 이해 10월부터 육사 본과과정에 들어갔고, 1937년 6월 마침내 육사를 졸업했다. 당시 육사에는 그들의 1년 후배가 2명 있었고, 1936년 4월 입학한 3년 후배(즉 제52기생)로 최명하(대구중학 출신)과 박범집(함흥고보 출신)이 있었다. 그리고 채병덕과 이종찬이 졸업하던 해 4월 다시 제53기생으로 박재흥朴在興(니혼대학부속중학 출신)과 신응균申應均(대전중학 출신)이 입학했다. 후자는 제26기생 신태영申泰英 소좌(당시 계급)의 아들이었다.

1937년 7월 7일 중일전쟁이 터졌다. 일본은 처음에는 전쟁 불확대방침을 선언했으나 이달 11일에는 서울 용산에 있던 제20사단이 북중국으로 동원명령을 받았다. 제27기생 김석원 소좌가 베이징北京과 산시성山西省 일대의 전투에서 분전했던 것도 이때의 일이었다. 이종찬이 속해 있던 제3사단도 이해 8월 하순 상하이 전선에 투입되었다. 이때부터 그는 3년 가까이 중국 전선에서 사선死線을 헤매게 되었다. 하지만 채병덕은 사세보 군항을 지키는 중포병이었기 때문에 출전 기회는 돌아오지 않았다.

전쟁이 점차 치열해지자 육사의 교육연한도 단축되어 제50기생은 예정보다 6개월 빨리 1937년 12월 졸업했다. 이용문은 제1사단 예하 기병 제1연대[159]에 배속되어 북만주 헤이허黑河 남쪽의 쑨우孫吳의 야전기지에

---

159 지난날 제23기생 김광서가 근무했던 부대임.

서 초급장교 생활을 시작했다. 한편 지인태는 항공병과를 지망한 관계로 육사 졸업 후 다시 사이타마埼玉현에 있는 도코로자와所澤분교에서 학업을 계속했다. 이 분교는 얼마 뒤 사이타마현 도요오카豊岡로 이전되었고 다시 1937년 육군항공사관학교(항사航士로 약칭됨)로 독립되었는데, 지인태는 그 이듬해(1938년) 6월 항사 제1회 졸업생이 되었다. 더욱이 그는 여기서 발군의 성적을 올려 40명 졸업생 가운데 2등으로 졸업했다. 그의 항사 후배인 김정렬의 회고에 따르면 한국인이 아니었던들 그가 수석을 차지했을 것이라 한다. 그는 임관 후 정찰기 조종사로 만주의 관동군 예하 비행대에 부임했다.

제50기생이 졸업함과 동시에 제54기생으로 3명이 입학했다. 즉 강석호姜錫祜(함북 청진 교외 나남羅南중학 출신), 노태순盧泰順(평양중학 출신), 그리고 김정렬(경성중학 출신)이 그들이었다. 후자는 제26기생 김준원의 아들인데, 그 백부가 제15기생 김기원金基元[160]이다.

이즈음 영친왕 이은은 보병 제14사단 예하 우쓰노미야宇都宮의 보병 제59연대장을 거쳐 육군예과사관학교 교수부장으로 근무했다. 즉 1937년 8월 육사예과가 분리 독립하여 육군예과사관학교가 되었는데, 그는 대좌[161]로 초대 교수부장이 된 것이다. 그 전부터 계림회의 일요하숙을 위해 비용을 대주고 있던 영친왕은 교수부장 재직시 고오지마치麴町에 있는 그의 대저택[162]으로 가끔 회원들을 불러다가 성적표를 꺼내놓고 그들을 분발시키기도 했다. 다만 그 기간은 짧았다. 왜냐하면 그는 1938년 12월 북중국北支방면군 사령부 참모장보좌(교육담당)라는 직함을 띠고 전출되었기 때문이다.

1939년 9월 제52기생들이 그간 가나가와神奈川현 자마座間로 옮긴 육

---

160 조선보병대 중좌로 예편.
161 1938년 7월 소장 진급.
162 1955년 도쿄 그랜드프린스 호텔 아카사카赤坂로 개조되었다가 뒤에 신관호텔이 개축되면서 프랑스식 레스토랑과 결혼식 연회장으로 사용됨.

사 교정에서 졸업했다. 박범집은 육사 포병과(야전포병野戰砲兵)를, 최명하는 항사를 제3회로 졸업했다. 최명하는 처음에는 구칠식九七式 전투기를, 뒤에는 신형 하야부사隼 전투기를 조종했다. 한편 박범집은 그 후 대위 시절에 항공부대가 크게 확장됨에 따라서 지원 반, 강제 반으로 도쿄로자와所澤에 있는 육군항공정비학교에 들어가게 되어 항공분야와 인연을 맺게 되었다. 그리하여 그는 해방 후 귀국하여 대한민국 공군에서 활약하게 된다.

그 후 일제의 패망 때까지 계림회원은 계속 늘어갔다. 특히 제56기부터는 만주국 군관학교(신경新京 소재, 이른바 동덕대同德臺) 예과 수료자 가운데 성적 우수자들이 육사 본과에 유학하게 됨으로써(군관학교 제1기생에서 제6기생까지) 그 숫자는 더욱 증가했다. 이들을 육사 기별期別로 보면 다음과 같다.

기수	총인원	이름
제55기	4	김창규金昌圭, 유재흥劉載興(제26기생 유승렬의 아들), 전원상田源上, **정일권丁一權**
제56기	10	**김민규金敏圭**, 김종석金鍾碩, **박임항朴林恒**, **이주일李周一**, 이형근李亨根, **조영원趙永遠**, 최정근崔貞根, 최창식崔昌植, **최창언崔昌彦**, **최창윤崔昌崙**
제57기	7	김영수金泳秀(제27기생 김석원의 아들), **김재풍金在豊**, 김호량金鎬樑, **박정희朴正熙**, **이섭준李燮俊**, **이한림李翰林**, 정상수鄭祥秀
제58기	8	**강태민姜泰敏**, 박원석朴元錫, 신상철申尙澈, 안광수安光銖(제26기생 안병범의 아들), 정래혁丁來赫, 최복수崔福洙, **최주종崔周鍾**, 한용현韓鏞顯
제59기	8	**강문봉姜文奉**, 김재곤金載坤, **김태종金泰鍾**, **이용술李容述**, 장창국張昌國, **황택림黃澤林**, 홍승화洪承華, **이李 모某**(성명 미상)
제60기	13	**김기준金基濬**, **김석권金錫權**, **김세현金世鉉**, **김윤근金潤根**, 김태성金泰星, **김학림金鶴林**, 이성구李成九, 이연수李連洙, **이우춘李遇春**, 이재일李在鎰, 장지량張志良, **정정순鄭正淳**, 조병건趙炳乾

제61기	9	김은수金銀銖, 김중환金仲煥, 김차경金次經, 오일균吳一均, 정만영鄭萬永, 조병하趙炳夏, 조철형趙哲衡, 최용기崔鎔基, 모某(성명 미상)

(주註)
① 굵은 글자로 된 인명은 동덕대 출신자를 표시한 것임. 단 정일권은 동덕대 개교 이전에 만군滿軍장교로서 유학했고, 이와 같은 경우에 해당하는 사람으로는 제54기에 김석범金錫範, 석희봉石希峰 두 사람이 있음.
② 제 59·60기생과 제61기생은 해방 당시 각각 육사·항사와 육군예과사관학교에 재학 중이었음.
③ 명단 배열은 가나다순에 따랐음.

이들은 해방 후 건군建軍에 참여하여 1960년대까지 크게 활약하게 되는데, 한편 해방을 보지 못한 채 일본군의 최일선에서 전사한 계림회원도 적지 않았다. 즉 1939년 7월 몽골·만주 국경지대인 노몬한에서 벌어진 일본군과 소련군 사이의 공중전에 참전했던 지인태 소위가 외몽골(쌍베이즈桑貝子, 현 초이발산) 부근에서 자폭, 전사한 것을 최초로(사후 중위로 추서追敍), 제2차 세계대전 초기에 전투기 하야부사隼[163] 조종사로서 이름을 날리던 최명하崔鳴夏 중위(선산善山 출신)는 수마트라 팔렘방 비행장을 공습 중 불시착, 결국 권총 자결하였고[164], 그 후 역시 항사 출신의 파일럿 가운데 전원상은 버마(현 미얀마) 서단西端의 치타공(현 방글라데시 영토)과 인도 캘커타(콜카타) 중간의 벵골만 상공에서, 최정근은 특공대원으로 오키나와에서, 그리고 정상수는 오키나와 공중전에서 각각 산화散華했다. 특히 최정근은 중위에서 2계급 특진하여 육사 56기생 2천여 명 중 최초로 소좌가 되었다. 이들 외에도 보병장교로서는 강석호가 뉴기니섬 북쪽에 있는 비스마르크해의 애드미럴티 제도 전투에서, 노태순이 버마 전선에서, 그리고 한국인 유일의 전차병과 출신인 김영수가 필리핀 전투에서 각각 전사했다. 이들 중 노태순은 김석원 이후 한국인으로서는

---

163 송골매라는 뜻.
164 작가 정인택鄭人澤은 그의 전기 『다케야마 대위武山大尉』로 1945년 3월 국민총력 조선연맹이 제정한 제3회 국어문예 총독상을 받음.

두 번째로 권위 있는 긴시金鵄훈장을 받아 모교인 평양중학 강당에 특별 전시되었다. 또한 김석원의 차남인 김영수는 선박부대 운용에 기발한 용감성을 발휘하여 사후 대위로 2계급 특진했다.

또한 비록 계림회원은 아니었지만 운현궁의 주인인 이우 공 중좌(제45기)는 제2총군사령부 교육참모로 재직 중 히로시마廣島 원폭의 희생자가 되었는데[165], 이에 대하여는 본서 제Ⅶ장 「이우李鍝 공·저항의 생애」를 참고하기 바란다.

끝으로 해방 당시 필리핀방면군에 배속된 남방총군 사령부 병참감兵站監 겸 포로 수용소장 이었던 홍사익 중장은 연합군 측이 설치한 전범 재판에 회부되어 미국인 포로학대에 대한 모든 책임을 뒤집어쓰고 사형 선고를 받았다. 그는 끝내 1946년 9월 26일 형장의 이슬로 사라졌거니와, 이에 대해서는 역시 본서 제Ⅵ장 「비극의 장군 홍사익」을 참고하기 바란다.

---

165 죽은 뒤 대좌로 추서됨.

II 일심회의 야망

해설

갑오개혁이 단행된 이듬해인 1895년, 내부대신內部大臣 박영효의 주선에 따라 일본에 건너간 유학생 가운데 군인을 지망한 21명은 육군사관학교 제11기생으로 진학하여 1899년에 졸업했다. 그러나 박영효가 실각하여 재차 일본으로 망명한 뒤로부터 그들은 당시의 배일적排日的인 정부로부터 친일분자로 간주되어 버림받는 신세로 전락, 도쿄 시내에서 울분의 나날을 보내지 않으면 안 되었다. 그들이 비밀결사 혁명일심회革命一心會를 결성하여 보수정권 타도를 결의한 것은 이 같은 사정 때문이었다.

그 뒤 일부 장교들은 일본에 망명 중인 유길준과 접촉하게 되면서 더욱 과격한 생각을 품게 되었으나 이보다 조금 앞서 귀국한 동기생 중 일부가 민영환의 열성 어린 노력으로 무관학교 교관으로 취직이 되는 등 여건이 크게 호전되자 일심회 동지들도 1902년 초까지는 모두 귀국하여 군부 내에 일자리를 얻게 되었다. 이에 따라 현 정부 타도라는, 그들이 전에 품었던 혁명 결의도 점차 퇴색해 갔다.

바로 이 무렵, 유길준이 거사 자금 마련을 위해 접촉한 서상집徐相潗이 그의 쿠데타 계획을 당국에 밀고함으로써 일심회의 음모가 발각되어 동지들은 일망타진되고 8명의 장교가 국사범國事犯으로서 투옥되었다. 당시 정부 당국에서는 이들에게 일본에 밀항하여 박영효, 유길준, 이준용李埈鎔 등 망명 인사를 암살하는 대가로 사면해 주겠다는 비밀 제의를 해왔다. 이에 따라 그중 두 사람은 이 일에 나서기도 했으나 사명을 달성하지 못하였다. 급기야 러일전쟁이 터지자 일본 측의 간섭이 있을 것을 꺼린 정부 당국은 급히 그동안 옥사한 권호선을 제외한 일심회 간부 7명에 대한 처형을 서둘러 그중 3명은 형장의 이슬로 사라졌다.

이 글은 위기일발의 순간에서 기적적으로 살아남은 김형섭金亨燮의 회고록을 토대로 하여 당시의 관보官報, 신문기사, 기타 『매천야록梅泉野錄』·『대한계년사大韓季年史』·『속음청사續陰晴史』 등 민간의 기록을 널리 참고하여 구성한 한말 정치상황의 르포르타주이다.

1. 도일渡日유학의 길

김형섭이 일본 유학을 결심하게 된 것은 고종 31년, 즉 1894년 가을이었다. 그때 그의 나이 17세. 평안남도 숙천군肅川郡[1] 한미한 시골 양반의 아들로 태어나 변화 없는 나날을 보내왔던 그였다. 그러나 마침 이해 여름 대원군과 일본 공사 오토리 게이스케大鳥圭介가 합작하여 만든 친일 내각이 유학생 모집공고를 내었다. 지금까지 배외보수排外保守의 폐단을 타파하기 위해 총준자제聰俊子弟를 일본에 유학시킨다는 것이었다.

당시 청년들은 이에 응하려는 기색이 별로 없었다. 그러나 김형섭은 숙부의 종용에 따라 이에 응하기로 했다. 그의 숙부는 일찍이 과거에도 응시한 적이 있었고 또 청국에도 간 일이 있어 상당한 식견을 가지고 있는 사람이었다.

이때는 바야흐로 일본군이 평양에서 청군을 격파하여 계속 북쪽으로 추격하는 중이었고 황해대해전黃海大海戰에서는 청의 북양함대北洋艦隊를 거의 궤멸시킬 정도로 대승을 거둔 시기였다. 그런데도 조선 사람들은 청국이 승리할 것이라고 굳게 믿고 있었다. 하지만 숙부만은 홀로 일본의 승리를 예견했다.

김형섭이 유학생 모집에 응하겠다고 하자 친족이나 친우들은 모두 반대했다. 특히 어머니의 반대는 컸다.

"독자인 너를 외지에 보낼 수 없다. 하물며 일본은 믿을 수 없는 곳이다."

그러나 그는 소장기예小壯氣銳의 타오르는 웅심雄心을 억제할 길이 없었

---

1 1914년 지방행정구역 개편 때 평원군平原郡에 통폐합됨.

다. 그는 처음의 결심대로 밀고 나갔다.

그 이듬해, 즉 개국기원 504년(1895) 2월 그는 숙부를 따라 서울에 올라왔다. 일찍이 꿈꾸던 곳을 와보니 피가 끓었다. 특히 왕궁(경복궁)을 정면에 두고 모든 관아官衙가 잇대어 있는 광화문 거리는 장관이었다. 여숙旅宿이 결정되자 숙부는 그를 데리고 안국동에 있는 내부대신 박영효朴泳孝의 집을 찾아갔다. 세심한 성격이었던 숙부는 대신 앞에 나아갈 때의 여러 가지 예절을 몇 번이고 그에게 교육했다.

박 대신의 응접실은 이른바 양풍洋風이라고 할 만한 것으로서, 김형섭이 유리창을 본 것은 이번이 처음이었다. 35세 정도의 장년인 그는 이른바 개량복(양복)을 입고 있었다. 게다가 단발이었다. 김형섭은 현직 대신이요 전왕(철종)의 사위인 그가 너무나 소탈한 점에 감탄했다. 박 대신은 그에게 응모한 동기나 이력 등을 자세히 물었다. 그는 떨리는 음성으로 간신히 대답했다.

박 대신의 집을 나오자 숙부는 이번에는 그를 데리고 계동에 있는 김윤식金允植의 집을 찾아갔다. 외부대신의 직함을 가진 60여 세 정도의 그가 구식으로 응대를 하는 것이 퍽 인상적이었다.

유학생 선발을 위한 시험과목은 한문뿐이었으나 별도로 신체검사를 받았다. 전국 각지에서 모여든 응시자는 모두 4, 5백 명 정도로, 이 가운데서 합격자는 114명이었다.[2]

이들을 도별道別로 보면 서울 출신이 가장 많아서 79명, 그다음이 경기도로 20명, 그리고 나머지 도에서 올라온 사람들이 15명이었다. 이들 가운데는 당시의 각원閣員 및 기타 요인들의 자제가 많았다. 형섭은 이 선발시험에 무난히 합격했다.

일단 선발이 끝나자 이해 3월 말에 유학명령서가 떨어졌다. 유학생들은 인천에 가기 전 한강 도선장渡船場에 일단 모여 주의사항을 들었다. 그

---

2 이 숫자는 기록에 따라 다르며, 연말까지 추가로 더 뽑아 162명이라는 설도 있음.

들의 유학을 주선한 장본인인 박영효 내부대신이 그들을 하원河原에 모아놓고 격려의 웅변을 토했다.

"그대들이 걸머진 사명은 극히 중대하다. 장차 조선을 개화시킬 역군은 그대들밖에는 달리 없다. 그대들이 유학을 마치고 귀국하는 날에는 틀림없이 중용重用할 것이다."

박 대신은 이처럼 그들을 분발시키고 나서 마지막으로 조국의 명예를 더럽히지 말라고 주의시켰다.

일단 도선장에서 흩어진 유학생들은 말이나 혹은 교자轎子를 타고 인천에 갔다. 형섭은 걸어서 갔다. 그가 인천에 도착했을 때는 날이 저물었으므로 인천에서 하룻밤을 잤다.

다음날 유학생들은 배를 탔다. 김형섭이 화륜선火輪船을 탄 것도 이번이 처음이었다. 배는 일본으로 가는 도중 부산에 잠시 정박했고 거기서 나가사키長崎로 직행했다. 나가사키에서는 이틀을 체류했다. 그런 다음 배는 고베神戸로 향했다.

고베항에는 주일 공사관 통역관인 야마자키 히데오山崎英夫가 도쿄에서부터 마중 나와 있었다. 유학생들은 그의 안내를 받아 기차를 탔다. 일찍이 누구도 경험하지 못한 탑승이었다. 그들이 내린 곳이 도쿄의 관문에 해당하는 신바시新橋 정거장[3]이었다. 그런데 형섭은 여기서 뜻하지 않은 광경을 목도하고는 커다란 감동을 받았다. 그들을 환영하기 위해 역두驛頭에 운집한 시민들! 길가에 도열堵列한 게이오의숙慶應義塾 학생들의 모습.

유학생들은 환영 인파에 휩싸인 채 역에서부터 미타三田에 있는 게이오의숙으로 걸어갔다. 그들이 학교에 도착하자 모든 학생이 환영해 주었다.

---

3 현 쇼도메汐留 화물역.

그들은 여기서 일 년 반 동안 공부하기로 한·일 양국 간에 이미 약정約
定이 되어 있었다.[4]

2. 게이오의숙慶應義塾에서 세이조학교를 거쳐 육사로

학업은 그해 5월부터 시작되었다. 처음에는 주로 어학을 야마자키에
게서 배웠으나 차츰 기초적인 보통학을 공부하여 그다음 해인 건양建陽
원년(1896) 가을에는 이 과정을 마쳤다. 그동안 연합함대사령장관으로
황해 대해전을 승리로 이끈 뒤 해군참모총장(군령부장軍令府長)으로 영전
한 이토 스케유키伊東祐亨 대장을 비롯하여 전 한국 공사(청국공사 겸임) 오
토리大鳥 등이 찾아와서 그들에게 여러 가지 이야기를 해주었다. 오토리
는 당시 추밀원 고문관樞密院 顧問官이란 현직에 있었다.

그러나 그들이 감명을 받은 것은 학교의 창립자이며 동시에 주인인 후
쿠자와 유키치福澤諭吉의 서양 유학 체험담이었다. 그는 본래 나카쓰번中津
藩[5] 출신 하급 무사의 아들로 태어나 어려서 나가사키에 가서 공부하고 다
음에는 서양의학자인 오가타緖方라는 사람 밑에서 의학을 공부했다고 했
다. 하지만 그는 메이지유신明治維新을 앞둔 당시의 새로운 시대기운을 체
득하고 이러한 시대에는 영학英學이 필요한 학문이라고 생각해서 혼자 힘
으로 영어를 공부하여, 27세가 되었을 때 마침 신미新見라는 도쿠가와德川
막부幕府의 고급관리가 미국에 갈 때 따라간 것을 시작으로 그 후 다른 관
리를 따라서 유럽에도 갔으며 미국에는 다시 한번 다녀왔다고 한다.

후쿠자와 교장塾長은 유학생들에게 이른바 양행洋行 체험담 외에도 가

---

4 한국 유학생 파견에 대한 한국 정부와 게이오의숙 당국과의 정식 계약서 체결은 이
해 8월 학부대신 이완용과 후쿠자와福澤를 대리한 가마타 에이키치鎌田榮吉 사이에
이루어짐.
5 현 규슈 오이타大分현 지방.

끔 계몽적인 신사상을 이야기해 주었다. 그는 국민의 권리, 의무, 그리고 개인의 존중을 이야기했고 또 봉건적 수양修養을 배격했으며 계급제도를 반대하는가 하면 부국강병富國强兵을 주장하기도 했다. 형섭은 흔히 '일본의 볼테르'로 평가받는 이 유명한 계몽사상가의 이야기를 통해서 새로운 시대에 대한 자각을 새롭게 했다.

유학생들은 게이오의숙에 적을 두게 되면서 곧 '대조선大朝鮮 일본 유학생 친목회'를 결성하고, 1896년 2월에는 친목회 회보會報를 창간했다. 이 회보는 계간으로 도쿄에서 발행되어 1898년 4월까지 6호가 나왔는데, 현재까지 알려진 바로는 우리나라 사람에 의해 발간된 최초의 잡지라고 할 수 있다. 그것은 어쨌든 유학생들은 보통학을 마친 다음 각자 전문분야에 들어가기 위해 새로운 상급학교로 진학했다. 김형섭은 군인을 지망하였기에 세이조成城학교에 입학했다. 이 학교는 사립이었으나 육군장교생도를 양성하는 곳으로 이름이 높았고, 지난 10여 년간 수많은 사관후보생을 배출했던 곳이기도 했다. 그가 입교했을 당시에는 이른바 육군보충조례陸軍補充條例라는 것이 만들어져서 육군사관학교 입학에 있어서 육군유년학교와 세이조학교 외에 심상尋常중학교 출신자도 선발할 수 있게 되어 다소 불리해지기는 했다. 하지만 당시 교장을 겸한 가와카미 소로쿠川上操六 대장(육군 참모총장)의 존재만으로도 이 학교의 명성은 여전히 대단했다.

광무光武 2년(1898) 11월 형섭은 세이조학교를 졸업하고 육군사관학교에 진학했다. 유학생들은 그를 포함하여 모두 21명. 당시의 교장은 데라우치 마사타케寺內正毅 중장으로, 교육총감이자 한시적으로 교장직을 겸하고 있었다. 당시 육사의 수업 연한은 1년이었다. 이 기간에 그들은 사관 후보생으로서 계급이나 복장 기타 모든 면에서 일본인 학생과 같은 대우를 받았다. 일본 정부가 그들의 학비를 대주었기 때문이다. 유학생들이 본국정부의 관비를 받고 공부한 것은 사실 1년이 되지 못하였다. 그들은 게이오의숙 시절에 매달 한 사람이 15엔圓씩을 받아 그중 2엔은

의숙에 감독비로 납부하고 5엔은 생활비, 5엔은 피복 기타 의료비, 나머지 3엔으로 잡비를 썼으나 일본에 온 이듬해 초에 이른바 아관파천俄館播遷이란 정변이 일어나 친일 내각이 쓰러진 뒤로부터는 정부방침이 일변하여 계속 관비 지급이 중단되었기 때문이다.

김형섭은 광무 3년(1899) 11월 30일 제11기생으로서 육사를 졸업했다. 견습사관이 된 그가 부임한 곳은 도쿄의 아자부麻布에 있는 제1사단 예하 보병 제3연대였다. 동기생 가운데 김관현, 이기옥(이희준) 등도 같은 부대에 배속되었다. 그러나 6개월 뒤 이 과정을 마치고 소위로 임관될 때 문제가 생겼다. 즉 유학생들을 일본인과 마찬가지로 소위로 임관시킬 것인가 아니면 별도의 대우를 할 것인가 하는 문제였다. 군부대에서는 외국 유학생을 임관시키는 것은 아주 곤란한 문제라고 난색을 보였으므로 김형섭은 동기생들과 함께 본국 공사관을 찾아가 교섭해 줄 것을 탄원했다. 그러나 공사 이하영李夏榮의 답변은 별로 자신이 없는 것이었다.

"잘 알고 있다. 하지만 그 문제는 내 힘만으로는 안 되는 일이니 본국정부에 통고하겠다."

광무 4년(1900) 6월 견습사관 기간이 끝나자 김형섭은 동료들과 함께 일본 군적軍籍을 떠나게 되어 무국적 장교 신세가 되고 말았다.

3. 버림받은 청년 장교들

1900년 7월 17일 본국정부로부터 유학생들을 참위參尉[6]로 임관한다는 사령장辭令狀이 도착했다. 하지만 귀국에 관해서는 어떤 지시도 없었다.

---

6 현재 소위에 상당함.

더욱이 봉급도 한 푼 보내주지 않았으므로 유학생들은 하루하루의 호구지계糊口之計가 막연해졌다. 지금까지는 일본군 부대에서 먹고 잘 수 있었으나 이제는 그것이 불가능했다. 궁여지책으로 동기생들은 공사관의 행랑채에서 자취를 시작했다.

이하영 공사도 이들의 딱한 처지를 동정하여 본국정부에 여러 번 구제책을 건의하기도 했다. 그러나 이들을 위험한 친일분자로 경계하였던 정부는 이들을 계속 방치했다. 사실 이들을 일본에 유학시킨 장본인인 박영효는 5년 전 민비閔妃일파의 모략에 걸려들어 일본으로 망명한 뒤로부터 줄곧 귀국이 불허되고 있었다. 더욱이 그는 본국정부로부터 현상금이 붙어 있는 국사범國事犯의 신세였다. 따라서 정부 당국은 그가 주선해서 보낸 이들 청년 장교들을 박영효 세력으로 간주하고 있었다.

그러던 중 이해 9월 본국정부의 실력자로 알려진 조병식趙秉式이 주일공사로 부임해왔다. 청년 장교들은 신임공사에게 현재의 어려운 형편을 이야기하고 도와줄 것을 호소했다. 그러나 2년 전 독립협회를 두들겨 부수는 데 앞장선 보수파의 영수 격인 조 공사인지라 이들에 대해 아주 냉담했다.

당시 퍼진 소문으로는 조 공사는 처음에는 자신의 임명에 불복했다고 한다. 10년 전 함경감사咸鏡監司 재직 중 이른바 방곡령防穀令사건을 일으킨 이래 그는 배일주의자排日主義者로 알려져 왔다. 더욱이 부임 직전 그는 복술卜術로 출세한 이유인李裕寅과 더불어 친일 거물 정객인 안경수安駉壽와 권형진權瀅鎭 두 사람을 죽이는 데 앞장선 일이 있다. 안·권 두 사람은 국사범으로서 일본에 망명하고 있다가 하야시 곤스케林權助 주한 일본 공사의 막후교섭에 따라 자수하기 위해 1900년 2월 귀국했는데, 경무사에 평리원平理院 재판장 서리를 임시로 겸했던 이유인은 민비 시해사건의 복수를 할 수 있는 절호의 기회라고 간주하여 애초의 약속을 저버리고 그들을 몹시 고문한 끝에 5월 28일 교수형에 처하였다. 이 문제로 한일 간에 한때 옥신각신 분쟁이 일기도 했으나 대한제국 조정으로서는 황제가 사전에 죄안罪案을 보고받지 못하여 사건처리를 몰랐다고 둘러대어 외교적으로 일단 수습했다. 어쨌든 조 공사는 일본 정부에서 볼 때 환영할 수 없는 인물이었다. 이 점을 본인도 잘 알고 있었다.

이 같은 경력을 가진 조병식을 일본 공사로 특선特選한 데는 그 나름으로 까닭이 있었다. 즉 그의 완강한 성격을 이용하여, 첫째로 일본에 대해 한국의 중립화中立化를 보장할 것을 제안하고, 둘째로, 일본 내에 거주하는 중요한 한국 정치범들을 본국으로 송환하기 위한 교섭을 벌이기 위해서였다. 그는 외아문外衙門책임자(독판督辦)로 있을 때 교착상태에 빠진 러시아와의 육로陸路통상조약을 체결하는 데 성공한 전력(1888)이 있었으므로, 고종 황제는 일찍부터 그의 교섭능력을 높이 평가하고 있었다. 실제로 그는 당시 서울에서 조선의 감국대신監國大臣을 자처하고 있던 청나라 대표 위안스카이袁世凱의 사주를 받아 이를 결렬시키려고 했던 것인데, 조선 정부의 외교고문[7]으로 고빙雇聘되어 조병식과 함께 전권全權위원으로 교섭에 임하고 있던 미국인 데니O. N. Denny[8]가 러시아의 한국 주재 공사인 베베르Karl. I. Weber와 청국에서 근무하던 시절 이래의 오랜 친분에 힘입어 적극적인 주도권을 취함에 따라 조약체결을 성사시킨 것이었다. 그 같은 내막이랄까 진상을 알 리 없는 고종은 조병식을 몹시 신임했다.

당시 청나라에서 외세를 배격하는 의화단義和團운동이 일어나자 서구 열강과 일본은 서둘러 연합군을 조직하여 1900년 8월, 수도 베이징北京을 함락시키는 등 국제정세가 급박하게 돌아갔다. 더욱이 7월 30일 자 일본의 신문에는 러시아가 이 기회에 일본에 대해 한국을 러·일 양국이 공동 분할하자는 제안을 해왔다고 보도했고, 이를 받아 『황성신문』이 8월 7일 기사화함으로써 남궁억南宮檍 사장이 탁지부度支部대신에 임시 경

---

7 외아문 장교사掌交司 당상堂上 겸 내무부內務府 협판協辦.
8 한국식 이름은 덕니德尼.

부警部[9] 대신 서리를 겸하고 있던 조병식에게 불려가 심문을 받고 감옥에 갇히기까지 했다. 이 사건은 한국에서 최초로 발생한 언론인 구속사건이라고 언론사에서 대서특필하고 있거니와, 평리원은 문제의 기사가 외국 신문에 이미 보도된 것을 단지 번역·게재한 것으로 밝혀짐에 따라 기각하여 더 이상의 문제가 되지는 않았다. 그러나 어쨌든 이 신문기사로 인심이 소란해진 것만은 사실이다. 고종은 사태의 진전을 불안하게 느끼고 러시아의 책동을 분쇄하며 확고하게 독립과 안녕을 확보하기 위해서는 일본에 대해 중립화를 제안할 필요가 있다고 판단했다. 하지만 일본은 한국 정부의 제의에 맞서 한·일 간의 군사동맹 체결을 주장하여 협상은 초장에 간단히 결렬되고 말았다.

한편 일본 내에 거주하는 주요 국사범을 한국 정부에 인도하는 문제도 성공을 거두지 못했다. 이해 초여름 안경수·권형진 두 사람에 대한 처형 문제를 둘러싸고 일본 측의 항의가 거세지자, 정부는 거꾸로 망명정치인들을 붙잡아 본국에 송환하는 이른바 나환拿還조치를 일본 정부에 끈질기게 요구해 왔다. 즉 정부는 이하영 공사에게 대원군의 장손인 이준용[10]을 비롯하여 박영효, 유길준, 조희연趙羲淵, 장박張博, 우범선禹範善, 이두황李斗璜, 이범래李範來, 이진호李軫鎬, 권동진權東鎭, 구연수具然壽, 조희문趙羲聞 등 1등급 이외에 십수 명의 2, 3등급 국사범을 잡아 송환토록 하라는 훈령을 내린 바 있었다. 하지만 일본 측은 쉽게 인도하지 않겠다는 입장이었기 때문에 번번이 실패하였다. 사안이 그러했던 만큼 유능한 외교관에 속하는 이하영이 성공하지 못한 난제를 철저한 배일파인 조병식이 타결하는 것은 처음부터 불가능했다.

이해 9월 어느 날 30대 후반의 참모본부 소속 소좌인 우쓰노미야 다로宇都宮太郎[11]가 공사관으로 조 공사를 찾아왔다. 그는 전부터 청년 장교들

---

9 1900년 6월 초 종래의 경무청이 경부로 승격했음.
10 후의 영선군永宣君·이준李埈 공公.
11 1919년 3·1운동 당시 조선 군사령관·대장.

의 딱한 처지를 동정해 왔는데, 조 공사를 회견하고는 선처해 줄 것을 요망했다.

"귀국貴國은 왜 이들 유학생을 오늘과 같은 궁상窮狀에 빠뜨려 놓고 돌보지 않습니까? 전도양양前途洋洋한 청년 사관들을 이곳에서 썩히는 것은 귀국의 손실입니다. 일단 장교로 임관한 이상 이에 상당하는 봉급을 주어 그체면을 지켜주지 않으면 귀국의 명예에도 관계가 있는 것입니다. 나는 장교제군을 동정해서뿐만 아니라 동시에 귀국을 위해서 하는 말입니다. 더욱이 21명의 무관 중 권승록權承祿, 이기옥李基鈺 두 사람을 임관하지 않은 것은 뭐가 잘못되어서입니까?"

이에 대해 고희를 눈앞에 둔 조 공사는 다음과 같이 변명했다.

"귀하의 말하는 취지는 잘 알았다. 귀국하면 잘 말해보겠다. 허나 권승록과 이기옥의 일은……이기옥은 그 아버지 이창렬李彰烈이 전 정부 아래서 군수로 근무했고, 또한 권승록은 그 숙부인 권형진이 당시 경무사警務使[12]로 있었기 때문에 모두가 현 정부에서 본다면 역적이다. 즉 그 누累가근친인 이들에게 미친 것이다."

그러자 우쓰노미야 소좌는 격노하여 크게 소리쳤다.

"그 무슨 폭정暴政이오! 무슨 만풍蠻風이요! 만약 한 사람의 죄가 그 일족에 대해서까지 미친다면 한국은 자멸할 수밖에 없소. 그렇다면 왜 그들을 우리의 신성한 사관학교에 입교시켰단 말이오! 만약 그들을 적도賊徒라한다면 이 역적들을 군적에 둔 일본의 빛나는 육군의 전통은 더럽혀진 셈

---

12 경찰부장관 격.

이 아니오! 단연코 묵과할 수 없는 일입니다. 각하여! 귀국하시거든 속히 황제께 아뢰어 두 사람의 임관을 주선해 주십시오. 그리고 이들을 장차 등 용할 방침을 세우시고 시급히 급료를 보내주십시오. 우리 일본 사람들도 원합니다."

조 공사는 우쓰노미야 소좌의 노기에 압도된 나머지 일단 이를 승낙했다. 마침 조 공사는 이해 12월 하순 공사직에서 경질되어 서울로 돌아가게 되었다. 김형섭은 동료들과 함께 이제는 문제가 해결되겠지 하는 기대를 걸어봤다. 그러나 그는 귀국한 후에 일신의 안전을 꾀하기에 급급하여 이들을 위해 아무런 노력도 기울이지 않았다. 우쓰노미야 소좌의 모처럼의 친절도 결국 수포로 돌아가고 말았다.

4. 혁명일심회革命一心會의 탄생

1900년 그해 9월 하순, 이들의 유학을 재차 명령한다는 사령辭令이 본국정부로부터 도착했다. 하지만 송금은 전혀 없었으므로 청년 장교들은 더 이상 궁핍을 견딜 도리가 없었다. 그리하여 그들은 이 난관을 뚫을 방법을 의논했다. 그 결과 공사를 통한 지금까지의 간접적인 운동은 그만 두기로 하고 21명 가운데 몇 사람을 뽑아 귀국시켜 정부 당국에 탄원키로 했다.

청년 장교단의 대표로 선발된 사람은 노백린[13], 어담[14], 임재덕, 윤치성 尹致晟[15], 김성은金成殷, 김규복金奎福 등 6명. 그들은 정부에 직접 탄원하기 위해 한 달 뒤인 10월 귀국했다.

---

13 뒤에 상하이 임시정부 국무총리.
14 뒤에 일본군 중장.
15 전 군부대신 윤웅렬尹雄烈의 조카.

얼마 후 도쿄에 남아 있던 동료들에게 본국으로부터 편지가 왔다. 그들은 한 가닥의 희망을 품고 편지를 읽어보았다. 그 편지에 의하면 동기생 6명은 귀국하여 정부 당국에 매일같이 애원을 되풀이했다는 것이다. 그러나 군부대신이나 원수부元帥府의 4국局[16] 총장은 배일파의 참소가 들어갈까 두려워서 꼼짝 못 한다는 것이었다. 그리고 이 중대한 사명을 완수하지 못하게 되자 실망한 노백린은 고향인 황해도 풍천군豊川郡[17]으로 돌아갔다는 것이요, 특히 일행 중 김규복은 기후의 격변으로(서울의 매서운 추위) 말미암아 서울 여관에서 병사했다는 것이었다.

"비통한 일이야!"
"간신배의 도량발호跳梁跋扈에는 한이 없군!"

사정이 이처럼 절박한 국면에 이르자 15명의 동료 가운데는 적극적인 행동을 취해 보자는 강경론이 대두하게 되었다. 비교적 나이가 많은 편인 조택현趙宅顯, 장호익張浩翼, 권호선權浩善 등은 당장 공사관을 뛰쳐나가 조용한 집을 빌려 기숙하면서 타개책을 강구해 보자고 제의했다.

조택현 등은 곧 이를 실행에 옮겼다. 그들은 도쿄 이치가야市谷 우시코메牛込에 있는 야쿠오지藥王寺 앞에 집을 빌려 나갔다. 하지만 이 집은 15명의 청년 장교들이 살기에는 너무 비좁았으므로 대다수의 장교는 계속 공사관에 머물렀다. 조택현, 장호익, 권호선, 김홍남金鴻南, 김관현, 김교선金教先 등이 새집으로 옮겨갔고, 형섭은 김희선, 김홍진金鴻鎮, 방영주方泳柱, 김봉석金鳳錫, 강용희姜容熙 등과 함께 그대로 공사관에 잔류했다.

그런데 새집으로 옮겨간 동료들 사이에 돌연 쿠데타 계획이 태동하기 시작했다. 주동인물은 장호익, 조택현, 권호선 세 사람. 이들은 먼저 비

---

16 군무·검사·기록·회계국.
17 뒤에 송화군松禾郡에 병합됨.

밀결사를 조직하기로 모의한 다음 공사관에 있는 동료들을 불러냈다. 이에 따라 이해 10월 어느 날 야쿠오지 앞의 집에는 15명의 청년 장교들이 모두 모였다. 먼저 권호선이 입을 열었다.

"지금 우리나라의 위망危亡이 조석朝夕에 달려 이대로는 도저히 막을 방책이 없다. 우리들이 어찌 가만히 앉아서 볼 수 있겠는가. 그러니 일맹약一盟約을 맺어 노국파露國派의 현 정부를 무너뜨려 영신잡배佞臣雜輩를 일소하고 진정한 독립국가를 건설하는 것이 어떻겠는가?"

권호선의 제의에 대해 조택현과 장호익이 즉각 찬성하고 나섰다.

"현 단계에서 혁신정부를 수립하는 일은 절대로 긴요하다. 우리 15명이 한마음이 되어 혁명을 추진해 보자!"
"그런 의미에서 우리 조직을 혁명일심회革命一心會라고 하자."

나머지 장교들도 동의했다. 김형섭도 이를 지지했다. 그러자 권호선이 미리 준비해 둔 5개 항으로 된 이른바 혁명혈약서革命血約書라는 것을 낭독했다.

一. 대황제 폐하(고종)를 폐廢한다.
一. 황태자전하(순종)를 폐한다.
一. 의친왕 전하(순종의 이복동생 이강李堈)로 그 위位를 대신한다.
一. 망명 중인 국사범으로서 정부를 조직한다.
一. 만약 이 일이 누설되면 전원 자결한다.

이어 장호익이 동료들에게 혈약서에 서명할 것을 제의했다.

"자, 여기에 나란히 이름을 적고 지장을 찍게."

김형섭은 혈약서의 내용이 너무나 과격한 것에 놀랐다. 주위를 돌아보니 나머지 동료들도 마찬가지 눈빛이었다. 하지만 좌석의 분위기는 서명할 것을 강요했다. 수서首書는 조택현이 하고, 차서次書 장호익, 이하 권호선, 김홍진, 김관현, 김홍남, 방영주, 김희선, 김교선, 장인근, 강용희, 김봉석, 권승록, 이기옥, 그리고 형섭이었다.

일단 혈약서에 서명을 끝내자 좌중은 흥분하기 시작하여 작금昨今의 국내정세를 이모저모 비판하였다. 당시 정부는 민씨 척족戚族일파와 보수적인 과두정치가, 러시아어·프랑스어·영어·일어 통역관, 환관, 심지어는 술객術客이라 불리는 점쟁이들의 손아귀에서 놀아나고 있었으며, 매관매직은 일찍이 유례가 없을 정도로 보편화하였다.

"관찰사는 10만 냥兩에서 20만 냥이고 일등 수령은 5만 냥이라는 거야."

"어떤 대신은 러시아 공사관에서 밤새도록 화투를 하여 돈 10만 냥을 잃었다는 거지. 그의 친구가 빚을 갚으려면 어디 지방 관찰사로 나가라고 권했대. 그러자 그 대신 말이 황해도와 평안도는 양학洋學(기독교)이 들어와서 민지民智가 깨었으므로 이미 글렀다. 그러니 그곳은 그만두고 경상도 관찰사로 보내 달라고 했다는 거야."

"황제의 신임이 두터운 어떤 척신은 월미도月尾島를 러시아 사람에게 팔아먹었어. 그 때문에 목이 달아났거든."

"사실은 내막이 좀 복잡하지. 그 척신은 정부로부터 월미도 개척권을 인가받아 가지고 일본인에게 권리금을 받고 판 거야. 그러자 그 일본인이 월미도 주민을 쫓아냈지. 이것이 말썽이 나자 내부차관으로 있던 그 척신의 아들이 사건의 해결을 평리원 재판장에게 상의했어. 그런데 그 재판장 역시 천하의 불한당이었네. 그자는 한술 더 떠서 황제를 러시아 공사관에 옮겨 놓은 다음 민영환, 민병석閔丙奭, 심상훈沈相薰 등을 죽인다면 사건이 자연적으로 무마되리라고 해서……. 결국은 쿠데타 모의로 발전되었고, 급기야 기밀이 새어나가 재판장은 사형된 거야."

"그 아버지는 경기도 관찰사로 있다가 임오군란 때 피살되었어."

"민영준이 그자 이름과 발음이 같다고 해서 개명했다지?"

"지금 본국에는 흑사병이 유행하고 있어. 그 때문에 인심이 흉흉하고……."

"황성신문皇城新聞 사장이라는 남궁억南宮檍은 러시아와 일본이 한국을 분할할 것이라고 신문에 써서 물의를 일으키고 있다는 거야."

"함경도 성진城津 지방에선 농민폭동이 일어나 북청진위대北靑鎭衛隊가 출동했다더군."

"두만강 가의 경흥부慶興府 사람들이 들고 일어나 탐관오리 남南 모某 감리監理를 혼내주었고, 원산항港에서 백성들이 경무서警務署를 부셨고……."

"경강京江 통진通津 일대에선 화적이 출몰하는가 하면 동학東學을 자칭하는 일단의 무리들이 정읍향교井邑鄕校를 약탈하고……."

"청비淸匪(의화단 잔당)마저 주민을 괴롭힌다는 거야, 함경도 자성군慈城郡·삼수군三水郡 일대에서는……."

"지금 망명 중인 지사志士들도 환국還國하기 위해 맹렬한 공작을 벌이고 있다네."

"하지만 별로 시원치 않아. 번번이 실수만 거듭하고 있다더군."

5. 박영효朴泳孝의 환국還國공작

당시 일본에 망명하고 있던 이른바 국사범들은 그들대로 환국공작에 열중하고 있었다. 그들은 본국의 정치 혼란, 민심 이반을 예의 주시하면서 현 정부를 무너뜨릴 음모를 실행에 옮기고 있었다. 그 대표적인 사람이 박영효와 유길준이었다. 하지만 두 사람은 각기 독자적으로 쿠데타를 획책했다. 두 사람은 실로 견원지간이라 할 만한 관계였는데, 여기에는 그 나름의 사연이 있었다.

1894년 갑오개혁 때에 그들은 일본 세력을 배경으로 한 정치가로서 정계를 주름잡았었다. 박영효가 내부대신이었을 때 유길준은 총리대신 비서실장 겸 내각 사무처장에 상당하는 내각총서内閣總書로 일했다. 두 사람은 일본 세력을 배경으로 하는 점에서는 같았으나 실제로는 사이가 나빴다. 본래 유길준은 조희연, 안경수, 권형진 등과 같이 군국기무처軍國機務處의 핵심멤버였다. 이 그룹은 초창기 개혁정치의 중추세력이었다. 그런데 개혁이 어느 정도 본궤도에 올랐을 때 박영효가 10년 만에 일본에서부터 돌아와 이노우에 가오루井上馨 일본 공사의 힘을 배경으로 하여 갑신정변 때의 죄를 사면받고 입각하여 독주하기 시작했다. 군국기무처의 멤버들은 점차 실권을 박영효와 미국에서 돌아와 법부대신이 된 서광범徐光範 일파에게 빼앗기고 말았다. 1895년 초 군부대신 조희연이 훈련대 대대장에 신태휴申泰休를 임명하려다가 박영효의 맹렬한 반대에 부딪혔다. 박영효가 이 인사에 반대한 이유는, 첫째로 신태휴가 갑신정변 때 청나라 군대와 함께 개화당 정권을 분쇄하기 위해 왕궁을 공격한 점과, 둘째로 1887년 위안스카이가 고종을 폐위하려고 음모를 꾸몄을 때 신태휴가 장위영壯衛營의 영관領官으로 병사를 이끌고 궁궐을 침범할 임무를 맡았다는 점이었다. 결국 궁지에 몰린 조희연은 5월 18일(양력) 면직되었고 총리대신 김홍집金弘集은 3일 뒤 항의의 뜻에서 사표를 던졌다. 그러나 이로부터 50여 일 뒤 이번에는 궁궐 호위를 훈련대로 교체시킬 것을 주장하는 박영효가 반역음모의 혐의를 뒤집어쓰고 내부대신 자리에서 쫓겨나 일본에 망명하게 되자 박영효 일파에서는 1개월 전 내부협판에 취임한 유길준이 국왕에게 모함하였기 때문이라고 생각했다. 유길준도 1896년 2월 아관파천으로 실각하여 일본에 도망쳐 왔다. 두 사람은 이제 같은 국사범 신세가 되었지만 본디 서로 협력할 의사는 없었다.

당시 고베神戸에 은거하고 있던 박영효의 환국공작은 1900년경에 이르러 최고조에 달하였다. 그의 측근에는 그를 따르는 심복들이 적지 않았다. 이명선李鳴善, 이규완李圭完, 우범선禹範善, 정난교鄭蘭敎, 신응희申應熙, 황철黃鐵 등 다사제제多士濟濟였다. 이들 중에는 도야마戸山학교 출신도 3명이나 있었고, 나머지 사람들도 전직 군인이거나 내무관리 출신이었다. 이 밖에도 1898년 7월 안경수를 따라 일본에 망명한 당대의 책사로 이름난 윤효정尹孝定과 1894년 11월 일본에 사절단을 따라왔다가 게이오의숙에서 유학한 윤치오尹致旿 등이 있었다. 특히 윤치오는 유길준이 저술한 『서유견문西遊見聞』이 1895년 4월 도쿄의 한 출판사에서 간행되었을 때 역시 유학생 신분인 어윤적魚允迪과 함께 교열校閱을 한 적도 있다.

박영효에게는 젊은 군인의 마음을 사로잡는 이상한 마력이 있었던 것 같다. 이야기가 조금 빗나가지만 이것은 그의 만년에도 변치 않았다. 이를테면 그가 1920년대에 젊은 장교였던 김석원을 반하게 만든 것만 해도 그렇다. 김석원은 중위 시절에 조선군사령관이던 우쓰노미야宇都宮 대장의 소개로 박영효 '후작'을 만나 인사한 뒤로부터 그에게 푹 빠졌다. 김석원의 회고록에 의하면 그는 위관尉官 시절에 거의 매주 빠지지 않고 박 후작 집을 방문했다고 한다. 당시 조선군사령관으로 새로이 부임하는 사람은 꼭 박 후작 집을 찾아와 부임 인사를 하는 것이 관례였다고 하는데, 박영효는 그때마다 일개 위관장교에 지나지 않는 김석원을 특별히 불러 군사령관에게 인사를 시켰다고 한다. 그리하여 1939년 박영효가 죽었을 때 김석원은 한창 바쁜 군무에도 불구하고 억지로 틈을 내어 대례복大禮服을 입고 장례식에 참석하였고, 6·25전쟁 때 부산에서 피난생활을 하는 동안에도 그의 묘소에 자주 성묘하였다고 한다. 김석원이 박영효에 심취한 것은 이에 그치지 않는다. 왜냐하면 김석원은 집안의 항렬行列을 무시하고 그의 이름을 따서 세 아들 모두의 이름에 '영泳'자 하나씩을 붙일 정도였으니까 말이다. 어쨌든 1898년경부터 박영효는 심복들을 직접 혹은 간접적인 방법으로 본국에 잠입시키고 있었다. 이들은 국내 정세를 탐지하기도 했으며 한편 공작금을 모아 오기도 했다.

　박영효가 이런 일에 기대를 하게 된 것은 독립협회가 만민공동회를 개최하여 세력을 크게 떨친다는 소문을 듣고 나서부터였다. 특히 독립협회의 맹렬운동가들 사이에서 자신을 대통령으로 추대하려 한다거나 혹은 중추원 의관議官으로 진출한 일부 독립협회 회원들이 자기를 정부요직에 임명하라고 의결, 이를 조정에 건의, 압력을 가하려 한다는 이야기가 들려오자 그는 한층 더 자신을 갖게 되었다. 이규완과 황철이 1898년 연말 서울에 잠입한 것도 그 형세를 직접 탐지하기 위해서였다. 두 사람은 몰래 귀국하여 일본인의 거류지역인 진고개泥峴 어느 일인日人 여관에 투숙했다. 이규완의 매부 되는 강성형姜盛馨이라는 사람이 여러 차례 여관을 들락거리면서 그들에게 정보를 제공했다. 그러나 박영효 대통령설은 독립협회 반대파들이 계획적으로 유포시킨 모략인 듯했고, 이때는 이미 독립협회가 강제로 해산당한 뒤였다.

　그러자 두 사람은 강성형에게 새로운 공작을 지시했다.

　"아는 장교들을 설득시켜 거사 준비에 착수하라."

　"그럴 만한 장교가 없다. 누구보다도 이조현李祖鉉 같은 사람이 적격인데, 그는 현재 귀양 중이 아닌가."

이조현은 몇 해 전 훈련대와 친위대 중대장을 지낸 군부 수일隨一의 열혈아였다. 이 때문에 그는 군부에서 추방되었을 뿐만 아니라 전라남도 다도해 어떤 외딴 섬에 유배되어 있었다.

　"충의지사忠義志士로 알려진 신창희申昌熙, 이민직李敏稷 등 위관장교는 우리 계획에 찬성할 것이다. 그들이 궐기한다면 경운궁(덕수궁) 문을 미리 준비한 폭약을 터트려 부순 다음 150여 명이 궁궐에 들어가 이곳저곳을 파

수하게 하고, 러시아 공사관으로 진입하는 통로를 단속하며, 병사 100여
명으로 일제히 고함을 지르게 하면서 자객 30여 명으로 하여금 각전各殿을
보호하여 황제 폐하를 경복궁으로 옮겨놓고 새로운 정부를 조직할 수 있
다. 금릉위(박영효) 대감이 귀국하기 전까지는 민영환을 내부대신으로 하
여 총리대신 서리를 겸하게 하고, 민영준閔泳駿[18]을 탁지부대신, 한규설韓
圭卨을 법부대신으로 한다. 그리고 나 이규완은 경무사, 황철은 법부협판,
이민직은 군부협판, 신창희는 여단장, 강성형은 대대장으로 하여 각 부대
를 절제節制하게 한다. 과거 갑신정변 때 시도한 것과 같은 방법으로……."

"하지만 그것은 결국 실패로 끝나지 않았는가."

"친러·친미파도 춘생문春生門사건 때는 실패했으나 아관파천 때는 성공
했다. 한 번 추진해 보라."

대화 중에 나온 춘생문사건이란 1895년 10월 8일(음력 8월 20일) 을미사
변이 발생한 뒤 일본군대가 양성한 훈련대에 의해 경복궁에서 사실상의
연금 상태에 놓여 있던 고종을 미국 공사관으로 옮기려다가 실패한 사건
이다. 즉 이해 11월 28일(음력 10월 12일) 친러파인 이범진李範晉을 비롯하
여 베베르 러시아 공사, 앨런H. N. Allen 미국공사 대리, 르 장드르C. W.
Le Gendre[19] 등 미국인 고문관들, 언더우드H. G. Underwood, 아펜젤러
Henry G. Appenzeller 등 미국인 선교사들의 획책 아래 친위대 중대장들
이 경복궁 동북쪽의 춘생문까지 군대를 진출시켰으나, 사전에 내응하기
로 약속한 대대장 이진호李軫鎬가 갑자기 변심한 까닭에 거사는 실패로
돌아갔다. 친일 정권 아래에서 군부대신까지 오른 윤웅렬은 이때 언더우
드 목사 집에 거처하면서 춘생문사건의 거사계획을 짠 것으로 알려져 있
다. 어쨌든 이규완 등이 모의한 이 거사계획은 너무나 실현성이 없는, 그

---

18 뒤에 영휘로 개명.
19 한국식 이름은 이선득李善得.

자체로 허황된 것이었으므로 저절로 유산되고 말았다.

한편 망명생활에 필요한 돈을 염출하기 위하여 박영효는 국내에 있는 거물 정객 한규설韓圭卨에게 손을 뻗친 일도 있다. 이 공작을 위해서 이조현과 이승린李承麟이라는 청년이 일본에 왔다. 이승린은 바로 독립협회의 투사였던 이상재李商在의 아들이었다. 두 사람은 인천항에서 김창한金彰漢과 이겸제李謙濟의 안내를 받아 고베에 왔는데, 박영효는 그들에게 일장의 우국론을 편 다음 자금 마련에 나설 것을 촉구했다.

"지금 국사國事가 그릇되어 있는 것은 자네들이 잘 아는 바와 같다. 나는 장차 귀국하여 혁신정부를 세울 작정이다. 여기에는 많은 돈이 필요하다. 내가 편지를 써줄 터이니 자네들은 귀국하는 길로 한규설 대감을 만나보고 내 얘기를 전하라. 그리고 내가 2만 원을 보내 달라고 했다고 전하라."

박영효를 만난 다음 여관에 돌아온 이승린이 김창한에게 돈을 어디에 쓰려는 것이냐고 묻자 지난날 일본 공사를 지낸 일본통이자 갑오개혁 때 대신을 지낸 김가진金嘉鎭의 조카로 얼마 전까지 인천 우체국장(사장司長)을 지낸 바 있는 김창한은,

"각 도道 사람 3백 명을 모아 장차 거사할 때 쓰려는 것이요. 이들이 선도한다면 외국(즉 일본) 군대를 빌려 조역助役케 할 수 있소."

라고 대답했다. 한편 김창한은 이조현에게는 윤석준尹錫準에게 보낼 편지를 부탁했다. 이조현과 이승린은 고베에서 며칠 머문 다음 귀국하여 한규설을 방문했다. 그리고 박영효의 부탁을 전했다. 하지만 이 사실은 뜻밖에 새어나가 1900년 8월 27일 이조현이, 며칠 뒤 이승린이 체포되어 평리원에 넘겨졌다. 그리고 황제의 신임이 매우 두터운 한규설까지도 몇

개월간 구류생활을 하지 않으면 안 되었다. 1901년 1월 이조현과 이승린은 모반죄로 종신징역형을 선고받아 이조현은 전라남도 지도군智島郡 흑산도에, 이승린은 전라남도 진도군 금갑도金甲島로 귀양 가고 말았다.

6. 활빈당活貧黨의 내막

한편 박영효는 파괴와 약탈도 명령했다. 그 공작사령부가 바로 고베의 조일신숙朝日新塾이었는데 윤효정이 학감學監이었다. 이 행동대는 이른바 활빈당活貧黨을 자처했다.

본디 활빈당은 악덕관리를 혼내주고 부호들의 재산을 빼앗아 가난한 농민들에게 나눠 주었다는 허균許筠의 소설『홍길동전』에 등장하는 의협심 강한 도적 집단인데, 이 활빈당은 동학농민군의 봉기가 좌절된 뒤 전국 각지에서 같은 시간에 일어나 1905년 을사조약이 체결될 때까지 활발한 움직임을 보였다. 1899년에는 경기도에서 전국적인 모임을 했는데, 특히 삼남三南 지방에서 갑자기 무장활동을 개시했다. 이들이 내건 선언서의 내용을 보면 반봉건·반제국주의적인 색채가 농후하여 동학 계열의 인사들이 주도한 것처럼 보이는데, 그들은 1900년 7월 영남 일대에서 폭동에 가까운 소요를 일으켰다. 활빈당원들은 양산의 통도사通度寺를 약탈했고 청도 운문사雲門寺에서는 사람들을 모아놓고 선동연설을 늘어놓기까지 했다. 진위대가 출동했으나 그때는 이미 일당이 충청북도 보은군 일대에서 출몰하고 있다는 소문이 나돌기 시작한 때였다. 이 게릴라식 행동대는 민심교란과 공작금 조달에 약간의 효과를 누렸다. 하지만 이들의 활동이 활발해질수록 군경軍警의 경계망도 삼엄해졌다.

그런 가운데 활빈당원임을 자처하는 하원홍河元泓 일당과 경상남도 고성固城 진위대 소속 군인과의 총격전이 벌어졌다. 하원홍은 1899년 2월경 일본에 밀입국한 적이 있었다. 수중에 돈이 떨어진 그는 망명 인사인 윤치오[20]의 집에 기식하면서 이준용이 대주는 약간의 돈으로 인공양잠소에 다녔다. 그 후 그는 일본 경찰서의 급사로 취직하였으나 일이 생각했던 것과는 다른 것에 실망하여 귀국하려 했다. 그는 선비船費를 구하고자 고베에 들렀다가 우연히 유창희劉昌熙라는 자를 만나게 되었다. 그는 1895년 관비 유학생으로 도일하여 게이오의숙에서 보통과를 마친 인물이었다. 하원홍이 돈 문제를 걱정하자 유창희는,

"마침 박영효 대감의 집이 이 부근에 있으니 같이 가보자."

고 해서 두 사람은 박영효를 방문했다.

박영효는 두 사람에게 다음과 같이 지시했다.

"자네들이 이번 귀국하게 되면 부잣집 아이들을 많이 일본에 유학 보내게 하라. 그러면 아주 유익하다. 꼭 해보라."

하원홍은 곧 귀국하여 서울에 머물고 있었다. 그러던 어느 날 김창한으로부터 급히 인천으로 와달라는 편지를 받았다. 그가 달려가 보니 윤치오가 일본에서 보낸 편지를 보여 주었다. 그 내용이란 급한 일이 있으니 속히 고베로 오라는 것이었다.

하원홍은 고베에 도착하여 윤치오를 만나 함께 박영효의 거처로 찾아갔다. 박영효는 그에게 일장의 우국론을 피력했다.

"지금 우리나라 사정으로 말한다면 가히 위기일발이다. 이 기회를 틈타서 정부를 뒤엎어버려 수구당을 없애고 우리 한국을 보존시켜야 한다. 운동비 10만 원만 있으면 된다."

---

20 육사 제11기생 윤치성尹致晟의 형임.

그런 다음 박영효는 하원홍에게 다음과 같은 공작 지시를 내렸다.

"즉시 부산에 가서 최진한崔鎭翰이라는 사람을 만나라. 최는 내가 과거 내부대신으로 있을 때 인천항 경무관으로 임명했던 사람이다. 최의 소개로 그의 아들 채붕采鵬, 완붕完鵬 형제와 그 조카 김봉의金鳳儀를 만나 그들에게 군복 기타 여러 가지 무기를 준비하게 하고 동원시킬 수십 명을 확보하라고 전하라. 그런 다음 이들의 지휘를 받아 울산과 양산에 가서 각각 육군 부위副尉로 있는 박사선朴士善과 중군中軍 김준여金俊汝에게 10만 원을 달라고 얘기하라. 만약 박, 김 두 사람이 말을 듣지 않으면 붙잡아오라."

하원홍은 지시를 받고 공작원 원문찬元文燦, 엄주봉嚴柱鳳과 같이 최진한을 찾아 부산의 화전방花田房으로 갔다. 여기서 사흘을 묵는 동안 최씨 일가는 행동대원 30명을 모았고 이들에게 줄 순검 복장과 육혈포六穴砲, 군도軍刀 등을 마련했다.

모든 준비가 끝나자 이들 무리는 최채붕의 지휘 아래 배를 타고 울산으로 향했다. 최채붕은 총순摠巡으로 가장했고 나머지 사람들은 순검巡檢 행세를 했다. 그들은 예정대로 박사선 부위副尉의 집에 돌입했다. 김봉의는 박영효의 편지를 내밀면서 이를 칙령이라 속여 박사선을 체포했다. 그들은 박사선을 내원암內院庵에 끌고 가 그가 1만 5천 원을 바치겠다고 빌 때까지 매질했다. 그뿐만 아니라 그들은 박사선을 위협하여 여러 개의 표찰標札을 만들게 하였는데, 이것은 인근 부호들에게 돈을 기부하라는 일종의 쪽지였다.

하원홍 일당은 이 표찰을 갖고 여러 부호를 찾아다니면서 헌금을 요구했다. 하지만 반응이 좋지 않았다. 그러자 이들 일당은 헌금을 거부한 박 참봉, 안 승지 등을 끌고 가기로 했다. 그런데 일당이 부산으로 가기 위해 탄 배가 마침 거제도 앞을 지날 때 뜻밖에 고성 진위대 소속 군인

10여 명과 맞부딪혔다. 즉시 총격전이 벌어졌다. 하원홍은 부상을 당하고 쓰러져 결국 10여 명의 공작원과 함께 체포되고 말았다.

이리하여 박영효의 공작은 또 한 번 좌절되었다. 1900년 경상도 일대에서 봉기했다고 하는 활빈당의 무력투쟁, 이른바 '경자庚子(1900년)모계謀計'의 내막은 대략 이 같은 것이었다.

7. 민 충정공閔忠正公의 우국론憂國論

한편 혁명일심회 동지들은 극심한 생활고를 겪고 있었다. 공사관에서 제공하던 생활비도 이내 끊어지고 말았다. 그 밖의 유지들이 대주는 돈으로는 도저히 십수 명에 달하는 청년 장교들의 생계를 이어 갈 수 없었다. 그리하여 어떻게든지 귀국할 명분을 찾게 되었다. 박영효와 유길준은 국외에서 혁명을 추진한다고 했으나 이 같은 일이 점점 불가능한 것으로 느껴졌다. 일단 귀국한 다음 어떻게 해서든지 군부에 침투하여 기회를 엿보는 쪽이 바람직하게 생각되었다.

일단 귀국하자는 쪽으로 방침이 기울어지자 동지들은 이듬해, 즉 1901년 초부터 귀국을 서둘렀다. 김형섭도 이해 2월 김희선, 김홍진, 김홍남, 장인근 등과 함께 귀국길에 올랐다. 6년 전 희망에 가슴 부풀어 고국을 떠날 때와는 딴판으로 실의낙백失意落魄의 귀국길이었다. 실로 감개무량했다.

일행은 도쿄에서 기차로 고베에 갔다. 여기서 배를 타고 나가사키를 거쳐 부산으로 향했다. 6년 만에 다시 보는 부산항은 매우 빈약하다는 인상을 주었다. 그동안의 견문 때문이었을 것이다. 그들은 다시 배를 타고 목포를 거쳐 인천으로 향했다.

그들이 인천 제물포에 도착했을 때 한 사람의 출영인出迎人도 없었다. 그들은 6년 전 출발하던 당시의 성대한 전송에 생각이 미치자 마음이 우울해졌다. 일행은 곧장 감리서監理署[21]로 책임자인 하상기河相驥를 찾아갔다. 그는 당시 인천 부윤仁川府尹을 겸하고 있었는데, 얼마 전 일본에도 온 일이 있어 그들과 초면은 아니었다. 하지만 그의 태도는 쌀쌀하기 그지없었다.

하상기는 당시 미국 유학생으로 1906년 오하이오주 웨슬리언대학에서 한국 여성 최초로 문학사 학위를 취득하게 되는 하란사河蘭史(1872~1919)의 남편으로 알려져 있거니와 본디 서울 하층계급 출신이었다. 후일 일본 헌병대에서 작성한 기밀문서에 의하면, 그는 본래 기부妓夫였는데 기녀妓女와 함께 일본에 건너가 망명정객을 유인하는 공작을 벌였다고 한다. 사실 하상기와 하란사[22]는 1895년 10월 함께 관비생으로 일본에 와서 게이오의숙에 적을 둔 적이 있다.[23] 당시의 학교문서에는 하상기가 41세, 김란사가 23세로 되어 있다. 이들 부부는 2년 뒤 요코하마에서 선편으로 도미하여 1897년 9월 하순 샌프란시스코에 도착했는데, 현재 샌프란시스코 근교 브르노시에 있는 국립문서보관소 소장 외국인 입국상황 자료에는 그들의 나이가 각각 43세와 25세로 되어 있다. 그런데 그들보다 얼마 전에 일본에서 미국으로 온 의화군 이강이 시종 두 사람과 함께 머물렀던 오하이오주 델라웨어시에 정착한 것이 주목된다. 하란사는 이곳 웨슬리언대학에 적을 두고 정식으로 유학생활을 시작했으나, 본디 학업에 관한 기본 소양을 갖추지 못한 하상기에게는 그것이 불가능했다. 어쩌면 그는 이강의 동정을 살펴서 보고하라는 엄귀비 쪽의 비밀지령을 받고 도미한 것이 아닐까 짐작된다. 과연 얼마 뒤 이강이 한국인 유학생이 몰려 있는 버지니아주 로어노크대학으로 떠나자 하상기는 귀국하여 황제의 신임이 두터운 내관 강석호姜錫鎬에게 매달려 인천항 경무관으로 취직했다. 1899년 5월에는 육혈포를 쏘아 옥리를 위협, 탈옥에 성공한 전 독

21 오늘날의 출입국 관리소에 해당. 당시는 주요 항구마다 설치됨.
22 본래의 성은 김씨로, 근래에는 김란사로 호칭하고 있음.
23 하란사는 이화학당에서 배운 적이 있다고 함.

립협회 투사 최정식崔廷植이 개항장인 평안남도 삼화三和(진남포)에 나타났다는 일본인 순사의 제보를 받자마자 현지로 달려가 그를 체포하는 공로를 세웠다. 결국 최정식은 7월 하순 처형당하고 말았다. 하상기는 이같은 실적을 과시하며 만약 자신을 인천 감리監理로 임명하면 일본 망명 정객들을 인천으로 유인한 다음 일망타진하겠노라고 약속하여 감리 자리를 얻어냈다는 것이다. 그는 출세하게 되자 자신을 하위지河緯地의 종손이라 거짓 선전하여 식자들의 비웃음을 받기도 했는데, 당시에는 하상기 외에도 회령會寧 출신으로 이용익李容翊과 의형제를 맺어 현직에 오른 주석면朱錫冕이 주자의 후손이라 내세웠고, 전국의 보부상을 규합하여 황국협회를 조직, 독립협회의 만민공동회를 주먹으로 짓밟은 상주尙州 도가屠家 출신의 무뢰한 길영수吉永洙도 길재吉再의 종손이라 사칭하던 판이었다.

어떻든 교활한 협잡배였던 하상기는 이들 청년 장교들이 당국의 요주의 인물인 것을 잘 알고 있었다. 더욱이 자신은 황제의 특명으로 일본 출입자를 감시할 의무마저 있지 않은가! 김형섭 일행도 감리서와 궁중 사이에 직통전화까지 설치된 것을 보고서는 마음이 불안해졌다. 그리하여 곧 서울로 떠났다. 이번에는 기차를 이용했다. 김형섭은 6년 전 경인 간京仁間을 걸었던 기억에 생각이 미치자 그동안의 변화를 어렴풋이나마 느꼈다.

그들 일행은 서울에 도착하자 장인근의 집에서 잠시 묵었다. 그는 인조 때의 명신 장유張維의 후손이라 선전했는데, 일심회 동지들이 장차 황제로 추대하려는 의화군의 외사촌이 되는 사람이었다. 즉 그는 의친왕의 생모인 죽은 장귀인張貴人의 친정 조카였다. 일단 숙소가 정해지자 그들은 군부대신을 비롯하여 대신과 동급인 원수부元帥府 4국 총장 집을 방문하기로 하였다.

당시 군부대신은 윤웅렬尹雄烈이었는데. 그들의 동기생 가운데 한 사람인 윤치성의 백부였다. 윤웅렬은 굴곡이 매우 심한 한말 정계에서 교묘한 처신으로 대신까지 된 인물이었다. 그는 본래 차력借力을 쓰는 장사

壯士로 입신한 대원군 계열의 인물이었으나, 신식군대인 별기군 창설에도 관여한 적이 있고, 아들 윤치호의 영향도 받아 개화사상에도 조금은 눈 뜬 사람이었다. 하지만 그는 당시의 친러적 정치상황을 고려하여 그들을 도와주기 위해 적극적으로 나서지 않았다.

원수부는 대한제국을 선포한 뒤 1899년 황제를 대원수, 황태자를 원수로 하여 궁궐 안에 창설되어 전국의 군사지휘권을 장악한 최고의 군령기관이었다. 그 군무국총장은 군부대신 경력을 가진 이종건李鍾健. 무과 출신의 보수적인 직업군인일 뿐이었다. 검사국총장은 민영철閔泳喆. 죽은 명성황후 민씨의 일족으로 군사문제에 관해서는 완전히 문외한이었다. 기록국총장은 조동윤趙東潤. 불과 30세의 청년이었다. 그는 갑신정변 당시 박영효 일파의 손에 의해 피살된 조영하趙寧夏의 아들이니, 계보로 따지면 일심회의 적이었다. 그는 부친을 닮아 인품은 우아한 편이었으나 박력은 없었다. 회계국총장은 최근 의정부 수반인 참정대신을 역임한 민영환閔泳煥으로 민영철의 육촌 형이었다. 그는 임오군란 때 선혜청 장관(당상堂上)으로 군인들에게 피살된 민겸호閔謙鎬[24]의 아들이니 역시 그들과는 대립적인 처지의 인물이었다.

그들이 만난 어느 사람도 지극히 냉담했다. 다만 민영환이 지극한 간정懇情을 갖고 맞이해 주는 데는 뜻밖이었다. 그는 김형섭 일행에게 저녁까지 대접하고 난 다음 일실一室에 초대하여 다음과 같이 위로했다.

"그대들이 다년간 일본에서 열심히 수학한 것을 전부터 잘 알고 있었다. 그 후 본국과의 연락이 끊어져 고생이 많았을 것도 동정하고 있다. 나는 무슨 방법을 써서라도 그대들을 도우려고 생각은 했으나 잘되지 않았다. 뭐라고 미안한 마음을 표현했으면 좋을지 모르겠다. 나는 5년 전에 러시아 황제 니콜라이 2세의 대관식에 가서 직접 외국의 문물제도를 본 일이 있어 배운

---

24 민비의 양오빠가 된 민승호의 동생.

바가 실로 많았다. 우리나라도 개선할 점이 많으나 국정國情이 아직 그 시기에 이르지 못한 것은 아무래도 걱정이다. 지금 우리나라의 정세는 조정도 국민도 모두 꿈을 꾸며 사는 것 같다. 먼저 이 꿈을 깨지 않으면 안 된다.”

청년 장교들은 이에 동의를 표한 다음 아직 도쿄에 있는 동료들의 비참한 처지를 설명했다. 그러자 민 총장은 다음과 같이 약속했다.

“조금만 기다려 달라. 이제 우리나라는 그대들과 같은 유위有爲의 인재들이 크게 활동해야 할 때다. 나는 폐하께 그대들을 등용할 것을 말씀드려 보겠다. 조국을 위해 힘을 다하라. 만약 그대들에게 돈이 없으면 내가 체재 비용을 지변支辨해서라도 돕겠다.”

일행은 민영환의 이 호의에 감격하지 않을 수 없었다. 자신의 생부를 임오군란 때 잃은 이 민씨 척족세력의 기린아麒麟兒가 친일분자로 낙인찍힌 자신들을 위해 이처럼 생각하고 있다니 놀랍고 고마울 따름이었다.

8. 한말韓末의 무관학교

과연 민영환 총장은 약속을 지켰다. 그는 이들의 임용을 위해 얼마 후 황제를 알현하였다.

“폐하! 이들은 무관학교의 교관을 할 만한 학술이 있습니다. 이들에 대한 것은 일체 신이 보증하겠습니다.”

황제의 절대적인 신임을 받고 있던 그인지라 그 자리에서 승인을 얻었다. 하지만 일은 그것으로 간단히 끝나지 않았다. 그가 어전에서 일단 물러서자마자 황제 측근의 잡배들이 맹렬히 반대공작을 벌였다. 마음이 흔들린 황제는 결재를 보류했다. 민영환은 다시금 황제에게 주奏를 올렸다. 그러자 또다시 한쪽에서 방해공작을 했다. 이 과정을 몇 번이나 거듭한 끝에 마침내 황제는 민영환의 열성에 굴복했다.

민영환은 곧 무관학교 교장 이학균李學均 참장參將을 불러 교관 발령을 지시했다. 이리하여 이해(1901) 4월 19일 김형섭은 5명의 동기생과 함께 교관 발령을 받았다. 즉 보병과 교관에는 노백린과 김형섭이, 포병과에는 어담과 김교선이, 공병과에는 김성은, 그리고 기병과에는 김희선이 각각 임명되었다.

당시 무관학교는 계동 경우궁景祐宮[25]에 있었고, 학생은 지난해 10월에 입교한 350명이 재학 중이었다. 이들은 대개 고관 양반의 자제들이었다. 그리고 교장인 이학균 참장은 장교 교육에는 어느 정도 경험이 풍부한 사람으로 1888년 조선 정부가 미국인 군사고문의 지도로 사관양성소인 연무공원鍊武公院을 세웠을 때부터 유명한 다이W. M. Dye 장군의 조교로서 활약해 왔다. 이 때문에 그는 정치적으로는 이른바 정동파貞洞派와 연결되어 있었다. 정동파란 서울 정동 일대가 구미인歐美人의 조계租界라 할 정도로 외국 공관, 상사商社, 주택이 밀집해 있어서 당시 배일적인 정객들이 이곳에 구락부를 만들면서 붙여진 이름이었다. 이 참장은 정동파를 배경으로 고종의 심복이 되어 친위대 제2대대장(참령), 무관학교 교장(참령)을 거쳐 원수부 검사국장과 기록국장을 차례로 역임하고, 1901년 3월 19일 종전에 비해 크게 정비된 무관학교장에 두 번째로 부임했다.

김형섭이 동기생들과 함께 무관학교에 부임할 당시만 해도 훈련은 전적으로 러시아식이었다. 왜냐하면 1896년 아관파천 이래 러시아 군사 교관단이 파견되었기 때문이다. 그러나 일본 육사 출신 장교들의 등장으로

---

25 전 휘문중고등학교 운동장 부근.

점차 훈련은 일본식으로 바뀌어 갔다. 그러는 가운데 동료들과 학교 당국의 마찰도 그칠 사이가 없었다. 혈기왕성한 노백린은 물론 이지적인 어담조차도 자주 상관들과 충돌하여 각서를 쓰기도 했다. 그러나 그들의 사기는 언제나 높았다. 새로운 군사지식을 후배들에게 전달할 수 있는 기쁨 이외에도 개혁사상을 은근히 펼 수 있었기 때문이다. 다만 동지들은 만약을 대비하여 외부와의 교유交遊는 일절 회피하였다.

이해 10월 김형섭은 뜻밖에도 일본 육군 대기동연습大機動演習 배관陪觀을 명령받았다. 그는 이학균 교장을 수행하여 무관학교 학도대장 이희두(참령), 궁내부 예식원禮式院 참리관參理官 이극렬李克烈(보병정위)과 함께 도일했다. 대연습은 센다이仙台 지방에서 실시되었으며 제2사단과 제8사단이 참가했다. 훈련이 끝난 뒤 관례에 따라 대한제국의 시찰단원에 대한 훈장 수여가 있었다. 김형섭은 일본국 훈勳6등 욱일장旭日章을 받았다. 일 년 전만 해도 상상할 수 없었던 일이었다.

9. 유길준俞吉濬과의 접선

그동안 도쿄에 남아 있던 동지들은 유길준 일파와 접촉하고 있었다. 그 주역 인물이 조택현. 그는 김형섭 일행이 귀국한 얼마 뒤에 교토로 유길준을 찾아갔다. 『서유견문西遊見聞』(1895)의 저자로 널리 알려진 유길준은 단순히 박학다식한 저술가만은 아니었다. 갑오개혁 당시 군국기무처를 주축으로 내정개혁 운동을 이끌어 갈 때의 그를 취재한 어떤 일본인 신문기자가 잘 묘사했듯이 잔뜩 찌푸린 얼굴에 자못 냉소적인 입놀림, 기염을 토하는 이로理路정연한 논의, 대담하면서도 언제나 침착한 그의 태도는 전형적인 개혁가의 자질 바로 그것이었다. 그런 까닭에 동료들은 그의 독설을 들으면서 머리를 수그리며 승복하지 않을 수가 없었다. 다만 그는 민중의 정치적 역량을 불신했고, 어디까지나 시의時宜에 맞는 점진적인 개혁을 주장한 엘리트 중심의 현실적인 정치가였다.[26] 유길준은 훈련대의 대대장직에 있을 때 민비 시해 당시 일본 측에 협조한 것으로 의심받고 있던 우범선禹範善[27], 그리고 이두황李斗璜, 이진호李軫鎬, 이범래李範來, 이겸제李謙濟 등 일단의 전직 고급장교들을 중심으로 하여 환국공작을 꾀하고 있었다.

그는 자기를 찾아온 조택현에게 국내 정세를 개탄하면서 쿠데타 계획을 알려 주었다.

"장차 대한제국을 타도하고 새로운 정부를 세운다."

조택현은 이 계획에 전적으로 찬성한다고 말한 다음 도쿄로 돌아왔다. 그는 장호익에게 이 사실을 알렸다. 두 사람은 구체적인 협의를 하기 위해서 다시 유길준을 찾아갔다.

유길준은 전보다 더욱 은근한 태도로 두 청년 장교를 달래기 시작했다.

"그대들을 동지로 믿고 말하겠네. 그대들도 알다시피 지금 본국 정치는 아주 문란하여 백성은 도탄에 허덕이고 있네."

"잘 알고 있습니다."

"그래서 우리는 백성을 구제할 혁신정부를 조직하려는 거야. 그러나 이것은 돈을 가진 다음에라야 가능하네."

"물론이겠습니다."

"그런데 부호로 이름 난 서상집徐相澕이 나와 친한 사이네. 만약 이 계획을 그에게 이야기한다면 그는 반드시 호응할 거야. 또 일본인 가운데 역시 돈을 대주어 동모同謀하는 사람이 있네. 이 모든 연락 사무는 천장욱千章

---

26 유영익, 「제3장 갑오경장 이전의 유길준」, 『갑오경장 연구』, 일조각, 1990.
27 육종育種학자 우장춘禹長春 박사의 선친으로, 1903년에 전 독립협회 간부였던 고영근高永根에게 피살됨.

郁이 맡네. 그는 내가 내부대신으로 있을 때 지방 시찰업무에 좋은 성적을 올린 능력 있는 인물이야. 의협심이 강하다네. 지금은 충청남도 강경江景에 살지."

"대감, 거사계획을 구체적으로 말씀해 주십시오."

"우리 계획으로는 일본의 귀휴병歸休兵 1천 명을 초모招募하여 국내에 잠입시킨 다음 대기상태에 두었다가 황제 폐하의 어가御駕가 움직이는 기회를 틈타 납치하려고 하네. 우리는 황제 폐하를 창덕궁이나 경복궁에 옮겨놓고 새로운 정부를 조직할 것이네."

"누가 군사를 지휘하는 것입니까, 대감!"

"이 거사 지휘는 이진호, 이범래, 이겸제 등이 맡을 걸세. 그때 자네들은 천장욱과 협력하여 신정부에 필요한 인물들을 끌어들이면 되네."

"잘 알겠습니다."

그러자 유길준은 두 사람에게 서약서 작성을 지시했다. 그리하여 다음과 같은 것이 만들어졌다.

一. 황상皇上을 받들어 정부를 조직한다.
一. 끝까지 합력하여 찬조贊助한다.
一. 비록 부자형제 사이일지라도 발설하지 않는다.

서약서 아래에 연월일을 쓴 다음 유길준이 수서首書했고, 차서次書는 조택현, 장호익으로 했다.

이때 조택현 등은 자기들도 전에 이와 비슷한 것을 서약했노라고 하면서 혁명혈약서를 꺼내 보였다. 유길준은 이것을 읽어 본 다음,

"이런 식으로 하는 게 아닐세. 그대들이 연소年少한 소치所致야!"

라고 하면서 혈약서를 거두어 뒀다.

이 일이 있고 나서 조택현 등은 귀국하기로 했다. 도쿄생활은 고난의 연속이었을 뿐만 아니라 실로 무의미한 것이기도 했다. 이미 귀국한 동지들은 무관학교에 일자리까지 얻지 않았던가. 그리하여 김형섭이 일본에서 대연습 참관을 마치고 귀국할 때쯤 되어 1901년 12월 조택현도 장호익, 권호선과 함께 귀국의 길에 올랐다.

그런데 세 사람이 시모노세키下關에 도착했을 때 그들은 후카가와 준이치深川潤一라는 한 일본인을 만났다. 이 후카가와는 앞서 조택현이 유길준과 만난 자리에서 본 일이 있는 자였다. 알고 보니 후카가와도 마침 한국에 가는 길이었다. 세 사람이 그에게 한국에 가는 까닭을 묻자 그는 유길준의 편지를 갖고 서상집, 천장욱을 만나러 간다는 것이었다.

"서徐, 천千 등을 찾아가는 까닭은 무엇이오?"
"공작금을 얻어내어 서울 시내에서 상업을 하면서 전에 약속한 것을 이루려는 겁니다."

조택현 등은 후카가와와 같이 서울에 와서는 이내 헤어졌다. 그 후 세 사람이 군대 내에 일자리를 얻기 위해 분주한 나날을 보내는 바람에 후카가와와는 소식이 끊어지고 말았는데, 어느 날 장호익이 진고개 어떤 일인日人상점에서 그를 만났다. 반갑기도 하고 한편 일의 진행 상황이 궁금하기도 했으므로, 그의 소재지를 묻자 후카가와는,

"지금 회사를 차리는 중이니 아직 찾아올 것 없습니다."

라고 얼버무리는 것이었다. 장호익이 이 사실을 조택현에게 이야기하자, 조택현은 어쨌든 후카가와의 소재지를 확인해야 한다고 주장했다.

10. 깊어지는 비밀공작

조택현은 마침내 후카가와가 묵고 있는 곳을 알아냈다. 그 집은 구리
개銅峴에 있는 청인淸人상점 덕흥호德興號 맞은편에 있었는데, 사기를 판
매하는 점포와 붙어 있었다. 조택현은 이 집에서 말로만 듣던 천장욱을
만나 인사를 나누었다. 천장욱은 초면인 그에게 친절하게도 이곳이 유길
준의 국내 공작거점임을 알려주었다.

"이 집이 서상집, 서상호徐相浩, 오세창吳世昌, 최린崔麟, 김영소金永韶,
유동근柳東根, 홍정섭洪正燮 등 동지들이 모이는 비밀집회소요."
"서상호는 누구지요?"
"서상집의 친척이요."
"그 밖의 사람들은 어떤 인물입니까?"
"오세창은 이름난 한어역관漢語譯官 집안 출신으로 전에 개화파 인사들
과 깊이 교제했고, 뒤에 박문국博文局 주사, 우정국郵政局 통신국장을 지
낸 인물이지요. 또 최린은 우리 일에 협력하는 열혈 청년이요. 그대들과 비
슷한 연령이지요. 또 유동근과 홍정섭은 현재 강화 진위대에서 근무하는
장교들이요."
"김영소는?"
"월미도 매각사건을 알고 있을 테지요? 그 사건에 얽혀들어 어처구니없
이 반역죄로 얼마 전에 처형된 전 평리원 재판장 김영준金永準의 친척 되는
사람이요."
"어떤 이유로 그가 이 일에 관계하는 거지요?"
"전에 그가 김영준의 집에 있을 때 일어를 배운 적이 있었는데, 그를 가
르친 일본인이 바로 후카가와 씨요."
"아! 그렇군요."

"김영소는 얼마 전까지 경운궁 경효전景孝殿[28]에서 일했던 관계로 궁궐의 내부에 대해서는 아는 것이 많소. 우리가 장차 거사하여 입궐할 경우에 문로門路를 잘 몰라서는 곤란하오. 우리는 그에게 경운궁(덕수궁) 안의 지도를 그려 오라고 지시했소."

조택현은 거사일이 점점 다가오고 있다는 사실에 흥분하지 않을 수 없었다. 그는 자주 이 사기전沙器廛에 들러 일의 진척을 살폈다. 그러는 동안 1902년의 새해가 밝아왔다. 광무 6년, 간지로 임인년壬寅年이었다.

어느 날 조택현은 계동으로 유성준俞星濬을 찾아갔다. 그는 유길준의 동생으로 과거 농상공부農商工部 회계국장을 지낸 인물이었다. 하지만 그는 국사범의 동생이요 더구나 자신이 독립협회 간부였던 까닭으로 지금은 당국의 감시를 받는 처지였다. 조택현은 그를 담 밖으로 불러냈다.

"저는 일본에 있을 때 영감의 중씨仲氏께서 하려는 일에 참여했습니다. 중씨께서는 일본 사람 5, 6백 명을 모아 이진호, 이범래, 이겸제 등과 같이 국내로 끌고 와서 숨겨 두었다가 대가大駕가 움직일 때 이를 덮쳐 황제 폐하를 창덕궁으로 옮기고 개혁정부를 세울 계획입니다."

"그럼 어떤 사람으로 정부를 조직할 것인가?"

"영감의 중씨와 조희연이 중심이 될 것입니다."

"두 사람만 가지고서 정부가 조직되는가?"

"김윤식金允植, 민영환閔泳煥, 민영준閔泳駿도 대신으로 쓸 겁니다."

"내가 듣기로는 심상훈沈相薰이 국사에 공정하다고 한다. 민영준보다 낫다. 그리고 서정순徐正淳도 쓸 만하다."

그 후 3월경 조택현이 구리개 사기전에 갔을 때 천장욱으로부터 새로

---

28 명성황후 민씨의 신위神位를 모시던 혼전魂殿임.

운 이야기를 들었다.

　"지난 1월 국내 동지 몇 명과 함께 일본 오이타大分현 시모나카츠下中津의 아라이 노리카즈荒井德一 씨 집에서 유길준 대감을 만나 뵌 후 다시 2월 대감과 만나기로 약속이 되어 후카가와, 서상호와 함께 시모노세키에 갔는데 대감이 오시지 않아 만나지 못했소."

　"그 후 대감의 소식은 끊어졌나요?"

　"그렇소."

　조택현은 예감이 이상하여 4, 5일 후 다시 사기전으로 갔으나 천장욱을 만나지 못했고, 다만 상점에서 심부름하는 김석구金錫求라는 자를 만났을 뿐이었다. 이 김석구는 1년 전 국사범으로 참형을 받은 김영준의 겸인傔人(청지기)이었다. 그는 그다음 날 다시 찾아갔다. 하지만 천장욱의 행방은 묘연했다.

　한편 그동안의 구직운동이 성공하여 이해 4월 하순 조택현은 아직 일자리를 얻지 못했던 동기생들과 함께 일제히 발령을 받았다. 즉 강용희는 무관학교 교관으로, 김봉석은 동同 학도대 구대장으로 취임했고, 조택현, 장호익, 김홍남, 방영주 등은 3등 군사軍司[29]에 임명되어 지방 진위대의 향관餉官으로 나갔다. 방영주는 함남 북청北靑으로, 조택현은 함북 종성鐘城으로, 김홍남은 평북 의주義州로, 그리고 장호익은 평북 강계江界로 각기 흩어졌다. 그런데 이로부터 불과 10여 일이 못 되어 조택현, 장호익, 권호선이 당국에 의해 체포되고 말았다. 유길준과의 접선 사실이 탄로 났기 때문이었다.

29　병참·경리 계통의 참위에 상당함.

11. 기밀 누설의 경위

서상집은 인천의 호상豪商이었다. 그는 일찍부터 외국과의 무역에 종사하여 많은 재산을 모았다. 그는 인천이 1883년 개항되면서 재빨리 현지에 진출한 미국인 타운센드Walter D. Townsend[30]의 상회에 취직하여 무역실무를 익혔다고 한다. 당시 타운센드는 일본 요코하마에서 역시 미국인 모스James R. Morse가 세운 미국 무역회사의 직원으로 파견된 것이었다. 서상집이 부정자副正字(종9품)라는 관직을 얻고 1887년 8월 육영공원좌원左院에 입학할 수 있었던 것도 한국 정부를 상대로 울릉도 삼림森林 채벌권 등 이권을 얻고자 혈안이 되어 있던 이들 미국인의 주선에 의해서 추천을 받았기 때문이 아니었을까 짐작된다. 현재 서울대학교 규장각奎章閣도서관에 보관된 그의 호적에 의하면 1898년 당시 그는 45세로 인천에 거주하는 한국인으로는 유일한 양옥집 소유자였다. 그는 갑오개혁 당시 부호군副護軍(종4품)이라는 일종의 명예직을 얻어 군국기무처의 17인 회의원 가운데 말석이나마 차지하는 파격적인 출세를 했다. 이때부터 그는 동료였던 유길준과 친교를 맺었다. 그리하여 한때 그는 유길준으로부터 탈고한 『서유견문』 출판비로 3천 원을 지원해 달라는 부탁을 받기까지 했다.

일본에 망명 중인 유길준이 1901년 12월 후카가와를 통해 그에게 밀서를 보내어 궐기를 촉구하는 한편 일본 규슈에서 만나자는 요청을 해왔을 때 그는 당황하지 않을 수 없었다. 유길준이 자신에게 막대한 공작 자금을 내놓으라고 할 것은 분명했고, 과거의 친분으로 보아 이를 쉽게 거절할 수도 없었기 때문이다. 하지만 유길준의 밀서 내용이 아무래도 마음에 걸렸다.

---

30 한국식 이름은 타운선陀雲仙 혹은 담순淡順.

"동아東亞의 시국은 동아 사람들의 손에 의해서 해결될 것이며, 백색 인종이 개입되는 것은 불명예스럽기 그지없는 일입니다. 따라서 국내정치의 개신改新을 위하여 동지들과 손을 맞잡고 일어나지 않으면 안 됩니다. 나는 형을 믿습니다."

비록 밀서에는 과격한 표현은 없었으나 제1급 국사범인 유길준이 일본에서 꾸미고 있는 일이라면 쿠데타인 것이 분명했다. 그는 처음부터 유길준에게 돈을 내줄 생각도 없었거니와 만약 그와의 접선 사실이 당국에 발각이라도 되는 날이면 자신의 파멸은 피할 도리가 없을 것으로 생각했다. 그리하여 그는 인천 감리 하상기에게 유길준의 음모를 밀고했다. 그러자 하상기는 그에게 유길준과 계속 접촉할 것을 지시했다. 이에 따라 서상집은 서상규徐相奎란 사람을 자기의 친척인 것처럼 꾸며 후카가와와 함께 일본에 가도록 했다. 서상호徐相浩란 바로 이 사람의 변명變名이었던 것이다.

서상호는 1902년 1월 중순 후카가와의 안내를 받아 도일하여 오이타현 소재 아라이荒井의 집에서 유길준과 만났다. 그가 정부 당국의 밀정인 줄 알 리 없었던 유길준은 그에게 망명인사들을 규합하여 새로운 정부를 만들겠다는 자신의 모계謀計를 마음 놓고 털어놓았다. 그리고 이 계획에 찬동한 일심회 회원들의 연판장連判狀 형식의 서약서까지 내보였다. 이 서약서에 15명의 이름이 적혀 있었음은 다시 말할 나위도 없다. 유길준은 그에게 공작금 20만 원을 조속히 마련해 달라고 요청했다.

서상호는 그로부터 얼마 후 후카가와와 더불어 귀국했는데, 그가 귀국 즉시 유길준과의 접촉 사실을 당국에 복명復命했을 것은 틀림없는 사실이다. 또한 그가 방증 자료로서 일심회 회원들의 서약서 사본을 제출했을 것은 더 말할 나위도 없다. 따라서 관계 당국에서는 일심회가 개입된 쿠데타 계획을 이해 1월 말에서 2월 초경에는 알았을 터인데도 그들에 대한 체포는 두 달 이상이나 지연되었다. 이는 유길준과 그 심복부하, 그리고 일심회의 나머지 회원들이 모두 귀국하기를 기다려 일망타진할 계획이었기 때문이다. 사실 이때 관계 당국은 일종의 위장전술까지 썼다. 즉 유길준 일파의 음모를 아직 눈치채지 못했다는 적극적인 표시로서 서상호를 통하여 후카가와에게 2천 원을 전달케 하여 구리개 사기전의 경영비로 쓰게 했다. 다만 그동안 오세창은 자기를 끌어들인 서상호, 유동근 등이 내관內官 강석호姜錫鎬와 자주 접촉하고 있는 낌새를 눈치채게 되어 천장욱, 최린 등과 함께 재빨리 인천 일인日人 거류지로 피신하였다. 이들은 일본인에게 유길준의 비밀공작을 밝힌 뒤 신변보호를 요청했다. 이에 따라 주한 일본 공사관에서도 유길준의 계획에 대해서 알게 되었다.

이상이 기밀이 새어나간 경위인데, 한편 일심회 동지들 가운데서도 밀고한 사람이 있었다. 김봉석이 바로 그 사람이다. 그는 사건이 터지기 40여 일 전인 이해 3월 중순경 귀국하여 4월 24일 자로 무관학교 학도대에 구대장으로 취직했는데, 그가 평리원재판소에서 한 진술에 의하면 그는 귀국하자 곧 황제의 측근자인 궁내부차관 박용화朴鏞和를 찾아가 일심회의 쿠데타 계획을 이야기했다고 한다. 나아가 그는 박 차관에게 이 사실을 황제께 알려달라는 요청까지 했다는 것이다. 그의 진술에 따르면 그로부터 며칠 후 그가 다시 박 차관을 찾아갔더니 박용화는,

"어제 자네 이야기를 입품入稟하였으나 그중에는 감히 폐하께 말씀드릴 수 없는 것이 있어 다 이야기하지 못했다."

고 말했다는 것이다. 후일 증인으로 법정에 출두한 박용화는 그의 진술 내용을 시인하고 있다. 하지만 김봉석의 밀고는 시기적으로 보아 관계 당국이 이미 일심회의 기밀을 알고 난 뒤의 일이었다. 따라서 당국은 밀고로서의 가치를 인정하지 않고 다만 자수 정도로 받아들였을 법하다. 후일 그는 일심회 동지들이 사형선고를 받을 때 '정상' 참작으로 3년 유배형이라는 비교적 가벼운 형을 받았다.

한데 사건 당사자의 한 사람인 김형섭의 회고록에는 이 같은 사실이

전혀 언급되지 않은 채 오로지 서상집의 백동화白銅貨 위조사건이 발각되면서 자신들의 기밀이 누설된 것으로 서술되어 있다. 그러므로 이 사건의 전말에 대해 살펴보지 않으면 안 될 것 같다.

유길준은 1902년 1월 아라이荒井의 집에서 서상호와 회견했을 때 공작금 20만 원을 조속한 시일 내에 조달해 달라고 요청한 바 있는데, 서상호는 귀국 즉시 이를 서상집에게 알렸다. 그러자 서상집은 하상기를 찾아가 금전문제를 이야기했다.

"지금 유길준은 나에게 많은 공작금을 주선해 달라고 성화같이 조르고 있소. 만약 우리가 이곳 인천에 많은 돈을 준비하고 있다면 유를 이곳에 유인하여 그 일당을 일망타진할 수가 있소. 돈을 탁지부度支部에서 빌릴 수 없을까요?"

"탁지부에는 돈이 없습니다. 돈은 궁내부 내장원경內藏院卿 이용익이 모두 움켜쥐고 있어요. 그는 얼마 전 용산에 전환국典圜局을 설치하고 백동화를 마구 찍어내고 있소."

"영감은 폐하의 총애를 받고 있으니 칙허勅許를 얻어 백동화를 좀 위조하면 안 될까요? 영감이 칙허만 얻어낸다면 위조는 내가 맡겠소. 한번 공을 세워봅시다."

서상집의 노련한 말솜씨에 하상기는 걸려들고 말았다. 그렇지 않아도 유길준 일파를 일망타진하여 큰 공로를 세워보겠다는 꿈에 부풀어 있던 그였다. 그는 곧장 서울로 달려가 황제께 이 사실을 주상奏上했다. 황제는 이를 허가했다. 그러자 서상집은 이 계획을 유길준에게 알리는 한편 위화僞貨 주조 기계와 그 기술자를 보내 달라고 요청했다. 이에 따라 모리나가 신조守永進造 등이 오사카大阪에서 필요한 기계를 구입하여 인천으로 가지고 와서 제물포 앞바다에 배를 띄워 놓고 그 안에서 밤낮으로 백동화를 찍어냈다. 애초에 위조화폐는 유길준에게 건네주기로 한 20만

원을 훨씬 초과하는 거액이었다.

이 위조화폐가 유유히 시장에 유통되면서 국가경제는 크나큰 홍역을 치르게 되었다. 워낙 계획의 규모가 컸던 만큼 제조량이 많았다. 이처럼 사태가 나빠지자 관헌의 눈초리는 점점 예리해졌다. 경무청의 필사적인 탐색은 드디어 밀조密造의 근거를 잡아내게 되었고 서상집 등의 악계惡計는 백일하에 폭로되고 말았다. 서상집은 재빨리 상하이로 도망쳤으나 하상기는 경찰에 체포되었다.

그렇지 않아도 백동화 남발로 국민의 지탄을 받아 왔던 이용익은 즉각 참내參內하여 황제 앞에 끌려온 하상기를 통렬히 공박했다. 하지만 황제의 내락內諾을 사전에 얻은 바 있는 하상기가 그에게 호락호락 굴복할 리 없었다. 이용익은 결국 황제의 지엄한 분부로 화해하고 말았다. 이로써 백동화 위조사건은 수습되었으나, 이 일로 유길준의 쿠데타 계획은 더 많은 사람들에게 알려졌다. 따라서 관계 당국에서는 더 이상 이 쿠데타 음모사건을 비밀에 부칠 수가 없다고 판단하여 유동근 정위가 고발하는 형식을 빌려 일심회 관계자의 체포에 나선 것으로 짐작된다. 이러한 추측에 잘못이 없다면 김형섭의 회고록은 단지 체포의 직접적인 계기에 대해서만 설명한 것이라 할 수 있다.

이상이 유길준의 이른바 '임인壬寅(1902)모계謀計'의 전말인데, 그는 이 사건이 폭로되면서 큰 타격을 입었다. 또다시 한국 정부가 일본에 대해 망명자의 나환拿還을 요구했기 때문이다. 주한 일본 공사 하야시林는 고종 황제가 처음부터 유길준의 계획을 알고 있었고, 또한 혁명일심회의 서약서는 유길준이 위조한 것이라 하여 사건을 무마하려고 했다. 하지만 한국 정부의 항의가 워낙 강경했으므로, 그는 본국 외상에게 유길준에 대한 처분을 건의했다. 그 결과 유길준은 경시청에 소환되어 일본인 경시警視의 문초를 받고, 1902년 5월 30일 치안 방해 우려를 이유로 중부 태평양상의 오가사와라 제도小笠原諸島의 하하시마母島로 떠나지 않으면 안 되었다.

12. 김형섭도 체포되다

당시 조정은 이들 육사 출신 청년 장교들의 쿠데타 계획에 경악하지 않을 수 없었다. 이 사건이 발각되기 전부터 좋지 않은 소문이 국외에서 흘러들어왔다. 이보다 4년 전인 1898년 9월 오스트리아·헝가리제국(합스부르크 왕가)의 프란츠 요제프 Ⅰ세의 엘리자벳 황후가 제네바에서 이탈리아인 무정부주의자에게 암살당했고, 2년 전인 1900년 7월 이탈리아 황제 움베르토 1세 역시 무정부주의자에 의해서 피살되었다. 그리고 그다음 해인 1901년 9월 미국 대통령 윌리엄 매킨리 또한 무정부주의자에 의해서 피살되었다. 같은 해 6월 일본의 유명한 정객 호시 도루星亨가 정적에 의해서 피살되었다. 호시는 중의원 의장을 역임하고, 갑오개혁 때에 한국 정부의 법부고문으로 왔던 사람인데, 그 후 미국 공사, 체신대신遞信大臣을 거친 정계의 혹성惑星이었다. 이들 소식은 그때마다 한국에도 전해져서 조야朝野에 커다란 충격을 주었던 터였다. 이런 판국에 황제 폐위를 결의한 청년 장교들의 음모가 발각된 것이었다.

실은 이보다 조금 앞서 이해 1월 9일 무관학교 학생들이 소요를 일으킨 일이 있었다. 즉 전학생들이 퇴교를 결의하고 학교 밖으로 뛰어나간 일대 불상사가 발생했다. 결국 사건의 주동자인 조성환曹成煥[31] 등이 군기문란죄로 당국에 구속되었는데, 조는 심문을 받는 자리에서 과격한 혁신사상을 진술하여 당국을 놀라게 했다. 이처럼 무관학교 사건으로 당국의 긴장이 고조되어갈 때 무관학교 교관들이 관련된 대역 음모사건이 적발되었으니 충격이 큰 것도 당연한 일이었다.

일심회 동지들은 조택현 등 세 사람의 동지들이 체포되었다는 소식을 듣고 신변에 위험이 다가오는 것을 예감했다. 무관학교에 재직 중이던 동지들은 여름휴가도 즐겁게 보내지 못한 채 사건의 추이를 지켜보면서 중

---

31 뒤에 대한민국 임시정부 국무위원 역임.

근신重勤慎했다.

이해 6월 1일 김형섭은 노백린, 김교선, 어담, 김성은 등 동료 교관들과 함께 사직동에 있는 이학균 교장 집에서 장기, 바둑으로 한때를 보내고 있었다. 마침 주연酒宴이 벌어져 한창 기분이 좋을 때 경무청 신문과장訊問課長으로 있는 안환安桓이 찾아왔다. 그들은 너무나 뜻밖의 인물이 나타난 데 놀랐다. 안 과장은 교장에게 별석別席을 요청했다.

두 사람이 무언가 이야기하는 동안 그들은 불안한 마음을 누를 수 없었다. 안환이라고 하면 당시 염라대왕의 대명사 같은 존재였다. 안환은 아관파천으로 김홍집 내각이 하루아침에 무너질 때 고종의 비밀지령을 받고 김 총리를 자살刺殺한 자였다. 이 공로로 일약 경무관으로 승진한 그는 이후 신문과장으로서 민완敏腕을 휘둘렀다. 2년 전 일본으로부터 귀국 자수한 안경수, 권형진 두 사람을 몹시 고문하여, 특히 안경수를 죽음 직전의 상태까지 몰아넣었던 것도 바로 그였다.

잠시 후 안채에서 교장이 김형섭과 김교선을 불렀다. 그들이 가보니 파랗게 질린 교장이 그들에게,

"지금 안 과장이 와서 말하기를 어명으로 자네들과 김희선을 잡아가기
위해 왔다는데, 자네들은 무슨 죄를 범했는가?"

라고 물었다. 그들이 죄지은 일 없다고 대답하자 교장은,

"그런 일이 없다면 걱정 안 해도 된다. 뭐 죄 없는 사람까지 벌을 주겠는
가. 하지만 지금 시국이 시국이니만큼 근신하는 것이 좋아."

라고 그들을 크게 위로했다. 두 사람이 본래의 자리로 돌아오자 나머지 동료들은 무슨 일이냐고 물었다. 두 사람이 방금 교장이 한 이야기를 전하자 모두 실색失色하는 표정이었다. 그러자 두 명의 사복형사가 들어와

돌연 김형섭과 김교선 앞에 구속영장을 내보였다. 마침 두 사람은 모두 군복을 입고 있었기 때문에 사복으로 갈아입을 여유를 달라고 요청했다. 그러나 형사들은 경무청으로 직행하려고 했다. 옆에 있던 교장이 형사들에게,

"이들은 상당한 신분에 속하는 사람들로서 도주할 염려가 없으니 정중히 취급하라."

고 주의시켰다. 이 때문에 그들은 포박만은 면했다. 그들이 교장 집을 나서자 이미 밖에는 인력거가 대기하고 있었다. 그들이 차에 올라타자 7, 8명의 형사가 양쪽에 붙어 그들을 광화문 앞 서쪽에 있는 경무청으로 연행했다. 그들이 한 방에 갇혀 있는 동안 김희선도 붙잡혀 왔다.

세 사람은 다시 감옥으로 끌려갔다. 감옥은 당시 최고재판소에 해당하는 평리원 부근에 있었는데 외관부터가 음침한 건물이었다. 그들이 죽음처럼 조용한 방에 들어서자 사령장使令長은 무슨 죄로 왔느냐고 물었다. 그 소리가 매우 작았으므로 그들은 알아듣지 못했다. 그러자 사령장은 버럭 소리를 질렀다.

"너희 놈들 무슨 죄로 왔느냐 말이야!"

이날부터 옥중생활이 시작된 것이다. 그들은 여기서 많은 사람을 만날 수 있었다. 거기에는 박영효 밀서사건의 피의자인 이승린과 내각총서(내각 사무국장) 벼슬과 독립협회 간부를 지낸 그의 아버지 이상재李商在도 있었다. 그리고 언론인 남궁억과 독립협회의 젊은 투사들이었던 이승만李承晚, 신흥우申興雨도 있었다. 그들 동기생인 이기옥의 아버지 이창렬도 있었다.

나흘째 되는 날 아침 세 사람은 평리원으로 끌려갔다. 재판장은 2년

전 안경수, 권형진을 처형한 악명 높은 이유인李裕寅이었다. 그는 본래 관상에 소질이 있어 일찍이 민비의 총애를 받고 있던 무당 진령군真靈君을 유혹하는 데 성공했다. 그리고 이 연줄을 타고 대신大臣으로까지 출세했다.

이유인은 그들에게 단도직입적으로 정면에서 공격해 왔다.

"너희들은 전에 도쿄에 유학하고 있을 때 일심회를 조직한 일이 있지?"
"전혀 생각나지 않습니다."

그러자 방 한쪽에서 장호익이 나타났다. 그는 한쪽 눈이 푹 꺼지고, 걸을 수도 없었으므로 수위가 어깨를 부축하고 있었다. 이유인은 다시 소리쳤다.

"솔직히 자백하지 않으면……."

이와 동시에 조택현이 수위 어깨에 척 매달려 들어왔다. 뒤를 이어 죽은 사람처럼 뼈만 남은 권호선이 나타났다. 그의 눈에서는 전혀 생기를 찾아볼 수 없었고 몸은 축 늘어져 있었다. 이를 본 김형섭은 일순간 죽음을 각오했다.

8월에 들어서자 동지들 가운데 김홍진, 방영주가 다시 잡혀 와서 수감된 동지들은 밀고자인 김봉석까지 합쳐 모두 9명으로 늘어났다. 또한 유길준의 쿠데타 계획에 관련된 민간인으로 유성준, 김영소, 김석구 등이 잡혀 왔다. 다만 장인근, 강용희, 권승록, 김관현, 김홍남, 이기옥 등 일심회 동지들과 천장욱, 오세창, 최린 등 사건 관련 민간인들은 체포 직전 일본으로 망명하는 데 성공했다.

13. 던져진 미끼

그로부터 얼마 후 동지들의 가족들이 면회를 와서 의복과 돈을 넣어
주고는 갔다. 김형섭의 부친과 숙부도 면회를 왔다. 그 후 그의 처와 14
세가 된 사촌 동생이 서울에 와서 집을 빌려 살면서 하루에 두 번씩 식사
를 날라다 주었다. 김형섭은 매일 사촌 동생이 찾아오는 것만을 유일한
낙으로 기다렸다.

그동안 가족들은 백방으로 구제운동을 벌였다. 마침내 김희선의 형이
공작에 성공했다. 그는 황제의 두터운 신임을 받는 진위鎭衛 제4연대(평양
지구) 연대장 이창구李昌九 부령副領에 접근했던 것이다. 김희선의 본가는
평남 증산현甑山縣[32]에 있었던 관계로 그와 접촉이 이루어질 수 있었다.

이 부령은 일찍이 임오군란 때 피신 도피 중인 민비를 여주에까지 모신
공로로 출세하기 시작하여 2년 전 평양진위대 제4대대장이 되었다가, 이
해 2월 부령으로 승진하면서 연대장 자리에 오른 인물로, 3년 전부터 평
양 진위대는 번상番上이란 형식으로 서울에 올라와 수비하는 중이었다.
김희선의 형이 그를 찾아가 탄원했다.

"지금 폐하께서는 서도인西道人을 몹시 사랑하고 믿는데도 불구하고 소
인의 동생이 감옥에 붙잡혀 있다는 것은 언뜻 이해가 가지 않는 일입니다.
소인은 동생을 믿습니다. 결코 폐하께 반叛할 놈이 아닙니다. 폐하께 말씀
드려 만약 소인의 동생을 구출케만 해주신다면 소인은 이 한 몸을 떨쳐 충
성을 다하겠습니다."

김희선의 형은 동생의 속죄조건으로서 일본에 망명 중인 국사범들을
암살하는 데 나설 것을 제의했다. 그리고 암살 임무가 완료될 때까지 자

---

32 뒤에 강서군江西郡에 병합됨.

166

기가 동생 대신 감옥에 갇혀 있겠다고 했다. 이 부령은 이 헌책獻策이 자객을 보내 망명정객을 암살하려던 계획이 번번이 실패한 데다 또한 일본 정부에 대한 나환拿還요구가 성사되지 못해 울적해진 황제의 마음을 풀어드리는 데 매우 효과가 있을 것으로도 판단하여 황제께 이 사실을 입품했다. 이창구는 바로 1년 전 특별한 공로가 없는데도 훈勳 4등에 서훈되고 팔괘장八卦章을 받을 만큼 두터운 신임을 받고 있던 터였다. 황제는 두말없이 이를 허가했다. 한편 김형섭의 아버지도 김희선의 형과 연락이 닿아 같은 조건으로 아들을 구하려 했다.

어느 날 밤늦게 김희선의 형과 김형섭의 아버지가 전옥典獄의 손에 이끌려 감방에 들어왔다. 전옥은 김형섭과 김희선을 조용히 불러내어 석방한다고 말했다. 아직 비밀의 내막을 알 리 없는 두 사람은 어리둥절했다. 그러자 두 부형父兄이 그들에게,

"이곳에서 자세히 말할 수 없으나 너희들이 밖에 나가면 자연히 알게 된다. 우린 너희들 대신 들어온 거야."

라고 말하였다.

그들이 밖으로 나오니 인력거가 한 대 대기하고 있었다. 그들이 차부車夫에게 어딜 가는 것이냐고 묻자 사직동 이학균 교장 댁으로 간다는 것이었다. 교장 댁에 당도하자 방 안으로 인도되었다.

잠시 한 방에서 기다리고 있으려니까 집주인이 희색이 만면滿面하여 나타났다.

"자네들 고생 많았다. 자네들을 이리로 오게 한 까닭은 이창구 부령이와서 이야기할 것이다."

조금 기다리자 군복 차림을 한 이창구가 나타났다. 계속하여 무관학

교 생도대장인 이희두李熙斗 참령이 들어왔다. 그러자 교장은 밖으로 나갔다. 방에는 네 사람뿐. 김형섭과 김희선은 무슨 말이 나올까 기다렸다. 이윽고 이 연대장이 미소를 띠며,

　"두 사람의 성충誠忠에 대해서는 감복한다. 황후 시해사건의 유한遺恨은 우리 동포의 골수에 사무쳐 있다. 특히 폐하께서는 아직도 이 일을 잊지 못하고 계시다. 복수해야만 한다. 그러니 자네들이 이 어려운 일을 맡아 솔선해서 설원雪冤해 주게."

라고 말했다. 그의 말이 끝나자 곧이어 이희두가 국사범 암살 순위를 말했다.

　"첫째는 물론 이준용이다. 그다음은 유길준, 박영효다."

두 사람은 이희두의 이 말에 등골이 오싹했다. 일신의 영달을 위해서는 동지를 배반하는 것쯤 아무것도 아니라는 듯한 그의 태도가 가증스러웠기 때문이다. 일찍이 유길준과 박영효 두 사람의 사랑을 받던 이희두[33]가 아니었던가. 다시 이창구가 그들에게 말했다.

　"자네들이 이 일에 성공한다면 건국 이래 대충신으로서 후세에 위명偉名을 남기게 될 것이다. 또한 폐하로부터 자네들의 죄를 용서받을 뿐 아니라 막대한 은상恩賞을 받을 것은 이미 따 놓은 당상堂上이나 진배없다."

그러고 나서 이창구는 내일 출발하게 된다고 통고했다.

33　1896~1897년간 일본 육사 수료.

14. 운명의 기로岐路에서

두 사람이 돌아가자 이 교장이 다시 방에 들어왔다. 그는 그들에게 말했다.

"나는 이 일에 대해 뭐라고 얘기하고 싶지 않다. 자네들 자신이 잘 생각해서 행동하라. 내가 이후 자네들과 또 상견相見할 수 있을지 없을지는 전적으로 자네들에게 달려 있네."

"잘 알았습니다."

"오늘은 피곤할 테니 내일 아침 또 보세. 오늘 밤은 일찍 돌아가 쉬는 것이 좋을 걸세."

"실례 많았습니다."

김형섭은 김희선을 데리고 근처에 있는 자기 집으로 갔다. 집에는 7년 만에 보는 아내와 사촌 동생만이 있었다. 이날 밤 김형섭은 늦게까지 김희선과 더불어 앞으로의 일을 상의했다. 그 결과 일단 일본에 건너가기로 했다.

이튿날 아침 두 사람은 전날의 지시대로 서대문역에 갔다. 역에는 이창구가 보낸 사자使者 두 명이 먼저 나와 있었다. 그들은 심부름꾼으로부터 여비 2백 원을 받아 쥐고 인천으로 향했다.

제물포에서 승선하여 고베로 가는 동안 두 사람은 진퇴양난의 기로에서 몸부림쳤다. 동지나 선배를 암살한다는 것은 생각조차 할 수 없는 일이었다. 그러나 만약 그들을 죽이지 못하면 그 대신 자기들의 부형이 죽게 될 판이었다. 그들은 배 위에서 일석이조一石二鳥의 묘안이 없을까 궁리해 보았다. 하지만 신통한 생각은 떠오르지 않았다.

고베에 도착하여 수상水上경찰서에서 심문을 받으면서 그들은 거짓 대답을 했다.

"무슨 목적으로 일본에 왔는가?"

"유람차 왔다. 도쿄에서 2, 3일 머문 다음 상해로 건너가 구미만유歐美漫遊 길에 오를 계획이다."

"도쿄에는 지인知人이 있는가?"

"없다."

"당신 나라 사람들 가운데 누구를 방문할 계획은 없는가?"

"없다."

"일본은 처음인가?"

"그렇다."

"그런데 당신들의 일본어가 그렇게 훌륭할 수가 있는가? 당신 나라에서는 무슨 일에 종사했는가?"

"일본어, 영어 공부를 하며 지냈다."

그들이 여인숙에 들어가자 형사가 미행했다. 다음 날 그들이 도쿄의 한 변두리에 숙소를 정하고 방에 앉아 있는데 어떤 형사가 찾아와서 다시 말을 걸었다. 그들은,

"망명자들은 모두 역적이라서 만날 필요가 없고, 유학생들도 마찬가지이다."

고 딱 잡아뗐다. 사실 도쿄에는 우인友人들도 많았으나 자신들의 비밀을 터놓고 이야기할 상대는 많지 않았다.

김형섭은 고향 친구 이갑李甲이라면 무슨 얘기라도 할 수 있는 상대라고 생각했다. 그는 곧 이갑에게 만나자는 편지를 띄웠다. 이갑은 당시 육사 사관후보생으로서 도쿄 근위사단 연대에서 복무하고 있었다.

그다음 날 이갑은 동기생 유동열柳東說을 데리고 나타났다.

"이거 꿈이 아닌가! 어제 자네 편지를 받고 놀랐네. 자넨 지금 본국에 수 감되어 있을 텐데 도쿄에 올 리가 없다, 또 왔다면 오기 전에 무슨 소식이 있을 것이 아닌가 생각했네. 따라서 나는 자네가 도쿄에 온 것을 믿지 않았 네. 나는 누가 나를 함정에 빠뜨리려고 하는 게 아닌가 생각했네. 그러나 필적을 보니 확실히 자네의 글씨였네. 유 군하고 상의했더니 아무래도 이 상하다, 어쨌든 내일은 일요일이니 소풍 삼아 가보자고 해서 온 것이네. 그 런데 자넨 어떻게 감옥을 나왔나?"

김형섭은 자초지종을 이야기한 다음 속마음을 털어놓았다.

"사명은 그러하지만, 우리들은 결코 박영효 대감이나 유길준 대감을 암 살할 생각은 없네. 우리들은 여기서 소란을 피워 일본 정부에 의해 강제 추 방당하는 형식으로 귀국하고 싶네."
"그렇게 되면 그대들은 다시 감옥에 들어가 결국은 죽게 될 판이 아닌가. 일본에 온 이상 눌러 지내도록 해야지."
"그러나 우리들이 귀국하지 않으면 대신 부형이 죽게 된단 말이네!"
"어쩔 도리가 없는 일이 아닌가."
"요컨대 죄는 우리들이 진 것이니까 우리들이 벌을 받아야 하네."

15. 괴로운 논쟁

이갑과 유동열이 가고 난 뒤 김형섭은 이것이 그들과의 마지막 이별이 라고 생각했다. 다시 그들과 만나볼 기회가 있을 것 같지 않았다. 두 사 람은 다시 상의했다. 그 결과 일단 자객 행세를 취하여 망명자들을 엿보 기로 했다. 이갑으로부터 들은 바에 의하면 유길준은 앞서 거사계획이 탄로 나서 한일 양국의 심각한 외교문제로 번지자 일본 정부의 체면을 세워주기 위해 경시청에 출두하여 형식적인 문초를 받은 다음 오가사와라군도로 보내졌다는 것이요, 박영효는 여전히 고베에, 이준용은 지바千葉현에 있다는 것이다.

그날 밤 김희선은 고베로, 김형섭은 지바현으로 갔다. 소문으로는 이준용이 다테야마館山 어느 집에 산다고 하여 그곳 가까운 어느 여관에 투숙했다. 그런데 그다음 날 저녁 난데없이 손님 두 사람이 찾아왔다고 하면서 여급女給이 두 장의 명함을 건네주었다. 그것은 한국인 이름이었으나 모르는 사람이었으므로 김형섭은 대면을 거절했다. 그러자 얼마 후 두 사람이 돌연 방 안으로 들어섰다. 그들은 놀랍게도 이겸제와 동기생 장인근이 아닌가. 명함은 가짜였다. 장인근은 지난해 김형섭과 함께 귀국했다가 동지들이 체포되는 것을 보자 재빨리 일본에 도망쳐왔다. 한편 이겸제는 1885년 무과에 급제한 뒤 1894년 가을 교도소敎導所 영관領官 이진호의 지휘 아래 대관隊官으로 출전하여 공주 우금치전투에서 참패하여 분산 중인 동학 농민군을 옥천·청산靑山(황간黃澗) 등지에서 격파한 바 있고, 훈련대 중대장을 거쳐 민비 시해 직후 훈련대가 폐지되고 새로이 친위대親衛隊가 설치되었을 때 제2대대 중대장(정위), 그리고 1896년 2월 아관파천 직후에는 실각한 이진호의 후임으로 제2대대장(참령)에 올랐던 인물이다. 그는 얼마 후 울진군수로 전출되었다가 순천군수를 거쳐 1898년 중추원 의관이 되었는데, 이때 은밀히 도일하여 박영효와 접촉한 사실이 발각되자 1900년 일본으로 망명했다. 장인근이 먼저 말을 걸어왔다.

"아니 이거 자네 아닌가!"
"실로 뜻밖이군 그래. 나도 자네가 이런 곳에 있으리라고는 생각 못했네."
"그런데 자넨 웬일인가?"
"별일 아니네."
"자네 혼자인가?"

"음, 나 혼자야."

"4, 5일 전 괴상한 한국인 두 명이 도쿄에 왔다고 하여 경찰서에서도 형사를 붙여 그 행동을 감시하고 있는데, 어제 갑자기 사라졌다고 하여 경찰은 물론 재경在京 한국인들 사이에 큰 문제가 되고 있네. 그곳에서 그 괴상한 놈들의 행동을 탐지한 결과 한 사람은 고베에, 또 한 사람은 이곳에 온 형적形迹이 있네. 아마도 박영효 대감이나 이준용 저하邸下를 노리는 자객인 듯싶어 걱정이 된다는 경고가 빈번히 있었네. 이 저하 댁에서는 경찰에 의뢰하여 엄중 경계를 펴고 있던 차에 어떤 경관이 와서 이 집에 그런 사람이 숙박하고 있다는 것을 알려주었네. 그래서 우리들이 척후斥候로 온 것이야."

"그럼 여급이 가지고 온 명함은 자네 것인가?"

"그렇고말고."

"아, 그랬군."

"위명僞名으로 면회를 청했네. 그러자 자네가 면회를 거절한다기에 더욱 수상하게 생각했지. 그런데 자네 도대체 어찌 된 일인가 말해 보게, 거기서 고베에 간 사람이 누구인가?"

"몰라."

"같이 왔는데 모른다는 것이 말이 되는가? 자넨 저하를 죽이러 온 것이지?"

김형섭이 대답을 안 하자, 장인근은 계속 추궁했다.

"나에게는 믿어지지 않네만, 그러나 여기에는 필시必是 뒤얽힌 사정이 있다고 생각하네. 어쨌든 나 있는 곳으로 가세. 거기서 자세히 이야기하는 것이 어떤가?"

"자네 있는 곳에 가고 싶지 않네."

"그래? 그럼 자네가 자객으로 왔다는 것은 사실이군 그래. 자네도 알다시피 일본에 사는 우리나라 사람들은 벗이나 동지 관계지만 어느 때 누가 적이 될지 알 수 없어 서로 경계하면서 살고 있네. 실은 나는 그 댁에 기숙 寄宿하고 있네. 만약 자네가 자객이 되어 나타난다면 내 신용은 어찌 되겠는가?"

"나에게는 나대로의 생각이 있으니 이대로 내버려 두게."

그러자 장인근도 격노했다.

"자넨 마음부터 달라졌군. 그래 동지나 선배를 팔려고 해!"

"파는 것도 배반하는 것도 아닐세. 나는 단지 폐하의 명령에 따를 뿐이네. 폐하는 중전이 시해 당한 사변 이래 오로지 그 복수하는 일에만 마음을 써서 정사는 거의 잊고 있네. 그 때문에 국민은 가정苛政에 시달릴 뿐만 아니라 국위國威 또한 점점 실추되고 있네. 사정이 이 같은 이상 나는 이 한몸을 희생해서라도 그들 역적을 주륙誅戮하여 한편으로 예려叡慮를 위로하는 동시에 다른 한편으로 도탄에 빠진 민생을 건져내려고 하네. 국가 누란累卵의 위급을 안태安泰하게 이끌 생각이네."

그러자 장인근이 소리쳤다.

"자네 미쳤나?"

이때 옆에 있던 이겸제는,

"장 군, 이런 놈과는 대화하는 것조차 더럽다. 어서 돌아가자."

하며 장인근을 재촉했다. 그러자 장은 다시 비통하게 외쳤다.

"우리들 동지 가운데 저런 놈이 나왔다니 서럽구나! 너 같은 놈은 곧 이 다테야마를 떠나라. 그렇지 않으면 우리가 죽여 버릴 테다."

16. 실패로 끝난 사명

이겸제는 장인근의 손을 끌고 가버렸다. 혼자 남게 된 김형섭은 폐부를 찌르는 친구의 말을 상기하면서 마음속으로 용서를 빌었다. 그러나 이대로 물러설 수는 없었다. 그는 여관을 나와 인력거를 잡아타고 이준용의 집으로 달려갔다.

형사 같은 자가 뒤쫓는 것 같았는데 그가 이 대감 집 앞에서 차를 내리자 갑자기 4, 5명의 장한壯漢들이 달려들었다. 김형섭은 그들에게 이준용 저하를 만나러 왔으니 통과시켜 달라고 요청했다. 그러자 그들은 찾아온 용건을 물었다. 이에 김형섭은 큰소리로 외쳤다.

"폐하의 명을 받고 국적國賊을 주륙誅戮하러 왔다. 비켜라!"

이렇게 소리치며 집 안으로 달려갔다. 장한들도 필사적으로 그를 뒤쫓아 그를 붙잡느라 난투극이 벌어졌다. 상대방은 여러 명이었기에 김형섭은 당할 도리가 없었다. 이때 정복을 한 경부警部 한 명과 이겸제가 나타났다. 8년 전 동학군 토벌과 6년 전 아관파천 직후에 일어난 춘천 및 진주 지방의 의병을 진압·해산하는 데 이름을 날린 이겸제는 김형섭을 보자 크게 꾸짖었다. 하지만 김형섭도 이에 지지 않고 대들었다.

"국적은 이준용뿐 아니라 당신들도 모두 죽일 놈이다!"

김형섭은 곧 4, 5명의 형사에 끌려 경찰서로 연행되었다. 서장이 그에게 난폭하게 행동한 까닭을 물었다. 김형섭은 "이준용 일당이 역적이기 때문에 국가를 위해서 죽이려 했다"고 대답했다. 그러자 경관이 달려들어 그의 몸을 수색했다. 하지만 아무런 흉기도 나오지 않자 더 이상의 취조는 없었다.

김형섭이 유치장에 구류된 지 사흘째 되는 날 뜻밖에 김희선이 순사에게 끌려왔다. 그에게 자초지종을 물으니 그의 대답이 걸작이었다.

"고베에 가서 박영효 대감께 편지를 띄워 우리들의 고충을 설명했네. 그리고 하루라도 빨리 국외로 추방당하게 된 것처럼 해달라고 요청했네. 그랬더니 박 대감은 단신으로 나를 찾아와서 상세한 이야기를 들은 다음 경찰에 고발했던 것이네."

두 사람은 그날로 도쿄에 압송되었다. 그들은 이번에는 일본에서 감옥 생활을 하게 되지 않을까 걱정했다. 하지만 그들은 신바시서新橋署에서 "치안방해로 국외로 추방한다"는 요지의 간단한 선고를 받았다. 결국 처음 기약했던 목적은 달성한 셈이었다.

그들은 다시 고베로 호송되었고 거기서 선장과 경관 사이에 인도 교섭이 끝나자 고국으로 돌아오게 되었다. 이제는 죽으러 가는 길이었다. 배가 세토나이카이瀬戸內海의 섬들을 지날 때 김형섭은 7년 전 부푼 희망을 안고 도일했던 당시를 생각하고 새삼 운명의 힘이 위대함을 느꼈다.

배가 부산에 도착했을 때 그들은 상륙하려 했다. 그러자 선장은 인천에 도착할 때까지는 허가할 수 없다고 했다. 그들이 인천항에 닿은 것이 이해(1902) 12월 상순이었다. 그들은 야간열차 편으로 곧 서울에 도착하여 김형섭의 집으로 돌아왔다. 집에는 출발 당시와 마찬가지로 그의 처와 사촌 동생이 살고 있었다.

그들은 장차 할 일을 상담했다. 평리원에 자수하는 것이 순서에 맞을 것이었으나 당시 경무 관계의 일은 1년 전에 설치한 황제 직예直隷의 경찰

176

인 궁내부 소관 경위원警衛院이 큰 세력을 갖고 있었다. 경위원장관(총관) 은 이근택李根澤이었다. 그는 1897년 친위연대 제3대대장(참령) 재직 중 정부 전복을 꾀한 혐의로 제주도에 귀양 갔다가 사면되어 돌아와 1898년 말 경무사로 발탁되어 만민공동회 및 중추원 의관으로 활동했던 전 독립 협회의 투사들을 색출, 고문하는 데 민완을 휘둘렀다. 그는 경부차관(협 판)에서 초대 경위원 장관에 취임하자, 영친왕英親王의 생모인 엄귀인嚴貴 人(통칭 경선궁慶善宮)의 이종사촌 김영진金永振을 동同 총무국장으로 끌어 들여 한창 세도를 부리는 중이었다. 부호로 이름난 한치조韓致祚가 이근 택에게 억울하게 재산을 빼앗기고 분사한 것도 이즈음의 일이었다. 그들 은 곧바로 이근택을 찾아가기로 했다.

17. 옥중생활의 애환

그 이튿날 그들은 경위원으로 자수하러 갔다. 하지만 이근택 총관이 이날은 등원登院하지 않아서 만나지 못하고 돌아왔다. 그들은 다음 날 다시 찾아갔다. 이번에도 이 총관을 만날 수 없었으나 경위원 당국에 의 해 평리원으로 압송되었다. 그리고 여기서 다시 감옥으로 옮겨졌다. 본 래의 옛집에 돌아온 셈이었다. 그동안 그들 대신 감옥살이를 했던 부형 은 이미 풀려나간 뒤였다. 그러나 어른들의 고심苦心을 수포로 돌아가게 한 것이 마음을 아프게 했다.

옥중생활이 다시금 시작되었다. 김형섭은 전부터 알고 있던 죄수들과 친해졌다. 그보다 세 살이 위인 이승만李承晩과도 친해졌다. 이승만은 죄 수들 가운데서 이름난 독학가篤學家였다. 옥내獄內의 불편하기 짝이 없는 생활에서도 잠시라도 손에서 책을 떼는 일이 없었다. 김형섭은 죄수들과 함께 기독교 연구를 시작하기도 했다. 하지만 다른 사람들처럼 열렬한 신 자는 되지 못했다. 그는 자신이 어느덧 숙명론자가 되었다고 생각했다.

하지만 1902년 10월 김형섭이 일본에서 방황하고 있을 때 고종 황제 등극登極 40주년과 망육순望六旬(51세)을 기념하는 칭경稱慶예식이 10월 8일로 예정되어 있었다. 이를 경축하기 위해 러시아 정부는 특명사절로 전 한국 주재 공사 베베르를 파견하기까지 했다. 그는 국교 수립 후 초대 대리공사 겸 총영사로 한국에 부임하여 10여 년 이상 한국 조정에 큰 영향력을 행사한 인물이었다. 아관파천 이후 2년 만에 독립신문을 발간한 동시에 미국 국적을 가진 한국 정부 고문관으로 가까이에서 관찰할 기회가 있었던 서재필의 회고담에 의하면, 러시아 제국에 흡수·합병된 발트해 연안의 에스토니아 출신인 그는 평소 약소민족의 서러움에 대해서 남달리 이해하는 마음이 있어 한국에 대해 동정적이었다는 것이다.[34] 하지만 러시아가 모처럼 경축사절을 보냈음에도 불구하고 당시 국가재정이 곤핍하고 또한 러·일 관계마저 험악하여 무슨 일이 터질 듯할 때였으므로, 기념식은 콜레라 유행을 이유로 1903년 4월 30일로 연기되었다가 끝내 거행되지 않았다. 다만 이 때문에 옥중생활은 조금 편해졌다.[35] 경범자들은 은사恩赦로 풀려나가기도 했다. 그러나 일심회 동지들은 감히 특사를 바랄 수 없었다.

얼마 뒤 1902년이 가고 1903년 새해가 밝았다. 이해 6월 김형섭의 가족은 고향인 평안도로 돌아갔다. 넉넉지 못한 집안 형편으로는 서울생활을 더 지탱할 수 없었던 것이다. 10월이 되자 옥중생활이 조금 나아졌다. 황태자의 이복동생인 영왕 이은李垠의 생일잔치가 크게 벌어졌기 때문이었다. 영왕은 이해 7세가 되었으나 천연두와 홍역에 걸려 생모 엄귀

---

34 김도태金道泰 편집, 『서재필 박사 자서전』, 수선사首善社, 1948; 을유문고판, 1972, 247쪽.

35 이때 기념예식을 연기하는 대신 칭경기념비전稱慶記念碑殿이 건립되었는데, 현재 광화문 네거리의 비각이 바로 그것이다. 이 비각은 우리나라의 중심 이정표, 즉 국축國軸이기도 한데 그간 차량 진동, 매연 등 공해에 시달려 많이 손상된 것을 지난 1979년 해체 복원한 바 있다.

인을 애태웠었다. 엄귀인은 "음덕陰德에 양보陽報 있다"는 옛말을 믿고 여러 가지로 적선하는 데에 마음을 썼다. 전국 불사에 명령하여 아들의 병 치료를 빌게 한다든지 혹은 빈민에게 돈을 나누어 준다든지, 심지어 죄수들에게도 여러 가지 고기와 밥을 주었다. 이 같은 적선행위는 당시 이종사촌 동생인 이용복李容復 등을 통하여 비밀리에 추진하고 있던 자신의 승후陞后운동을 위해서도 이롭다고 생각했던 것 같다.[36]

정부 당국에서는 영왕의 생일 전날 밤 엄귀인의 근친인 엄준원嚴俊源을 경무사警務使 서리로 임명하여 감옥에 보냈다. 그는 옥정獄庭에서 죄수 한 사람마다 금일봉을 주었다. 백동화 10원씩이었다. 이 가운데 5원은 황태자(뒤의 순종)의 생일을 기념하여 내려진 것인데, 황태자는 이해 2월로 탄신 30주년을 맞았다.

죄수들은 이 돈을 갖고 음식을 마구 사먹었다. 갑자기 포식한 탓에 죄수들 가운데는 며칠 뒤부터 병자가 속출하였고 몇 명은 죽기까지 했다. 이 틈에 옥리들이 횡재를 했다고 한다. 왜냐하면 그들은 물건 값을 시중의 서너 배나 올려 받았기 때문이다. 죄수들은 일주일이 못 되어 받은 돈을 깡그리 날리고 말았다.

이즈음 옥내에 콜레라가 창궐했다. 반달 동안에 130여 명의 죄수가 죽어 나갔다. 3년 전 혁명혈약서를 만드는 데 주동 인물이었던 권호선도 이때 죽었다. 다만 콜레라 때문은 아니었다. 그는 지난해 혹독한 고문으로 말미암아 병을 얻은 뒤로부터 건강이 아주 나빠졌다. 동지들이 간수에게 부탁하여 죽기 전에 그를 치료실에 집어넣었으나 결국 그는 추운 감방에서 쓸쓸히 죽고 말았다.

수감 중인 동지들은 8명으로 줄어들었다.

---

36 이미 1902년 10월 엄귀인은 황후보다 조금 격이 낮은 황귀비로 진봉進封되었음.

18. 사형선고 내려지다

일심회 동지들이 감옥에 있는 동안 러·일 관계는 악화되어가기만 했다. 마침내 1904년 2월 두 나라의 관계는 전쟁으로 발전했다. 2월 9일 일본 함대는 제물포 월미도 앞바다에서 포문을 열었다. 러시아 순양함 바랴크호와 포함 카레예츠호는 순식간에 심하게 부서져 자폭하는 장렬한 최후를 맞았다.[37] 이 대포 소리는 서울의 감방 안에까지 들려왔다. 그들은 처음 포성의 연유를 몰랐으나 새로이 들어온 죄수들의 입을 통하여 그간의 사정을 알게 되었다.

완전히 기선을 제압한 일본군은 곧이어 기고시 야스츠나木越安綱 소장[38]이 지휘하는 나가사키현 오무라大村에 주둔하고 있던 제6사단 예하 보병 제23여단을 주축으로 편성한 임시파견대를 한국으로 출동시켰고, 제물포항을 거쳐 서울에 입성入城, 경인지구를 장악했다. 그러자 지금까지 러시아 세력에 기대어 온 황제와 정부는 일대 공황에 빠졌다. 이것은 옥중에 수감된 죄수들에게는 절망을 의미하는 것이기도 했다. 왜냐하면 정부 당국은 장차 일본 세력이 정치범들에 대한 특별 사면을 요구해 올 것으로 판단하여 죄수들에 대한 처형을 서둘렀기 때문이다.

보통 때라면 30명씩 두 반으로 나누어 교대로 숙직하던 순사들이 3월 9일 저녁에는 갑자기 60명 전원이 숙직업무에 동원되었다. 죄수들은 긴장하지 않을 수 없었다. 그러자 옥중에서는 오늘 저녁 사형을 집행할 것이라는 소문이 돌았다. 먼저 살인, 강도 등 흉악범들이 2조, 3조로 편성되어 호출되기 시작했다. 동시에 감옥의 정문을 여는 소리가 들려왔다. 평리원에서 형 집행 때 입회할 검사가 온 것이었다. 각 방에서는 사형수

---

37 당시 바랴크호에 걸려 있던 깃발이 뒤에 인양되어 인천시립박물관이 보관하고 있었는데, 러시아는 2010년 11월 순회 전시를 목적으로 이 깃발을 빌려 간 뒤 아직 돌려주지 않고 있음.
38 뒤에 육군대신 역임.

들이 두 명씩 끌려 나갔다. 처음 김형집, 김익진金益珍이라고 불린 사람들이 교수형을 당했다.

뒤이어 오성모吳聖模가 참수되었다. 그는 평양 출신으로 24세 때인 1895년 6월 게이오의숙에 입학한 뒤 도쿄 농과대학에 재학하던 중 박영효의 공작금 마련을 위해 같은 유학생 신분이었던 안국선安國善[39]과 함께 귀국했다가 전 독립협회 간부 현제창玄濟昶이 모반을 꾀하는 자들이 있다고 무고하는 바람에 체포되었던 인물이다. 그가 사형된 것은 무엇보다도 그의 근엄함 때문이었다. 재판 당시 어떤 사람이 그에게 돈 5백 원만 재판장인 이남희李南熙에게 바치면 죄가 크게 가벼워질 것이라고 조언했는데, 그는 "우리 집에 그와 같은 큰돈이 없다"고 한마디로 거절했다는 것이다. 아관파천 직후 실각한 이범래의 후임으로 친위대 제1대대장이 되어 1898년 6월 하순 독립협회장인 안경수가 황태자에게 권력을 이양하려는 음모를 꾸민다고 당시의 대신들인 민영기·심상훈에게 밀고함으로써 출셋길에 오른 이남희는 이 이야기를 듣고 사형 가운데서도 극형인 참형을 선고했다는 소문이었다.

그다음 날 일심회 동지 8명과 유길준의 쿠데타 음모사건에 관련된 민간인 피고들이 평리원에 끌려갔다. 그들은 감방을 나서면서 어젯밤의 일을 생각했다. 그들은 최후를 각오했다. 재판장은 지난 1898년 독립협회의 만민공동회를 탄압할 임무를 띠고 경무사에 취임한 바 있는 신태휴申泰休였다. 본디 그는 우영右營 영관營官으로 재직할 때 갑신정변이 일어나 그를 후원하던 후영사後營使 윤태준尹泰駿이 살해되자 그 복수를 위해 위안스카이를 찾아가 읍소할 정도로 맹목적인 친청 보수파 군인이었다.

그 후로 위안스카이의 수족으로 활약했던 신태휴는 아관파천 후 일본세력이 퇴조하자 중용되어 독립협회에 위장 가입, 각종 모임에서 탐지한 사실을 정계의 실력자 조병식에게 보고했었다. 격렬한 배일파였던 그로

---

39 뒤에 신소설 작가. 대표작으로는 『금수회의록』(1908), 『공진회』(1915) 등이 있음.

서는 이번에야말로 친일파를 일망타진할 좋은 기회라고 생각했음이 틀림없다. 그는 의기양양한 표정으로 선고를 내렸다.[40]

"피고인들은 혁명일심회라는 비밀결사를 조직하여 대역음모를 꾀하였다. 이는 실로 황실범皇室犯, 국사범에 해당한다. 이에 피고 전 육군참위 조택현, 동同 장호익, 동 김홍진, 동 김형섭, 동 김희선, 동 김교선, 동 방영주, 전 경효전 사승祀丞 김영소에 대하여 참수형을 선고한다. 동 사건 피고 상민常民 김석구에 대하여는 태笞 1백 대에 종신유형을, 동 피고 전 농상공부 회계국장 유성준, 전 육군참위 김봉석에 대하여는 정상을 참작하여 각기 태 1백 대에 3년 유배형을 선고한다."

19. 형장의 이슬로

선고가 끝나자 장호익이 재판장을 향해 비통하게 소리쳤다.

"좋다! 우리들은 남아男兒답게 죽겠다. 하지만 국정을 문란케 하고 국민에게 독을 뿌리는 그대들을 어찌 하늘이 그대로 두겠는가! 반드시 가까운 장래에 우리들과 같은 운명에 부딪히게 된다는 것을 각오하라. 우리들은 그대들의 독수毒手에 걸려 다만 한발 먼저 죽음길에 나갈 뿐이다. 저세상에서 귀하들이 오는 것을 기다리겠다."

신태휴는 장호익의 이 당당한 태도에 기가 질렸는지 아무 소리 못 하고 법정을 나가버렸다.

동지들이 다시 감방에 돌아오자 이번에는 4개의 방에 분산·수용되었

---

40 판결문은 1904년 3월 16일 자 관보 부록 사법란 참조.

다. 그들은 입감入監 이래 2년 동안 친절하게 대해준 감옥장 김영선金英善에게 마지막으로 감사의 뜻을 표하려고 면회를 요청했다. 그러나 감옥장은 나타나지 않았다. 그들이 감방에 돌아온 지 세 시간쯤 지났을 때 감옥문을 여는 소리가 들려왔다. 곧이어 입회 검사가 나타났다. 사형 집행이 박두했음을 알게 된 동지들은 서로 마지막 이야기를 나누었다. 마침내 옥리獄吏가 입을 열었다. 그 순간 김형섭은 전신의 피가 멈추는 것 같았다.

"조택현!"

6명의 동지가 일제히 호명된 그를 쳐다보았다. 조趙는,

"내가 일 번이군. 그럼 한발 먼저 가네."

라고 말하고는 원기 좋게 밖으로 나갔다. 그는 감옥 뒤에 설치한 형장에서 내려치는 칼을 맞고 즉사했다. 다시금 옥리가 소리쳤다.

"장호익!"

5명의 동지가 그에게 시선을 보내자 장張은,

"그럼 먼저……."

하면서 밖으로 나갔다. 그는 한칼에 죽지 않았다. 세 번째 칼이 내려칠 때까지 그는 '만세!'를 외쳤다. 당시 옥중 창문을 통해 이를 지켜보던 이승만의 증언을 들어보자. 그의 구술을 토대로 하여 집필된 『이승만: 신화에 가린 인물』(1954)에서 로버트 T. 올리버는 이렇게 쓰고 있다.

"이승만은 이 위대한 애국자 장호익이, 세 번째 내려치는 칼로 영원히 침묵할 때까지 만세를 외쳤던 것을 잊을 수 없었다. 이런 경험들이 그의 마음에 아로새겨져서 오랫동안 그를 괴롭혔다.[41]

세 번째는 김홍진이었다. 4명의 동지는 다음 차례를 기다렸다. 하지만 호출은 갑자기 중단되고 말았다. 그들은 초조하게 최후가 오기를 기다렸으나 더 이상의 호명이 없었다.

20. "그대들은 운이 좋다"

당시 그들은 모르고 있었지만 일심회 동지들이 처형된다는 소식은 그날로 친척이나 벗에게 알려졌다. 친지들의 구명운동은 필사적이었다. 마침내 그들은 서울에 주둔하고 있는 일본군사령부로 찾아갔다. 천만다행으로 참모장 사이토 리키사부로齊藤力三郎 중좌는 과거 그들을 위해 애써준 우쓰노미야宇都宮의 친구였다. 당시 우쓰노미야 중좌는 영국 대사관의 육군무관이었다. 실은 사이토 중좌 자신도 이들의 유학 시절에 크게 도와준 일이 있었다. 따라서 그도 한국에 부임할 때부터 일심회 동지들의 소식을 알고 있던 터여서 그 자신이 구제책을 생각하던 중이었다. 그러던 차에 갑자기 장교들이 처형된다는 소식에 접하자, 그는 사령부에서 외부대신 이지용李址鎔에게 전화를 걸어 면회를 요청했다. 이 대신은 지난해 가을부터 하야시 곤스케林權助 주한 일본 공사로부터 운동자금을 받으면서 궁중의 비밀을 낱낱이 일본 쪽에 알려주고 있던 터였다. 이날 오후 이 대신이 급히 사령부로 달려왔다. 참모장은 그에게 청년 장교들의 구명을 호소했다.

41　로버트 T. 올리버, 『이승만: 신화에 가린 인물』(1954) 제4판, 1960, 67~68쪽.

"전에 우리나라에 유학 온 무관들이 오늘 저녁 급히 참수斬首된다고 하는데 그들과는 나도 친밀하게 교제하여 마치 동생처럼 자식처럼 생각하고 있소. 그들이 황제의 역린逆鱗을 거슬러 그렇게 된지는 모르겠으나 목숨을 끊는 것만은 피해주시오. 일이 급한 모양인데 무슨 방법이 없겠소? 불초不肖 사이토齊藤가 머리 숙여 원하노니……."

이지용 대신은 의정부 의정議政대신[42] 이근명李根命과 함께 즉각 참내參內하여 이 사실을 황제께 아뢰었다. 황제는 심사숙고했을 터이다. 대한제국이 일본군의 점령 아래 있는 것이 엄연한 현실인 이상 그들의 반감을 살 필요는 없다고 생각했을 것이다. 마침내 참모장의 간청은 효력을 발생하게 되었다. 칙령은 곧 전화로 감옥에 전해졌다.

네 명의 동지들이 죽음의 시간을 기다리고 있는데 갑자기 정장을 한 감옥장이 들어왔다. 감옥장은 그들에게 놀라운 소식을 알려주었다.

"지금 폐하로부터 칙령이 내려 그대들은 살게 되었으니 안심하라."

그중 한 명이 무슨 말이냐고 묻자, 감옥장은 다시 말했다.

"그대들은 살게 된 거야. 구명救命의 칙령을 지금 전화로 통지받았어. 정말 잘된 일이지!"

다시 누군가가 놀리지 말라고 소리쳤다. 그러자 감옥장은,

"누가 농담하는 줄 알아! 전에는 그대들에게 실례가 많았다. 그대들은 아직도 내 말을 믿지 않는구먼. 그러면 좋다!"

---

42 참정대신의 상급자로 내각 수반首班에 해당함.

고 말하면서 옥리에게 명령하여 그들의 사슬을 벗기게 했다. 그리고는,

"자, 본래의 감방에 들어가 오늘밤은 술을 마시고 쉬도록 하라. 그대들
은 운이 좋다. 아주 좋으시단 말야!"

라고 하면서 감방을 나갔다. 하지만 4명의 동지는 이 뜻밖의 행운에 대
해서 반신반의하면서 본래의 감방으로 들어갔다. 얼마 안 되어 감옥장이
보낸 술이 들어왔다. 그래도 그들의 불안은 가셔지지 않았다.

셋째 날인 11일에도 나머지 사형수들은 처형되었다. 이날 모두 90여명
이 처형되었으나 4명은 무사했다. 그다음 날이 되면서부터 그들은 차츰
마음의 평온을 회복했다. 아직 의문이 모두 풀린 것은 아니었으나 감방
안에서는 어느덧 웃음소리도 들리기 시작했다.

그로부터 4, 5일 지난 뒤 그들은 평리원에 다시 끌려갔다. 재판장은
여전히 신태휴였는데, 4명에게 감減 1등하여 종신유형에 처한다는 선고
를 내렸다.

21. 유형流刑의 길

동지들이 여전히 영문도 모른 채 감옥에 돌아오자 감옥장 이하 간수, 옥
리, 순사들이 그들의 행운을 기뻐해 주었다. 그들은 이날로 법부로 가서
형사국장 앞에서 유배지를 명령받았다. 유배지는 모두 전라남도 외딴 섬
이었다. 즉 김형섭은 지도군[43] 지도智島로, 김희선은 완도군 조약도助藥島[44]

---

43 현 신안군.
44 현 명칭은 약산도藥山島임.

로, 김교선은 완도莞島로, 그리고 방영주는 흥양군興陽郡[45] 녹도鹿島[46]로 지
정되었다.

김형섭은 자기를 호송할 순사 한 명과 심부름하는 일꾼 한 명과 같이
서소문 밖 한 여관에 투숙했다. 본래 귀양길을 가는 동안은 피고에게 족
가足枷를 걸치고 손에 자물쇠를 채우는 것이 규정이었으나, 순사의 호의
로 그 어느 것도 걸치거나 채우지 않았다.

"그대는 신분이 높은 사람이라 특히 봐주는 것이오. 그 대신 우리들에게
책임이 돌아오지 않도록만 해 주시오."

그러나 순사의 행동은 결국 잔돈푼이라도 챙길 수 있을까 하여 내보이
는 호의였다. 당시 순사들은 신분이 높은 유형수流刑囚의 호송을 맡게 되
면 돈복이 내렸다고 좋아할 때였다. 그것도 당연했던 것이 당시의 관급
官給 여비는 하루에 5전이었는데, 서울 시내에서는 한 끼 밥 사먹는 데만
도 25전가량이 들었다.

김형섭은 서울을 떠나기 전 전별 나온 노백린, 어담, 김성은 등 현직에
있는 동기생들과 술을 마시며 이야기했다. 그는 친구들로부터 재판장 신
태휴에 대한 이야기를 들었다. 즉 일심회 동지들에게 감형의 칙지勅旨가
내려지자 그는 크게 분개하여 "불구대천의 역적들은 국법대로 처벌해야
한다"고 상주했다는 것이다. 그러나 황제가 그에게 내린 비답批答은 "기
위감죄 경기물번旣爲勘罪 卿其勿煩[47]"이었다고 한다. 형섭은 친구들에게 장
호익이 사형선고를 받던 순간 최후로 신태휴를 꾸짖었던 것을 이야기했
다. 그러자 친구들은 통쾌한 일이라고 입을 모았다.

김형섭이 귀양길을 떠나려고 하자 순사는 조금 기다려 달라고 했다.

---

45 현 고흥군.
46 갑오개혁 후 신설된 돌산군突山郡 소속임.
47 이미 죄를 헤아려 결정한 것이니 경은 번거롭게 하지 말라는 뜻.

"우리들이 지도까지 갔다가 돌아오는 사이 약 20일 동안 집을 비우게 되면 처자식은 굶게 된다. 그 준비를 해야겠다."

그 준비가 일단 끝나자 4월 중순경 순사는 김형섭을 인천으로 호송했다. 김석구도 동행이었다. 김형섭은 인천에서 갖고 있던 2백 원 가까이 되는 백동화를 일본 화폐인 제일은행권으로 바꿨다. 전라도에서는 백동화가 통용되지 않았기 때문이다. 백동화 1원 60전을 은행권 1원과 바꿨다. 일행은 인천항에서 김희선, 김교선과 만나 같은 기선을 타고 목포로 향했다.

목포에서 김형섭은 제일은행권을 다시 엽전으로 바꿨다. 은행권 1원이 엽전 5백 문文과 교환되었다. 세 명의 동지들은 각기 지정된 유배지가 달랐으므로 여기서 헤어졌다.

4월 24일 오후 2시경 김형섭은 조그만 배를 타고 지도를 향해 떠났다. 배에는 선두船頭가 두 명, 순사 한 명, 심부름하는 하인 한 명, 그리고 김형섭, 김석구 모두 6명이었다. 다른 배 위에 타고 있던 김교선이 그에게 수건을 흔들었다. 그도 수건을 흔들어 답하였다. 그러자 김희선도 또 다른 배 위에서 그를 향해 수건을 흔들었다.

지도로 향하는 동안 거센 풍랑 때문에 배에 타고 있던 사람들은 한순간 공포에 떨기도 했다. 이 때문에 순사와 선원 사이에 말다툼이 오갔다. 섬이 너무 많아 김형섭은 어느 것이 지도인지 알 수 없었는데, 이윽고 한 선원이 소리쳤다.

"저기다!"

그가 가리키는 곳에 인가 한 무더기가 보였다. 본디 지도는 조선시대에 목장지였으나, 갑오개혁 때 목장을 파한 뒤 아직 개발되지 않은 상태였다. 김형섭은 저곳이 자기의 후반생後半生을 보낼 곳인가 생각하니 감회가 끓어올랐다.

22. 이조현李祖鉉의 교훈

섬에 도착한 뒤 일행은 조금 쉬었다가 군청에 출두했다. 순사는 거기에 도배장到配狀을 제출하고 김형섭을 인도했다. 군수 송상희宋祥熙는 그를 한 장소에 머물도록 지시하면서 함부로 떠나지 말도록 주의를 주었다. 하지만 그 밖에 다른 구속은 일절 없었다.

새로운 죄수가 도착했다는 소문이 퍼지자 귀양살이 하고 있던 친일 정객 7명이 그를 찾아왔다. 그 가운데는 갑오개혁 때 외부대신을 지낸 70세 고령의 김윤식金允植이 있었다. 김형섭은 9년 전 고향에서 상경하여 숙부를 따라 그를 찾아가 인사를 드린 적이 있었다. 또 군의 선배 이조현李祖鉉도 보였다. 이 밖에도 1900년 박영효의 지시로 국내에 잠입한 이규완과 접촉을 했다가 정치범으로 몰린 강성형, 그리고 동궁시종관東宮侍從官을 역임한 명문 출신의 정병조鄭丙朝도 있었다. 그들은 김형섭을 위해 간단한 연회를 베풀었다. 김형섭은 그들로부터 최근 정치 정세의 변동을 질문받았는데, 한편으로는 섬 생활에 대한 유익한 이야기도 들었다. 그는 자주 이들과 어울려 회식과 산책을 한다거나 꿩·노루 사냥도 즐겼다. 이는 김윤식의 일기『속음청사續陰晴史』에 낱낱이 기록되어 있다. 당시 김윤식은 목포를 내왕하는 사람들을 통해『황성신문』을 비롯한 여러 종류의 일간지를 거의 빠짐없이 구해서 읽고 있었다.

관급 5전으로는 생활이 되지 않았으므로 김형섭은 섬에서는 상당히 부유한 편인 어떤 사람의 호의로 그 집에 기식寄食하면서 아이들을 모아 글을 가르쳤다. 그 밖에는 별로 하는 일 없이 소일해야 하는 섬 생활이었다. 강성형 같은 사람은 몇 해째 집 문을 걸어 잠그고 홀로 앉아 있을 뿐이었다. 한 달에 두 번씩 시찰차 오는 군수의 입을 통해서 세상 돌아가는 것을 막연히 짐작할 따름이었다.

　김형섭은 이조현과 가끔 만나 울분을 토했다. 다섯 살 위인 이조현은 당시 서른을 조금 넘긴 장년이었다. 그는 유서 깊은 장문將門의 집에서 태어나 용맹마저 뛰어난 실로 드물게 보는 장재將材였다. 그는 중종의 아들 덕양군德陽君 기岐의 10세손으로, 백부 주철周喆은 대원군 집정 시절 우포도대장으로 영건도감營建都監 제조提調를 맡아 경복궁 중건사업을 지휘했으며, 그 뒤 총융사·금위대장·어영대장을 역임했다. 또한 그를 입양入養한 숙부 주혁周赫 역시 무과 출신으로 황해도 장연부사府使를 거쳐 갑오개혁 중반기에 군국기무처의 기능을 대신하여 설치된 중추원 2등 의관에 오른 사람이었다.

　이조현은 매양 자신의 지난날을 이야기할 때는 머리털이 일어서곤 했다. 그는 스무 살이 채 못 되어 맨주먹으로 호랑이를 때려잡은 일이 있다고 했다. 그러자 친척들이 깜짝 놀라 뒷날 가문에 화가 미칠까 두려워하여 그를 몰래 없애버리려 했다는 것이다. 그의 어머니가 울면서 애걸하여 가까스로 그를 구해내자 친척들은 다시 그를 얽어매놓고 쇠끝에 약을 발라 불에 달구어 온몸을 지져놓았다는 것이다. 힘을 못 쓰게 하기 위해서였다.

　그는 이렇게 말하면서 옷을 젖혀 보였다. 과연 그의 몸에는 불침 자국이 얼룩져 한 군데도 성한 데가 없었다. 이처럼 집안사람들이 사전 예방조치를 취했음에도 불구하고 37세로 죽은 그의 길지 않은 생애는 실로 파란만장한 것이었다. 그는 20세 때인 1892년 무과에 급제하여 으뜸가는 척족 세도가인 민영준이 장관(경리사)으로 있는 경리청經理廳 대관隊官으로 발령받았는데, 이 부대는 통위영統衛營·장위영壯衛營과 더불어 1894년 동학농민군 진압에 동원되었다. 그는 1895년 초 부위副尉 계급으로 일본군의 지도하에 편성된 훈련대로 전보되어 대대부관을 거쳐 정위正尉로 진급하면서 중대장이 되었다. 민비 시해 직후 훈련대가 폐지되어 친위대로 개편된 뒤에도 그는 친위 제1대대 중대장으로 보임받아 아관파천 직후에는 청주·공주 등지에서 일어난 의병을 진압·해산하는 작전을 지휘했다. 하지만 그의 남달리 강직한 성품과 개혁적인 성향을 꺼린 당국은 대대장직을 맡게 되는 참령으로 승진시키는 대신 20대 중반인 그를 거제군수로 발령했다. 그럼에도 1898년 6월 친위 제1연대장 김재은金在殷 부령이 연루된 독립협회장 안경수의 음모, 즉 황태자를 대리로 내세워 국정개혁을 꾀한다는 모의에 이조현도 공모했다는 친위 제3대대장 이남희 참령의 밀고에 의해서 완도군 고금도에 종신 유배를 당했다. 다행히 얼마 뒤 그는 무혐의로 방면放免되어 서울로 돌아왔으나, 이번에는 그가 1898년 말경에 이승린과 함께 몰래 일본에 건너가 박영효와 접촉한 사실이 1900년 8월 탄로 나 그해 연말 지도군 흑산도로 종신유배형을 받았다. 그는 뒤에 지도로 이배移配되어서 김형섭과 1년 2개월간 자주 만나 이야기를 나눌 수 있게 된 것이다.

참고로 이조현의 그 뒤 동향을 살펴보면 다음과 같다. 그는 1906년 2월 해배解配되어 서울로 올라온 뒤, 6월 12일 대대적인 군부 인사이동 때 보병정위로 복직하여 육군 연성研成학교 교관 발령을 받았으나 7월 말 사퇴했다. 그리고 10월 18일 대이동 때 참령으로 승진, 군부 참모국 제2과원이 되었으나 그간 일본 육사 출신의 대거 진출로 운신의 폭이 크게 좁아져서 부득이 군을 떠나지 않으면 안 되었다. 그가 1907년 5월 4일 강화군수로 임명되었을 때는 이미 건강에 이상이 생긴 데다가 주변의 상황도 크게 악화되었다. 즉 동학의 여당餘黨과 전 독립협회 일부 투사들이 주축이 되어 만들어진 친일단체 일진회一進會의 요인들이 수령직에 눈독을 들이고 통감부를 배경으로 특채되기 시작했다. 그리하여 이조현은 곧 물러났는데, 후임 강화군수가 된 자는 일진회 전라북도지부 회장, 총무원 출신의 정경수鄭璟洙였다. 그는 1894년 가을 동학농민군이 재차 봉기했을 때 안성에서 기병起兵하여 북접北接의 선봉장으로 참전, 공주 우금치 전투에서 동학군이 참패했을 때 용케 살아남은 인물이었다. 다만 그는 군수에 취임한 직후 한국 군대가 해산되고, 이에 반대하여 궐기한 제

1진위대 강화분견소 군인들에 의해 쫓기다가 김포군 통진通津에서 붙잡혀 8월 12일 '처단'되었다.

야인이 되어 병마에 시달리던 이조현은 1909년 7월 2일 다시 일어나지 못했다. 윤치성과 이갑이 주동이 되어 8월 1일 서울 시내 교동에 있는 기호학회 본부에서 그를 기리는 조촐한 추도회를 열어 중추원 의장 김윤식이 추도사를 했고, 그와 함께 잠시 지도에서 귀양살이를 한 적이 있는 서북학회 회장 정운복鄭雲復이 약력보고를 했으며, 모임에 참석한 사람들에게서 의연금을 모아 유족에게 전달했다. 열혈남아로 크게 촉망을 받다가 실의失意 끝에 좌절한 한 젊은 군인의 쓸쓸한 퇴장은 1년 후 닥쳐올 망국의 비운을 예고하는 듯하다.

김형섭은 이조현의 이야기를 들으면서 새삼스레 깨닫는 바가 많았다. 도대체 집안에 특출한 인물이 출현하는 것을 기뻐하기는커녕 도리어 이것이 후환이 되지 않을까 두렵게 생각해야만 했던 조선사회의 병폐가 눈에 선했다.

그는 다른 죄수들과 함께 일본의 첩보捷報를 들으면서 만약 일본이 이 전쟁에서 승리한다면 죄를 용서받을 기회가 오리라고 믿었다. 이 믿음이 실현될 때까지는 꼭 1년이 걸렸다. 일심회 동지들은 1905년 5월 9일 한국주차 일본군사령관 하세가와 요시미치長谷川好道 대장의 적극적인 주선과 군부대신 이용익李容翊의 상주上奏에 힘입어 마침내 사면의 특전을 받았다.

이 통지가 지도에까지 도착하는 데는 또 시간이 걸렸다. 마침내 6월 23일 김형섭은 친지들의 축하 인사를 받으면서 지도를 출발했다. 배는 목포를 거쳐 인천에 도착했다. 그가 갑판에 올라섰을 때 김희선[48]과 부딪쳤다.

"야!"

---

48 뒤에 상하이 임시정부 군무차장 역임.

"야!"

"자네 이 배를 타고 왔나?"

"자네도?"

"알 수 없는 일이야."

"이거 놀라운데."

"어쨌든 이번은 반가운 일이네."

"아무렴, 그렇고말고."

23. 에필로그

서울에 올라온 김형섭은 4, 5일 머문 다음 고향으로 내려갔다. 이로부터 얼마 후 이해 9월 그는 모든 죄를 사면받아 비로소 청천백일靑天白日의 몸이 되었다. 이어 10월에는 동지들과 함께 참위로 복직되었다. 그다음 해(1906년) 6월 부위副尉로 승진된 지 한 달만인 7월 다시금 정위正尉로 승진한 그는 무관학교 학도중대장, 시위공병대장侍衛工兵隊長을 역임했다. 몇 해 전의 사형수가 이제는 황제를 지키는 영광스러운 근위장교가 된 것이었다. 그러나 그것은 한 순간일 뿐, 1907년 여름 군대해산의 비극을 맞아야 했다. 그는 육사 출신의 엘리트라 하여 예편당하지 않은 채 군부 병기과원으로, 그리고 1909년 7월 말 군부가 폐지된 뒤에는 시종무관侍從武官으로 전직되어 계속 군직에 남았다.

1910년 조국이 일제에 의해 강압적으로 병합된 뒤 그는 운현궁의 주인 이준李埈 공부公附의 무관이 되었다. 고종 황제의 장조카인 이준 공은 그가 한때 죽으려고 다테야마로 찾아갔던 바로 그 이준용이었다. 그다음에는 사동궁寺洞宮의 주인인 이강李堈 공부公府 무관으로 옮겨갔다. 이강 공은 예전 그들 동지가 황제로 추대하기로 했던 순종 황제의 이복동생 의친왕 바로 그였다. 그는 공 전하의 특사 자격으로 1920년 도쿄에서 거행된 영친왕의 결혼식에 참석하는 영광을 누리기도 했다.

김형섭은 그 후 다시 조선군사령부로 전직되어 조선보병대 감독장교 니시요쓰쓰지 긴타카西四辻公堯 육군소장·자작의 의뢰로 일심회사건 시말기始末記를 썼다. 이것은 어떤 일본 외교사가外交史家의 지적처럼 제정 러시아 말기의 혁명당원의 수기를 능가하는 귀중한 '휴먼 도큐먼트'이거니와, 그는 회고록이 완성된 직후인 1929년 12월 사망했다. 향년 52세. 당시 계급은 일본군 육군대좌였다. 그 후 그의 회고록은 니시요쓰쓰지 소장에 의해 1930년 철필판鐵筆版으로 4부 인쇄되어 당시의 조선총독 사이토 마코토齊藤實, 조선사편수회 등에 배부되었다.[49]

---

49 이 회고록은 1987년 도쿄 고려서림高麗書林에서 복각본復刻本이 간행됨.

III 고종 황제와 이토 통감의 확집

해설

　문교부[1] 국사편찬위원회에 보관된 수많은 사료 가운데 『어담魚潭 소장 회고록』이라는 철필판鐵筆版으로 된 상하 두 책이 비장秘藏되어 있다. 이 것은 일제 강점기 조선사편수회에서 이른바 조선근대사 고본稿本의 하나로 작제作製된 것으로 일문으로 쓰여 있다. 그 필자인 어담은 한국인으로 당시 조선군사령부에 소속되어 있던 일본군 장관將官급 장교였다. 이 회고록은 본래 조선사편수회와는 직접 관련 없이 어담의 일본 육사 동기생으로 조선보병대 감독 장교였던 자작子爵 니시요쓰쓰지 긴타카西四辻 公堯 육군소장의 권유에 의해 집필된 것이며, 1930년 그에 의해 편찬되었다. 어담은 이 회고록을 완성한 직후인 1930년 12월 22일 육군중장으로 명예 진급되어 얼마 뒤 군직을 떠났다.

　경기도 광주 고덕리高德里[2]의 명문가에서 1881년 5월에 태어난 그는 갑오개혁 때 서울 교동에 설치된 한국 최초의 근대적 소학교에 입학했다가 1895년 15세의 어린 나이로 당시 탁지부대신이었던 어윤중魚允中의 추천을 받아 일본에 국비생으로 유학했다. 그는 1899년 11월 제11기생으로 육사를 졸업한 뒤 도쿄에 있는 제1사단 예하 야포병野砲兵 제1연대에서 6개월간 견습사관 생활을 한 다음, 1900년 7월 대한제국 육군포병참위로 임관되었다. 그 뒤의 그의 주요 군 경력을 그 자신이 쓴 이력서에서 찾아보면 다음과 같다.

　1901년 4월　무관학교 교관
　1904년 4월　부위로 승진, 러일전쟁으로 한국에 주차駐箚한 일본군 접대위

1　현 교육부.
2　현 서울시 강동구 고덕동.

원회 위원

1904년 7월 정위로 승진, 무관학교 부관

1904년 9월 참령으로 승진, 군부 참모국 국원

1905년 3월 고종 황제 시종무관

1905년 4월 부령으로 승진

1905년 8월 궁내부 시종원부경侍從院副卿을 겸임함

1906년 10월 정령으로 승진

1907년 7월 정직停職처분을 받아 육군법원에 구속됨

1907년 9월 군부부軍部附

이 이력서는 순종 황제 융희隆熙 원년(1907) 말경에 쓰여진 까닭으로 그 뒤의 경력은 잘 알 수 없다. 다만『관보』라든지『일성록日省錄』혹은『규장 각일기奎章閣日記』등을 보면 그는 그 후 본직인 시종무관으로 되돌아가 1910년 8월 한국 병합 때까지 재직하였다. 그리고 한국이 일본에 강압적 으로 병합된 뒤에는 20여 년간 조선군사령부에 복무하여 1920년 포병대 좌, 1922년 9월 일본군 최연소 육군소장으로 승진했다. 이 기간 중 그는 사동궁寺洞宮 의친왕 이강공부 무관을 거쳐 1926년 2월부터 1928년 5월 까지 창덕궁 이왕³부 무관을 역임했다.

이 이력서가 보여주는 것처럼 그는 1905년부터 병합 때까지 5년간을 시종무관으로서 처음 2년간은 고종 황제, 마지막 3년간은 순종 황제의 측근에서 일했다. 그의 회고록을 보면 그에 대한 두 황제의 신임은 매우 두터웠다. 그 역시 황제에 대해서는 충성을 다했다. 1907년 7월 그가 육 군법원에 구속된 것도 고종의 양위를 반대하고 친일 대신들을 격살하려 는 음모를 꾸미고 있다는 혐의를 받았기 때문이다. 또한 그 후 1909년 1 월 순종의 평안도 지방 시찰여행 중 황제의 늙은 궁녀를 모욕한 내부대

---

3 순종 및 영친왕.

신 송병준宋秉畯과 열차 속에서 언쟁 끝에 결투사건을 일으킨 장본인도 바로 그였다. 이 사건으로 송병준은 한때 실각했다. 어담 역시 이 사건으로 이토 히로부미伊藤博文 한국 통감의 분노를 사서 시종무관직을 물러나지 않으면 안 되었다. 당시 한국주차 일본군사령관 오쿠보 하루노大久保春野 대장이 간곡하게 이토를 설득하지 않았던들 어담의 군인으로서의 생애는 여기서 끝났을지도 모른다.

한편 이 사건이 우여곡절 끝에 무난하게 해결된 것을 봐도 알 수 있듯이 어담은 일본군과도 긴밀한 관련을 맺고 있었다. 그는 무관학교 교관 재직 시절부터 당시 주한 일본 공사관부무관이었던 노즈 시즈타케野津鎭武 중좌와 알게 되어 한국 조정과 일본주차군 사이의 통역으로 일했으며, 1904년 2월 러일전쟁 발발과 동시에 일본군이 대한제국에 밀어닥치기 시작할 때 당시 일개 부위의 몸으로 일본군 접대위원이 될 수 있을 정도로 그의 위치는 확고했다. 그 후 한국주차 일본군사령부가 설치되자 그는 일본인 장교들에게 그 재능을 인정받아 그들의 비호를 크게 받았다. 더욱이 이른바 보호조약 체결 뒤에는 고종 황제와 이토 통감 및 하세가와 요시미치長谷川好道 군사령관과의 사이에 연락 통역의 임무를 맡게 되어 잠시라도 황제의 곁을 떠나지 않았다.

따라서 어담이야말로 1904년 러일전쟁 때부터 1910년 강제 병탄에 이를 때까지의 한일관계, 즉 고종과 통감부 혹은 한국주차 일본군사령부와의 관계를 다른 누구보다도 잘 증언할 수 있는 위치에 있다고 생각된다. 그가 회고록을 쓰도록 주위에서 권유받은 것도 이 때문일 것이다. 그는 회고록 속에서 경의선 부설권 일본에 양도, 한성은행 창립, 도량형 통일, 한일의정서 조인, 원수부元帥府 해산과 군부로의 권한 이양 전말, 일진회一進會 창립 경위, 고종 양위 전말, 순종 즉위와 동시에 황태자에 책봉된 어린 영친왕의 일본 유학 진상, 순종의 두 차례에 걸친 국내 순행巡行, 송병준 불경不敬사건의 전말, 고종의 이토 통감 배척 진상, 그리고 이토가 고종을 견제하기 위한 비장의 카드로 이용했던 의친왕 이강 문제 등 자신이 직접 관여했거나 혹은 견문見聞한 각종 사건의 내막을 담담하게, 그리고 숨김없이 털어놓고 있어 사료적인 가치는 매우 크다. 이미 그의 회고록은 발간 직후 일본의 탁월한 외교가였던 다보하시 기요시田保橋潔 경성제국대학 교수에 의해 주목되어 고종 말기에서부터 일제에 의한 대한제국 병탄에 이르기까지의 한국근대사 연구에 있어 불가결의 사료로 소개된 바 있으며[4], 일본 현대사가인 후지무라 미치오藤村道生 규슈공업대학 교수(현 조치대上智大 교수)에 의해 한일합병 비화 부분이 상세하게 소개되기도 하였다.[5] 사실 우리 학계에서도 종래 그의 회고록은 부분적으로 이용되어 왔었다.

이 글은 그의 회고록 가운데서 고종 황제와 한국 통감 이토 히로부미의 불편했던 관계, 그리고 이 점을 노린 일본 군부의 흑심黑心을 서술한 부분을 토대로 시작하여 고종의 퇴위, 이토의 퇴임과 암살에 이르는 '보호정치' 시기의 전 과정을 여러 가지 기록·역사서를 참고하여 기술한 것이다.

---

4 「근대조선관계 사료 1, 2」, 『청구학총靑丘學叢』 10, 1932.
5 「한국시종무관이 본 일본의 한국병합」, 『규슈공업대학연구보고·인문사회과학』 21, 1973; 「어담소장회고록·일한병합비화」, 『역사와 인물』 3의 10 및 11, 1973.

1. 황제의 궁정宮廷외교

고종 광무光武 7년(1903) 러시아와 일본의 관계는 점차 파국을 향해 치
닫고 있었다. 러시아는 만주에 주둔 중인 군대의 철병撤兵 약속을 이행하
지 않고 있었다. 러시아는 1900년 청나라에서 외세를 배격하는 민중무
장단체인 의화단義和團이 봉기하자 남만주에 부설 중인 철도시설 보호를
구실로 만주 전역에 대규모 부대를 동원·배치했다. 게다가 러시아는 만
주로 숨어들어와 거대한 비적단체로 변신한 의화단의 잔류부대를 추격·
소탕하기 위해서는 러시아 군대가 압록강을 건너 한국 국경지대로 진출
할 필요가 있다고 줄곧 한국 정부를 위협했을 뿐 아니라 의주 서남방의
압록강 하구河口인 용암포龍巖浦에 손을 뻗쳐 이곳과 안동[6] 간의 전선 가
설과 그 조차租借를 요구했다. 러시아는 그간 한국 정부를 압박해서 취
득한 압록강 연안 삼림 벌채권에 따라 압록강 중상류 지역에서 베어낸
목재를 용암포에서 집적集積할 필요가 있다는 것을 표면적인 구실로 내
세웠으나, 실제로는 이곳에 군사시설을 설치하는 등 이곳을 개항하여 세
력을 뻗치려는 속셈이 분명했다.

이에 대해 일본은 그전부터 러시아의 움직임을 두 가지 점에서 경계해
왔다. 첫째는, 이것이 대한제국을 송두리째 장악·지배하고자 하는 일본
의 목표에 중대한 위협이 된다는 사실이었다. 둘째는, 이것이 만주를 청
국의 영토에서 분할하는 실마리가 될 위험이 있다고 보았다. 이 때문에
일본 가쓰라 다로桂太郎 내각은 국책國策 수립에 부심했다.

한편 일본 군부에서는 러시아와 일전을 다짐하면서 그 준비를 서둘렀
다. 이해 여름 육군성 군무국 군사과장직에 있는 오카 이치노스케岡市之

---

6 현 단동丹東.

助 대좌[7]를 단장으로 하는 비밀사절단이 한국에 와서 한국 정부에 압력을 넣어 서울·평양·신의주 등지의 막대한 토지를 매수하였다. 유사시에 군용지로 쓰기 위해서였다. 또 그는 경기도·황해도·평안도 일대에서 비밀리에 많은 양곡을 사들였다. 이것은 일본 정부가 한국에 군대를 출동시킬 때 군량미의 현지 조달 방침을 세웠기 때문이었다. 한편 작전을 담당한 참모본부 간부들은 장차 한국에 출병할 것을 예상하여 비밀리에 그 정찰여행에 나섰다. 참모본부 작전부장 마츠가와 도시타네松川敏胤 대좌는 부산, 대구, 조령鳥嶺을 거쳐 서울에 이르는 도로를 시찰했고, 총무부장 이구치 쇼고井口省吾 소장은 한반도 서해안을 따라 북상하여 서울까지 정찰하고 돌아갔다. 그때가 9월 상순이었다. 그들은 곧 다무라 이요조田村怡與造 참모차장에게 복명復命했다.

"도로 사정이 아주 나쁩니다. 물자와 야포野砲의 육상 통과가 어렵겠습니다."

본래부터 일본의 군비軍備가 충실하지 않다고 판단하여 대對러시아 작전에 그다지 자신이 없었던 참모차장은 더욱더 러시아와의 결전이 어렵다는 것을 느꼈다. 그런데 이즈음 도쿄에 망명 중이던 동학東學의 최고 지도자 손병희가 천응성千應星을 통해 역시 오사카에 숨어 지내던 조희연과 알게 되어 교분을 쌓고 있었다. 조는 갑오·을미년 사이에 친일 개혁 정부의 군부대신을 지낸 실력자였을 뿐 아니라, 특히 1880년대에는 기기국機器局 위원으로 신형무기 구입의 책임을 맡아 일본에 출장도 자주 갔기 때문에 일본 군부의 간부 중에 아는 사람이 적지 않았다. 손병희는 조에게 참모본부 수뇌들과 비밀리에 접촉할 것을 부탁했다. 이 공작이 효과를 거둬 권동진이 참모본부로 다무라 장군을 찾아갔다. 권동진은

---

7 뒤에 육군대신 역임.

군의 중견 간부로 복무하던 1894년 거문도진 및 청산진 첨사僉使직에 있다가 동학 농민군의 진압에 맹활약하여 그 뒤 육군참령에 승진하고 함안군수도 역임했으나, 개화파 정권에서 경무사로 있던 친형 권형진이 민비 시해사건과 관련된 혐의를 받아 일본으로 망명하자 곧 그 뒤를 따라 일본에 와서 손병희의 가장 신임하는 측근이 된 인물이었다. 특히 그는 명성황후 민비가 일본 군인 및 낭인浪人들에게 무참히 살해된 을미사변 때 궁중을 지키던 시위대 여덟 명 장사의 한 사람으로 지칭되었을 만큼 건장한 체구를 자랑했다. 당시 동아東亞 정세를 관망하면서 동학 재건을 꿈꾸고 있던 손병희는 러·일 간의 무력 충돌이 있을 경우 동학의 국내 잔존세력이 한국에 상륙하는 일본군을 돕겠다고 자청하고 나섰다.

"일본 병사들을 상인으로 변장시켜 몰래 한국의 불통상항不通商港에 잠입시켰다가 우리 도유道儒(동학교도)와 더불어 일제히 일어나 곧바로 경성으로 진격하면 노당露黨을 모두 없앨 수 있소. 노당이 쓰러지면 노세露勢가 반드시 외로워질 것이요. 그 시세를 틈타서 우리 도유 수만 명으로 더불어 일본군과 합력하여 러시아 군대를 격퇴하면 러시아는 반드시 그 머리를 움츠러들게 될 것이니, 동양 평화의 술책術策으로 무엇이 이보다 나으리오!"

이 같은 손병희 측의 제의에 다무라 차장이 대희大喜하였노라고 천도교의 역사서에서는 기술하고 있으나, 그는 이해 10월 1일 갑자기 병사했다. 그러자 고다마 겐타로兒玉源太郎 중장이 후임으로 임명되었다. 이 인사는 당시 일본 조야朝野를 매우 놀라게 했다. 그도 그럴 것이 당시 고다마 중장은 내무대신에 대만 총독을 겸직하고 있던 군부의 실력자로서, 참모차장으로의 전직은 위계상으로 보면 강등이었기 때문이다.

신임 참모차장의 취임을 계기로 참모본부는 돌연 활기를 되찾았고 전쟁 준비에 한층 더 박차를 가하게 되었다. 고다마 중장은 그의 상관인 참모총장 오야마 이와오大山巖 원수에게 러시아와의 전쟁을 촉구했다. 또한 그는 정계 원로들을 찾아다니면서 문제의 해결은 전쟁뿐이라고 설득했다.

이해 11월 상순 일본 육군은 효고현兵庫縣 히메지姬路 한슈우播州 벌판에서 대연습에 들어갔다. 이 훈련을 참관하기 위해서 한국 정부는 육군 무관학교 교장 이학균李學均 참장을 작년에 이어 또다시 일본에 보냈다. 이학균 참장은 2년 전 만주에 주둔 중인 러시아 군대가 평안북도 국경지대로 월경越境하고 있다는 소문을 듣고 이를 직접 확인하기 위해 한국 정부의 정치고문 역할을 하고 있던 젊은 미국인 샌즈W. F. Sands[8]와 함께 의주로 출장하여 한·만 국경선을 따라 설치된 요새에 군대를 파견, 수비를 강화하는 등의 조치를 취한 적이 있던 인물이다. 그는 어느 날 고다마 차장을 방문하여 물었다.

"일러日露 개전의 경우 귀국은 어떻게 작전할 것인가?"

고다마는 거침없이

"일본군은 한국을 경유하여 작전한다. 한국이 이를 허가하느냐 않느냐는 자유다. 그러나 만약 이를 불허한다면 한국군과의 싸움도 사양하지 않겠다."

라고 강경하게 대답했다. 당시 고종 황제의 심복으로 특히 친러파의 핵심 인물로 지목되고 있던 이학균 참장은 사태가 심상치 않은 것을 깨달았다.

이 참장이 귀국할 때쯤 되어 대한제국의 상하는 온갖 유언비어로 들끓고 있었다. 대다수 국민은 일본이 도저히 러시아와 싸울 수 없을 것으로 생각했다. 궁정에서도 친러파는 일본의 개전開戰이 불가능함을 황제

---

8 한국 기록에는 산도山島로 표기됨.

께 상주하면서 제 한 몸의 지위와 안전, 사리私利를 꾀하기에 여념이 없었다.

그전부터 한국 정부는 일관된 외교방침이 없었다. 외부대신이라고 하여도 아무런 외교상의 지식이나 수완을 갖고 있지 못했고 단순히 허수아비에 불과했다. 따라서 외교는 고종 황제 친재親裁의 이른바 궁정외교였다. 궁중에는 각국 공사관 담당자가 정해져 있어서 황제로부터 내명이 떨어지면 그 담당자가 해당 공사관과 교섭하여 결정을 보곤 하였다. 이 담당자들 가운데는 일본계가 가장 많았고 그다음은 미국, 러시아, 청국, 독일, 프랑스 순서였다. 담당자들은 저마다 그 나라 말에 능통했다.

한편 황제 측근의 대관이나 척족인 민씨 혹은 종친宗親인사들이 여러 당파를 만들어 사사건건 황제의 결심을 어지럽혔다. 또한 황제의 개인적 총애를 받는 측근으로 밤낮 구별 없이 대궐 안 내전內殿에 드나들 수 있는 특권을 가진 이른바 별입시別入侍들은 대개 사사로이 뇌물을 받고 인사 청탁을 벌이거나, 아니면 이권을 챙기기 위한 경쟁에 몰두하는 실정이었다. 심지어 환관이나 여관女官(궁녀), 혹은 무당, 점쟁이들이 이른바 술객術客이라는 호칭으로 궁중에 들락거리면서 황제의 총명을 흐려 놓았다.

"이 모某는 일본에 망명 중인 박영효, 유길준과 내통하면서 모반을 꾀하고 있습니다."

"김 모는 의친왕⁹을 추대하여 황위를 찬탈할 야심을 갖고 있습니다."

"박 모는 운현궁 쪽의 인물로서 이준용李埈鎔¹⁰을 옹립하려 하고 있습니다."

"민 모는 친러파로 몇 해 전 독약 사건¹¹과 관련되어 있습니다."

---

9 황태자 이척(뒤에 순종)의 이복동생.
10 황제의 장조카(뒤에 이준 공).
11 러시아어 통역 출신으로 황제의 비상한 총애를 받아 귀족원경·한성부 판윤에 올랐

2. 이토의 1차 내한

그 이듬해 광무 8년(1904) 2월 8일 여순을 기습공격한 일본 해군이 2월 9일 인천 제물포항 밖에 정박하고 있던 러시아 군함을 포격함으로써 한반도에서도 전쟁이 시작되었다. 이로써 한국 궁정은 순식간에 공황상태에 빠졌다. 이용익李容翊을 비롯한 강석호姜錫鎬, 이학균李學均, 이인영李寅榮, 현상건玄尙健 등 친러파의 책동으로 이보다 앞서 이해 1월 21일 청국 산둥반도 치푸芝罘[12]에서 대한제국의 국외중립을 선언한 바 있으나, 일단 전쟁이 터지자 그들은 미국 공사관이나 프랑스 공사관으로 고종 황제의 거처를 옮기자고 떠들어댔다. 그러나 황제는 표면상 경인 지구를 점령한 일본과의 우호 협조정책에 힘썼다.

마침 전쟁이 터지던 바로 그날 황제는 일본 공사 하야시 곤스케林權助를 접견했다. 공사관부 육군무관 이지치 고스케伊地知幸介 소장을 대동한 공사는 황제에게,

"일·러 평화교섭이 단절된 결과, 제국정부는 먼저 러시아의 압박을 받고 있는 한국의 지위를 극복함으로써 동양 전반의 재액災厄을 제거할 필요에서 육병陸兵 2천여 명을 선발대로 한국 연안에 상륙시켰습니다. 일본군은 결코 한국 황실이나 한국민에게 위해危害를 끼치지 않을 것입니다."

라고 얘기했다. 이에 따라 황제는 친일성향이 매우 농후한 법부대신 이지용李址鎔을 외부대신서리로 겸임 발령하여 사태의 진전에 대처했다. 그는 취임 직후인 2월 23일 하야시 공사의 요구에 따라 '시정施政의 개선'에 관해 일본의 '충고'를 듣겠다는 내용의 이른바 한일의정서를 체결했

던 김홍륙金鴻陸이 1898년 고종에게 올린 커피에 독약을 타 넣은 사건.

12　현 옌타이烟臺.

다. 이 의정서 체결의 막후에서 암약暗躍한 것이 이보다 조금 앞서 한국 정부 고문으로 내한한 오미와 조베에大三輪長兵衛였는데, 그는 내면적으로는 한국의 중립선언을 저지하기 위한 일본 외무성의 특사로서 내한한 것이었다. 일본 정부는 이 의정서에 의해 한국에 대한 '보호권'을 어느 정도 획득한 것으로 간주하고 그 뒤 이를 확립하기 위한 구체적인 방안을 마련하고자 부심하게 된다.

이 의정서가 체결된 직후 일본은 한국 황실을 위문한다는 명분을 내세워 사절단을 보냈다. 그 특파대사가 천황의 최고 고문기관인 추밀원樞密院 의장, 후작 이토 히로부미伊藤博文로 일본 정계의 으뜸가는 원로이며 동시에 최고의 실력자였다. 그는 일본 헌법을 만들었으며 1885년 내각제도를 창설한 이래 그동안 네 차례나 총리대신을 역임했다. 그의 명성은 당시 청국의 리훙장李鴻章[13]과 더불어 한국에서도 대단했다.

20세기 초만 하더라도 영웅 숭배가 대단할 때였다. 동양 일류의 정치가를 맞아 한국 국민들은 곳곳에서 그를 환영했다. 3월 17일 이토는 서울에 도착했다. 그다음 날 그는 사절단을 이끌고 황제를 알현謁見했다.

황제로서는 이번이 이토와 초면은 아니었다. 이보다 6년 전인 1898년 여름 이토가 세 번째 총리대신을 사퇴한 직후 한국과 청나라 유람에 나서 8월 25일 서울에 왔을 때 그를 접견한 적이 있었다. 당시 한국 정부는 서울 주재 일본 공사관으로부터 사전에 그의 방문 사실을 통고받았으므로, 궁내부에서는 접대비 명목으로 1만여 원元을 염출하기까지 했다. 이에 따라 진고개[14]에 있는 일본요정인 국취루掬翠樓[15] 등에서 그를 위한 성대한 연회가 몇 차례 베풀어졌다. 당시 만민공동회를 열어 대정부 정치공세를 강화하는 등 한창 기세를 올리고 있던 독립협회 간부들도 이토를 접대했다. 그는 조정 관원에게 경부철도 부설권을 일본에 줄 것을 요구

---

13 1901년 사망.
14 현 중구 저동.
15 옛 파성관巴城館.

하여 긍정적인 답변을 받고는 9월 8일 청국을 향해 떠났다. 당시 청나라에서도 이른바 변법파變法派에 의한 신정新政이 한창 진행 중이었지만, 보수파는 서태후西太后를 중심으로 은밀하게 변법파를 일망타진할 기회를 노리고 있을 때였다. 바야흐로 무술戊戌정변을 눈앞에 둔 숨 막히는 긴장감이 감돌던 9월 14일, 베이징에 도착한 이토에게 변법파의 주요인물인 캉유웨이康有爲 등은 변법을 적극 지지하는 광서제光緖帝(덕종德宗)에게 메이지明治 유신 때의 경험을 이야기해 달라고 요청했다. 그리하여 이토는 9월 20일 광서제를 알현했으나, 바로 그다음 날 정변이 일어나 광서제는 서태후에 의해 유폐되고 말았다.

6년 전의 일은 어쨌든 고종 황제는 20일 단독으로 이토를 인견引見했다. 당년 53세의 황제는 64세의 이토에게,

"들으니 이토 후侯(후작)는 뛰어난 인물이오. 짐에게도 그대와 같은 걸물傑物이 신하로 있었으면 하오."

라고 그를 치켜세웠다. 당시 믿을 만한 걸출한 신하를 갖고 있지 못했던 황제로서는 어쩌면 진심을 토로한 것이었는지도 모른다. 이때 이토는 고종에게 어려운 국면에 처하여 군주권을 상실하게 되면 반드시 위기에 부딪힐 것이므로, 군주권을 잃지 마시라고 진언했던 바 고종은 자기 뜻에 맞는 이야기를 듣자 흡족해진 나머지 이토를 크게 칭찬했다고 한다. 당시 언론계에 종사하던 박은식朴殷植은 10년 뒤에 세상에 내놓은 『한국통사韓國痛史』[16]에서 이에 대해 고종 황제는 조약을 수월하게 체결하려는 일본 측의 모략에 넘어간 것이라고 논평했다.

이토는 10일간 서울에 머무르면서 성대한 환영을 받았다. 그를 위한

---

16 상하이 대동大同편역국, 1915.

연회가 곳곳에서 열렸다. 25일에는 덕수궁[17] 구성헌九成軒에서 황제가 친히 연회를 베풀었다. 그는 그다음 날 일본으로 돌아갔다. 정부는 이른바 위문사慰問使에 대한 답례로서 이토를 뒤쫓아 일본에 사절단을 보냈다. 보빙대사報聘大使로 법부대신 이지용이 갔다. 그는 사명을 마치고 5월 16일 귀환하였는데 뜻밖에 놀라운 정보를 가지고 왔다. 즉 일본에서의 이토와 군벌의 확집確執에 대한 것이었다.

"이토는 원로의 필두에 위치하고 있으나, 지금은 전쟁을 치르는 마당이라서 육군의 권세가 그 어느 때보다도 크다. 야마가타 아리토모山縣有朋 원로, 가쓰라桂 총리대신, 고다마兒玉 참모차장 등 조슈長州 군벌의 힘이 이토를 비롯한 문관세력을 압도하고 있다."

이 정보는 일본에 대한 앞으로의 외교에 중대한 영향을 미치게 되었다. 그로부터 몇 개월이 지나 9월 초에 한국주차군 사령관이 경질되었다. 전쟁 발발과 동시에 부임해 왔던 하라구치·겐세이原口兼濟 소장이 일본인의 황무지 개척권 요구 문제로 야기된 한국민의 반일운동을 제대로 수습·진압하지 못했다는 이유로 밀려나고 하세가와 요시미치長谷川好道 대장이 임명되었다. 그는 당시 근위近衛사단장으로 만주의 전쟁터에 있었는데, 10월 13일 서울에 부임했다.

3. 폭풍이 불어오다

10월 16일 황제는 하세가와 대장으로부터 신임장을 받았다. 황제는 위풍당당한 그의 모습을 보자 그가 믿음직스러운 인물이라고 성급하게

---

17 당시 호칭은 경운궁.

판단했다. 대장은 전쟁이 터진 후 오늘까지의 전황戰況을 아뢴 뒤,

"이후 러시아군은 한 발자국도 한국 땅을 밟지 못할 것입니다. 이번 전쟁은 동양평화를 보지保持하기 위해서 일어난 의군義軍으로서 일본을 위해서뿐만 아니라 폐하의 나라를 위해서도 꼭 승리하지 않으면 안 됩니다. 나아가서는 강호强豪 러시아를 상대로 비상한 위험을 무릅쓰고 원정군을 파견한 우리나라의 한 조각 협기俠氣에 대해서 또한 귀국 스스로를 위해서 지금 이상으로 한층 더 협조를 부탁드리는 바입니다."

라고 말씀드렸다. 이에 대해 황제는,

"진실로 일본 천황의 후의厚意는 감사할 따름이며, 물론 우리나라는 전력을 다해 귀국을 원조할 것이다. 장군은 귀국 폐하께 쏟고 난 여분의 성충誠忠을 가지고 모름지기 짐을 보좌하여 달라."

라고 이야기했다.

황제는 어디까지나 한국 황실의 안태安泰를 보장한다는 이토나 하세가와의 말을 들으면서도, 마음속으로는 러시아의 승리를 바라고 있었다. 무엇보다도 9년 전 일본인들이 자행한 왕비 시해사건의 충격을 아직도 잊을 수 없었다. 황제가 전쟁이 일어나기 직전 러시아와 가까운 미국 공사 앨런에게 부탁하여 미국 아시아함대의 육전대陸戰隊 100명을 궁궐과 미국 공사관 사이의 중간지대에 위치한 중명전重明殿 주위에 주둔시켜 경호 임무를 맡게 한 것도 일본에 대한 경계심 때문이었다. 이 육전대는 뒤에 25명으로 감축된 채 포츠머스 강화조약 때까지 주둔했는데, 그 비용은 황제의 내탕금內帑金으로 충당했다. 또한 극비리에 황제는 프랑스어에 능통한 측근인 현상건·이인영을 통해 러시아의 동맹국인 프랑스 공사관을 매수하였는데, 이것은 일본이 승리할 경우 자신의 피난처로 이

용하기 위해서였다. 더욱이 황제는 전쟁 기간 중 러시아 정보기관의 요원이 되어 한국·청국·러시아 3국 국경지대에서 군사첩보 활동에 종사하고 있는 10여 명 한국인의 동향에 관심을 기울이면서 은근히 큰 성과를 기대하기도 했다. 고종이 경복궁에서 러시아 공사관으로 거처를 옮긴 직후인 1896년 5월 아어俄語학교, 즉 관립 러시아어학교가 설치되어 러시아 포병대위로 극동에서 근무 중 휴직 상태에 있던 비류코프Nikolai Birukoff(1861~1916)가 교관으로 초빙되어 교육에 힘을 쏟았다. 황제는 1902년 말 자신의 등극 40주년을 기념하는 칭경稱慶예식에 러시아 경축사절로 내한한 전 공사 베베르에게 러시아어학교 졸업생 10명을 러시아 군사학교에 입학시켜 주기를 희망한다고 제의했다. 이는 비류코프의 헌책獻策에 따른 것이었음이 분명하다고 짐작된다. 이 황제의 제안은 러시아 군 당국에 받아들여져서 1903년 5월 19일 10명이 유학길에 올랐다.[18]

최근 러시아 국립역사문서보관소에 소장된 러시아 정부 기밀문서를 조사한 최덕규崔悳圭 박사에 의해서 한국인 유학생들이 러일전쟁 기간 중 수행한 첩보 활동의 일부가 밝혀졌다. 이에 의하면 1904년 초 전쟁이 일어나 일본이 경인 지구를 장악하자 러시아 공사 파블로프Alexandre Pavlow는 황급히 서울에서 철수한 뒤 상하이 소재 러·청은행 건물에 정보기관을 설치했는데, 한국인 유학생 10명 중 9명을 뽑아 한국 담당팀을 구성했다는 것이다. 그리하여 이들은 전쟁 기간 중 연해주를 거점으로 세 나라 국경지대에 잠입하여 군사첩보 활동에 종사했다. 이들 외에도 상트페테르부르크대학 한국어과 강사였던 김병옥과 카잔신학교 한국인 유학생 5명도 펑톈奉天의 러시아군 총사령부 통역으로 차출되었고, 고종 황제의 시종으로 있던 육군참령 김인수金仁洙도 함경도 지역에서 첩보 활동에 종사했다. 1909년 3월 주한 일본헌병대 사령부에서 조사, 작

---

18 주한 미국공사 앨런의 *A chronological index; some of the chief events in the foreign intercourse of Korea from the beginning of the Christian era to the twentieth century*, 증보판, 1903; *Korea; fact and fancy*, 1904에 수록됨.

성한 한국 주요 인물들의 동정에 대한 기밀문서에 의하면, 이근택이 러일전쟁 기간 중 러시아와 은밀히 친선을 강화할 방책을 강구한 끝에 김인수를 러시아에 부임하게 조처했다고 한다.[19] 『대한계년사』에 의하면, 김인수는 러시아 국적을 갖고 있었으며 같은 처지였던 중추원 참서관 양종언梁宗彦, 그리고 김락훈金洛勳과 함께 1904년 2월 16일 파블로프 공사를 따라 인천항에서 프랑스 군함을 타고 출국했다. 당시 상하이에 망명 중이던 전 궁내부 광무국장 겸 예식원 번역과장이었던 황제의 심복 현상건이 궁중과 러시아 정보기관 사이의 연락망을 장악했다. 그는 육군참령 계급장을 갖고 있었다. 역시 일본 헌병대 기밀문서의 현상건 항목을 보면, 한국 정부가 러시아에 유학생을 보낼 때 현상건의 '악사惡事'가 많았다는 세평이 있다고 한 것[20]으로 미루어 1903년 5월 러시아에 유학생 10명을 파견할 때부터 그가 깊숙이 관련했음을 알 수 있다. 황제는 러일전쟁이 일어난 2개월 뒤인 1904년 4월 중순 덕수궁에서 일어난 대규모 화재사건이 바로 자신의 목숨을 노린 일본 측의 계획적인 방화가 아닐까 의심하고 이 상하이 소재 정보기관을 통해 연해주 블라디보스토크로 망명할 계획까지 은밀하게 추진했다고 한다. 그러나 러시아의 관계 당국이 한·일 간에 을사조약이 체결된 1905년 11월경 상하이 정보기관을 폐쇄하여 더 이상의 활동은 없었다. 어찌되었든 전쟁기간 중에 황제는 어디까지나 겉으로는 일본에 호의를 보였다.

그 이듬해 광무 9년(1905) 1월 일본군이 많은 희생을 치른 끝에 마침내 뤼순旅順 요새를 함락시키자 황제는 그곳에 위문사를 파견했다. 이어 3월 10일 일본군이 펑톈奉天[21]을 함락시키자 종친인 의양군 이재각義陽君 李載覺을 축첩대사祝捷大使로 하고 수원隨員으로 심상훈沈相薰, 민영철閔泳

---

19 최영희, 「주한일본공사관기록 수록 '한말 관인의 경력일반'」, 『사학연구』 21호, 1969, 399쪽.
20 최영희, 위의 글, 414쪽.
21 현 셴양瀋陽.

喆, 박용화朴鏞和, 이근상李根湘 등 거물 정객을 딸려 일본에 보냈다. 이에 대해 일본은 5월 25일 남대문 정차장 구내광장에서 거행할 예정인 경부철도 개통식에 맞춰 후시미노미야 히로야스왕伏見宮博恭王을 답례사로 한국에 보내왔다. 그는 해군소좌로 연합함대 기함인 미카사三笠의 분대장으로 출전했다가 지난해 8월 황해 해전에서 부상을 당해, 당시 황족의 부상이라고 크게 선전된 인물이었다. 당시 조정은 일본 황족의 방문을 환영하는 취지에서 서울 중심가의 일부를 수리하기도 했다.[22]

이해 8월 미국 대통령 시어도어 루스벨트의 주선으로 뉴햄프셔주州 포츠머스항港에서 러시아와 일본 사이에 강화회담이 시작되자 한국 정부는 갑자기 꿈에서 깨어난 듯했다. 정부는 곧 파리 주재 민영찬閔泳瓚 공사에게 회담의 내용을 재빨리 탐지하여 보고하라는 비밀훈령을 내렸다. 동시에 미국, 독일 공사관 쪽에도 협상의 주제와 진행과정을 알아보았으나 진상을 제대로 파악할 수가 없었다. 다만 미국 신임공사 모건Edwin V. Morgan만이,

"강화조건의 전부를 알 수 없다. 또한 귀국으로서도 모두 다 알 필요는 없으나 일본이 귀국에 대하여 어느 정도의 우월권을 획득한 것만은 사실이다. 그러나 한국의 주권에 변동을 가져올 만한 일은 절대로 없을 것이다. 한국이 자주를 유지하느냐 못하느냐는 금후의 내치內治 성공여부에 달려 있다."

라고 하였다.

그 후 민 공사는 그의 실형實兄인 시종무관장 민영환에게 미국 신문에 새어나온 강화조건의 내용에 대해 장문의 암호 전보로 알렸다. 민영환은 전에 전권대사로 러시아를 비롯한 세계 각국을 순방하면서 국제정치의

---

22 『윤치호 영문일기』, 1905년 6월 2일 자.

냉혹함을 몸소 체득한 사람이었다. 그는 일찍부터 러일전쟁의 결과가 조국의 운명을 결정할 것으로 내다보고 있던 터였다. 그러나 동생이 알려준 강화조약의 내용은 바로 그가 예상했던 최악의 것이었다.

"일본제국 정부가 한국에서 필요하다고 인정하는 지도·보호 및 감리監理의 조치를 취한다(To take the measures of guidance, protection and control)."

일본에 의한 이른바 보호정치의 근간이 된 유명한 이 조항은 당시 일본 외무성 법률 고문으로 25년간 재임하고 있던 미국인 데니슨Henry W. Denison이 기안起案한 것으로 알려져 있다. 그는 루스벨트 대통령에게서 "그대는 미국인이냐, 아니면 일본인이냐?"라고 질문을 받을 정도로 골수 친일 분자였다.[23] 일본 측은 영문으로 표기된 control을 '감리'라고 번역했는데, 실제로 매우 다양한 의미를 함축하고 있으며, '통제' 혹은 '지배'의 의미로 사용하는 것이 일반적이라고 할 수 있다. 다시 말해 일본인 통감에 의한 한국 보호정치의 실제 내용이 한국에 대한 통제 내지 지배임을 암시하는 소름 끼치는 구절인 것이다.

4. 민영환閔泳煥의 열성도 통하지 않다

이즈음 어담 부령[24]은 시종무관으로 전직되어 민영환 부장副將[25] 아래서 일하고 있었다. 그는 이해(1905) 9월 어느 날 민영환 시종무관장이 황급히 참내參內하여 전보를 황제에게 내보이고 뭔가 밀의密議한 것을 알아

---

23 1914년 7월 도쿄에서 69세로 사망.
24 오늘날의 중령에 상당하지만 그 실제 비중은 훨씬 큼.
25 군 최고위계급.

차렸다. 시종무관장은 그 뒤에도 연일 황제를 배알하면서 사태수습책을 건의했다.

"이 강화조약이 비준되기 전에 각국에 대사를 보내어 일본이 청일, 러일 전쟁을 일으켜 한국의 안태安泰를 꾀해준 데 대하여 사의를 표함과 동시에 한국의 주권에 이상이 없도록 구미 각국의 보장을 받는 것이 최선책입니다. 신이 몸소 이를 맡겠습니다."

황제도 이를 가납嘉納하여 일본에는 축첩대사를 보내기로 하고, 유럽에는 민영환을 파견하기로 했다. 그런데 이미 궁중에 비선秘線 첩보망을 구축해 놓았던 일본 공사 하야시에게 이 기밀이 새어나가는 바람에 하야시는 곧 참내하여 황제에게 단독 배알을 요청하고 사실 여부를 확인하려 했다. 그러나 황제는 일언지하에 그 같은 사실을 부인했다. 그러자 공사는 황제에게,

"그렇다면 저도 안심하겠습니다. 지금 한국은 일본군의 점령 지대이므로 만약 그 같은 일이 발생한다면 단순한 외교 문제로만 끝나지 않습니다. 즉 군율軍律에 의하여 엄중한 처단을 받지 않으면 안 될 것입니다. 그러하오니 앞으로 세심한 주의를 하셔야 합니다."

라고 무례하기 짝이 없는 위협조의 말을 늘어놓았다.

그날 저녁 민영환이 황제의 부름을 받고 어전으로 달려갔다. 어담은 시종무관실에서 그가 나오기를 기다리고 있었다. 그런데 몇 시간 만에 돌아온 그의 얼굴에는 불만의 빛이 역력했다. 어담은 하야시 공사의 항의 때문인가 싶어 그에게 조용히 물었다.

"각하! 오늘 어전에서 무슨 언짢은 일이 있었습니까?"

그러자 민영환은 씹어뱉듯이,

"만사휴의萬事休矣로다. 지금으로서는 어떤 말도 할 수 없다."

라고 하면서 긴 탄식을 했다. 잠시 후 민영환은 다음과 같은 비통한 말을 남기면서 초연히 시종무관장실을 떠났다.

"국가가 긴급한 때에는 비상한 일을 행하지 않으면 비상한 결과를 얻을 수 없다. 비상한 일을 하는 데는 비상한 인간을 필요로 한다. 애석하게도 오늘날 한국에는 그런 인물이 없다."

그다음 날 어담이 어떤 내관內官(환관)을 만나 어제 민영환에게 일어난 일을 묻자, 그 내관은 다음과 같이 대답하는 것이었다.

"어떤 일인지는 모르겠으나 폐하의 진노는 매우 컸습니다. 밖에서 들으니 문답 중 '국가의 존망은 네가 알 바 아니라'고, 평소에는 없던 폐하의 커다란 노성怒聲이 들렸습니다. 그러자 시종무관장께서 울면서 무엇인가 말씀드린 모양인데 그것이 어떤 내용인지 잘 알아듣지 못했지요. 무관장께서 나간 후 폐하께서 '짐이 만기萬機를 친재親裁하기 때문에 나라를 잘못 이끌어간다니, 그래서 대권을 내각대신에게 맡겨야 한다니, 무슨 폭언인가? 정말 무례한 놈이야!'라고 혼자서 말씀하시는 것 외에는 뭐가 뭔지 저희들도 전혀 알아듣지 못했습니다."

후일 어담이 다른 데서 들은 바에 의하면, 민영환은 대일외교를 황제 혼자서 떠맡게 되면 점점 황제 자신을 궁지에 빠뜨리게 될 뿐만 아니라 국책으로서도 결코 유리한 것이 못 되니, 의정부 대신 책임하에 그 결정을 맡기는 것이 어떻겠냐고 말씀드렸던바, 황제의 양해를 얻지 못했을 뿐만 아니라 도리어 황제의 큰 역정을 사게 된 것이라 한다.

그 후 민영환은 당면한 국난을 막기 위해서 동지를 모아 서대문 밖에 있는 별저別邸에서 연일 대책을 강구하였다. 그러자 이 사실이 황제의 귀에 들어가게 되고, 다시 여기에 민영환의 운동을 저지하려는 이근택, 이지용 등 친일 대신들의 모함도 작용하여 민영환은 급기야 모반을 꾀하고 있다는 의심마저 받게 되었다.

이에 따라 황제의 그에 대한 신임도 마침내 땅에 떨어져 그의 배알 신청은 불허되기에 이르렀다. 양자로 입적하여 민비의 친정 오라비가 된 민승호의 조카로, 부친 민겸호가 임오군란 때 살해당한 연고로 20대에 판서를 역임한 뒤 45세에 이를 때까지 정부 수반인 참정대신을 비롯하여 각종 요직을 두루 거친 민영환은 이 중대한 사태의 국면에서 황제한테 버림받은 것이다.

이처럼 황제는 민영환과 원로대신 조병세趙秉世를 중심으로 한 일부 애국적인 인사와 하야시 공사를 싸고도는 이지용 등 친일적인 인사의 틈바구니에서 끝내 헤어나지 못한 채 사실상 고립무원의 처지를 자초하고 말았다.

5. '보호'조약 체결의 강행

이즈음 일본 정부는 포츠머스 강화講和조약의 규정에 따라 한국에 이른바 보호권을 확립시키기 위한 만반의 준비를 서둘렀다. 마침내 이해 10월 27일 가쓰라 내각은 각의閣議에서 한국보호권 확립·실행에 관한 결정을 통과시켰다. 이는 당일로 천황의 재가를 받았는데, 그 실행의 시기를 11월 초순으로 잡고 있었다.

11월 9일 이토 후작은 겉으로는 한국 황실을 위문하기 위한 천황의 특파대사로서 서울에 왔다. 한국 국민들은 20개월 전과 마찬가지로 그가 극동의 평화를 지켜줄 사자使者로 믿고 환영했다.

이토는 서울에 도착한 다음 날 일본 천황의 친서를 황제에게 봉정奉呈했다. 이 친서, 이른바 신한宸翰의 요지는 이번 러시아를 상대로 한 전쟁에서 일본이 승리함으로써 동아전국東亞全局의 평화가 회복되었으며, 이에 따라 앞으로 한·일 양국 간의 '결합'을 한층 더 공고히 하는 것이 긴요해졌다는 다분히 의례적인 내용이었다. 여기서 양국의 '결합'이라는 구절이 심상치 않은 함의를 내포하고 있었다. 이토는 황제에게 강화조약 성립 후의 한일관계 윤곽에 대해 이야기하고는 가까운 시일 내에 접견할 기회를 달라고 하면서 일단 퇴궐했다.

이어 15일 그는 다시 황제를 알현, 통역 두 사람을 제외한 나머지 사람들을 물리치고 일본 정부의 요구사항을 정식으로 제출했다. 그 골자는 한국의 외교권을 일본에 넘겨주며 이를 위해 일본 정부의 대표자로서 통감統監을 한국 황제의 궐하闕下에 둔다는 것이었다. 황제는 이토가 내민 이른바 협약안을 훑어본 뒤,

"짐이 경을 두텁게 신임한 것은 본국 신하 이상으로서, 항상 권권眷眷의 염念을 억제하기 어려웠다. 그런데 이제 경이 말한 것처럼 일본에 외교를 위임하여 외교의 일체 형식을 없애버린다면 한일관계는 마치 오스트리아와 헝가리의 그것과 같게 되고, 어쩌면 한국의 상태는 완연宛然하게 아프리카의 일추족─酋族처럼 될까 두렵다."

라고 말했다. 그러자 이토는,

"오스트리아와 헝가리 이중二重왕국의 경우는, 오스트리아의 황제가 헝가리의 국가원수元首를 겸하는 형태이지만, 한국에 있어서는 종전과 마찬가지로 한국 황제께 통치권이 있습니다. 그러니까 앞으로도 폐하께서 통치의 대권을 행사하시게 됩니다. 몇백 년 계속되어 온 정부가 존속하는 한국

을 어찌 아프리카의 일개 추장국가와 비교하시는 것입니까?"

라고 응수했다. 국가의 고유한 기능으로 독립국가임을 표상表象하는 외교권을 박탈당하는 점에서는 한국과 헝가리가 다를 바가 없는데도 이토는 뻔뻔하게 둘러댔다. 오늘날 몬테비데오협약에서 국가의 조건을 영토·국민·정부조직 외에 외교주권을 포함한 4대 요소를 충족시켜야 한다고 규정한 것은 때늦은 감이 없지 않다. 그러나 황제는 끝까지 한국이 외교상의 형식을 갖추고 있어야 한다고 의견을 굽히지 않았다.

"짐은 협약안의 구구한 내용에 대해서는 따지지 않겠으나, 다만 외교상의 형식만이라도 남겨둔다면 그것으로 만족할 것이다. 경에게 바라거니와 이 뜻을 경의 황제와 정부에 알려서 다소간이라도 변통變通을 보기에 이르기를 간절히 바라노라."

"외신外臣은 폐하의 요청에 응할 수 없습니다. 이번 제안은 본국 정부에서 신중하게 고려하고 숙려熟慮한 끝에 나온 확정된 의견으로, 폐하께서 희망하시는 것과 같은 변통은 받아들일 여지가 없습니다."

"짐은 경의 이야기를 듣고 석연釋然해짐을 얻었다. 다만 사안이 워낙 중대한 까닭에 짐이 지금 당장 이를 결재할 수가 없다. 청하건대 이를 짐이 먼저 보필輔弼하는 신료들에게 자문을 구하고, 또한 널리 백성의 의향을 확인한 다음 허가하고자 하노라."

"폐하께서 보필하는 신료들의 얘기를 듣고 싶어 하시는 것은 이치로 따져볼 때 당연합니다. 다만 일반 인민의 의향을 확인하고 싶다는 것은 저로서는 그 까닭을 이해하기 어렵습니다. 대한제국은 입헌정체立憲政體가 아니라 모든 권한이 폐하의 친재親裁에 속하는 전제군주국입니다. 그런 까닭으로 일반 인민의 의향을 확인한다는 것은 기이한 느낌이 들지 않을 수 없습니다. 헤아려 보건대 이는 인민을 선동하여 제국정부(일본)의 제안에 반항하려는 뜻인 듯합니다. 만약 폐하의 조치로 헛되이 민심을 격동시켜 나라 안팎에 소요와 동란을 일으키시려 한다면 그 책임은 전적으로 폐하께 돌아갈 것입니다."

이 회의는 네 시간을 끌었다. 황제는 현직 대신이나 원로 중신 기타 백성의 의견을 물은 다음 결정하겠노라고 버티었다. 하지만 일본 측의 요구를 더 이상 배척하기 어려움을 느끼고 박제순 외부대신에게 명하여 타협의 길을 강구하겠다고 약속했다.

이에 이토는 그다음 날 오후 3시 대신들을 일본 공사관에 불러 협약안을 설명했다. 외부대신만은 일본 공사와 협의한다는 명목으로 참석하지 않았다. 이 역시 대신들의 반대로 밤늦게까지 논란을 벌였으나 끝내 아무런 성과를 거두지 못했다. 하야시 공사는 17일 오후 2시 공사관에 대신들을 초청하여 협의를 계속했다. 하지만 이번에도 결말을 보지 못하자, 공사는 곧이어 어전에서 각의를 계속하자고 대신들을 위협했다.

당시 고종이 거처하고 있던 전각은 경운궁[26] 내 수옥헌漱玉軒 지역에 있는 중명전重明殿이었다. 이 건물은 1896년 궁궐 담장 밖에 궁중 도서관으로 지은 육중한 서양식 건물이었는데, 1904년 4월 14일 밤에 함녕전 咸寧殿에서 갑자기 큰불이 일어나 여러 전각으로 번진 대형 화재사건이 있은 뒤로부터 고종은 이곳을 거소로 삼고 있었다. 바로 여기서 어전회의가 진행되는 동안 일본군은 대궐 주변에서 줄곧 그들의 힘을 과시했다. 그들은 한국주둔군 전 병력을 동원하여 시내를 누비게 했고, 또 궁궐이 마주 보이는 곳에 야포野砲를 끌어내 놓는가 하면, 완전무장한 병사들이 시위를 벌이도록 했다. 그러나 어전회의 결과도 협약안 거절로

26 1907년 8월 하순 순종이 즉위하면서 덕수궁이라 개명함.

낙착되고 있었다. 하야시 공사의 회고록『나의 70년을 회고한다』에 의하면, 그는 이때 황제가 궁내부대신 이재극李載克을 이토가 머물고 있는 덕수궁 옆 손탁孫澤호텔로 보내어 지금 어전에서 협의하고 있는 문제를 2~3일 연기하려 한다는 소식을 들었다고 하였다. 이에 하야시는 이때야말로 바로 결말을 지을 기회라고 결심하여 곧 공사관 서기관 시데하라 기주로幣原喜重郎[27]를 이토에게 보내어 급히 와달라고 요청했다는 것이다.

이토는 함께 저녁 식사를 하고 있던 하세가와 대장을 대동하여 헌병대장 고야마 미쓰미小山三己 대좌가 직접 진두지휘하는 기마헌병의 호위하에 대궐에 도착했다. 일본군은 중명전 주위를 겹겹이 에워싸서 공포스러운 분위기를 연출했다. 그는 황제를 알현하겠다고 요청했다. 그러나 황제는 목이 아파 몹시 불편하다는 구실로 이를 거절했다. 그러자 이토는 어전에 나타나 다시금 알현을 요청했다. 이에 황제는 "조정의 대신들과 협상 숙의熟議하라"고 역시 그와의 직접 대화를 거절했다.

사태가 이에 이르자 이토는 일단 물러나와 기다리던 한국 대신들에게 "황제께서 그대들이 나와 함께 협의하라는 어명이시니, 이제 타협을 보자"고 협박했다. 이토가 지켜보는 가운데 각의가 열렸으나, 내각의 수반인 참정대신 한규설韓圭卨이 앞장서서 조약체결의 불가함을 주장했다. 이에 이토는 대신 한 사람씩을 상대로 찬성 여부를 물었다. 이 같은 추궁에 학부대신 이완용 등이 넘어가기 시작했다. 박은식의『한국통사』에 의하면 한규설은 사태가 긴박하게 돌아감을 깨닫고 급히 어전으로 가기 위해 회의장 밖으로 나오자 하야시 공사가 수족처럼 부리는 통역관 시오카와 이치타로鹽川一太郎 등 몇 명이 달려들었다. 시오카와는 한 대신의 왼팔을 잡고 일본 헌병 5명이 위협하면서 그를 휴게실 서쪽의 작은 방으로 끌고 가 헌병대장과 장교 한 명이 감시했다고 한다. 한편『매천야록』에 의하면 이때 한 대신이 초조한 나머지 착각하여 궁녀들의 방으로 잘못 들어갔다가

---

27 제2차 세계대전 직후 총리대신 역임.

몸을 돌이키자 일본 공사관의 제2인자인 1등서기관 하기와라 슈이치萩原守一가 거느린 일본 헌병 몇 명이 달려들어 한 대신을 붙잡고 곁방으로 끌고 갔다고 한다. 그것은 어찌 되었든 일본군 장교와 병사들이 그의 주위를 감시하고 있을 때 이토가 이곳으로 들어와 그를 위협하고 유혹했다.

"이 일은 동아東亞의 대국大局을 유지하려는 것인데 공은 어찌하여 오해하는가?"

그러자 한규설은 이에 결연히 맞섰다.

"내 한 몸 이미 순국殉國하기로 작정했는데, 무슨 말이 더 필요하겠는가?"
"이제 본 협약을 받아들인다는 황제의 칙령이 내렸는데, 그대는 어찌하여 반대하는 것인가?"
"나라는 제왕 한 사람의 것이 아니다. 사직社稷이 중요할 뿐 임금은 오히려 가벼운 것이다. 우리 황제 폐하께서 나를 죽일 권리는 있으나, 내 뜻을 꺾을 권리는 없다. 비록 칙령이 있더라도 단연코 받아들일 수 없다."
"그렇다면 그대는 실로 불충不忠한 신하로다."

한 대신은 『손자孫子』나 『사기史記』에 군중軍中에서는 장수의 명령은 들어도 천자(황제)의 조詔는 받들지 않는 경우가 있다는 용병用兵작전에 관한 불문율不文律을 들어 이토에게 응수한 듯하다. 그는 갑신정변 때 개화파의 자객에 의해 암살당한 친위군의 주력부대인 전영前營의 최고 지휘관이었던 형 한규직의 후광을 입어 군대에서 출세의 가도를 달려온 인물이었다. 그는 사납기 짝이 없으나 인간적인 스케일은 매우 컸다는 평을 듣던 형에 비한다면 무인답지 않은 유연한 인품의 소유자였다. 실제로 그는 지난 10여 년간 의정부 각부 대신을 역임하면서 문과 출신 동료 대신들과 별다른 마찰 없이 비교적 온건한 노선을 취해 왔다. 그러한 그가

222

보호조약 체결 때는 이처럼 강경한 태도를 견지했다.

이토는 곧바로 궁내부대신 이재극에게 한 대신이 황제의 명령을 받을 수 없다고 하는 불충을 저질렀으므로 면직 처벌을 하도록 상주上奏할 것을 강요했다. 결국 한 대신은 황제 처소의 지척에서 여관女官의 방문을 열고 입실하는 등의 실태失態를 보였다는 모호한 사유로 참정대신직에서 면관되고 3년 귀양형에 처해졌다. 다만 사태가 수습되자 그는 사면되었다.

이처럼 이토는 한규설 대신을 중명전의 한 방에 연금한 가운데 의정부 대신들을 상대로 사정없이 다그쳤다. 결국 이토의 압박에 견디지 못한 대신들은 차츰 동요하기 시작했고, 조약체결의 한국 측 책임자인 외부대신 박제순은 황제의 재가裁可가 내린다면 어찌할 도리가 없다고 후퇴하고 말았다. 한편 일본인 사건 관계자들의 회고담을 토대로 정리한 예비역 육군소장·자작 니시요쓰쓰지 긴타카의 고본稿本인 『한말 외교비화秘話』(1930)에 의하면 이토는 조약타결의 막바지 고비에서 우물쭈물하는 대신들이 들으라고 "너무 억지 수작을 부리면 죽여 버리겠다"며 뇌까렸다고 한다. 그리고 어떤 대신이 한규설의 행방에 대해 의혹을 품은 듯한 표정을 짓자, 그를 "죽인 것 같다"고 시치미를 떼는 바람에 회담 장소는 한순간 공포 분위기로 바뀌어 협약 조인이 금세 끝나버렸다는 것이다.[28]

이토는 23세 때인 1863년 초(음력 1862년 12월 21일) 메이지 유신을 눈앞에 둔 질풍노도의 시절에 존왕양이파의 입장에서 타도 대상인 도쿠가와德川막부 측에 황실고사故事에 대해 자문을 했다는 이유로 이름난 국학자 집안 출신의 하나와 지로塙次郎를 '국적國賊!'이라 소리치며 달려들어 암살한 경력이 있다.[29] 그런 만큼 세월이 많이 흘러 아주 원숙해졌다고는 하지만, 조약체결 강행이란 다급한 정황에 몰리자 이같이 노골적인 공

28 운노 후쿠주海野福壽, 『한국병합』 도쿄: 이와나미신쇼岩波新書, 1995; 요시노 마코토吉野誠, 『동아시아사 속의 일본과 조선』 도쿄: 아카시쇼텐明石書店, 2004; 한철호 국역, 같은 이름의 책, 책과 함께, 2005, 287~290쪽.
29 바바 쓰네고馬場恒吾, 『이토 히로부미伊藤博文』 도쿄: 초분각쿠潮文閣, 1942, 27쪽.

갈수법을 써먹은 듯하다.

마침내 18일 새벽 1시 반경 이토의 위협에 시달리던 대신들은 굴복하고 말았다. 한·일 양측은 협약안에 약간의 자구字句 수정을 거친 뒤 양국을 대표하여 박제순 외부대신과 하야시 일본 공사가 서명했다. 이렇게 하여 제2차 한·일 협약, 즉 을사보호조약은 체결되었다. 다만 일자는 17일로 했다. 왜냐하면 바로 이날은 일본의 고무라 주타로小村壽太郎 특사가 베이징에서 청나라 정계 최대의 실력자인 경친왕慶親王 혁광奕劻을 상대로 만주의 권익에 관한 일·청조약 체결을 위한 협의를 시작한 날이기 때문이었다.

6. 이토 통감에 육군은 반대

고종 황제는 이른바 보호조약 체결과정에서 이토가 보여준 강압적인 수법에 완전히 감정이 상해버렸다. 그에 대한 지난날의 신망은 원성으로 일변했다. 다만 황제는 조약 그 자체에 대해서는 국민들이나 우국지사들과는 달리 그처럼 불만으로 생각하지는 않았다고 시종무관 어담은 회상하고 있다. 그는 회고록에서 다음과 같이 쓰고 있다.

"오직 한 사람, 황제만은 이 보호조약을 그토록 불만으로 여기지 않았다. 이것은 측근의 신임 두터운 자만이 아는 바로서 황족, 각원閣員이라도 생각하지 못한 점이었다. 물론 이를 표면에 나타내지는 않았다. 왜 황제가 이를 불만으로 여기지 않았는가 하면, 과거 한국은 청국의 속국으로서 최근 일청전쟁 전까지는 어떤 것이나 청국의 지배 간섭을 받았는데, 이번 보호조약은 그 청국에 대신하여 일본으로 바꾸어진 데 불과했기 때문이다. 외교권만 일본에 내준 것을 불행 중 다행이라고 생각했다. 그리고 그 대상代償이 적은 것을 오히려 축복했다. 바꿔 말하면, 한국의 장래는 이 보호조약에 의해서 보장받은 것과 마찬가지라고 생각했다. 따라서 그 때문에 받은 다소의 굴욕은 이미 어쩔 수 없는 것이라고 생각한 것이 폐하의 진의이다."

이 어담의 관찰이 어느 정도 진상을 꿰뚫은 것인지는 알 길이 없으나, 어쩌면 고종 황제는 조약체결 타결 과정에서 원안原案에 없던 제5조항이 추가되어 "일본 정부는 한국 황실의 안녕과 존엄을 유지할 것을 보증한다"고 한 것에 적이 마음을 놓았는지 모른다. 그러나 고종 황제가 이즈음 이토와 일본 군부에 대해서 전적으로 그릇된 판단을 내리고 있었던 것만은 확실하다. 당시 육군은 전승의 여세를 몰아 한국과 만주정책에 있어서 무단적인 급진정책으로 나가려 했다. 이에 대해 비교적 온건하게 국제협조를 중시하는 외교운영을 주장한 것이 이토를 정상으로 하는 문관들이었다. 그런데도 황제는 이토를 견제하려는 속셈에서 일본 군부를 이용하려고 했다. 어담은 이 위험천만한 모험의 내막을 회고록에 쓰고 있는 것이다.

이토는 보호조약 체결 후 귀국하여 천황에게 복명復命했다. 그는 조약에 규정된 한국 통감이 되기를 희망하고 있었다. 그러나 이미 총리대신을 두 차례나 지낸 참모총장 야마가타 아리토모山縣有朋 원수를 위시한 육군의 거두들은 승천昇天하는 육군의 위력을 배경으로 한국 통감은 반드시 육군에서 나와야 한다고 주장했다. 군부에서는 이번 전쟁기간 중 만주군 총참모장으로 사실상 전군 지휘의 실권을 장악했던 고다마兒玉 대장을 적임자로 내세우고 있었다. 그에게 유리했던 것은 그가 지난 7년 동안 대만 총독직을 겸임하여 외지外地통치 경험이 있다는 사실이었다.

게다가 고다마 대장은 육군을 지배하고 있는 조슈 군벌의 기린아로서 야마가타 원수의 직계였다. 그는 일종의 모장謀將이라 할 수 있는 인물로, 군정가 혹은 정치가로서 그 식견과 실력을 인정받고 있었다. 그는 1898년 이래 대만 총독의 자리에 있으면서 동시에 제4차 이토 내각의 육군대신, 가쓰라 제1차 내각의 내무대신, 문부대신을 한때 겸직하기도 했다. 그러던 중 러일전쟁 직전에 참모차장으로 전직되었다가,[30] 전쟁이 터지자 참모총장직에서 만주군 총사령관이 된 오야마 이와오大山巖 원수 아래서 총참모장으로 재직했다. 하지만 일단 전쟁이 끝나자 그는 1905년 12월 중순 다시 본래의 참모본부 차장 자리로 되돌아왔다.[31]

그러나 이토는 당시 뤼순旅順에 설치된 관동關東총독부[32]의 총독이 육군 출신의 오시마 요시마사大島義昌 대장이라는 사실을 들어 이제 한국 통감까지 육군이 차지해 버린다면 너무나 편파적이라고 이에 맞섰다. 그는 이 점에서 육군과 사이가 나쁜 해군의 시기심을 이용했다. 본래 이토는 야마가타 원수와 같은 조슈 출신의 유신維新동지였으며 동시에 총리직과 추밀원 의장직을 주거니 받거니 했던 원로이자 막역한 친구 사이였다. 따라서 육군이 마침내 양보했다. 야마가타의 생각으로서는 한국에 어차피 하세가와 대장이라는 호장豪將이 버티고 있는 이상 이토가 통감이 되더라도 마음대로 못할 것이며, 또 고다마 대장에게는 참모총장 자리를 맡기는 것이 바람직하다고 판단했다. 실제로 고다마 대장은 1906년 4월 야마가타의 뒤를 이어 참모총장이 되었다.

이토는 통감에 내정되자 메이지 천황에게 원수 칭호를 달라고 간청했다. 그는 만약 이것이 부여되지 않는다면 통감의 임무를 수행하기 어렵다고 간곡히 주청했다. 이것은 물론 하세가와 대장을 의식했기 때문이다. 문관인 통감이 그에게 명령을 내리기 위해서는 원수 칭호가 필요했던 것이다. 그러나 문관에게 군대지휘권을 이양移讓하는 것은 전례 없는 일이라 하여 육군은 강경하게 반대했다. 결국 이토는 자기 후임으로 추밀원 의장에 취임할 예정인 야마가타 원수를 설득하여 천황으로부터 어패용 군도御牌用軍刀를 받는 것으로서 군대지휘권을 승인받았다.

---

30 대만 총독직은 겸직.
31 규정상 대장 계급으로 차장직을 맡을 수 없으므로 차장 '사무취급'이라는 단서를 붙였음. 한편 대만 총독직은 여전히 겸임.
32 뒤에 도독부라 개칭.

이 같은 우여곡절을 거쳐 이해 12월 21일 이토는 정식으로 한국 통감에 임명되었다. 동시에 발표된 통감부 관제 제4조에는 "통감은 한국의 안녕질서를 보지保持할 필요가 있다고 인정할 때는 한국주차군 사령관에 대해서 병력 사용을 명할 수 있다"고 규정하였다. 더욱이 천황은 1906년 1월 14일 육군대신과 참모총장에게 각각 칙어勅語를 내려 한국 통감에게는 일본수비군을 사용할 권한을 부여했으므로, 용병用兵의 계획에 차질이 발생하지 않도록 해야 한다고 명령함으로써 이토에 대한 크나큰 신임을 표시했다. 실로 이토의 놀라운 성공이었다. 그는 러일전쟁 기간 중 대본영大本營 육군부 막료장을 지낸 무라타 아쓰시村田惇 소장[33]을 통감 무관으로 거느리게 되었다.

7. 의친왕의 환국문제

그 이듬해 광무 10년(1906) 2월 1일 통감부가 광화문 앞 전 외부청사 자리에 설치되었다. 하지만 이토는 아직 도쿄에 있었다. 그는 무엇보다도 최근 극도로 사이가 나빠진 고종 황제를 견제하고 위협할 수 있는 비책을 강구하고 있었다. 마침내 그는 의친왕의 존재를 생각해내고 그를 이용하려 했다.

의친왕 이강李堈은 고종 황제의 둘째 아들로 장귀인張貴人 소생이었다. 그러나 어려서부터 민비의 질시를 받았던 그는 청일전쟁 때 일본에 보빙대사로 파견된 이래 계속 귀국이 불허되고 있는 불우한 처지였다. 민비가 죽은 뒤에는 1897년 영친왕 이은李垠을 낳은 엄귀비嚴貴妃가 그의 귀국을 방해했다. 그것은 의친왕보다 꼭 20세가 어린 영친왕으로 하여금 소생이

---

33 뒤에 중장으로 승진.

있을 것 같지 않은 황태자[34]의 뒤를 잇게 하려는 야심 때문이었다.

이 때문에 의친왕은 특파대사라는 허울 좋은 직명을 띠고 구미 각국을 방황해야만 했다. 그러다가 그는 미국에 정착하여 버지니아주 세일럼에 있는 로노크대학에 청강생으로 입학했다. 엄귀비는 그에게서 줄곧 감시의 눈을 떼지 않았다. 그는 육영공원 출신인 미국 주재 한국 공사관 서기관 신태무申泰茂에게 의친왕의 행동을 황제께 나쁘게 보고하도록 밀령密令을 내렸다. 따라서 황제는 내내 의친왕이 게으르고, 학업에 관심이 없으며, 심지어 미국 학생들에게 구타를 당하고 있다는 허위보고를 받았을 뿐이다. 황제의 실망은 매우 컸다. 게다가 의친왕은 비밀리에 일본 육사 출신 장교들로부터 황제로 추대받고 있었다. 이것은 본인도 모르는 일이었으나, 1902년 장교들의 비밀결사인 일심회의 쿠데타 계획이 발각되면서 비로소 세상에 알려진 사실이었다. 이 때문에 황제가 받은 충격은 컸다. 여기에 다시 엄귀비의 집요한 공작마저 작용하여, 황제는 의친왕을 제쳐놓고 영친왕을 황태자의 후계자로 생각하게 되었다.

의친왕은 1905년 귀국하기 위해서 미국에서 일본으로 건너왔다. 이 소식을 듣자 엄귀비는 이근택의 동생인 이근상李根湘을 도쿄에 보내 은 3백만 원을 의친왕에게 전하게 하면서 일본에 계속 머무르게 했다. 바로 이 같은 의친왕의 불우한 처지를 이토가 알아채고 이용하기로 한 것이다. 사실 의친왕의 도쿄생활은 겉만 보면 신나고 활기찬 면도 없지 않았다. 외부협판직에 있던 윤치호는 하와이에 거주하는 교민들의 실태를 파악하기 위해 32개의 농장들을 둘러보고 1905년 10월 중순 도쿄로 돌아와 20일 가까이 체류했는데, 이때 그는 일본 주재 공사관의 간부들에게서 그에 관한 이런저런 소문을 들은 바 있다. 이에 의하면 그는 도쿄의 무희들에게 돈을 탕진하고 있으며, 또한 한국의 광산권을 얻으려는 일본인 브로커들의 유혹을 받고 있다는 것이었다. 공사관 참서관 한치유韓致愈

---

34 뒤의 순종 황제.

에 의하면 의친왕은 함경도 갑산甲山의 구리광산 매매계약서를 작성하고 선금 10만 엔을 받았다는 것이었으며[35], 주일공사 조민희趙民熙에게는 일본 제일은행에서 1만 엔을 빌릴 수 있도록 보증을 서달라고 요청했다는 것이다.[36] 한번은 의친왕이 윤치호를 찾아와 조국의 불행한 처지를 한탄하면서 최근 프랑스로 망명한 이용익을 칭찬했다고 한다.[37] 윤치호가 도쿄를 떠나 귀국길에 오르기 직전 의친왕에게 작별 인사를 고하러 갔더니 의친왕은 고종 황제에게 금광사업권을 달라고 청원했다가 거절당했다는 이야기를 꺼냈다고 한다.[38]

이토는 1906년 3월 2일 한국에 정식 부임했다. 그리고는 이달 28일 통감부 개청식을 거행했다. 곧 그를 뒤따라 의친왕도 11년 만에 귀국했다. 이토는 옛 일본 공사관 가까운 곳에 저택을 마련하여 그의 숙소로 사용하도록 주선했을 뿐 아니라, 일본 헌병순사로 항상 경호하게 했다. 더욱 이 4월 초순 이토는 의친왕을 대신급의 육군부장에 임관시켜 원수부 찬모관贊謀官에 보임시킬 것을 황제께 간청하여 이를 관철했다. 동시에 의친왕에게 상당한 자산을 내려줄 것도 아울러 요청했다. 이 때문에 황제는 신경이 날카롭게 되고 불안한 마음마저 생기게 되었다. 바야흐로 이토 통감에 대한 황제의 불만은 이제 증오심으로 변하였다.

이즈음 을사조약 체결에 따라 1906년 1월 일본에 보빙대사로 갔던 황제의 사촌 동생 완순군完順君 이재완李載完 일행이 도쿄에서 환대를 받은 뒤 새로운 정보를 얻어 가지고 돌아왔다. 어담에 의하면 평소 청·일 동맹론을 주장하면서 동아동문회東亞同文會의 회장에 추대되는 등 국권國權주의적인 활동을 적극적으로 펴고 있던 일본 귀족원의장 고노에 아쓰마로近衛篤麿 공작이 1901년 여름 가미야 다쿠오神谷卓男와 전에 외부 관

---

35 『윤치호 영문일기』, 1905년 10월 29일 자.
36 위의 책, 1905년 11월 1일 자.
37 위의 책, 1905년 10월 21일 자.
38 위의 책, 1905년 11월 2일 자.

리를 지내고 일본에서 망명생활을 하고 있던 육종윤陸鍾允을 수행원으로 데리고 비밀리에 한국과 청나라를 여행했을 때, 이재완은 황족 대표 자격으로 일본 공사관부 육군무관이던 노즈野津 소좌와 통역을 맡은 어담의 중개로 그를 만나 명성황후 시해사건 뒤 크게 악화된 한일관계를 원만하게 조정할 방도를 논의한 적이 있다고 한다. 이를 계기로 이재완은 노즈 무관과 친밀해져서 의형제를 맺을 정도가 되었고, 러일전쟁이 일어나자 그간 한국 정부가 서북西北철도국을 신설하여 기공식까지 마친 경의선京義線 철도 부설권을 일본 군대에 넘겨주는 데 주도적인 역할까지 했다는 것이다. 어쨌든 이재완이 일본에서 돌아와 고종에게 복명한 내용 가운데는 지난해의 그것과 마찬가지로 이토 통감과 육군의 갈등에 대한 새로운 정보가 포함되어 있었다.

황제는 이 알력을 이용하여 한국에서 이토를 추방하려고 했다. 먼저 황제는 통감에 대한 불만을 비밀리에 하세가와 대장에게 토로했다. 그러자 대장은,

"저희들은 같은 일본인이지만 통감의 하는 짓은 실로 불유쾌합니다. 과연 어떤 목적에서 의친왕을 데리고 왔는지, 어떤 일을 하려는 것인지 그 진의를 알 수 없습니다. 그러나 안심하십시오. 불초不肖 하세가와가 한국의 치안유지를 맡은 이상 황실에는 조금도 영향이 없을 것입니다. 저희들 군직에 종사하는 자는 다른 어떤 계급보다도 황실을 존중하고 이에 충근忠勤을 다할 마음이 두텁습니다. 그런 까닭에 어떤 일이 있어 하세가와에게 하명下命해 주신다면 뜻하시는 바대로 어디까지나 단호한 처치를 해드리겠으니 진념軫念을 버리십시오."

라고 노골적으로 이토를 배척하는 언사를 늘어놓았고, 황제는 이 말을 굳게 믿었다.

8. 일본 천황을 이용한 이토의 위신 과시

마침 이해(1906) 4월 30일 일본 정부는 도쿄 아오야마靑山 연병장에서 러일전쟁 개선凱旋 대관병식大觀兵式을 거행하기로 했다. 한국 정부는 이토 통감의 진언에 따라 의친왕을 축하대사로 파견했다. 황제는 이 인선뿐만 아니라 사행使行 그 자체가 불만이었으나 이토의 고집을 꺾지 못하였다. 시종무관 어담은 황제와 일본의 한국주차군 사령부의 공동 추천을 받아 수행원의 한 사람으로 일본에 건너갔다. 물론 이토와 하세가와도 동행이었다.

4월 하순 축하대사 일행이 시모노세키下關에 도착했으나 미리 이야기가 되어 있던 궁내성에서는 한 사람도 출영인出迎人이 나와 있지 않았다. 화가 난 이토가 다나카 미쓰아키田中光顯 궁내대신에게 급전急電을 쳤다. 그러자 이틀 후에야 두 명의 식부관式部官이 달려와 사흘 만에 시모노세키를 출발했다. 그런데 일행이 도쿄 신바시新橋역에 도착하자 궁내성 관리들은 국빈으로서 하마리궁濱離宮에 묵기로 되어 있던 그들을 귀족원貴族院 의장관사로 안내하는 것이 아닌가! 이 돌연한 변경에 그렇지 않아도 감정이 상했던 이토가 열화같이 분노했다. 그러나 일행은 군말 없이 의장관사에 여장을 풀었다.

관병식 날이 박두했으므로 이토는 궁내성을 통하여 육군대신에게 기념식 당일에 있어서 의친왕의 배관陪觀을 요청하자,

"본 관병식은 폐하께서 일러전쟁에서 장졸들이 노고한 것을 위로하기 위해 베푸는 의식으로, 외국인이 참관할 성질의 것이 아니다."

라는 부정적인 답변을 들었다. 그러자 지금까지 참아 왔던 이토의 분노가 급기야 폭발하고 말았다.

"육군 당국이 나 이토를 이렇게 능멸할 수 있단 말인가! 어디 두고 보자!"

이토는 직접 육군성에 항의했다. 하지만 대답은 마찬가지였다. 크게 낭패한 그는 결단을 내려 급히 궁성으로 달려갔다. 그는 메이지 천황에게 매달렸다. 그의 열성에 이끌린 천황은,

"좋다. 그렇다면 관병식에는 짐이 동반하겠다. 당일 아침 일찍 의친왕으로 하여금 참내參內케 하라."

고 해서 일단 문제는 해결되었다. 예정대로 30일 새벽 의친왕은 궁성에 들어갔다. 그러자 천황은 특별히 의친왕의 마차를 일본 황족 일행의 바로 뒤에 따르게 하였다. 이로써 이토는 자신의 실력을 다시 한번 육군에 과시했다. 그는 득의得意만만했다. 지난번의 군대지휘권 확보에 이은 육군에 대한 그의 또 하나의 승리였다.

9. "고다마兒玉 대장이 유망하다"

이렇게 해서 관병식 배관은 무사히 끝나 의친왕의 사명도 완수되었으나, 일행은 여러 가지 사정이 겹쳐 한 달 이상 도쿄에 체류하게 되었다. 이 기회에 어담은 지난날 일본 유학시절 한국 유학생들을 크게 도와준 일이 있는 우쓰노미야 다로宇都宮太郎 대좌를 만나기 위해 육군대학을 방문했다. 러일전쟁 기간 중 주영국 공사관부 무관으로 런던에 있었던 그는 당시 육군대학의 간사幹事[39]로 있었다. 대좌는 아주 반갑게 그를 맞이했다.

---

39 부교장 격임.

"오랜만이구나! 어떤가? 최근 자네는……."

어담은 자신의 근황을 대충 설명했다. 두 사람은 이어 시국에 대한 이야기를 나누다가, 다시 예전 이야기로 옮겨 언제 대화가 끝날지 모를 것 같았다. 그러자 대좌는 그에게 오늘 밤 자기 집에서 만나 이야기를 계속하자고 제의했다. 어담은 이에 동의했다.

그날 밤 어담은 요쓰야四谷에 있는 대좌의 집을 방문했다. 그는 대좌와 술을 마시면서 서너 시간 이야기꽃을 피웠다.

"자네 이야기를 들어보니, 자네의 장래는 매우 유망하네. 하지만 그 이상 크게 활약하려면 큰 인물과 결탁할 필요가 있네. 자네 일이니까 자네 나라의 인물과는 이미 연줄이 닿았겠으나 앞으로 일한관계는 점차 농후하게 치밀해질 것이기에 일본 방면의 거두와도 연줄을 잡아두는 것이 크게 도움이 될 것이네. 일본은 자네도 알다시피 지금 총리대신을 하는 사람은 몇 사람에 한정되어 있네. 즉 이토, 오쿠마 시게노부大隈重信, 마쓰가타 마사요시松方正義, 사이온지 긴모치西園寺公望 등이네. 이들을 군부에 비유하자면 야마가타, 가쓰라, 야마모토 곤노효에山本權兵衛 해군대장, 고다마兒玉쯤이 될 것이네. 이 가운데 고다마 대장은 가장 젊지만, 덕망에 있어서나 두뇌에 있어서나 다른 누구보다도 뛰어난 대인물이야. 지금은 참모총장이 되어 있으나 이는 평시에는 한직閑職이므로 언제까지나 머물러 있을 리가 없네. 특히 정치가 스타일의 대장인지라 어쩌면 그 방면[40]으로 진출하게 될 것 같네. 만약 자네가 그 권고眷顧를 받게 되면 장래가 아주 유망할 것으로 생각하네. 자네가 이의異議 없다면 내일이라도 내가 한번 소개하여 대장을 만나게 해 주겠네."

"대단히 감사합니다. 청소년 시절부터 크게 도와주신 대좌님의 말씀이시

---

40 총리대신을 가리킴.

니 무슨 이의가 있겠습니까? 더욱이 고다마 각하는 제가 세이조成城학교에 다닐 때 교장 선생님이었습니다. 전혀 면식面識이 없는 것도 아닙니다. 아마 기억하고 계실 것으로 믿습니다. 이번 기회에 소개하여 주신다면 아주 좋겠지요."

"그런가? 그러면 내가 내일 자네 숙소에 사람을 보낼 테니 기다리고 있게."

그다음 날 오후 2시경 대좌가 보낸 사람이 편지를 가지고 왔다. 그 편지에 의하면 오늘 저녁 7시에 고다마 대장의 저택을 방문하게 되니 6시 반까지 대좌의 집으로 오라는 것이었다. 어담은 약속시간에 대좌의 집으로 갔다. 거기서 두 사람은 차를 타고 이치가야市谷의 야쿠오지藥王寺 앞에 있는 대장 저택으로 향했다.

이윽고 두 사람이 저택에 도착하자 미리 주인으로부터 통고를 받은 집사가 그들을 맞이했다. 집사는 그들에게 마침 주인이 외출 중인데 곧 돌아온다는 전화연락을 받았다고 하면서 기다려주기를 간청했다. 두 사람이 응접실에 들어가자 곧이어 각종 과자, 과실, 음료수, 아이스크림 등이 테이블 가득히 나왔다. 육군참모총장·자작 집 살림살이는 과연 호화판이라고 어담은 생각했다.

10. 황제의 신한宸翰

두 사람이 40분쯤 기다리자 현관에서 "돌아오셨습니다"는 힘찬 차부車夫의 목소리가 들려왔다. 곧이어 무늬가 새겨진 하카마 차림의 고다마 대장이 현관에 나타났다. 대좌는 일어서서,

"오늘 말씀드린 한국 시종무관 어담 중좌(부령)입니다."

라고 어담을 소개했다. 그러자 5척尺 단구短軀임에도 위풍당당한 풍채를 자랑하는 대장은 가까이 다가와 어담의 손을 잡고 힘차게 흔들면서 반가워했다.

"오랜만이야. 뛰어나게 출세해서 훌륭하게 되었군 그래. 우쓰노미야 대좌로부터 오늘 밤 자네가 온다는 이야기를 듣고 아주 기뻤네. 그런데 오늘 밤은 어쩔 수 없는 일이 있었네. 뭐 다른 일이 아니라 오늘 밤 육군성 우사가와 가즈마사宇佐川一正 군무국장의 딸과 사이토 요시오齊藤義夫라는 중위가 결혼했네. 내가 그 중매인이라서 빠질 수 없었던 거지. 아무튼 크게 실례했네."

"아닙니다. 공연히 제가 바쁘신데 번거롭게 찾아와……."

"아니, 잘 왔네. 먼저 경성京城 이야기를 들려주는 게 어떨까? 이토의 한국 쪽 평판은 어떤지 기탄없이 들려주게."

어담은 대장의 단도직입적인 질문에 갑자기 말문이 막혔다.

"이토 통감 말씀입니까?"

"음."

"지금 의친왕을 따라 함께 이곳에 와 계신데, 뭐 저희들은 거의 뵙고 말씀드릴 기회도 없기 때문에 평판이 좋은지 어떤지는 모릅니다만, 대체로 한국에서는 위아래 모두 평판이 좋은 편입니다."

"그래? 그러면 자네 의견은 어떤가? 뭐 꺼릴 것 없이 말해 주게."

어담은 답변에 궁하여,

"그렇게 물으시지만 저는 전혀 정치 방면에는 관계가 없고, 게다가 통감 각하로부터는 좋은 대우를 받고 있으므로 제 평판은 공평을 결여한 것일지도 모르겠습니다."

라고 어려운 답변을 하자 대장은,

"좋아, 좋아. 그렇다면 자네 의견은 알겠네. 이토에 자넨 반대구먼. 한국인으로서 누가 그를 좋아할 사람이 있겠는가. 그런데 이토는 이번 도쿄에 돌아오자 천황 폐하께는 물론 우리들에게 대해서도 한국 황제를 비롯하여 한국인 모두가 자기를 신임하고 있고, 자기의 선정善政을 구가謳歌하고 있다는 소문을 퍼뜨리고 있네. 조금 기다려 보게. 자네에게 좀 보여줄 것이 있네."

라고 말하면서 방을 나갔다가 잠시 후 손에 편지봉투를 가지고 들어왔다. 그는 봉투 속에서 한국종이로 된 서찰書札을 한 통 꺼내어 주었다.

"이게 무엇인지 아는가? 이 서찰의 의미를 나에게 가르쳐 주게. 이거 이 삼 일 전에 나에게 온 거야."

어담이 무엇인가 하고 받아 보니 그것은 놀랍게도 고종 황제의 친서였다. 그는 혹시 가짜는 아닌가 해서 다시 살펴보았다. 그러나 확실히 진짜였다. 그런데 그 내용이 너무나 중대한 데 놀라 잠시 어리둥절해 있자, 대장은 다시 캐물었다.

"이것은 도대체 어느 곳에서 나온 것인가? 어떤 것인가?"
"이것은 저희 나라 황제 폐하의 신한宸翰입니다."
"신한이라는 것은 어떻게 아는가?"

그러자 어담은 종이를 가리키며 설명했다.

236

"보십시오. 이곳에 검은 인판印判이 있습니다. 이 계자啓字는 황제가 비공식의 내밀內密한 서류에만 사용하시는 것입니다."

"그런가? 그러면 그 문면文面의 의미는?"

"각하께서 한국 통감이 되어 오실 것을 절망切望한다는 의미입니다."

"음, 그래. 나도 다분히 그런 것으로 이해하고 있네. 게다가 이것을 가져온 녀석도 그렇게 말하고 있으니……."

"각하, 누구입니까, 그 사람은?"

"뭐, 특별히 감출 필요도 없기에 말하겠는데, 이이노 기치사부로飯野吉三郎라고, 조금 역학易學을 알고 있는 사내야. 이토에게도 출입하고 나와도 친한 사이지. 점을 치는 이 친구가 어떻게, 어느 사이에 자네 나라에 갔는지, 또 어떻게 하여 궁정에 들어가 이런 것을 가져왔는지 나는 잘 모르지만, 자네 나라 쪽에서도 내 이름을 팔아 종종 나쁜 일을 하는 놈이 있음에 틀림없네. 자네 나라 폐하께는 아직 한 번도 배알拜謁한 적이 없는데 이런 것을 말해 오니 어리둥절할 뿐이네. 그런데 이것은 무언가?"

라고 말하면서 대장은 다시 한 통의 서찰을 꺼내 보였다. 어담이 이를 보니 그의 친구 아무개가 대장에게 보낸 편지였다. 어담은,

"이 자는 저와 육사 동기의 친우로서, 현재 군직에 있습니다."

라고 대답하면서 그 내용을 읽어 보니, 이이노飯野가 지참한 친서는 결코 괴상한 것이 아니니 믿어 달라는 사연이 적혀 있었다. 당시 이이노는 아마테라스天照 대신大神의 신탁을 받아 인간의 일은 물론 국가의 운명까지도 용하게 알아맞힌다고 하여 러일전쟁을 전후한 시기에 특히 야마가타 원수를 비롯한 육군의 고급장성 거의 모두가 그에게 심취心醉해 있었다. 고다마 대장 자신도 일본의 국운이 걸린 러시아와의 일전을 앞두고 그를 찾아가 점을 쳤다고 알려져 있다.

"그럼, 이 자는 유학생의 한 사람이었는가? 나는 전혀 모르는 녀석이야. 결국 자네 나라 황제와 이이노飯野 사이에 이 녀석이 끼어들어 나를 이용하려고 하는 것 같네. 그것은 어쨌든, 이토가 한국 황제에게 신임이 없다는 것은 이것을 봐서도 명료히 증명되기 때문에 나는 이 편지를 이토에게 직접 돌려주려고 하네. 며칠 뒤면 외무대신이 만찬회를 여는데 거기서 먼저 고무라小村 외상에게 보여, 이토도 참석할 터이니까 고무라에게서 이토의 손에 넘어가게 할 테야. 이토는 한국 황제는 자기가 일어나십시오 하면 일어나고, 주무십시오 하면 잠자리에 들 정도로 신뢰를 받고 있다는 등 나팔을 불고 있지만 모두 새빨간 거짓말이야!"

이처럼 고다마 대장이 초면인 젊은 한국군 장교 어담 앞에서 자기보다 10여 세나 많은 필두 원로인 이토 통감에 대한 자신의 속마음을 마구 털어 놓은 데는 그럴 만한 이유가 있었다고 생각된다. 두 사람 모두 조슈 출신이었으나, 이토는 어디까지나 내각 책임정치의 큰 틀 속에서 군부의 행동을 묶어두려는 이른바 문치파의 최고 거두였다. 이에 맞서 고다마는 천황이 친히 부여한 군령권을 독립적으로 행사하는 참모본부를 거점으로 내각과는 초연한 독자적 입장에서 대외팽창을 꾀하려는 군부를 앞장서서 대변하고 있었다. 이 같은 입장 차이 때문에 두 사람은 러일전쟁이 일어나기 이전 시기부터 이미 대립을 벌인 적이 있었다. 즉 1900년 여름 중국에서 외세를 배격하는 비밀결사인 의화단의 폭동이 일어나 중국 북부가 큰 혼란에 빠졌을 때, 당시 대만 총독이던 고다마는 이해 8월 야마가타 수상에게서 푸젠福建성 샤먼廈門[41]으로 진격하라는 비밀 명령을 받고 그 준비에 착수했다. 그러나 곧이어 연기하라는 지시가 잇따라 내려 결국 중지되고 말았는데, 이는 이토가 러시아·영국·미국·프랑스의 간섭을 초래할 우려가 있다는 이유를 들어 강력히 반대했기 때문이었다.

---

41 옛 아모이.

당시 야마가타 내각의 육군대신 가쓰라를 비롯한 주요 각료들은 의화단 사건을 계기로 러시아가 만주에 철도시설 보호를 구실로 대규모 부대를 집중시키는 데 맞서 일본은 한국을 군사적으로 점령해야 한다고 주장했을 때이므로 야마가타는 푸젠 지방에 대한 침략전쟁이 좌절되자 그 목표를 한국으로 돌릴 방침을 수립 중이었다. 하지만 이 계획은 9월 26일 야마가타가 수상직에서 물러나면서 취소되었다. 이토는 10여 일 뒤, 그 자신이 야마가타의 반대를 무릅쓰고 결성한 입헌정우회를 발판으로 네 번째 수상에 취임하면서 러시아와의 전쟁 대신 협상을 계속 추진하는 방향으로 외교정책의 궤도를 크게 수정했다.

그러나 일본 육군은 러시아와의 전쟁을 가까스로 유리하게 종결시킨 뒤 만주에 대한 군사적 점령을 계속 주장했다. 그리하여 점령지 행정을 목적으로 천황 직속의 관동총독부를 설치하고 그 아래 군정서軍政署를 두어 군정을 계속했으므로, 영국과 미국은 물론 청국까지 항의를 제기하기에 이르렀다. 마침 1906년 1월 가쓰라가 수상직에서 물러나고 입헌정우회 총재인 구게公家 출신의 사이온지가 내각을 조직하면서 육군의 적극적인 만주경영론은 한풀 꺾이게 되었다. 무엇보다도 사이온지는 이토의 충실한 정치적 후계자였다. 어담이 참모총장 고다마를 만날 무렵인 1906년 5월 일본 내각은 만주 문제에 관해 협의회를 열어 군부에 대해 군정에 따르는 폐해를 없애도록 군정서를 폐지할 것과 만주에서의 조기早期 철병, 그리고 영국·미국에 대해서도 다롄大連무역의 이익을 나눠줄 필요가 있다고 압박했다. 이에 대해 무단파를 대표하는 고다마가 저항하자 이토는 포츠머스 강화조약에 의해 일본이 러시아로부터 양보받은 것은 랴오둥반도 조차지와 남만주 철도뿐으로 만주는 결코 일본의 속지屬地가 아님을 상기시켰다. 결국 이토의 주장이 승리하여 1906년 8월 관동총독부는 도독부로 명칭이 바뀌고, 군정은 민정으로 바뀌었다. 고작 고다마의 의견이 반영된 것은 그가 1906년 1월 만주경영위원장이 되어 초대 남만주철도주식회사의 총재로 고토 신페이後藤新平를 강력히 추천하여 실현하게 한 점이다. 이 고토는 대만총독부 민정장관으로 고다마 총독을 보좌하면서 눈부신 성과를 올린 보기 드문 수완가였다. 3년 뒤 이토가 러시아의 재무장관 코콥초프Vladimir Kokovtsev와 만나 회담하기 위해 하얼빈에 가도록 건의하고 직접 주선한 것도 고토였다.

11. "연방 정도는 되어야 한다"

어담은 고다마의 말을 듣자 내심 큰일 났다고 생각했다. 고종 황제의 친서가 문제가 되어 이토 통감과 고다마 대장 사이에 분규紛糾가 발생한 다면 제일 어려운 처지에 놓이게 될 사람은 바로 황제 폐하 자신이라고 생각되었기 때문이다. 이것은 황제 개인뿐만 아니라 어쩌면 국가를 궁지에 몰아넣을 수도 있는 위험천만한 일로 느껴졌다. 고다마 대장은 과거 대만 총독 시절의 이야기를 다시 늘어놓은 다음, 정색하면서 이렇게 말했다.

"자네에게 묻겠네만, 저 러일전쟁은 오로지 한국의 존재가 기인基因이 되어, 다시 말하면 한국을 누가 차지할 것인가의 싸움이었네. 일본이 이기 면 일본 것이요, 러시아가 이기면 러시아의 것이네. 러일전쟁은 이 점에 있 어서 청일전쟁과 같이 이야기할 수 없네. 그 성질, 목적이 전혀 다르네. 자 넨 내 말에 대해 이견이 있는가! 그렇다면 말해 보게. 각자 자기 나라를 위 한 주장이니까 개인관계에 저촉될 필요는 없네. 솔직히 말해 보게."

"한국의 운명이 러일전쟁의 결과에 의해 결정된다는 사실은 저희들도 생 각하고 있었습니다만, 현재의 보호관계 이상으로는……."

"무슨 말인가! 우리들이 이토에게 밥맛이 떨어지는 것이 바로 그 점이다. 보호국이 무언가! 적어도 연방 정도는 되어야만 한다. 자넨 반대인가? 찬성 한다면 앞으로 공사 간에 친교를 계속할 수 있으나, 만일 동의하지 않는다면 서로 적국인으로서 공적으로는 칼을 잡고 맞서지 않으면 안 될 것이야."

당년 26세의 어담은 고다마 대장의 압도적인 기세에 눌려 반발할 기력마저 잃고 말았다. 대장은 그의 생각은 아랑곳없이 말을 계속했다.

"지금 한국에는 어떤 인물이 있는가? 중심인물이라고 한다면 누군가?"
"아시는 바와 같이 저희 나라는 군주 전제이고 따라서 군주를 둘러싼 귀족단체가 자연 중심세력을 이루고 있습니다. 현재는 일진회―進會 등 민중단체가 겉으로 보기에는 크게 활약하고 있습니다만, 이들은 사민士民의 오합지졸에 불과합니다. 일본은 이를 정략의 도구로 삼고 있으나 한국민의 감정만 해칠 뿐이며 하등 얻는 바가 없을 것입니다. 이토 통감이 근래 평판이 좋지 않은 원인 가운데 하나는 바로 여기에 있는 것입니다. 저희 나라에서는 비록 소수이긴 하나 양반계급을 이용한다면 대개 문제는 쉽사리 해결될 수 있습니다."
"동학당이 일어나고 일진회가 세력을 떨치는 것은 한국이 전제국가로 외척 기타 귀족계급이 횡포를 부린 결과네. 일본이 책동한 때문이 아니지. 다만 한국을 통치하는 데 있어 이러한 민중단체를 조종하는 것이 좋은가, 혹은 귀족계급과 제휴하는 것이 좋은가는 별개 문제로, 실제로 각각의 국면局面에 임해서 응하지 않으면 안 될 것이네. 어떻든 오늘날 한국에는 상당히 두려워할 만한 인물이 있는가?"
"글쎄요……."
"없다는 말인가?"
"보시는 바대로입니다."
"그런가? 하기야 대인물이 있다면 한국을 오늘과 같은 난국難局에 빠뜨리게 하지 않았겠지."

12. 이토의 궁금宮禁 조치로 인한 황제 압박

그날 밤 늦게 어담은 고다마 대장 저택을 나왔다. 그는 우쓰노미야 대좌와 다시 만날 것을 약속하고는 헤어져 숙소에 돌아왔다. 대장의 이야기라든지 특히 황제 폐하의 친서가 마음에 걸려 그는 곧 귀국하려고 했다.

다음 날 아침 그는 의친왕을 방문하여 먼저 귀국할 뜻을 말했더니 그는 두말없이 허가했다. 다시 그는 아카사카赤坂 레이난자카靈南坂에 있는 추밀원의장 관사에 가서 후루야 히사쓰나古谷久綱 비서관에게 단독 귀국할 뜻을 이야기했다. 비서관은 잠시 통감 방에 들어갔다가 나오더니 통감으로서도 이의가 없다고 전하였다.

어담은 5월 말경 시위 제1연대장 이근형李根馨 정령正領과 단둘이서 도쿄를 떠나 귀국했다. 그는 서울에 도착한 다음 날로 참내參內하여 황제께 복명했다. 그런데 놀랍게도 황제는 이미 대사大使 일행의 행동을 대개 알고 있었다. 어담이 신한 문제가 궁금하여 그 얘기를 꺼내자, 황제는 뜻밖에 격激한 어조로,

"고다마 대장에게 이이노飯野를 보낸 것은 대장 쪽에서 요구가 있었기 때문이다. 여기에는 충분한 증거가 있다. 종전 같으면 무슨 일을 해도 먼저 이토에게 통지했겠지만, 약속을 어기고 짐의 뜻을 유린하여 독단적으로 행하는 자에게는 이제 나로서도 조금도 의리를 지킬 필요가 없다."

라고 하는 것이 아닌가! 그렇다면 고다마 대장은 사실과는 반대로 이야기한 것인가? 어담은 마음속으로 어느 쪽 얘기를 믿어야 좋을지 몰라 당황했다.

그가 귀국한 지 한 달쯤 지난 6월 하순 이토 통감과 의친왕이 돌아왔다. 통감은 7월 2일 오후 4시 갑자기 황제를 알현하고 세 가지 안건案件을 상주했다. 그런데 그 첫째 안건이 궁금宮禁을 단행하여 이른바 잡배雜

輩들을 숙청하겠다는 내용이었다. 말하자면 황제의 사생활을 단속하겠다는 압박이었다. 황제의 윤허가 미처 내리기도 전에 통감은 이날 밤 경무고문부 예하의 일인日人경찰·헌병을 대궐로 끌어들여 황제의 신임이 두터운 내시들을 일제히 몰아냈을 뿐 아니라 궁문宮門을 감시하여 대궐 출입자를 엄격히 통제하게 했다. 외부 사람들과의 접촉이 어려워진 황제는 사실상 포로와 다름없는 처지가 되었다.

어담은 이 사건에 대해서는 회고록에 쓰지 않았다. 그러나 필자는 이것을 이토 통감의 황제에 대한 반격으로 생각하고 싶다. 이토는 외무대신이 주최한 연회석상에서 틀림없이 황제의 친서를 보았을 터이고 그 순간의 충격이 컸을 것은 상상하기 어렵지 않다. 결국 이토는 이런 일이 황제 주변을 싸고도는 이른바 별입시別入侍 혹은 내시라든지 점쟁이들의 소행일 것으로 보았음 직하다. 그 상대역인 도쿄의 교외인 도요타마豊多摩의 시골에 사는 '온뎬穩田의 행자行者'라는 이이노가 실상 하잘것없는 점쟁이였으니 말이다.

그러나 이토는 그 직후 뜻밖의 사건 덕분에 안도의 한숨을 쉬었을 것 같다. 즉 고다마 대장이 급사한 것이다. 그는 7월 24일 아침 침실에서 55세를 일기로 영면永眠하고 말았다. 참모총장직에 취임한 지 불과 3개월 만의 일이었다. 육군은 그의 죽음을 진심으로 애도하여 육군 최초로 공功1급 긴시훈장金鵄勳章을 주었으나, 이토 통감으로서는 통감직을 노리는 최대의 적수가 사라진 것에 안심했을지도 모른다. 고다마가 죽은 이듬해 9월 하순 러일전쟁 승전을 기념한 논공행상論功行賞을 벌였을 때 이토는 야마가타·오야마 두 육군 원수와 함께 공작으로 승작陞爵했는데, 고다마의 상속자인 장남 히데오秀雄[42]는 10여 일 뒤 백작으로 승작하는 은전恩典을 입었다. 고다마가 참모총장으로 취임하던 1906년 4월 남작에서 자작으로 승작한 지 불과 1년 6개월 만의 일이었으니, 참으로 파격적인

---

42 뒤에 조선총독부 정무총감·대신 역임.

배려였다고 할 수 있다.

13. 황제의 비자금 비축

고종은 러일전쟁이 일어나기 이전부터 비밀리에 중국 상하이의 유럽계 은행에 황실의 비자금인 이른바 내탕금을 맡겨 두어 유사시에 대비해 왔다. 근래 황제의 비공식 외교 자문관으로 활동한 바 있던 미국인 헐버트Homer B. Hulbert가 갖고 있던 여러 문서자료가 햇빛을 보게 됨에 따라 세상에 알려진 사실이지만, 고종은 1903년 말 심복을 주한 독일 공사 잘데른Conrad Von Saldern에게 보내 독일에 거액의 돈을 맡기고 싶다고 제안했다. 이에 따라 독일 아시아은행의 상하이 지점에 해당하는 덕화德華[43]은행을 통해 독일 베를린에 있는 디스콘토 게젤샤프트[44]에 51만 8,800마르크[45]를 예치했는데, 1906년까지 맡긴 돈은 도합 100만 마르크가 넘었다고 잘데른 전 공사는 1907년 2월 5일 독일 외교부 차관 뮐베르크에게 제출한 보고서에서 기술한 바 있다.

물론 고종은 모든 비자금을 독일은행에만 예치한 것이 아니었다. 1880년대 후반부터 상하이와 홍콩에 장기간 체류하고 있던 명성황후의 친정 조카 민영익閔泳翊은 고종의 홍삼수출 판매 수익금을 현지 은행에 넣어 관리했고, 궁내부 내장원경內藏院卿으로 황제의 두터운 신임을 받고 있던 이용익李容翊도 상하이의 러·청은행에 비밀통장을 갖고 있었다. 고종은 일찍부터 비자금의 부족을 느껴 인삼의 매입과 수출을 독점하여 내탕금을 늘려갔다. 즉 인삼세를 왕실 수입으로 취했고, 그밖에 관세 수입의 일부를 상납금으로 받았다. 그러나 갑오개혁 직전에 한국 해관海關(세관)

---

43 독일과 중국.
44 뒤에 도이치은행에 병합됨.
45 현재 가치 250억 원 상당.

의 총세무사總稅務司(최고 책임자) 겸 탁지부 고문으로 취임한 영국인 브라운J. McLeavy Brown은 국가재정이 파산상태에 직면한 것을 이유로 고종의 비공식 수입원을 끊으려고 했다. 실제로 당시 정부는 이 세관 수입에 의해 겨우 명맥을 유지하는 형편이었다. 이에 고종은 궁내부에 내장원을 설치하여 이용익을 그 책임자로 기용, 인삼을 직접 매입하여 물품세를 내지 않고 중국에 수출하도록 지시했다. 1897년 대한제국 선포를 계기로 황제권 강화에 부심하던 고종은 농상공부에서 관리해 온 광산업무를 내장원으로 이관했고, 탁지부의 관리대상이었던 각 도의 역둔토驛屯土까지 내장원에 넘기도록 했다. 심지어 내장원에 수륜과水輪課를 설치하여 수리시설에 부과하는 세금까지 징수하도록 했다. 급기야 고종이 탁지부에 납부해야 할 지방세까지 비밀리에 궁내부로 이관하려 하자 러시아 세력을 배경으로 하여 브라운 대신에 탁지부 고문에 취임한 알렉셰에프Kiril A. Alexeiev가 이에 반발하여 고종과 갈등을 빚기까지 했다. 다만 그는 한국 내의 러시아 세력이 퇴조함에 따라 1898년 4월, 취임 5개월 만에 사직하고 귀국했다.

그런데 민영익이나 이용익 등이 상하이 소재 은행에 예치한 비자금은 제대로 관리되지 못했다. 뒤에 고종은 퇴위하고 나서 극심한 내탕금 부족에 직면하자 오래전에 민영익에게 맡겨둔 중국 내 홍삼 판매대금을 회수하려고 했으나, 실패로 돌아갔다. 당시 민영익은 다년간 국내 연락책으로 부리던 집안의 청지기 출신인 현흥택玄興澤[46]과 재산 소유권 분쟁을 벌이고 있었다. 즉 민영익의 천거에 힘입어 궁중 고위 관리가 된 현흥택은 민영익의 은행예금 절반이 실은 자기 몫이라고 주장하면서 소송을 제기할 정도로 평소 재산관리에 허점이 많았다. 이는 민영익의 예금계좌가 상당 부분 현흥택의 명의를 차용한 데 연유한 것으로 짐작된다.

---

46 명성황후가 시해당할 때 육군부령으로 왕궁을 지키는 500여 명의 시위대 연대장이었고, 면직된 뒤 재기하여 정령으로 승진된 바 있음.

한편 이용익의 경우는 그보다 훨씬 더 복잡하고 미묘했다. 그가 손댄 것은 비단 홍삼 판매의 이익에 그친 것이 아니라 인삼의 재배 및 판매 등 인삼행정의 전반에 걸친 것이었고 특히 광산 개발권의 경우 불하와 채광에서 발생하는 순이익의 상당한 부분[47]을 취하는 등 그 수입원이 매우 다양했기 때문이다. 비록 광산권의 양도는 칙지勅旨에 의한 형식으로 이루어지긴 했으나 사람들은 여기에 이용익 개인의 욕심이 크게 작용하고 있다고 의심했다. 독립협회는 1898년 8월 이용익을 표적으로 한 국민의 원성이 높아지자 그를 서울 고등재판소에 고발했는데, 사실 규명을 위해서는 무엇보다도 황제의 증언이 긴요했다. 그러나 황제를 서면으로 조사한다거나 더욱이 재판정의 증언대에 내세운다는 것은 상상조차 할 수 없는 일이었다. 독립협회의 간부 중에서 가장 과격한 편이었던 열혈남아 최정식崔廷植조차도 극소수 동지들과의 회합에서 이를 감히 발설하지 못한 채 다만 '대황제'라는 세 글자를 써보았을 뿐이었다. 결국 그는 이 일이 빌미가 되어 얼마 뒤 목숨을 잃게 된다. 즉 이 사실이 독립협회 반대파인 황국협회의 두목인 길영수吉永洙의 귀에 들어갔고, 그는 최정식이 지존至尊을 핍박하려 했다는 죄목으로 무고한 것이었다. 감옥에 갇힌 최정식은 배재학당 생도 주상호周相鎬[48]가 몰래 넣어 준 권총을 갖고 탈옥하여 각지를 전전하다가 개항장인 삼화三和[49]에서 붙잡혀 약식재판을 받고 이듬해 봄 처형되었다.

고종은 뒤에 이채연李采淵이 천거한 경기도 이천利川의 서리 출신인 이봉래李鳳來를 총애하여 내탕금과 엄귀비의 경선궁慶善宮 재정을 관리하도록 했다. 그는 1900년 8월 한성부 판윤判尹으로 재직하던 친미파의 핵심인물 이채연이 독살당한 뒤 그 후임으로 발령을 받았고, 그 뒤 내부협판의 요직에 발탁되어 장기간 재임하기도 했으나, 그의 주된 임무는 황

---

47 프랑스인 경영의 금광인 경우 25%.
48 뒤에 한글학자가 된 주시경周時經.
49 진남포.

제의 비자금 관리였다. 그리하여 그는 궁내부 소속 봉상시奉常司 제조提
調 혹은 제실帝室 회계심사 국장직을 겸임한 채 덕수궁 내 수옥헌 지구의
궁궐에서 5, 6년간 숙식을 하면서 내탕금을 민간에 빌려주어 이식利殖을
취하는 등의 방법으로 황실재산을 늘리는 데 열중했다. 한편 그는 내부
협판으로 전국에 걸쳐 350여 명에 달하는 지방 수령守令 인사에 관여하
여 매관매직으로 많은 재물을 취했다.

14. 이용익의 망명과 의문의 죽음

러일전쟁이 일본의 승리로 굳어짐에 따라 고종 황제는 예상되는 일본
의 압박에 적극적으로 대처할 필요를 느꼈다. 1905년 9월 군부대신직
에서 물러난 이용익이 프랑스에 가서 그곳을 거점으로 배일운동을 벌여
보겠다는 결심을 아뢰자 고종은 두말없이 그에게 공작비로 30만 원을
주었다.

그는 러일전쟁이 일어나기 전까지 여러 해 동안 탁지부 예하 전환국典
圜局의 책임자로 백동화白銅貨를 거의 자유재량으로 찍어 냈을 뿐만 아니
라 개성 삼정蔘政 감독, 각광各礦 감독, 철도사 감독에 궁내부 소속 내장
원경을 겸하여 황실재정을 송두리째 장악했었다. 더욱이 그는 1902년
탁지부 대신까지 겸하여 국가재정까지 관리했고, 그 밖의 서북철도국 총
재로 경의선 철도 부설 책임까지 떠맡았다. 그는 당시 친러파의 핵심으
로 러일전쟁이 일어나기 보름 전인 1904년 1월 하순에는 전시 중 대한제
국이 국외 중립을 견지할 것임을 대외적으로 천명하는 비밀 외교공작에
깊숙이 관여했다. 앞에서 보았듯이 이를 위해 외부의 담당 관리가 중국
산둥반도 끝에 위치한 치푸의 프랑스 영사관으로 가서 중립선언문을 주
요 국가들에 타전打電하기까지 했었다. 그는 전쟁이 일어난 직후 일본이
강요한 의정서의 체결을 반대했다.

이 같은 그의 행적 때문에 러일전쟁이 일어나자 한국에 가장 먼저 출동한 규슈 최북단 고쿠라小倉 소재 육군 제12사단 당국은 주한 일본 공사관의 제보 및 건의에 따라 그를 전쟁 수행에 방해가 되는 위험인물로 간주하여 납치하다시피 일본에 강제로 연행하는 조치를 취했다. 한때 그가 일본군에 의해 살해되었을 것이라는 풍문도 돌았으나, 일본은 그를 포섭 회유할 목적에서 일본 각지의 산업 및 교육시설로 안내하여 시찰, 견학할 기회를 주었다. 그리하여 그는 1905년 1월 10개월 만에 귀국했을 때는 근대적 교육기관을 하루빨리 설치하여 젊은 인재를 양성하겠다는 야심 찬 포부로 불타고 있었다. 그는 정부 당국의 협조를 얻어 박동礡洞[50]에 있다가 전시 중 폐교된 관립 러시아어학교의 한옥건물을 빌려 4월 사립 보성普成전문학교[51]와 보성소학교를 개교했다. 그리고 학교 운영은 일본 유학 경험이 있는 신해영申海永에게 맡겼다. 그로부터 1년 뒤 보성중학교가 신설되어 한꺼번에 246명의 신입생이 입교하는 일대 성황을 이뤘다.

한편 이용익은 2월 경상북도 관찰사에 임명되어 대구로 내려가 있다가 5월 군부대신으로 입각하여 상경했는데[52], 송병준宋秉畯이 이끄는 친일단체 일진회一進會는 그를 제거할 목적으로 매일 회원 50명에서 100명을 그의 집 앞에 보내 시위를 벌이면서 협박을 가했다. 실제로 그는 대구에 있을 때부터 일진회장 윤시병尹始炳으로부터 관직을 버리고 낙향하라는 협박을 받고 있었다. 장기간 계속된 시위 농성과 위해危害 협박에 시달린 끝에 더 이상 견디기 어렵다고 판단한 그는 일단 궁중으로 피신한 다음 한국주차 일본군사령관 하세가와 대장에게 원조를 요청했다. 그의 지시를 받은 군부대신 관방官房 부관 김응선 부위(일본 육사 제15기)가 하세가와를 찾아가 사정을 이야기하자, 하세가와는

---

50 현 종로구 수송동.
51 현 고려대학교의 전신.
52 제실 회계심사국장 겸임.

"잘 알았다. 그러나 내 쪽에서 먼저 (일본) 군대를 동원하는 것은 온당치 않은 일이니, 먼저 한국 헌병대를 보내 일진회 회원들을 해산시키도록 하라. 그래도 부족하다면 그때 일본 군대를 보내 주겠다."

라고 했다. 김응선이 이용익에게 하세가와의 답변을 전하자, 어떤 까닭에서인지 그는 매우 낙담한 듯한 표정을 지었다고 한다. 아마도 그는 이즈음 더 이상 국내에서의 정치활동이 불가능해졌음을 깨닫고 망명을 결심한 듯하다.

조정은 8월 중순 이용익을 강원도 관찰사로 발령을 냈다. 하지만 그는 춘천으로 부임하지 않고 은밀히 프랑스 공사관에서 비자를 받아 인천항에서 청나라 배를 타고 상하이로 향했다. 그곳에는 중립국 선언이라는 반일 외교공작에 가담했던 프랑스통通 현상건·이인영과 함남관찰사를 지낸 이용익의 장조카 이윤재李允在 등이 망명생활을 하고 있어 도움을 받기에 알맞았다. 이들 가운데 영어에 능통하고 무관학교 교장을 지낸 이학균도 있었는데, 그는 1904년 상하이 망명 직후 말에서 떨어져 두 개골이 파열되어 죽었다고 윤치호는 일기에 기록한 바 있으나 이는 착오에 불과하다. 왜냐하면 장지연張志淵의 『해항海港일기』에 1908년 7월 11일 『대한매일신보』 문제로 그 발행인 베델이 상하이 영국 영사관에 3주간 감금되었다가 풀려난 기념회에 이학균이 참석했으며, 같은 해 8월 19일에는 귀국준비로 바쁜 장지연을 방문했다고 되어 있기 때문이다.

한편 이용익은 망명 직전 하세가와에게 편지를 보냈는데, 이를 읽어본 김응선이 뒷날 회고한 바에 의하면, 그동안의 친교에 대해 감사의 뜻을 표한 다음 주변의 부득이한 사정으로 말미암아 도저히 더 이상 관직에 머무를 수 없는 형편이므로 장차 산에 들어가 불도佛道에 전념하겠다는 내용이었다고 한다. 후일담이지만 하세가와는 이용익이 죽은 뒤에도 그 상속인에게 호의를 보였다. 1907년 초 이용익이 해외망명 중 사망하자, 20대 초인 그의 장손자 이종호李鍾浩는 적지 않은 조부의 유산을 상속받아 북한 지역 출신 민족운동가들의 정치결사체인 서북학회에 1만 원을 기부하는 등 적극적으로 후원하고 은행통장에 1만 2천 원을 예금하고 있었다. 이 사실을 알아차린 내부대신 송병준과 조민희趙民熙[53] 등 친일분자들이 1908년 순종 황제께 이용익의 유산이란 본디 황제의 소유이므로 마땅히 국고에 넣어야 한다고 상주했다. 이에 이종호가 하세가와에게 도움을 요청하자 하세가와는 부통감인 소네 아라스케曾禰荒助에게 송과 조 두 사람을 꾸짖어 달라고 부탁하여 사건을 무사히 수습할 수 있게 되었다.[54]

고종이 과연 이용익의 해외공작에 얼마만큼 기대를 걸었는지는 잘 알 수 없으나, 포츠머스 강화조약에 이어 한·일 간에 보호조약이 체결된 마당에 그의 입지는 근본적인 제약을 받아 전혀 성공을 거둘 수 없는 형편이었다. 우선 해외로 망명하는 것조차 순조롭지 않았다. 그가 탄 배는 상하이를 향해 항해하던 중 폭풍을 만나 산둥반도 치푸[55]에 표착하고 말았다. 이로써 그의 망명 사실이 현지 일본 영사관에 탐지되어 서울의 하야시 공사에게 급전急電으로 알려졌다. 하야시는 이용익의 서울 집을 수색하여 얻은 은화 93만 원을 내장원의 공금이라는 명목으로 압수, 이를 한국 정부의 재정고문인 메가타 다네타로目賀田種太郎에게 인계했다.

이용익은 상하이를 목표로 옌타이항을 출항했다가 우여곡절 끝에 싱가포르에 도착, 프랑스 기선을 타고 프랑스로 향했다. 당시 파리에는 이인영의 조카로 프랑스 공사관 통역인 이규용李圭容이 있어 프랑스 당국과 교섭하는 데 어려운 점은 없을 것으로 예상했다. 그가 특별히 프랑스에 대해 조금이나마 기대를 했던 까닭은 당시 프랑스가 러시아와 가장 긴밀한 동맹관계를 유지하고 있을 뿐 아니라 지난날 자신이 프랑스의 이익을 위해 나름대로 배려했다고 믿었기 때문이었다. 그는 궁내부에서 관

---

53 마지막 주일 공사 역임·이완용의 처남.
54 『매천야록』 1908년 음력 9월조.
55 현 옌타이.

리하고 있던 광산 중 함경북도 종성의 금광 채굴권을 계약기간 25년이라는 유리한 조건으로 프랑스인에게 불하했고, 1896년 7월에는 프랑스 회사에 경의선 철도 부설권을 내주었다. 다만 이 회사가 계약 후 3년 이내에 기공起工해야 한다는 계약조건을 어겼으므로 부득이 부설권을 박탈했음에도 불구하고, 1898년 7월 신설된 철도사鐵道司 초대 감독이 된 그는 이를 한국 정부의 사업으로 계획을 변경하면서 프랑스 기술자를 채용한다거나 혹은 프랑스에서 건설 자재를 도입하는 방식으로 호의를 베풀었다. 이 밖에도 그는 프랑스와 평양 무연탄광 채굴 계약을 맺었고 궁내부 광무국을 비롯한 우체사 등 관청에 프랑스 사람들을 기사 혹은 고문으로 고용했다. 하지만 그가 프랑스로 가는 동안 하야시 공사가 그의 외교적 특권이 박탈되었음을 본국 외무성에 통보하고 다시 일본 정부가 이를 프랑스에 알린 결과, 그는 전적으로 자유로운 교섭활동을 벌일 처지가 못 되었다. 그는 파리에서 프랑스 외무성에 말도 붙이지 못할 정도의 냉대를 받았을 뿐이다.

어쩔 수 없이 그는 러시아 수도 상트페테르부르크로 향했다. 그는 그곳에서 전에 한국 주재 러시아 공사관 서기관을 지낸 외교관을 만나 본국의 모든 광산·삼림·황무지 개발권을 러시아인에게 양도하는 조건으로 러시아 측의 후원을 이끌어 내려는 교섭을 벌였다. 그러나 얼마 뒤 그 외교관이 유럽의 다른 나라 공사관으로 전출되어 교섭은 중단되고 말았다. 이에 이용익은 외교부의 다른 관리를 상대로 협상을 계속하기로 했다. 그가 러시아 관리를 만나기로 약속한 호텔에서 기다리고 있을 때 통역으로 현지에서 고용한 강화도 출신의 유학생 김현토金顯土가 갑자기 그에게 달려들어 단도로 마구 찔러 그는 중상을 입고 쓰러졌다. 정교鄭喬의 『대한계년사大韓季年史』에는 그가 1906년 1월 15일(음력 1905년 12월 21일) 몸에 열한 군데나 찔린 상처로 말미암아 병원으로 옮겨진 지 30분 만에 죽었다고 기술되어 있고, 이에 근거하여 종래 한국사 연표에도 그의 사망연도를 1906년 초로 잡고 있으나 이는 착오이다. 유족의 증언이라든지, 황현黃玹의 『매천야록』에 기술되어 있듯이 그는 이보다 1년 뒤인 1907년 1월(음력) 블라디보스토크에서 54세로 죽어 3월(음력) 조정은 그에게 충숙공忠肅公의 시호를 내렸다. 그는 임종 직전에 양자인 이현재李賢在에게 "나라가 이미 망했으니, 내가 죽으면 국권國權이 회복되는 그날까지 고향으로 운구運柩하지 말라"고 당부했다고 한다. 즉, 그는 러시아 수도에서 중상을 입고 쓰러진 뒤 한국인 동포, 특히 고향인 함경북도 명천明川 사람들이 많이 이주해 있는 연해주 블라디보스토크로 옮겨와 1년 가까이 요양생활을 했던 것을 알 수 있다.

이용익의 황실재산 관리에 대해서는 그가 살아 있을 때부터 극단적으로 평가가 엇갈리고 있는 실정이다. 이를테면 한때 그의 직속 부하로 있다가 그 뒤 황태자 영친왕 이은李垠의 시종무관으로 한평생을 보낸 김응선은 1920년대 말 일본 육군대좌 시절의 회고담에서 그의 성격이 매우 근엄하고 염직廉直하여 죽기 직전에 갖고 있던 고종 황제의 비자금을 모두 반납했으며, 종자從者인 김현토에게 저격을 당한 이유도 바로 황제의 돈을 단 한 푼이라도 아껴 보려는 인색한 행동거지 때문이었다고 증언한 바 있다. 하지만 이는 자못 과장된 찬사임이 분명하다. 『대한계년사』에 의하면 러시아 법정에 선 김현토는 이용익의 '매국賣國'한 죄를 극론極論하여 방청객들의 큰 칭찬을 받았으며, 러시아 변호사는 한국의 '난신적자亂臣賊子'인 이용익을 죽이려 한 김현토야말로 의사義士로 당연히 석방해야 한다고 변론하여 청중의 갈채를 받았다고 한다. 그리고 한 러시아인은 이용익의 손자 이종호李鍾浩가 자객을 고용하여 복수를 꾀할 우려가 있으니 김현토에게 블라디보스토크로 피신하라고 권했다는 것이다. 하지만 어떤 오해가 풀렸음인지, 그 뒤 김현토는 건재했고 이종호와도 동지적 관계를 유지했다. 장지연은 1908년 초 블라디보스토크에서 발행하는 『해조海潮신문』의 주필로 초빙받아 현지로 갔는데, 이해 4월 9일에는 김현토의 안내를 받아 동양대학교의 포스타빈G. V. Pddstavim(1875~1924) 교장의 집을 방문한 일도 있다.[56] 이 포스타빈은 러시아에서 한국학을 창시한 인물로 평가받고 있다. 한국이 일본에 병합된 직후인 1911년 11월 블라디보스토크 신한촌新韓村에서 이종호 등이 주동하여 한국인 사회의 민족운동 단체인 권업회勸業會를 결성했을 때 김현토가 교육부의 부원으로 참여한 것을 보면 그가 단지 돈 문제로 이용익을 죽이려고 한 것이 아님을 충분히 짐작할 수 있다. 이처럼 이용익의 죽음에는 모종의 미스터리가 개재되어 있다. 어쨌든 고종이 가장 신임하고 기대했던 이용익의 국권회복을 위한 노력은 제대로 착수해 보기도 전에 물거품이 되고 말았다.

15. 미국에 대한 협조 요청도 실패로 끝나다

고종 황제가 평소 가장 믿고 친밀하게 대한 나라는 미국이었다. 실제로 미국은 세계열강 중 한국의 영토에 대한 야심이 가장 적었을 뿐 아니라 1882년 5월 한국과 수호·통상조약을 체결한 뒤 곧이어 내한한 개신교 선교사들이 그간 포교 목적으로 전개한 의료 및 교육사업에서 매우 의미 있는 성과를 나타냈다. 그런 까닭에 고종은 미국인 사업가들에게 평안도 운산 금광 채굴권을 내준다거나 철도 부설권 혹은 서울의 전기·전차사업에 대한 독점권을 인가하는 등 큰 경제적 이익을 보장해 주었다. 특히 고종은 한·미 수호조약의 조문條文 제1관款에 만약 제3국이 한국에 대해 뭔가 공정하지 않고 한국을 경시·모욕하는 듯한 행동을 취할 때는 모름지기 미국이 협조하여 최선의 조치[57]를 취함으로써 우의友誼를 표시한다는 조항이 있음을 항상 유념하고 장차 예상되는 일본의 무리한 요구를 미국이 적극적으로 거중居中 조정하여 이를 완화해 주지 않을까

---

56 『해항일기』.
57 중재한다는 의미.

은근히 기대를 건 것도 사실이다.

실제로 고종 황제의 두터운 신임을 받고 있던 민영환과 한규설은 러일전쟁이 일어난 뒤 아직 전세의 우열이 뚜렷하게 드러나지 않던 시절부터 은밀히 미국의 동향을 살펴 그 협조를 얻어내는 방법에 대해 대책을 강구하기 시작했다. 그들은 이 특수임무를 수행할 밀사로 당시 한성감옥에서 복역하고 있던 이승만李承晚을 지목하고, 황제께 그의 특별사면을 끈질기게 탄원했다. 다행히 고종은 이들의 요청을 들어주었다. 이에 따라 독립협회의 젊은 투사로서 1898년의 만민공동회를 통한 대정부 투쟁에서 맹활약을 전개했다가 이듬해 초 국사범으로 구속되어 5년 7개월간 투옥 중이던 30세의 이승만은 1904년 8월 8일 석방되어 집으로 돌아왔다. 배재학당 시절 미국 선교사에게서 영어를 배운 그는 옥중생활 중 역시 선교사들의 도움으로 많은 영어 책자를 차입差入받아 영어 공부에 힘쓴 결과 출옥할 무렵에는 영어를 능숙하게 구사할 수 있게 되었다.[58] 그는 10월 11일 황성기독교청년회(YMCA)가 최초의 회의를 열었을 때 초청받아 이상재李商在·윤치호 등 저명한 인사들과 함께 연설할 기회를 갖기도 했다.[59] 출옥한 지 3개월 뒤인 11월 4일 그는 고국을 떠나 장도壯途에 올랐다. 민영환은 그가 미국에서 활동하는 기간 중에 가족의 생계를 돌봐 주기로 언약했고, 한규설은 여비와 공작금 조로 50원元을 내놓는 한편 전 한국 주재 공사(1887~1890)였으며 당시 아칸소주 출신 연방 하원의원인 딘스모어Hugh A. Dinsmore에게 보내는 서신을 그에게 맡겼다. 형이 갑신정변 때 암살당한 뒤 비교적 젊은 나이에 명성황후의 총애를 받으며 포도대장의 중책을 맡고 있던 한규설은 딘스모어 공사와 친분이 있었다.

이승만은 하와이를 경유하여 이해 12월 31일 워싱턴에 도착한 다음 여장을 풀었다. 그는 곧장 한국 공사관으로 달려가 3등 참서관(서기관)으로

---

58 『윤치호 영문일기』, 1904년 8월 9일 자.
59 『윤치호 영문일기』, 1904년 10월 11일 자.

있는 김윤정金潤晶을 만나 자신에게 부여된 사명을 설명한 뒤 협조를 당부했다. 백범 김구는 황해도 안악에서 일본인을 살해한 죄목으로 1896년 해주감옥에 갇혔다가 외국인 관련 사건을 재판하는 인천 개항장재판소로 옮겨졌는데, 당시 인천항 경무관으로 있던 김윤정이 자신에게 적잖이 호의를 보였다고 자서전에 술회했으나 이는 그의 착각 내지 혼동으로 보는 견해가 유력한 실정이다.[60] 어쨌든 1897년 도미한 김윤정은 미국에서 대학을 나온 뒤 공사관 서기생으로 현지 임관된 인물인데, 이승만에 대해 별다른 관심을 보이지 않았다. 이승만은 그의 소극적인 태도에 실망하지 않고, 민영환·한규설 두 대신에게서 지시받은 대로 딘스모어 의원을 찾아가 자신에게 주어진 비밀 명령을 설명했다. 딘스모어는 친한파 인사답게 이승만을 위해 미국 국무장관 헤이John Hay와의 만남을 주선했고, 그는 1905년 2월 20일 딘스모어의 안내를 받아 국무부로 찾아가 헤이 장관을 30분간 면담할 기회를 얻었다. 헤이 장관은 20대에 링컨 대통령의 비서관을 역임한 바 있고[61], 30년 이상의 세월이 지나 국무장관에 취임한 뒤인 1899년 9월 바야흐로 중국에서 서구 열강에 의한 세력권의 분할이 한창 진행되고 있을 때 문호門戶 개방과 기회 균등을 주장하는 공문公文을 발표함으로써 미국의 극동정책을 전 세계에 알린 바 있다. 그는 미국이 한·미수호조약상의 의무를 다하도록 최선의 노력을 기울일 것이라는 희망적인 이야기를 들려주었다.

그러나 그 뒤 미국 내의 정황은 러일전쟁에서 일본의 승리가 확실해지면서 한국에 차츰 불리한 방향으로 전개되기 시작했다. 무엇보다도 루스벨트 대통령과 달리 러시아와의 친선정책을 주장해 온 앨런 공사가 5월에 갑자기 해임된 것이 바로 그 불길한 조짐의 신호탄이었다. 이승만은 후임 공사로 임명된 모건을 만나려고 그가 묵고 있는 워싱턴 시내 알

---

60 도진순都珍淳, 『정본定本 백범일지』 돌베개, 2016, 187쪽.
61 당시 백악관의 비서관은 2명.

링턴호텔로 찾아갔다. 당시 모건은 신임장 등의 문제로 잠시 워싱턴에 체류 중이었는데, 이승만은 호텔 숙소에서 그가 양복 위에 다채로운 색상의 기모노를 걸치고 있으며, 그 옆에는 일본인 심부름꾼을 데리고 있는데 놀라지 않을 수 없었다.[62] 모건은 서울에 와서 6월 26일 외부를 공식 방문하고, 협판(次官)으로 있던 윤치호에게 초대 미국 공사였던 푸트가 보내는 개인 편지를 건네주었다.[63]

또한 한국에 대해 호의를 표한 바 있는 헤이 국무장관이 7월 1일 병으로 죽고 친일성향이 농후한 차관 루트Elihu Root가 승격하여 그 후임이 되면서 한·미 우호관계의 앞날은 더욱 어두워졌다. 마침 7월 초에 루스벨트 대통령은 자신의 주재하에 포츠머스 군항에서 러·일 강화회담을 곧 시작한다고 발표했다. 그러자 하와이에 이민 온 지 얼마 안 되는 한국 교민 8천여 명이 7월 12일 특별회의를 소집하여 윤병구尹炳求 목사와 이승만을 이 강화회의에 공식 파견하기로 결의했다. 윤 목사는 평소 애국심이 투철하여 교민들의 신망이 매우 두터웠고, 이 때문에 이승만은 미국에 오는 길에 하와이에 잠시 들렀을 때 그를 만나 나라의 장래를 함께 걱정한 바 있었다. 이에 따라 윤 목사는 미국 대통령에게 제출할 한국의 독립을 꼭 지켜달라는 내용의 청원서와, 또한 대통령의 심복인 육군장관 태프트W. H. Taft가 필리핀·일본·한국 등 극동 출장길에 하와이에 들렀을 때 그에게 특별히 청탁을 넣어 입수한 소개장을 휴대하고 7월 31일 워싱턴에 도착했다.

윤병구와 이승만은 서재필을 찾아가 청원서의 문장을 다듬었다. 강화회담은 8월 9일에 정식 시작될 예정이었으나, 두 사람은 그 전에 루스벨트 대통령을 만나 호소하는 것이 좋을 것으로 판단하여 당시 대통령이 머물고 있는 뉴욕 오이스터베이의 여름 별장으로 찾아갔다. 마침 그날은

---

62 이승만 저, 이종익 역, 『일본 군국주의 실상』, 나남, 1987, 224쪽(원서명 *Japan Inside Out: The Challenge of Today*, Fleming H. Revell Com., 1941).
63 『윤치호 영문일기』, 1905년 7월 4일 자.

대통령이 러시아의 대표단을 접견하는 일로 무척 바빴으나, 시간을 내어 한국 대표 두 사람을 정중하게 접견했다. 다만 대통령은 두 사람의 요구 사항이 아주 중요한 것인 만큼 정식 외교 통로를 거쳐 청원서를 제출한 다면 이를 강화회의에 회부하겠다고 약속했다. 그리하여 두 사람은 면회 장소에서 물러나와 그날 밤으로 워싱턴의 한국 공사관으로 이동, 임시 대리공사를 맡고 있는 김윤정을 붙들고 당장 필요한 조치를 취하자고 졸랐다. 그러나 이미 일본 측에 매수된 김씨는 자기로서는 본국 정부의 훈령을 받지 않았으므로, 이들의 요구를 들어줄 수 없다고 잡아뗐다. 젊은 이승만은 길길이 뛰면서 을러봤으나, 아무런 소용이 없었다. 결국 청원서는 미국 국무부에 정식으로 제출해 보지도 못한 채 휴지조각이 되고 말았다. 이승만은 8월 9일 자로 쓴 민영환에게 보내는 편지에서 모처럼의 사행使行이 그 최종단계에서 김윤정의 민족적 배신으로 말미암아 실패로 돌아갔다고 보고했다.[64]

그러나 김윤정의 반역행위가 없었더라도 이승만이 사명을 달성할 수 있는 확률은 높지 않았던 것이 분명하다. 왜냐하면 루스벨트 대통령이야말로 당시 극동의 국제적 경쟁에서 한국의 희생을 무릅쓰고 일본을 지지하는 정책을 추구했기 때문이다. 그는 1905년 1월 28일 자로 작성한 헤이 국무장관에게 보내는 편지에서 "일본에 대항하여 한국에 개입할 수는 없다. 한국인들은 자기 나라를 지키기 위해 주먹 한번 사용할 줄 모른다"고 자신의 감정을 노골적으로 피력한 인물이었다.[65] 태프트 육군장관이 극동 지역을 순방하는 가운데 첫 번째로 일본에 들러 7월 27일 가쓰라 일본 수상을 만나 미국의 필리핀 지배를 일본이 확인해 주는 대가로 "일본의 동의 없이 한국이 다른 나라와 약정約定을 맺지 못하게

64 유영익柳永益, 『이승만의 삶과 꿈―대통령이 되기까지』, 중앙일보사, 1996, 38~44쪽.
65 김기석金基奭, 「광무제의 주권수호 외교, 1905~1907」, 이태진李泰鎭 편저, 『일본의 대한제국 강점』, 까치, 1995, 234쪽.

할 정도의 종주권宗主權을 한국에 행사하는 것은 전승국가로서의 당연한 전과戰果"라고 약속한 것을 최종 인준한 사람이 루스벨트였다. 이 가쓰라·태프트 비밀협약의 존재 및 내용이 세상에 알려진 것은 20년쯤 지난 1920년대 중반으로, 이승만은 1905년에 미국 수뇌부가 1882년에 체결한 한·미 수호조약 제1조에 규정한 바의 중재권을 행사하겠다는 의무조항이 마치 해소된 것인 양 행동했다고 비판함으로써[66] 태평양전쟁을 목전에 둔 민감한 시기에 이 비밀조약의 존재를 넌지시 상기시키고 있다.

포츠머스 강화조약이 체결되고 난 뒤 고종 황제는 모건 공사를 통해 친서를 미국 대통령에게 보내려고 시도했다. 1904년 로이터 통신원으로 한국을 방문했다가 1905년 미국 공사관 부영사로 채용되어 보도원 겸 옵서버 자격으로 공사를 돕고 있던 장래가 몹시 촉망되는 젊은 스트레이트Willard Straight는 오늘날 이 시기 한국의 국내정세에 대한 귀중한 증언 자료인 그의 일기에서—그가 찍은 각종 사진자료도 역시 소중하기 짝이 없다—모건 공사가 황제의 친서 전달 요청을 거절했다고 기술한 바 있다. 크롤리Herbert Croly가 지은 스트레이트의 전기를 통해서 이 사실을 알게 된 이승만은 "모건 공사는 고종 황제의 친서를 본국 대통령에게 전달하게 되면 대통령의 입장이 무척 곤란해질 것이라는 사정을 잘 알고 있었기 때문에 황제의 부탁을 거절한 것이라고 해석했다.[67]

이처럼 주한 미국 공사를 통한 친서 전달이 불가능하다는 것을 깨달은 고종은 민영환 등이 천거한 헐버트를 워싱턴D.C.에 보내어 미국정부에 청원하는 일에 나섰다. 헐버트는 목사의 아들로 태어나 다트머스대학을 나온 뒤 유니언신학교에 재학 중이던 1886년, 20대 초반의 젊은 나이에 신설된 육영공원의 교사로 초빙되어 한국에 온 이래 20년 가까이 한국 문화와 역사를 연구하면서 이에 깊이 심취한 최고의 지한파知韓派 인

---

66 이승만 저, 이종익 역, 『일본 군국주의 실상』, 219쪽.
67 위의 책, 220쪽.

사였다. 비록 한국 정부가 예산부족으로 교사를 감원하자 그는 1891년 일단 귀국했으나, 2년 뒤 다시 내한하여 교육·선교·언론분야에서 눈부신 활동을 벌였다. 그는 미국 선교사가 만든 배재학당[68]에서 영어를 가르치는 한편 1900년 가을 신설된 당시 최고학부인 관립중학교[69]의 촉탁교관으로 정식 발령을 받아 5년 가까이 근무했다. 또한 그는 한국을 소개하는 영문 잡지 『The Korea Review(한국평론)』를 발간했으며, 한글의 우수성에 눈떠 전문적인 학술논문을 발표한다거나[70] 본격적인 한국사 개설서를 저술하기도 했다. 그는 도미하여 외교공작을 펴려는 고종의 밀지를 받자 1905년 10월 16일 촉탁 교관직을 사임하고 5일 뒤 귀국길에 올랐다. 그와 함께 관립중학교에서 외국인 교관으로 몇 해 동안 함께 근무하던 중 1905년 1월, 현 교육부에 해당하는 대한제국 학부學部의 고문[71]이 된 시데하라 다이라幣原坦[72]에 의하면 이때 헐버트는 3만 원이라는 거액의 공작금을 받았다는 소문이 돌았다고 뒷날 『조선사화朝鮮史話』[73]에서 밝히고 있다.

헐버트는 보호조약이 체결된 11월 17일, 바로 그날 워싱턴에 도착했다. 그는 곧바로 황제의 친서를 미국 정부에 접수하려고 국무부를 찾아갔으나, 직원들은 핑계를 대며 이를 회피했다. 국무부는 그에게 25일 자로 된 장관 명의의 협조할 수 없다는 내용의 공문을 직원을 시켜 통보했다. 그러나 헐버트는 26일 고종 황제가 보낸 긴급 전문을 추가로 받았다. 이는 상하이에 망명해 있던 현상건 등 황제의 심복들이 비밀지령을 받고

---

68 현 배재고등학교의 전신.
69 현 경기고등학교의 전신.
70 그는 2014년 한글의 날을 맞아 한국문화 발전에 기여한 사람에게 주어지는 최고 영예인 금관문화훈장을 추서追敍받았음.
71 정식 명칭은 학정참여관學政參與官.
72 당시 서울 주재 일본 공사관 서기관이었던 시데하라 기주로의 친형임.
73 시데하라 다이라幣原坦, 『조선사화朝鮮史話』, 도쿄: 후잠보富山房, 1924, 459~460쪽.

치푸의 프랑스 영사관에 잠입하여 발신한 것이었다. 그 밀지의 내용은 다음과 같았다.

"짐朕은 일본이 자행한 총칼의 위협과 강요 아래 최근 한·일 양국 사이에서 체결된 이른바 보호조약이 무효임을 선언한다. 짐은 결코 이 조약에 동의한 적이 없으며, 앞으로도 동의하지 않을 것이다. 이 같은 뜻을 미국정부에 전달하기 바란다."

이에 따라 헐버트는 12월 11일 미국 국무부를 방문하여 국무차관에게 황제의 훈령이 요약된 전문을 보여주면서 현재 한국 정부가 일본의 부당한 정치적 탄압을 받고 있으며 보호조약은 무효라고 호소했다. 이에 대해 국무차관은 한·미 양국 정부 간에는 정식 대표자를 교환하고 있는 만큼 이 같은 문서는 정당한 방법에 의해서만 처리될 수 있다고 답변했다. 다시 말하면 미국 주재 한국 공사[74]가 요청하지 않는 한 미국정부는 일절 대응하지 않겠다는 태도였다.

이와 전후하여 프랑스 주재 민영찬 공사가 워싱턴에 도착했다. 그 역시 을사조약이 황제의 재가 없이 조인되었으며, 협약안에는 서명·날인도 없으므로 전적으로 무효라는 황제의 뜻을 미국 국무부에 전하라는 사명을 띠고 급히 달려온 것이었다. 그리하여 12월 11일 민영찬은 국무부에 가서 루트 장관을 만나 1882년 한미수호조약 체결 때 규정한 한국을 위한 중재의 의무를 다할 것을 요청했다. 그러나 장관은 한국 정부가 1904년 8월 일본과 맺은 협정[75]을 구실로 내세우며 도와줄 수 없다고 공식적인 의사를 밝혔다. 그는 12월 19일 자로 민영찬에게 이 같은 내용의 회신을 보냈다. 한국을 병탄한 뒤에 나온 일본 측의 공식적인 기록문서인 「조선의 보호 및 병합」에 의하면 루트 장관은 헐버트가 첫 번째로 차관을 찾아와

---

74 혹은 대리공사.
75 제1차 한일협약.

대화한 내용을 워싱턴 주재 일본 공사인 다카히라 고고로高平小五郎에게 이야기했고, 두 번째로 민영찬이 장관을 방문했을 때 한국 측의 협조 요청을 정식으로 거부하고 1주일 뒤 민영찬에게 보낸 노트(회신) 사본을 역시 다카하라 공사에게 직접 보여주는 등 호의를 표했다고 한다.

한편 고종은 전 미국 공사 앨런을 통해 미국정부의 협조를 받을 수 있지 않을까 기대했다. 그는 1884년 의료선교사로 한국에 온 뒤 시의侍醫로 국왕과 왕비의 총애를 받아 1887년에는 워싱턴에 창설된 주미 공사관의 외국인 서기관으로 특별 채용되기까지 했다. 그는 이 경력을 평가받아 3년 뒤에는 정식 외교관으로 전신轉身하여 이번에는 주한 미국 공사관의 서기관이 되었고, 1897년에는 공사로 승진하여 1905년 봄까지 서울에서 분망한 나날을 보냈다. 큰 키에 행동이 민첩했던 그는 이미 서기관 시절부터 미국 공사관의 실세로 통했다. 한국이 대내외적으로 매우 다사다난했던 마지막 15년 동안 고종은 어려운 문제에 봉착할 때마다 그의 의견을 물었고 대개의 경우 수용할 정도로 그를 깊이 신뢰했다. 앨런은 이 같은 고종의 신임을 이용하여 미국인 사업가들에게 각종 투기적 이권을 주선하기도 했다.

을사조약이 체결된 직후 고종은 앨런을 통해 미국 정부에 친서를 전달하려 했다. 그리고 한미전기회사를 운영하는 영국 태생의 미국인 콜브란 Henry Collbran에게 이 친서와 함께 1만 달러에 달하는 활동자금을 앨런에게 보내 달라고 부탁하기로 했다. 고종은 자신이 한미전기회사의 주식 절반을 소유한 동업자요, 더욱이 이윤이 많은 독점사업의 후원자였으므로, 콜브란이 감히 이를 거절할 수 없을 것으로 믿었다. 그때 마침 콜브란이 상하이에 체류 중이었으므로, 황제의 밀사는 그가 샌프란시스코에서 보스트윅Harry Bostwick과 공동 경영하는 회사의 서울지점 변호사 엘리엇Eliot에게 상하이로 콜브란을 찾아가 황제의 밀지를 전하도록 했다. 엘리엇과 콜브란은 몇 가지 필요한 서류들을 확보한 뒤 일본 고베神戸로 건너가 어떤 미국인을 시켜 이를 보스트윅에게 전달하게 조치했다.

1906년 1월 4일 각종 기밀 서류를 건네받은 보스트윅는 즉각 이를 앨런에게 전달했고, 앨런은 곧 임무에 착수했다. 그러나 앨런으로서는 이같은 어려운 공작을 벌일 처지가 못 되었다. 그는 공사로 재임 중인 1903년 9월 루스벨트 대통령을 특별회견한 자리에서 만주야말로 장차 미국의 무역 확대를 위해 진출해야 할 유망한 지역이며, 따라서 미국은 마땅히 친일·반러시아 정책을 포기하고 친러시아 정책을 취해야 할 것이라고 건의했다가 본디 친일적인 성향이 농후한 대통령과 심각한 논쟁을 벌인 끝에 급기야 러일전쟁 중이던 1905년 3월 공사직에서 해임된 전력이 있었다. 더욱이 그는 당시 모르고 있었지만 루스벨트 대통령은 러일전쟁이 일본의 승리로 굳혀진 1905년 7월 필리핀 초대 민정지사를 거쳐 육군 장관이 된 태프트를 도쿄에 보내 일본 수상인 가쓰라桂를 상대로 일본이 필리핀에 대한 미국의 통치를 승인하는 대가로 미국은 일본의 한국에 대한 우월한 지배를 승인한다는 비밀협정을 체결하도록 했다.[76]

앨런은 처음부터 자신이 미국의 외교정책을 바꿀 수 없다는 것을 너무도 잘 알고 있었지만 그래도 고종 황제의 친서를 받은 이상 모르는 체하기도 어려웠다. 그는 1월 중순, 평소 친분이 있는 변호사 혹은 퇴역 육군 장성 그리고 보스트윅 등 몇 사람에게 편지를 보내 도와달라고 요청했다. 20여 년 전 서울 주재 미국 공사 대리를 잠시 맡은 적이 있는 럭힐 William W. Rockhill은 당시 동아시아의 문호 개방을 요구하는 대외정책을 입안立案, 그 실무교섭에 나서는 등 극동문제의 최고 전문가로 루스벨트 대통령의 신임도 두터웠다. 그러나 그는 이미 몇 해 전부터 완전히 친일분자가 되어 있었으므로, 앨런은 옛 친구인 그에게 말도 꺼낼 수 없는 형편이었다. 한편 그는 이보다 조금 앞서 한국 내의 친미파 유력인사들인 이하영, 윤치호 등에게도 편지를 띄워 의견을 구했다.

---

76 7월 하순에 체결된 이 비밀협정의 내용은 한 미국인 외교사가의 저서에 의해 1925년 처음으로 세상에 알려졌음.

그러나 러일전쟁 기간에 일본 측의 추천으로 한국 정부 외교고문이 되어 서울에 와 있던 미국인 스티븐스Durham W. Stevens가 1906년 1월 10일 자로 앨런에게 보낸 서신에는 보호조약 체결 때 고종 황제가 동의하지 않았음을 시인하면서도 학부대신 자리에 있던 이완용李完用이 일본 측에 크게 협조했다고 기술하고 있어 그를 몹시 씁쓸하게 했다. 이완용이나 이하영 모두 앨런이 워싱턴 주재 한국 공사관에서 외국인 서기관으로 근무할 때부터 친하게 지낸 동료였다. 그 뒤 앨런은 미국 공사관의 서기관 혹은 공사로 서울에서 활동할 때 이완용을 줄곧 비호했었다. 그는 1895년 늦가을 고종의 처소를 경복궁에서 덕수궁 옆 미국 공사관으로 옮기려는 비밀공작인 춘생문 사건이 실패로 돌아갔을 때 궁지에 몰린 이완용을 공사관에 숨겨주었을 뿐 아니라 기회가 있을 때마다 고종에게 이완용을 대신으로 쓰도록 추천했다. 한편 앨런이 다소간 기대를 걸었던 윌슨James H.Wilson은 1906년 1월 26일 자 편지에서 "일본이 바야흐로 모든 아시아 국가의 패자霸者가 되리라는 사실은 날이 갈수록 더욱 명백해지고 있다"고 절망감을 토로했다. 그는 남북전쟁에 종군하여 이름을 날린 퇴역장군으로 워싱턴 사교계에서 정치인들과 교분이 두터운 인물이었다. 이 편지를 접한 앨런은 이제 자신이 한국과 고종 황제를 위해서 할 수 있는 일이 아무것도 없다는 결론을 내리고 쓰고 남은 활동비를 콜브란에게 되돌려 보내고 말았다.

16. 독일 황제에게 보낸 친서, 사라지다

고종 황제는 서울에 주재하는 독일 공사 잘데른과도 평소 긴밀한 연락을 유지했다. 직업외교관 출신으로 풍부한 경험을 가진 그는 타이 주재 대리공사 겸 총영사로 있던 중 1903년 3월 말 한국 주재 변리辨理공사로 임명되어 4월 하순부터 직무를 수행하기 시작했다. 독일은 1882년 6월 하순 서둘러 한국과 수호통상조약을 조인했다가 비준하기 직전 영국이 관세율을 대폭 낮춘 조약개정을 요구함에 따라 독일도 이에 동조하여 다시금 협상을 벌인 끝에 이듬해 11월 체결한 내력을 갖고 있었다. 다만 독일은 한국에 대해 이렇다 할 외교적 현안이나 경제적 이해관계가 없었으므로, 처음에는 부영사를 보내다가 그 뒤에 격을 높여 총영사를 파견했다.[77] 공사 직함을 갖고 부임한 것은 잘데른이 처음이었다. 이는 독일정부가 머지않아 러일전쟁이 일어날 것을 기정사실로 보고 동아시아 국제정세의 변화에 대해 관심이 높아졌음을 반영한다.

1890년 비스마르크가 실각할 때까지 독일의 외교정책은 오직 하나의 한정된 목표를 향해 전개되었다. 그것은 국내 통일의 과업을 완수한 독일이 유럽대륙에서 안전을 확고하게 보장받을 수 있는 국제관계, 즉 세력균형에 입각한 동맹체제를 유지하는 것이었다. 그는 철혈鐵血재상이라는 겉으로 드러난 이미지와는 달리 더 이상의 영토 확장을 자제하면서 국제관계에서 개방적인 평화 유지정책을 추구했다. 그러나 그를 재상 자리에서 쫓아낸 젊은 황제 빌헬름 2세는 해외 식민활동에 관심을 기울였다. 더욱이 황제는 그때그때 즉흥적인 판단에 따라 중대한 대외정책을 결정함으로써 비스마르크가 면밀하게 짜놓은 독일 안전보장의 기반을 위태롭게 했다. 1894년 벽두에 독일에 대한 복수심으로 가득 차 있던 프랑스가 러시아와 동맹을 체결함으로써 비스마르크가 가장 우려했던 사태가 현실이 되었다. 곧이어 이해 여름 일본과 청나라가 한국에서 일촉즉발의 상태로 대치하고 있을 때 독일은 일본에 대해 전쟁을 일으키지 말도록 압력을 가해 줄 것을 희망하는 영국의 제의를 외면했다. 한편 청일전쟁이 일본의 승리로 끝난 뒤 체결된 시모노세키下關조약에 의해 일본이 차지하게 된 랴오둥반도를 청국에 되돌려 주도록 일본에 압력을 가한, 이른바 3국간섭 때 독일의 입장에서는 그다지 이해관계가 없는 사항

---

77 영국은 시종일관 총영사를 고수했음.

이었음에도 불구하고 앞장서서 러시아·프랑스와 공동보조를 취해 결국 러시아의 이익에 봉사했다. 이처럼 외교정책의 기본목표와 원칙의 일관 성을 결여한 독일은 2년 뒤인 1897년 11월 중국 산동반도에서 독일인 신 부神父 2명이 살해당한 것을 구실로 전격적으로 군대를 출동시켜 이듬해 봄 자오저우만膠州灣 일대에 상륙, 칭다오靑島를 점령, 조차租借해 버렸 다. 이 사건은 호시탐탐 중국 영토를 노리고 있던 구미 열강에게 공공연 히 중국 영토분할 경쟁을 촉발시킨 계기로 작용하여 러시아는 그동안 잔 뜩 눈독을 들이고 있던 랴오둥반도 첨단의 뤼순旅順·다롄大連을 차지하 는 성과를 거뒀다.

1900년 초여름 청나라에서 의화단義和團이 봉기하여 외세 배격운동 이 한창 크게 일어나자 러시아는 만주에 건설 중이던 철도시설 및 부설 지에 대한 보호를 구실로 만주에 대규모의 군대를 동원했다. 세계 도처 에서 러시아의 남진정책을 줄곧 견제하며 갈등을 빚고 있던 영국은 돌 연 독일에 접근하여 이해 10월 양국 간에 우호적인 협상을 벌였고, 일본 도 이에 가세했다. 이 같은 정세의 변동에 힘입어 독일은 이듬해 봄 독· 영 외에 일본을 포함시킨 3국동맹 체결을 영국에 제의하기까지 했다. 그 러나 그 뒤 영·일 두 나라는 독일을 배제한 채 비밀협상을 벌여 1902년 1 월 말 동맹조약을 체결하고 말았다. 영국이 그때까지 세계 어느 나라와 도 공식적으로 동맹관계를 맺는 것을 꺼리고 있던 사실을 고려할 때 영· 일동맹이야말로 이례적인 것이었다. 본디 독일의 영국에 대한 증오심은 매우 강하여 일찍이 비스마르크는 영국과 같은 내각책임제 국가와는 확 고한 동맹관계 구축이 불가능하다고 보았다. 무엇보다도 당시 세계 제1 의 육군국가인 독일의 해군장관 티르피츠Alfred Von Tirpitz 제독의 주도 아래 1898년 해군법을 제정, 세계 제1의 해군국가인 영국에 맞설 수 있 을 만한 대규모 해군 확장정책에 착수했을 때이므로[78], 해군 확장경쟁을

---

78 1900년 제2차 해군법이 의회에서 통과됨.

강요받게 된 영국으로서는 독일을 진정한 동맹 상대국으로 믿기 어려웠을 것이다. 그것은 어쨌든 영·일동맹의 체결로 말미암아 독일은 동아시아를 둘러싼 국제정치 무대에서 완전히 고립되어 버렸다. 빌헬름 2세가 수교 20년 만에 외교사절의 격을 높여 한국에 공사를 보낸 것은 불리해진 국제정세에서 한국과의 외교를 한층 강화하여 열세를 만회해 보려는 목적에서 취해진 조치로 짐작된다.

질데른 공사는 서울에 부임할 무렵 고종 황제의 주위에서 큰 신임을 얻고 있던 몇 명의 독일인으로부터 도움을 받았던 듯하다. 그중 가장 중요한 인물이 바로 독일인 소유의 무역회사인 세창양행世昌洋行(E. Meyer&Co.)의 한국지사장으로 16년간 재임하고 있던 볼터Carl Andreas Wolter(1858~1916)였다. 그는 1887년 개항한 지 얼마 안 되는 제물포에 와서 외국인 회사로서는 최초로 사옥을 짓고 중계무역과 선박운송 대행업무를 시작하여 사세社勢를 급속히 확장시킨 인물이다. 그는 일찍부터 왕실에 접근하여 가족이 수시로 궁중에 출입하면서 왕세자[79]와도 친분을 맺을 정도로 수완을 보였다. 1898년경부터 열강들이 금광채굴권을 얻기 위해 필사적인 경쟁을 벌일 때 독일 황제의 동생인 하인리히Heinrich 친왕親王을 1899년 초여름 서울로 불러들여 채굴허가를 얻도록 책동을 부린 것도 바로 그였다. 당시 현역 해군중장의 계급장을 달고 있던 친왕은 얼마 전 독일이 탈취한 칭다오의 총독부 정청을 시찰할 목적으로 중국에 왔던 것이다. 독일 총영사관의 연락을 받은 친왕은 군함을 타고 황해를 횡단, 제물포에 상륙했다. 그는 6월 9일 서울에 와서 고종 황제와 회견했는데, 황제는 이틀 뒤 그가 묵고 있는 대관정大觀亭[80]을 찾아와 함께 식사했다. 친왕은 며칠 뒤 독일이 획득한 강원도 금성군 당현堂峴광산을 찾아가 삽을 들고 땅을 파는 제스처를 연출하기도 했다.[81] 볼터는 당

79　뒤에 순종.
80　현 서울 시청 근처.
81　마르텔Emile Martel의 회고록(고사카 사다오小坂貞雄, 『외국인이 본 조선외교비화

시 독일로부터 권총 및 탄환 등 개인화기를 들여온다거나 뒤에 평안북도 선천宣川의 금광채굴권을 얻어 큰 이익을 취했다. 이처럼 이권을 주고받는 데 적지 않은 사례비가 황제의 손에 쥐여졌을 것은 더 말할 필요도 없다. 볼터가 1908년 회사를 정리하고 귀국할 때 이미 황제의 자리에서 물러나 있던 고종이 그와의 작별을 아쉬워하며 열 폭 병풍인 해상군선도海上群仙圖를 하사한 것은 근래 알려진 사실이다. 이 명화는 그의 외손녀가 소장하고 있던 중 2013년 6월 서울의 한 경매장에서 6억 6천만 원에 낙찰되어 마침내 한국에 돌아왔고, 몇 달 뒤에는 2009년에 독일에서 출간된 그 시절 독일인들에 대한 이야기가 한국어로 번역 출간되었다.[82]

볼터 이외에도 분쉬Richard Wunsch(1869~1911)와 에케르트Franz Eckert (1852~1916)가 각각 황제의 시의侍醫, 시위대 군악대장으로 고종의 각별한 신임을 받고 있었다. 분쉬는 의과대학 시절 은사의 친구였던 저명한 의학자 벨츠Erwin Von Baelz 박사의 추천을 받아 1901년 11월 고종의 주치의로 서울에 왔는데, 벨츠는 오래전부터 도쿄대학 교수 겸 일본 천황의 주치의로 도쿄에서 활약했다. 분쉬는 한국에 부임하자 미국 의료선교사들처럼 서울에 현대식 병원을 설치하려고 백방으로 노력했다. 벨츠 박사도 그를 격려하기 위하여 1902년 9월과 1903년 4월 두 차례나 서울을 다녀갔고, 그 밖에 도쿄대학에 초빙되어 왔던 두 명의 독일인 의대 교수와 독일 순양함의 진료 책임자였던 군의관 등이 한국을 방문했다. 다만 한국 정부의 재정 형편이 어려워 병원 설치가 불가능해지자 그는 자기 집에 진료실을 차려 놓고 일반 환자를 돌보는 한편 한국 정부의 공중보건사업 등에 자문하는 등 활발하게 움직였다. 그는 당시 서울에서 활동하고 있던 여러 의사들 가운데 수술 솜씨가 가장 뛰어난 것으로 정평

外人の觀たる朝鮮外交秘話』, 경성: 조선외교비화출판회, 1934, 60~61쪽).
82 크나이더Hans Alexander Kneider, 『독일인의 발자취를 따라―한독 관계: 초창기부터 1910년까지』, 2013, 일조각.

이 있었다.[83]

그해(1901) 2월 분쉬보다 먼저 온 군악대장으로 초빙받은 에케르트는 일본에서 20여 년간 해군군악대 교사로 있으면서 일본 국가를 취주 악보樂譜로 만든다거나 일본 문부성의 위촉을 받아 창가집을 편찬하는 등 일본에 최초로 서양음악을 도입 소개한 공로자였다. 그는 서울에 부임하자마자 서양식 복장과 악기를 도입하여 손색없는 군악대를 꾸몄을 뿐 아니라 대한제국 애국가를 작곡하기도 했다. 그리하여 1901년 9월 고종 황제 탄신 50주년 기념 축하연에서 애국가를 성공리에 연주하여 청중의 갈채를 받았다. 이 애국가는 현재의 애국가보다 훨씬 더 한국 재래의 전통적인 멜로디를 살린 곡이었는데, 1902년 정식으로 국가로 채택되었다.

이처럼 잘데른 공사가 부임할 즈음 황제 주위에 독일인들이 활동하여 독일과 친밀한 분위기가 조성되어 있었다. 앞에서 보았듯이 고종이 거액의 비자금을 하필이면 독일은행에 예치, 관리하도록 공사에게 청탁한 배경도 이 같은 황실의 친독적 분위기에서 찾을 수 있다. 잘데른 공사도 부임 후 고종이 매우 어려운 처지에 놓여 있음을 이해하고 황제를 도우려고 했다. 그는 1903년 본국 총리 뷜로Bernhard Von Buelow에게 올린 보고서에서 "본인은 전쟁이 일어난다면 최선을 다해 고종 황제를 돕겠다고 약속했다. …… 본인은 정치적 중립을 지키라는 정부의 훈령을 받았지만 순전히 인간적 측면에서 고종을 도울 수 있다고 생각한다"고 기술했다. 그러나 애석하게도 당시 독일 정부는 전혀 한국을 도와줄 처지가 못 되었다. 독일은 일본 편을 드는 영국·미국은 물론 프랑스와 동맹관계를 맺고 있는 러시아로부터 철저히 외면을 당하여 한국을 둘러싼 동아시아 국제외교무대에서 발을 뻗칠 발판을 상실하고 말았다. 이 같은 처지였으므로 독일은 러일전쟁 기간 중 아무런 역할도 할 수가 없었다. 러

---

83 대한의학회가 한 제약업체의 협력을 받아 공동 제정한 분쉬의학상은 바로 그의 업적을 기념한 것임.

일전쟁이 한창 치열하게 전개되던 시기에 독일 황제는 북아프리카 모로코 사태로 관심을 돌렸다. 러일전쟁이 일어나자 영국이 프랑스에 접근하여 1904년 4월 초순 프랑스가 이집트에서의 영국의 자유행동을 허용한다면, 영국은 모로코에서의 프랑스의 자유행동을 허용하겠다는 조건으로 협상을 체결했기 때문이었다. 그러자 이에 맞서 빌헬름 2세는 1905년 3월 말 모로코의 탕헤르Tangier를 전격적으로 방문함으로써 두 나라의 협상을 결코 인정하지 않겠다는 결의를 보였다. 이로써 유럽 열강 간에 전쟁의 위험이 크게 고조된 제1차 모로코 위기가 조성되었다. 독일 정부는 모로코 술탄이 주최하는 국제회의에 동의한다는 뜻을 밝혔다. 이는 오히려 영국과 프랑스의 유대를 강화하는 역효과를 초래했으나, 한편 프랑스는 독일의 위협에 굴복하여 대독 강경책을 주장하는 외교부 장관 델카세를 해임하고 말았다. 이 델카세야말로 잦은 내각 교체에도 불구하고 지난 7년 동안 프랑스 외교의 사령탑을 맡았던 인물이었다. 우여곡절 끝에 독일이 제안한 국제회의는 1906년 1월 중순부터 스페인의 알헤시라스Algeciras에서 열리게 되고, 미국의 영향력이 프랑스에 유리하게 작용한 결과 모로코를 보호령으로 삼으려는 프랑스의 계획이 뒷받침을 얻게 된다.

이처럼 독일이 동아시아 지역의 외교 문제에서 완전히 발을 뺀 정황이었으므로, 한·일 간에 보호조약이 체결되자 독일은 다른 나라들처럼 서둘러 한국 공사관을 폐쇄하고 물러났다. 잘데른 공사는 1905년 12월 중순 앞으로도 존속될 독일의 교역사무를 젊은 나이Gottfried Ney 부영사에게 인계하고 귀국길에 올랐다. 이때 고종은 독일 황제에게 보내는 친서를 그에게 맡겼는데, 그 주요 내용은 보호조약이 일본에 의해 불법적으로 체결된 것인 만큼 독일 정부가 부디 도와주기를 바란다는 것이었다. 어담은 그의 회고록에서 이 독일 공사의 이름을 '와이베키' 남작이라 했고, 또한 그가 귀국할 때 타고 있던 선박에서 갑자기 죽었기 때문에 결국 황제의 친서는 카이저의 손에는 들어가지 못했을 것으로 추측한 바 있다.

다만 이 같은 그의 회고에는 어떤 착오가 있다고 생각한다. 왜냐하면 최후의 서울 주재 독일 공사는 잘데른이 분명하기 때문이다. '와이베키'는 잘데른의 전임자인 바이페르트Heinrich Weipert와 발음이 비슷하여 어담은 두 사람을 혼동한 듯하다. 실제로 당시 한국 외교문서에는 그를 와이벽략瓦爾壁略이라고 표기했다. 이 바이페르트는 변호사 출신으로 1886년 일본 도쿄대학에 로마법 및 독일법 교수로 초빙되었는데, 주일 독일 공사관의 통역 일을 겸임한 것이 인연이 되어 1900년 초 서울 주재 영사로 임시 발령을 받았다가 그해 9월 정식 발령을 받았다. 그는 1903년 3월 대리공사로 승격된 후, 5월 휴가원을 내고 귀국한 뒤 서울로 돌아오지 못했다. 그는 대신 상트페테르부르크 주재 총영사로 임명되었다가 1904년 프라하 총영사로 전임되고, 다시 보르도 영사로 옮겨 재임 중이던 1905년 4월 50세로 죽었다.[84] 다시 말해 어담은 '와이베키', 즉 바이페르트가 한국에 귀임하지 않은 채 유럽 여러 나라에 근무하다가 보르도에서 죽은 것을 마치 잘데른 공사가 귀국선에서 죽은 것으로 기억의 착오를 일으킨 듯하다. 바이페르트가 죽은 것이 잘데른이 한국을 떠나기 불과 7개월 전의 사실이고 더욱이 보르도가 동아시아 지역에서 유럽으로 가는 여객선의 최종 기착지寄着地였으므로, 어담이 25년 뒤의 회고에서 이 같은 착오를 범했다고 해서 하등 이상할 것도 없다. 바이페르트는 1902년 여름 한국 영사 시절에 러시아·프랑스 외교사절과 함께 비밀리에 만나 그해 1월 말 전격적으로 체결된 영·일 동맹에 맞서 3국 간의 연쇄連鎖관계를 강화함으로써 국익을 증진시킨다는 묵계默契를 맺기도 했었다. 이는 러시아 공사 파블로프의 주동하에 바이페르트와 프랑스 공사 콜랭 드 플랑시V. Collin de Plancy[85]가 6월 17일 러시아 공관에서 은밀히 모임을 하고 논의하기 시작하여 7월 21일 이른바 내약內約을 체

---

84 최종고崔鍾庫, 「구한말의 한독관계」, 『한독수교 100년사』, 한국사연구협의회, 1984, 86쪽.
85 한국 이름 갈림덕葛林德.

결하기까지 했는데. 독일은 장차 경원선 철도 부설권을 요구하여 관철시킬 계획이었다고 한다. 이 묵계 즉 '아俄(러시아)·법法(프랑스)·덕德(독일)내약'의 내용이 당시 한성감옥에 정치범으로 수감되어 있던 이승만李承晚의 『옥중잡기獄中雜記』에 기술되어 있는 점으로 볼 때 서울의 외교가에서는 이미 노출되었음을 짐작할 수 있다.[86]

어쨌든 잘데른은 귀국 직후인 1906년 3월 특명공사의 직위로 승진했다가 6월 외교관생활에서 은퇴한 뒤 1908년 6월 8일 61세로 죽었다.[87] 다만 그가 죽기 전인 1907년 2월 5일 독일 외교부 차관 뮐베르크에게 제출한 보고서에서 고종 황제가 독일은행에 예치한 100만 마르크가 넘는 돈에 대해 언급한 것을 앞에서 지적한 바가 있는데, 이때 그는 예치금의 절반에 해당하는 50만 마르크를 일본 측에 넘기지 말고 그대로 확보해 두었다가 뒷날 고종 황제가 보내는 정당한 사절에게 주기를 한국인들이 원할 것이라고 특별히 당부한 점이 주목된다. 실제로 통감부가 독일은행 계좌에서 '압수' 형식으로 인출해 간 금액은 51만 8,800마르크였을 뿐이다. 1907년 7월 고종을 강제로 퇴위시킨 일본은 이듬해 통감부 총무장관 쓰루하라 사다키치鶴原定吉가 독일 공사에게 이 비밀자금의 이전移轉을 요구했던바, 독일 측이 이에 동의하자 외교관 출신의 통감부 외무총장 나베시마 게이지로鍋島桂次郎가 상하이의 덕화은행에 출장 가서 인출금 영수증에 도장을 찍고 돈을 받아냈다. 헐버트가 1909년 이제는 태황제가 된 고종의 비밀지령을 받고 독일은행을 찾아갔을 때 은행 측은 예금이 모두 인출된 상태라고 잡아뗌으로써 50만 마르크의 행방을 둘러싼 의혹이 그 뒤 꼬리를 물고 일어나게 되었다.

그러나 또 한 가지 흥미로운 점은 어담이 고종의 친서 전달 사건과 관련하여 다음과 같은 풍문이 있었다고 덧붙인 사실이다. 그것은 궁내부

86 유영익, 『젊은 날의 이승만』, 연세대 출판부, 2002, 부록 379쪽 및 482쪽.
87 최종고, 「구한말의 한독관계」, 『한독수교 100년사』, 한국사연구협의회, 1984, 87쪽.

예식원禮式院의 참서관參書官으로 있던 고희성高義誠이 황제가 귀국하는 독일 공사에게 보낸 공작금을 중간에서 가로챘을 뿐 아니라 친서까지도 전달하지 않았다는 것이다. 이 고희성은 왜어倭語 역관 출신으로 주일공사·협판(차관)·대신을 지낸 고영희高永喜의 차남인데, 러일전쟁 직전인 1903년, 전쟁이 일어날 때를 대비하여 대한제국의 국외國外 중립을 추진한다는 명목으로 직속상관인 현상건과 함께 프랑스·벨기에·러시아 각국에 파견된 적이 있다. 그는 한국이 일본에 병합된 직후 이왕직李王職 사무관이 되었다가 곧 죽었다. 한편 그의 형인 고희경高義敬은 육영공원 제1기 출신으로 영어를 조금 할 줄 알아 궁내부 참리관參理官으로 서울 주재 각국 공사관과 접촉하여 얻은 정보를 황제에게 보고했고, 앞에서 보았듯이 을사조약 체결 당시 예식원 예식과장과 예식원 부경副卿(차관)을 지냈다. 뒤에 그는 통감부와 밀착하여 1907년 말 순종 즉위와 동시에 황태자로 책봉된 11세의 영친왕을 따라 일본에 가서 20여 년 가까이 도쿄에서 동궁대부東宮大夫 혹은 이왕직 사무관의 직함으로 '조선 왕세자'를 보호 내지 감시하는 역할을 맡게 된다. 그는 영친왕이 순종의 뒤를 이어 1926년 이왕李王의 자리에 오르자 한국에 돌아와 조선 귀족(백작)으로 조선총독부 예하 자문기관인 중추원 고문으로 임명되었다.

17. 물거품이 된 열국列國 공동보호안 구상과 의병항쟁

고종 황제는 1906년 1월 미국정부를 상대로 한 외교교섭이 성사될 기미가 보이지 않는 가운데 일본이 서울에 통감부를 개청할 시기가 임박하자 마지막 수단으로 외국 언론의 힘을 빌려 보호국 문제를 국제화하려고 꾀했다. 이미 한국에 대한 일본의 '보호'가 돌이킬 수 없는 것이라면 이를 일본에 의한 단독보호가 아니라 구미열강에 의한 공동보호로 변경할 것, 나아가 보호 기간을 5년으로 한정할 것을 요청하는 등 자못 구체적인 내용을 담은 제안이었다. 상하이에 망명 중이던 황제의 심복들은 이 같은 비밀지령을 받고 영국 런던에서 발행되는 신문 『트리뷴』지의 중국 특파원 스토리Douglas Story 기자에게 접근하였고, 그에게 서울에 출장을 가서 고종의 지령에 따라 행동할 것을 종용했다.

이에 따라 스토리 기자는 서울에 와서 1월 하순 어느 날 새벽 4시경에 숙소에서 황제가 보낸 밀사들로부터 작성 날짜가 1월 29일로 명기된 6개 조항으로 된 문서를 전달받았다. 이 문서에는 각 조항마다 황제가 사용하는 제1인칭 용어인 '짐朕'을 쓰지 않고 "황제께서는……"이라고 되어 있어 발신자가 고종이 아닌 듯한 여운을 남기고 있는 데다가, 수신자도 명시되지 않고 수결手決과 관련 대신의 부서副署도 없으므로, 친서 혹은 국서로 보기에는 어려운 점도 없지 않았다. 다만 국새가 찍힌 것으로 미루어 보아 문서의 내용이 황제의 뜻임을 나타내려는 의도만은 분명해 보였다. 어쨌든 스토리 기자는 이 역사적 문서를 손에 넣은 순간부터 한국을 벗어나 중국으로 귀환할 때까지의 일주일 동안 겪은 스릴 넘치는 위험천만한 이야기를 1년 뒤 발간한 저서[88]에서 간단히 기술했다.

그는 특파원 혹은 종군기자로 10여 년간 이집트, 페르시아, 홍콩, 중국, 한국 등지에서 온갖 어려운 일을 겪은 바 있었고, 특히 고종 황제로부터 서울에서 암살당하지 않도록 한층 신중하게 처신해야 할 것이라는 주의를 받았으므로, 만일의 사태에 대비하여 몇몇 외국인을 증인으로 삼아 문서의 복사본을 만들어 비장秘藏하도록 한 다음 원본을 가지고 숙소로 돌아왔다. 그러나 숙소가 이미 황제 반대세력의 밀정들에 의해 수색당한 것을 직감한 그는 곧장 숙소를 빠져나와 미국 영사와 함께 피신했다. 이때 어둠 속에서 발사된 총탄이 그의 귀 밑을 지나 돌담에 박혔다는 것이다. 그는 신변에 위험이 닥친 것을 직감하고 서둘러 제물포항으로 이동하여 기선에 올라탔다. 그러나 그가 승선한 배는 항만 관리

---

88 Douglas Story, *Tomorrow in the East*, London: Chapman&Hall, Ltd. 1907.

당국의 이런저런 트집으로 말미암아 6일 동안 출항 허가를 받지 못한 채 묶였다. 다만 노르웨이인 선장이 서울에서 전달된 출항 정지명령을 무시한 채 출항을 감행한 결과 그는 가까스로 중국에 갈 수 있었다. 그는 산둥반도 치푸 소재 영국 총영사에게 문서를 건네주었고, 총영사는 베이징 주재 영국 공사에게 다시 문서를 전송했다. 하지만 이 문서가 과연 영국 외교부에 전달되었는지, 전달되었다면 외교부 당국자가 어떤 조치를 취했는지 등은 전혀 확인할 길이 없다. 분명한 것은 이 문서가 영국 런던에 소재한 공문서관에는 없다는 사실이다. 결국 스토리 기자는 1906년 12월 6일 자 런던 『트리뷴』지에 이 문서와 함께 관련 기사를 보도하여 파문을 일으켰는데, 이에 대해서는 뒤에 언급하기로 한다.[89]

스토리는 2월 8일 자 『트리뷴』지에 고종이 현재 일본의 철저한 감시와 통제 아래 놓여 있는 '유폐幽閉된 황제'라고 폭로하면서 "황제 주위를 둘러싸고 있는 일본 정보원들은 세계에서 가장 민첩한 수완가들"이라고 비아냥거렸다. 이처럼 한국에 대한 일본의 '보호'정치가 내포하는 기만과 허상, 그리고 이에 대한 재논의를 요구하는 고종에 관련된 기사가 런던의 주요 일간지에 실리기는 했으나, 이는 국제적 여론을 환기시키기는커녕 영국정부에 의해 간단히 묵살되고 말았다. 이미 영국정부는 일본이 러시아와의 전쟁에서 우위를 보이자 1905년 6월 일본에 대해 한국에서의 정치적·군사적·경제적 특수 이익을 옹호하기 위해 필요하다고 인정되는 조치를 취할 권리를 승인했고, 이는 포츠머스에서 강화회담이 열릴 무렵인 8월 중순, 3년 반 전(1902년 1월)에 맺은 영·일동맹 조약을 일부 수정·조인하여 연장할 때 그대로 반영되었다. 더욱이 영국은 강화조약이 체결될 무렵인 9월 하순, 장차 일본이 한국의 외교권을 인수하는 문제에 대해 전혀 이의異議가 없음을 보증하기까지 했다.[90]

89 김기석, 「광무제의 주권수호 외교, 1905~1907」, 이태진 편저, 『일본의 대한제국 강점』, 까치, 1995, 251~252쪽.
90 가지마 모리노스케鹿島守之助, 『일영외교사日英外交史』, 도쿄: 가지마연구소鹿島研

한편 그사이 대한제국 외부는 보호조약에 근거하여 1906년 1월 17일 폐지되었고, 의정부 소속으로 외사국이 설치되었다. 이에 따라 구미 각국의 외교사절은 모두 본국으로 철수하고 다만 통상교역 사무의 편의를 위해 영사만이 남겨졌다. 이와 동시에 일본은 2월 1일 전 외부 건물에 임시로 통감부를 설치하여 업무를 시작했는데, 3월 2일 이토가 서울에 부임하여 28일 정식으로 개청식을 거행했다. 바야흐로 일본에 의한 보호정치가 실시되자 고종은 일단 국외공작을 중단하고 국내정세의 변화를 예의 관찰했다. 마침 2월 17일 밤에 군부대신 이근택李根澤이 서울 시내 자택에서 세 명의 자객에 의해 중상을 입고 쓰러진 사건이 일어났다. 그는 평소 권력을 남용하여 서슴없이 악행惡行을 저지르는 등 원성이 높았던 데다가 특히 보호조약 체결 때 찬성한 이른바 을사오적乙巳五賊 가운데 한 사람이었다. 이에 치안 당국에서는 보호조약에 대한 민중의 불만이 친일적인 대신들을 목표로 한 테러로 번지는 것을 막기 위해 참정대신 박제순을 비롯하여 특히 친일 대신으로 몹시 지탄을 받고 있던 이지용李址鎔 등의 집에 무장 군인을 배치하여 경계를 강화했다.

고종은 통감정치가 시작되면서 민심이 차츰 흉흉해지는 것을 간파하고, 민간 사회에 잠복해 있는 근왕勤王세력을 조직적으로 의병으로 흡수하여 통감부에 대항하게 할 필요를 느꼈다. 실제로 고종은 10년 전 의병봉기의 소용돌이 속에서 정치적 위기 국면을 벗어난 생생한 경험이 있었다. 즉 1895년 10월 8일 경복궁으로 침입한 일본군인 및 낭인들에 의해 왕비가 시해되고, 곧이어 친일적인 개화파정부가 성급하게 강행한 단발령 시행에 자극을 받아 전국적으로 의병이 일어나 소란해진 틈을 타서 고종은 이듬해 2월 초 거처를 경복궁에서 덕수궁 담 너머 러시아 공사관으로 옮긴, 이른바 아관파천을 단행하여 순식간에 친일 내각을 타도하는 데 성공했다.

究所, 1957, 462~463쪽.

고종은 측근의 별입시別入侍들을 통해 충청남도 정산定山[91]에 은거하고 있던 민종식閔宗植에게 몰래 칙지를 내려 궐기를 촉구했다. 그는 척신戚臣 세도가 출신으로 참판직을 역임했는데, 왕명을 받자 호서湖西 지방의 명망가들인 전 참판 이남규李南珪, 전 승지 김복한金福漢 등과 연락을 취하면서 기회를 엿보았다. 그는 준비 작업이 끝나자 5월 11일(음력 4월 18일) 의병을 홍산에 집결시킨 뒤 보령 남포를 거쳐 호서의 웅부雄府인 홍주성[92]으로 달려들어 이를 점거했다. 이 홍주성이야말로 12년 전 질풍노도처럼 남한 전역을 휩쓴 동학농민군들도 함락하지 못했던 관군의 요새였다. 다만 홍주의병은 병력 500여 명에 서양식 소총 100여 정과 구식 대포 6, 7문門밖에 없어 겨우 지방 진위대를 제압할 수 있는 수준에 불과했다. 이윽고 근대식 대포로 무장한 일본군 500여 명이 출동하자 5월 31일(음력 윤閏4월 9일) 성은 맥없이 함락되고 말았다. 성을 탈출한 민종식은 반년 동안 이곳저곳으로 피신한 끝에 예산 이남규의 집에 숨어 지내던 중 현지 일진회원의 밀고에 의해 붙잡혔다. 또한 그를 숨겨준 이남규도 공주감옥에서 복역한 뒤 이듬해 석방되었으나 일본군 헌병대에 연행되어 끌려가던 중 온양군의 길가에서 아들과 함께 무참하게 살해당하는 등 홍주의병은 크나큰 대가를 치렀다.

홍주성이 함락된 직후에 호남 지방에서 일어난 최익현崔益鉉의 거사도 실패로 끝났다. 그는 의정부 찬정贊政, 궁내부 특진관特進官 등 대신급의 고위직을 지냈으나 그보다는 여러 차례에 걸친 상소를 통해 한말의 정계를 진동시킨 것으로 유명하다. 그는 젊은 시절에 상소 하나로 흥선대원군의 10년 집권에 종지부를 찍게 한 인물이었다. 바야흐로 70대 중반에 접어든 그는 황제의 밀지를 받자 문도門徒 십수 명을 거느리고 경기도 포천 집을 떠나 멀리 전라북도 태인에 이르렀다. 여기서 그는 현지의 지

---

91 현 청양군 정산면 천장리.
92 현 충남 홍성군에 위치.

도급 인사인 전 군수 임병찬林炳瓚과 접촉·연계하여 거사 준비를 서둘렀다. 그는 6월 4일(음력 윤4월 13일) 태인의 무성武城서원에서 사람들을 모아놓고 궐기를 촉구하면서 갑신정변 이래 그동안 일본이 범한 16개 조목에 달하는 배신행위를 열거, 성토하는 성명서를 서울의 통감부에 발송했다. 호남의병은 곧바로 태인 군청으로 쳐들어가 조총 17정을 노획한 뒤 정읍·순창·곡성을 거쳐 옥과玉果군에 거점을 정하고 각 군청에 격문을 보냈다. 이에 호응하는 무리가 늘어나자 최익현은 다시 순창군으로 거점을 옮겨 관군과 대치상태에 들어갔다. 그러나 최익현은 곧이어 전북관찰사로부터 의병의 해산을 명하는 황제의 칙지勅旨가 내려졌다는 통지를 받고 이에 따르기로 했다. 그는 6월 11일 동족끼리 싸울 수는 없다고 의병지휘부를 설득한 다음 현지에 출동한 전주 진위대에 자수하여 서울로 압송되었다.

이처럼 고종이 일말의 기대를 걸었던 호서·호남 지역의 의병투쟁은 깃발을 든 지 며칠 지속되지도 못하고 이내 수그러들고 말았다. 앞에서 보았듯이 이토 통감은 본국에서 거행된 대관식을 참관하고 6월 하순 서울로 귀임하자마자 28일 고종 황제를 알현한 자리에서 이른바 궁금숙청宮禁肅清할 것을 강경하게 요구했는데, 이는 자신의 부재 중에 일어난 의병운동과 관련된 인물들에 대한 철저한 조사가 필요하다고 판단했기 때문이었다. 당시 서울 주재 일본군 헌병대에서는 민종식의 거사에 일부 민씨 세도가들과 황제 측근의 별입시들이 군자금을 지원하는 등 깊숙이 내통한 형적이 발각되었으므로 궁내부협판 민경식閔景植, 원수부 참모관(대신급)으로 있던 육군부장副將 민형식閔炯植, 내부협판·평리원재판장을 지낸 민병한閔丙漢 등 민씨 척족과 내부협판 이봉래, 궁내부 봉상사奉常司 제주 홍재봉洪在鳳, 시종원경 박용화, 그리고 황제의 조카로 시종직 혹은 궁내부 태복사太僕司의 사장司長으로 있던 20대 초중반의 조남승趙南升·조남익趙南益 형제들을 붙잡아 엄중히 문초했다. 이때 환관의 두목으로 황제에게 큰 영향력을 갖고 있던 강석호만은 미리 눈치를 채고 달아나 체포를 면했다가 일 년 뒤 헌병대에 자수하여 간단한 취조를 받은 끝에 방면되었다.

한편 7월 6일 공포된 궁금령에 따라 통감부는 경무청 고문 마루야마 시게토시丸山重俊의 지휘 아래 경무고문부에서 발급한 궁중 출입증인 이른바 문감門鑑을 소지한 사람만이 입궐할 수 있게 통제했다. 전 내부대신으로 궁내부 예식원경으로 있던 이용태李容泰는 문감 제시를 거부한 까닭에 궁궐 출입을 거부당했고, 엄귀비의 이종사촌인 육군참장參將 김영진金永振은 문감 없이 입궐하려다가 일본인 헌병과 분규가 생긴 끝에 징계 처분을 받기까지 했다. 이 같은 상황에 직면하자 고종 황제는 다시금 국외공작으로 관심을 돌리게 되었다.

18. 다시 고개를 든 황제의 러시아에 대한 미련

의친왕이 이토 통감의 안내를 받아 특파대사로 일본의 대관병식을 참관하고 서울에 귀환할 무렵 머지않아 그가 황위皇位를 계승하게 될 것이라는 풍문이 나돌아 고종의 신경을 크게 자극했다. 이는 한낱 뜬소문만은 아니었던 듯하다. 어담에 의하면, 당시 이토가 의친왕에게 "대의大義는 친親을 멸멸滅한다"는 성현聖賢의 말이 있듯이 의친왕이 부황父皇의 양위를 받아 황제의 자리에 오르는 것이야말로 진정 한국을 위해 바람직하다고 설득공작을 벌인 사실이 판명되었다고 한다.

이에 대해 의친왕의 장인인 김사준金思濬은 지금이야말로 바야흐로 천하를 장악할 수 있는 가장 좋은 기회라고 말하면서 그의 결단을 촉구했으나, 자문역을 맡고 있던 갑오개혁 당시의 내부협판이었던 유세남劉世南이 간곡하게 반대론을 주장했다고 한다. 즉 그가 오랜 세월 외국을 떠돌아다닌 까닭에 국내에는 지지하는 세력기반이 없고 종친 중에도 그를 적극 도와줄 만한 유력한 인사가 없을 뿐 아니라 의친왕 자신도 제왕으로서의 덕망이나 학문을 갖추지 못한 형편이었다. 무엇보다도 황제의 의사를 거역하면서 황위에 오르는 것은 도의적으로 볼 때 결코 허락될 수 없는 불효요, 불충으로 장차 큰 화禍를 초래하게 될 것이라고 충고했다. 급기야 의친왕은 유세남의 설득에 크게 감동하여 이토에게 자신은 황제의 그릇이 아니라고 굳이 사양했고 이토도 이를 양해하여 더 이상 강하게 밀고 나가지 않았다. 이 같은 자초지종을 알게 된 고종은 적이 안도했다고 한다.

이로써 고종은 한 가지 근심 걱정은 접게 되었지만, 역시 최대의 관심사는 어떻게 해서든지 열강을 움직여 보호조약을 무효로 돌리거나, 그것이 불가능하면 이를 열강에 의한 공동보호 형태로 변경하여 일본의 지배력을 약화시키는 것이었다. 황제는 일본의 강압에 의해 조약이 체결된 그 순간부터 이 같은 결심을 굳혔고, 그 이래 잠시라도 포기한 적이 없었다. 이는 세계의 열강이 일본의 한국 병합을 결코 묵인하지 않을 것이라는 다분히 막연한 기대에 근거한 것이었다. 조선이 문호를 개방한 이래 고종이 줄곧 추구한 대외정책의 기본 목표는 바로 열강의 세력균형에 입각한 중립국론이었다. 청일전쟁 뒤에는 전승국 일본으로 하여금 랴오둥 반도를 청나라에 돌려주라고 압력을 가해 이를 성사시킨 러시아를 비롯한 독일·프랑스 세 나라에 의지하려고 했고, 10년 뒤에 일어난 러일전쟁에서 비록 러시아가 패전했다고는 하지만 국력은 오히려 일본을 능가하고 있으므로 오래지 않아 반드시 보복전쟁을 일으킬 것으로 기대했다.

어담은 관병식이 끝난 뒤 일본에서 돌아와 고종에게 귀국보고를 하는 자리에서 이 문제를 화두로 하여 다음과 같이 문답한 일이 있다.

"지금 폐하께서는 세계 각국의 의향이 우리나라에 유리한 것처럼 해석하셨사오나, 우리나라에 대한 일본의 특수한 지위를 열국이 이미 인정한 바로 생각되옵기에 일본에 무턱대고 대들다가는 도리어 스스로 무덤을 파는 것과 같은 결과가 될지도 모르겠습니다. 삼가 저의 어리석은 의견을 말씀드리는 바입니다."

"한 10년쯤 뒤에는 반드시 러·일 양국이 다시 무기를 들고 싸울 것으로 짐작되니, 그때까지는 방금 네가 말한 대로 잠시 참지 않으면 안 되는지도 모르겠다."

"물론 대국인 러시아인지라 동양의 약소국에 불과한 일본에 한번 패전했다고 해서 언제까지나 굽히고 있을 까닭이 없습니다. 반드시 복수전을 벌일 때가 올 것으로 생각됩니다. 그렇지만 러시아가 승전한다고 해서 우리나라의 국운이 꼭 호전될 것으로만 기대할 수는 없는 노릇입니다. 실제로 러시아의 한국에 대한 야심은 일본 이상입니다."

"그것도 사실이지만 러시아의 야심은 오로지 청나라에 집중되어 있다. 몇 해 전 러시아 황제가 짐에게 보내 온 친서에 의하면 한국은 어디까지나 러시아의 이해관계가 얽혀 있는 청국에 이웃한 완충지대인 까닭으로, 영구히 독립을 보장시켜 줄 것이라고 했다."

"그렇습니까? 그러나 일본만 하더라도 청일전쟁 때는 한국의 독립을 위해서 싸우는 것이라고 국내외에 성명聲明하지 않았습니까? 그러나 지금에 와서는 이토록 표변한 것을 보면 러시아 황제의 약속도 결코 그대로 믿을 수 없는 것입니다. 그러하오니 일본이건 러시아건 혹은 청국이건 간에 모두 신뢰하기 어렵다는 점에 유념하셨으면 합니다."

이 같은 대화를 나눈 지 얼마 안 되어 고종은 측근에게 비밀리에 개항 후 한국과 수호조약을 맺은 미국을 비롯한 영국·독일·러시아·프랑스·오스트리아–헝가리·이탈리아·벨기에·중국 등 9개국 원수元首들에게 보내는 친서를 작성하도록 지시했다. 이 9통의 친서는 황제의 특별위원으로 위촉된 헐버트가 미처 전달하지 못한 채 소장하고 있다가 뒤에 어떤 계기로 미국에서 1943년 이래 조선사정협회를 설립·운영했던 김용중金龍中(1898~1975)의 손으로 넘어갔고, 다시 컬럼비아대학교에 맡겨져 이 대학 동아시아도서관의 귀중도서 및 고본稿本도서관에 보관 중이다. 그런데

1993년 서울대학교 교육학과 김기석金基奭 교수가 찾아 낸, 수신자가 러시아 황제 니콜라이 2세로 되어 있는 친서를 보면 1906년 6월 22일 자로 작성된 것을 알 수 있다. 이 친서의 내용은 보호조약이 일본의 강압에 의해서 맺어진 것이므로 국제공법상 당연히 무효인 만큼, 러시아가 즉시 공사관을 재설치해 준다면 훼손된 한국의 위신 및 독립국가로서의 지위를 보존할 수 있다는 것이었다. 나아가 장차 한국 정부가 조약 체결의 불법성을 만국평화회의나 혹은 네덜란드 수도 헤이그에 설치된 국제상설중재재판소(PCA)에 제소할 때에 대비하는 의미에서도 러시아의 한국공사관 복구가 매우 긴요한 사항임을 환기하고 있다. 이 만국평화회의는 1899년 러시아 황제의 제안으로 헤이그에서 처음 열린 뒤 러일전쟁 기간 중인 1904년 10월 21일 미국 루스벨트 대통령이 제2회 소집을 제안했으나 성사되지 못하고 연기되었다. 그러나 전쟁이 끝나자 의장국으로 내정된 러시아는 포츠머스 강화조약이 체결된 지 한 달이 못 되는 1905년 10월 3일 러시아 주재 한국 공사인 이범진李範晉에게 한국 정부도 이 회의에 참가할 것을 종용하면서 초청장을 교부했다. 고종이 러시아에 대해 일말의 미련을 갖게 된 데는 이 같은 호의도 작용했을 것으로 짐작된다.

그러나 그 뒤 정세의 변동으로 러시아 황제는 약속을 지키기 어렵게 되었다. 본디 19세기 서유럽의 외교계에서는 러시아인들이 국제조약을 제대로 준수하지 않는 문제아로 취급되어왔는데, 1906년 5월 중순 주일공사를 역임한 이즈볼스키Alexander Izvolski가 선배 외교관들을 제치고 외상에 취임하면서, 그간의 일본에 대한 적대적 관계를 해소하며 포츠머스 강화조약을 충실히 이행하는 방향으로 급선회했다. 이때 러시아는 한국과의 통상 및 영사업무를 위해 서울 주재 총영사를 임명했다. 발령을 받은 조지 드 플랑송George de Plancon[93]은 동아시아 사정에 밝은 인

---

93 『윤치호 영문일기』 1896년 5월 19일 자 및 민영환의 한문일기 『해천추범海天秋帆』에서는 그를 '불안손, 혹은 불난손'이라는 한글로 자주 표기함.

물이었다. 그는 1896년 러시아 황제 니콜라이 2세 대관식에 참석한 특명전권대사 민영환과 윤치호 등 일행을 바르샤바에서 영접하여 특별열차로 모스크바까지 안내하고 행사 기간 동안 줄곧 한국사절단을 전담하여 편의를 제공한 인연이 있었다. 또한 그 이듬해 봄 민영환이 빅토리아 여왕 즉위 60주년 기념행사에 참석하기 위해 출국할 때 영국 외에 독일·러시아·벨기에·프랑스·오스트리아 등 6개국 특명전권공사직을 겸했었는데, 이해 5월 17일 러시아에 입국한 민영환 일행을 영접한 사람이 외무부 과장인 '불난손'이었다.[94] 그 뒤 그는 러시아가 청나라로부터 조차한 랴오둥반도 남단, 뤼순에 설치한 관동도독부에서 일했고 특히 1903년 동아총독부로 승격되었을 때 총독인 알렉세예프Alexeiev 해군대장을 보좌하는 외무부장(외무서기관)으로 활약했으며, 포츠머스 강화회의에 전권 수행원으로 참석하기도 한 핵심 외교관이었다. 이처럼 러시아의 극동정책 수립에 참여한 관록을 갖고 있었던 그는 한국 총영사로 임명되자 러시아 주재 일본 공사 모토노 이치로本野一郎를 찾아와 "본인은 한국의 주권자가 한국 황제라는 명분을 견지하고 있으므로, 경우에 따라서는 한국 조정과 직접 교섭할 작정이다. 따라서 신임장도 일본 천황이 아닌 한국 황제에게 제출하겠다"고 말했다.

그가 이 같은 주장을 편 논거는 포츠머스 강화조약을 체결할 때 러시아는 일본의 한국 '보호'를 반대하지 않는다고 했을 뿐이며, 결코 한국'병합'까지 인정한 것은 아니라는 사실이었다. 요컨대 한국은 전과 마찬가지로 독립국이라는 논리였다. 그러나 일본 측은 드 플랑송 총영사의 주장에 즉각적으로 강경하게 대응했다. 결국 러시아 정부는 외교 관례대로 신임장을 받는 상대방의 이름을 쓰지 않는 것을 조건으로 내세워 일단 사태를 수습했다. 후일담이지만 이듬해(1907) 6월 중순 제2회

---

94 조지 드 플랑송을 가리킨다. 민영환 저, 국사편찬위원회 편, 『민충정공 유고』 제4권 (『사구속초使歐續草』), 1958, 164쪽.

만국평화회의가 열린 헤이그에 고종이 몰래 파견한 3인의 밀사가 나타날 즈음, 러시아는 일본과 한창 비밀협상을 진행하고 있었다. 이 협상의 주안점은 만주의 철도 접속을 목적으로 한 것으로, 만주를 남과 북으로 분계分界하여 북만주를 러시아, 남만주를 일본의 세력 범위로 상호 인정한다는 것이었다. 아울러 만주 문제와 연계하여 러시아가 한국에 대한 일본의 행동을 승인하는 대신, 일본은 외몽골 지방에 대한 러시아의 행동을 승인하기로 합의를 보았다.[95] 10여 년 전만 하더라도 일본이 제안한 만주와 한국 교환론을 기세 좋게 거부했던 러시아는 이제 한국과 만주 남부까지를 일본의 세력범위로 인정하지 않을 수 없을 만큼 수세에 몰려 있었다.

이즈볼스키 외상은 한창 협상 중인 6월 27일 모토노 일본 공사에게 "근래 한국인이 자주 찾아와서 음모를 꾸미고 있다는 얘기를 하고 가는 사람이 있다기에 서울 주재 드 플랑송 총영사에게 엄명을 내려 일절 이들 한국인이 하는 일에 간여하지 말도록 조치했다"고 귀띔해 줄 정도로 일본에 호의를 보였다. 이 제1차 러·일협약은 고종이 이토의 강압에 못 이겨 퇴위한 지 10일 뒤인 7월 30일 정식으로 조인되었다. 고종의 친서는 이 같은 일련의 정세 변화로 말미암아 전달될 기회를 놓치고 말았다. 역시 러시아도 더 이상 고종이 믿고 의지할 만한 맹방盟邦은 되지 못했다.

19. 통감부의 시정施政 '개선'이 시작되다

한국 통감 이토의 관저는 덕수궁을 멀리 내려다볼 수 있는 남산의 옛 왜성倭城터, 즉 현재 중구 예장동 4-1번지 일대의 이른바 남산 예장자락

---

95 미야와키 준코宮脇淳子, 『세계사 속의 만주제국世界史のなかの滿洲帝國』, 도쿄: PHP연구소PHP研究所, 2006년, 155~156쪽.

에 있었다. 이 왜성이란 400여 년 전 임진왜란 때 조선의 수도 한성을 점령, 한동안 진을 쳤던 일본군 장수 가토 기요마사加藤淸正가 쌓았던 성을 후대에 이름한 것이다. 이제 바야흐로 법적으로 공인받은 왜성대의 주인공이 된 이토는 관저 위쪽에 위치한 작은 건물 녹천정綠泉亭을 마치 별실別室처럼 이용했다. 본디 놀기 좋아하는 방탕한 성품이었던 그는 때때로 이곳 정원에 대한제국 고위인사들을 불러내어 주연酒宴 혹은 야유회를 열었다. 이때마다 서울에 와 있는 게이샤들을 빠짐없이 동원했고, 규모가 큰 연회·야유회인 경우에는 인천을 비롯한 개항장 등 주요 도시의 일본 거류지에 있는 게이샤들까지 모두 불러들일 정도였다. 즉 이토는 자신이 마치 현대판 가토라도 된 양 한껏 호기를 부리며 한반도에 군림하는 정복자 행세를 했다.

이른바 보호조약[96]에 의하면 통감은 대한제국의 외교업무를 대행하는 것이 기본 임무였다. 하지만 이토의 실제적 역할은 외교 분야에 국한된 것이 아니라 일정한 범위 안에서 한국의 내정 전반을 감독하는 권한까지 행사하고 있었다. 즉 러일전쟁 기간 중인 1904년 8월 체결된 제1차 한일협약에는 일본 정부가 추천하는 외교고문과 재정고문을 둔다고 하여 미국인 스티븐스와 일본인 메가타目賀田가 이미 용빙傭聘되어 활동하고 있었다. 그러나 통감부 관제 제3조는 통감이 한국에 있어서 제국정부(일본)를 대표한다고 규정했고, 제6조는 통감이 제국관리와 그 밖의 한국 정부에 용빙되어 있는 자를 감독한다고 구체적으로 규정해 놓았다.

스티븐스는 일찍부터 일본 외무성에 고용되어 갑신정변 직후인 1885년 1월 일본이 한국과 사태를 수습, 종결하는 조약을 맺기 위해 외무경外務卿(외무장관) 이노우에 가오루井上馨를 서울에 파견했을 때 그를 따라 내한한 일이 있고, 그 뒤 오랫동안 워싱턴 주재 일본 공사관의 고문으로 일한, 매우 친일적인 인사였다. 그러나 보호조약이 체결되어 한국

---

96 제2차 한일협약(을사늑약).

외부가 폐지되고 외교업무가 통감부에 이양移讓되면서 그가 할 일은 없어진 것으로 보였다. 하지만 그는 신설된 의정부 직속 외사국 고문 자격으로 계속 한국에 체류하면서 실제로는 이토에게 정치적 조언을 한다거나 혹은 영향력 있는 미국의 언론인, 학자들을 한국에 초청하여 통감부의 시정施政을 해외에 선전하는 일에 종사했다. 이에 따라 예일대학 교수로 저명한 철학자요 심리학자였던 래드G. Trumbull Ladd가 1907년 한국에 몇 달간 머문 뒤 귀국하여 이듬해 『이토 후작과 한국에서In Korea with Marquis Ito』라는 제목의 선전 책자를 출판하기도 했고, 동아시아 사정에 대한 평론가로 이름 높던 케넌George Kennan은 루스벨트 대통령이 통신 편집인으로 있는 유명한 잡지 『전망The Outlook』의 특파기자로 한국에서 취재활동을 벌인 뒤 귀국하여 대한제국과 고종 황제를 몹시 험담하는 반면, 이토의 보호정치를 찬양한 노골적인 친일 논설을 펴는 일이 벌어졌다. 결국 스티븐스는 한국을 떠나 귀국한 직후인 1908년 3월 샌프란시스코 기차 정거장에서 애국심에 불타는 한국 교민에게 살해됨으로써 친일행위의 대가를 톡톡히 치렀으나, 실제로 이토는 한국에 부임하기 이전부터 무엇보다도 언론과 홍보의 중요성을 깊이 인식하고 있었다. 러일전쟁이 일어난 직후인 1904년 3월 그는 특파대사로 한국에 올 때 자신과 친밀한 언론인을 대동帶同한 바 있다. 즉 삿포로 농학교[97]에서 영국인 교사 서머스James Summers에게서 영어를 배운 즈모토 모토사다頭本元貞(1862~1943)가 바로 그 인물이다. 즈모토는 1895년 총리대신이던 이토의 비서가 되어 이듬해 신문 경영의 실제 업무를 익히기 위해 유럽에 출장 가서 1년 간 머문 경험이 있었는데, 귀국 후 그는 이토의 원조를 받아 일간 영자신문인 재팬타임스The Japan Times를 창간하여 주필과 사장 경력을 쌓았다. 그는 러일전쟁이 끝나갈 무렵 서울에서 영자신문 서울프레스The Seoul Press를 창간했는데, 얼마 뒤 이토가 통감으로 오면서 서울프

---

97 현 홋카이도北海道대학의 전신.

레스는 통감부의 정식 기관지 구실을 하게 되었다.

그러나 스티븐스가 한국에서 한 일은 탁지부에 고용된 메가타의 그것과는 비교할 수 없을 만큼 미미한 것에 지나지 않았다. 메가타는 메이지 유신 초기에 미국 유학에서 돌아와 한국에 부임하기 직전까지 대장성大藏省(재무부) 주세국장主稅局長으로 10여 년간 재직한 일본 국세행정의 최고위 관리였다. 이 같은 점을 고려하여 일본 정부는 그가 퇴직하자마자 곧바로 귀족원 의원에 칙선勅選하여 그간의 공적을 포상하는 동시에 장차 한국 정부를 상대로 활동하게 될 그의 정치적 위상을 높여 주었다. 그는 1904년 10월 탁지부 고문에 취임하자 곧 화폐 '정리'에 착수했다. 당시 대한제국은 만성적인 재정적자 상태였는데, 특히 백동화 남발로 극심한 혼란을 겪고 있었다. 그는 일본의 승전 전망이 뚜렷해진 1905년 7월 백동화 사용을 금지시키는 대신 일본 제일은행권을 통용케 하는 초강수超强手를 두었다. 이 화폐개혁은 어디까지나 본격적인 한국재정 '정리'를 위한 첫걸음에 불과한 것이었으나, 당시 집권층은 메가타의 고압적인 개혁 방식에 공포감을 느낀 나머지 맹렬하게 저항했다. 실제로 당시 신구新舊화폐 교환에서 신권이 부족한 데서 초래된 이른바 전황錢荒 등 심각한 부작용을 유발했다. 4개월간의 일본 및 하와이 출장에서 11월 초 귀국한 외부협판 윤치호는 각계각층의 사람들에게 "이루 형언할 수 없을 만큼 힘든 고통을 안겨준" 이 화폐개혁의 부작용에 대해, 첫째로 돈의 총량總量이 갑작스럽게 줄어든 점, 둘째로 새로이 발행된 주화나 유통되는 지폐가 일본인과 중국 상인의 수중에 들어가 은행에 묶여 있는 점, 셋째로 전국 각지에서 세금으로 징수된 돈이 곧장 (일본) 제일은행의 한국지점 혹은 탁지부로 반입됨에 따라 한 지역에서 거둔 세금으로 그 지역의 생산품을 사들이던 종래의 방식이 더 이상 통용되지 않게 되면서 농민들이 돈을 만질 기회가 없어진 점 등을 들었다. 이 때문에 무서울 정도로 사람들이 자주 파산하고, 사업은 교착상태에 빠지고, 농산물 가격은 밑바닥을 치게 되어 일본 사람 이외의 아무도 이득을 보는 자가 없게 되었다는 것이다.[98] 궁지에 몰린 서울의 한국인 상인들은 상업회의소를 결성하고 탁지부에 300만 원元의 구제 금융을 요청했다. 탁지부 대신은 이를 허가했으나 메가타가 이에 반대하여 이행되지 않았다. 이에 상인들은 철시撤市로 대항했다. 한편 고종은 시종원의 관리를 상업회의소에 보내 백동화 10만 원과 일본 미쓰이三井물산 어음 23만 7천 엔圓에 제일은행 수표 6만 3천 엔을 합친 30만 엔을 대부해 주겠다고 수습에 나섰으나, 메가타는 황제의 조치가 재정정리를 방해하는 처사로 고문계약에 위반된다고 주장하면서 일본 공사와 상담하여 어음·수표에 대한 지불을 정지하도록 했다. 그는 서울을 비롯한 주요 도시에 어음조합을 설립하도록 조치를 취했지만 이는 일시적인 미봉책에 불과했다.

고종은 당대 제일가는 일본통日本通으로 자처하는 현영운玄暎運의 건의를 받아들여 추밀원 의장으로 있는 이토를 한국 정부의 최고 고문으로 초빙하여, 그로 하여금 메가타를 억제케 함으로써 재정개혁의 폭과 속도를 축소하고 느슨하게 한다는, 이른바 이이제이以夷制夷의 방책을 쓰는 것이 득책이라고 판단했다. 이 현영운[99]은 부산 동래 초량의 왜어倭語 역관 집안에서 태어나 일찍이 도일, 잠시 후쿠자와의 문하에 있다가 1885년 말 조선 정부가 박문국博文局을 두어 『한성주보漢城周報』를 창간할 때 주사의 한 사람으로 참여한 일이 있었고, 1894년 갑오개혁 당시에는 외아문 주사와 법부 법률기초위원을 지냈을 뿐 다른 경력은 없는 자였다. 그러다가 러일전쟁이 일어나자 그는 뛰어난 일본어 실력을 바탕으로 타고난 사교가인 밀양기생 출신의 부인 배계향裵桂香[100]과 함께 궁중에 무시로 출입하면서 순식간에 고종의 총애를 독차지했다. 그는 1904년 3월 이토가 특파대사로 한국에 왔을 때 그 영접위원이 되어 민영환 위원장을 보좌했고, 이 공로로 일약 군부협판(차관직)이 되었다. 곧이어 그는

98 『윤치호 영문일기』, 1905년 11월 10일 자.
99 친러시아파의 선봉인 현상건의 숙부임.
100 일본식 이름인 사다코貞子를 사용함.

주일공사로 발령을 받기도 했으나 이를 사퇴하고 일본군 접대위원장으로 활약했다. 한편 검은 빛깔의 복장을 하고 다녀 흑상黑裳, 혹은 현상玄裳이라 불린 배계향은 자신이 이토의 양녀라고 선전하고 다녔으며, 남편이 종2품의 협판 벼슬을 하게 되자 정부인貞夫人으로 행세했다. 다만 단기간에 정계의 혹성惑星으로 떠오른 이들 부부도 차츰 시간이 지남에 따라 여러 방면에서 견제를 받지 않을 수 없어 현영운은 군부협판에 군기창 제리提理[101]를 겸임한 것을 정점으로 얼마 뒤 개혁대상이 된 원수부와 그 기능을 물려받은 참모부의 한직으로 밀려났다가 고종에게 헌책獻策할 무렵에는 농공상부협판으로 재기했었다.

어쨌든 1905년 7월 표훈원表勳院 총재 민병석閔丙奭과 법부대신 민영기閔泳綺를 공동대표로 하여 일본에 파견된 고위 사절단은 겉으로는 제도시찰이라는 명분을 내걸었으나, 실제로는 이토를 한국 정부의 최고 고문으로 영입하기 위한 비밀 교섭을 벌이는 것이 그 주된 임무였다.[102] 이때 민병석은 고종에게서 일본 돈 10만 엔圓에 달하는 거액의 '운동비'를 받았다. 대한제국 시대 내내 이 외교공작만큼 최고 지배층의 국제정세에 대한 무지와 판단 착오, 현실을 냉정하게 직시하지 않은 채 쉽사리 환상에 빠져드는 습성을 보여주는 사례는 달리 없을 것으로 생각된다. 당시 포츠머스 강화조약을 앞두고 장차 한국에 특사로 파견되기를 은근히 기대하고 있던 이토가 이 어처구니없는 제의를 거부할 것은 너무나도 당연한 일이었기 때문이다. 앞에서 본 것처럼 그는 4개월 뒤 보호조약 체결을 강요하기 위한 일본 천왕의 특사로 한국에 와서 갖가지 협박수단을 모두 구사한 끝에 이를 성사시켰다. 더욱이 그는 조약에 의거하여 설치된 한국 통감으로 부임했다.

통감부가 설치됨에 따라 메가타의 재정개혁이 한층 박차를 가하게

---

101 최고위직.
102 스즈키 오사무鈴木修, 「광무光武 9년, 1905년 민병석 제도시찰단의 일본파견에 대하여」, 『도치기栃木사학』 18호, 2004년.

된 것은 두말할 나위도 없다. 그는 국세행정의 전문가로서 부임 직후부터 내부 소속의 일반 행정 관료인 군수가 세금을 징수하는 제도를 폐지하고, 이를 세무전문 관료로 바꿀 것을 건의했다. 이는 한국 정부의 반대로 실현되지 못했으나, 통감부가 설치되자 그는 강력하게 밀고 나가 1906년 9월 전국 13도에 세무감을 두어 형식상 도의 장관인 관찰사가 이를 겸직하는 조건 아래서 전국 방방곡곡에 세무관 36명과 세무주사 144명을 두어 직접 징세업무를 맡게 하도록 조처했다. 무엇보다도 그는 이른바 궁중宮中과 부중府中[103]을 혼동하는 데서 재정곤란이 증가하고 있으므로, 이를 분리해야 한다는 명분으로 내장원을 궁내부 소관에서 탁지부로 이관移管할 것을 주장하여 끝내 관철했다. 이에 따라 홍삼 판매권을 깡그리 잃게 된 고종은 내탕금 조성이 어려워졌다. 또한 황실의 주요 재원인 전국에 걸친 방대한 역둔토驛屯土 역시 탁지부에 넘기지 않으면 안 되었다. 한편 메가타는 신구화폐 교환 과정에서 크게 고조된 만성적인 금융경색을 해소하기 위한 방편으로 1906년 6월부터 서울을 비롯한 전국 주요 도시 10개소에 농공은행을 잇달아 설립했다. 이토는 1907년 3월 메가타를 통감부 재정감사장관으로 발령하여 탁지부의 문서·장부를 송두리째 통감부로 옮기게 했고, 한국 정부의 중앙금고를 일본 제일은행으로 정식 이관하게 했다. 메가타는 1907년 6월 지방금융조합을 창설하여 지방사회에까지 '경제 정리'의 촉수를 뻗친 뒤 9월 통감부의 직제 개편에 따라 재정감사장관직이 폐지되면서 한국을 떠났다. 일본 정부는 3년간 한국의 재정과 금융을 틀어쥐고 완전히 새롭게 재편성하여 통감부의 시정에 크게 기여한 그의 공로를 높이 평가하여 귀국 직후 작위 (남작) 수여로 보답했다.

---

103 의정부, 곧 내각.

20. 군대와 경찰에 대한 통제

비록 한·일 간의 정식 협약이나 의정서에 명기된 바는 없으나, 보호조약 체결 이전 한국 정부에 고용된 일본인은 비단 재정분야에 국한된 것이 아니었다. 러일전쟁이 일어난 직후인 1904년 3월 주한 일본 공사관 육군 무관이던 노즈野津 중좌[104]가 군부 고문에 취임하여 일본의 한국주차군 사령부와 긴밀한 연계 아래 한국정부에 지속적으로 군비축소를 요구하여 이를 관철시켰다. 그간 군비 축소에 대한 한국 정부의 저항이 없었던 것은 아니었다. 당시의 내부 사정에 대해서는 노즈 고문과 자주 접촉하면서 의견을 나눈 시종무관 어담의 회고록에 상세히 기술되어 있는데, 무엇보다도 군제개혁의 핵심은 황제 직속의 원수부 기능을 축소 내지 약화시키는 데 집중하였다. 이 원수부는 1899~1900년 사이에 국가의 재정을 담당한 탁지부가 아니라 궁내부 황실예산의 뒷받침을 받아 설치된 최고의 군령軍令기관으로, 군부대신과 동급인 육군부장副將 4인이 각기 4개국[105] 총장에 보임될 정도로 그 정치적 위상이 매우 높았다. 이처럼 원수부야말로 일개 군부 고문이 손을 댈 여지가 없는 성역이었지만, 반면 성역인 만큼 개혁의 메스를 가하지 않으면 안 되는 곳이기도 했다. 그리하여 노즈 고문은 1904년 9월 참모부와 교육감부를 신설, 원수부의 기능을 참모부로 대폭 이전하도록 함으로써 원수부의 힘을 빼기 시작했다. 그런 다음 1905년 2월 참모부와 교육감부의 사무를 군부로 이관, 참모국과 교육국으로 개편함으로써 비로소 군부는 원수부가 설치되기 이전의 체재와 기능을 완전히 회복하게 되었다.[106] 다만 군대개혁에 수반하여 병력의 수효가 절반 이상으로 감소되었는데, 이는 일본 측이 본디 노린 것이 군비축소였던 점을 상기할 때 결코 부차적인 현상이 아니

---

104 뒤에 대좌로 승진.
105 군무국·검사국·기록국·회계국.
106 서인한徐仁漢, 『대한제국의 군사제도』, 혜안, 2000, 제5장.

라 필연적인 것이었다고 할 수 있다.

일본은 한국 군대뿐 아니라 경찰까지도 통제할 필요를 느꼈다. 그것은 러시아와의 전쟁이 한창 진행되던 1904년 여름 일본인 나가모리 도키치로長森藤吉郞가 한국 정부에 황무지를 개간할 권리를 요구한 데 반대하여 한국의 지사들이 7월 중순 보안회保安會라는 정치단체를 결성하고, 이같은 항일운동에 많은 민중이 호응하여 시위를 벌이는 등 사태가 심상치 않게 전개되었기 때문이다. 당시 일본의 한국주차군 사령부는 한국인의 집단시위에 대해 육군치안형법을 실시하겠다고 위협하면서 일본헌병을 동원하여 마침 관립 한어漢語(중국어)학교에서 집회 중인 보안회 회원들을 치안방해 혐의로 체포하는 동시에 종로의 군중집회를 강제로 해산시켰다. 그러나 그 뒤 결성된 친일 단체인 일진회一進會가 덕수궁 정문인 대안문大安門[107] 앞에서 정부를 성토하는 집회를 열었을 때 한국인 병사들과 충돌을 벌이고, 한편 사태수습에 나선 일본 헌병에게 한국 병사들이 돌을 던지는 등 한·일 양국 군대가 대치하는 중대한 사태로 발전할 낌새를 보였다. 이에 한국주차 일본군사령부는 1905년 1월 초 서울 근교의 치안을 한국 경찰을 대신하여 일본헌병대가 담당한다는 일방적인 고시告示를 발표했다.

이와 같은 한국군 병력 축소 결과 2만여 명에 달했던 한국군 병력은 1907년 8월 1일 군대가 해산될 무렵에 이르면 서울에 시위侍衛 보병 2개 연대 약 3,600명, 시위 기병·포병·공병 등 약 400명, 지방의 8개 진위鎭衛대대[108] 약 4,800명으로 모두 합쳐 8,800명으로 줄어들었다.

일본은 이와 동시에 대한제국 경무청에 일본인 고문을 초빙하도록 압력을 가했다. 이에 따라 당시 일본 경시청 제1부장[109]으로 있던 마루야마丸山가 서울에 와서 2월 초 고문계약을 맺었다. 그는 임무수행을 위해 일

107　뒤에 대한문大漢門이라 개칭.
108　그중 제8대대는 함경남도 북청에 신설 중이었음.
109　뒤에 경무부장.

본인 보좌관이 필요하다고 주장하여 경무청에 1명, 서울 5개 경찰서에 각기 1명, 전국 13개 도道마다 각기 1명을 두고, 이들 보좌관 아래 다수의 일본인 순사를 배치하도록 강요하여 이를 관철시켰다. 그리고 러시아를 상대로 한 전쟁이 일본의 승리로 종결된 8월부터 그는 경무청뿐만 아니라 그 상급기관인 내부 경무국에도 출입하면서 일본인 경찰관을 증원하는 데 힘썼다. 그 결과 10월에는 서울 각 경찰서에 일본인 순사 30명씩을 배치했다. 이해 12월 하순 제정된 통감부 관제에는 총무부·외무부·농상공부 외에 경무부가 포함되어 아키타秋田현 지사로 있던 오카 기시치로岡喜七郎가 경무총장으로 부임했는데, 마루야마는 얼마 뒤 통감부 경시를 겸직한 채 계속 경무고문으로 재임했다. 1907년 8월 한·일 신협약에 따라 일본인을 한국 정부의 차관급 이하의 관직에 임용할 수 있는 길이 열리게 되자 마루야마는 경시총감이 되어[110], 명실공히 한국 경찰의 수장으로 군림했다. 그가 1년 뒤 시마네島根현 지사로 영전하여 본국에 돌아간 것으로 볼 때 일본 정부가 그의 한국에서의 공로를 높이 평가했음을 알 수가 있다.

21. 농업시설과 교육제도 개편

한편 통감부 관제에는 농상공부가 규정되어 농상무성 상무국장·상공국장을 지낸 기우치 주시로木內重四郎가 총장으로 취임했는데, 당시 한국 농상공부에는 이미 일본인 고문이 용빙되어 있었다. 즉 한국 주재 공사를 지낸 가토 마스오加藤增雄가 1902년 6월 고문으로 취임했다가 1904년 9월부터는 궁내부 고문을 겸임했다. 다만 가토는 본디 궁내부 고문으로 내정되어 내한했던 인물인지라 농상공부보다는 궁내부 쪽의 개혁에 관

---

110 이때 통감부의 참여관을 겸함.

심을 기울였고, 그 자신이 의정관이 되어 1905년 1월 제실帝室제도정리국을 설치하는 산파역을 맡았다. 따라서 농·상·공업 부문은 주로 기우치의 전담 사항이 되었다.

사실 한국 정부는 개화정책을 본격적으로 추진하기 시작한 1880년대부터 산업을 진흥시키는 데 지속적으로 관심을 기울여 왔다. 숙종 46년(1720년)에 시행된 이래 180여 년만인 1898년 6월, 지세地稅 부과의 기초가 되는 결부結負 파악을 목적으로 양지아문量地衙門을 설치하여 삼남지방에서 본격적인 양전사업을 추진한 것은 기념비적인 일이었다. 이는 국가재정이 줄곧 적자를 기록하고 있는 상황에서 많은 경비가 소요되는 거창한 사업이었고, 더구나 조정이 결수結數를 대폭 올림에 따라 농민들의 저항 또한 만만치 않아 결코 순조롭게 진행되지는 못했으나, 큰 흉년을 만나 1901년 12월 한때 사업을 중지할 때까지 그런대로 큰 성과를 거뒀다. 조정은 1901년 초 민간의 토지매매에 따른 불법적인 관행을 타파하기 위해 새로이 지계地契(토지문서)를 발급하는 관청을 신설했고, 이에 종래의 양지아문을 병합하여 토지측량 사업을 재개했다. 다만 러일전쟁이 일어나자 부득이 중단하고 말았다. 양전을 끝낸 곳은 전국 340여 군 가운데 3분의 2가 채 못 되는 212군이었다. 당시 누가 보더라도 한국에서 가장 긴요한 급선무 중의 하나가 산업진흥이었음에도 불구하고 1904년 말 조정에서 열린 관제 이정釐正회의에서는 의정부 관제 가운데 학부와 더불어 농상공부를 폐지하자는 논의가 제기될 만큼 이에 대한 기본인식이 결여되어 있었다.

한편 당시 일본은 한국에서 미곡을 안정적으로 공급받기 위해 1903년 농상무성에서 농업기술 전문가들을 동원하여 한국 전역에 걸친 토지 농산農産조사에 착수했고, 미곡 상인들은 한국에서 쌀 생산을 확대하고 그 품질을 높이기 위해 농사시험장을 설치할 것을 주장하면서 주한 일본 공사를 통해 이 문제를 한국 정부에 권고하도록 압력을 넣기 시작했다. 그리하여 러일전쟁이 끝난 직후 도쿄대학 농과대학 교수로 농상무성

소속 농사시험장 책임자(장장場長)를 겸하고 있던 저명한 농예화학자 고자이 요시나오古在由直[111]가 한국에 와서 재정고문 메가타와 더불어 농사시험장 설치에 관한 계획을 협의한 바 있다. 마침 이와 같은 시기에 한국 정부도 농상공학교 부속 농사시험장 관제를 칙령勅令으로 공포하고 뚝섬에 실습농장을 설치할 계획을 추진하고 있었는데, 신설된 지 얼마 안 되는 통감부가 이에 개입했다. 즉 통감부는 한국 정부의 계획에 대해 농사시험장의 위치 선정이나 설계에 많은 결함이 발견된다고 주장하면서 계획을 취소하도록 압박을 가했다. 그 대신 1906년 6월 수원에 대규모 권업모범장을 설치하여 농사에 관한 모범을 보이겠다고 공표했다가, 11월 초 이 같은 경영방침을 장차 변경하지 않는다는 조건을 붙여 한국 정부에 넘겨주기로 했다. 다만 이 권업모범장에는 일본인 농업기술자들을 초빙하여 운영하도록 협정을 맺었다.

통감부는 이 밖에도 뚝섬에 원예모범장을 설치하고, 개성의 인삼 재배사업을 확충하며, 압록강 유역의 삼림자원을 한·일 양국이 협동경영할 계획을 발표했다. 무엇보다도 통감부는 농민들에게 면화 재배를 장려했고, 특히 양잠업을 중시하여 1906년부터 전국 34개소에 양잠기술 교육을 담당하는 잠업전습소를 설치했다. 이것이 양잠업을 농가 부업으로서 크게 확대되는 계기를 마련했다는 점은 부인하기 어려운 사실이다. 하지만 많은 자금을 필요로 하는 상공업 부문에서는 거의 시설 개선이 없었다. 통감부 주도 아래 1906년 서울 시내 현 대학로에 목공·토목·화학 등을 가르치는 공업전습소 설치가 유일한 실적이었다. 한국 정부의 고위 관리들이 제도시찰이란 명목으로 일본에 출장 갔을 때 오사카의 병기창을 방문한 일이 있는데, 이곳에 2만 명의 노동자가 밤낮으로 일하고 있었다고 한 것으로 미루어 볼 때[112], 당시 한·일 간의 공업생산력의 격차

---

111 뒤에 도쿄대학 총장 역임.
112 『윤치호 영문일기』, 1905년 7월 21일 자.

는 상상조차 할 수 없이 컸음을 짐작할 수 있다.

러일전쟁 시기 일본인 경무 고문이 내한할 무렵 학부에도 일본인 고문이 취임했다. 1904년 가을 고종 황제의 내탕금에 의한 최초의 국비유학생 50명을 직접 인솔하고 일본을 다녀온 학부대신 이재극李載克은 12월 초 귀국하자마자 자신이 시찰한 일본의 근대적인 학제 및 교육시설을 도입하려고 마음먹었다. 그는 이듬해 1월 1900년부터 관립중학교 교관으로 초빙되어 서울에 머물고 있던 시데하라 다이라를 불러 학제개혁에 관한 자문에 응해줄 것을 당부했다. 이에 따라 시데하라는 하야시 일본 공사와 협의를 마친 다음 한국 정부와 정식 초빙계약을 맺고, 2월부터 학정참여관의 직함으로 학부에 출근하면서 우선 소학교의 학제 정비에 착수했다.[113]

사실 이토는 한국에 부임하자 교육개혁에 대한 남다른 의욕을 보였다. 그는 인민을 개화시켜 서구문물의 우수성을 깨닫게 하는 것 자체가 절실히 요망될 뿐 아니라 이는 동시에 통감부에 의한 내정 감독을 합법화하는 중요한 수단이 된다고 판단했다. 그는 교과서 편찬 작업이 지연되고 있는 데 불만을 품고, "시데하라는 교관으로서는 적임일지 모르겠으나 저술가로는 적임이 아니다"라고 하면서 1906년 8월 시데하라를 경질하고 그 대신 미쓰치 주조三土忠造를 불러들였다. 이에 따라 시데하라는 문부성 시학관視學官이 되어 귀국했는데, 미쓰치는 당시 도쿄고등사범학교 교수로 일간신문사의 편집장을 겸하고 있던 인물이었다. 미쓰치가 교과서 편찬 작업에 전념하게 되면서 통감부 개청 때부터 서기관으로 한국 지방행정제도의 정비·개혁에 관여했던 다와라 마고이치俵孫一가 학제 개혁을 비롯한 학부의 일반 행정에 대해 깊숙이 관여했다. 다와라는 뒤에 회고하기를 학부대신 이완용李完用의 힘을 빌려 학부 내 많은 관원들의 반대를 억제하면서 소학교에 일본어 과목을 부과하도록 하는 어려운 과

113　시데하라 다이라, 『조선사화』, 449~450쪽.

제를 관철시켰다고 자부했다.[114]

이 밖에도 러일전쟁 중인 1905년 4월 일본은 한국 정부를 압박하여 우체사가 담당하던 체신사무를 일본에 인계하고, 역시 통신원 사무를 한국 정부의 재정에 충분한 여유가 생길 때까지 일본에 위탁하도록 했다. 이때 고종의 남다른 총애를 받던 통신원 장관(총판總辦) 민상호関商鎬가 맹렬히 반대했으나, 아무런 소용이 없었다. 통감부는 개청 직후 통신관리국을 두어 한국의 우편·통신업무를 직접 장악했다. 한편 이보다 앞서 전쟁이 일어남과 동시에 기존의 경인철도와 경부철도 및 경의철도 부설 공사가 일본 군용철도감부 관할 아래 들어갔다. 1905년 5월 경부철도 개통식이 열렸는데, 일본 정부는 1906년 7월 경부철도와 경인철도를 매수했고, 9월 일본 육군이 그간 관리해 온 군용철도 전부를 정식으로 통감부에 인계했다. 이에 따라 통감부는 철도관리국을 설치하여 역시 한국 내의 모든 철도를 장악했다.

22. "한국에는 재판제도가 없다"

이처럼 한국의 외교업무를 대행한다는 근본 취지에 입각하여 설치된 통감부는 한국 정부의 재정·금융·군대·경찰·농업·교육부문에 고용된 일본인 고문들에 대한 감독권을 행사한다는 부차적인 업무규정에 의거하여 실제로는 한국 내정의 거의 모든 분야에 걸쳐 시정施政 개선이란 명분 아래 개입하며 압력을 가했다. 더욱이 철도와 통신시설은 이를 직접 장악·관리했다. 그런데 이토는 통감으로 부임한 직후 무엇보다도 사법제도를 개혁하는 일이야말로 급선무임을 깨닫고 이에 열중하게 되었다. 조선왕조는 지배층인 양반계급 내부의 적서嫡庶의 차별이 엄하고 양인良

---

114 김명수金明秀 편, 『일당기사一堂紀事』, 1927, 56~57쪽.

人과 천인 간의 신분이동 역시 엄격히 금지되었던 까닭에 재산의 상속과 매매를 둘러싸고 소송이 빈번하게 발생했는데, 더욱이 후기에 들어가면서 적서의 차별이 차츰 완화되고 중인 이하 양인층의 신분이 전반적으로 상승하는 등 사회적 변동이 현저히 진행됨에 따라 소송은 거의 일상화되다시피 하여 가히 '소송의 왕국'이라 불릴 만한 실정이었다.

1894년에 전격적으로 단행된 갑오개혁은 이 소송제도에도 큰 변화를 초래했다. 1895년의 을미개혁 단계가 되면 한성재판소의 등장과 함께 근대적인 민·형사 소송제도가 도입되어 개인의 신체와 재산권 보호가 뚜렷하게 개선되기 시작했다. 양반계급을 포함한 모든 국민들에게 동등하게 형벌이 적용되었고, 재판이 종결되기 전에는 어느 누구도 형벌을 집행할 수 없게 되었다. 다만 1897년 대한제국이 선포되고, 2년 뒤 황제에게 전제적 권한을 부여한 대한국국제大韓國國制가 제정 공포되면서 법부에 의한 감독권이 강화되고 종전의 개혁조치들이 크게 후퇴했다. 그 결과 특히 형사재판의 경우 개인의 생명권 내지 자유권이 크게 침해당하는 반동화의 현상을 초래했다. 1900년 5월부터 러일전쟁이 끝날 때까지 5년 3개월간 법부고문으로 재임한 프랑스인 로랑 크레마지Laurent Cremazy는 베트남 사이공[115] 공소원장控訴院長을 역임하는 등 주로 식민지에서 법관 생활을 한 경험을 적극적으로 반영하여 한국의 형사 법규法規를 프랑스 식민지의 것과 비슷하게 고쳤는데, 황실범이나 국사범에 대해 참형斬刑을 부활시키는 등 개인의 신체적 형벌을 강화하는 방향으로 역행逆行하기까지 했다.[116] 이 같은 일부 보수 반동적인 경향에도 불구하고 대다수 인민이 사법제도의 개혁과 전국적인 보급으로 종전보다 훨씬 쉽게 재판제도를 이용할 수 있었고, 또한 그만큼 자신의 사적私的 권리를 신장 발전시킨 것은 부인할 수 없는 사실이었다. 다만 여전히 지방행정관이 재판권

---

115 현 호치민시.
116 김현숙, 『근대 한국의 서양인 고문관들』, 한국연구원, 2008, 183~184쪽.

을 장악하게 함으로써 운영상의 미숙과 문란은 물론, 뇌물과 청탁으로 재판이 공정하게 이뤄질 수 없는 실정이었다. 당시 관직 임명이 주로 정실과 금전 매매에 의해 좌우되던 때였던 만큼 재판이 수령의 축재와 탐학의 도구로 제공된 것은 당연한 귀결이기도 했다. 1895년 법관양성소가 설치되어 전문적인 법조인을 양성하는 길이 열렸으나, 그 이듬해 학생 모집이 중지되었고 7년간의 공백 끝에 1903년 1월에 다시 모집하기 시작했으므로 그간 배출된 법관의 수효는 매우 적었다.

한국에 부임한 이토는 이 같은 재판제도의 근본적인 결함을 알게 되자 한국에는 근대적 의미의 재판제도가 없다고 혹평했다. 그는 이 같은 불공정한 재판소 운영이 한국민의 크나큰 원성의 대상인 것을 예민하게 간파하고, 이를 획기적으로 개선하는 것이야말로 통감부에 대한 한국민의 근원적인 적대감, 혹은 거부감을 씻어낼 수 있는 가장 유효한 방법이 될 것으로 기대했다. 그는 부임 직후인 1906년 3월 21일 통감 관저에서 열린 시정개선협의회에서 현재 한국의 행정과 사법이 분리되어 있지 않은 등 아직 사법권이 독립되지 못한 현상을 문제점으로 지적했고, 또한 감옥제도의 경우 남녀 죄수를 성별로 분리하여 관리하지 않는 점 등은 마땅히 개선해야 한다고 강조했다. 한편 그는 재판제도의 개혁과 병행하여 새로운 법전을 기초해야 할 필요성을 느끼고 평소 크게 신임하고 있던 도쿄대학 민법학 교수 우메 겐지로梅謙次郎(1860~1910)를 1906년 여름 법률고문으로 한국에 초빙했다. 그는 일찍이 문부성 파견 유학생으로 프랑스와 독일에서 공부하고 돌아와 도쿄대학 교수가 된 인물로, 30대 후반에는 법과대학장에 오르고 제2차 마쓰가타 마사요시松方正義 내각과 제3차 이토 내각의 법제국 장관, 그리고 문부성 총무장관(차관)을 지낸 저명한 인사였다. 이토는 본국 황실제도의 미비未備를 보완하기 위해 1899년 8월 궁중에 제실제도 조사국이 설치되어 초대 총재를 맡았을 때 우메를 위원(고요가카리御用掛)으로 끌어들이기도 했다. 그는 민법 전공 학자로서 국가주의적, 가부장적 가족제도를 옹호하는 독일 계통의 보수파에 맞서 프랑스 민법의 시민법을 도입·수용하여 민법권을 제정해야 한다는 프랑스인 법률고문 보아소나드Gustave Emile Boissonade[117]의 견해를 지지한 것으로 유명했다. 우메는 한국의 관습 조사를 목적으로 부동산법 조사회를 주재하다가 1907년 12월 이를 확대 개편한 법전조사국의 고문이 되어 종전의 민사·형사 소송규칙과 『형법대전』을 개정하고 그 밖의 법률 기안起案에 열중한 끝에 바야흐로 한국이 일본에 의해 강제로 병합당하는 조약을 조인한 지 4일 뒤, 이를 발표하기 3일 전인 1910년 8월 26일 서울에서 죽었다. 이는 한국 사법제도의 개혁에 대한 이토의 집념이 얼마나 강인한 것이었는지를 상징적으로 보여주는 에피소드라고 할 수 있다.

이토는 1907년 1월 3일 한국 사법제도에 관한 정책 훈시에서 다음과 같이 지적했다.

"한국의 정치 개량은 곧 한국에서의 일본세력의 확장에 다름 아니다. 시정개선과 세력 확장은 비록 그 명의名義를 달리하고 있으나 실제로는 하나인 것이다."

이는 그의 속마음을 토로한 고백이기도 하겠지만, 한편 그가 역설한 시정개선 철학의 밑바닥에서 서구문명의 영향력을 강하게 느낄 수 있는 것도 사실이다. 1907년 4월에 열린 시정개선협의회에서는 고문拷問제도의 폐지를 둘러싸고 논란이 있었는데, 고문이 불가피한 측면이 있다는 법부대신 이하영李夏榮의 견해에 대해 이토는 절대로 고문을 시행해서는 안 된다고 못 박았다. 이 밖에도 이토는 엄형이 실제로 효과가 없다는 소신을 피력했다. 결국 이 고문제도를 둘러싼 논쟁은 이해 6월의 협의회에서 이토의 주장대로 폐지 방침이 확정되었다.

---

117 파리대학 교수 시절 크레마지의 박사논문을 지도함.

이토는 이해 7월 하순 고종 황제의 퇴위와 동시에 체결된 한·일 간의 신협약[118]으로 한국 정부 고위직에 일본인 관리들이 정식 임명되는 길이 열리게 되자, 기왕의 재판소제도를 일본인 손으로 개혁할 필요를 느꼈다. 이와 동시에 그는 이 기회를 이용하여 그간 외국인이 누려온 영사재판권을 철폐함으로써, 장차 한국에 대한 지배력 강화에 장애 요인으로 작용할지도 모를 외국 간섭의 여지를 원천봉쇄하려고 했다. 그 결과 이해 12월 12일 제정된 새로운 재판소구성법에는 종래 10개소 이상의 개항장에 설치되어 장관인 부윤[119]과 참서관 등을 판·검사로 하여 각국 영사와 더불어 심의 운영하던 개항시장재판소가 폐지되었다. 그리고 종래 서울(한성부)·평양·제주목 외에 13개 도마다 설치되었던 16개소의 지방재판소는 8개소로 줄어들고, 그 상급 법원인 공소원을 서울·평양·대구에 설치하며, 최고 법원인 대심원大審院[120]을 서울, 혹은 수원에 설치하는 3심제를 채택했는데[121], 무엇보다도 주목되는 점은 모든 법원의 법원장과 검사장을 일본인으로 임명한다고 못 박은 사실이다. 심지어 전국 9개소에 설치된 감옥의 책임자인 전옥典獄까지도 모두 일본인으로 한다는 방침을 내세웠다. 이 재판소구성법은 1908년 1월부터 시행할 예정이었으나, 재판소 건물의 신축과 특히 일본인 판·검사의 선발 임명에 많은 시간이 소요되어 결국 1908년 8월부터 시행에 들어갔다.

이토는 1908년 6월 13일 한국 정부의 초빙 형식으로 고용이 되어 내한한 일본인 사법관들에게 다음과 같은 훈시를 늘어놓았다.

"한국인이 (일본인 관리의 대거 등용에 따라 전개된) 새로운 정치에 심복心

---

118 이른바 정미丁未7조약.
119 감리 겸임.
120 뒤에 고등법원으로 개칭.
121 이 밖에도 지방재판소 아래 전국 113개소에 구區재판소를 단계적으로 설치할 예정이었음.

腹할 것인지 아닌지는 실로 사법권의 운영 여하에 달려 있다. 어쨌든 새로 재판소를 설치하여 종래의 학정虐政을 일소하려고 함에 있어서 일본인 재판관이 과연 어떤 일을 할 것인지에 대해 일반 양반 유생들이 크게 주목하고 있으므로, 제군들은 처음부터 많은 주의를 기울이지 않으면 안 된다. 요점은 한국인의 정당한 권리를 공평한 재판에 의해서 보호하는 데 있다."

이 훈시를 보면 이토가 한국의 사법권을 감독하는 데 만족하지 않고, 일본인 재판관들을 직접 모든 재판소에 배치하여 실제로 사법권을 빼앗아 간 본심이 잘 드러나 있다. 즉 재판제도의 개혁을 대한제국의 이른바 학정을 일소하는 첫걸음으로 파악하고 통감부가 이를 앞장서서 지휘함으로써 양반 유생층의 지지를 이끌어 내겠다는 것이었다.

앞에서 언급한 바 있듯이 한말 사법제도의 근대적 변화과정을 보면 1894년과 1895년의 갑오·을미개혁 시기에 개인의 신체와 재산권 보호에 획기적 개선이 이루어지는 듯한 기미를 보이다가 곧이어 1897년 대한제국이 선포되고 2년 뒤 황제의 절대 권력을 뒷받침한 국제國制가 제정되면서 종전의 개혁 조치들이 현저히 후퇴하는 시대적 역행逆行이랄까 보수적 반동화의 현상이 나타났다. 이 점을 강조하는 어떤 연구자는 형사재판제도의 반동화야말로 대한제국을 멸망의 길로 이끈 직접적인 원인으로 작용했다고 주장할 정도이다.[122] 통감부에 의해 기획되고 추진된 일련의 사법개혁의 실제 내용을 보면, 이 같은 반동화의 경향을 바로잡아 종지부를 찍게 한 효과가 있었던 점은 부인하기 어렵다고 생각된다. 그러나 이토의 사법개혁은 이에서 그치지 않았다.

그는 도쿄에 잠시 체재하고 있던 1909년 6월 14일 자로 통감직을 부통감이던 소네 자작에게 넘기고 자신은 야마가타 원수의 양보를 받아 네

---

122 도면회都冕會, 『한국 근대 형사재판제도사』, 푸른역사, 2014.

번째 추밀원의장직에 복귀했다. 그는 소네에게 업무를 인계하고 그 밖의 잔무 처리를 위해 한국으로 떠나기 직전, 가쓰라 수상에게 한국의 사법 및 감옥사무를 일본이 직접 맡으라고 권했다. 그는 7월 3일 자 건의문에서 오랫동안 한국 정치문란의 중요 원인으로 여겨져 온 법치의 결함을 최근 고쳤으나, 앞으로 조속히 한국이 서구 제국과 맺은 불평등조약 개정 준비에 착수하여 치외법권을 철폐해야 한다고 지적하면서 지금까지 한국 재판제도의 개혁 작업이 일본이 제공하는 무이자·무기한의 보조금에 의해서 이루어졌고, 한국의 재정·경제 상태로 미루어 볼 때 앞으로도 계속 보조금을 지원할 필요가 있는 실정인 만큼, 차라리 이번 기회에 한국의 재판소를 명실공히 일본 재판소로 만들어 일본 스스로가 그 경비를 부담하는 것이 좋겠다고 지적했다. 일본 정부가 한국을 병합할 방침을 확정한 사실을 잘 알고 있던 이토가 왜 이 같은 제의를 했는지 그 까닭은 잘 알 수가 없다. 이해 4월 10일 가쓰라 수상과 고무라 외상이 도쿄 근교에 있는 이토의 별장으로 찾아가 "한국을 합방해야 한다"고 주장했을 때 이토가 이에 반대하지 않아 두 사람이 크게 놀랐고, 이토의 동의에 힘입어 7월 6일 각의에서 한국 병합방침은 결정되었다. 장차 한국을 병합하면 사법권은 저절로 일본의 수중에 들어오게 되는데, 이토는 왜 통감직에서 막 물러난 시점에서 굳이 한국의 사법권을 탈취하려고 서둘렀던 것일까? 이 점은 이토가 한국 병합시기를 그로부터 훨씬 뒤로 예상했거나 아니면 병합 후 한국 통치의 형태를 조선총독부의 조직과는 다른 것으로 구상했던 것이 아닐까 하는 추측을 자아내게 한다.

이토는 군함을 타고 본국을 떠나 마산항에서 일박한 뒤 7월 5일 서울에 와서 순종 황제가 창덕궁 인정전에서 베푼 연회에 참석하고, 또한 경복궁 경회루에서 거행된 통감 교대 송영회送迎會에 참석하는 등 바쁜 일정을 소화하는 가운데 후임 통감에게 한국의 사법 및 감옥사무를 지체 없이 인수하라고 당부했다. 마침 7월 10일 오후 5시 통감부가 주최한 이토의 귀국 전별연餞別宴이 원유회園遊會라는 명목으로 관사에서 열렸는데, 7시에 연회가 끝나자 통감 소네가 총리대신 이완용에게 별도의 회견을 요청했다. 이에 이 총리가 그를 찾아가니 소네는 한국의 사법 및 감옥 사무를 일본 정부에 위임하여 인민의 생명과 재산을 완전하게 보호하도록 조치하는 편이 바람직하다는 말을 했다.

이완용은 소네의 갑작스런 제안에 따라 일요일인 11일 저동苧洞에 있는 자택으로 각 부 대신을 급히 소집하여 이 문제를 논의했다. 이완용의 조카[123]로 총리 비서관에 내각 문서과장을 겸하고 있던 김명수金明秀는 당시 각의에 입회하여 대신들이 행한 발언을 뒤에 편집 발간한, 이른바 이완용 추모 실록이라고 할 수 있는 『일당기사一堂紀事』[124]에서 낱낱이 기술한 바 있다. 이에 의하면 첫 번째로 입을 연 탁지부대신 임선준任善準이 통감의 제의를 거부하고 내각 총사퇴를 단행할 것을 주장했다.

"우리나라가 5백여 년 동안 자주적으로 행사해 온 법권法權을 하루아침에 이웃 나라에 맡긴다면 앞으로 더 이상 나라라고 말할 가치도 없다. 이는 나라가 전멸하는 시기에 이른 것이 아닌가! 우리들은 소위 국무대신의 지위에 있으면서 아직 국민을 반석盤石 위에 올려놓지 못했는데, 끝내 이를 밀고 나간다면 무슨 책임, 무슨 면목으로 세상에서 행세할 것인가! 그러므로 우리 뜻은 이 안건에 대해 시행하지 않고 도리어 총사직을 제출하여 물러나는 것이 제일 양책良策이다."

임선준은 형의 딸이 이완용의 장남 이승구李升九(1905년 병사)와 혼인한 인연으로 2년 전 이완용이 조각組閣할 때 성균관장이라는 정3품 관직에 있다가, 일약 내각의 최요직인 내부대신에 발탁되어 세간의 이목을 끈 인물이었다. 그의 주장에 대해 학부대신 이재곤李載崑이 지지 찬동하는

---

123 누이의 아들.
124 1927, 비매품.

발언을 한 뒤 내부대신 박제순과 군부대신 이병무는 중의에 따르겠다는 모호한 태도를 취했다. 한편 주무장관인 법부대신 고영희는 자신이 다른 대신들처럼 여유 있는 처지가 아님을 환기시키면서 단독 사직하겠노라고 말했다. 그는 회의실을 나와 김명수에게 근래 대신이 사직할 때 총리대신에게 제출한 청원서의 규식規式을 한 부 준비해 두었다가 내일 이곳에 다시 모일 때 내줄 것을 은밀히 부탁하기까지 했다.

그러나 발언 마지막 차례가 된 농상공부대신 조중응趙重應은 내각 사퇴론이 시세時勢와 맞지 않는다는 주장을 폈다. 즉 현 내각이 총사퇴하더라도 어차피 후계 내각이 통감부의 제안을 거부할 형편이 못 되는 것이 확실한 바에야, 차라리 지난 몇 해 동안 민정을 살펴 조치하는 방법을 강구해 온 지금 내각에서 수용하는 편이 낫다는 것이었다. 다만 내각의 수반인 이완용은 자신의 의견을 일절 피력하지 않은 채 각료들의 발언만 듣고 있다가 마침 한국주차군 사령관 오쿠보 하루노大久保春野 대장이 주최하는 이토를 위한 전별연 시간이 임박했다는 이유로 의안 결정을 하루 연기한다고 말한 뒤 급히 자리를 떠났다.

그리하여 12일 오전 다시 이완용의 집에서 각의가 열렸다. 하지만 의견이 쉽사리 통일되지 않아, 일단 임선준이 제기하고 이재곤이 찬성한 내각 총사직을 결행하기로 잠정적인 합의를 본 뒤 오후 1시 해산했다. 그러나 대신 가운데 사표를 제출한 사람은 아무도 없었고 그다음 날 다시 모여 제출하기로 했다. 이날 오후 이완용은 주무대신인 고영희를 대동하고 창덕궁으로 가서 순종 황제께 주상奏上하겠다고 했으나 구체적인 동정은 『일당기사』에 전혀 기술된 바 없다. 김명수는 이완용의 지시에 따라 그날 밤 그의 저택에 숙직하고 있던 중, 13일 새벽 이완용에게서 고영희와 조중응을 제외한 나머지 대신들 집에 전화를 걸라는 명령을 받았다. 하지만 그 통화의 내용이 뜻밖이었다. 즉 소네 통감이 제안한 사항은 임선준과 이재곤을 제외한 나머지 모든 각료들이 찬성하여 과반수로 이미 통과된 것이므로 다시 모여 논의할 필요가 없어졌다는 일방적인 통보였다. 사직서 양식의 용지를 준비해 달라고까지 큰소리쳤던 고영희도 어제 오후 번의했던 것이다.[125] 이렇게 7월 12일 자로 이완용과 소네 통감 사이에 체결된 소위 기유년己酉年의 각서는 한국 및 일본 정부가 한국의 사법 및 감옥사무를 개선하여 한국 신민臣民과 아울러 재한在韓 외국인[126]의 생명과 재산의 보호를 확실히 할 목적과 또한 한국 재정의 기초를 공고히 한다는 목적에서 조관條款을 약정한 것인데, 이로써 한국의 사법권은 송두리째 일본의 수중에 넘어가게 되었다. 이에 따라 법부는 인수인계에 따른 잔무를 모두 처리한 뒤 10월 28일 정식 폐지되고 그 업무는 통감부 사법청에 이관했는데, 고영희는 그 직전인 22일 단행된 개각에서 물러난 임선준 후임으로 탁지부대신에 전보 발령을 받았다. 아무리 중인 신분의 왜어 역관 출신이었다고는 하지만, 그야말로 최소한의 염치도 모르는 구한말 출세주의자의 한 전형이라고 할 만하다.

그러나 정교鄭喬의 『대한계년사』는 이 전격적인 기유각서 체결과정에 대해 『일당기사』와는 조금 다르게 기술하고 있다. 즉 7월 10일 오후 7시, 이토의 퇴임을 기념한 전별연이 끝난 뒤 신임 통감 소네의 요청으로 관저에서 이완용이 그와 만났을 때 두 사람 외에도 여러 사람이 회담에 참여했다는 것이다. 우선 한국 정부 쪽에서는 박제순이 이완용과 동행했고, 통감부 쪽에서는 소네 외에 전임 통감인 이토를 비롯해서 총무장관[127]과 외무총장[128] 등이 참석했으며, 이때 일본 측이 제시한 의제는 사법권의 위탁 뿐 아니라 군부 폐지도 포함되어 있었다고 한다. 그리고 11일 이완용의 집에서 임시 각의가 열렸을 때 반대론이 제기되는 등 사태 수습이 어려워지자 이완용은 소네를 찾아가 사정을 설명했고 소네는 군부 폐지

---

125 김명수 편, 『일당기사』, 1927, 147~151쪽.
126 절대 다수가 일본인임.
127 초대 장관인 쓰루하라 사다키치鶴原定吉가 1908년 10월 퇴직한 뒤 통감부 참여관인 이시즈카 에이조石塚英藏가 '사무취급'으로 대행함.
128 나베시마 게이지로鍋島桂次郎 참여관.

와 사법권 위탁(곧 법부 폐지)의 두 안건은 한·일 양국이 반드시 이행해야 할 과제라고 엄포를 놓았다는 것이다. 그리고 문제의 12일에는 이완용과 여러 대신들이 통감부 관저로 가서 그 수뇌부와 회담을 했던바, 이토는 한국 측에 대해 두 안건을 제의한 사유를 상세히 설명했다고 한다. 그리고 그날 밤 이완용 등은 다시금 통감부로 불려가 역시 이토 등과 합석한 자리에서 일본 측이 제안한 안건을 모두 받아들이는 데 동의하여 협약 체결에 이른 것이라고 기술하고 있다.

이토는 14일 서울을 떠나 귀국길에 올랐다. 이완용은 남대문 밖에서 그를 전송했고[129], 각료 중 이재곤·임선준·이병무 등은 인천항까지 가서 15일 군함 갑판에 오르는 그를 전송했다. 이처럼『대한계년사』에는『일당기사』에 전혀 보이지 않는 이토의 동정을 기술하여 그가 바로 한국의 사법권을 박탈한 주역이었음을 분명히 밝혔다.

23. 일본 천황을 국가기관으로 법제화한 이토

한국의 사법제도를 개혁하는 데 그토록 집요하게 열의를 보였던 이토가, 어찌하여 여러 가지 본국 내의 정세 변화, 특히 군부를 비롯한 지배층의 여론 압력에 밀려 더 이상 외형상의 보호국 체제를 고집하기 어렵다고 판단한 시점에 굳이 서둘러 한국의 사법권을 빼앗으려 한 것일까? 이는 이토의 '시정施政 개선' 목표가 처음부터 한국 병합의 초석을 쌓아가는 데 있었던 점을 감안하더라도 잘 이해가 되지 않는 대목이다. 이 같은 의문을 염두에 두고 정치가로서의 이토의 본질 내지 최종 목표를 조금 검토해 볼 필요를 느낀다.

종래 일본의 학계와 언론계에서는 그가 한평생 시세의 흐름에 잘 편승

---

129 이토가 내한할 때는 7월 4일 마산항까지 내려가 영접한 뒤 함께 상경했음.

하여 성공을 거둔 타고난 현실주의자였을 뿐, 본디 철학이나 사상은 결여된 기회주의적 정략가였다는 소극적인 평가가 주류를 이루어 왔다. 그리고 그의 사물에 얽매이지 않는 활달하고 융통성이 넘치는 성품이 이 같은 세평을 입증하는 절호의 요건으로 원용된 측면도 무시할 수 없다. 그러나 그의 사망 100주년을 맞은 2009년을 전후하여 일본학계에서는 종래의 저평가된 시선에서 벗어나 그를 좀 더 적극적으로 재평가하려는 새로운 움직임이 대두한 것으로 보인다. 즉 이토는 그가 평생 동안 마주친 다채로운 정치적 여러 국면에서 얼핏 보면 팔방미인과 같은 스타일을 보여주었지만, 이를 자세히 들여다보면 일관성 있게 추구한 정치적 가치와 목표가 보인다는 것이다. 즉 서구의 발달한 근대문명을 최대한 충실하게 수용한 터전 위에 입헌국가 제도를 완성하고 여기에 국민 중심적인 민주정치를 주입注入시킨다는 것으로, 그는 생의 마지막 순간까지 그를 실현하기 위해 고심苦心했다는 주장이다. 여기서 특히 눈길을 끄는 점은 그가 한국 통감으로서 많은 시간을 서울에서 보내야 했던 1906년에서 1907년 사이에도 일본 궁중의 제실帝室제도 조사국 총재 자격으로 메이지 헌법의 불비不備한 점을 보완할 목적으로 서울과 도쿄를 자주 왕래하면서 적지 않은 노력을 기울인 것이다.[130] 이토가 메이지 유신 뒤 헌법을 제정하고, 서양을 모방하여 만들어 낸 내각제도에 의해 탄생한 총리대신(수상)에 처음으로 취임하는 등 근대 일본의 골격을 마련한 최대의 공로자라는 것은 모든 사람이 인정하고 있다. 태정관제太政官制하에서 참의參議로 활약하던 그가 헌법 조사라는 명목으로 유럽에 출장을 가서 약 1년 5개월 동안 독일 베를린대학과 오스트리아 빈대학의 저명한 법학자들을 찾아다니며 헌법학과 행정학의 요점을 개인교수를 받은 일화는 잘 알려져 있다. 특히 국가의 행동원리인 행정과 국민의 정치참여 원리인 의회제도의 조화를 꾀하는

---

130 다키이 가즈히로瀧井一博, 『이토 히로부미―지의 정치가伊藤博文―知の政治家』,
　　 도쿄: 주오코론신샤中央公論新社, 2010, 제5장 및 제7장.

것이 근대국가 운영의 요체임을 역설한 빈대학 슈타인Lorenz Von Stein 교수에게서 깊은 감명을 받았다고 전해진다. 또한 그는 런던에 가서 2개월 동안 헌법 조사에 종사한 뒤 1883년 5월 러시아 황제 알렉산더 3세의 즉위식에 일본의 전권대사 자격으로 참석하고 귀국길에 올랐다.

독일을 모델로 한 일본헌법은 내각제도가 창설된 지 3년여가 지난 1889년 2월 국가적인 축제 속에 발포되었다. 당시 헌법 제정의 기초 작업을 하면서 사회 일각에서는 천황에게 직접 집정執政을 맡겨야 한다는 움직임도 있었으나, 이토는 군주 한 사람의 개인 의사에 의해 정치가 좌우되는 것은 바람직하지 않다고 판단하여 궁중과 부중府中을 분리시키는 개혁을 통해 천황 친정親政운동을 막아내려고 했다. 다만 헌법 규정상 천황은 만기萬機를 친재親裁하는 최고 통치권자였으므로, 천황이 정치적인 의사 결정을 내릴 필요가 있는 경우에 대비하여 1888년 4월 천황 자문기관인 추밀원樞密院을 개설했다. 이때 이토는 스스로 초대 수상직에서 물러나 추밀원 초대 의장직에 취임했다.

그런데 헌법을 발포한 지 10년 뒤인 1899년 이토는 황실제도의 불비不備를 보정輔正한다는 이유를 들어 궁중에 제실제도 조사국을 설치할 것을 주청奏請했고, 그 결과 이해 8월 조사국이 신설되었다. 이토는 이 기구의 총재가 되었는데, 조사국 활동의 주안점은 궁중을 국가라는 몸체 속에 포섭하여 법제화하는 데 있었다. 하지만 주목되는 점은 이토가 황실의 제도화를 통해 노린 부수적 효과였다. 즉 그는 이것이 군부의 행동을 제어하기 위한 유력한 방편으로 작용하여 궁극적으로는 내각 중심의 책임정치를 강화하는 데 큰 도움이 될 것으로 기대했다. 10년 전 헌법을 발포할 때 이토는 국가와 황실을 분리하는 원칙 아래 국제國制를 만들었으나, 그간 청일전쟁을 전후하여 군부 특히 육군이 군령권 행사를 빌미로 이른바 유악帷幄[131] 상주上奏라는 관행을 통해 헌법상의 천황대권을 정

---

131 군사작전 계획을 짜는 본진本陣, 참모부의 뜻.

치적으로 이용하는 경향을 보였으므로, 이를 견제·차단할 제도적 장치를 내각이 마련할 필요성이 절실해진 실정이었다. 이 같은 숨겨진 목적을 갖고 조사국은 표면적으로는 궁중과 부중의 융합을 꾀한다는 명분 아래 은밀히 황실의 법제화 작업을 추진했다. 다만 조사국의 사업은 몇 가지 사정으로 예정대로 진행되지 못했다. 무엇보다도 이토가 1900년 9월 그간 준비해 온 입헌정우회를 결성하여 총재로 추대됨에 따라 조사국 총재를 사임하지 않을 수 없었고, 곧이어 10월에는 야마가타 원수의 뒤를 이어 정우회를 중심으로 한 내각을 조직, 수상에 취임했기 때문이다. 다만 이 제4차 이토 내각은 7개월도 지속되지 못한 채 단명으로 끝났다.

그러던 중 그는 러일전쟁을 눈앞에 둔 1903년 7월 야마가타의 강권에 못 이겨 정우회 총재직을 사퇴하고 추밀원 의장에 복귀하면서 다시금 조사국 총재에 취임했다. 이때 그는 평소 잘 알고 지내던 국제법 전문가 아리가 나가오有賀長雄(1860~1921)를 조사국의 위원으로 끌어들여 사업 추진을 크게 활성화했다. 아리가는 전에 황전강구소皇典講究所의 연구원으로 황실제도의 역사적 연구에 종사한 경험을 갖고 있었다. 그는 도쿄대학을 졸업한 뒤 빈대학으로 유학하여 몇 해 전 이토를 개인교수한 바 있는 슈타인에게서 지도를 받았다. 이 같은 인연이 작용하여 아리가는 귀국한 뒤 추밀원 서기관으로 이토 의장 아래서 근무하기도 했다. 그 뒤 이토가 두 번째 수상으로 재임 중 청일전쟁이 일어나자 아리가는 전사戰事 관계의 내각사무 조사담당관으로 종사했다. 전쟁이 끝나자 그는 곧바로 프랑스에 가서 『국제법상으로 본 청일전쟁』 집필에 착수, 1년 뒤인 1896년 프랑스어로 출간했다.[132] 이 저서로 명성이 높아진 그는 육군대학교 교수를 거쳐 와세다대학 교수가 되었고, 1899년 네덜란드 헤이그에서 열린 제1회 만국평화회의에 일본 측 위원단의 한 사람으로 참석하기도 했었다. 다만 그는 조사국에 참여한 지 반 년 만에 러일전쟁이 일어나자 참

---

132 일본어판 제목은 『일청전역戰役국제법론』, 육군대학교, 1896.

모본부 촉탁으로 징발되어 만주군 총사령부 국제법 고문으로 종군했다. 이 때문에 조사국 사업은 지연되지 않을 수 없었는데, 그는 1908년 프랑스어로 『국제법상으로 본 러일전쟁』[133]을 세상에 내놓았다.

아리가는 전쟁이 끝난 뒤 다시 조사국의 헌법 개혁 작업에 종사했다. 평소 군주君主주의적인 정통학파의 헌법 해석에 대해 반대하는 입장이었던 그는 황실은 국가의 한 요소라는 조사국의 지침에 의해 크게 고무되어 입헌학파의 입장에서 황위皇位와 황실을 국가기관으로 제도화하는 작업을 밀고 나갔다. 비록 그는 이토만큼 의회주의의 발전에 적극적 의미를 부여하지 않았고 오히려 이에 비판적이었으나, 이토와 마찬가지로 입헌제도 아래서 통치의 주체가 되어야 할 존재가 바로 내각이고, 입헌정치란 곧 내각에 의한 책임정치라는 인식이 강했다. 하지만 당시의 내각관제는 대정大政을 통괄統括하는 내각 수반인 총리대신의 지위와 권한에 큰 제한을 가했다. 본래 1885년 내각제도를 도입할 때 내각직권이 제정되었고, 총리대신은 여러 대신의 수반으로서 대정의 방향을 지시하고 행정 각부를 통독統督하는 존재로 자리매김하여 법률명령에 부서副署한다고 규정했었다. 그러나 1889년 헌법을 발포하면서 이 내각직권이 폐지되고 새로이 내각관제가 제정되어 법률 및 일반 행정에 관련되는 칙령에만 총리가 주임主任 대신과 함께 부서할 뿐, 각 성省의 고유한 행정사무에 속하는 칙령에는 주임 대신만 부서한다고 규정함으로써 총리가 관여할 수 없게 했다. 결국 초기에 채택한 일종의 대재상大宰相주의를 포기한 셈이었다. 하지만 헌법 발포 후 20년 가까운 세월이 흐르는 동안 국내외 정세가 크게 변화하여 약체화된 수상의 권한으로는 이에 적절하게 대처하기 어렵게 되었다. 즉 그간 정당세력이 대두하여 의회정치는 그럭저럭 정착하고 있었으나 청일전쟁과 러일전쟁을 통해 군부세력이 크게 강화되고, 한편 해외 각지에서 새로운 지배권을 획득하게 되면서 정치권력이 크게

---

133 1911년 출간된 일본어판 제목은 『일로육전陸戰국제법론』.

분산된 결과, 그 어느 때보다도 내각에 통치권을 집중시킬 필요성이 절실해진 것이다. 따라서 행정뿐 아니라 정치까지도 통괄할 수 있는 대재상주의의 부활이 요망되는 시대 상황이었다. 이처럼 판단한 아리가는 헌법 부속법에 속하는 공식령公式令 제정에 수반하여 내각관제에 조금 손을 댄다면 이 같은 목적을 달성할 수 있다고 보았다. 그는 공식령 제6조와 제7조에 모든 법률명령에 수상의 부서가 필요하다는 규정을 집어넣어 기존의 내각관제를 고쳤다. 이로써 수상의 국정에 대한 강력한 통제가 가능하게 되었다.

이 시기 아리가의 왕성한 저술활동에서 빼놓을 수 없는 것이 1906년 가을에 나온 『보호국론』[134]일 것이다. 1904년 2월 일본이 러시아를 선제先制 공격한 2주 뒤에 한국 정부를 압박하여 한일의정서를 맺고, 그 후로 6개월 뒤 다시금 제1차 한일협약을 체결하고 전쟁이 끝난 후(1905년 11월) 보호조약[135]을 맺게 될 때까지 일본의 국제법 전문가들 사이에서는 보호국 문제에 대한 논의가 활기를 띠고 전개되었다. 때마침 이토가 을사조약 체결의 당사자인 데다가 더욱이 그 조약 이행을 감독하는 최고 책임자로 한국에 부임했으므로, 그의 비호를 받으면서 브레인 역할을 하고 있던 아리가로서는 조약 체결 때 이토가 취한 강압적인 행동을 변호하고, 나아가 피보호국이 된 한국의 위상을 국제법 권위자의 입장에서 대변하지 않을 수 없었다고 짐작된다. 아리가에 의하면 을사조약에 의해 일본의 보호, 즉 후견後見을 받게 된 한국은 국제법에서 말하는 제2종의 보호국에 속하는 것으로, 이는 형식상으로는 보호국이지만 실제로는 독립국이라는 것이다. 또한 고종 황제가 을사조약에 대해 일본이 한국 정부를 협박한 상태에서 일방적으로 강요한 것일 뿐 결코 자신은 동의한 적이 없으므로 조약 체결은 당연히 무효라고 주장하는 데 대해, 그는 프

---

134 와세다대학 출판부.
135 제2차 한일협약(을사늑약, 또는 을사조약).

랑스가 1881년 5월 북아프리카 지중해 연안 튀니지의 태수太守[136]를 상대로 보호령임을 규정한 바르도조약을 맺을 때는 그 10배 이상의 강압 수단을 썼지만 국제사회에서는 아무도 조약의 유효성에 대해 이의異議를 제기하지 않았다고 강변했다.[137] 당시 프랑스의 페리Jules Ferry 내각이 취한 튀니지에 대한 제국주의적 침략정책에 대해 종주국宗主國인 오스만 투르크 제국은 물론 러시아까지 큰 목소리로 항의했으나, 프랑스의 독일에 대한 보복 심리를 누그러뜨리려고 힘쓴 비스마르크가 프랑스의 행동을 한결같이 지지한 까닭에 영국과 이탈리아도 개입을 주저했다. 아리가 역시 을사조약이야말로 한국 외부대신과 한국 주재 일본 공사가 협약을 체결한다는 이른바 동문통첩同文通牒 형식을 취한 까닭에 굳이 비준해야 할 필요가 없는 약식조약이므로 국제법의 상식에 비춰 보더라도 결코 하자가 없다는 주장을 폈다.

을사조약의 협상과정에서 고종 황제가 이토와 격렬한 언쟁을 벌일 때, 만약 한국이 일본이 의도한 대로 보호조약을 맺는다면 장차 한국은 모순으로 가득 찬 다민족 연합국가인 오스트리아-헝가리 이중二重왕조국가[138] 체제의 반쪽 구성원이었던 헝가리와 같은 처지로 떨어지게 되거나, 아니면 아프리카의 일개 토후국 추장국가로 떨어지는 것이 아닌가 하고 반문反問한 것은 어쩌면 프랑스의 보호령이 된 이 튀니지의 처지를 염두에 두었기 때문인지도 모르겠다. 한말에 관립 불어학교 교관[139]으로 초빙되어 한국 병합에 의해 외국어학교가 폐교될 때까지 15년간 봉직한 뒤 동성학교(현 동성고등학교)와 경성제국대학 법문학부의 프랑스어 강사, 총독부 체신국 촉탁, 벨기에 정부의 한국 명예영사를 지낸 프랑스인 에밀

---

136 bey, 토후土侯라고도 번역되는데 아리가는 국수國守로 표기함.
137 마침 아리가의 저서가 나온 1906년, 프랑스 파리대학 국제법 교수 레이Francis Rey는 『국제공법』 제13호에서 한·일 간의 을사조약이 협박threat과 강제duress라는 특수한 상황에서 체결된 것이므로 무효라고 주장했음.
138 합스부르크 제국.
139 교장 겸임.

마르텔Emile Martel(1874~1949)[140]이 1930년대 초에 회고한 바에 의하면, 통감부 기구는 프랑스의 보호령 튀니지를 모방했으며, 이는 이토가 사용한 통감기를 보면 잘 알 수 있다는 것이다. 즉 연한 황색 바탕의 구석지고 으슥한 곳에 일장기日章旗를 물들인 통감기의 채색 방식은 바림(선염渲染) 기법인데, 이는 다름 아닌 튀니지 보호령의 깃발을 연상시킨다고 한다[141]. 고종 황제는 포츠머스 강화조약의 전문全文이 1905년 10월 16일 일본 신문에 공개된 직후 해외에 밀사들을 파견하기로 하여 헐버트와 마르텔이 각기 본국으로 향했다. 특히 마르텔은 1902년 한국 정부가 중국에 공관을 설치했을 때 초대 공사 박제순의 보좌관으로 베이징에서 한동안 체류한 경험도 있었다. 그런데 윤치호는 그를 "돈이 되는 일이라면 어떤 더러운 사기행위도 저지를 수 있는 인물"이라고 혹평하기도 했다.[142]

24. 군부 독주獨走를 막으려던 개혁의 실패

한편 이토는 1905년 12월 하순 한국 통감에 임명되어 이듬해 3월 초 서울에 부임하여 통감부 개청식을 열고 업무파악에 들어갔다. 다만 4월 말 만주의 전장에서 개선 귀국하는 육군이 대관병식을 열게 되어 그 참관을 이유로 본국에 돌아간 그는 그간 제실제도 조사국에서 마련한 황실제도에 관한 여러 법령·규칙을 6월 천황에게 올렸다. 그가 다시 한국으로 귀임한 직후인 7월 2일 고종 황제를 알현한 자리에서 보호조약을 준수할 것을 촉구하면서 궁중에 출입하는 사람들을 단속하기 위한 특별 병력을 궁궐 안에 주둔시키겠다고 통보했다. 그는 5일 뒤에 덕수궁에 출

---

140 한국명 마태을馬太乙.

141 마르텔의 회고록(고사카 사다오, 『외국인이 본 조선외교비화』, 경성: 조선외교비화 출판회, 1934, 88쪽).

142 『윤치호 영문일기』, 1905년 10월 28일 자.

입하는 사람들은 반드시 일본인 경무고문부의 허가증을 받아야하는 이른바 궁금령宮禁令을 제정 공포하도록 황제를 압박하여 실현시켰는데, 이는 앞에서 본 바와 같다. 그는 11월 하순 진해항을 둘러본 뒤 그 길로 본국에 돌아가 조사국에서 준비한 일본 황실·황족에 대한 공식령을 비롯한 몇몇 영令의 초안을 천황에게 제출했다. 이 공식령은 1907년 2월 초에 공포되었고, 다시 10일 뒤 황실전범皇室典範 증보增補를 발포했다. 이로써 헌법과 황실전범 그리고 황실령을 최고 규범으로 하고, 일반 법률과 칙령을 그 하위下位로 자리매김한 국법체계가 정식으로 성립되었다. 이토가 이 같은 법제화 작업을 통해 군부의 행동을 억제할 목적으로 공식령에 규정한 조항의 위력은 그가 한국으로 귀임한 3월 중순 직후 표면화하게 된다.

러일전쟁이 끝난 뒤 1906년 1월 야마가타 원수 직계의 가쓰라 군벌내각이 퇴진하고 이토가 만든 입헌정우회가 중심이 된 사이온지 내각이 들어섰으나, 육군의 침략주의적 만주정책은 수그러들지 않았다. 일본은 청국에 철도·광산 등의 이권을 강요한다거나 심지어 청국의 내정까지 간섭하여 일찍이 미국·영국에 대해 약속한 만주의 문호개방과 기회균등의 원칙을 준수하려 들지 않았다. 이토가 도쿄에 체재 중이던 1906년 5월, 원로와 내각·군부의 최고 거두들이 모여 만주 문제에 관한 협의회를 열었을 때 참모총장에 갓 취임한 고다마 대장이 '만주경영'을 주장했다. 이에 이토는 남만주 일부 지역을 25년을 기한으로 조차租借하여 관동주關東州라 이름하여 다스릴 뿐인 지금, 만주 전체가 일본의 영토가 아닌데도 공공연히 만주 경영을 논의하는 것은 현재의 처지를 오해한 사리에 맞지 않는 일이라고 신랄하게 고다마를 면박했었다. 당시 군부의 강경한 기세를 대변하고 있던 고다마는 2개월 뒤 급사하고 말았으나, 이해 10월 야마가타 원수는 '제국 국방방침안案'을 정식 절차를 밟아 천황에게 상주하고 내각도 이에 동의하여 통과시켰다.

이 국방방침의 골자를 보면 일본은 처음부터 공세작전을 펴는 것을 본령本領으로 하여, 앞으로도 주요한 적국은 첫 번째가 러시아이며 그다음으로 미국·독일·프랑스 순서라는 것이다. 그리고 장차 러시아·미국 병력에 대해 동아시아에서 공세를 취할 수 있으려면 적어도 육군 상설 25개 사단이 필수인데, 우선 내년(1907)부터 19개 사단 증강增强에 착수할 것이며, 나머지 6개 사단은 뒤에 재정형편이 좋아지면 마저 정비할 것을 주장했다. 한편 그 용병用兵 강령을 보면 러시아를 적으로 상정할 경우 육군의 주主 작전은 남만주, 지支 작전은 만주 동부와 러시아 연해주의 국경지대인 우수리강 방면과 그 남쪽의 함경도 북부 지역으로 유도할 것이라고 했다. 이 국방방침에는 일본이 장차 청나라에 대해 국가 권익의 신장伸張을 꾀할 필요가 있다는 항목이 포함되는 등 군부의 고유한 권한을 크게 벗어난 최고 수준의 국책國策까지 규정해 놓았다. 바꿔 말하면 군부가 내각의 외교정책을 주도하겠다는 속셈을 노골적으로 드러낸 것이었다. 실제로 1907년이 되면 참모본부는 청나라에 대한 군사 준비가 필요하다고 판단하여 비밀리에 청국 한 나라를 상대할 경우와 청국이 러시아와 동맹했을 경우로 나누어 두 개의 계획을 수립했을 정도였다.

한국 정부가 통감부에 대해 1906년 10월 간도에 거주하는 7만 명이 넘는 한국 개척민의 보호를 요청하자, 이토는 1907년 8월 북간도 룽징龍井에 통감부 임시파출소를 설치했다. 그는 이를 군부의 만주에 대한 과잉행동을 억제하는 좋은 기회로 포착했다. 19세기 중엽에 들어와 청나라가 내우외환으로 약화되면서 만주족의 발상지인 만주 지역으로의 주민 이동을 금지한 봉금封禁정책을 더 이상 유지할 수 없게 되자, 함경북도 지방 사람들이 두만강을 건너 간도에 이주하여 개척하기에 이르렀다. 급기야 1880년대에 들어와 간도 지방의 소유권 문제로 한국과 청나라 대표 사이에 이른바 감계勘界담판이 몇 차례 벌어지는 등 심각한 국경 분쟁이 계속되었으나, 러일전쟁이 끝난 당시까지 아직 미해결의 문제로 남아 있었다. 요컨대 한국과 청국의 입장에서 보면 간도 문제는 어디까지나 영토분쟁에 속하는 것이었으나, 러일전쟁 후 일본 군부의 입장에서는 앞에서 본 국방방침에서 드러났듯이 장차 또 한 번 러시아와 전쟁을 벌일 경우 북간도 지역은 함경북도 회령·무산·종성·온성 지역과 더불어 우수리강 동쪽 방면에서 동만주를 향해 접근해 오는 러시아군을 최일선에서 방어·저지해야 할 지정학적 요충지였다. 초대 임시 간도파출소장에 임명된 중국통의 사이토 스에지로齋藤季治郎 육군중좌[143]가 이해 10월 25일 이토에게 간도에 거주하는 한국인을 한국 정부의 재판권 관할 아래 둘 것을 건의했을 때, 이토는 이 조치가 현재 중대한 외교 현안이 되어 있는 한·청 간의 국경귀속 문제 타결에 어떠한 지장을 초래해서도 안 되므로 신중을 기해야 한다고 충고했다. 당시 일본 외무성 정무국장인 야마자 엔지로山座圓次郎는 간도파출소의 임무를 간도를 둘러싼 청국과의 영유권 외교 교섭이 결말이 날 때까지 북간도의 실효적 지배를 확실히 행사하는 데 한정하고 있었으나, 이토는 청나라 혹은 러시아로 뻗칠지 모르는 일본군의 팽창야욕을 방지·차단하기 위한 문지방 구실을 하는 기관으로 생각하고 있었다.[144]

비단 만주의 경영 내지 세력 유지를 위한 문제에서뿐 아니라 한국 내부에서도 일본 육군은 치안 유지라든가 혹은 군용지 수용收用을 빌미로 한국인에게 신체와 재산상에 협박을 가하는 등 온갖 횡포를 부렸다. 이 때문에 이토는 더욱더 군부의 불법적인 행동을 취체 단속해야 할 필요성을 느꼈을 법하다. 그가 1906년 7월 업무차 한국의 대신들과 협의하고 있을 때 마침 한국 주둔 일본군의 토지수용에 관한 얘기가 나왔다. 그러자 그는 종전의 군용지 수용방식을 비판하고, 앞으로 한국인 토지 소유자에게 반드시 적절한 보상을 하겠다고 약속했다. 또한 이해 8월에는 치안유지를 명분으로 발령하고 있는 일본군의 군율軍律을 일부 완화하여 그 처벌 항목에서 사형을 폐지하도록 조치했다. 이는 '보호'라는 명목 아

---

143 뒤에 시베리아 침략전쟁 때 제11사단장으로 출전했다가 병사함.
144 다키이 가즈히로, 『이토 히로부미』, 332~333쪽.

래 실제로 자행되고 있던 통감부의 한국 통치방식에 대해 가능한 범위 안에서 군정적 색채를 희석하고 민정화를 촉진함으로써 한국 민중을 회유하려는 속셈에서 나온 것이었겠지만, 이와 동시에 일본군도 법치주의 원칙에 따라야 한다는 그의 평소 신념이 작용한 것이라고 여겨진다.

이처럼 군부에 대한 억제의 필요성이 다른 어느 때보다 높아진 1907년 봄 이토는 본국에서 막 공포된 공식령에 의해 육군의 독주를 제어할 수 있는 아주 좋은 기회를 한국에서 포착했다. 즉 이해 3월 해군대신 사이토 마코토齊藤實 중장[145]은 경상남도 진해만과 함경남도 원산 앞바다 영흥만에 해군방비대防備隊를 배치하기 위한 조례안條例案을 천황에게 올렸다. 앞의 두 곳은 일본 해군이 장차 군항으로 쓰겠다며 1906년 9월에 차여借與한 곳이었다. 사이토 제독은 2월 초에 공포된 공식령의 규정에 따라 수상과 해상의 부서副署를 붙여 칙령으로 공포할 생각이었는데, 천황은 이것이 종전의 수속 절차와 차이가 나는 것을 알아차리고 3월 23일 서울에 있는 이토에게 전문電文을 보내 확인하고자 했다. 뿐만 아니라 천황은 26일 서울에 사람을 보내 이토의 견해를 듣도록 했다.

이에 대해 이토는 방비대 설치가 국가의 행정사무인 만큼 칙령으로 공포해야 한다고 회답했다. 나아가 방비대 설치에는 예산 문제가 발생하고, 또한 설치되는 지역 내의 한·일 양국 주민에게는 방비대의 명령과 금령禁令에 복종해야 하는 문제도 발생하기 때문에 법률과 같은 효력을 갖는다고 설명했다. 요컨대 방비대 설치는 순전히 군사명령에 속하는 유악상주維幄上奏와는 성질이 다르다는 것이었다. 또한 종전에는 법률 및 일반 행정과 관련 있는 칙령에 주임主任 대신 혼자가 서명하면 끝이었으나, 바로 얼마 전 내각관제가 개정되고 새로이 공식령이 제정되어 수상의 서명이 반드시 필요하게 되었다고 주의를 환기시켰다. 7년 이상 해군 차관직에 있다가 1년 전 사이온지 내각의 해상이 된 사이토는 6월 진해

---

145 1920년대 조선총독 역임.

방비대가 설치되자 통감부 해군무관이란 이름뿐인 한직閑職에 있던 미야오카 나오키宮岡直記 소장을 사령관으로 겸직발령을 내어 이토를 크게 기쁘게 했다. 바야흐로 이토는 한국 내의 육군뿐 아니라, 해군에 대한 지휘권까지 행사하게 된 셈이다.

일본 육군은 한국 내 해군방비대 설치조례가 나온 다음에야 비로소 공식령 제정에 숨겨진 참뜻을 깨닫고 크게 놀랐다. 5월 야마가타는 육군대신 데라우치에게 편지를 보내어 종전의 유악상주권을 보장하는 법령 형식의 군령을 제정하도록 촉구했다. 이에 따라 8월 군령 제1호를 재가裁可해 달라는 상주문이 육군·해군대신 연서連署로 만들어졌다. 마침 이토는 이 무렵 잠시 귀국 중이었는데, 야마가타는 9월 2일 그를 만난 자리에서 군령이 통수사항과 행정의 구획을 확연하게 준별하는 법령인 만큼 꼭 인정해 주기를 간청했다. 이때 이토가 양보하여 결국 9월 11일 「군령에 관한 건件」[146]이 천황의 재가를 받아 성립되었다. 이에 따라 군부가 천황에게 유악상주하여 발령된 통수사항에는 군령의 명칭이 부여되고, 그 가운데 공포된 칙령은 총리대신의 서명 없이 육·해군대신의 서명만으로 충족시킬 수 있게 되었다. 비록 야마가타는 그 뒤 군의 후배들에게 군령을 남발하지 않도록 크게 경계했다고 하였다. 그러나 어째서 이토는 공식령이 적용되지 않는 예외적 법률인 군령의 제정에 동의하고 말았는가? 공식령 제정에 그토록 결연한 태도를 보였던 그의 평소 언행에 비춰볼 때 이는 잘 이해가 되지 않는 점이다.

이 1907년의 헌법개혁 문제를 면밀하게 추구한 다키이瀧井 교수는 이토가 마지막 순간에 이르러 군부에 양보하게 된 배경 내지 원인을 고찰하기 위해서는 당시 일본 내 정국으로 시야를 한정하는 것으로는 불충분하며, 이토가 실제로 행사하고 있던 한국 '통치'라는 요소도 포함시킬 때

---

146 군령 제1호.

비로소 제대로 해명할 수 있는 문제라고 지적했는데[147], 이는 매우 흥미로운 지적이라고 생각된다. 필자는 이해 7월과 8월에 걸쳐 한국에서 일어난 정변과 곧이어 한국군대 강제해산을 계기로 갑자기 고조된 전국적인 항일무장투쟁을 주목하고 싶다. 즉 이해 6월 네덜란드 헤이그에서 개최된 만국평화회의에 고종 황제가 밀사를 파견한 사건을 빌미로 이토는 7월 고종을 강제로 퇴위시키는 정변을 단숨에 밀어붙이고, 곧이어 통감부의 한국 정부에 대한 지도와 감독권을 크게 강화한 새로운 협약을 강요하며, 끝내 한국 군대를 강제로 해산시켜 화근을 없애버린 것이다. 당시 『오사카 마이니치大阪每日신문』 서울지국 기자로 사건 현장에서 취재한 나라자키 간이치楢崎観一[148]는 고종의 퇴위를 정미년丁未年(1907)의 일대 '정변'으로 평가하여 이해 말 『한국정미정변사』(닛칸쇼보日韓書房)를 발간했거니와, 이 정변을 추진하여 승리를 거둔 인물이 바로 이토였음은 더 말할 나위도 없다. 바야흐로 한국 지방부대의 강제 해산이 한국 군인의 저항 속에서 한창 진행되고 있던 8월 10일, 서울을 떠나 귀국길에 오른 이토는 방금 자신이 직접 연출한 엄청난 정변의 충격 속에서 심리적으로 적지 않은 갈등을 겪은 것으로 짐작되며, 이는 애초 구상한 군부에 대한 문민통제의 신념을 끝까지 관철하지 못하고 9월 2일 야마가타와 적당한 선에서 타협하게 된 원인이 되지 않았을까 짐작된다. 한말 최대의, 동시에 최후의 정변이었던 고종 퇴위를 절정으로 끌어올리면서 전개된 한·일 양국 수뇌부의 대결과 한국 조정 내부의 복잡했던 권력투쟁의 내막은 뒤에서 보게 될 것이다.

---

147 다키이 가즈히로, 『이토 히로부미』, 242쪽.
148 호는 계원桂園.

25. 좌절된 망명정치인들의 환국還國계획

이토는 통감으로 업무를 시작하면서 '시정施政 개선에 관한 협의회'라는 이름으로 한국 정부의 대신들을 관저로 초치招致하여 여러 가지 개혁안을 논의했다. 서양 근대문명을 한국에 이식移植하는 문명의 전도사로 자임하고 있던 그는 자신의 이런저런 경험담을 늘어놓거나 구체적인 사안에 대한 식견을 상세하게 피력하는 가운데 각종 문제 해결의 방안 내지 지침을 제시했다. 한국 정부의 각의閣議[149]를 방불케 하는 이 협의회는 매월 평균 두세 번 정도 개최하여 의사록을 작성해 두었다. 당시 일본인 고문들은 한국 정부의 거의 모든 주요 부서에 초빙·배치되어 있었으므로, 그가 주재한 협의회의 안건은 국정 전반에 걸치는 실로 광범위한 것이었다. 한편 협의회에서 논의된 사항들은 고문들이 각부 대신·협판을 비롯하여 주무主務 국·과장을 상대로 업무개선의 진행을 체크하는 등 실질적으로 지침을 하달하며 감독했다.

당시 한국 정부 대신들은 보호조약 체결에 동의했던 인물들이 그대로 전원 유임했으므로, 통감부의 시정 개선 지시에 대체로 순종하는 편이었다. 특히 각료 7인 중 탁지부대신 민영기와 법부대신 이하영을 제외한 5인은 매국적인 보호조약 체결에 감히 저항하지 못했다는 이유로 동포들로부터 적신賊臣으로 지탄받고 있었기 때문에 일신상의 안전을 꾀하기 위해서라도 통감부와 밀착하여 그 보호를 받을 수밖에 없는 딱한 처지였다. 다만 실질적인 내각 수반에 해당하는 의정부 참정대신[150] 한규설은 조약 체결에 끝까지 반대한 까닭에 일본 측의 압력으로 협약 조인 직전에 면직되었고, 시급한 상황에서 청국 공사의 경력이 있는 민영철閔泳喆이 그 후임이 되었으나 꼭 10일 만에 교체되고 외부대신직에 있던 박제순

---

149 국무회의.
150 그 상급자인 의정대신은 다분히 명목상의 존재였음.

이 발탁되었다. 그는 조약 체결의 주무 대신이었으므로 이른바 을사오적의 필두에 해당한다고 볼 수 있었으나, 본디 과묵하고 신중한 성품에 행정능력도 두루 갖춘 까닭에 조약 체결 이전까지만 해도 비교적 공평하게 국사를 처리한다는 평을 듣던 인물이었다. 인물평이 아주 까다롭기로 유명한 윤치호조차도 1905년 초여름 당시의 내각대신·협판들의 이름을 일기에 나열하면서 농상공부대신 박제순을 제외하면 각료 가운데 점잖은 인물이 한 명도 없다고 평했을 정도였다.[151] 청일전쟁 이전까지 이른바 중국적인 세계질서 속에서 청국과 사대·조공관계를 맺어 그 종속국의 처지를 감수할 수밖에 없었던 한국 정부가 몇 해 동안의 단교斷交 끝에 대등한 관계에서 새롭게 청국과 수교한 것도 박제순이 외부대신으로 있을 때였다. 즉 청국은 1899년 직업외교관 출신의 서수붕徐壽朋을 서울에 보내 국교 수립을 절충하게 했는데, 박제순은 종전의 상국上國 의식에서 벗어나지 못한 채 자못 고자세를 취하는 그를 상대로 끈질기게 교섭을 벌여 급기야 통상조약 체결에 합의했다. 이 서수붕은 10여 년 전인 1888년 초 한국 정부가 처음으로 미국에 전권공사를 보냈을 때 마침 청국 공사관의 참찬관으로 있었는데, 한국 외교사절이 워싱턴에 도착하면 반드시 먼저 청국 공사를 찾아와 그와 함께 미국 국무부에 가서 국서를 제출해야 한다는 출국 직전의 약속 사항을 지키지 않았다고 한국 공관에 와서 항의를 제기했던 인물이다. 다만 이 사실이 미국 일간지에 보도되어 여론이 나빠지자 그는 공사 대리 자격으로 한국 공관을 찾아와 사과했다. 서수붕이 초대 한국 공사에 임명되자 이에 대응하는 취지에서 박제순은 1902년 외부대신직에서 물러나 초대 특명공사로 베이징에 부임했다. 그는 러일전쟁이 일어나기 직전까지 청국 공사로 재임하면서 한국 역사상 처음으로 대등해진 양국 관계를 정착시키는 데 크게 고심했다. 악평 속에서 척족 신분으로 온갖 요직을 다 누린 민영철은 바로 그의 후임 공사였다.

---

151 『윤치호 영문일기』, 1905년 6월 2일 자.

박제순은 초기에 내각을 그런대로 잘 통솔했으므로, 통감부가 주도하는 제반諸般 시정 개선작업은 겉으로 보기에 순조롭게 진행되었다. 다만 한평생 헌법 제정과 그 개혁을 통해 입헌정치를 확립하는 데 매진해 온 이토가 관찰한 바로는 한국 정치 문제의 근원은 필경 황제의 전제적 권한에 있으며, 그 자의적인 권력 행사를 제어할 수 있는 제도개혁을 단행하지 않는 한 전혀 해결할 전망은 없었다. 실제로 이 같은 견해는 이토 한 사람뿐 아니라 이 시기를 대표하는 애국계몽단체였던 헌정연구회 지도부가 품고 있던 생각이기도 했다. 러일전쟁 중인 1905년 5월 이준李儁과 윤효정尹孝定을 대표로 하여 결성되었다가 통감부가 개청될 무렵인 1906년 봄, 전『황성신문』주필 장지연張志淵 등이 참여하여 대한자강회大韓自強會로 확대 개편된 이 재야의 정치세력단체는 교육의 보급과 함께 제도개혁이 시급함을 역설하면서 입헌군주제의 실시를 그 강령으로 내걸었다. 실상 그들은 머지않아 일본의 한국침략이 본격화될 것으로 예상되는 마당에 황제의 절대권을 정면으로 비판할 처지가 못 되었으므로, 인민의 권리와 자유를 일정하게 보장하는 형식을 취함으로써 국왕의 전제와 민약民約을 절충한다는 타협적인 입헌군주제론을 표방할 수밖에 없었을 것으로 짐작된다. 이보다 한두 해 지나 통감부 후기로 접어들면 그간 일본 유학생들이 증가하고 또한 논의도 그 자체로 한층 과격성을 띠게 되어 전제정치야말로 인민의 주권 및 애국심을 약화시켜 망국으로 이끄는 주요 원인이라고 주장하면서, 헌법의 제정과 헌정기관의 설치를 부르짖게 된다. 이는 훨씬 오래전에 이토가 본국에서 주장하던 신념과 일치하는 것이다.

이토는 서울에 부임하자마자 1906년 3월 고종 황제를 알현한 자리에서 일본에 망명 중인 정치범의 사면과 귀국을 허가해 줄 것을 요청했다. 어쩌면 그의 복안腹案 중에는 이들을 앞세워 지난날 청일전쟁 시기에 일본 정부가 한국 조정에 대해 갑오·을미개혁을 강요한 것과 같은 과감한 개혁정치를 구상했을 개연성도 없지 않다. 실제로 사면대상이 된 정치범들은 그 시기에 활동했던 친일적인 인사들이 대부분을 차지하고 있었다. 즉 당시 수상으로 있던 이토는 가장 절친한 정치적 동지였던 이노우에 가오루井上馨를 한국 공사로 보내 한국왕실을 회유하는 한편 제도개혁을 배후에서 조종하도록 꾀했다. 메이지 유신 초기 과두정치가 행해지던 시기, 이노우에는 수상이 될 순번이었을 때 이토의 출마 권유도 받았으나 이를 사양했었다. 그랬던 그가 한국 공사직 제의에는 두말없이 수락하고 서울에 부임했다. 그는 고종과 왕비를 끈질기게 설득한 끝에 갑신정변의 주역으로 당시 망명 중인 박영효와 서광범을 귀국시켜 각기 내부·법부대신으로 을미개혁에 시동을 걸게 했다. 다만 청일전쟁이 끝난 직후 러시아·프랑스·독일 세 나라가 전승국인 일본이 차지한 랴오둥遼東반도 끝 다롄大連·뤼순旅順 등 조차지를 청국에 되돌려 주도록 외교적 압력을 가하여 목적을 달성하면서 일본의 국제적인 약세가 여지없이 폭로되었다. 이에 따라 을미개혁의 동력은 현저히 약화되고, 더욱이 내각의 실권을 쥐고 있던 박영효가 왕궁 수비를 일본군이 육성한 훈련대로 바꾸려 한다는 의심을 받아 갑자기 일본으로 망명하고, 급기야 이노우에가 공사직에서 물러난 뒤 일본 군인들과 낭인浪人 수십 명이 심야에 경복궁에 침투하여 왕비를 무참하게 시해한 이른바 을미사변을 일으켜 정치개혁은 결정적인 파국을 맞게 되고 다시 4개월 뒤 아관파천으로 친일적인 개혁 정치가들이 일거에 몰락했던 것이다.

이토는 통감으로 서울에 체류하는 동안 주위의 사람들에게 입버릇처럼 "한국 정부는 갑오·을미개혁 이후 러일전쟁 때까지 꼭 10년 동안 좋은 기회가 주어졌을 때 과연 무엇을 했는가?"고 반문하면서, 이 황금같이 소중한 시간에 정치개혁을 아예 방치한 채 허송세월한 까닭에 지금 일본의 보호정치를 받지 않으면 안 되게 되었다면서, 자신에게 부여된 한국 내정 지도와 감독권을 합리화했다. 그런데 고종은 이토가 제시한 환국還國 대상자 29인 가운데 B급에 속하는 15인의 귀국만 허용했을 뿐, 황제의 장조카인 이준용과 철종의 부마인 박영효를 비롯한 유길준·조희연·장박張博[152] 등 전직 대신들, 그리고 1903년 11월 본국에서 보낸 고영근高永根[153]에 의해 암살당한 우범선을 제외한 훈련대 간부 출신인 이두황·이진호·이범래·이겸제 등 A급에 속하는 14인에 대해서는 귀국을 허가하지 않았다. 황현의 『매천야록』에는 1906년 5월(음력) 이토가 육군의 대관병식을 참관하고 의친왕과 함께 서울로 돌아왔다는 기사에 이어 이토가 일본 천황에게 글을 올려 일본 내의 한국인 망명자들이 귀국할 수 있도록 고종 황제께 권고해 줄 것을 간청했다는 내용의 기사가 실려 있는데, 그 출처나 진상은 확인할 길이 없다. 어쨌든 이 A급 국사범들은 이듬해 여름 고종이 퇴위하기 직전에 귀국한 박영효를 필두로 정미조약 체결 직후에 조국의 땅을 밟게 되었다.

26. 기로岐路에 선 박제순 내각

통감정치는 겉으로 보기에는 별다른 일이 없어 보였으나 내면적으로는 정정政情의 불안 요인을 안고 있었다. 황제는 측근의 심복들을 통해 제2차 한일협약을 망국조약으로 규탄하는 재야의 전직 고관들에게 밀지密旨를 내리거나 전국 각지의 유림儒林 세력과 은연히 기맥을 통하면서 통감부 측에 반격을 가할 기회를 엿보았다. 이토가 관병식을 참관하기 위해 도쿄에 가 있는 동안 충남·전북 지방에서 일어난 의병투쟁은 실제로 통감정치를 위협할 만한 큰 사건으로 확대되지 못했다. 하지만 일본 측이 강요하는 시정 개혁에 뒤따르는 마찰과 저항은 때때로 심각한 위기 국면을 조성했다. 특히 재정고문부에서 일방적으로 강행한 통화개혁으로 말미암아 신구新舊 화폐를 교환하는 과정에서 돈이 제때에 돌지 않아

---

152 뒤에 석주錫周로 개명.
153 전 독립협회 간부로 만민공동회장 역임.

상인들뿐 아니라 온 국민이 크나큰 고통과 불편을 겪었다. 또한 보호조약 체결 때 찬성한 다섯 명의 대신들에 대한 민간의 암살 위협도 적지 않은 시간이 경과했음에도 불구하고 아직 수그러들지 않아, 박제순과 이지용은 을사오적을 암살하기 위한 목적으로 조직된 비밀결사 자신회自新會가 보낸 폭발물 상자를 받기도 했다.

이들 여러 요인보다도 통감부에 암영暗影을 던진 것은 박제순 내각이 시간의 흐름에 따라 각료들 간의 암투로 내부의 결속력이 크게 약화된 사실이었다. 내각의 실력자는 내부대신 이지용과 군부대신 이근택이었는데, 두 사람이 세력 다툼을 벌였다. 이지용은 흥선대원군의 셋째 형인 이최응李最應의 양손으로 황실과 가까운 데다 7년 가까이 서울에 주재한 일본 공사 하야시林에게 접근하여 줄곧 비호를 받는 등 온갖 특혜를 누리며 요직을 떠난 적이 없었다. 그의 부인 홍씨洪氏도 당시 보기 드문 여류女流로 궁중을 자주 출입했고, 일본 공사관의 서기관들과도 친분을 맺을 정도였다. 이지용이 맡은 내부는 전국 340여 명에 달하는 군수 인사를 전담하였으므로, 내부대신은 모든 각료들이 선망하는 자리였다. 당시 돈과 정실이 수령 인사를 좌우하는 실정이었기 때문에 대신직은 곧 치부致富의 강력한 수단이기도 했었다. 이보다 몇 해 전 그의 숙부인 이건하李乾夏도 내부대신으로 많은 재산을 모았다. 이지용은 비단 수령 인사를 독점하는 데 만족하지 않고 친일 성향이 강한 한성판윤 박의병朴義秉 등을 심복으로 끌어들여 여러 방면으로 세력을 뻗쳤다.

한편 이근택은 육군참령에 임관되어 친위대 제3대대장으로 있을 때 고종을 러시아 공사관에서 본래 거처하던 경복궁으로 옮기려는 엄청난 음모를 꾸몄다가 발각되어 제주도로 귀양 간 일이 있었으나, 그 뒤 이지용 등의 도움을 받아 황제와 엄귀비 쪽에 두루 접근하여 경위원 총관, 호위대扈衛隊 총관 등 주로 황실 직할부대 책임자로 있으면서 온갖 탐학과 횡포를 다 부렸다. 그가 내부대신 이건하의 수령·방백方伯(도관찰사) 인사에 크게 간여하여 많은 이익을 취한 사실은 널리 알려졌을 정도였다.

이 때문에 한규설은 생질인 이근택과 의절義絶하기까지 했다. 러일전쟁 전에는 오로지 이용익만이 황제에게 그를 멀리해야 한다고 진언했으나 이런저런 사정으로 말미암아 실현되지 못했다. 러일전쟁이 일어나 곧 친일파의 세상이 되자 그간의 친러적인 행동 때문에 궁지에 몰리게 된 그는 한동안 현영운의 견제를 받기도 했다. 하지만 그는 얼마 뒤 이지용의 주선으로 하야시 공사를 소개받고 또한 동생인 이근상李根湘이 일본 공사관 사람들과 교제를 트기 시작하여 친러파라는 혐의를 벗고 정치적으로 재기하는 데 성공했다. 그를 중심으로 다섯 형제가 요직에 올랐다고 하여 세상에서는 그 일족의 영화를 '5귀五貴'라고 몹시 선망하는 동시에 매우 미워했다. 보호조약이 체결된 직후 전라남도 장성의 이름난 유림인 기우만奇宇萬의 조카뻘이 되는 기산도奇山度가 이근택을 죽이려다가 이루지 못하고, 그로부터 한 달 뒤인 1906년 2월 자객 3인이 심야에 그의 집으로 쳐들어가 칼로 상처를 입힌 것도 그가 오적 가운데서도 가장 증오의 대상이었기 때문이다. 그 뒤에도 그를 죽이려는 음모는 끊이지 않았으나, 그는 군부대신직에서 물러나지 않았을 뿐 아니라 1906년 가을에는 경리원경經理院卿 서리로 겸임발령을 받아 전국 각 도에 수세관收稅官을 보내 뇌물을 받아 챙기려고까지 했다. 평소 그를 못마땅하게 여긴 이토는 이 사건을 계기로 그를 제거하기로 결심하여 11월 하순 그를 당시 명예직에 불과한 중추원 의장으로 보내버렸다. 더욱이 12월 중순 그는 의장직을 한규설에게 넘기고 중추원의 일개 참의직으로 강등되는 수모를 당했다. 이때 그의 형인 이근호李根澔도 황실 제도국 총재에서 물러나 황태자(순종)의 경호를 담당한 배종陪從무관장의 한직으로 좌천되었다.

이근택의 실각으로 그와 경쟁을 벌이던 이지용의 독무대가 된 셈이었으나 그의 영화도 오래가지 못했다. 마침 이해 11월 이지용이 일본에 보빙대사로 가게 되자 박제순은 지방행정을 혁신할 좋은 기회로 여겨 농상공부대신 성기운成岐運을 임시 내부대신 서리로 겸임 발령한 뒤 10여 명의 수령 인사를 단행했다. 이 인사는 당시로서는 보기 드물게 유식자들

326

사이에 좋은 평을 들었다. 그 전부터 박제순은 대한자강회의 일본인 고문 오가키 다케오大垣丈夫와 친분을 맺고 그의 추천을 받아 자강회 소속 인사들 중에서 유자격자를 군수 혹은 중추원 부찬의副贊議로 기용하고 있었다. 또한 강직한 성품에 이무吏務 또한 숙달한 현은玄檃이 대한자강회 평의원으로 내부 지방국장에 발탁되어 지방관 전고銓考위원을 겸하고 있었으므로 수령 인사에 최대한 공정을 기할 수 있었다. 한편 박제순의 개혁 의도에 적극적으로 협력한 성기운은 본디 청일전쟁 이전까지는 청국과의 외교 교섭에 종사한 이른바 청당淸党이었다. 1880년대 중반 박제순이 톈진天津 주재 통상대표로 있을 때 성기운은 그 아래 서기관[154]으로 보좌했다. 박제순은 외부대신으로 있을 때 그를 일본 공사로 발탁했고, 한 달 전 권중현權重顯이 농상공부대신에서 군부대신으로 전보될 때 그 후임 대신으로 당시 경기도 관찰사였던 그를 발탁하여 세상 사람들을 놀라게 했다.

박제순이 한국에 와 있던 일본인들 가운데 그래도 신임을 표시한 오가키는 청일전쟁 이후 일본의 대외관계 속에서 유행하던 아시아 연대론의 주창자로서는 침략적 성향이 비교적 적었던 인물이다. 게이오의숙에서 후쿠자와의 훈도를 받은 뒤 고향인 이시카와石川현 가나자와金澤의 일간지 주필로 있던 그는 40세 되던 1900년, 도쿄로 와서 소규모의 『사쿠라櫻신문』을 발행했다. 그는 러일전쟁이 일어나자 장차 한국으로 건너가 교육으로 한국인을 지도·계발하겠다는 포부를 갖고 1905년에는 대한對韓문제연구회를 조직했는데, 통감부가 설치되자 1906년 2월 서울에 와서 4월 창립된 대한자강회의 고문으로 위촉을 받았다. 그는 취임 인사에서 현재 일본의 대한정책론자들은 크게 보면 병합파와 보호파, 그리고 동맹파의 세 그룹으로 나눌 수 있는데, 자신은 그중 한·일 동맹론을 지지한다고 밝혔다. 그가 고문으로서 자강회의 회원들에게 매양 강조한 것

---

154 뒤에 종사관으로 개명.

은 다음과 같은 요지의 사항들이었다. 즉 국가의 정치는 내정과 외교로 구분되는데, 한국은 보호조약을 맺어 외교를 일본에 위임한 이상 오로지 내정의 개량·진보에 온 힘을 기울여야 한다. 이렇게 해서 나라의 자강自强을 이루게 된다면 보호조약은 저절로 파기되어 외교권을 회복하게 될 것이라는 실로 낙관적인 전망이었다. 물론 이 같은 주장은 어디까지나 일본의 침략 야욕을 깊숙이 감춘 채 겉으로 들고 나온 속임수에 지나지 않을 수도 있겠으나, 어쨌든 내부개혁을 통해 어느 정도 국력을 키운 뒤에라야 비로소 독립국가 건설이 가능하다는 그의 주장은 그 자체로 아무런 잘못이 없는 것이었다. 고종이 개항 이래 국제법과 주변 열강들 사이에서 세력균형을 통해 조선의 독립을 보장받으려는, 이른바 균세均勢정책을 굳게 신봉하여 30년 가까이 이 줄타기 외교노선을 줄곧 추구하며 중립국으로 인정받으려 하였지만, 국력이 뒷받침하지 못하는 세력균형론이나 만국공법체제는 존재하지 않는다는 것은 입증된 지 오래였다.

1907년 1월 귀국한 이지용은 주무대신인 자신의 일본 출장 중에 박제순이 지방관 전고위원회를 틀어쥐고 평소 의중意中에 있던 인물들을 수령으로 발령한 데 대해 크게 분개하였고, 박제순을 힐난하면서 마구 대들었다. 결국 통감부 내에서는 이토에 다음가는 총무장관 쓰루하라 사다키치鶴原定吉가 적극 중재에 나서 두 사람 간의 알력 갈등은 표면상 진정되었으나, 전과 같은 내각의 단합 내지 통일, 절제節制는 끝내 회복하지 못했다. 그 반면 내각의 안정을 위협하는 외부로부터의 도전은 시간이 지날수록 더욱 거세졌다. 1907년 1월 1일(음력 1906년 11월 17일), 대마도 이즈하라嚴原에서 귀양 중이었던 유림세력의 위정척사파를 대표하는 최고 실력자 최익현崔益鉉이 74세로 죽어 민심이 흉흉해졌다. 그는 지난해 초여름 전북 지방에서 의병을 일으켰다가 마지막 순간 관군과 싸울 수는 없다며 저항을 포기했다. 그는 관군에 의해 일본헌병대에 인계된 후 군율軍律에 의해 감금 3년의 처벌을 받고 멀리 대마도로 압송되었던 것이다.

곧이어 1월 중 금연으로 나라 빚을 갚자는 국채보상운동이 대구를 중심으로 일어나 순식간에 전국적으로 파급되었다. 당시 일본에 진 빚은 1,300만 원[155]에 달했는데, 이를 갚아 주권을 되찾자는 취지였다. 2월 하순에는 서울에 국채보상기성회가 설치되었는데, 『황성신문』·『대한매일신보』 등 항일적인 언론사와 러일전쟁 중에 이용익이 만든 보성사普成社가 중심이 되어 활약했다. 5월에는 운동의 취지와 진행상황, 의연금 납부자 명단과 금액 등을 적은 『대동보大同報』를 발행하여 빈부귀천을 떠나 많은 국민이 동참하는 계기를 조성했다. 당시 업무연락차 도쿄에 여러 달 체류하고 있던 이토는 이 운동에 온 국민이 자발적으로 호응 동참하고 있다는 소식을 듣고 크게 놀라 내부대신 이지용에게 조속한 기일내에 중단하도록 할 것을 강력히 지시했다. 본디 만성적인 재정 적자로 고통받고 있던 한국 정부는 통감부가 강요하는 시정 개혁에 수반하여 발생한 행정비 수요를 감당할 길이 없어 지난 1년간 이토가 주선한 일본흥업은행 등에서 많은 돈을 차입借入하여 겨우 버티고 있는 실정이었다. 그러나 그 행정비 지출 내역은 주로 재정고문부와 경무고문부에 고용된 일본인 관리들의 급료였다. 이 때문에 이토는 이 운동에 전례 없이 민감하게 대응하여 자못 비열한 방식으로 탄압을 꾀한 것으로 짐작된다.

이해 3월 25일 아침 출근길에 나선 의정부 대신들을 노상에서 일제히 암살하려는 음모가 있었다. 참정대신 박제순은 화개동[156] 집을 나와 멀지 않은 광화문 의정부 청사로 향했는데, 그가 탄 4인이 이끄는 인력거 뒤에는 6, 7명이 뒤따르고 있어 자객들은 감히 덤벼들지 못했다. 다른 대신들의 경우도 모두 호위가 엄중하여 별다른 일이 없었으나, 다만 군부대신 권중현 암살을 맡은 강원상康元相만이 사동[157]에서 인력거를 향해 육혈포를 발사하며 접근했다. 그러자 권중현은 인력거에서 급히 내려 부근 민가로 숨어 위기를 모면했다. 이처럼 미수로 끝나버린 을사오적 암살

---

155 현재 가치 3,300억 원 상당.
156 현 종로구 화동 정독도서관 자리.
157 현 인사동.

사건을 계획한 중심인물은 전에 주서主書라는 하급 벼슬을 한 나인영羅寅永[158]으로, 그는 얼마 전까지 창원[159] 감리 겸 군수로 있던 이기李沂, 그리고 주사主事직을 지낸 오기호吳基鎬·윤주찬尹柱瓚 등 절친한 동지들과 협의한 끝에 감행한 것이었다. 나인영은 몇 해 뒤 단군왕검을 섬기는 대종교大倧敎를 창시하게 되는데, 러일전쟁이 끝날 무렵인 1905년 여름 도쿄로 가서 동양평화론 혹은 대아시아주의를 표방하는 일본 재야의 정객, 논객들과 접촉하면서 전쟁이 끝난 뒤 닥쳐 올 조국의 운명을 탐색했다. 가을에는 이기와 홍필주洪弼周가 잇따라 도쿄에 와서 함께 시국의 동향을 논의했다. 홍필주는 10여 년 전 안동부 참서관參書官 겸 안동 군수로 있을 때 의병운동이 크게 일어나자 신임 안동관찰사 이남규李南珪를 보좌하여 단기單騎로 의병장들을 찾아가 효유曉諭하여 경북 지방을 안정시킨 적이 있고, 바로 1년 전에는 일본인의 황무지 개척권 요구 및 이를 옹호하는 일본 대리공사 하기와라 슈이치萩原守一에 맞서 9백여 명을 규합하고 집에 소청疏廳을 설치하여 투쟁하다가 구류된 적이 있는 인물이었다. 그는 도쿄에 있을 때 청국의 망명정치인이요 언론인·문사로 이름 높은 량치차오梁啓超와도 사귀었다. 량치차오는 캉유웨이와 함께 광서제光緒帝의 측근으로 입헌군주제에 입각한 개혁정치를 추진하다가 1898년 서태후의 정치 쿠데타를 만나 일본으로 망명했다. 그는 일본이 러시아를 상대로 전쟁을 일으키자마자 한국이 선언한 국외 중립을 무효화하면서 한국 정부를 압박하여 시설 개선에 관해 일본의 충고를 받아들이고 또한 일본이 군사전략상 필요로 하는 한국 내 지역을 군사기지로 수용收用할 수 있다는 굴욕적인 의정서를 체결하도록 강요하는 것을 보고 바야흐로 한국은 망국의 길로 접어들었다고 판단하여 1904년 「조선망국 사략史略」을 발표했었다.[160] 같은 시기 영국 케임브리지대학 국제법 교수였

---

158 뒤에 나철羅喆이라 개명.
159 마산.
160 량치차오, 『음빙실飮氷室 문집』 상, 상하이: 광지서국廣智書局, 1905.

던 로렌스T. J. Lawrence도 이 한일의정서의 내용으로 볼 때 한국은 사실상 일본의 보호국이 되었다고 주장했다. 또한 량치차오는 베트남의 독립운동 지도자인 판 보이 차우潘佩珠(1867~1940)가 1905년 4월 무기구입차 일본을 방문한 김에 자신을 찾아오자, 판에게 프랑스의 혹독한 식민정책에 항거하는 자국민들의 항쟁사를 쓰도록 권유했다. 얼마 뒤 그의 주선에 힘입어 『월남망국사』가 출판되었고, 이 책은 애국계몽운동 시기에 한국인들의 애독서가 되었다.

나인영은 1905년 11월 초에 이토가 한국에 특파대사로 간다는 소문을 듣고 급히 그에게 편지를 띄우기도 했다. 통감부가 개청하자 나인영과 동지들은 1906년 2월 일단 귀국했다. 그는 10월 오기호와 함께 다시 도일하여 대아시아주의를 표방하는 우익의 최고 거물 도야마 미쓰루頭山滿라든지 명성황후 민씨의 시해사건에 깊숙이 관여한 바 있는 오카모토 류노스케岡本柳之助를 만나 한국의 장래를 포함한 동아시아 전반에 걸친 시국담을 들었다. 도야마와 오카모토 모두 갑신정변에 실패한 뒤 일본에 망명 중이던 김옥균과 교분이 있었다. 특히 오카모토는 갑오개혁 때 한국 궁내부 및 군부 고문으로 서울에 와 있었다. 1876년 초에는 20대 중반의 육군대위로 일본 군함 운요호雲揚號사건을 처리하기 위해 강화도에서 열린 한·일 협상 때 일본 대표단의 수행원으로 내한하여 급기야 양국 간의 강화수호조약 체결이 이루어졌던 역사적인 현장을 지켜본 인물이다. 그리고 육군소좌로 있을 때인 1878년 도쿄 시내 한복판 궁성(고쿄皇居) 가까운 다케하시竹橋 병영에 주둔하고 있던 근위近衛 포병 제1대대의 반란 미수사건에 관련된 혐의로 군에서 추방되기도 했다. 병사 260여 명이 들고 일어나 직속상관인 대대장과 주번장교를 죽이고 대포를 끌고 궁성 앞으로 옮겨 발사하려고 한 이 엄청난 음모는 보병대대의 지지를 얻지 못한데다 당국에 의해 사전에 탐지되어 즉각 진압되었는데, 실제로 오카모토가 수모자首謀者였다는 설이 나돌 정도로 그는 청년장교 시절부터 흑막黑幕의 책사로 활동했다. 어쨌든 나인영 일행은 12월 하순 도쿄를 떠나

1907년 1월 초 서울로 돌아왔는데, 마침 박제순과 이지용 사이에 알력이 심각하다는 소식을 접하자 곧바로 을사오적을 한꺼번에 암살하기로 동지들과 결의했다. 다만 거사에 동원할 사람을 모으고 또한 필요한 자금을 확보하는 데 시간이 걸렸다. 결국 3월 25일 거사는 아무런 성과를 거두지 못한 채 수포로 돌아갔으나, 이에 관련된 30여 명이 속속 검거되어 평리원에서 재판을 받는 과정에서 시민들의 주목을 끌었다. 왜냐하면 전 내부대신 이용태李容泰와 학부협판 민형식閔衡植 등이 거액의 군자금을 내어 이들을 배후에서 지원한 사실이 밝혀졌기 때문이었다. 이용태는 전남 장흥부사로 있던 1894년 초 동학농민군이 전북 고부에서 봉기하자 조정의 명령에 의해 그 진상조사 임무를 띠고 현지에 출장 갔으나, 오히려 일을 크게 그르친 죄로 귀양 갔던 인물이기에 세간의 평은 좋지 않았다. 한편 30대 초반인 민형식은 당시 한국 최고의 부호로 알려진 민영휘閔泳徽의 양사자養嗣子로, 계몽잡지인 『조양보朝陽報』를 발간하고 여러 사립학교에 기부금을 제공하는 등 애국계몽운동을 이면에서 지원한 인물이다. 이 을사적 암살 모의사건에 대해서는 7월 8일 평리원의 최종 판결이 나왔는데, 나인영·이용태·민형식·홍필주[161] 등이 11년 유배형을, 이기는 7년, 오기호는 5년 형을 각기 선고받았다. 다만 얼마 뒤 그들은 특별 사면되어 각자 사회활동을 이어갔다.

27. 친일단체 일진회一進會의 탄생

청국과 일본 양국 군대를 한반도로 끌어들여 서로 싸우게 한 동학농민군은 청일전쟁이 한창 진행 중일 때 일본군 후비後備사단 일개 보병대대의 기관총에 의해 순식간에 철저히 부서지고 말았다. 동학의 교주 최

---

161 당시 대한자강회 평의원임.

시형崔時亨은 1896년 손병희 등 3인에게 지하로 숨어든 교단을 정비하도록 명령을 내렸다. 그러나 2년 뒤 교주가 원주에서 붙잡혀 순교하고 조정의 탄압이 심해지자 손병희는 문명국을 답사할 겸 국외로 피신했다. 그는 7세 아래인 고제高弟 이용구李容九와 친동생을 데리고 원산 개항장을 몰래 빠져나가 선편으로 부산을 거쳐 일본 오사카大阪에 도착했다. 그는 미국으로 떠날 계획이었으나, 뜻대로 되지 않아 일본에 계속 머물렀다. 그는 비슷한 연배인 오세창·권동진 등 망명자들을 동지로 포섭하면서 국내와 연락망을 갖추기 시작했다. 앞에서 보았듯이 러일전쟁이 일어나기 직전 그는 역시 망명 중인 전 군부대신 조희연을 통해 일본 참모본부 수뇌부와 비밀리에 접촉을 꾀했다. 이에 따라 군 출신인 권동진이 참모본부차장 다무라田村 소장을 찾아가 러·일 간에 전쟁이 일어나 일본군이 한국으로 출동하게 되면 동학교도들로 하여금 일본군을 돕도록 조치하겠다고 약속까지 했다.

전쟁이 일어나자 손병희는 일본 육군성에 군자금 1만 엔을 기증하는 동시에 국내의 동학 지도부를 여러 차례 도쿄로 불러들여 동학세력을 집결시키는 방책으로 정치결사를 만들도록 독려했다. 이렇게 하여 몇 차례 명칭을 바꾼 끝에 1904년 9월 3천 명의 교도들이 비밀리에 서울에 모여 진보회를 결성했는데, 손병희는 이 단체의 조직 및 운영 권한을 이용구에게 맡겼다. 지난 10여 년 동안 지하에 잠복해 있던 교도들이 다시금 활동을 시작하게 되면서 관원 대하기는 고분고분하지 않았고, 예사롭게 조정의 지시·명령에 대들고 나섰다. 당시 동학의 지방조직은 전국적으로 정비되었으나, 그중에서도 평안도·황해도의 관서關西 지방이 가장 적극적으로 움직였다. 9월 대집회에 호응하는 교도들의 상경 움직임이 당국에 포착되면서 비상이 걸렸다. 조정에서는 동학교도들이 다시무기를 들고 봉기하는 것이 아닌가 의심하여 각 도 관찰사들에게 교도에 대한 체포령을 내렸다. 특히 관서 지방에서는 이곳에 주둔 중인 일본군 역시 교도의 단속 검거에 나섰고, 평안남도 안주의 지방 진위대는 대포를 끌고 북쪽으로 평안북도 태천군에 출동하여 동학교도들을 핍박한 끝에 교도 수백 명을 박천강 지류에서 몰살시킨 사건까지 발생했다. 이 처럼 당국의 노골적인 탄압에 직면하여 교도들의 사기가 크게 위축되었을 뿐 아니라 경쟁관계에 있던 친일적 성향의 일진회—進會가 일본군을 사주하여 진보회에 대해 압박을 가해올 우려도 없지 않았다. 이런 연유로 진보회장 이용구는 궁지에서 벗어날 길을 모색하던 중, 11월 일진회로부터 통합 단결하자는 뜻밖의 제안이 오자 두 단체의 취지와 목적이 크게 다르지 않다고 회원들을 속이고 전격적으로 12월 초 통합절차를 완료했다.

이 일진회를 처음 발기한 인물은 송병준宋秉畯으로, 그는 몇 해 지나지 않아 고종 황제를 폐위하고, 나아가 한국을 일본에 합병시키는 공작에 급선봉으로 암약함으로써 친일파의 대명사가 되었다. 그의 전 생애 중 전반부는 거의 비밀의 장막에 가려져 있다. 그는 1858년 함경남도 장진 군에서 태어났다고 하지만, 조선 후기 손꼽히는 양반 문벌가인 은진 송 씨의 후예가 어떤 연유로 북방 변경 지역에서 태어났는지 의문이 아닐 수 없다. 일본이 한국을 병합하자 그는 자작 작위를 받아 이른바 조선 귀족 이 되었는데, 당시 쏟아져 나온 귀족 열전列傳 혹은 신사보감紳士寶鑑을 들춰보면 그의 젊은 시절에 대한 에피소드가 실려 있다. 즉 그는 어려서 부친의 명에 따라 함경남도 북청군에 가서 빚 독촉을 하게 되었는데, 오히려 군수에게 부탁하여 채무 불이행으로 감옥에 갇혀 있는 100여 명의 죄수들 앞에서 채무증서를 불태워 버린 것으로 명성을 얻었다고 한다. 그의 약전略傳에는 14세 때인 1871년 무과에 올라 훈련원에서 근무했고, 1876년 초 한국과 수교 협정을 맺기 위해 내한한 전권대사 구로다 기요타카黑田淸隆 일행이 부산에 들렀을 때 접반수원接伴隨員으로 뽑혔고, 또 이즈음 군수품 납품 조달로 뒤에 재벌이 된 정상政商 오쿠라 기하치로大倉喜八郞와 알게 되었다고 한다. 한편 임오군란과 갑신정변 때 그의 서울 집과 가재도구가 난민들에 의해 불에 타고 약탈당한 일이 있으며, 갑신정변에 실패하여 일본으로 망명한 김옥균을 찾아가 함께 국가 대계大計를 논의했다는 혐의로 귀국하자마자 당국에 100여 일간 구류된 일이 있다고 한다. 그러나 곧 오해가 풀려 군에 복직하고서 1887년 친군후영親軍後營의 대관隊官[162]이 되었고, 평안도 영원寧遠군수로 발령을 받았다. 그러나 신병으로 부임하지 못했다가 뒤에 경상도 흥해興海군수, 경기도 양지陽智[163]현감을 역임하고 1891년 장위영壯衛營 영관領官[164]이 되었다. 그로부터 3년 뒤 동학농민군이 봉기하자 그는 지방 민정시찰에 나갔다고 하는데, 이듬해 일본으로 망명했다고 되어 있다.

이상 송병준이 주장하는 경력에 대해서는 점검할 필요가 있는 듯하다. 다만 그가 젊은 시절 왕비의 친정 조카인 민영익의 집에서 청지기로 일했다는 세간의 속설俗說이 사실이라고 한다면 충분히 얻을 수도 있는 관직들이었다고 짐작된다. 또한 그가 일본에 건너가 김옥균을 만나고 돌아온 것이라든지 그 뒤 계속 요직에 보임된 것을 보면 속설대로 그가 본디 자객의 특수 임무를 띠고 왕실에서 파견되었기에 가능한 일이었다고 여겨진다. 열전에는 의협심이 강했던 그가 김옥균을 만나 큰 감화를 받았다고 되어 있으나, 어쩌면 그는 저격할 기회를 노리다가 끝내 성공하지 못하고 빈손으로 귀국한 듯하다.

송병준은 9년 동안 일본에서 생활했는데, 다른 정치적 망명자들과는 교유하지 않고 일정한 거리를 둔 듯하다. 열전에는 그가 노다 헤이지로野田平治郎라는 일본식 성명을 사용하고 각지를 떠돌아다녔다고 한다. 처음에는 추운 홋카이도 지역에서 인삼 재배를 시험했고, 교토京都에서는 직물공장에 들어가 염색하는 법을 배웠으며, 야마구치山口현 하기쵸萩町에서는 양잠업에 종사하는 한편 학교를 세웠다는 것이다. 그러던 중 1904년 2월 초 러일전쟁이 터지면서 그의 화려하기 그지없는 인생 후반

---

162 위관급.
163 현 용인시의 일부.
164 영관급.

부가 열리게 되었다. 당시 일본 참모본부는 규슈 최북단 고쿠라小倉에 주둔하고 있던 보병 제12사단에 동원명령을 내려 육군 선발부대로 인천에 입항한 후 신속하게 경인 지구를 장악하도록 했다. 송병준은 제12사단 병참감에 임명된 오타니 기쿠조大谷喜久藏 소장의 통역으로 채용되어 부대를 따라 귀국하게 되었다. 본디 오타니 소장은 육군 도야마戶山학교장으로 있다가 전시 직책인 병참감으로 발령받아 한국에 온 뒤 곧 한국 주차군 병참감으로 옮겼다가 다시 제2군 병참감으로 영전하여 만주의 전장으로 떠났는데, 송병준은 그를 따라 일단 만주까지 갔다가 4월 서울로 돌아왔다.

바야흐로 일본군이 서울을 점령한 정세를 최대한 이용하여 송병준은 자신의 정치적 야심을 실현하기로 결심했다. 그는 오래전부터 알고 지낸 최석민崔錫敏을 만나 품고 있던 생각을 털어놓았다. 당시 중앙의 국장급 관리였던 최석민은 그에게 윤시병尹始炳을 소개해 주었다. 윤시병은 병사兵使직을 지낸 직업군인 출신으로는 드물게 몇 해 전 독립협회에 가담하여 간부로 활동한 인물이었다. 특히 그는 1898년 후반에 만민공동회장으로 종로 거리에서 대정부 투쟁을 격렬하게 전개하기도 했었다. 다만 그는 협회가 탄압을 받고 강제로 해산된 뒤에는 전향하여 궁중의 시종직이나 최고 법원인 평리원 검사직을 역임한 기회주의자이기도 했다.[165] 윤시병은 송병준의 계획을 듣고 곧바로 뜻이 맞아 지난날 독립협회에서 활약한 동지들을 끌어들여 정치단체 조직에 착수했다. 그 결과 이해 8월 중순 송병준을 비롯한 수십 명이 서울 시내 한복판 광통교廣通橋의 종이 도매상을 하는 점포에 모여 유신회維新會를 결성하고, 대한제국 황실의 존안尊安을 창립 목적의 첫머리에 올려놓았다. 비록 윤시병이 임시 회장으로 뽑혔으나, 최초 창립을 발기했을 뿐 아니라 일본군을 배경으로 한 송병준이 유신회의 최고 실력자였음은 더 말할 나위도 없다. 당시 그를 밀

---

165 개화기 작가인 윤백남尹白南의 부친.

어주고 있던 인물은 바로 러일전쟁이 일어난 직후 한국 공사관부 무관이 되었다가, 3월 중순 한국주차군 사령관 하라구치原口 소장을 보좌하는 참모장으로 옮긴 사이토 리키사부로齊藤力三郎 중좌였다. 그는 전쟁 기간 중 후방지대인 한국의 안전을 확보하는 것이 무엇보다도 긴요하며, 또한 일본 육군공병대의 군용철도감부가 떠맡게 된 경의철도 부설에 필요한 인력을 안정적으로 공급받기 위해서도 친일적인 성향을 띤 사회단체를 포섭, 육성하는 것이 유리하다고 판단하여 송병준을 물심양면으로 지원했다. 실제로 그 뒤 일진회원들은 일본군을 위해 지형이 험난한 함경도 지방에 군수물자를 수송하는 데 동원되었을 뿐 아니라 두만강을 건너 북간도에 이르는 오지를 내왕하면서 연해주 방면 러시아 군대의 움직임을 정탐했으며, 경의철도 부설공사에는 거의 무보수에 가까운 노임勞賃으로 힘든 공역工役에 종사하면서 수백 명의 사상자까지 발생하는 희생을 치렀다.

유신회는 창립 이틀 뒤 특별회를 개최했는데, 조정에서는 민회民會의 결성을 탐탁지 않게 여겨 경무사 지휘 아래 군경을 유신회 사무소에 보내 주위를 포위하고 집회를 금지했다. 그러나 이때 일본 헌병대가 현장에 나타나 불법을 저지르지 않는 한 민회를 함부로 해산시킬 수 없다고 대한제국 군경을 향해 호통을 쳐서 물러가게 했다. 이날 유신회는 일진회로 명칭을 고쳐서 당국에 신고했다. 그 뒤 회의 규칙이라든지 취지서를 만들었고, 9월 1일에는 사무소에서 공개 연설회를 열기도 했고, 또한 간부회원들이 참정대신 신기선申箕善의 집으로 찾아가 질의응답을 나누기도 했다. 일진회원들은 1895년 세모에 반포한 단발령이 아직도 제대로 이행되지 않는 것을 비판하면서 전원 단발하기로 결의했다. 한편 그들은 강연회를 통해 궁중을 숙청肅淸할 것과 매관매직을 금지할 것을 주장하여 당국을 긴장시켰다. 하지만 일진회는 대중의 지지 기반을 확보하지 못한 채 겨우 일본 군대의 지지를 받아 명맥을 유지하는 실정이었으므로, 세력 확장 문제로 고민하지 않으면 안 되었다. 급기야 그들은 동학의 조직을 기반으로 한 진보회를 흡수하려는 야욕을 품고 넌지시 합동 단결을 제의했는데 뜻밖에 이용구가 별다른 조건 없이 동의하여 손쉽게 목적을 달성할 수 있었다.

이처럼 일진회는 동학 계열의 진보회를 흡수함으로써 비로소 지방조직을 갖출 수 있게 되었다. 두 단체가 합치면서 이용구는 13부府 총회장이라는 직함을 받아 기존의 진보회 조직을 계속 관리했다. 또한 그동안 일진회를 뒤에서 조종하던 송병준도 평의원장으로 선임되어 표면에 등장했다. 어느덧 러일전쟁이 후반전으로 접어든 1905년에 일진회는 지도체제와 지방조직을 두루 갖춘 전국적인 조직으로 대두했다. 다만 이들의 독선적이고도 과격한 개화·개혁에 대한 주장이나 친일·매국적인 언동이 노골적으로 변하면서 정부 당국과의 갈등이 차츰 깊어졌고, 전통적인 유림세력은 물론 일반 민중들의 불신 내지 반감, 증오심도 확산되어 갔다. 한국 내에서 일본의 이익을 대변하고 있던 일본 공사 하야시는 일진회가 한국 정부와 불필요한 갈등을 유발시키고 있을 뿐 아니라 한국인의 반일 저항의식을 촉발하고 있다고 판단하여 일진회의 활동을 매우 못마땅하게 여겼다. 그는 본국 외무성에 정무 보고를 하면서 일진회는 무뢰한의 집단으로, 이들의 주의·주장이 일본의 한국에 대한 정책 수행에 직접 방해가 되는 것은 아닐지라도 종종 차질을 빚게 하는 경우가 있다고 불평을 늘어놓았다. 실제로 하야시 공사는 전쟁 기간 중 한국에 와 있던 일본의 우익 정치 낭인들에게 일진회와 관계를 끊도록 권유했다.

이는 당시 일본 공사관과 주한 일본군사령부가 한국에 대한 정책을 둘러싸고 은근히 경쟁·반목하는 기류氣流가 있었음을 보여주는 것으로, 일본 군부는 일진회에 대해 변함없는 지지를 보였다. 비록 1904년 가을 한국주차군은 하세가와 대장이 사령관으로 취임하면서 종전에 비해 크게 확장된 까닭에 일진회 창설을 줄곧 지원했던 사이토 중좌가 참모장의 자리에서 다른 부대로 전출되고 말았으나, 1905년 4월 송병준과 친분이 있는 오타니 소장이 만주의 전장으로부터 참모장으로 부임한 결과 일진회는 하야시 공사의 견제에도 불구하고 계속 군의 지원을 확보할 수 있었다. 러일전쟁에서 일본이 완전히 승리를 굳힌 7월에 일진회는 고종 황제의 심복으로 깐깐하기로 소문난 참정대신 심상훈沈相薰에게서 서대문 밖 독립관을 일진회의 연설회장으로 사용할 수 있는 특권을 승인받았다. 그만큼 일진회의 위세가 커진 것이다.

9월 초 러·일 간에 조인된 포츠머스 강화조약에서 한국에 대한 보호권을 인정받은 일본이 조만간 한국과 정식 보호조약을 맺기로 결정했다는 소식이 국내에 전해지자 일진회는 한국과 조약을 체결할 전권위원으로 내정된 이토가 한국에 오기 전에 한국 정부에 대해 외교권을 일본에 위임할 것을 촉구하는 선언서를 발표하려고 했다. 이는 송병준의 브레인으로 암약하던 사세 구마테츠佐瀬熊鉄가 앞으로 전개될 새로운 국면에서 기선機先을 잡아 타개해 나가기 위해서는 꼭 필요한 방책이라고 설득했기 때문이라고 한다. 사세는 이보다 꼭 10년 전에 서울 주재 일본 공사관 측이 명성황후를 시해할 때 한성신보 주필인 구니토모 시게아키國友重章와 함께 광화문 앞에 잠복하면서 경복궁 안의 동정을 살피는 척후병 역할을 했던 인물이다. 뒤에 그는 대외 강경파의 거두로 한국 문제에도 관심이 깊었던 고우무치 도모쓰네神鞭知常의 추종자가 되고 고향인 후쿠시마福島현 출신 중의원 의원이 되었는데, 이때 직접 선언서 초안을 작성하여 송병준에게 넘겨주기까지 했다. 이에 따라 일진회는 11월 5일 특별평의회를 열어 선언서를 발표하기로 의결하고, 약간의 자구字句 수정을 거친 다음 6일 이를 내외에 발표했다. 특파대사인 이토가 부산에 도착하기 2일 전의 일이었다.

이를 계기로 그간 일부 베일에 가려져 있던 일진회의 정체가 완전히 폭로되어 국민 상하 간에 규탄·타도의 대상이 되었음은 말할 나위도 없다. 누구보다도 먼저 이용구가 궁지에 몰리게 되었다. 그에게 진보회의 운영권을 전적으로 위임했던 손병희는 선언서가 발표되자 크게 격분하여 이용구를 당장 일본에 불러들여 그의 '망동妄動'을 크게 질책했다. 손병희는 러일전쟁 직전부터 쇠잔해진 동학세력의 재건을 위해서는 장차 일본 군부를 이용할 필요가 있다고 판단하여 참모본부와 육군성에 접근을 꾀하기도 했고, 실제로 전쟁이 일어나자 동학교도들이 후방에서 일본 군을 돕기 위해 각종 노역勞役에 기꺼이 봉사할 것을 권장하기까지 했었다. 그런데 이용구가 송병준의 꾐에 넘어가 일본에 외교권 곧 보호권을 넘기라고 조정을 압박하는 사태에 이르자 손병희는 더 이상 그의 행동을 묵과할 수가 없어 크게 꾸짖었던 것이다. 하지만 이용구가 이런저런 변명을 늘어놓으며 자신의 지시에 순응할 기미를 보이지 않자 손병희는 이용구 및 그를 추종하는 동학 간부들에게 출교黜敎 처분을 내렸다. 이에 이용구는 궁여지책으로 자신을 따르는 동학교도를 중심으로 시천교회侍天敎會를 만들어 손병희에 대항했으나, 바야흐로 동학의 이단, 즉 비주류로 전락하고 말았다. 한편 이에 앞서 손병희는 12월 1일을 기해 동학의 교명을 천도교로 고치면서 일진회를 규탄할 채비를 갖추기 시작했다.

일본은 보호조약을 체결한 뒤 한국에 설치할 통감부 및 이사청理事廳 관제를 제정하여 그해 12월 20일 발표했고, 21일 이토를 한국 통감에 임명했다. 일진회는 이에 민감하게 대응하여 22일 이용구를 회장, 송병준을 지방총장에 선임했다. 이 회장단 개선에 따라 지난 1년 동안 회장으로 있던 윤시병은 일개 총무원으로 물러났고, 그의 형인 윤길병尹吉炳이 부회장으로 뽑혔으나 실권은 전혀 없었다. 이 같은 인사는 이용구가 동학 계열의 비주류 소수파로 전락한 현실을 얼버무리면서 그에게 힘을 실어주어 동학교도의 이탈을 막아보려던 조치로 여겨진다. 이로부터 일진회의 최고 지도부는 송병준과 이용구의 양두체제로 확고하게 구축되어 한국 병합 직전까지 흔들림 없이 지속되었다.

28. 일진회에 대한 이토의 인식 변화

『매천야록』에 의하면 1906년 3월 2일 이토가 한국 통감으로 부임차 서울에 입성入城하던 날, 남대문에 일진회 명의로 '환영'이라고 큰 글자로 쓴 플래카드가 내걸렸다고 한다. 일진회가 이처럼 이토에게 호의를 보였음에도 불구하고 이토의 반응은 냉담한 편이었다. 1월 말 한국에서 철수한 일본 공사관이 통감부에 넘겨준 각종 기밀서류에 일진회에 대해 다분히 부정적으로 기술한 것이 영향을 끼쳤는지도 모르겠다. 실제로 이토는 한국의 민심, 곧 여론을 조성하는 그룹은 어디까지나 지식계급인 유림儒林 세력으로 보았다. 그러므로 그로서는 이들을 회유 포섭하는 것이 시급한 일이었고 결코 하야시 전 공사가 '무뢰한들의 오합지졸'이라고 멸시한 일진회와 같은 단체는 관심의 대상이 아니었다. 또한 이토는 일진회가 일본 육군의 후원 속에 만들어져서 그간 군부와 밀접한 연계를 맺고 행동해 온 단체라는 데 어떤 경계심을 가졌을 개연성도 없지 않다. 특히 송병준을 밀어주고 있던 한국주차군 참모장 오타니 소장이 통감부 관제 제4조에 통감이 필요하다고 인정할 때 주차군 사령관에 대해 병력의 사용을 명령할 수 있다고 한 조항에 대해 앞장서서 반발한 사실을 이토는 잊지 않았음이 분명하다. 오타니 소장은 1906년 6월 초 육군의 인사이동으로 전쟁 전의 보직이던 육군 도야마학교장으로 복귀하여 한국을 떠났다.

이처럼 일진회는 통감부 설치 후 줄곧 냉대를 받던 중, 1906년 8월 하순 송병준이 정계의 이면에서 암약하던 이일직李逸稙을 숨겨 주었다가 발각되어 경무고문부에 구금당하는 큰 사건이 발생했다. 이일직은 일찍이 왕비 일족의 유력자인 민영소閔泳韶의 비밀지령을 받고 일본에 망명 중인 김옥균과 박영효를 암살하기 위해 도일한 경력을 갖고 있었다. 바야흐로 청일전쟁이 일어나기 1년 전 그는 일본에 건너가 행상으로 가장하여 기회를 엿보다가 마침 프랑스에서 귀국한 지 얼마 안 되는 홍종우洪鍾宇를 만나 함께 거사를 모의했다. 그들은 역할을 분담하기로 결의하여 홍종우가 김옥균을 상하이로 유인하여 암살하기로 하고 이일직은 박영효를 맡기로 했다. 그러나 박영효의 동태를 엿보던 그는 박의 심복인 이규완·정난교 등에게 붙잡혀 일본 경찰에 넘겨진 뒤 본국에 압송되고 말았다. 그는 뒤에 고종이 러시아 공사관으로 거처를 옮기면서 개화파가 하루아침에 몰락하자 홍종우와 함께 특채되어 법부 주사·검사·형사국장을 역임했는데, 이 무렵 세직世植으로 이름을 고쳤다. 두 사람은 보부상들을 끌어들여 황국협회를 만든 다음 독립협회 탄압에 앞장섰다. 그 뒤에 러일전쟁이 일어나 친러파가 지하로 숨자 그 역시 일선에서 물러나 의병투쟁을 꾀하는 최익현·허위許蔿 등과 은근히 기맥을 통하다가 일본 측에 탐지되어 하야시 공사의 요구로 1905년 3월 일본헌병대에 체포되기도 했다. 당시 그는 안국주安國柱라는 변성명을 쓰고 있었다. 그는 헌병대에서 풀려나자 이번에는 한국의 각종 이권을 노리는 일·한 동지조합 소속 일본인들과 접촉하여 도합 23건에 달하는 이권을 그들에게 매각한다는 가짜 문서를 작성한 다음 몰래 황제의 옥새玉璽까지 찍어 일본인들에게 넘겨주었는데, 마침 이를 눈치 챈 일본 공사관 당국의 제동으로 결국 사기극은 미수에 그쳤다. 하지만 이 사건이 의외로 큰 정치문제로 비화飛火하여 이일직은 한일의정서 위반 혐의로 종신귀양 처분을 받았고, 그의 구조요청을 받아들여 숨겨준 송병준은 경무고문부에 구금되기에 이르고 말았다.

후일담이지만 1919년 1월 21일 고종 황제가 덕수궁에서 숨을 거두자 총독부 당국은 죽은 황제에 대한 한국인의 추모 열기가 예상 이상으로 높은 데 크게 놀라 어떤 '소요'의 낌새가 있는 것이 아닐까 바짝 긴장했다. 이때 고령이었던 이일직이 일본 헌병경찰 당국으로부터 한국인 교회의 움직임을 염탐해 달라는 부탁을 받고 서울 YMCA 총무로 있던 윤치호를 두 차례 방문한 적이 있다. 윤치호는 외부협판 재임 중이던 1904년 8월 외부대신 임시 서리 자격으로 일본과 제1차 협약을 맺은 전력이 있다. 하지만 윤치호는 "음모의 귀재로 아홉 번이나 감옥에 갔다 나온" 이일직을 마음 속 깊이 경계하고 있었다. 그가 두 번째로 방문했을 때 마침 윤치호의 사무실에 들른 헌병경찰 중견간부 윤병희尹秉禧는 이일직이 자리를 뜨자마자 그에게 "저 노인네에게 속으시면 안 됩니다."고 충고했다고 한다.[166]

어쨌거나 대표적인 친일단체의 수령을 범인 은닉죄로 잡아넣은 이 사건의 내막을 들여다보면 당시 한국 경무청의 고문으로 실권을 쥐고 있던 마루야마와 한국주차군 헌병대장 고야마 미쓰미小山三巳 대좌 사이의 업무상의 갈등에서 비롯된 암투라는 성격이 짙다. 한국 정부는 일본 공사관의 기능을 계승한 통감부를 이용하여 일진회를 제압해 보려고 경무고문에게 단단히 당부하는 처지였는데, 마루야마는 고야마가 송병준에 대해 호의적인 것을 눈치 채고 이 기회에 고야마의 약점을 잡아 물고 늘어지려 한 것이었다. 마침 당시 한국주차군의 참모장 오타니 소장을 비롯한 일본군 참모들이 전시 편제가 해제됨에 따라 본국으로 전출하여 송병준은 자신을 보호해 줄 보호막을 잃은 상태였다. 송병준이 잡혀가자 이용구는 크게 불안감을 느끼고, 통감부 국정國情조사 촉탁으로 있는 우치다 료헤이內田良平(1874~1937)를 찾아가 송병준을 석방시키는 데 힘써 줄 것을 간곡히 요청했다.

이 우치다는 후쿠오카福岡 출신으로 아직 30대 초반의 젊은이였으나, 실제로 그가 차지하고 있던 정치적 위상은 나이에 비해 의외로 컸다. 그의 숙부인 히라오카 고타로平岡浩太郎는 도야마와 함께 1881년 아시아주의를 표방하는 국가주의 정치단체인 겐요샤玄洋社를 창립하여 초대 사장이 된 우익의 거물이었다. 역사학자들은 이 겐요샤를 근대 일본 침략주의 사상의 원류로 간주하고 있다. 그는 숙부의 영향을 받아 일찍부터 대륙침략의 야욕을 품고 21세 때인 1894년에는 참모본부의 지원을 받아 덴유쿄天佑俠란 비밀결사를 만들어 10여 명의 동지들과 함께 몰래 한국에 온 적도 있다. 우치다는 뒤에 회고하기를 그와 동지들은 동학농민군

---

166 『윤치호 영문일기』, 1919년 1월 25일 및 28일 자.

의 기의起義에 공감하여 한국 정부군을 상대로 함께 투쟁할 각오를 했다지만, 진정한 속셈은 한국의 내란상태를 장기화함으로써 일본군이 침략할 틈을 포착하려던 것으로 짐작된다. 다만 그들이 부산에 상륙했을 때는 동학농민군의 최고 지도자인 전봉준이 정부 측과 화약和約을 맺고 전주성을 관군에 넘긴 뒤 전라도 각지를 옮겨 다닐 때였다. 그러므로 그들은 전봉준을 찾아 호남 일대를 헤맸으나 끝내 만나지 못한 채 귀국했다. 이듬해 일본이 러시아·프랑스·독일 등 삼국의 공동간섭에 굴복하여 청국에서 빼앗은 랴오둥반도를 반환하게 되자, 우치다는 러시아의 극동 지배의 거점인 블라디보스토크로 가서 연해주 일대를 정찰 여행한 뒤 귀국했다. 그는 1896년 이노우에 마사지井上雅二를 데리고 다시 연해주로 건너가 시베리아 횡단여행에 나서 러시아 수도 상트페테르부르크까지 먼 길을 왕복했다. 또한 동향 선배로 겐요샤에서 도야마와 거의 비등한 위치에 있던 스기야마 시게마루杉山茂丸(1864~1935)가 외무성에 알선하여 조달해 준 기밀비를 갖고 러시아 여행을 계속하여 급기야는 러시아 문제의 전문가로 인정받기에 이르렀다.

우치다는 1900년, 이번에는 쑨원孫文의 혁명운동을 지원하기 위해 급히 러시아에서 중국으로 옮겨가고, 쑨원의 흥중회興中會가 의화단의 난에 편승하여 광둥廣東성 후이저우惠州에서 일으킨 반청反淸봉기에 가담했지만 실패로 끝났다. 이를 계기로 리훙장 등 청나라의 유력자들을 암살하려던 계획에서도 손을 떼고 그 이듬해 1월 도쿄에서 고쿠류카이黑龍會를 결성했다. 이 명칭은 만주와 시베리아 경계를 흐르는 흑룡강, 즉 아무르강에서 따온 것으로, 우치다는 이 단체의 주간이 되어 러시아와 싸울 것을 주창했다. 이듬해 초 영일동맹의 체결로 러일 간에 전쟁의 가능성이 고조되자 우치다는 1903년 2월 고쿠류카이의 해외본부를 부산에 설치했다. 그리고 러일전쟁에서 일본이 유리해진 1905년 2월에 부산에서 일간지 『조선일보』를 발간했고, 1년 뒤 통감부가 설치되면서 국정조사 촉탁으로 정식 발령을 받았다. 그를 이토에게 추천한 사람이 바로 스기야마였다. 스기야마는 1902년에 이미 그를 이토에게 소개한 적이 있었으나, 그때는 이토가 별다른 관심을 보이지 않았었다. 그러나 한국 통감으로 부임한 이토에게 스기야마가 "아무나 부릴 수 없고, 오로지 각하만이 능히 부릴 수 있는 양마良馬"가 있다고 우치다를 극력 추천한 까닭에 일간지 발행인에 어울리는 국정조사 담당 촉탁으로 위촉했던 것이다.

그간 위임받은 업무에 대해 이토와 의논할 기회가 별로 없었던 우치다는 1906년 여름, 이용구에게서 송병준 구명 청탁을 받자 활발하게 움직이기 시작했다. 그는 통감부 농상공부 총장직에 있던 기우치木內에게서도 같은 청탁을 받았다. 즉 기우치는 미네키시 시게타로蜂岸繁太郎라는 측근을 보내어 역시 송병준 석방을 위해 힘써 달라고 했다. 이에 우치다는 이토에게 일진회가 한국에서 통감부의 정책을 추진하는 데 있어서 이용가치가 매우 크다고 역설하면서 이 단체를 활성화하기 위해서는 우선 송병준을 풀어주는 것이 필수적인 사항이라고 설득했다. 또한 미네키시에게 현재 일진회가 자금이 고갈되어 운영이 매우 어려운 형편인 만큼 먼저이 자금난을 해결해 줄 필요가 있다고 역설하자, 미네키시는 10만 엔 내외라면 융통할 방법이 있다고 희망적인 답변을 했다. 우치다는 송병준 구출 문제와 일진회 자금지원 문제를 미끼로 이용구를 틀어쥐기 시작했다. 즉 이 기회에 장차 일진회의 운동방향을 자신이 구상하는 한국 병합의 방식에 맞출 필요가 있다고 판단했기 때문이다. 우치다는 자신이 신봉하는 대아시아주의는 동아시아 3국의 동등한 관계를 전제로 연방제를 이루는 것, 즉 대등한 합방을 이루는 것이라고 강조했다. 이에 이용구도 자신의 본뜻은 다루이 도키치樽井藤吉가 주창한 대동大東합방론에 있다고 하면서 우치다와 하등 다를 바 없다고 맞장구쳤다. 이 다루이의 대동합방론은 청일전쟁이 일어나기 3년 전에 발표된 견해였으니, 그간 일본이 청국과 러시아를 군사적으로 제압하여 동아시아의 맹주가 된 시점에서 이말은 누가 보더라도 성립되기 어려운 기만적인 미사여구에 지나지 않았다. 그렇지만 이용구는 우치다의 견해가 기본적으로 일진회의 이념과 일치된다는 명분 아래 10월 4일 그를 일진회의 고문으로 정식 추대했다. 우치다는 겉으로는 사양하는 체했으나 일진회 간부 40여 명을 초대한 취임 피로연에서 한·일 양국이 현재의 보호국 관계에서 한 걸음 더 진전된 연방제를 성취했을 경우 유리한 점이 많다는 견해를 피력했다.

우치다가 2개월 동안 이토에게 일진회 육성의 필요성과 그에 부수하여 송병준의 석방을 간청한 결과, 이토의 일진회에 대한 부정적 인식은 크게 흔들렸다. 급기야 이토는 10월 중순 통감부가 한국주차군 당국과 송병준 등의 석방을 위한 교섭을 진행하도록 지시했다. 본디 이일직 사건은 경무고문부의 소관 사항이었으나, 이일직이 일본인에게 이권을 주기 위해 불법적으로 옥새를 도용한 범죄행위였던 까닭에 일본군 헌병대가 사건 처리에 개입하고 있는 정황이었다. 그러나 주차군 사령관 하세가와 대장이 통감부의 요청에 응하지 않자 크게 분개한 이토는 오밤중에 헌병대장 고야마 대좌에게 전화를 걸어 즉각 석방 조치를 내리도록 명령했다. 고야마는 통감의 특별 명령을 받자 곧 경무총감부에 연락을 취해 송병준·이일직 등을 석방하도록 했다. 결국 송병준은 10월 20일 형식적으로 태형笞刑 80대 처분을 받고 풀려났다. 한편 이 사실을 보고받은 하세가와는 고야마가 직속 상관인 자신의 명령을 어겼다는 이유로 고야마를 3주일간의 중근신重謹愼에 처하고, 헌병대장 관저에 보초를 세워 외부 출입을 금지시켰으며, 다시 육군성에 대해 정직停職 처분을 내려줄 것을 상신하기까지 했다. 결국 송병준 석방 사건을 계기로 일진회와 한국주차군 당국과의 긴밀했던 협조관계는 완전히 끊어지고 그 대신 일진회는 통감부와 혼연일체가 된 밀월관계를 구가하게 되었다.

29. 고종 황제의 폐위가 급선무라고 주장하는 송병준

우선 일진회는 통감부를 통해서 적지 않은 공작금을 받게 되었다. 농상공부 총장인 기우치는 일진회가 수산금授産金 명목으로 시급히 필요로 하는 10만 엔의 자금을 해결해 주었다. 이 수산금이란 메이지 유신 후 녹봉이 폐지됨으로써 빈털털이가 된 사족士族들에게 농지 개간 등 사업을 벌이도록 지원한 돈이다. 그뿐만 아니라 일진회는 통감부로부터 1907년 1월부터 6개월간 매월 2천 엔의 기밀보조금을 받았다. 우치다는 하세가와 대장에게도 접근하여 1907년 5월 15일 10만 엔의 육군 기밀비를 지원받았는데, 그 조건은 경비지출을 투명하게 하고 뒤에 회계서류를 제출한다는 것이었다. 일진회는 기밀비 가운데 절반을 은행 대출금을 갚는 데 썼고, 그 밖에 전국 유세 비용, 일진회의 활동에 협조하는 각종 사업체와 우호적인 단체들에 대한 지원 비용으로 지출했다고 회계 처리했다. 무엇보다도 주목되는 변화는 지금까지 억제해 왔던 송병준의 과격한 반역사상이 차츰 그 본색을 드러내기 시작한 점이다. 그는 석방된 직후 우치다를 따라 이토를 찾아가 다음과 같이 본심을 토로했다.

"이미 짐작하고 계시겠으나, 지금 한국의 궁중은 그야말로 음모의 소굴입니다. 보호조약 체결에 반대하여 전국 각지에서 일어나고 있는 폭도暴徒(의병)들은 실제로 황실에서 사주하고 있는 것입니다. 장차 일진회가 정권을 잡게 되면 이들 폭도의 진압은 물론이요 황실의 개혁도 반드시 단행할 것입니다."

또한 우치다가 얼마 전 이용구에게 했던 것처럼 송병준에게 한·일 양국의 연방제 방안을 제의하자, 송은 다음과 같이 본심을 내비쳤다.

"물론 일본과의 연합은 한국에 큰 이익이 되겠지만, 현재의 황제(고종)가 재위하고 있는 동안은 제아무리 이를 수행하려 해도 도저히 성공할 수 없소. 그러므로 꼭 목적을 이루려 한다면 하루빨리 황제의 폐위를 단행하는 것이 급선무요. 이는 불초不肖 소생이 을미사변 이래 10여 년간 주장해 온

변치 않는 지론持論이외다."

　우치다는 1906년 11월 28일 고쿠류카이의 사무소를 부산에서 서울
마포로 옮겼다. 며칠 뒤 평의원회에서 주간으로 다시 선출된 그는 해가
바뀌자 곧 도쿄의 스기야마에게 편지로 한국의 내부사정을 보고하면서
앞으로의 정책 방향을 제의했다. 그는 1907년 1월 4일 자의 편지에서 하
세가와 대장이 고종 황제의 꾐에 넘어가 그릇된 판단을 내리고 있고, 또
한 한국 경무청 고문 마루야마가 일진회의 사업을 방해하는 등 통감부
의 시정개혁 프로그램이 헛돌고 있다고 비판을 가한 다음, 도쿄의 고위
인사들이 한국에서 벌어지고 있는 이 같은 파행의 진상을 깨닫게 하여
한국에 대한 정책을 전환시키도록 힘써 달라고 요청했다. 특히 그가 대
담하게도 원로들이 이토에게 현재의 소극적인 정책을 포기하도록 압력
을 넣도록 공작해 줄 것을 요청한 사실이라든지, 이에서 한 걸음 나아가
만약 이토가 이에 동의하지 않는다면 다른 원로를 통감으로 내세워 시
급히 한·일 연방정부를 성립시킬 중요한 임무를 맡겨야 할 것이라고까지
요청한 사실은 매우 주목된다. 이에 대해 스기야마는 1월 27일 자의 답
서에서 이토가 용단을 내리게 하려면 누구보다도 야마가타 육군원수나
그의 추종자인 가쓰라 전 총리대신을 설득해야만 가능한 일이라고 우치
다를 달래고 있다.

　한편 우치다는 당시 도쿄에 체류 중인 이토에게 올린 1월 19일 자의 편
지에서 보호정치의 실효를 거두기 위해서는 고종 황제를 퇴위시켜 황위
를 황태자가 계승하도록 해야 한다는 견해를 제시했다. 이토는 편지의 내
용이 심상치 않은 데 크게 놀랐음인지 우치다에게 도쿄에 오라고 명령했
다. 마침 그 직후 우치다는 숙부 히라오카가 별세했다는 기별을 받고 서
둘러 1월 26일 귀국했다. 도쿄로 간 그가 가장 먼저 찾아간 사람은 외무
성 정무국장 야마자 엔지로山座圓次郎였다. 그는 최근 서울의 정황과 청나
라의 혁명 기운이 크게 고조되는 등 급박한 정세 변화가 느껴진다고 말

한 뒤 청국 혁명에 앞서 먼저 한국에 대한 '보호권' 문제를 근본적으로 혁신하는 경륜을 펴지 않는다면 한국이 다시금 러일전쟁 이전과 같은 동양 평화를 위협하는 화근禍根이 될 우려가 있다고 역설했다. 이때 우치다는 일본을 방문 중인 쑨원과 그의 중국인 협조자들, 특히 만주 간도 지방으로 비밀 답사 여행을 떠나기 직전의 쑹자오런宋敎仁 등을 환영하는 만찬회를 2월 25일 자신이 주재하기로 예정하고 있었으므로, 중국혁명의 기운을 다른 어떤 일본인보다도 첨예하게 느꼈을 법하다. 우치다가 2월 12일 이토를 방문했을 때, 이토는 자신에게 청국의 최고 실력자인 경친왕에게서 일본 정부가 쑨원을 추방해 줄 것을 요망하는 밀서가 왔다고 하면서 이 문제를 어떻게 처리하는 것이 좋은지 그의 견해를 묻기도 했었다.

그러나 우치다는 이토를 찾아간 자리에서 일진회의 활용 방안을 구체적으로 건의한 듯하다. 그는 이보다 10여 일 전인 1월 31일, 통감부 농상공부 총장 기우치에게 한국을 병합할 전략이란 다른 게 아니라 먼저 일진회로 하여금 고종 황제에게 근본적인 정치개혁을 요구하여 이를 물고 늘어지게 함으로써 정치적으로 큰 혼란을 조성하게 한 다음, 통감부가 그 수습을 위해 중재에 나서면서 황제와 내각을 압박하여 수습 방책 전권을 위임받는 것이 상책上策이라고 진언進言했다. 그러니까 우선 일진회를 사주하여 정치적 혼란의 분위기를 조성하는 것이 필요하다는 요지인데, 우치다는 자신이 일진회의 고문이 된 사실을 밝히지 않은 채 이 같은 술책을 이토에게도 진언했을 것으로 짐작된다. 그는 이에 부수하여 장차 일진회에 대한 대책을 상세히 기술한 '선후요강善後要綱'을 이토에게 제출했는데, 그 요지는 다음과 같다. 즉 일진회는 본디 일종의 종교적 정치단체로, 많은 회원을 거느린 이 단체가 앞으로 일본의 한국 통치에 장애가 되지 않을까 걱정된다. 그러므로 이들을 간도로 집단 이주시켜 황무지 개척 사업에 종사하도록 유도할 필요가 있다. 이는 한국민의 일진회에 대한 질시를 예방하는 조치로서도 효과가 있다고 주장했다. 훗날 우치다는 한국 병합과 동시에 조선총독부에 의해 강제로 해산당한 일진회의 간부들로부터 거센 비난을 받게 되자, 자신은 아시아 연맹을 조직하려는 평소의 포부에서 일진회가 한·일 합방合邦을 주장하게 했고, 이 같은 취지에서 먼저 한·일 양국이 합방하여 그 모범을 아시아 여러 민족에게 보이고, 일진회원들은 만주로 이주하여 차츰 만주와 몽고에서 공고한 지반을 구축함으로써 일본과 중국이 제휴·단결하는 매개체의 역할을 할 것으로 기대했다는 변명을 늘어놓았다. 실제로 한국을 병합하기 직전 우치다는 일진회 최고 수뇌부를 상대로 만주 이주 계획을 수립하여 이용구는 북간도, 송병준은 서간도로 각기 진출하기로 합의한 다음 당시의 가쓰라 수상에게서 그 재정 지원을 약속받기까지 했다. 우치다가 산출한 소요 경비 300만 엔을 요청하자 가쓰라는 1,000만 엔이 들더라도 거절하지 않겠다고 호언豪言했으나, 결국 일진회 해산비 명목으로 15만 엔을 주는 데 그쳤다.

본래 우치다는 도쿄에 올 때 송병준을 대동했는데, 두 사람은 스기야마의 소개로 야마가타 원수나 육군대신 데라우치 대장을 찾아가 인사했다. 이때 송병준은 스기야마가 당당한 풍채와 뛰어난 언변으로 일본 정계·경제계 실력자들의 두터운 신임을 받고 있는 데 새삼 놀랐고, 그의 사교술에 크게 매료되었다. 송병준은 2, 3년 뒤 도쿄에 가서 일본 수뇌부들을 상대로 합방운동을 벌일 때도 6세 아래인 스기야마의 주선에 전적으로 의존했다. 어쨌든 송병준과 우치다는 이 도쿄 여행을 계기로 일진회가 시급히 한국 정계에 일대 파란을 일으킬 필요가 있다는 데 뜻을 같이했다. 그것은 다름 아닌 박제순 내각 퇴진운동이었다. 그 전부터 일진회는 참정대신 박제순이 일진회와 첨예하게 대립하고 있던 대한자강회 쪽과 기맥을 통하면서 일부 평이 좋은 자강회 인사들을 관직에 등용하는 데 큰 불만을 갖고 있었다. 그러던 차에 일본에서 빌린 국채를 보상하기 위한 민간의 금연운동이 일어나고, 을사오적을 암살하기 위한 조직적인 음모 사건이 발각됨에 따라 일진회는 정부 당국이 이 같은 일본 배척의 움직임에 대해 너무나 미온적으로 대처한다고 규탄할 구실을 확보하게 되었다. 이에 일진회는 서대문 밖 독립관에서 연설회를 열어 조정이

최근의 사태들을 한낱 수수방관할 뿐, 어리석은 백성들의 애국의 혈성血誠을 적극 선도하여 이를 국정을 개선할 에너지로 전환·활용하지 못한다고 비판했다.

그러던 중 4월 일진회장 이용구가 지방을 순회하다가 황해도 황주에서 뜻있는 민중의 습격을 받아 수행원 세 명이 부상을 당하는 사건이 발생했다. 일진회는 이것이 우발적인 충돌이 아니라 정부의 사주를 받은 반대파가 이용구를 암살하기 위해 계획적으로 꾸민 정치적 음모라고 주장했다. 그렇지 않아도 박제순은 1894년 가을 동학농민군이 제2차로 봉기했을 때 주요 격전지였던 양호兩湖 지방의 북쪽 충청감사로 있으면서 흥선대원군의 명령으로 동학군을 선무宣撫하기 위해 출동했다고 주장하는 박동진朴東鎭과 박세강朴世綱을 붙잡아 목을 벤 적이 있었으므로, 당시의 사정을 누구보다도 잘 아는 이용구는 그간 박제순을 특별히 주의·경계해 오던 터였다. 일진회가 황주 습격사건을 회장 암살 미수未遂사건이라고 선동한 까닭에 젊은 회원들은 내각 타도에 적극 나서기로 결의했다.

그리하여 일진회는 1907년 5월 초 최근 정부가 취한 잘못된 시책을 9개조로 열거한 경고문을 내각에 보냈다. 그 내용을 보면, 첫째 조항에서는 갑오개혁이 중단되어 뜻있는 사람들이 독립협회를 만들어 민론民論을 환기시키면서 나라의 독립을 유지하려고 꾀했으나 정부가 이를 박멸한 까닭에 현재와 같은 국세國勢 부진을 초래했다는 것인데, 그 속뜻은 일진회가 바로 독립협회를 계승한 정통 민회民會임을 은연중에 내비친 것으로 해석된다. 실제로 인적 구성을 보면 송병준과 이용구를 제외한 일진회의 상급 간부층인 총무원들 가운데 독립협회의 간부 출신이 다수를 차지하고 있다. 이 경고문을 집필한 염중모廉仲模가 바로 그 같은 경력을 가진 인물이었다. 둘째 조항에서는 현 각료들이 단꿈을 탐하기에 바쁜 나머지 일진회의 충언忠言을 헤아리지 못하고 마치 태평성대太平盛代인 양 꾸며대어 오늘과 같은 국상國狀을 초래했으니, 그 책임을 면할 수 없다는 매우 추상적인 내용이다. 셋째 조항에서는 관리를 등용함에 있어 공公보다사私를 앞세우고 은恩을 팔아 자신의 위복威福을 오로지 한다는, 역시 막연한 내용이다. 넷째 이하 조항에서 최근의 구체적인 사례를 들어 내각의 시책을 비판하고 있다. 이를테면 얼마 전 『대한매일신보』가 고종 황제의 친서라고 위조한 것을 게재함으로써 민심을 현혹시켰는데, 정부는 이를 바로잡을 수단을 강구하지 않고 있을 뿐만 아니라 지방의 비도匪徒(의병)가 의義를 구호로 내걸고 일으키는 폭동도 이처럼 보호조약을 반대하는 내용의 가짜 칙서勅書에 근거하는 경우가 많다고 비판했다(제4조). 또한 민간에서 국채보상운동이 일어나 어리석은 백성들이 애국의 혈성血誠으로서 나라 빚만 갚으면 국권이 회복되는 줄로 오해하고 있는바, 정부는 그 혈성을 선도하여 국정 개선에 활용할 생각은 못한 채 그냥 팔짱 끼고 방관할 뿐이라고 비판했다(제5조). 또한 근래 「일·한 연방조약 의고擬稿」라는 괴문서가 전국에 유포되어 인심을 현혹시키고 있는바, 이는 이웃 나라의 정의情誼와 치안을 크게 방해하는 것인데도 불구하고 정부는 강 건너 불 보듯 한다고 비판했다(제6조). 이 밖에 최근 법부대신이 사면을 행함에 있어 극악무도한 이유인李裕寅[167]을 사면한 반면 73세의 김윤식金允植[168]을 누락시킴으로써 여론이 분분한데도 정부는 이를 바로잡으려 하지 않는다고 비판한다거나(제7조), 혹은 평판이 아주 나쁜 이근택 형제의 벼슬을 박탈함으로써 여론은 정부가 현명한 결단을 내렸다고 이를 찬양했던바, 얼마 지나지 않아 그들을 다시 요직에 등용한 까닭에 국민들은 깜짝 놀라 이제는 정부를 믿지 않으려 한다고 비판했다(제8조). 마지막 제9조는 각료들이 암살 위협에 대처하는 방안으로 출입할 때 보호하는 순사들을 앞뒤에 따르게 하는 등 경계를 지나치게 엄중하게 하는 것을 반성할 필요가 있다고 하면서 덕德을 쌓으면 원수 사이라도 형제처럼 지낼 수 있다는 자못 유교적 훈계를 담고 있는 내용이다.

---

167 술객 출신의 법부대신 역임자.
168 갑오·을미개혁 시기의 외부대신으로 전남 지도에서 귀양 중.

이 일진회의 경고문은 머지않아 탄핵문의 효과를 톡톡히 거뒀다. 이토와 통감부 고위 관리들은 박제순의 인품과 내각 통솔력을 높이 평가하여 그간 변함없는 지지를 표해 왔다. 그러나 통감정치가 1년을 경과하면서 한국민의 불만이 크게 쌓였고, 한편 내각은 내각대로 대신들 간에 암투를 벌이기 시작하여 분열의 조짐을 보였다. 우치다는 일본에서 한국에 귀환한 뒤 곧바로 평양 지방 시찰에 나섰는데, 이토에게 올린 4월 15일 자의 보고서에서 민간의 배일적排日的인 풍조가 크게 고조되고 있으므로, 조속히 개각을 단행하여 민심을 수람할 필요가 절실히 요망된다고 건의한 바 있다. 이토는 이 같은 정황을 심사숙고한 끝에 내각을 개편함으로써 통감부를 향한 한국민의 반항심을 돌려보려고 했다. 여기에는 스기야마와 우치다가 건의한 대로 일진회를 내각에 끌어들여 직접 조종해 보려는 속셈도 작용했다. 사실 우치다는 이 기회에 아예 일진회 중심의 내각을 만들 것을 주장했으나, 이토는 어디까지나 일진회의 제한된 일부 인사만을 내각에 참여시킬 심산이었다. 그리하여 이토는 한국 사정에 밝은 통역관 출신의 비서관 고쿠부 쇼타로國分象太郎를 통해 박제순에게 일진회원을 각료로 받아들이는 개각을 권유해 보았다. 그러나 이토로부터 전혀 예상치 못한 제의를 받은 박제순은 비로소 자신이 이토의 신임을 잃고 있으며, 또한 일진회의 배후에 통감부가 도사리고 있는 것을 눈치 채고 사직할 뜻을 내비쳤다. 그러자 이토는 5월 20일 그에게 고쿠부를 보내 참정대신 사임을 양해한다고 통지했다. 박제순은 다음 날 고종 황제께 사표를 올리고 출근하지 않았다. 이에 따라 내각의 다른 대신 6인도 이 날 의정부에 모여 협의한 뒤 통감부를 방문, 이토에게 사직할 뜻을 표했다. 이날 밤 황제는 모든 각료의 사표를 수리했다. 이로써 박제순 내각은 성립된 지 1년 6개월 만에 퇴진했다. 갑오개혁 이후 줄곧 소용돌이 치고 있던 정계에서 그래도 가장 장수를 누린 내각이었다.

30. 이완용·송병준 연립내각의 등장

당시 의정부 대신 인사는 새삼스레 말할 것도 없이 황제의 전권專權에 속하는 사항이었다. 그러나 이토가 통감으로 서울에 온 다음부터는 비단 외교권뿐 아니라 시정 전반에 걸쳐 고문·지도하는 정황이었으므로, 고종으로서도 이토의 견해를 무시하고 일방적으로 대신을 임명할 수는 없는 노릇이었다. 고종은 중추원 의장직에 있는 73세의 서정순徐正淳을 후임 참정대신으로 임명할 생각이었다. 그는 공정한 일처리로 한말 원로들 가운데서는 드물게 평판이 좋았고 상하 두터운 신임을 받고 있던 인물이었다. 그렇지만 다사다난한 국정을 이끌어 가기에는 고령인 점이 큰 약점이었다.[169] 이토는 학부대신 이완용을 염두에 두고 있었다. 그는 박제순과 동갑인 50세였다. 이완용은 보호조약 체결 때 대신들 가운데 첫 번째로 찬성하고 나섰을 뿐 아니라, 일찍이 주미공사관에서 근무한 경력도 있는 덕분에 누구보다도 서양문명에 대한 이해심이 깊었으므로 통감이 호감을 느꼈을 법하다. 더욱이 이완용이 아관파천 후 친러파가 득세한 가운데 미국 공사 앨런의 비호를 받으면서 현직 대신으로는 드물게 독립협회의 회장직을 잠시나마 맡는 등 시세의 변동에 매우 민첩하게 대응하는 유연성을 보였고, 특히 통감정치 아래서 학부대신으로 일본인 고문과 충돌하지 않고 주어진 업무에 열성을 다한 점 등이 평소 이토의 마음에 들었을 것으로 짐작된다. 한국 정부의 외교고문으로 와 있던 미국인 스티븐스도 이완용을 적극 천거했다.

이토는 자신의 의사를 관철시키기 위해서는 기선을 잡을 필요가 있다고 여겨 마침 한국을 방문 중인 후작 이케다 센마사池田詮政[170]와 야마가타 원수 직계의 관료 출신으로 내무차관을 역임한 귀족원 칙선의원 고마

---

169 서정순은 이듬해 9월 별세.
170 현 오카야마岡山현 지방을 지배한 다이묘大名의 후예.

쓰바라 에이타로小松原英太郎[171] 등을 대동하고 5월 22일 입궐하여 고종을 알현한 기회에 별도의 자리를 요청하여 참정대신 인선에 대한 황제의 의중을 떠보았다. 황제가 서정순이 대정大政을 맡을 만하다고 응답하자, 이토는 세계의 대세에 통달하고 또한 한일관계의 현주소를 잘 알고 있는 사람이 아니고서는 내각 수반직을 감당하기 어렵다고 하면서 이완용을 추천했다. 고종은 자신의 뜻을 잘 헤아리는 원로내각을 원했으나, 이토가 완고한 보수파의 원로는 결코 적임이 아니라고 강하게 우기는 바람에 뜻을 접지 않을 수 없었다. 이에 고종은 곧바로 이완용을 불러 조각을 명령했다. 이때 이토가 각료의 인선은 이완용에게 일임하는 것이 좋다고 거들었으므로, 이날 저녁 이완용의 추천대로 내부에 임선준, 군부에 이병무, 학부에 이재곤을 임명했다. 이재곤은 황실의 근친으로 이재완의 친동생인 데다가 여러 부서의 협판을 지낸 현직 중추원 부의장이었으므로 전혀 무리한 인사가 아니었으나, 성균관장 임선준과 군부 교육국장 이병무의 경우는 파격적인 발탁 인사였다. 한편 법부와 탁지부는 이하영과 민영기를 중임하고, 농상공부대신은 이완용이 임시 서리를 겸하게 하여 일단 이완용 내각은 22일 성립되었다. 그러나 3일 뒤인 25일 농상공부에 송병준, 법부에 조중응趙重應, 탁지부에 고영희를 임명하는 일부 개각을 단행하여 세간에서 말하는 이완용과 송병준의 연립내각이 탄생했다.

사정이 이렇게 된 내막을 보면 이토의 추천 몫으로 배정된 대신 3명의 인선으로 시간을 끌었기 때문이다. 박제순이 사직 의사를 밝힌 직후 우치다는 이토를 관저로 찾아가 이용구와 송병준을 비롯하여 윤시병, 홍긍섭洪肯燮, 유학주俞鶴柱 등 일진회의 간부들을 대신으로 등용해야 한다고 주장했다. 이에 대해 이토는 이용구가 없으면 일진회를 통솔하기 어려울 것이나, 송병준은 이전에 관직 경력도 있으므로 좋다고 응답했다는

---

171 1년 뒤 가쓰라 제2차 내각 각료.

것이다. 처음부터 이토는 일진회 몫으로 송병준 한 사람만을 점찍고 있었던 듯하다. 그리하여 21일 이토는 그를 관저로 불러 자신의 의중을 밝혔다. 한편 이날 이토에게 내각 조직의 의사를 타진받은 이완용이 관저로 찾아와 상의한 뒤 이를 수락하자 이토는 각료 중에 일진회 간부를 한 사람 포함시켜 줄 것을 요청했다. 그러자 이완용은 곧 송병준을 방문하고 입각을 제의했다. 송병준은 일진회원의 몫으로 겨우 한 자리를 배정한 것은 일진회를 우롱하는 처사라고 불평을 늘어놓다가, 자신은 내부대신을 희망한다고 본심을 토로했다. 이에 대해 이완용이 내부대신에는 통감이 임선준을 추천했다고 둘러대면서 난색을 표한 다음 장차 기회를 보아 내상이 되도록 주선하겠다고 하자 송병준은 더 이상 버티지 않고 농상공부대신직을 수락했다.

법부대신에 당시 통감부 농사과의 촉탁으로 있던 조중응을 임명한 것도 이토의 의사가 반영된 때문이었다. 어담 장군은 회고록에서 이토가 이완용에게 일진회 몫으로 송병준과 이용구 두 사람을 요청하자, 이완용이 이용구만은 도저히 어렵겠다고 사정한 결과 이토가 양보하고 대신 뽑은 인물이 조중응이었는데, 이완용이 이를 반대하지 않았다고 했다. 조중응은 명문가 출신으로 서정순의 처조카이기도 했는데, 문과를 거치지 않고 출사出仕하여 1883년 10월 서북 변계邊界 조사위원으로 만주와 몽골 지방을 답사하고 러시아에 잠입하여 동정을 살핀 적도 있었다. 그러나 갑신정변이 실패로 돌아간 직후 급격하게 경색된 정국에서 의심을 받아 5년간 전라도 보성군에서 귀양살이를 하였고 그 뒤 풀려나 의정부 전고과銓考課 주사로 재기한다. 그는 개화파가 집권한 1895년 외부 교섭국장과 법부 형사국장 등 요직에 등용되어 그 기량器量을 마음껏 발휘했으나, 암살당한 왕비를 폐비廢妃하는 조칙 작성에 관여했다는 혐의를 받아 아관파천 직후 일본으로 망명했다가 지난해 특사를 받아 10년 만에 귀국하여 통감부 농사조사원으로 취직했던 것이다. 그는 일본어에 능통한 데다 이완용 처가의 일족이었던 까닭으로, 이완용이 이토를 만나 중요한 협의를 할 때면 빠짐없이 조중응을 대동하여 통역 겸 자문관으로 활용하는 등 두 사람은 매우 친밀한 관계를 유지했다.

한편 탁지부대신에 고영희를 발탁한 것도 이토였다. 그는 일본어 역관 출신으로 주일공사까지 오른 입지전적인 인물이었으나, 신분상의 제약으로 말미암아 내각의 협판직과 궁내부 산하 제실회계심사국장, 경리원경經理院卿 등 특수직이 그가 오를 수 있는 벼슬의 한계였다. 하지만 그의 장남인 고희경이 궁내부 예식원禮式院의 예식과장으로 복무하면서 황제의 총애를 받았다. 본래 예식원은 1900년 말에 설치된 뒤 러일전쟁이 일어날 때까지는 현상건 등 친러파의 세력 거점이었으나, 전쟁이 일어나면서 고희경·고희성 형제 등 친일세력이 둥지를 틀고 있었다. 이처럼 직책상 궁중 내의 각종 문서 작성과 크고 작은 일들에 정통하게 된 고희경은 통감부가 설치된 직후 예식원 부경副卿에 올라 자신이 탐지한 궁중의 기밀서류와 동향을 낱낱이 이토에게 보고했다. 마침 개각 정보를 접한 그는 이토에게 부친을 이번에 꼭 대신으로 영전시켜 달라고 매달렸다. 자식의 평소 친일 '공로'와 부친에 대한 효성이 급기야 효력을 발휘하여 고영희는 대신의 자리를 차지하게 되었다. 이토는 처음에는 이완용에게 2명의 각료 추천권을 요구했으나, 실제로는 3명에 대한 인사권을 행사한 셈이었다.

이토는 자신이 전적으로 개입하여 성립시킨 이완용·송병준 연립내각에 대해 처음부터 철저한 통제를 가했다. 그는 4일 뒤인 29일 각료 전원을 통감부로 소집하여 앞으로 공동 일치하여 한국을 위해 진력해야 한다고 엄포를 놓았다. 이에 대해 이완용은 통감의 '지도' 아래 정무의 개선을 꾀할 것을 서약한다고 굴욕적으로 화답했다. 이에 따라 앞으로 매주 각의[172]가 열리기 전날에는 통감 관저에 모여 통감의 지시를 받는 것을 정례화定例化했다. 특히 이토는 여러 문명국의 제도를 모범으로 의정부 제도

---

172 국무회의.

를 고칠 필요가 있다고 하면서 실제로는 일본의 제도를 본떠 의정부를 내각, 참정대신을 총리대신으로 개칭하도록 권하여 6월 14일을 기해 시행에 들어갔다. 이는 단순히 명칭상의 변화에 그친 것이 아니라 내각 운영에 있어서 총리대신의 우월성을 제고하고, 그간 황제 전제정치를 뒷받침해 온 궁내부를 축소·격하시키는 효과를 노린 것이었다. 이날 고종 황제는 내각대신들을 덕수궁의 대표적 서양식 2층 건물인 돈덕전惇德殿으로 불러 국정을 유신維新하라는 요지의 조칙을 내리기도 했다. 또한 일본의 내각제도와 마찬가지로 그 직속 기구로 서기관장을 비롯하여 법제국장의 직제를 제정하고 서기관과 비서관 등을 두어 소속 관원을 확대시켰다.

한편 송병준은 희망한 내부대신직을 차지하지 못했으나, 6월 하순 내부에서 가장 중요한 지방국장에 일진회 평의원장인 염중모를 앉혀 일진회원들을 각 도의 관찰사 혹은 군수에 대거 등용하는 길을 열도록 주선했다. 또한 그가 차지한 농상공부대신은 광산사무국 총재를 자동적으로 겸직했으므로, 그는 당시로서는 큰 규모를 자랑하던 평양광업소의 이권을 송두리째 거머쥐는 실익을 취했다. 물론 송병준의 입각이나 일진회원들의 관직 등용에 대해서는 지식계급을 비롯하여 국민 대다수가 크게 분개했다. 일진회를 물심양면에서 은근히 지원하던 일본의 군인정치가들 또한 이에 불만을 표시했다. 우치다는 본국으로 소환되어 6월 10일 도쿄에서 전 수상 가쓰라를 만나 일진회의 현황 문제를 중심으로 5시간 동안 의견을 나눴는데, 가쓰라는 일진회가 지금처럼 한동안 순경順境에 놓이게 되면 배가 불러 공격성이 약화되는 등 본래 짊어진 사명을 잊어버리게 될 우려가 있으므로, 큰일을 끝까지 완수하기 위해서는 모름지기 역경逆境에 처하도록 할 필요가 있다고 불만을 털어놓았다. 이에 대해 우치다는 송병준이 본디 이완용을 위해서 일하려는 마음은 조금도 없으며, 두 사람 모두 이토의 신임을 얻으려고 서로 치열하게 경쟁하는 처지이므로, 송병준이 연립내각의 한쪽 기둥을 지탱하고 있는 것은 통감정치의 원활한 운영을 위해서 크게 이롭다고 변호했다.

31. 황제가 노린 마지막 기회, 만국평화회의

　바야흐로 일진회의 내각 참여로 정국의 파고波高가 높아질 것으로 예상되던 1907년 6월, 네덜란드의 헤이그[173]에서 열린 제2회 만국평화회의 장에 고종 황제의 친서와 위임장을 소지한 대한제국 사신 3인이 나타나 회의 참석을 요청하는 사건이 발생했다. 비록 밀사들은 한국이 외교권을 이미 일본에 위탁했으므로, 회의장에 입장할 권한이 없다며 평화회의 주최 측이 거절함에 따라 뜻을 이루지는 못했다. 하지만 밀사들이 현지 언론을 통해 일본의 침략행위를 성토하고, 기자단을 상대로 한국이 처한 딱한 형편을 호소하여 한국 문제를 환기시켰으며, 더욱이 대표단의 부사副使인 이준이 좌절과 울분 속에서 돌연 별세하여 일반 사람들의 동정을 받는 등 밀사 파견이 거둔 외교적 성과는 적지 않았다. 당시 평화회의에 일본 전권대표로 참석한 귀족원 칙선의원 쓰즈키 게이로쿠都筑馨六는 본국 외무성에 보낸 7월 16일 자 전문電文에서 평화회의에는 많은 약소국들이 참석하여 회의의 주축을 이루고 있으므로, 한국의 밀사 파견 사건은 약소국들의 동정심을 촉발시키는 로비효과를 불러올 우려도 있다고 보고했다. 요컨대 이 사건으로 말미암아 국제적으로 일본의 위신이 실추된 것만은 엄연한 사실이었다. 결국 이 사건으로 고종 황제는 이토의 사주를 받은 송병준의 노골적인 핍박에 퇴위하지 않으면 안 되는 궁지에 몰렸고, 며칠 뒤에는 이토의 일방적인 강요에 의해 새로운 한·일 간의 협약이 체결되어 신황제 순종이 아직 정식으로 즉위식도 거행하지 못한 상태에서[174] 실제적인 통치권을 일본에 몽땅 넘겨주는 대파국, 곧 당시 서울 주재 어떤 일본인 신문기자가 적절하게 이름 붙였듯이 '정미정변'으로 귀결되고 말았다.

173　당시 한자 표기는 해아海牙.
174　정식 즉위식은 1개월여 뒤인 8월 27일 거행.

일본의 강압에 의해 보호조약이 체결된 직후부터 고종 황제가 이를 무효화하기 위해 구미 열강을 상대로 비밀 외교공작에 몰두한 사실은 앞에서 본 바와 같다. 특히 당시 상하이에 망명 중이던 황제의 어떤 심복 부하[175]가 영국 런던 『트리뷴』지의 중국 특파원이던 더글러스 스토리 기자에게 은밀히 접근하여 한국 취재를 제안, 그가 내한하여 1906년 1월 하순 생명의 위험을 무릅쓰고 궁중에 들어가 고종을 회견한 뒤 숙소에서 황제의 측근으로부터 1월 29일 작성한 것으로 날짜가 적혀 있고 붉은 빛깔의 국새가 찍힌 국서를 전달받은 사실, 그리고 그가 천신만고 끝에 서울을 탈출하여 선편으로 중국 산둥성 치푸[176]에 상륙하는 대로 현지 영국 총영사를 찾아가 국서를 베이징 주재 영국 공사관으로 보내 줄 것을 당부하며 맡긴 사실도 역시 앞에서 기술한 바 있다. 그러나 영국 정부로부터 아무런 반응이 없는 데 실망한 스토리 기자는 그로부터 10개월이 지난 그해 12월 6일 『트리뷴』지에 국서의 사진과 그 해설 기사를 실었다. 그러나 그중 국서 내용이 서울에서 발행되던 『대한매일신보』 1907년 1월 16일 자에 국한문체로 번역, 게재되면서 새삼스레 물의를 일으켰다. 이 신문은 1904년 러일전쟁을 취재하기 위해 영국의 일간지 『데일리 크로니클』의 특파원 자격으로 한국에 온 영국인 어니스트 토머스 베델E. T. Bethell(1872~1909)이 저명한 민족운동가 양기탁梁起鐸과 공동으로 1905년 발간하고 운영하던 반일 성향이 매우 강한, 이른바 민족지였다.

이 고종 황제의 친서 내용이 언론에 폭로되자 통감부는 한국 정부에 그 진위眞僞 여부를 추궁했다. 하지만 당국이 결코 친서가 아니라고 부인하자 통감부는 1월 21일 자의 관보에 그 사실을 게재하는 조건으로 사건을 매듭지었다. 통감부의 외교 교섭사무를 담당하는 실무자였던 미국 유학생 출신의 고마쓰 미도리小松綠 서기관이 이 문제로 베델을 만나 왜 가

---

175 아마도 현상건이 아닐까 짐작됨.
176 현 옌타이.

짜 친서의 내용을 신문에 실었느냐고 항의하자, 그는 가짜가 아닌 진짜라고 반박하면서 친구 사이인 헐버트가 고종의 밀지를 받아 미국 대통령에게 제출하려고 했던 바로 그 친서라고 적당히 둘러댔다. 당시 이토는 마침 본국에 출장 중이었다. 고마쓰가 친서 사건을 그에게 보고하자, 이토는 이 같은 친서 따위로는 국제적으로 아무런 효력을 발생할 수 없으므로 크게 문제 삼을 필요가 없다며 담담한 반응을 보였다고 한다. 다만 이토는 이 사건이 일어난 뒤로부터 한국 황실의 수입과 지출을 엄중히 감독하도록 지시를 내렸다고 한다. 궁중의 음모에는 반드시 운동비가 들어가기 마련이므로, 음모를 사전에 방지하기 위해서는 이 운동비를 억제할 필요가 있다고 본 것이다.[177] 앞서 보았듯이 일진회는 5월 초 박제순 내각을 규탄하는 경고문에서 이 국서 사건을 거론하면서 이로 인해 민심이 현혹되는 등 폐해가 발생했음에도 정부가 그 근본을 캐기 위한 조사를 벌이지 않은 채 관보에 사실이 아니라고 부정하는 편법을 써서 빠져나갔다고 비판했다. 그러나 이 조치는 실제로 통감부가 제안한 해결책이었다.

통감부는 이 사건을 계기로 이토의 지시에 따라 단지 내탕금을 포함한 궁중의 수지收支 현황만 감시한 것이 아니라, 황제 주변 측근 인사들의 움직임까지도 신경을 곤두세우고 꼼꼼히 관찰했던 것으로 보인다. 그것은 이토가 사의를 표한 참정대신 박제순의 후임으로 이완용을 추천하기 위해 5월 22일 입궐했을 때, 고종에게 헐버트의 비밀 외교공작에 대해 따진 것만 보더라도 충분히 짐작할 수 있다. 즉 이토는 고종과 함께 참정대신 후보를 상의하기에 앞서, 1년 반 전 헐버트가 미국에서 벌인 반일 활동의 사실 여부를 확인해 달라고 요구했다. 이는 보호조약 체결이 황제의 본뜻이 아니라 일본이 군대를 거느리고 회의장에 와서 강압한 까닭에 어쩔 수 없이 체결된 것이라는 요지의 밀칙密勅을 과연 헐버트에게

177 고마쓰 미도리小松綠, 『메이지 외교비화明治外交秘話』, 도쿄: 하라쇼보原書房, 1966, 244~245쪽(1927년 주가이소교신보샤中外商業新報社의 『메이지사실외교비화明治史實外交秘話』 복각본).

주었는지, 또한 소문대로 그에게 배일排日운동에 소요되는 공작금 조로 내탕금에서 3만 원을 주었는지를 밝혀 달라는 일종의 협박이었다. 이에 대해 고종은 자신이 일찍부터 일본의 성심·성의를 신뢰하고 있는 마당에 밀칙 같은 것을 내릴 이유가 없다고 간단히 부인했다. 이에 이토는 더이상 이 문제를 거론하지 않고 황제의 속마음을 이해한다고 응답하면서 후계 내각 인선 문제로 화제를 돌렸었다.

당시 특파원으로 서울에서 활동했던 어떤 일본신문 기자는 이토가 보수파의 원로를 참정대신으로 선임하려는 고종 황제의 예봉銳鋒을 꺾어 기선을 잡을 목적에서 지난날의 밀사 파견사건을 꺼내 위협한 것이라고 해석했지만[178], 이 회견 직후에 헤이그 밀사 파견사건이 일어난 것을 고려할 때 이토의 발언은 어쩌면 그 같은 사건이 재발再發하지 않도록 짐짓 경고한 것으로 생각해 볼 여지는 있다. 실제로 4월경 이토는 베렝이라는 프랑스 외교관으로부터 고종이 헐버트에게 비밀지령을 주어 헤이그로 보낼 것이라는 첩보를 받고 이를 본국 외무성에 통보한 일이 있다고 하므로, 역시 이토가 고종을 떠보기 위해 지난날의 헐버트 밀사 건件을 꺼낸 것으로 짐작된다. 5월 22일이라고 하면 6월·7월에 열리는 헤이그 만국평화회의에 참석하기 위해 이준이 서울을 떠난 지 1개월쯤 된 때였고, 헐버트가 가족을 데리고 5월 8일 서울을 떠난 지 14일 뒤였다. 고종 황제는 이준과 헐버트에게 각각 밀지를 주고 작별한 지 얼마 안 되는 때에 뜻밖에 오래전의 비슷한 일로 이토에게서 추궁하는 듯한 이야기를 듣고 간담이 서늘해졌을 법하지만, 겉으로는 아주 태연하게 문답을 나눴다. 당시 통감부가 위험인물로 여긴 헐버트의 동정을 면밀히 파악하는 한편 재산 상태까지 조사한 자료가 남아 있다. 통감부의 제2인자인 총무장관 쓰루하라가 본국 외무차관 진다 스테미珍田捨己에게 보고한 5월 9일 자

---

178 나라자키 간이치楢崎觀一·도가 가오오戶叶薰雄, 『조선최근사』, 도쿄: 호우산토蓬山堂, 1912, 88~90쪽.

전문에 의하면 헐버트는 20년 전 한국에 왔을 때는 무일푼이었으나, 그간 부동산 등에 투자하여 그 전날 한국을 떠날 때는 16만 엔의 재산을 갖고 있었으며, 한국에서 전기·전차 사업을 독점한 한미전기회사의 총지배인인 보스트윅과 콜브란과 사업상 연줄이 있다고 했다.

고종이 언제, 누구와 더불어 헤이그에서 열리는 만국평화회의에 밀사를 파견하는 문제를 의론했는지는 확실한 내막을 잘 알 수 없다. 당시 황궁은 1년 전 통감부의 강압적인 조치에 의해서 궁금령宮禁令이 시행된 이래 황제의 가까운 심복들조차 궁중 출입에 크나큰 제약을 받았다. 그나마 출입이 비교적 자유로웠던 사람은 고종의 생질, 곧 조정구趙鼎九에게 출가한 여동생의 아들로 시종 등 궁내부의 관직을 갖고 있던 조남승趙南升·남익南益 형제 등 몇 명에 불과했다. 하지만 조남승은 지난해 민종식·최익현이 일으킨 의병운동과 관련되어 있다는 혐의를 받아 당국의 엄중한 문초를 받은 뒤로는 황제를 알현하는 것이 매우 어려워졌다. 더욱이 그는 황제에게 평화회의 참석을 건의할 만큼 국제정세에 대한 식견을 갖추지 못한 26세의 젊은이였을 뿐이다. 여러 가지 전후 사정을 고려해 볼 때 이를 건의하고 그 구체적인 방안을 제시한 사람은 헐버트밖에는 달리 없었을 것으로 짐작된다.

실제로 고종은 이 무렵 처음으로 평화회의에 대해서 보고를 받은 것은 아니었고, 그보다 몇 해 전부터 평화회의 및 국제상설 중재재판소의 존재에 대해 익히 알고 있었다. 고종은 1900년 청국에서 외세를 배격하는 의화단이 봉기한 것을 기화로 러시아가 만주에 대군을 집결하고, 이에 맞서 1902년 벽두에 영국과 일본이 동맹을 맺는 등 급변하는 국제정세 속에서 한국의 주권을 수호하기 위한 방편으로 열강의 공동보호 아래 국외局外 중립을 보장받으려는 외교공작에 집착했다. 그리하여 주한 미국 공사관 서기관직을 1900년 1월에 사임하고 미국 공사 앨런의 추천으로 궁내부 고문에 취임한 20대 중반의 샌즈W. F. Sands에게 한국을 중립화하라는 어려운 과제가 부과되었다. 본디 이 문제는 한국에 비교적 우호적인 미국뿐 아니라 러시아와 일본 등이 부정적인 반응을 보이고 있었으므로, 처음부터 추진에 어려움이 많았다. 그러나 샌즈는 중립화를 달성하기 위해서는 무엇보다도 정치·경제적 개혁이 선행되어야 한다고 보았고, 가능하다면 열강, 특히 미국 주도하의 내정개혁이 이루어지는 것이 바람직하다고 주장하여 국내 보수파의 반발을 초래했다. 더욱이 그는 영·일동맹이 체결된 뒤 완전히 친러시아 노선을 타게 된 앨런 공사와도 미국인 사업가들로부터 차관을 도입하는 문제 등을 둘러싸고 여러 가지 알력이 발생, 실패로 돌아간 데다 고종 또한 친러시아정책으로 복귀한 까닭에 신임을 잃게 되었다.

한편 고종은 국제기구 가입[179]이 독립국으로 인정받는 데 도움이 된다는 건의에 따라 프랑스 주재 공사 민영찬을 통해 1902년 12월 국제적십자사회의에 가입을 신청하여 이듬해 1월 정식 허가를 받았고, 스위스와 더불어 영세永世중립국의 지위를 보장받고 있던 벨기에와 1901년 3월 수호통상조약을 맺기도 했다. 그 뒤 샌즈가 영향력을 상실함에 따라 중립화 외교 추진도 동력을 잃고 중단되었는데, 고종은 러시아의 사주를 받은 측근 현상건의 건의에 따라 벨기에식式 중립화를 추진할 목적으로 1903년 여름 벨기에 사람 드루아그M. Deleoigue[180]를 내부 고문, 실제로는 황제의 개인고문으로 초빙했다.[181] 고종은 그의 건의에 따라 만국평화회의 가입을 추진했다. 프랑스 공사에 벨기에 공사를 겸한 민영찬이 황제의 특명을 받고 1903년 8월 네덜란드 빌헬미나Wilhelmina 여왕에게 평화회의 참가국으로 가입을 서두르고 싶다는 내용의 친서를 전했고, 곧이어 프랑스어에 능통한 현상건이 예식원 참서관인 고희성과 함께 프랑스를 거쳐 네덜란드에 당도했다. 당시 네덜란드는 4월에 일어난 철도 및

---

179 한국은 1897년 주미공사 서광범의 노력으로 만국우편회의에 가맹加盟했는데, 이는 청국보다 3년 앞선 것임.
180 한자 표기는 대일광戴日匡.
181 김현숙, 『근대 한국의 서양인 고문관들』, 한국연구원, 2008, 282~285쪽.

항만 노동자의 대파업을 군대를 동원하여 진압한 후유증으로 한창 혼란스러울 때였다. 평화회의는 1899년 러시아 황제의 제안으로 헤이그에서 처음 열렸으나, 제2회 회의가 언제 개최될지 전혀 예정되지 않았으며, 제1회 회의의 결의로 헤이그에 설치된 상설중재재판소(PCA)는 마침 휴정 중이었다.[182] 결국 현상건 등은 재판소 사무국 직원과 접촉하는 데 그쳤을 뿐이었다.

32. 헤이그에 나타난 황제의 밀사들

앞에서 보았듯이 러일전쟁이 끝나 포츠머스에서 강화조약이 체결된 직후인 1905년 10월 3일, 제2회 평화회의 의장국으로 내정된 러시아가 러시아주재 한국 공사 이범진李範晉에게 한국도 평화회의에 대표를 보낼 것을 종용하며 대회 초청장을 건넸다. 그러나 그로부터 채 50여 일이 지나지 않아 한국이 외교권을 일본에 빼앗긴, 이른바 보호조약을 맺게 되면서 이 초청장은 휴지 조각이 되고 말았다. 고종은 일본의 강압에 의해서 조약이 체결되자 불과 4, 5일 뒤인 11월 22일, 이를 상설중재재판소에 제소하기로 마음먹고 군부대신 이근택의 동생인 이근상 등에게 그 구체적인 방법을 알아보도록 지시했다. 이에 따라 그들은 서울에 상주하고 있던 보스트웍·콜브란회사(한성전기 운영)의 미국인 직원들[183]과 함께 이 문제를 논의했으나 곧 흐지부지 끝나 버렸다. 하지만 고종은 이에 실망하지 않고 끈질기게 매달렸다. 고종은 지난날 한국과 수교했던 일본을 제외한 9개국 원수들에게 보내기 위해 1906년 6월 22일 자로 작성한 친서에서 보호조약에 따라 철수한 공사관을 다시 서울에 설치해 줄 것을

---

182 현재 헤이그에는 상설중재재판소와 국제사법재판소ICJ가 마주 보고 있는데, 후자는 제2차 세계대전 이후에 설치됨.
183 엘리엇 변호사도 포함되었을 가능성 있음.

요청하면서, 이는 장차 국제 상설중재재판소에 일본이 저지른 조약 체결 상의 불법성을 제소할 경우에 대비해서 필수적인 사항이 되기 때문이라고 강조했다. 이때 고종은 미국에서 서울로 귀환한 지 얼마 되지 않은 헐버트를 황제의 특별위원으로 임명하여 친서의 전달 및 각국 정부와 협의할 전권을 위임했으나, 실제로 국서들은 각국 원수들에게 전달되지 못했다. 당시 한국을 둘러싼 국제환경은 절망적이라 할 만큼 불리하게 작용했다. 고종이 은근히 기대를 걸었던 러시아조차 일본을 의식한 나머지 한국 문제에 대해 몹시 냉담한 태도를 취했다.

급기야 그간 열강들 사이에 이해관계의 대립으로 난산을 겪었던 제2회 만국평화회의를 1907년 6월 헤이그에서 여는 것으로 합의를 보게 되었다. 헐버트는 그 정보를 입수하고 비밀리에 궁중에 들어가 고종 황제를 알현했다. 당시 두 사람 사이에 오고 간 대화 내용에 대해서는 기록이 남아 있지 않으나, 아무래도 두 가지 사항이 집중적으로 논의되었을 것으로 짐작된다. 즉 첫째로 평화회의에 누구를 대표로 보낼 것인가 하는 점이었고, 둘째로 이 기회에 국제상설 중재재판소에 보호조약의 불법성을 제소할 수 있을까 하는 점이었다. 하지만 평화회의 참석자는 어디까지나 본국을 대표하는 임무를 띠고 있으므로 한국 국적을 가진 사람이어야 했다. 한편 재판소에 제소하는 문제는 결코 쉬운 일이 아니었다. 헤이그재판소는 중재 형식으로 진행되는 것이 원칙인 까닭에 어느 한 나라의 제소에 의해 소송이 성립되는 것이 아니라, 이해 당사국 사이에 합의가 있을 때에 한하여 비로소 소송이 가능했다. 즉 한국이 제소하더라도 일본이 이에 응하지 않으면 성립되지 않는데, 당시 일본이 이를 묵살할 것은 너무도 명확한 일이었다. 따라서 국제여론을 일으켜 일본이 재판에 응하도록 압력을 가하는 외에 다른 방법이 없었다. 그리고 국제무대에서 이 같은 일을 수행할 만한 한국인을 찾기 어려운 실정이었으므로, 결국 고종의 설득에 못 이긴 헐버트가 이 일을 맡기로 일종의 업무분담이 이뤄진 듯하다.

이때 고종은 평화회의에 참석할 대표로 세 사람을 뽑았는데, 특히 정사正使와 부사 두 사람은 강직성과 진취성에 있어서 당시 한국을 대표할 만한 뛰어난 인재들이었다. 대표단장 격인 정사로 뽑힌 이상설李相卨 (1870~1917)은 청년시절 명유名儒였던 이건창李建昌에게서 장차 율곡栗谷 이이李珥를 계승할 만한 인재라는 칭찬을 받은 인물이었다. 그는 1894년 조선왕조에서 마지막으로 시행된 과거시험 문과에 급제하여 20대 후반의 젊은 나이에 파격적으로 성균관장에 임명될 만큼 인망이 높았으며, 30대 중반에 궁내부 특진관, 학부 및 법부협판을 거쳐 보호조약이 체결될 무렵에는 의정부 사무총장에 해당하는 참찬參贊의 요직에 발탁되었다. 한편 그는 유학 공부에 만족하지 않고 일찍부터 신학문과 근대 서구사상에 관심을 갖고 외국어를 독학하는 등 신구新舊 학문을 겸수兼修하는 데 힘썼다. 이 때문에 그는 배재학당과 관립중학교 교관으로 한국에 대한 왕성한 연구·저술활동을 벌인 헐버트와도 교분이 두터웠다고 한다. 그는 보호조약이 강제로 체결된 직후 그 파기를 강경하게 주장하여 한때 감금되었고, 곧 관직에서 물러나 절친한 동지였던 이동녕李東寧과 함께 상하이로 망명했다. 얼마 뒤 그는 블라디보스토크를 거쳐 북간도 룽징龍井에 정착하여, 사재를 털어 서전서숙瑞甸書塾을 세워 운영했다. 이 때문에 그는 고종이 헐버트에게 건넨 정사 임명장을 평소 친분이 두터웠던 동지 이회영李會榮을 통해 전달받았다.

또한 부사로 뽑힌 이준李儁(1859~1907)은 진실로 보기 드문 경골한硬骨漢이었다. 그는 함경남도 북청 출신으로, 초시初試에 합격한 뒤 1894년 뒤늦게 능참봉직을 받았으나 1년 뒤 설치된 법관양성소를 제1기생으로 졸업하여 검사보檢事補에 임관되기도 했다. 하지만 그는 얼마 뒤 사직하고 독립협회에 가입하여 활동을 벌였다. 독립협회가 주최한 만민공동회가 정부 당국과 마찰을 빚은 끝에 탄압을 받아 협회마저 강제로 해산당하자, 그는 일본으로 망명하여 도쿄전문학교[184]에서 법률을 공부했다.

---

184 현 와세다대학의 전신.

1904년 일본의 황무지 개간권 요구에 반대하여 애국계몽단체들이 잇따라 결성되었을 때 그는 이 운동의 중심인물로 크게 활약했다. 즉 그는 보안회輔安會의 수석 총무, 공진회와 헌정연구회 회장으로 이 운동을 이끌었다. 특히 그는 대한협동회를 결성, 관직에 있던 이상설을 회장으로 추대하고 자신은 부회장으로 있다가 뒤에 회장직을 물려받은 인연도 있다. 그는 통감부가 설치된 뒤 박제순 내각 때 상급법원인 평리원 검사로 발탁되었는데, 1907년 2월에 일어난 국채보상운동에 동참하여 활동하던 중 황제의 밀사로 뽑혔다는 비밀 통지를 받았다.

사행使行의 서장관書狀官 격으로 뽑힌 이위종李瑋鐘은 1901년 초대 러시아 공사로 부임했다가 1905년 말 외교권 상실로 마지막 공사가 된 이범진의 차남으로, 러시아 공사관의 참서관 직함을 갖고 부친을 보좌한바 있었다. 비록 그는 당시 21세의 젊은이였으나, 부친의 최초 임지였던 미국 워싱턴에도 몇 해 거주하여 불어와 러시아어 외에 영어에도 능통했고 또한 서양문화에도 이해가 깊어 국제무대에서 정사와 부사를 도와 한국이 처한 사정을 대변 혹은 통역하는 데 어느 정도 자격을 갖추고 있었다.

이준은 4월 20일 자로 작성된 러시아 황제에게 보내는 고종의 친서와 위임장을 휴대하고 곧 서울을 떠나 장도에 올랐다. 당시 고종의 내탕금은 통감부 측의 감시와 통제를 받아 고갈된 상태였다. 그러므로 고종은 밀사 파견에 소요되는 많은 경비를 몇 해 전 황실이 자본금의 절반을 출자하여 만든 한미전기회사의 이익 배당금으로 충당하려고 했다. 황제의 지시를 받은 조남승이 콜브란 사장에게서 15만 원을 받아 이준과 헐버트에게 나눠 주었다. 헐버트는 이준보다 보름 늦게 가족과 함께 서울을 출발하여 블라디보스토크에서 시베리아 횡단열차를 타고 상트페테르부르크를 거쳐 파리로 향했으나, 이준은 블라디보스토크에 도착한 뒤 상급자인 이상설을 만나 이후 함께 행동했다. 이때 이상설을 따라 북간도 룽징에서 현지로 온 정순만鄭淳萬이 김학만金學萬 등 현지 한인사회의 유지

들과 비밀리에 접촉하여 1만 8천 원의 거금을 갹출하여 밀사들의 장행壯
行을 도왔다. 그들은 5월 21일 열차를 타고 보름 뒤인 6월 4일 상트페테
르부르크에 도착하여 이범진·이위종 부자의 영접을 받았다. 러시아 주
재 공사관은 이미 1년 반 전에 폐쇄되었으나, 이범진은 본국의 귀환 명령
을 거부한 채 계속 러시아 수도에 머물고 있었다. 이상설은 러시아 황제
니콜라이 2세에게 보내는 고종 황제의 친서를 이범진에게 건넸다. 그 내
용의 일부는 다음과 같았다.

> "폐방弊邦(한국)이 까닭 없이 화禍를 당하고 있는 정상을 참작하시어 폐
> 하(러시아 황제)께서는 짐朕의 사절들로 하여금 폐방의 형세를 평화회의장
> 에서 설명할 수 있게 하여, 만국萬國이 공공연히 물의를 일으키게 된다면
> 곧 폐방의 원권原權이 회수될 수 있을 것으로 기대합니다."

이처럼 러시아의 협조를 간곡히 요청하는 고종의 친서를 외교관계가
끊어진 러시아 당국에 전달하는 것은 거의 불가능한 일이었고, 실제로
러시아 측이 이를 어떤 형식으로 접수했는지 잘 알 수 없다. 다만 평화회
의 의장국이었던 러시아정부가 헤이그 현지의 러시아 대표에게 긴급 전
문을 보내 한국 밀사들의 회의장 참석을 허가하지 않도록 지시한 점으로
미루어 볼 때, 밀사 파견 사실을 알아차린 것만은 분명하다. 앞에서 보
았듯이 바로 이때 러시아는 일본과 더불어 만주에 대한 세력 범위를 남
북으로 양분하는 문제를 놓고 비밀협상을 진행하여 타결을 눈앞에 두고
있었고, 결국 7월 30일에 조인되었다. 그런 만큼 러시아 외상은 러시아
주재 일본 공사 모토노本野에게 6월 27일, 근래 한국인이 러시아 수도를
찾아와 음모를 꾸민다는 풍설이 있다고 넌지시 밀사 파견을 귀띔해 주는
호의를 보이기까지 했다.

밀사들은 상트페테르부르크에 머문 보름 동안 평화회의에 제출할 목
적으로 일본의 한국 주권 침탈을 고발하는 취지의 이른바 공고사控告

詞[185]를 작성한 뒤 이를 프랑스어로 번역, 6월 19일 독일 수도 베를린에 도착하여 인쇄에 부쳤다. 그런 다음 이상설과 이준은 이위종을 앞세우고 6월 25일 목적지 헤이그에 도착하여 잠시 형세를 살핀 뒤 행동에 들어갔다. 그들은 29일 평화회의 의장을 맡고 있는 넬리도프A. Nelidov 백작을 찾아갔다. 그는 러시아의 최고참 외교관으로 러시아의 가장 중요한 동맹국인 프랑스에 대사로 있었는데, 러시아가 의장국인 까닭에 평화회의 의장 역을 맡게 된 것이었다. 그는 본국 정부로부터 한국 대표단을 회의장에 참석시키지 말라는 비밀 훈령까지 받고 있던 터라 아예 이상설 등의 면담 요청을 거부하면서 형식상 회의 초청국인 네덜란드 정부로 책임을 떠넘겼다. 이에 밀사들은 30일 네덜란드 외상 반 테츠M. Van Tets를 찾아갔으나 역시 면담을 거절당했고, 비서를 통해 한국 정부의 외교권을 인정할 수 없으므로 회의 참석은 불가능하다는 이야기를 들었다. 이날 그들이 접촉한 영국·미국·프랑스·독일 등 구미열강의 대표들도 같은 태도를 취했다.

33. 이토는 "전쟁을 선포할 이유" 갖게 되었다고 위협

이 같은 밀사들의 움직임은 곧바로 평화회의에 취재차 와 있던 일본의 젊은 신문기자 다카이시 신고로高石眞五郎에게 포착되어 일본 측 대표단에 알려졌다. 일본은 네덜란드에 공사관을 갖고 있었으므로, 현지에서 첩보를 수집하고, 돌발 사태에 즉각적으로 대처하는 데 아무런 지장이 없었다. 일본의 전권대표 쓰즈키는 7월 1일 본국 외무성과 서울 통감부에 긴급 전문으로 한국 밀사 출현 사실을 보고했다. 쓰즈키는 이토와 가장 친한 이노우에의 사위로, 이토가 지난날 유럽에 갈 때면 수행원으로

---

185 일명 장서長書.

데리고 다녔고, 또한 7년 전 이토가 만든 입헌정우회 창립에 참여시킨 바 있으며 3년 전 한국에 올 때도 추밀원 서기관장으로 이토를 수행했을 만큼 가까웠다. 그런 그에게서, 한국 황제가 보낸 밀사라면서 위임장을 내보이는 세 사람이 헤이그에 나타나 열강 대표들을 찾아다닌다는 소식을 접한 이토는 눈에 '핏발이 설 만큼' 분노했다고 측근인 고마쓰 서기관은 훗날 회고한 바 있다. 이토는 곧 궁내부대신 이재극李載克을 통감 관저로 불러 황제가 과연 헤이그에 사신을 보낸 일이 있는지 확인해 줄 것을 요구했다. 당시 고종은 머지않아 헤이그에서 좋은 소식이 올 것으로 학수고대하면서 잔뜩 초조하고 긴장된 나날을 보내고 있던 터였다. 그런데 이재극이 예고 없이 불쑥 나타나 밀사들이 회의장에 참석하지 못했다고 보고하면서 진정 폐하가 이들을 보낸 사실이 있느냐고 묻자 자신은 모르는 일이라고 부정했다. 고종은 내심 밀사들이 사명을 달성하지 못했다는 소식에 크게 실망하고 낙담은 했으나, 장차 이 사건이 몰고 올 파란에 대해서는 그다지 심각하게 느끼지 못했던 듯하다.

헐버트는 만년에 쓴 『한국 자유회의』(1942)라는 글에서 보호조약 체결 이후 고종이 고립무원의 절박한 상황에서 일본과의 조약을 무효로 돌려 주권[186]을 되찾기 위해 미국과 유럽 열강들을 상대로 전개한 비밀 외교공작이야말로 매번 생명의 위협을 무릅쓴 충의忠義의 발로에서 나온 것이라고 강조했고, 또한 고종의 '주권 수호 외교'를 상세하게 검토한 바 있는 김기석 교수도 이에 동조하여 밀사 파견을 '생명을 건 모험'이었다고 평가했다. 12세에 즉위하여 44년 간 재위하는 동안 여러 차례 왕좌王座를 위협하는 위기를 겪으면서 그때마다 어떻게든지 이를 헤쳐 나가는 데 익숙해진 고종이었지만, 진정 스스로 위태로운 모험을 감행할 만한 자기희생의 결단력은 없었다고 여겨진다. 고종이 태황제로 한국 병합을 눈앞에 둔 1910년 6월, 상하이 혹은 칭다오에 망명해 있던 심복들에게 러시아

---

186 실제로는 황제대권.

연해주로 거처를 옮겨 망명정부를 세울 구상을 내비쳤다고 당시 상하이 주재 러시아 상무관은 본국 정부에 보고했으나, 이는 결국 풍문에 불과했다. 실제로 이때 연해주에 총집결한 의병 지도자들이 13도 의군義軍을 편성하고, 7월 28일 이상설이 한말 의병운동의 최고 원로인 유인석柳麟錫과 연명連名으로 고종에게 비밀리에 상소하여 독립군의 군자금을 지원해 줄 것과 고종이 연해주로 파천하여 망명정부를 수립, 독립운동을 몸소 영도해 줄 것을 간청했으나 고종은 끝내 결단을 내리지 못한다.

한편 이토는 밀사 파견이 일본에 대한 '배신'행위라고 펄펄 뛰면서도 고종이 관련된 확실한 증거 자료를 찾을 때까지는 조용히 기다리기로 했다. 이토는 7월 3일 마침 인천항에 정박 중인 일본 연습함대 사령관 도미오카 사다야스富岡定恭 중장 이하 해군장교 일행을 대동하고 궁중에 들어가 고종을 알현했을 때도 밀사사건에 대해서는 아무것도 모르는 체 시치미를 떼고 유유히 퇴궐했다. 하지만 그는 이때 궁내부 예식원 부경인 고희경을 불러 헤이그에서 온 상세한 전보를 넘겨받아 이를 관저에서 검토했다. 그는 7월 3일 자로 본국 외상 하야시 다다스林董에게 첫 번째 전문을 보냈는데, 그 요지는 이제야말로 한국 정부에 대한 국면을 일신할 수 있는 좋은 기회가 찾아왔다고 믿는바, 징세권·군사권 또는 재판권을 일본이 넘겨받을 작정이라고 앞으로의 계획을 밝혔다.

이윽고 통감부 측의 집요한 조사 끝에 밀사사건의 전모가 밝혀졌다. 통감부는 처음부터 조남승에 주목하여 은밀히 뒷조사를 벌였는데 그가 최근 갑자기 돈을 풍족하게 쓰는 것이 눈에 띄었고, 이는 필시 황실과 금전상 비밀 거래를 하고 있던 외국인 사업가한테서 돈을 받은 것으로 짐작했다. 이에 고마쓰 서기관이 평소 친분이 있는 콜브란에게 은근히 근래 황실이나 혹은 헐버트에게 돈을 준 일이 있느냐고 묻자, 그는 솔직하게 조남승을 통해 황제가 청구한 15만 원을 준 일이 있다고 털어놓았다. 다시 고마쓰가 그 돈의 용도를 알고 있었냐고 캐묻자, 콜브란은 그것은 잘 모르겠으나 돈을 건넨 직후 헐버트가 가산을 정리하고 서울을 떠나 시베리아 횡단철도를 타고 유럽에 간 것만은 사실이라고 시인했다. 그러자 이토는 다시금 이재극을 관저로 불러 황제가 콜브란에게서 받은 돈을 어디에 썼는지 확인해 달라고 요청했다. 이재극은 황제를 알현한 뒤이토를 찾아와 이번 밀사사건은 지난번의 친서사건과 마찬가지로 한낱 환관 잡배雜輩들의 소행으로 짐작될 뿐 결코 황제는 모르는 일이며, 또한 조남승이 받았다는 돈만 하더라도 황제의 수중에는 단 한 푼도 전달된 바 없다고 변명했다. 이에 대해 이토는 그렇다면 돈은 모두 조남승이 중간에서 착복한 것이 확실하므로, 그를 횡령죄로 당장 구속 수사하라고 경무고문부에 명령했다. 경찰서에 끌려온 조남승은 결국 자신은 황제의 명령에 따라 움직였을 뿐이라고 밝히면서 밀사 파견의 자초지종을 모두 자백하고 말았다. 수사관이 그에게 헐버트가 기초起草했다는 전권위임장과 러시아 황제에게 보내는 친서 초안의 행방을 추궁하자 그는 황제의 분부에 따라 처음에는 강화도에, 나중에는 프랑스 천주교회 서울교구의 비밀금고 속에 감추어 놓았다고 실토했다.[187] 경찰이 현장에 출동하여 조사를 벌인 결과 이들 위임장과 친서의 초안이 황실의 다른 여러 비밀서류와 함께 금고에 보관되어 있음이 확인되었다.[188]

이렇게 밀사사건이 다름 아닌 고종 황제에 의해 직접 계획, 연출, 실행된 것임을 입증하는 가장 확실한 물증을 손에 넣게 된 이토는 7월 6일 이완용 총리를 통감 관저로 불러들여 실로 엄청난 협박의 언사를 늘어놓았다. 즉 이번 밀사 파견사건은 엄연히 보호조약에 위반되는 행위일 뿐 아니라 종주국宗主國인 일본에 대한 적대적 행위이기 때문에, 일본은 한국에 대해 곧바로 전쟁을 선포할 충분한 이유Causus belli를 갖게 되는 것이라고 하면서 사태의 심각성을 황제께 정식으로 상주하라고 지시했다. 이에 대해 이완용은 이번 사건의 원인이 지난번 박제순 내각 때 잉

---

187 명동성당이 아닌 현 중림동 약현성당이라고 함.
188 고마쓰 미도리, 『메이지 외교비화』, 도쿄: 하라쇼보, 1966, 245~247쪽

태된 것이기는 하지만 현 내각은 책임을 지고 물러날 각오가 되어 있다고 응답했다. 그러자 이토는 다른 나라의 경우에는 내각이 군주가 저지른 행위에 관련되는 책임을 지기도 하지만, 한국처럼 황제가 내각과 상관없이 궁중의 잡배를 상대로 독단적인 행동을 하는 경우에는 내각이 책임을 지고 사퇴한다면 사태를 수습할 조치를 취할 수도 없는 만큼 현 내각은 모름지기 유임하여 선후책을 강구함이 마땅하다고 하면서 이완용 이하 각료들이 더욱 분발할 것을 촉구했다.

이리하여 바야흐로 공은 이완용 내각의 손아귀에 들어갔다. 이완용은 이날 내각회의를 열어 수습책을 논의했다. 대신들의 의견은 제각각이었다. 총리를 포함한 7명의 각료가 곧 입궐하여 어전회의가 열렸다. 이완용이 황제의 뜻을 묻자 고종은 밀사 사건은 자신도 모르고 있으므로 통감에게 물어 보라고 화살을 피했다. 대신들은 위축되어 머뭇거리며 서로 얼굴을 마주보고 있을 뿐이었다. 이때 송병준이 그 본색을 드러내는 당돌하고 무례하기 짝이 없는 강경한 발언을 쏟아냈다.

"폐하께서 이웃 나라(일본)와의 우호를 깨뜨리기 위해서 사용한 비용은 보호조약 체결 이전부터 지금까지 실로 1억 원에 달합니다. 이 같은 거액의 자금은 폐하께서 몸소 산업을 경영하여 얻은 이익금이 아니옵고 모두 인민의 혈육血肉입니다. 그런 까닭으로 궁내부는 인민이 원망하는 관청이 되었고, 3천 리 강토의 2천만 명 가운데 단 한 사람도 폐하를 덕망이 있는 분이라고 공경하고 떠받드는 자가 없습니다. 러일전쟁 후 폐하께서 일본의 신의信義를 배반한 것이 무릇 13회나 되고, 사건이 탄로 나면 반드시 나는 모르는 일이라고 편리한 대로 말씀하시어 죄를 중신重臣에게 전가하여 중신 죽이기를 마치 초개草芥를 베듯 했습니다. 얼마 전 신문지 사건[189]까지 합치면 모두 15회입니다. 다만 통감이 매우 인자하여 폐하께서 언젠가 회개할 날

---

189 『대한매일신보』에 실린 외국 황제에게 보내려 한 고종의 친서.

이 올 것으로 믿었습니다. 그러나 사태는 이미 이 지경에 이르고 말았습니다. 통감이 만약 15회에 달하는 죄악의 증거를 모두 갖고 와서 하나하나 이를 어전에서 따진다면 폐하께서는 여전히 모른다고 한마디로 책임을 모면하려고 하실 것입니까? … 헤이그 밀사사건은 이제 정치적으로 중대한 문제를 야기하여 일본 정부는 장차 강경하게 항의를 제출해서 우리나라의 책임을 물으려고 할 것이므로 황실·사직의 위기는 조석朝夕에 달려 있습니다. 사정이 이에 이르러 폐하께서 조종祖宗을 존숭하고 사직을 애호하신다면 참을 수 없는 것도 인내하시어 단연코 폐하 스스로 결단을 내리실 것을 저희들은 간절히 바라는 바입니다."

신하된 몸으로 황제의 지난 행적을 논죄하는 그야말로 무엄하고 불충不忠한 송병준의 긴 사설을 묵묵히 듣고 있던 고종은 다른 대신들에게 좋은 대책이 있으면 기탄없이 말해 보라고 재촉했다. 그러자 송병준이 다시 일어나 말을 계속했다.

"신에게는 두 가지 계책計策이 있습니다. 그렇지만 폐하께서 도저히 이를 가납嘉納하실 것 같지 않아 망설여집니다. 어쨌거나 이번 사건은 전적으로 폐하께서 만려일실萬慮一失하신 것이 명백히 드러났습니다. 첫 번째 계책은 폐하께서 몸소 대가大駕를 도쿄로 향하시어 일본 천황에게 일본의 참뜻을 오해하여 신의를 저버린 것을 사과하는 예禮를 표하시는 것입니다. 두 번째 계책은, 일본에 가시는 일이 정 뜻에 맞지 않으시면 대관정大觀亭[190]에 납시어 하세가와 육군대장에게 사과하는 것[191]입니다. 이 두 가지 계책을 모두 실행할 뜻이 없으시다면 결연하게 일본을 상대로 전쟁을 선포하는 수밖에 없습니다. 그러나 싸워서 지게 된다면 나라가 망하는 씻을 수 없는 오욕을

---

190 덕수궁 대한문 앞에 있는 영빈관.
191 당시 대관정을 한국주차군 사령부 및 사령관의 관저로 사용했음.

당하게 될 것입니다."

송병준으로부터 전혀 예상치 못한 황제대권을 깡그리 모독하는 폭언暴
言을 들은 고종은 노여움을 억제하기 위해 두 손을 꼭 움켜쥔 채 어찌할
바를 몰랐다. 다만 황제는 송병준이 폭언 중에 한 말 그대로 참을 수 없
는 것을 용케 참았다. 황제는 그의 얼굴을 힐끗 쳐다보면서 다음과 같이
침통하고 의미심장한 한마디를 불쑥 내던지고 의자에서 일어나 편전便殿
으로 향했다.[192]

"짐이 농상공부 대신(송병준)의 인물을 잘못 보았도다. 짐이 몇 해 일찍부
터 경卿을 중용했더라면 황실·사직이 지금과 같은 위태로운 지경에는 빠지
지 않았을 것이로다."

34. 이토, 고종 황제의 퇴위 강행을 결심하다

이토는 밀사사건의 대책을 일단 한국 내각에 넘겼으나, 전적으로 이에
기대를 걸 수는 없었다. 이완용 내각은 지난번 보호조약을 체결할 때의
한규설 이하 여러 각료들과 달리 자신이 각료 절반 이상을 추천하는 등
어디까지나 자신의 전적인 영향 아래 성립되었으므로, 자신의 의지를 내
각에 전달하여 이를 그대로 관철시키는 데 아무런 지장이 없었다. 즉 그
는 공식적인 사항은 이완용을 통해 내각에 통고했고, 비공식적인 것은
일상적으로 접촉하는 송병준을 통해 통감부의 입김을 내각에 불어넣어
조종했다. 처음 밀사사건이 알려졌을 때 우치다는 이토에게 단호한 조치
를 취할 것을 촉구했다. 다만 아직 고종이 이 사건에 개입한 확증을 손

---

192 나라자키 간이치·도가 가오오, 『조선최근사』, 도쿄: 호우산토, 1912, 105~106쪽.

에 넣지 못한 이토는 상세한 내막을 알게 될 때까지는 서두를 것이 없다고 했다. 실망한 우치다가 일진회의 최고 수뇌부에게 이 문제를 꺼내자 이용구와 송병준은 지금이야말로 바로 황제를 폐위시킬 절호의 기회라고 주장했다. 평소 황제 폐위가 지론이었던 송병준이었지만, 앞에서 보았듯이 첫 번째 어전회의에서는 노골적으로 황제를 성토·모독하는 온갖 사설을 늘어놓으면서도 정작 가장 긴요한 양위 문제는 감히 거론하지 못했다.

그런데 며칠 뒤 밀사사건이 황제 단독으로 계획하여 집행한 증거가 드러나자 이토는 더 이상 고종에 대해 유화적인 관용책을 쓰지 않기로 마음을 굳혔다. 그렇지만 그는 과연 어떤 조치를 취할 것인가 하는 문제로 고민하지 않을 수 없었다. 그가 선택할 수 있는 가장 강경한 조치라면 물론 한국을 합병하는 것이었지만, 이는 그동안 점진적인 흡수 합병을 내외에 천명해 온 자신의 지론을 스스로 뒤집는 것이라 결코 택할 수 없었다. 그다음의 방책이 고종을 퇴위시키는 것인데, 한국의 내정을 확고하게 장악하기 위해서는 실제로 바람직한 사항이었다. 하지만 이 경우 한국 민중들 사이에 전혀 인기가 없는 현 약체내각의 힘으로 그것이 과연 순조롭게 이루어질지 어떨지 의심이 들었다. 이처럼 어려운 선택을 강요당한 이토는 일본의 국위를 크게 손상시킨 이때가 아니고서는 고종을 원천적으로 제압할 수 있는 기회가 다시는 찾아오지 않을 것으로 확신했다. 요컨대 그는 세상에서 흔히 말하는 기호騎虎의 세勢에 편승하기로 한 것이다.

이토가 이 같은 결심을 굳히게 된 데는 또 하나의 추가적인 요인이 작용했다. 즉 당시 박영효는 일본에서 오랜 망명생활 끝에 은밀히 귀국한 뒤 이토의 주선에 의해 정식 황제의 사면을 받아 서울에 은거隱居하고 있었다. 박영효야말로 개화세력의 영수라는 명목 이상의 존재였다. 그는 을미개혁 때 내부대신으로 내각의 실권을 장악했고, 자신을 비호하던 이노우에 일본 공사에게도 때때로 맞설 만큼 독특한 자주성을 보였다. 비록 1895년 7월 초 왕궁 경비부대의 교체 문제로 국왕과 왕비의 의심을 받아 일본으로 망명했으나, 그 잠재적인 영향력 때문에 정부 당국이 가장 신경을 쓰고 경계해 왔다. 그는 왕비 시해 사건과는 아무런 관련이 없었음에도 불구하고, 황제는 이토가 1년 전 그의 귀국 허가를 요청했을 때 완강히 거부했었다. 그러나 박영효는 황제의 사면 및 귀국 허가를 받지 못한 정황에서 이해 6월 6일 도쿄를 떠나 귀국길에 올라 8일 부산 초량에 몰래 도착했다. 그가 일본을 떠나기 며칠 전에 황제의 특사가 은밀히 도쿄에 와서 그를 만났다는 풍문도 돌았으나 그 진상은 알 수 없다. 어쨌든 그의 일본인 비서 나카무라中村라는 자가 통감부에 전보로 그의 귀국 사실을 알렸고 크게 놀란 이토는 외무차관 진다에게 사실 여부를 확인하여 사실이라는 통보를 받았다. 한편 박영효 본인도 부산에서 이토에게 편지를 보내 예고 없이 불쑥 귀국한 것을 사과하는 동시에 통감부의 보호를 정식으로 요청했다. 이에 이토는 통감부 직속기구인 부산 이사청理事廳에 박영효가 차후의 지시를 기다리며 계속 부산에 조용히 머무는 동안 감시를 소홀히 하지 말도록 명령을 내렸다. 그리하여 그는 여러 날 상경하지 못한 채 부산에서 어빙Irving이라는 미국 선교사와 함께 생활했다.

그동안 이토는 법부대신 조중응에게 그의 귀국 사실을 알렸고, 11일에는 고종 황제께 그의 사면 및 귀국 허가를 요청했는데, 뜻밖에도 황제는 이를 즉각 승인했다. 이토가 이 사실을 그에게 전보로 알려주자 그는 곧 황제 앞으로 "소신小臣은 처벌받아 마땅한 죄인"이라는 취지의 사죄서를 올렸다. 이토가 황제에게 그의 사면을 문서로 확인해 줄 것을 거듭 요청하자 급기야 황제도 그의 죄과를 사면한다는 하교下敎를 내렸다. 마침 일진회가 전라남도 지도智島에 귀양 중이던 갑오·을미개혁 당시의 외부대신 김윤식의 해배解配(석방)를 주장하던 때였고, 한때 외부 교섭국장으로 그의 부하였던 조중응이 이를 긍정적으로 검토하고 있었으므로, 황제로서는 제1급 국사범에 대한 사면 문제를 새삼스레 심각하게 고려하지 않을 수 없는 처지였다. 박영효는 19일 조용히 상경하여 진고개 일본인 거주지에 숙소를 마련한 다음 지난날의 추종자들과 은밀하게 접촉을 갖기 시작했다.

이상 박영효가 도쿄를 떠나 서울에 안착安着하게 되기까지의 13일간의 동정은 이토가 외상 하야시에게 보낸 6월 22일 자의 전문에 의해서 확인할 수 있다. 그러나 그가 상경한 뒤부터 밀사사건으로 궁지에 몰린 황제에 의해 갑자기 궁내부대신에 임명되어 내각의 고종 양위 요구를 앞장서서 저지하던 중 이토의 격노를 사서 극적으로 실각하게 될 때까지의 한 달 간의 동정은 거의 알려져 있지 않다. 『대한계년사』에 의하면 6월 30일 내부협판 유성준俞星濬과 정운복鄭雲復 등이 인왕산 밑 장동壯洞에서 그의 귀국 환영회를 열었으나, 정작 그는 아프다는 핑계를 대고 참석하지 않았다고 한다. 이날 연회에는 축하객들이 부인을 동반했는데, 참석자 한 사람 당 1환씩 하는 회원권을 구입하도록 하여 화제를 뿌렸다는 것이다. 한편 김윤식의 일기『속음청사續陰晴史』에 의하면 그는 귀양살이에서 풀려나 7월 11일 서울 옛집으로 돌아왔는데, 그다음 날 그를 집으로 찾아 온 내빈자 가운데 박영효의 이름이 보인다.

이토는 7월 6일 헤이그 밀사파견사건에 대한 대책을 논의한 한국의 어전회의가 아무런 결정을 내리지 못하고 끝나자 그다음 날 하야시 외상에게 두 번째 전보를 보내어 이에 대한 본국 정부의 처리방침을 통보해 줄 것을 재촉했다. 이에 따라 일본 정부는 원로들[193]과 내각 각료들이 합석한 이른바 묘의廟議에서 논의를 진행한 결과, 다음과 같은 한국 문제 처리 요강안要綱案을 결정하고 12일 천황의 재가를 받았다. 이에 따르면 일본 정부는 이번 기회에 한국 내정에 관한 전권을 장악할 것을 희망하는 바이며, 구체적인 실행 방법은 통감에게 모두 맡긴다는 것이었다. 이때 논의된 사항은 크게 두 가지이다. 그중 제1안은 고종 황제를 압박하

---

193 역대 수상과 이노우에 가오루.

여 한국의 내정 전반을 통감이 위임받는 것인데, 특히 주목되는 점은 군부대신과 탁지부대신을 일본인으로 임명하기를 희망한 사실이다. 그리고 제2안은 장차 화근을 뿌리 뽑기 위해서는 고종이 황태자에게 양위하는 것이 불가피하다고 주장한 점이다. 그러나 이 양위는 한국 정부로 하여금 실행하게 하는 것이 득책得策이라고 단서를 붙인 점이 주목된다. 이 밖에도 한국 황제와 정부가 통감의 서명 없이는 정무를 시행할 수 없도록 함으로써 통감은 한국의 부왕副王, 혹은 섭정으로 전권을 행사할 것과 내각 주요부서의 대신 혹은 차관직에는 일본 정부에서 파견한 관리를 기용할 것 등이 포함되어 있다.

그런데 이토의 정치적 후계자인 공경公卿 집안 출신의 후작 사이온지 수상 명의로 7월 12일 이토에게 보낸 이 극비 전문에는 친절하게도 고종 황제의 양위 문제 등 11개 사항에 대한 회의 참석자들의 찬반 의견을 덧붙이고 있는데, 첫 번째 사항인 고종이 일본 천황에게 양위하는 문제에 대해서는 원로 야마가타 원수와 육군상 데라우치 대장 모두 '이번에는 불가不可'로, 나머지 다수는 '불가'로 되어 있는데 반하여 두 번째 사항인 고종이 황태자에게 양위하는 문제에 있어서는 야마가타가 '이번에는 불가', 데라우치가 '이번에 실행', 나머지 다수가 '불가'로 되어 있다. 여기서 일본 천황에게 양위한다는 것은 곧 한국 합병을 뜻하는 것인데, 모든 참석자가 현재로서는 안 된다고 했기 때문에 이토에게 통보한 실행 지시사항에서는 빠졌음을 알 수가 있다. 그리고 황태자에게 양위하는 문제에 대해서도 현역 군인인 데라우치 한 사람을 제외하고는 야마가타 원수[194] 조차도 현재로서는 안 된다고 한 점이 주목된다. 한편 이 전문에는 한국 내 일본의 지위를 확립할 방법을 한국 정부와 논의하여 양국 간의 협약을 맺으려고 하는바, 이 문제는 매우 중요하기 때문에 외상이 서울로 가서 직접 통감에게 설명할 것이라고 하면서 외상은 3일 뒤인 15일 도쿄를

---

194 대장으로 원수 칭호를 받게 되면 예비역에 편입되지 않고 종신 현역 대우를 받음.

출발하여 한국으로 직행한다고 예고했다.

이 사이온지 수상의 전문 내용의 골자는 양위 문제가 새로이 추가된 것을 제외하면 앞서 이토가 수상에게 보낸 전문과 다를 바 없다. 즉 이토가 주장하길 자신은 보호조약에 의거해 한국 외교관리권만을 장악한 데 불과하므로, 한국 내정에 관한 감독권을 아울러 갖지 못한다면 앞으로도 헤이그 밀사사건과 같은 사태가 발생하는 것을 막을 수 없다. 따라서 이번 기회에 한국과 별도의 협약을 맺어 내정 감독을 엄격히 할 필요가 있으니 급히 외상을 보내 이를 협의해 달라고 청구했던 것이다.[195] 뒤에서 보게 되듯이 일본 외상의 서울 급파急派는 한국 내각대신들에게는 마치 저승사자와 같은 공포감을 주었기 때문에 고종의 완강한 저항으로 난항을 겪고 있던 양위를 촉진, 결행하는 데 커다란 심리적 효과를 거두게 된다. 역시 노회한 이토가 아니고서는 연출하기 어려운 수법이었다고 할 수 있다. 비록 통감부는 한국과 관련된 외교 사무를 수행하기 위하여 설치되었으나, 처음부터 일본 외무성과는 상관없는 천황의 직속 기구였고, 실제로 통감 이토의 정치적 위상은 현직 수상을 훨씬 능가했다. 다만 이토는 헤이그 밀사사건으로 말미암아 일본의 위신이 큰 손상을 입었다고 판단하여 본국 정부에 대해 사건 처리 지침을 알려 달라고 요청했을 뿐이었다. 그런데 본국 정부가 이토에게 시달示達한 지침 내용은 그가 구신具申한 것과 같았다. 이 같은 실정이었으므로 서울로 달려온 일본 외상은 이토에게는 그저 한국 내각을 협박하여 고종 황제를 강제로 퇴위시키려는 막간극의 소도구小道具에 지나지 않았다.

195 고마쓰 미도리, 『메이지 외교비화』, 도쿄: 하라쇼보, 1966, 248쪽.

35. 이완용 내각 견제에 나선 박영효

이처럼 일본 정부가 고종을 강제로 퇴위시키기로 결정하고, 이를 한국 내각이 스스로 실현시키는 형식을 취하면 좋겠다는 희망 사항을 이토에게 통보할 무렵, 정작 한국 정부는 사태의 중압에 짓눌려 아무런 대책도 강구하지 못한 채 몹시 무기력한 모습을 보였다. 대신들은 7월 6일 송병준이 황제 앞에서 행한 상상을 초월하는 엄청난 발언에 경악과 공포심을 느낀 나머지 크게 움츠러들었다. 그들은 연일 각의에 참석했으나, 강경론을 제기하는 송병준과 그에 동조하는 이완용을 제외하면 대개 막연히 통감의 관대한 조치를 기대하는 등 모호한 태도를 취할 뿐이었다. 이 때문에 내각의 결속력이 크게 느슨해진 반면 황제 주변의 여러 구세력들은 바삐 움직였다. 현 내각에 불만을 품고 있던 이근택 형제는 아직도 궁중에 둥지를 틀고 있던 일부 세력과 연계를 꾀하면서 내각대신들을 난신적자亂臣賊子라고 성토하는 등 궁중과 내각 사이에 큰 장벽을 쌓아 소통의 길을 차단함으로써 내각을 고립시키고자 했다. 그리고 당시 고종 황제의 장조카로 10여 년 이상 일본에서 망명생활을 하고 있던 이준용李埈鎔이 박영효에 뒤이어 귀국길에 올라 부산 동래 온천에 머물고 있었는데, 세간에는 장차 일본이 그를 황제에 앉히고 고종은 도쿄로 끌고 가 그곳에 유폐시킬 것이라는 낭설이 떠돌았다. 이 밖에도 일본에서 귀국한 지 얼마 안 되는 박영효는 겉으로는 정계에 아무런 야심이 없으며, 여생을 구름과 학을 벗 삼아 한가롭게 지내고 싶다고 밝혔으나, 실제로는 황제와 가까운 옛 중신들과 은밀히 연락을 취하면서 재기할 기회를 엿보고 있었다.

이완용은 송병준의 무례한 발언으로 격앙된 황제의 노여움을 풀어 드리는 한편 대책을 마련하기 위해 그간 몇 차례 알현을 신청했으나, 황제로부터 번번이 거부당했다. 어떤 때는 군부대신 이병무와 함께 입궐하여 알현할 차례를 기다렸지만 몇 시간이 지나도록 부름을 받지 못해 그대로 퇴궐한 일도 있었다. 이처럼 이완용 내각은 황제와의 소통이 끊겨 일상적인 상주上奏와 재가裁可가 불가능해졌고, 정무가 두절된 내각은 불안정 그 자체였다. 그러던 중 마침내 일본 외상이 15일에 도쿄를 출발, 18일 밤이면 서울에 도착할 것이라는 소식이 전해졌다. 바야흐로 막다른 골목에 몰려 더 이상 시간을 지체할 수 없게 된 사실을 깨달은 이완용과 송병준은 내각회의를 열어 고종이 황태자에게 양위하는 방안을 관철시키기로 합의를 보았다. 실제로 그들은 며칠 전 이토로부터 고종이 밀사 파견을 직접 지휘했으며, 이 때문에 일본의 위신이 크게 실추했으므로 황제가 책임을 지고 퇴위하는 것이 유일한 해결책이라는 통보를 받았었다.

이처럼 긴박한 상황에서 16일 내각회의가 열렸다. 이완용은 5백 년 종사宗社와 2천만 인민, 3천 리 강토를 보전하기 위해서는 황제의 양위를 단행하는 길밖에는 없다고 제안, 각 부 대신들의 동의를 촉구했다. 모두 침묵한 가운데 탁지부대신 고영희가 신하된 자로서 군주에게 양위를 압박하는 일은 불경不敬의 극치로, 개벽 이래 아직 이 같은 일이 없었으므로 자신은 이에 찬성할 수 없다고 했으나 진심에서 우러나온 것도 아니었다. 이완용과 송병준이 나서서 황제 한 몸이 전 강토·전 국민의 소중함에 대신하기 어렵고, 이 방법 이외에는 달리 좋은 계책이 없다고 주장하자 대신들은 양위 문제를 통감의 자문을 받아 결정하더라도 결코 늦지 않다고 했고, 다른 대신은 강경한 요구·조건을 내걸고 한국을 압박하는 일본 정부의 대표자인 통감에게 자문을 구한들 무슨 소용이 있겠느냐고 서로 반박하기도 했다. 양위 안이 본디 이토의 제안에 따른 것임을 눈치채지 못한 대신들로서는 이같이 응수할 수밖에 없었다고 짐작된다. 결국 각료 전원은 같은 마음으로 협력하여 황위를 선양禪讓하는 큰일을 도모하기로 각오를 굳혔다.

이완용은 각의에서 양위를 주청하기로 결정한 이날 밤 고종을 알현하고, 형세가 급박해졌으므로 그다음 날인 17일, 저녁 대신들과 함께 정부 의견을 말씀드리겠다는 뜻을 밝혔다. 고종 역시 일본 외상이 서울에 온다는 소식을 들었던 터이므로 두말없이 이완용의 상주를 가납했다. 이에 따라 17일 오후 8시 25분 이완용 이하 전 각료가 입궐하여 두 시간여에 걸쳐 제2회 어전회의가 열렸다. 대신들은 사태가 매우 딱하게 되었기 때문에 황위를 황태자에게 물려주고 은퇴하시는 것이 어려운 시국을 구제하는 유일한 계책이라고 각의 결정을 아뢰었다. 그러나 고종은 크게 노하여 자신을 밀사 사건의 모주謀主로 여기고 모든 일을 지도한 것처럼 말하는 자가 있는 모양이지만 자신은 애초 이 사건에 대해 아는 바가 없으며, 따라서 밀칙密勅을 내려 운동비(거사자금)를 준 일도 전혀 없으므로, 이 사건으로 책임을 지고 양위할 수는 없는 노릇이라고 굳게 버텼다. 나아가 고종은 자신이 아닌 그 누가 과연 이 방가邦家[196]를 보존할 책임을 지겠는가라고 하면서 자신은 죽더라도 양위하지 않겠다고 굳은 결의를 표했다. 고종은 끝으로 대신들에게 대체 어느 누구의 지시·사주를 받고 황제를 팔아먹으려는 것이냐고 크게 역정逆情을 냈다. 이에 대신들은 10여 일 전의 어전회의 때처럼 궁궐에서 물러날 수밖에 없었다.

그런데 고종은 어전회의가 열린 이날 전격적으로 궁내부대신 이재극을 면직하고 후임으로 박영효를 기용했다. 『대한계년사』에 의하면 박영효는 바로 전날인 16일 오후 4시에 궁중에 불려가 고종과 면담했다고 한다. 이때 고종이 그에게 "이번 밀사 사건은 어찌하면 좋겠는가?"고 묻자 그는 "황실에는 별로 관계가 없을 것입니다"고 답변했다고 한다. 한편 당시 서울에 특파원으로 상주하며 취재하고 있던 일본 신문기자 나라자키는 고종과 박영효 사이의 대화 중 한 토막을 다음과 같이 기술한 바 있다. 즉 박영효를 접견한 고종이 그가 머리에 쓴 관冠 위에 꽂힌 옥관자玉貫子[197]에 주목하면서 그 출처를 묻자 박영효는 다음과 같이 아뢰었다고 한다.

---

196 대한제국 황실.
197 당상관 이상 고위 관원의 장식.

"지난날 폐하께서 친히 신에게 하사한 것으로, 신은 일본에 유우流寓(타향살이)하기 10년 동안 고국을 사랑하는 마음이 꿈틀거릴 때마다 이를 봉지捧持하여 옛날을 그리워하는 기념품으로 삼았습니다."

불과 한 달 전 이토의 간곡한 요청에 못 이겨 제1급 국사범이었던 박영효를 사면한 바 있는 고종은 박영효의 옥관자에 얽힌 이야기를 듣고 몹시 감동을 받았던 듯 두 사람은 군신 간의 옛일을 회고하며 눈물을 흘렸다고 한다. 나라자키 기자는 옥관자 이야기로 미루어 볼 때 박영효가 궁중에 아부한 사실을 충분히 짐작할 수 있다고 했는데[198], 어쩌면 이때 고종은 한번 떠보려고 접견한 박영효에게서 뜻밖에 충성심이 충만함을 뒤늦게 발견하고 부랴부랴 황실을 대변하는 궁내부대신에 임명하여 친일 내각을 견제하려고 했을 터이다. 당시의 정치구도는 황제를 둘러싼 궁중과 내각 총리대신을 중핵中核으로 한 이른바 부중府中의 양대 세력이 서로 대립하는 양상을 보일 때였고, 이토는 내각을 뒤에서 조종하면서 고종을 퇴위시킬 책동을 꾸미고 있었다. 바로 이럴 때 최근 이토의 신세를 톡톡히 진 박영효가 고종 편에 서서 내각의 양위 음모를 저지하는 임무를 떠맡게 된 것이다. 이 때문에 이토와 그의 측근인 우치다는 어찌된 영문인지 알 수 없어 크게 당황했다. 또한 박영효가 귀국한 뒤 그를 지지하는 일본인들은 도쿄에서 한·일 동지회를 만들어 그를 내각 수반으로 한 새로운 정부로 개편해야 한다는 여론을 조성하고 있었는데, 그는 내각의 반대편인 황제 쪽을 선택한 것이다. 나라자키 기자에 의하면 박영효는 궁내부대신 취임을 전후한 바로 그 무렵 서울 일본인 거류지에 있는 요정 청화정淸華亭에서 송병준을 은밀히 만나 3개월의 여유만 준다면 반드시 자기 혼자의 힘으로 고종의 양위를 결행하겠노라고 밝혔었다며, 궁내부

---

198 나라자키 간이치·도가 가오오, 『조선최근사』, 도쿄: 호우산토, 1912, 134~135쪽.

대신을 수락하면서 표변했다고 비판했었다.[199] 그러나 박영효가 송병준을 만나 양위 연기를 제안한 것은 그의 대신 취임 직후의 일로 짐작되며, 이는 당장 임박한 내각의 양위 실행을 회피해 보려는 일종의 '시간 벌기' 작전에서 나온 것으로 생각된다.

36. 황태자 대리를 조건으로 물러선 고종 황제

18일은 일본 외상 하야시가 중대한 사명을 띠고 서울에 오는 날이었다. 고종은 어젯밤 어전회의에서 양위가 불가피하다는 내각의 결의를 일단 물리치기는 했으나, 역시 사태가 심상치 않게 돌아가는 것이 마음에 걸려 궁내부 시종원 부경 송대관宋臺觀과 예식원 부경 고희경을 통감관저로 보내 이토에게 궁중으로 와 줄 것을 요청했다. 하지만 이토는 이때 황제를 알현하는 것이 아무런 이득이 되지 않는 것으로 판단하여 오후 4시 고쿠부國分 비서관을 보내 입궐하기 곤란하다는 뜻을 전했다. 이에 고종이 잠깐이라도 좋으니 꼭 참내参内해 줄 것을 다시금 간청하자 이토는 마차를 달려 입궐, 5시 중명전에서 고종을 알현했다. 고종은 그에게 거듭 헤이그 밀사사건은 자신과는 상관없는 일이라고 말했다. 그러나 이토는 이에 동의하지 않고, 사건의 진상은 누구라도 알고 있다고 하면서 중국 역사에서 제왕들이 무모한 경거망동을 저지르다가 나라를 망하게 한 사례를 열거했다. 고종은 화제를 돌려 내각 대신들이 나에게 양위를 해야 한다고 윽박지르고 있는데, 이에 대한 통감의 의견은 어떠냐고 물었다. 그러자 이토는 이는 한국 황실 문제에 속하기 때문에 외신外臣이 간여할 수 없다고 잡아떼면서 잡담만 늘어놓을 뿐 일본 정부의 요구사항에 대해서는 아무런 말도 하지 않은 채 퇴궐했다. 고종은 이토의 태도가 뜻

---

199 나라자키 간이치·도가 가오오, 앞의 책, 138쪽.

밖에 강경한 것을 알아차리고, 앞날이 순탄치 않을 것으로 각오했다.

한편 내각은 이날 오후 2시 비밀 각의를 열어 대책을 논의했다. 각료 중 2, 3인은 어젯밤 고종이 보인 맹렬한 양위 거부에 크나큰 두려움을 느끼고 동요하고 있었으나, 이완용과 송병준은 양위 외에는 일본 측의 격앙된 감정을 누그러뜨릴 수 없다고 하면서 나라를 구제하기 위해서는 어떤 나쁜 소리를 듣더라도 사양할 길이 없다고 동료들을 위협, 설득했다. 이렇게 내각이 일치단결하여 양위를 단행하기로 의견을 모은 뒤 오후 4시 황제에게 알현을 신청했으나, 마침 이때 황제는 이토를 접견하려고 교섭 중이었으므로 여러 시간 지연되었다. 일본 외상은 9시경 입경할 예정이었다.

이윽고 7시 30분 중명전에서 세 번째 어전회의가 열렸다.[200] 이날 밤 궁중의 분위기는 극도의 긴장감으로 폭발 직전의 처절한 상태였다. 대신들은 뜻하지 않은 사태라도 벌어지지 않을까 근심하여 주머니 깊숙이 호신용 권총을 넣고 입궐했다. 그들이 중명전에 들어가자 고종은 황태자와 함께 적지 않은 시종관, 환관들을 거느리고 기다리고 있었다. 송병준은 지금부터 중대한 국사를 의론할 예정이므로 시종·환관들은 멀리 물러나 줄 것을 요청했고, 조중응은 좌석에서 일어나 각 방을 돌면서 이상 유무를 확인하는 한편 휴대하고 있던 예리한 칼로 전화선의 일부를 끊어 궁중과 외부의 연락을 차단했다. 이렇게 한 다음 회의가 시작되었다. 대신들은 황제에게 선양 이외에 방법이 없다고 아뢰었다. 하지만 황제는 여전히 완강한 태도로 이를 거부하면서, 국가의 큰 문제에 관해서는 내각이 모든 책임을 지는 것이 당연한 데도 대신들이 그 책임을 내팽개치고 황제에게 책임을 지라고 하니, 이것이 과연 임금께 충성하는 자의 소행인가라고 분노를 터뜨렸다. 또한 황제는 거듭 밀사사건과 관계가 없다고 주장했다. 그러자 송병준이 앞으로 나가,

200 『일당기사』에는 오후 8시로 되어 있음.

"폐하는 헤이그 밀사파견과 관련이 없다고 하시지만, 일본 측에서 충분한 증거를 수집해 놓고 있는 것을 어찌하시렵니까? 또 폐하께서 지금까지 이 같은 음모를 꾀하신 뒤 일이 폭로되면 내가 모르는 바이며 관계하지 않은 것이라고 변명하여 책임을 모면하신 사례들을 모두 합치면 10여 건이나 되옵고, 그 증거가 뚜렷하여 일본 측이 잘 알고 있는데도 언사를 교묘하게 꾸며 책임을 지지 않으시려는 것은 불가능하오니 부디 잘 헤아려 주시기 바랍니다."

라고 고종의 변명을 원색적으로 반박했다.

지난 3일간 노심초사하며 거의 침식을 취하지 못한 고종은 바야흐로 체력과 정신력의 한계에 부딪치고 있었다. 고종은 송병준의 이야기를 들으면서 몇 시간 전에 이토가 한 말을 다시 듣는 착각에 빠져 탄식하며 한동안 눈을 감고 침묵했다. 대신들도 물을 뿌린 듯한 정적靜寂 상태에서 아무런 말도 하지 못했다. 다만 일본 외상이 서울에 도착한 지 이미 몇 시간 지난 시각이었고, 내일 오전이면 그로부터 한국의 국운國運이 걸린 중대한 요구가 제기될 것이 분명했으므로, 그 이전에 결말을 짓지 않으면 안 된다고 생각될 만큼 사태는 절박했다. 이는 황제도 느끼고 있었으므로, 최후 수단으로 원로 10여 명을 불러 의견을 듣기로 결심했다. 이에 따라 신기선·민영휘·민영소 등 몇 명이 한밤중에 급히 입궐했으나, 궁내부대신 박영효와 시종원경으로 내대신內大臣[201]을 겸하고 있던 이도재李道宰 등 양위를 반대하는 인사들은 고의로 칭병稱病하면서 참석하지 않았다. 이때 부름을 받은 중추원 고문 박제순과 동 부의장 성기운도 불참했다. 황제가 원로들에게 양위의 가부可否를 묻자 그들은 모호한 태도를 취하면서도 결국은 내각대신들과 마찬가지로 불가피하다는 쪽으로 기울

---

201 일본의 제도를 모방하여 황실사무를 총괄하는 궁내부대신과는 별도로 설치된 황제의 최고 고문관임.

고 말았다. 원로들에게서 기대한 반응을 얻지 못한 고종은 사직과 인민을 위해 황위에서 물러나되, 양위가 아니라 황태자로 하여금 황제 대리를 시킨다는 취지의 칙명을 내렸다. 이때는 이미 자정을 넘긴 19일 새벽 1시경이었다. 칙명을 받은 대신들은 간단한 협의를 거쳐 '권근전선倦勤傳禪'의 선례에 따라 군국의 대사를 황태자로 하여금 대리代理하게 하는 바, 그 예절은 궁내부 장예원掌禮院에서 마련하여 거행한다는 조칙을 반포했다. 이때가 오전 3시였다.

고종과 그 측근 인사들이 의도한 이 황태자 대리제도는 조선왕조 후기 숙종·영조·순조 등 여러 왕이 만년에 저궁儲宮(왕세자)에게 명하여 대리청정代理聽政하게 한 고사를 본 뜬 것으로, 일단 물러난 전 황제가 국부國父의 권한을 갖고 신황제인 황태자의 정사를 조종하다가 적당한 기회가 오면 황위를 회복할 여지를 남겨둔 것이었다. 요컨대 일반적 의미의 양위와는 차이가 있었다. 그러나 일본 외상 하야시와 밤늦게까지 통감 관저에서 대책을 협의하고 있던 이토는 이를 정식 양위와 다를 바 없는 것으로 처리하기로 작정한 뒤 이완용 내각에 대해 불과 5시간 뒤인 오전 8시를 기해 신황제 즉위식을 올리도록 압박했다.

다만 신황제 즉위식은 이토가 지시한 대로 거행되지 못했다. 박영효가 관인官印을 감춘 채 입궐하기를 거부했기 때문이었다. 실은 이에 대비하여 이완용은 박영효를 궁내부대신직에서 면직 조치하고 본인이 대신 임시 서리 겸임 발령을 받았으나, 미처 관원들을 설득·장악하여 관인을 손에 넣을 여유가 없었다. 이에 따라 부득이 즉위식은 하루를 연기, 20일 오전에 거행하기로 변경되었다.

일본 측 기록에 의하면 이때 박영효를 중심으로 한 시종원경 이도재와 홍문관 학사 남정철南廷哲(전직 대신) 등 양위 반대파는 즉위식을 저지하기 위해 이희두 참장(군부 군무국장)·어담 부령(시종무관)·이갑 참령(군부 교육과장) 등 군부 고위층과 음모를 꾸며 임재덕林在德 참령이 지휘하는 시위侍衛 제2연대 제3대대 병력을 즉위식장에 동원하여 대신들을 몰살시킬 계획을 비밀리에 추진했다고 한다. 그런데 이 기밀이 새어나가 일본 측은 서울에 주둔 중인 일본군 보병 제51연대 1개 대대를 19일 밤 11시 50분에 보덕문普德門을 통해 즉위식이 열릴 덕수궁에 미리 진입시켜 경계를 펴게 했으므로 20일에 즉위식을 무사히 거행할 수 있었다고 주장한다. 그리고 이는 고종의 요청에 따른 것이라고 합법화하고 있다. 즉 18일 심야의 어전회의 때 고종이 궁궐 밖의 총소리를 듣고 서울의 치안이 매우 불안하다고 판단하여 19일 오후 7시 법부대신 조중응을 통감부로 보내 일본 측에 '폭도' 진압을 위탁했으므로, 통감이 하세가와 대장과 협의한 결과 일본군 병력을 덕수궁 안으로 끌어들여 경계에 들어갔고, 왜성대에 야포 6문門을 배치하는 등 서울 시내 곳곳을 일본군으로 수비하게 된 것이라고 기술하고 있다.[202]

마침내 20일 오전 8시 덕수궁 중화전中和殿에서 이른바 권정權停의 예에 따른 양위식이 거행되었다. 권정의 예란 약식으로 행하는 의식으로, 신·구 양 황제가 직접 참석하지 않고 내관이 옛 황제를 대신하여 나와서 양위에 관한 조칙을 읽고 이를 신황제에게 주는 형식이었다. 그런데 이날 대소 신료들은 머뭇거리며 입궐하지 않아 겨우 내각대신들과 몇몇 고관이 참석했을 뿐이므로, 전대미문前代未聞의 이 기이한 양위식장은 실로 처연悽然하기까지 했다.[203] 의식이 끝나자 대신들은 곧바로 신·구 양 황제를 알현하고 식전式典이 무사히 끝난 것을 경하하는 상주를 했다. 이때 고종은 "짐은 양위식이 끝난 것을 기쁘게 생각한다. 황태자는 정치적인 경험이 부족한 까닭으로 무엇보다도 그대들의 충실한 보필을 받지 않으면 안 된다는 점을 그대들은 무릇 헤아려 달라"고 했으므로, 대신들은 몸 둘 바를 몰랐고 앞으로 신황제를 받들어 국가사직의 융성을 기할 것을 다짐하며 퇴궐, 내각으로 돌아왔다.

---

202 나라자키 간이치·도가 가오오 『조선최근사』, 도쿄: 후우산토, 1912, 120~123쪽 및 시데하라 다이라, 『조선사화』, 497~498쪽.
203 나라자키 간이치·도가 가오오, 위의 책, 126쪽.

37. 일본군 경계 속의 치열한 양위 반대 항일 시위

이렇게 양위식이 끝나자 내각은 이를 통감부에 문서로 알렸고, 오후 5시 중명전에서 이른바 참하식參賀式이라는 경축행사를 열기로 하여 통감부 요인들과 서울 주재 각국 총영사를 초청했다. 이때는 양위에 항의하는 서울시민들의 시위가 한창 고조되었을 때이므로, 하세가와 대장과 서울 지구 위수사령관을 임시로 겸하고 있던 일본군 제13사단장 오카자키 이쿠조岡崎生三 중장이 이토를 관저로 찾아와 경호상의 어려움을 이유로 식전에 참석하지 않는 편이 좋다고 건의할 정도였다. 이토 역시 참석을 주저하고 있었는데, 마침 먼저 입궐한 고마쓰 서기관이 한국의 대신들 뿐 아니라 각국 총영사들까지 모두 식장에 모여 있다고 전화로 알려오자 참석하기로 마음을 굳히고 마차에 올라 숭명문崇明門을 통해 입궐했다. 이 때문에 그는 참하식에 30분 지각했다. 당시 그의 행차를 보면 그와 주요 보좌관들이 탄 2대의 마차 행렬 앞뒤에 검을 빼든 기병 12명씩이 호위하고, 마차 양쪽에 보병 40명이 경호하는 실로 위풍이 당당한 모습이었다. 그러나 실제로는 만일의 비상사태에 대비하여 기관총 4문과 탄약을 잔뜩 실은 짐차 2대가 뒤따르는 마치 전장에 임하는 최고 지휘부의 모습을 방불케 했다.[204] 식장에 당도한 이토는 먼저 중명전 계단 아래서 신황제 순종을 알현, 축사를 올린 다음 식전 행렬에 끼어 있다가, 식이 끝나자 계단 위로 올라가 고종을 알현하고는 7시에 퇴궐했다. 마침 식장에는 이미 몇 시간 전에 이완용의 집이 불에 탔다는 급보가 전해졌으므로, 이토는 이완용을 자기의 마차에 태워 왜성倭城구락부에 당분간 머물도록 배려했다. 이 구락부는 당시 통감부 총무장관이 관저로 쓰고 있었다.

앞에서 보았듯이 고종의 양위에 적극 반대한 신하들은 중신과 고급장교 몇 명에 지나지 않았으나 다수의 서울시민과 이에 가세한 일부 병사

---

204 나라자키 간이치·도가 가오오, 『조선최근사』, 도쿄: 후우산토, 1912, 128~129쪽.

들이 들고 일어나 며칠 동안 맹렬한 시위를 벌였다. 18일 밤 마지막 어전회의가 열리기 직전부터 양위를 반대하는 대한자강회, 동우회同友會, 황성기독교청년회, 국민교육회, 대한구락부 등 애국계몽단체들의 열기 띤 호소에 동조한 2천여 명의 시민들이 종로에 모여들어 고성을 지르며 분하고 억울한 심정을 토로했다. 이들 중 한 무리는 미동渼洞에 있는 일진회 기관지 국민신보사로 몰려가 사옥을 파괴하고 인쇄기구들을 마구 부수었다. 또 다른 무리는 덕수궁 대한문 앞으로 진출하여 경비 중인 일본인 순사들과 충돌을 빚었다. 이때 순사들이 발포하여 양쪽 모두 부상자가 발생했다. 시위대는 어전회의가 열리고 있던 바로 그 시각에 일진회원 3백여 명이 등롱燈籠을 들고 덕수궁 담벼락을 에워싼 채 양위를 외치고 있는 것을 발견하고는 덤벼들어 몸싸움을 벌이기도 했다. 일진회의 이 돌출 행동은 18일 낮에 이토로부터 고종 양위를 반드시 실현시켜야 한다는 다짐을 받은 송병준이 급히 구연수具然壽[205]에게 명령을 내려 단행된 것이었다.

19일에 고종의 양위 소식이 알려지자 시민들은 철시를 단행하고 속속 대한문 앞 광장과 종로 거리로 몰려들었다. 대한문 앞에는 어제처럼 일본인이 지휘하는 경무고문부에서 파견된 한·일 경찰대가 경비를 서고 있었는데, 오후 4시경 시위대와 경찰대 사이에 격투가 벌어져 시위대원 몇 명이 죽고 일본인 순사 세 명이 중상을 입는 피해가 발생했다. 한편 종로에서도 한·일 경찰대가 경계를 편 가운데 오후 4시경 갑자기 전동典洞[206] 병영의 한국 병사 40여 명이 무장을 하고 탈영하여 종로파출소를 습격한 사건이 발생했다. 이에 따라 경찰대와 병사들 사이에 맹렬한 총격전이 벌어져 일본인 순사 세 명이 죽었다. 이때 병사들의 항일 투쟁에 크게 고무된 시위대원들은 파출소를 파괴하는 한편 종로 부근을 배회하던 일본 민

---

205 고종 황제 퇴임 직후 경무사에 취임.
206 견지동.

간인을 폭행하여 두 명이 죽었다. 이 한국군 병사의 무장 투쟁은 이토에게 일본 군대를 출동시켜 서울 치안을 장악하는 데 좋은 구실을 제공했다. 더욱이 이날 저녁 조중응이 일본 군대에 의한 시내 질서 회복을 요청하는 고종의 칙명까지 전해 왔으므로, 이토는 주저하지 않고 하세가와 대장에게 병력 동원을 지시했다. 이에 따라 심야에 덕수궁과 시내 곳곳에 일본군이 배치되었을 뿐 아니라 한국 군부 청사를 기관포 2문으로 무장한 일본군이 점령하여 그 화약고를 엄중히 감시했고, 또한 용산에 있는 한국군 화약고까지 점령하여 탄약 공급의 길을 전면적으로 봉쇄했다.

순종 황제의 즉위식이 거행된 20일은 이처럼 일본 군대가 서울 시내를 철통같이 경비, 감시했음에도 불구하고 종로 거리는 항일 시위를 벌이는 애국시민들로 인산인해를 이뤘다. 특히 동우회원들은 결사대를 조직하여 현 내각 대신들을 대역신大逆臣으로 규정하고, 만약 일본 외상 하야시가 고종 황제를 일본으로 납치해 가는 일이 발생하면 죽을힘을 다해 이에 항거할 것이라는 내용의 선언문을 발표했다. 이때 수백 명의 시위대원이 서소문 밖 약현藥峴[207]의 높은 지대에 우뚝 솟아 있는 이완용의 으리으리한 저택으로 몰려가 오후 2시 15분 마침 경비를 서고 있던 일본인 순사를 제압한 뒤 석유를 뿌리고 불을 질러 2시간 뒤 가옥이 전소했다. 이완용의 가족은 전날 미리 한국 정부 외교고문인 스티븐스의 집으로 피신해 무사했으나, 집안에서 대대로 소중히 간직해 온 조상의 위판位版은 불꽃 속에 사라졌다.[208] 또 다른 무리는 군부대신 이병무의 집으로 달려가 불을 지르려 했으나 일본인 경찰에 격퇴당하고 말았다. 한편 종로 거리에는 일본 기병 40기騎의 추격을 받으면서도 크고 작은 시위·충돌이 끊이지 않았다. 21일 이후 집회와 시위·충돌은 소강상태에 들어갔으나 완전히 종식되지는 않았다. 김윤식의 일기 『속음청사』에 의하면 22일

---

207 현 중구 중림동.
208 『일당기사』, 98쪽.

동소문 밖에 있는 중추원 고문들인 이지용과 이근택의 별장이 모두 불에 탔다고 한다.

38. 고종 황제의 퇴위와 박영효의 실각

비록 서울 시내의 과격한 항일 시위는 멈췄으나, 이로써 양위 소동이 초래한 혼돈이 말끔히 해소된 것은 아니었다. 그것은 고종이 여전히 양위 문제를 황태자가 황제 대리로써 군국대사를 재결裁決하는 형식으로 매듭짓기를 고집했기 때문이다. 그러나 이토는 황태자의 황제 대리라는 고종의 주장을 깡그리 묵살한 채 20일 초저녁 양위 참하식이 끝난 뒤 고종의 양위식이 완료되었다는 공보公報를 본국 외무성에 전문으로 통지했다. 이 공보를 접한 일본 천황은 즉각 한국 황제의 양위를 충심衷心으로 경하하는 바이며, 한·일 양국 간의 교의交誼 및 친목을 더욱 돈독하게 할 것을 희망한다는 내용의 친전親電을 보내 왔다. 이에 대해 순종은 아버지 황제 폐하의 명을 받들어 보위寶位를 계승한 바 두려운 마음을 금할 수 없다는 요지의 답전을 보냈다. 사태가 이처럼 일사천리로 급진전하고 있었으므로, 매사를 이토의 지시에 따라 움직이고 있던 이완용 내각으로서는 어떻게든지 고종의 주장을 꺾지 않으면 안 되었다.

이에 이완용은 마지막으로 황제를 몰아붙일 요량으로 조중응과 학부대신 이재곤을 대동하고 21일 오후 6시 입궐하여 알현을 신청했다. 그러나 이때, 18일 이후 일절 궁중에 나타나지 않던 박영효가 중명전에서 고종과 회견 중이었다. 그의 부재중에 이완용은 궁내부대신 임시 서리를 겸임했는데, 20일 자로 겸임이 해제되면서 박영효가 다시금 대신직을 회복한 셈이었다. 고종은 9시 30분이 되어서야 이완용 등 세 대신의 접견을 허락했다. 박영효는 퇴실하지 않은 채 세 대신과 자리를 같이했다. 그는 이완용 등에게 일본 천황이 고종 황제의 양위를 축하하는 친전을 보

394

낸 것은 사실에 대한 인식 오류로, 황태자는 단순히 서정庶政을 대리할 임무를 명령받은 것이라고 주장했다. 나아가 그는 그럼에도 불구하고 현내각과 이토 통감이 황태자에 대한 대리 조치를 마치 진짜 양위인 양 호도하여 황제의 대권을 속박하려 한다고 힐난했다. 아마도 박영효는 이완용 등이 알현을 기다리는 몇 시간 동안 고종과 더불어 이 문제를 갖고 논의를 되풀이했음이 틀림없다. 고종은 이 같은 박영효의 지원사격에 힘입어 이완용 등의 말에 귀를 기울이지 않았다.

박영효는 밤 11시가 되어 흡족한 마음으로 홀로 퇴궐했다. 이완용은 이날 고종의 양위 및 황태자의 즉위를 기정사실로 만들기 위해 고종에게 태상太上황제라는 존호尊號를 올리는 안건과 박영효 등 양위를 방해한 일부 중신과 고급장교들을 체포하는 안건을 아뢸 작정이었으나, 도저히 고종의 재가를 받을 수 없는 분위기라고 판단하여 일단 포기하고 퇴궐했다. 그런데 일행이 숭명문을 나선 후 급보를 듣고 달려온 송병준·이병무·고영희·임선준 등의 대신들에게 형세가 불리하여 빈손으로 나오는 길이라고 말하자, 송병준이 앞으로 나서며 오늘 밤 이 문제를 해결하지 못하면 내각의 운명은 내일을 기약하기 어렵다고 하였다. 그러면서 지금 일본 군함이 인천에 정박 중인데, 어쩌면 양위를 거부하고 있는 황제 폐하를 포박해 갈지도 모른다고 잔뜩 겁을 주면서 자신들은 궁문 밖에 서서 밤을 새우더라도 좋은 소식을 기다릴 터이니, 세 대신은 다시 한번 황제를 알현하여 이 일을 꼭 관철시킬 것을 강경하게 주장했다.

이완용 등은 송병준의 말에 따라 다시 알현을 청하여 허락받은 뒤 항간의 흉측한 풍문을 아뢰면서 만약 신구 양 황제가 병립並立하여 부자父子 골육骨肉 간에 서로 대치하여 황제 자리를 다투는 사태라도 벌어진다면 황실은 가장 비참한 처지에 몰리게 될 것이 분명한 까닭에 모름지기 폐하께서 물러나시어 태상황제의 존칭을 받는 것이 좋다고 간곡히 아뢰었다. 이에 고종의 태도는 차츰 누그러져서 급기야 태황제라는 칭호를 허락하기에 이르렀다. 이완용은 22일 새벽 퇴궐하여 고종을 태황제의 존칭으로 받들게 된 이상 앞으로 황태자는 군국의 서정을 '대리'한다는 칭호 대신 황제 대호大號를 진칭進稱하여 받드는 것이 하늘의 뜻과 국민감정에 부합된다는 취지의 주본奏本을 작성하여 황태자에게 올렸다. 사태가 이렇게 낙착되자 황태자도 더 이상 사양할 길이 없어 완전한 대권을 갖는 황제 칭호를 수락했다. 이 주본에는 그 밖에도 궁중의 혼란을 틈타 전 황제를 선동하여 제위帝位를 전복시키려 음모를 꾸몄다는 혐의로 박영효와 시종원경 이도재 등의 체포를 명령하며 동시에 두 사람 후임으로 이윤용李允用[209]과 민병석閔丙奭을 각기 임명한다는 내용이 포함되어 있었는데, 신황제는 역시 두말없이 비지批旨를 내렸다. 이때 내각에서는 고종의 연호 광무光武를 고쳐야 한다는 의론이 있었는데, 10일 뒤인 8월 2일 신황제의 연호를 융희隆熙로 결정했다. 이때 경운궁을 덕수궁으로 개명했다.

이처럼 3일 동안 옥신각신하며 격렬한 소동을 벌인 고종의 양위 문제는 이토의 완전한 승리로 귀결되었다. 이제 남은 것은 끝까지 고종의 제위를 지키려 한 몇몇 신하들에 대한 처벌뿐이었다. 이토로서는 누구보다도 자신에게 크게 신세를 진 박영효의 '배신' 행위를 그대로 묵과할 수 없었다. 이토는 사이온지 수상에게 보낸 전문에서 박영효가 장차 황제 대권을 회복하려는 고종의 의도에 영합, 동조한 것을 '반역적'인 행동이라 규정하고 결코 그대로 넘어갈 수 없었다고 토로했을 정도였다. 이완용 내각은 22일 새벽 1시경 신황제에게서 중대한 음모를 꾸민 이 일당을 일망타진함으로써 화근을 없이 한다는 칙허를 받자마자 부랴부랴 체포에 들어갔는데, 문관은 경무청, 무관은 한국헌병대에서 각기 집행하기로 업무를 분담했다. 갑신정변(1884년)과 을미개혁(1895년)을 주도하다가 실패하여 22년간 일본에서 망명생활을 한 한말 최대의 풍운아였던 당년 47세의 박영효는 경찰관들이 집으로 들이닥쳤을 때 조금도 동요하지

---

209 이완용의 서형庶兄.

않은 채 태연하게 자신은 경무청에 끌려갈 이유가 없다고 버텼다. 그는 철종의 부마였으므로, 평상시 같으면 경무청에서 다룰 수 없는 귀한 신분이기도 했다. 경찰관도 그에게 매우 정중한 태도로 칙명이 내렸기 때문에 동행해 줄 것을 간청했으나, 그는 칙서勅書를 보고도 응하지 않았다. 이때 마침 일본 고위 경찰관들이 달려와 설득하자 그는 마지못해 수레를 타고 경무청에 출두했다. 한편 한말의 허다한 대신들 가운데 드물게 평판이 좋았던 이도재는 순순히 연행에 응했다. 또한 집에서 여장女裝을 하고 밀실에 숨어 있던 남정철은 발각되어 순사들에게 끌려갔다. 육군참장 이희두는 군부 내에서 이병무와 선두 경쟁을 벌였던 인물이었는데, 역시 헌병대에 끌려갔다. 그 밖에 어담·이갑·임재덕 등 고급장교들은 모두 일본 육사 출신으로, 양위 소동이 일어나기 직전까지는 군부 고문 노즈 대좌와 친분을 맺어 그 비호를 받기도 했으나, 역시 헌병대에 구금되었다.

정부 당국은 이들을 반역 혐의로 체포했으나, 취조한 결과 확실한 증거가 나오지 않아 태형 80대를 선고하는 데 그쳤고, 8월 23일 박영효를 제외한 모든 사람들이 방면되었다. 당국은 박영효에게 치안방해죄를 적용하여 8월 26일 보안조례에 의해 1년간 귀양에 처한다는 행정처분을 내렸다. 이에 따라 그는 제주도에서 청풍명월淸風明月을 벗 삼아 한가로이 지냈다. 그는 유배 기간이 끝난 뒤에도 제주도를 떠나지 않고 1년간 더 머물다가 마산으로 거처를 옮겼다. 한국이 일본에 병합된 뒤 그는 상경하여 조선 귀족(후작)으로 총독정치에 순응하면서 여생을 평안하게 보냈다.

39. 이토, 대한제국의 자주권을 박탈하다

이토는 고종을 퇴위시킨 정변의 여세를 몰아 한국에 내정을 전면적으로 장악하는 새로운 협약을 강제적으로 요구함으로써 정변의 도미掉尾를 장식하려고 했다. 그는 23일 밤 이완용과 송병준을 통감 관저로 초치하여 종래의 보호권을 크게 확대하는 협약을 맺게 될 것이라고 넌지시 암시했다. 이완용는 그다음 날 오전 8시 다시금 이토의 관저를 찾아가 그에게서 전문全文 7개조로 된 협약안을 받아들고 나와 오전 10시에 송병준의 집에서 내각회의를 열었다. 당시 이완용은 집이 전소하여 왜성구락부에 피난 중이었고, 조중응 또한 일본인구락부에 몸을 숨긴 처지였을 뿐 아니라 나머지 대신들도 자택이 안전하지 못함을 느끼고 모두 일본 측과 일진회가 지켜주는 송병준의 집에서 기거起居하는 실정이었다. 그런 까닭으로 자연스레 송병준의 집이 각의 장소가 되었다. 이토가 이완용에게 건네 준 협약안은 그 전문前文에 한·일 양국 정부는 한국의 부강冨強을 꾀하고, 한국민의 행복을 증진시킬 목적을 갖고 다음과 같은 조관條款을 약정約定한다고 했다.

제1조. 한국 정부는 시정 개선에 관해 통감의 지도를 받을 것.
제2조. 한국 정부의 법령 제정 및 중요한 행정상의 처분은 미리 통감의 승인을 거칠 것.
제3조. 한국의 사법 사무는 보통행정 사무와 이를 구별할 것.
제4조. 한국 고등관리의 임면任免은 통감의 동의를 받아 이를 행할 것.
제5조. 한국 정부는 통감이 추천하는 일본인을 한국 관리로 임명할 것.
제6조. 한국 정부는 통감의 동의 없이 외국인을 한국 관리로 용빙傭聘하지 않을 것.
제7조. 1904년 8월 22일 조인된 한·일 협약 제1항은 이를 폐지할 것.

내각회의는 오후 4시까지 6시간 동안 계속되었으나, 협약 원안을 놓고 얼마만큼 깊이 있는 심의가 진행되었는지 알 수가 없다. 당시의 정치적 사정에 밝은 일본 신문기자 나라자키는 이때 각의에서 이병무가 임박한 군대해산 조치에 반대하여 논쟁을 벌인 외에 두세 가지 조항에 대해

성난 목소리가 방 밖으로 새어 나오기도 했으나, 그 상세한 내용은 외교 기밀에 속하므로 생략한다고 하면서 전반적으로 다른 견해나 큰 반대가 없어 원문에 한 글자도 수정함이 없이 협약 전문全文을 가결했다고 기술한 바 있다.[210] 하지만 이를 그대로 따르기는 어렵다. 이를테면 제5조항에 일본인을 한국 관리로 임명한다고 했을 뿐 그 직급을 명시하지 않았으므로 당연히 의혹의 대상이 될 수 있는 사안이었다. 이는 얼마 뒤 각 부 차관직에 모두 일본인을 임명하는 것으로 낙착되었지만, 앞에서 본 것처럼 일본 묘의에서 논의되어 이토에게 통보된 바에 의하면 군부대신과 탁지부대신에 일본인을 임명할 것을 희망한 사실이 있다. 어쩌면 이는 당시 한국 대신들도 눈치 채고 있었을 터이다. 그런 만큼 협약안 심의가 일사천리로 순조롭게 진행될 수만은 없었을 것으로 짐작된다.

그것은 어쨌든 각의가 끝나자 곧 이완용은 이병무를 대동하고 입궐하여 중명전에서 신구 양 황제를 알현, 한일신협약에 대한 각의 결정을 품신했다. 이에 대해 태황제 고종은 협약의 조항이 매우 중대한 내용을 담고 있으므로 심사숙고할 여유가 필요하다고 제동을 걸었다. 그러자 이완용은 그대로 퇴궐하여 저녁 8시 임시각의를 열어 대책 마련에 들어갔다. 이때 대신들 사이에서 어떤 논의가 벌어졌는지는 알 수가 없으나, 어쩌면 강경파에 속하는 송병준이 고종은 황제대권을 이미 신황제에게 넘겨준 태황제이므로, 정치문제는 신황제의 칙허를 받는 것으로써 법적 효력을 발휘할 수 있다는 의견을 주장하지 않았을까 짐작된다. 이완용은 밤 11시에 송병준과 함께 다시금 입궐, 각 조항에 대해 상세하게 설명을 되풀이한 결과 급기야 양쪽 황제의 윤허를 받은 것으로 되어 있다.

이완용과 이토가 연명連名하여 7월 24일 자로 조인한 이 한일신협약은 단순히 한국에 대한 보호권을 한층 더 확충한 것에 그치는 것이 아니었다. 이완용의 조카로 총리 비서관에 내각 문서과장을 겸했던 김명수가

---

210 나라자키 간이치·도가 가오오, 『조선최근사』, 도쿄: 후우산토, 1912, 141쪽.

1926년 이완용이 죽은 후에 고인의 관직생활에 관련된 기록을 정리하고 시문詩文 등을 모아 편집 발간한 책자에서 이 정미丁未 7조약에 의해 한국정치의 실권은 실질적·형식적인 양면에서 모두 통감의 손아귀에 들어갔다고 한 것[211]은 매우 의미심장한 일이다. 그는 이 책에서 당시 일본 정부의 특사로 10일간 서울에 머물고 있던 외상 하야시의 발언을 다음과 같이 덧붙이고 있다. 즉 헤이그 밀사사건의 뒤처리를 위해 마련된 일본 정부의 대한對韓 문제 처리 요강은 본디 이토가 일본 내각에 구신具申한 내용과 대동소이한 것이며, 또한 일본 묘의에서 결정되어 통감부에 통보한 한·일 신협약안의 조건이란 단지 통감의 참고자료로 제시된 것에 불과하고 그 취사取捨 절충은 전적으로 통감에게 일임했다고 밝혔다. 하야시는 이를 전권 중의 전권이라고까지 표현했다.[212] 또한 하야시는 정미 7조약의 제2조항을 예시하면서, 바로 이 조항에 의해서 이토는 한국에서 '무관無冠의 제왕'이 되었다고 비유했다.[213] 그는 총괄적으로 보호국에 대한 협약으로서 이 정미7조약보다 완전한 협약은 없을 것으로 믿는다고 자부했다.[214] 다른 누구보다도 한말 외교사 연구의 권위자였던 다보하시 기요시는 일제 말기에 집필한 유고에서 이 협약 체결로 말미암아 한국은 외교뿐 아니라 내정의 자주권마저도 완전히 상실하여 국가로서의 존재 의의를 갖지 못하게 된 결과 일본제국을 구성하는 일개 지방이라고 해도 좋을 정도가 되었다고 평가했는데[215], 이는 진상에 가까운 아주 적절한 표현이라고 생각된다.

이보다 앞서 1905년 11월 이른바 을사조약이 체결된 때로부터 보호정치가 아니라 한국 합방을 단행할 것을 주장했던 일본의 대외 강경론자

---

211 『일당기사』, 102쪽.
212 위의 책, 103쪽.
213 위의 책, 105쪽.
214 위의 책, 106쪽.
215 『조선통치사 논고論稿』, 성진成進문화사, 1972, 33쪽.

들은 정미정변을 계기로 즉각 한국을 합병하라는 여론을 조성하면서 수상 사이온지와 외상 하야시에게 이번 기회를 놓치지 말라고 압박했다. 이들 가운데 한 사람인 중의원의원 오가와 헤이키치小川平吉는 서울로 이토를 찾아와서 한국 합병을 촉구하기까지 했다. 오가와는 1901년 당시 귀족원 의장이었던 공작 고노에 아쓰마로近衛篤麿를 회장으로 추대하여 창립한 동아동문회東亞同文會의 간부로 러일전쟁 직전 러시아를 상대로 싸울 것을 주장했고, 포츠머스 강화조약이 체결되자 그 내용이 너무나 미흡하다는 이유로 불만을 품고 반대운동을 벌인 주동자의 한 사람이었다. 이토는 항의를 제기하는 오가와에 대해 비록 합병이 최선책이라고는 하지만 현재의 국제정세를 살펴볼 때 무리한 점이 있다고 판단되어 차선책인 고종의 퇴위를 선택한 것이므로, 이 점을 깊이 헤아려 달라고 설득했다. 본디 오가와는 이토가 만든 입헌정우회 소속 대의사였기 때문에 더 이상 따지지 못한 채 그대로 돌아갔다.

40. 한국인의 민족감정을 이해하지 못한 이토

이토는 이처럼 고종 황제가 헤이그에서 열린 만국평화회의에 밀사를 파견한 사건이 단순히 보호조약을 위반한 데 그치지 않고, 일본에 대한 도전행위로 충분히 전쟁의 사유가 된다고 강변하면서 고종을 협박한 끝에 황제의 자리에서 끌어내렸다. 당시 밀사사건의 대책을 논의한 일본 각의閣議에서는 오로지 육군대신 데라우치만이 고종의 퇴위를 주장했을 뿐, 원로 자격으로 회의에 참석한 야마가타 원수를 비롯하여 나머지 각료 모두가 현재로서는 퇴위가 불가不可하다는 의견을 개진했음에도 불구하고 문치파를 대표하는 원로정치가인 이토는 유례없이 강경한 태도를 고집하여 송병준을 앞세워 황제를 노골적으로 위협한 끝에 비교적 손쉽게 양위를 실현시켰다. 이로써 이토는 '보호'정치를 추진함에 있어서 최대의 걸림돌로 여긴 고종 황제를 제거하는 데 성공한 셈이었다. 특히 새로운 황제로 즉위한 순종은 본디 조용하고 소극적인 성품으로 정치에 직접 간여하기를 최대한 꺼리고 있었으므로, 이토는 자신이 구상하는 일련의 내정개혁을 아무런 마찰과 저항 없이 계속 밀고 나갈 수 있었다. 더욱이 이토는 고종의 퇴위에 이어 곧바로 이완용 내각에 대해 7개 조항으로 된 신협약을 강요하여 통감의 지위를 한층 더 강화하는 한편 내각 각 부서의 차관직에 전원 일본 관리들을 기용하게 함으로써 지금까지의 일본인 고문을 통한 간접 지배방식에서 직접 지배가 가능해졌다. 바야흐로 통감은 마치 한국의 부왕副王 내지 섭정과 같은 권한을 갖게 되었다. 새로이 황태자로 책봉된 영친왕 이은李垠[216]이 11세의 어린 나이로 일본에 유학을 떠날 무렵 이토는 황태자의 교육 및 보도輔導를 책임지는 태자 태사太師의 호칭을 받았다. 이때 총리대신인 이완용이 태자 소사少師의 직을 부여받았으므로, 이토가 관직 서열로 볼 때 한국 총리의 상급자임이 내외에 명시되었고, 그는 높아진 위상을 마음껏 과시할 수 있었다.

고종이 퇴위한 때로부터 2년 뒤인 1909년 6월 중순 통감직을 사퇴할 때까지 이토는 과연 무엇을 구상하고 있었는가? 물론 그는 겉으로는 민본주의에 입각한 법치의 기반을 확대 정착시킨다는 구호 아래 한국의 시정을 개선하여 자립 능력을 양성하고 특히 파산에 직면한 국가재정을 본 궤도에 올려놓아 궁극적으로 독립할 수 있도록 하겠다고 약속했다. 요컨대 점진적으로 한국을 서구와 같은 근대적인 국가로 탈바꿈시키겠다고 선전했다. 하지만 이를 그의 본심이었다고 그대로 믿을 사람은 어디에도 없었다. 그의 최종 목표는 어디까지나 한국의 제반 기능을 시정 개혁을 통해 완전히 흡수·장악한 다음 평화적인 방법으로 한국을 병합하는 데 있었음이 분명했다. 무엇보다도 이는 당시 일본 군부의 양보할 수 없는 목표였다. 그는 통감으로 부임한 직후부터 고종에게 지난날 갑오·을미년

---

216 순종의 이복동생.

의 개혁 때 주역으로 활동하다가 아관파천 이래 국사범國事犯이 되어 일본에 망명 중이던 인사들을 고국에 돌아올 수 있도록 사면해 줄 것을 요청했으나, 정작 그들을 통감정치의 파트너로 기용하지는 않았다. 박영효는 헤이그 밀사사건이 터질 무렵 이토의 강력한 비호에 힘입어 12년 만에 가까스로 귀국했으나, 퇴위 압력에 몰린 고종이 그를 전격적으로 궁내부대신으로 임명하고, 이에 박영효가 이완용 일파에 맞서 양위 반대운동의 선봉에 나서게 되자 몹시 화가 난 이토는 그를 제주도로 추방해 버렸다. 또한 고종이 퇴위한 직후 환국한 유길준·조희연·장박[217] 등도 시정 개혁의 동반자로 손색이 없는 인재들이었으나, 기껏 명예직을 주는 데 그쳤으니 실제로는 재야에 방치한 것이나 다를 바 없었다. 조희연과 장박은 귀국 직후 명예직에 불과한 궁내부 특진관이 되었다가, 1909년에 이르러 회유할 목적으로 실권이 없는 표훈원表勳院 총재직과 제실帝室회계감사원경에 각각 기용되었을 뿐이었다. 이들 중 가장 명망이 높았던 유길준은 명예직을 사양하고 처음부터 한성부민회·흥사단·기호畿湖학회·계산桂山학교 등을 만들어 민간에서 정치계몽과 교육운동에 헌신했다. 장박도 함경도 지방을 배경으로 한 높은 명성 때문에 대표적인 애국계몽운동 단체인 대한자강회의 후신으로 1907년 11월 결성된 대한협회의 회장으로 추대되었으나 사퇴하고 은거하다가 관직에 1909년에 복귀했다.

통감정치 초기인 박제순 내각 때만 하더라도 통감부의 묵인 아래 대한자강회 소속의 엘리트들을 일부 포섭하여 관직에 기용하는 포용성을 보였으나, 이완용 내각이 들어서면서는 오로지 일진회의 간부급 회원 가운데서 발탁했을 뿐 통감부 당국은 민간의 인재들을 널리 발굴하여 등용하는 데 소극적이었다. 이처럼 이토는 비교적 자주성이 강했던 지난날의 개혁정치가들과 일정한 거리를 둔 채 통감부의 지시와 명령에 순종하는 이완용과 그 친일내각의 몇몇 각료만을 동반자로 하여 시정개혁을 이끌

---

217 석주錫周로 개명.

어 갔다. 그는 사법제도, 특히 재판 및 감옥제도를 획기적으로 개혁함으로써 고종 통치 40여 년간에 걸쳐 척족 민씨 일파와 황실의 근친들이 자행한 온갖 악정과 수탈에 시달려 온 한국 민중의 호응과 지지를 얻어낼 수 있을 것으로 기대했다. 그러나 한국인들은 개혁의 성격과 내용이 어떻든 간에 일본인이 지배하는 통감부라는 정치기구에 속박되는 것을 달가워하지 않았다. 비록 통감부는 법전조사국을 만들어 한국의 오래된 관습을 조사 연구하여 참작하는 등 사법개혁에 신중하게 대처한 일면도 있었지만, 한국 민중은 자신들이 익숙한 관습을 무시한 채 일본이 서구 문명에서 따온 근대적 제도를 일방적으로 강제하려는 것을 못마땅하게 여겼다. 재판제도는 그런대로 어느 정도 실적을 거둔 편이었지만, 그 밖에 재정·화폐·지방제도에 대한 개혁은 실제로 민중의 부담을 줄여준다거나 생활에 획기적인 개선을 수반한 것도 아니었으므로, 차츰 불만이 쌓여 민심의 호응을 얻을 수 없었다. 이토는 본국에서는 '지혜의 정치가'라는 평판을 듣기도 했으나, 한국에 와서는 자주성을 빼앗긴 한국민이 품고 있던 이 같은 민족적 감정이랄까 민족주의의 정당성에 대해서는 전혀 이해하려는 태도를 보이지 않았다. 이는 결국 보호정치를 실패로 끝나게 한 요인이 되었으며, 그 자신도 이 때문에 불행한 최후를 맞게 되었다.

41. 확대되는 의병항쟁과 궁지에 몰린 이토

이 시기 이토가 크게 고심품心한 것은 의병의 봉기가 전국적으로 확대된 점과 그의 비호 아래 성장하여 어느덧 통감부의 전위세력으로 대두한 일진회에 대해 통제를 가할 필요가 생긴 점이다. 그는 장차 한국에 징병제도를 실시하여 군비軍備를 재정리할 계획이라는 구실을 내세워 신협약을 체결한 1주일 뒤 전격적으로 군대해산을 단행했다. 하지만 졸지에 해산당한 지방 진위대 소속 군인들이 각지에서 반기를 들고 일본 군대에 저항했다. 더욱이 이것이 발화구發火口가 되어 뜻있는 지사들이 전국 방방곡곡에서 지역 농민들을 이끌고 봉기함에 따라 치안을 확보하는 일이 급선무가 되었다.

특히 임진강 하류의 연천에서부터 포천·춘천·원주·제천을 거쳐 소백산맥 너머 안동 방면으로 뻗치고 있던 한반도 중부지방의 의병투쟁은 매우 활발하게 전개되었다. 원주진위대의 준사관(특무 정교正校)으로 군대해산 명령을 거부하며 궐기한 민긍호閔肯鎬는 서울 동남쪽인 양평·광주·이천·여주 일대에서 일본군 수비대를 괴롭혔다. 이곳은 춘천이나 원주, 혹은 충주·문경 지방과 쉽게 연결되었으므로 중부지방에는 동서남북을 잇는 의병항쟁의 대열이 겹겹이 형성된 셈이었다. 1907년 말 고향인 원주에서 활약하던 의병장 이은찬李殷瓚이 문경으로 이인영李麟榮을 찾아가 각지의 의병을 망라한 연합체의 구성에 나설 것을 요청했다. 이인영은 여주 출신의 유생으로 12년 전 을미사변 때 유림세력을 대표하는 유인석을 추대하여 의병을 일으켰다가 성과를 거두지 못하자 그 후 줄곧 문경에서 몸을 숨기고 있던 명망가였다. 이인영은 이은찬의 제안을 받아들여 원주로 출진出陣한 뒤 관동창의關東倡義 대장으로 추대되었다. 그가 격문檄文을 사방에 띄워 궐기를 촉구하자 의병들이 모여들어 위세를 떨치기 시작했다. 그는 이에 자신감을 갖고 횡성·지평砥平[218]·춘천을 돌면서 의병을 규합했다. 당시 서울 공략이란 깃발 아래 양주에 집결한 의병은 8천 명 내지 1만 명에 달했고, 그중 서양식 총을 가진 진위대 병사 출신들이 약 3천 명이었다고 한다.

각 도를 대표한 의병장 가운데는 이강년李康秊(충청도)·민긍호(강원도)·문태수文泰洙(전라도)·신돌석申乭石(경상도) 등이 있었는데, '태백산의 호랑이'라는 평을 듣던 신돌석은 신분상의 문제로 편제에서 제외되기도 했

---

218 양평의 동부 지역.

다. 이들은 8도[219] 의병 총대장으로 이인영을 추대했고, 실제로 의병부대의 작전을 총괄하는 군사장軍師長(참모장)직에는 경기도와 황해도 의병대장인 허위許蔿가 맡도록 했다. 이 허위는 영남 지방에서 유학자로 이름이 높던 허훈許薫의 동생으로, 을미사변 뒤에 이은찬 등과 함께 김천에서 의병을 일으켰다가 고종의 비밀지령으로 부득이 의병을 해산한 인물이었다. 그는 뒤에 고종 황제의 부름을 받아 상경하여 평리원 수반首班 판사, 의정부 참찬 등의 요직을 지낼 만큼 총애를 받다가 을사조약이 체결되자 관직에서 물러나 김천에서 은거 중이었다. 하지만 군대해산을 계기로 의병투쟁이 일어나자 그는 이강년·민긍호 등과 긴밀히 연락을 취하면서 연천에서 의병을 일으킨 것이었다.

양주에 모인 의병부대의 척후병들이 금곡·사릉思陵 일대에 출몰하다가 태릉·장위동·이문동 등지에까지 나타나자 서울시내 민심이 흉흉해졌다. 이인영과 허위는 각 도에서 불러들인 의병들을 서울로 진격시킬 작전을 수립했다. 이에 의하면 일단 동대문 밖 30리 되는 지점에 병력을 집결시킨 다음 그곳을 발진기지로 하여 일거에 시내로 진출한다는 것이었다. 이 작전계획에 따라 허위는 1908년 1월 말에 선발대 300명을 이끌고 소리 없이 약속한 장소에 이르렀으나, 이를 사전에 탐지한 일본군이 준비한 대포 2문으로 사격을 하니 의병 후속부대도 아직 도착하지 않은 와중에 선발대는 사방으로 흩어지고 말았다. 이처럼 숨 막히는 고비에서 사태를 더욱 악화시킨 것은 이인영이 1월 28일 부친이 죽었다는 연락을 받고 황급히 문경 집으로 돌아간 사실이었다. 그는 뒷일을 허위에게 당부하면서 통문通文을 띄워 의병투쟁을 당분간 중지할 것을 지시했다. 이에 따라 모처럼 한곳에 집결했던 의병부대는 본디 활동했던 곳으로 각기 흩어지고 말았다.

통감부가 군사적으로 위기에 몰린 상황은 아니었으나 치안을 위협하

---

219 남북 도제로는 13도.

는 의병을 진압하기에 한국주차군만으로는 부족했고, 따라서 본국으로부터 계속 병력을 지원받아야 했다. 일본은 러일전쟁 초기부터 한국에 주차군사령부를 두어 보병 1개 사단을 1~2년간 교대로 상주常駐케 하여 서울과 함경도 국경지대에 집중적으로 배치해 왔다. 그런데 고종 황제가 퇴위당할 무렵 서울을 수비하는 한국 시위대 병력이 일부 봉기하자 이토는 본국에 육군의 증파增派를 요청하지 않으면 안 되었다. 이에 규슈 최북단 고쿠라小倉에 있던 보병 제12여단[220]이 한국에 급파되었고, 곧이어 군대해산으로 의병의 활동 범위가 확대되자 1907년 10월에 기병 1개 연대가 추가로 한국에 진주했다. 그 뒤 치안상태가 더욱 악화되자 일본은 1908년 4월 보병 2개 연대[221]를 다시금 증파했다. 그 결과, 주차군 1개 사단의 상주 병력 외에 순전히 의병 진압을 목적으로 보병 4개 연대와 기병 1개 연대[222]가 한국에 동원된 셈이 되었다.

이토는 의병 투쟁이 최고조에 달했던 1908년 6월 12일 일본군 장교들에게 강연하는 가운데 '폭도'(의병)들의 행위는 결코 내란이 아니며 기껏해야 지방 소요에 지나지 않으므로, 토벌에 임해서는 일반 주민들에게 위해危害를 끼치는 일이 없도록 최대한 신중해야 할 것이라고 훈계했다. 나아가 그는 한국인들에게는 본디 항일의식이 없는데 과잉진압을 하면 도리어 한국인들을 자극해서 배일사상을 품게 될 것이라고 지적했다. 이는 당시 일본군의 의병 진압작전이 난폭하기 짝이 없는 만행에 가까운 것이었음을 반증하는 것이기도 했다. 문관 출신인 그가 잔인무도한 의병 진압 방식이 초래할 후유증을 우려한 것은 어찌 보면 당연한 일이었다.

1907년 10월 한국 주둔 제14헌병대장으로 부임한 아카시 모토지로明石元二郎 육군소장이 이토에게 의병 진압에 헌병을 이용하는 방법을 헌책獻策했다. 아카시는 한국에 부임할 때 육군대신 데라우치에게서 한국

---

220 2개 연대 병력.
221 제6사단 예하 제23연대, 제7사단 예하 제27연대.
222 1개 사단의 병력에 상당함.

의 치안 유지는 헌병이 주로 담당하고 한국경찰을 부려 목적을 달성하라는 훈시를 받았다고 하면서 보호국인 한국에서는 헌병이 순경을 아우르고 경찰의 전권을 행사할 필요가 있다고 건의했다. 하지만 이토는 이를 단호하게 거부했다. 아카시의 경력을 보면 러시아 주재 공사관의 육군무관으로 있을 때 러일전쟁이 일어나자 스웨덴 수도 스톡홀름으로 옮겨가서 비밀리에 러시아 사회당 간부들에게 접근, 수도 상트페테르부르크에서 혁명소요를 일으키도록 선동하는 등 러시아의 배후를 교란시키는 첩보작전에 큰 성과를 거둔 보기 드문 수완가였다. 실제로 러시아는 일본 연합함대에 의해 쓰시마 북방에서 동해로 항진 중이던 발틱함대가 궤멸했음에도 육군 전력만은 충분히 보유하고 있어 남만주에서 전쟁을 계속 수행할 능력이 있었으나 수도에서 일어난 혁명소요에 큰 위협을 느낀 나머지 포츠머스 강화회담에 선뜻 응했던 것이다. 당시 독일 황제 빌헬름 2세는 아카시가 음지에서 공작한 비밀활동의 실적은 3개 군단의 병력이 야전에서 수행한 것에 상당한다고 감탄할 정도였다. 그런 까닭으로 황제는 러일전쟁이 끝나고 1906년 2월 아카시가 독일 공사관 무관으로 발령받아 베를린에 부임하자 그를 위험인물로 여겨 일거일동을 밀착감시하는 등 몹시 꺼렸다고 한다. 일본 육군 당국이 그때까지 통상 중좌급 장교로 보임하던 조선헌병대장 자리를 연대장(대좌) 경력을 쌓고 소장으로 막 진급한 그에게 맡긴 데는 북유럽에서 특수한 임무를 훌륭하게 수행한 그의 뛰어난 수완에 기대하는 바가 컸기 때문이다. 당시 일본 본국에서 헌병 계통의 최고 지휘관(헌병사령관) 계급이 소장이었다. 그러나 어디까지나 문치주의를 표방하고 있던 이토는 헌병을 강화하여 치안유지에 활용할 것을 건의하는 아카시를 경계하여 모름지기 헌병의 본래 임무인 군대 내의 경찰임무에 충실할 것을 지시했다. 다만 그 뒤 의병투쟁이 치열해짐에 따라 궁지에 몰린 이토는 한국 내 헌병 확대에 동의하지 않을 수 없었고, 이와 동시에 일본군 헌병장교와 하사관(부사관) 부족에 따른 애로 사항을 타개하기 위한 수단으로 한국인을 헌병 보조원으로 채용, 충원하는 방침을 허가하기에 이르렀다. 이 한국인 보조원 제도는 1908년 6월에 제정되어 그해 연말이 되면 일본 헌병대 병력 2,400명의 두 배에 가까운 4,234명에 달했는데, 당시 한성부윤[223]으로 이완용 총리의 측근이었던 장헌식張憲植이 회고한 바에 의하면 본래 이 아이디어는 이완용에게서 나온 것이었다고 한다.[224]

일본군 당국은 이토가 통감직을 사퇴할 무렵이 되자 의병 투쟁의 뿌리를 뽑을 목적으로 본격적인 진압부대 편성에 착수했다. 이 방침에 따라 1909년 5월 중순 육군소장을 사령관으로 하는 임시한국파견대와 육군대좌가 지휘하는 임시한국파견 보병 제1연대를 남한 지역에 배치한 다음 이토가 서울을 떠난 지 2, 3개월 뒤인 9월 1일부터 40여 일간 '남한 폭도 대토벌' 작전이란 이름 아래 대대적인 의병 섬멸작전을 벌였다. 1908년 후반기부터 의병투쟁도 퇴조기에 접어들어 그 중심지가 한반도 중부 지역에서 호남 지방으로 옮겨지면서, 임시한국파견대도 남부 수비 관구管區사령부라는 명칭을 띠고 진압작전에 나섰다. 육군소장 와타나베 미즈야渡邊水哉가 지휘하는 2,260명의 대병력은 호남 지방의 내륙 동북쪽에서 서남해안 방면에 걸쳐 마치 그물처럼 포위망을 친 다음 일본 해군 수뢰水雷전대의 협조 아래 해안선을 봉쇄하고 의병부대들을 압축해 들어간 결과, 각기 200명 이상의 비교적 큰 병력을 지휘했던 심남일沈南一·안규홍安圭洪·강무경姜武景·임창모林昌模·전해산全海山 등 저명한 의병장을 비롯하여 1백여 명에 달하는 군소群小 의병장을 모조리 체포 혹은 살해하는 소름끼치는 '성과'를 올렸다. 이때 일본군 토벌대가 자행한 혹독하기 짝이 없는 진압방식은 이토가 통감 재임 중에 장교들에게 경계한 것과는 자못 어긋난다고 할 수 있다. 당시 아카시 소장은 한동안 겸임하고 있던 헌병대장직을 공병과 출신인 사카키바라 쇼조榊原昇造 소장에게 막 넘기

---

223 판윤을 개칭.
224 『일당기사』, 813쪽.

고 한국주차군 참모장의 본직에 전념할 때였다. 그는 바둑판에 별(헌병)을 흩트려 놓는다는 이른바 기포성산碁布星散의 요령으로 의병을 포착 진압하는 작전을 폈다.

이처럼 일본군은 호남 지방의 의병 항쟁을 근절함으로써 한반도 중부 지방 및 그 이남의 통감부를 위협하던 요인을 일거에 제거하는 데 성공했다. 다만 북한 지역의 의병 투쟁은 만주와 러시아 연해주 지방을 후방 기지로 삼고 있는 지역적 특성에 힘입어 쉽사리 종식되지 않은 채 계속 꿈틀거렸다. 평양 출신으로 어린 시절 함경남도 갑산甲山으로 이주하여 사냥과 광산노동자 생활을 했으며, 한때 진위대 하사관을 역임하기도 한 홍범도洪範圖는 한국 군대해산 직후인 1907년 11월 함경도 일대의 이름난 포수들을 모아 산포대山砲隊를 조직하여 일진회 회원들을 처단하는 동시에 일본인 관련 기관들을 파괴했다. 개마고원 일대의 지형에 익숙한 홍범도의 산포대는 북청에서 혜산진으로 통하는 길목에 출몰하면서 일본군을 괴롭혔고, 이들을 천연의 요새인 삼수三水로 유인하여 크게 격파하기도 했다. 다만 일본은 청나라 및 러시아와의 국경지대인 두만강 유역에 한국주차군의 주력을 배치하여 동만주로의 진출과 러시아의 침입에 대비하고 있었으므로, 여단 병력으로 동부 수비 관구사령부를 설치하여 의병 진압에 나섰다. 육군소장 마루이 마사쓰구丸井政亞[225]가 지휘하는 진압군은 적극적으로 귀순공작을 벌여 1908년 3월 홍범도에 다음가는 의병지도자였던 차도선車道善이 적의 계략에 넘어가 투항하기도 했다. 그러나 홍범도는 이에 굴복하지 않고 보다 작은 게릴라부대를 편성하여 한국 병합 때까지 신출귀몰하며 일본군 수비대를 괴롭혔다.

한편 고종 황제가 퇴위당할 무렵 국외로 망명한 애국지사들과 일부 의병세력은 주로 함경도 출신 이주민집단이 둥지를 튼 연해주 블라디보스토크에서 교민들과 긴밀한 연계를 꾀하면서 국내로 침공할 기회를 엿보

---

225 제13사단 제25여단장.

고 있었다. 이름 높은 유학자로 한말 의병운동의 선구자가 된 유인석柳麟錫이라든지, 헤이그 밀사사건의 주역으로 한국 황실의 신임이 두터운 이상설, 그리고 러일전쟁을 전후한 시기에 북변北邊 간도관리사로 명성을 얻은 이범윤李範允[226] 등이 당시 이곳 교민사회의 지도적 인사들이었다. 이들 중 이범윤은 1908년 7월부터 한국 국경과 가까운 연추煙秋[227]에 활동기지를 두고, 함북 경흥慶興 출신의 부호 최재형崔在亨의 전적인 후원을 받아 성능이 뛰어난 러시아 총기로 무장한 의병을 지휘하면서 두만강을 건너 국내로 침투하는 공작을 벌이고 있었다. 당시 이범윤 휘하 전제덕全濟德 부대의 우군영장右軍領將 직함을 갖고 있던 황해도 출신 30세의 안중근安重根은 경흥 남쪽으로 침투하여 일본군 수비대와 교전을 벌이며 교통병(정찰병)을 사살하기도 했다.

42. 일진회의 불만 고조와 가중되는 의병의 위협

이즈음 의병 항쟁 못지않게, 아니 그 이상으로 이토를 골치 아프게 한 것은 바로 일진회를 둘러싼 여러 가지 문제들이었다. 그는 통감으로 한국에 부임한 뒤 고쿠류카이의 두목인 우치다를 통감부 촉탁으로 고용하고 일진회를 배후에서 조종하면서 그 정치적 성장을 도와주었을 뿐 아니라, 특히 송병준을 일약 이완용 내각의 농상공부대신으로 입각시켜 실제로 이완용과 송병준 양자에 의한 연립내각으로 꾸미기까지 했었다. 그러나 고종 황제가 퇴위한 뒤로 우치다와 일진회 수뇌부는 모두 그전처럼 이토의 지시에 고분고분하게 순종하지 않았다. 우치다는 이제 바야흐로 한국 문제를 최종적으로 결말지을 좋은 기회가 찾아왔다고 하면서 조속

---

226 마지막 러시아 공사였던 이범진의 동생.
227 노보키예프스크, 현재의 크라스키노에서 10리 거리.

히 한국을 일본에 합방合邦시켜야 한다고 주장했다. 한편 군부 최대의 실력자인 야마가타 원수는 본디 이토와 동향同鄕 출신으로 오랜 세월 정치적 동지 관계를 지속해 온 까닭에 이토의 한국 '보호정치'에 대해 정면으로 비판하는 것을 삼가면서 정국의 추이 변화를 예의 관망하는 자세를 취하고 있었으나, 그의 후계자인 전 수상 가쓰라와 육군상 데라우치는 이토가 점진주의를 금과옥조金科玉條로 내세워 마냥 시간을 끌고 있다고 불만을 토로했다. 우치다는 동향이자 대외침략 진영의 선배인 스기야마를 통해 이들 군부 거두들과 긴밀한 접촉을 유지하면서 은밀히 합방공작을 추진했다.

당시 육군 수뇌부뿐만 아니라 정계의 대외 강경파들도 보호정치에 대한 비판의 강도를 높이고 있었다. 러시아를 상대로 한 전쟁을 주창했던 고노 히로나카河野廣中를 비롯한 대로對露동지회의 극우인사들은 포츠머스 강화조약의 내용에 불만을 품은 나머지 노골적으로 반대하는 행동을 보이기도 했는데, 통감부 설치 후 이토가 너무나 미온적인 대한정책으로 일관하고 있다고 의회(중의원)에서 비판하고, 보호정치라는 헛된 간판을 하루속히 내리라는 등의 여론몰이를 하고 있었다. 서울의 이토에게 이 같은 국내정세를 기회가 있을 때마다 전하면서 정중하게 경고해 온 수상 사이온지는 1908년 7월 수상직에서 물러났고, 가쓰라 군벌내각이 다시금 등장했다. 이에 따라 이토는 본국 내의 강력한 후원세력을 잃게 되었다.

그전부터 가쓰라는 일진회에 관심을 갖고 그 활용방법에 대해 독특한 생각을 품고 있었다. 헤이그 밀사사건이 세상에 알려지기 직전이자 송병준이 대신으로 발탁된 직후인 1907년 6월 10일, 제1차 총리직에서 물러나 야인으로 있던 그는 도쿄에서 우치다와 더불어 다섯 시간에 걸쳐 대화를 하던 중에 특히 이토가 송병준을 기용한 데 대해 날카롭게 비판한 적이 있었다. 훗날 구즈우 요시히사葛生能久가 우치다의 서간문이나 메모들을 토대로 하여 엮은 고쿠류카이의 공식 역사서에 의하면 가쓰라는 우치다에게 지금 일본은 아직 한국에 대한 보호의 실권을 장악하지 못하고 있다면서 한국인은 배가 부르면 어려웠던 때를 쉽게 잊어버리는 성격이므로, 큰일을 완수하기 위해서는 일진회와 송병준을 순경順境에 놓지 말고 모름지기 역경逆境에 처하게 해야 하는데, 벌써 입각을 시키면 송병준이 입각한 데 만족하여 중대한 사명을 포기할 우려가 있다는 것이었다.[228]

가쓰라는 고종이 퇴위한 뒤 이해 10월 중순 일본 황태자[229]의 한국 방문 때 육군대장·동양협회 회두會頭의 자격으로 러일전쟁 때 연합함대사령장관으로 러시아의 발틱함대를 격파한 해군대장 도고 헤이하치로東鄕平八郞와 함께 수행하여 서울에 왔다. 그는 이때 칭병하고 일주일간 진고개의 일본인 거류지에 있는 천진루天眞樓[230]에 머물면서 정치공작에 몰두했다. 즉 겉으로는 일진회에 맞서 통감정치를 비판하는 정치단체를 만드는 일이었다. 당시 순종 황제의 시종무관으로 있던 어담의 회고에 의하면, 가쓰라는 대한자강회의 고문으로 있다가 통감부의 기피인물로 지목되어 한국에서 쫓겨난 적이 있는 오가키 다케오大垣丈夫를 불러들였다. 가쓰라는 그를 참모로 삼아 의논을 거듭한 끝에 한국인 지식층 사이에서 명성이 있는 김가진金嘉鎭·윤효정·권동진[231] 등을 움직여 대한협회를 결성하기로 합의했다.[232] 대한자강회가 이해 8월 21일 이른바 보안법에 의해 치안방해 혐의로 강제 해산되었기 때문에 새로운 명칭의 정치단체를 만든 셈이었다. 대한협회는 가쓰라가 한국을 떠난 뒤인 11월 17일 창립총회를 열고 정식 발족되었다. 이는 가쓰라가 평소 지론대로 일진회가 자만하지 말고 본래의 사명인 한국 합방의 전위세력으로 한층 더 분발할

---

228 고쿠류카이 편, 『메이지백년사총서明治百年史叢書』 중 『일한합방비사日韓合邦秘史』 상권, 도쿄: 하라쇼보原書房, 1966, 269~270쪽(1936년 원판의 복각본).
229 뒤에 다이쇼大正 천황.
230 신임 부통감 소네 아라스케曾禰荒助의 관사로 이용.
231 천도교 교주 손병희의 최측근.
232 『어담소장회고록』, 1930, 353~354쪽.

것을 자극할 요량으로 대한협회 결성을 주선한 것으로 보인다. 일본은 한국을 병탄한 직후인 1910년 9월 12일 각종 정치단체에 대한 해산 명령을 내리면서 그 무마비용으로 일진회에 15만 원, 대한협회에 6만 원을 각기 지급했는데, 이는 아카시가 관장하고 있던 경무총감부에서 파악한 소속회원 수를 참고한 것으로 보인다. 즉 해산 당시 일진회는 91,896명, 대한협회는 20,289명이었던 것으로 집계되었다. 그러나 다른 자료에는 일진회가 140,715명, 대한협회가 7,379명, 그리고 대표적인 항일단체였던 서북학회가 2,324명으로 되어 있는 등[233] 같은 헌병대 계통의 숫자 파악도 출전出典에 따라 큰 차이를 보인다.

한편 이 시기 일진회의 내부사정도 복잡하게 얽혀 있었다. 이완용 내각이 성립하고 채 2개월이 못 되어 고종 황제가 퇴위하면서 일진회원 가운데 상층부를 구성하고 있던 옛 독립협회 계열의 평의원들은 관찰사를 비롯하여 수령직에 대거 진출했으나, 회원의 절대 다수를 차지하고 있는 10여만 명에 달하는 동학 계통의 신도 회원들은 매우 어려운 처지에 놓여 있었다. 회장 이용구는 손병희가 자신을 동학에서 제명 추방하면서 새로이 천도교를 만들자 동학교단의 선배였던 김연국金演局을 내세워 시천교侍天敎를 표방, 회원들의 이탈을 막는 동시에 천도교와 교세 경쟁을 벌이지 않으면 안 되었다. 더욱이 한국 군대가 강제로 해산된 뒤 의병투쟁이 전국적으로 확대되자 일진회의 지방조직은 수난을 겪기 시작했다. 그 결과 군대가 해산된 1907년 8월부터 이듬해 8월까지 1년간 의병에 의해 살해된 회원이 966명에 달했다. 이 숫자는 일진회가 공표한 것인데, 항일적인 논조로 유명했던 『대한매일신보』에 의하면 1908년 5월까지 926명의 일진회원들이 희생되었다고 한 것으로 미루어 보면 실제로 1천 명을 훨씬 넘었던 듯하다. 물론 일진회도 의병항쟁이 확대되는 것을

---

233 고모리 노리하루小森德治, 『아카시 모토지로明石元二郎』 상권, 도쿄: 하라쇼보原書房, 1968, 488쪽(1928년 원판의 복각본).

방관하지만은 않았다. 일진회는 1907년 9월 중순 의병이 전국적으로 번지는 김새를 보이자 특별총무회를 열고 그 진압 방책을 논의한 끝에 선언서를 발표하고, 10월부터 각도에 총대總代를 보내는 한편 별도로 탐정원 30명을 은밀히 파견했다. 그리고 11월에는 자위단自衛團을 만들자는 건의서를 법부와 통감부에 제출하기까지 했다. 이용구는 순회巡回 총부장의 자격으로 우치다 고문과 함께 직접 북한 지역으로 출장하여 의병의 움직임을 정탐하는 가운데 의병이 현지 주민과 연결되는 것을 막아 보려고 꾀했다. 그러나 이 자위단의 행태에 대해 지방민들이 크게 반발하자 통감부는 1908년 5월 해산 명령을 내리지 않으면 안 되었다.

43. 일진회의 내각 개조 요구와 수산금授産金 문제

일진회의 고문에 통감부 민정 담당 촉탁을 겸하고 있던 우치다는 이토에게 앞서 고종 황제를 퇴위시키는 이면공작에 행동대로 수고한 바 있으며 또한 지금 의병 진압을 측면에서 돕고 있는 일진회원들이 스스로 사업을 벌여 생계를 도모할 수 있도록 금전을 지원해 줄 것을 간청했다. 이에 따라 이토는 1907년 8월 일진회 구제를 위한 이른바 수산금授産金을 50만 엔 정도 지원하도록 힘써 보겠다고 약속했다. 얼마 뒤 우치다는 송병준 외에도 일진회 수뇌부 중에 몇 사람을 각료로 기용할 것을 제안했다. 그러나 이토는 지금 당장 이완용 내각의 개각은 바람직하지 않으며, 일진회에 대한 자금 지원도 생각처럼 쉬운 일이 아니라고 잡아뗐다. 그뿐만 아니라 일진회를 차츰 성가신 존재로 느끼게 된 이토는 우치다에게 앞으로 더 이상 일진회에 깊이 개입하지 않는 것이 좋겠다며 정리할 채비를 하라고 암시했다. 이에 크게 실망한 우치다는 이토에게 "내 손을 자를지언정 일진회와의 관계를 단절할 수는 없다"고 항의하면서 촉탁직을 사임하고 일본으로 돌아갔다.

서울에서 도쿄로 무대를 옮긴 우치다는 스기야마에게 이토의 진정한 뜻이 과연 무엇인지 알 수 없다고 불평을 늘어놓았다. 그는 이토가 한국을 합방할 생각이 없는 듯하다고 말하면서 이토를 통감 자리에서 물러나게 하는 것이 바람직하다고 주장했다. 스기야마도 이 제안에 동조하면서 먼저 이완용 내각을 무너뜨려 이토에게 심리적 타격을 안겨 줄 필요가 있다고 보았다. 이에 따라 두 사람은 송병준에게 각료직을 사퇴하도록 설득했다. 당시 송병준의 이완용에 대한 불평·불만은 최고조에 달해 있었다. 본디 열정적이고 정한精悍하며 직정경행直情徑行의 성품인 그는 냉정·침착하고 교지巧智가 많으며 세상사에 노련한 이완용과는 성격이 전혀 맞지 않았다. 두 사람이 이토의 비밀지령에 따라 합심하여 헤이그 밀사사건으로 수세에 몰린 고종 황제를 사정없이 압박한 끝에 퇴위시키는데 성공한 것은 사실이었으나, 이른바 연립내각의 한 축을 대표하고 있다고 자부하는 송병준으로서는 이완용이 내각 수반으로 계속 권세를 독점하고 있는 데 대해 질투와 시기심을 억누를 수 없는 처지였다. 게다가 1907년 12월 중순 이토가 일본 유학의 길에 나선 영친왕을 인솔하여 본국에 돌아가 4개월간 체류하던 때 송병준도 이토를 따라 도쿄에 머물렀는데, 이완용은 그가 없는 틈을 타서 각료 중 심복들인 조중응·임선준 등과 결탁하여 일진회에 대해 갖가지 간섭, 압박을 가함으로써 각내閣內에서의 송병준의 지위는 현저히 고립된 형국이 되었다. 이 같은 정황이었으므로, 송병준은 1908년 봄 귀국하자마자 스기야마와 우치다가 짜 놓은 각본에 따라 내각의 과오를 성토하며 흔들기 시작했다. 1908년 4월 중순 귀임한 이토는 송병준의 행동에 어떤 술책이 작용하고 있음을 눈치채고 부랴부랴 이완용에게 그를 달래보도록 권유했다. 그런 다음 이토는 송병준을 불러 이완용이 사과한 만큼 대신직을 사퇴할 필요성이 없어졌다고 달래면서 송병준이 평소 주장해 온 매관매직 금지와 지방행정의 일대 획기적 개선을 위해서 내부대신직을 맡아 보는 것이 어떻겠는가 하고 제안했다. 이는 그가 몹시 바라던 자리였으므로, 군말 없이 수락하여

6월 6일 자로 내상內相에 전보되었다.

이토가 이처럼 반항적인 송병준을 달래어 중용한 데는 그 나름의 계책이 있었기 때문이다. 당시 지방의 정세는 매우 불온하여 마치 1894년 동학농민군이 반정부운동에서 항일운동으로 급전환한 사실을 상기시킬 정도였다. 그때는 이토가 두 번째 내각 총리로 청나라를 상대로 전쟁을 치를 때였다. 그런데 지금 송병준은 동학교도들을 주축으로 하여 결성된 일진회의 이용구 회장을 실제로 조종하고 있었다. 일진회는 송병준이 내상으로 영전된 직후에도 독자적인 내각을 실현시키려는 야망에서 이완용의 퇴진을 요구하는 집단적 시위행동에 나설 것을 천명하고, 6월 10일 평의원 회의를 거친 다음 통감부에 정식으로 건의서를 제출하기까지 했다. 이즈음 도쿄에 체재 중이던 우치다 역시 송병준에게 이완용 내각을 타도하기 위해 내상직을 사임하라고 종용했다. 하지만 송병준은 사퇴할 의사가 전혀 없었으므로, 두 사람 사이에는 차츰 감정 대립이 생기게 되었다.

무엇보다도 당시 일진회는 자금이 고갈되어 조직을 유지하기가 매우 어려운 처지였다. 이토는 처음에 주기로 약속했던 50만 엔 중에서 26만 엔을 지급할 계획이라고 미뤄오다가 실제로 10만 엔을 교부하는 데 그쳤기 때문이다. 수산금을 26만 엔으로 산출算出한 근거는 전국 13도를 대상으로 도별로 2만 엔씩 지급하면 회원들의 궁핍을 어느 정도 구제할 수 있다는 추정이었는데 실제로는 이보다도 적게 지급한 것이었다. 이용구는 이 자금 문제를 타개할 목적으로 1908년 9월 중순 일본으로 건너갔다. 이토는 이보다 앞서 7월 중순 중추원의장직에 있던 김윤식 등 원로·귀족들을 대동帶同하여 귀국한 뒤 계속 도쿄에 머물고 있었다. 이용구는 9월 21일 이토를 찾아가 이완용 내각을 교체할 것과 전에 약속한 자금 가운데 잔여분을 제공해 줄 것을 요구했으나, 모두 거절당했다.

이 무렵 일진회 문제를 둘러싸고 이토를 비롯하여 우치다, 송병준 등이 가쓰라 수상이나 데라우치 육군상에게 전례 없이 빈번하게 마치 경쟁이라도 하듯 서신을 보낸 것이 흥미를 끈다. 먼저 일본에 체재 중이던 우치다는 데라우치에게 보낸 9월 15일자 편지에서, 현재 도쿄에 와 있는 이용구가 신문기자들에게 둘러싸여 있는 까닭에 그와 대화할 기회가 없으나 근래 한국에서는 반일적인 집단이 차츰 강력해지고, 일진회 내부의 갈등은 증폭하고 있으므로 위태로운 한국 정세에 대해 직접 만나 상의하고 싶다고 호소하고 있다. 또한 우치다는 서울로 귀임한 이토에게 보낸 11월 10일 자 편지에서 자신은 송병준의 최근 태도를 좋아하지 않으며 그에게 내상직에서 사임할 것을 촉구한 바 있는데, 이는 자기뿐만 아니라 모든 관변 인사들의 공통적인 생각이라고 주장했다. 한편 우치다와 이용구로부터 사퇴 압력을 받고 있던 송병준은 이토와 가쓰라에게 자신의 입장을 변호하며 이용구를 헐뜯는 내용의 서신을 보냈다. 즉 이토에게 보낸 1908년 10월 1일 자 편지에서는 이용구가 현 내각에 대한 공격을 자제自制하는 대가로 이완용에게서 10만 원의 뇌물, 즉 무마 비용을 받았다고 고자질하는 등 이용구에 대한 개인적 불만을 노골적으로 드러내고 있으며, 가쓰라에게 보낸 10월 3일 자 편지에서는 자신이 내부대신으로서 지방행정을 쇄신하는 일에 전념하고 있는바 최근의 동양척식拓殖회사의 성립에서 볼 수 있는 것과 같은 한·일 통합 형식의 정부로 한국 내각을 개편하기 위해 일본에서 유능한 인사들을 초빙하여 내각 서기관장과 법제국 장관을 등용할 필요가 있다고 생각하며, 한국 농상공부를 농·상·공업의 3국으로 해체하여 내부에 통합할 것과 학부 역시 마땅히 학무국으로 격하시켜 내부 직속으로 개편할 필요가 있다고 제안했다.

한편 일진회의 내분과 그 통제 방안, 그리고 수산금 지원 문제로 고민하던 이토가 가쓰라 수상에게 협조를 요청한 점이 주목된다. 그는 1908년 10월 5일 자로 가쓰라에게 보낸 서신에서 송병준이 10월 1일 자로 자기에게 보낸 편지를 동봉同封하니 꼭 한번 읽어보라고 권하면서, 절박한 일진회원들의 의식주 문제를 해결해주지 않는다면 이 친일 정파政派는 끝내 절망 속에서 종말을 고하게 될 것이라고 단단히 경고했다. 또한 그는 1908년 12월 6일 자로 재차 가쓰라에게 보낸 편지에서 그간 부통감인 소네와 더불어 앞으로 일진회를 어떻게 다룰 것인지 그 '처분'에 대해 상의했다고 하면서, 이 문제가 실로 중대한 까닭에 수상 귀하에게 보고하는 것이라고 엄포를 놓고 있다. 동시에 이토는 일진회의 문제를 가쓰라와 데라우치 육군상 등이 동의하는 노선에 따라 처리할 생각이라며, 일진회원들이 다양한 직업을 얻어 자립할 수 있도록 조치를 취한 다음에야 끊임없이 계속되는 그들의 금전적 요구를 물리칠 수 있다고 피력했다.

44. 동요하는 이토의 '보호'정치에 대한 신념

그러나 송병준이 가쓰라 수상에게 보낸 1908년 10월 3일 자 편지에서 언급한 동양척식회사가 그 무렵 형식상으로라도 한·일 양국의 합동 투자에 의해 발족한 것은 크게 주목된다. 이는 이토의 평소 소신이 흔들리고 있음을 보여주기 때문이다. 이 토지회사의 창립을 처음 제안한 것은 다름 아닌 가쓰라였다. 그가 수상 경력이 있는 육군대장 신분으로 1907년 10월 일본 황태자를 수행하여 서울에 왔을 때, 이토에게 한국의 경제개발을 꾀하기 위해서 한·일 합작의 토지 및 자원개발 회사를 만들 필요가 있다고 제안하여 이토의 원칙적인 동의를 얻었다. 그러나 이토는 1년 전만 하더라도 이 같은 형식의 경제개발 계획에 대해서는 단연 부정적인 태도를 보였다. 즉 1906년 10월 삿포로농학교 출신으로 미국에 유학하고 돌아와 식민정책 연구의 권위자로 인정받고 있던 니토베 이나조新渡戶稻造가 통감부 농상공부총장 기우치의 부탁을 받고 촉탁으로 한국에 와서 농업사정을 시찰한 뒤 이토에게 일본인 이민을 받아들일 것을 역설했을 때, 그는 이 제안을 단호히 반대했었다. 이에 한국사회가 오랜 세월 정체상태에 빠져 있다는 그릇된 편견을 갖고 있던 니토베가 한국 인민으로서는 한국을 개화시킬 수 없다고 반론을 펴자 이토는 역사를 보면 한국 인민의 재능은 일본인에 못지않은 뛰어난 민족으로, 정치가 나빠서 현재와 같은 정체상태를 보이고 있을 뿐이며, 제대로 다스린다면 한국 인민은 질과 양에 있어서 전혀 손색이 없다고까지 응수했다. 그러니 시정개선을 통해 꾸준히 정치개혁을 추진해 나간다면 한국은 저절로 문명 세계에 편입될 것이라고 변호했다.[234] 이와 같은 처지였던 이토가 가쓰라의 동양척식회사 창립 제안에 정면으로 반대하지 못한 것을 보면, 당장 시급해진 일진회 대책을 비롯한 여러 가지 정치적 국면에서 그 수습을 위해 가쓰라의 협조가 요망되는 등 그간 적지 않은 상황변화가 있었음을 알 수 있다.

　가쓰라는 한국 방문을 마치고 귀국한 뒤 정치인·사업가·경제학자들을 모아 사업검토에 들어갔고, 1907년 12월 하순 대장大藏대신(재무장관)인 사카타니 요시오阪谷芳郎에게 회사 창립의 구체적인 계획을 세워줄 것을 당부했다. 그리하여 1908년 3월 중순 동양척식회사 창설 법안은 의회로 넘겨져 중의원과 귀족원 양원에서 모두 통과되었다. 더욱이 가쓰라가 7월 14일 제2차 내각을 조직함에 따라 창설 사업은 급속히 진행되어 8월 26일 동양척식주식회사 법안이 공포되기에 이르렀다. 이 회사는 자본금 1,000만 엔 가운데 300만 엔을 한국 정부가 부담하는, 이른바 한·일 양국의 합동주식회사로 이해 연말 창설되어 총재직에 데라우치 육상 아래서 6년 이상 육군성 군무국장으로 재임한 우사가와 가즈마사宇佐川一正 중장(남작)을 예비역 편입과 동시에 임명했다. 그는 조슈 군벌 출신의 정치군인으로, 고종 황제가 주한 러시아 공사관으로 거처를 옮길 무렵 주일 한국 공사관 육군무관으로 서울에서 근무했었다. 한편 부총재로는 탁지부대신 경력이 있는 민영기가 임명되어 합동회사의 형식을 갖추게 되었다.

---

234 다키이 가즈히로, 『이토 히로부미—지의 정치가』, 도쿄: 주오코론신샤, 2010, 300~301쪽.

이토는 회사 창설안이 의회로 넘겨지기 직전인 1908년 3월 10일 가쓰라에게 보낸 서신에서 사업계획에는 한국 정부 및 인민의 처지와 이해관계를 고려하지 않았고, 또한 한·일 양국 이외의 제3국이 토지 소유권을 요구할 경우 어떻게 대처할 것인지에 대한 방안도 결여되어 있다고 지적하면서 일본인 이주자뿐 아니라 한국인에게도 토지취득이 가능하도록 명문화明文化할 것과 회사를 한·일 양국 정부의 엄정한 통제 아래 둘 것을 강조했다. 이토가 우려한 대로 대한협회는 월례月例 통상회의에서 동양척식주식회사법이 공표된 직후인 9월, 이완용 내각에 질문서를 보내어 일본의 토지침탈을 규탄하면서 그간의 여러 가지 실정失政을 들어 내각 퇴진을 요구하는 등 회사 창설 반대운동을 전개했다. 이 같은 한국민의 동척東拓 반대 움직임을 간파했기 때문인지 이 신설 회사는 이토가 통감직에서 물러난 1909년 6월까지 실제로 어떤 사업도 벌이지 못했다. 식산흥업과 부원富源 개척이라는 고상한 명목 아래 발족한 이 회사가 한국으로 이주한 일본인들에게 토지를 헐값에 양도하고 한국인 소작농들에게는 고액의 소작료를 받는 악명 높은 수탈기관이 된 것은 이토가 한국을 떠난 뒤에 일어난 일이었다. 윤치호는 3·1 독립운동이 일어난 2개월 뒤 정세 파악을 위해 서울에 들른 일본 외교관 요시자와 겐키치芳澤謙吉[235]에게 평소 지론대로 일본의 농민 이주정책 및 일본인의 한국토지 매입 허용에 따라 한국 농민들이 조상 대대로 살아온 고향에서 쫓겨나는 등 생존기반을 박탈당한 것이 식민통치의 최대 과오라고 규탄한 듯한데, 이에 대해 요시자와는 이토가 동양척식주식회사 창립에 반대했었다는 이야기를 했다고 한다.[236]

이토는 통감부가 설치된 지 3년이 지난 1908년 말경에 이르면 더 이상 한국에 대한 '보호'정치를 지속할 수 없음을 깨닫게 된 듯하다. 그는 러

---

235 1919년 7월 외무성 정무국장 취임. 훗날 장인인 이누카이 쓰요시犬養毅 내각 외상 역임.
236 『윤치호 영문일기』, 1919년 5월 7일 자.

일전쟁 직후 욱일승천旭日昇天하던 육군의 기세를 억제하고, 또한 전승에 고무되어 한국의 즉각적인 합방을 주장하는 대륙 침략론자들에 맞서 고집스럽게 한국의 시정개혁을 꾀한다는 명분으로 시간을 끌어왔지만 고종 황제를 강압적으로 퇴위시키면서 한국 내각의 각 부처에 일본인 차관을 배치하고 군대를 해산하고, 경찰권을 일본인이 장악하도록 했으며, 재판제도의 개혁을 꾀한다는 구실 아래 한국의 사법권을 송두리째 일본인이 장악하게 하여 한국의 외교권은 물론 내정권까지 통감부가 직접 행사하게 했다. 통감부 당국의 한국 지배에 대해 주로 일본 고쿠류카이黑龍會 관련 문서를 갖고 면밀하게 검토한 바 있는 미국 정치사학자 컨로이Hilary Conroy는 이토가 궁극적으로 계획한 것은 한국 합병도 잔악한 독재정치도 아니었고, 오로지 통감부와 한국 궁정 그리고 한국 개혁 정부 사이에 일종의 삼각균형triangular balance을 이룸으로써 한·일 간의 협력이 한국의 개혁 및 근대화를 초래하고자 했다고 이토를 적극 변호했다. 또한 일본의 군벌 내각은 이 같은 이토의 구상이 동아시아 평화와 안전을 만족시키는 데 불충분하다고 여겨 합병 방침을 밀어붙였다고 주장했다.[237] 하지만 이토가 일본에 매우 적대적인 고종 황제를 퇴위시키고 한국 내각을 통감부의 괴뢰기구로 전락시킨 마당에 삼각균형이란 말 자체가 애초에 성립될 수 없는 한낱 허구에 지나지 않는다는 것을 누구보다도 컨로이 교수 자신이 잘 깨닫고 있을 것으로 믿는다.

45. 이토의 퇴임을 촉진시킨 송병준 실각 사건

이 무렵 이토는 이완용 총리에게 자신이 직접 순종 황제를 모시고 국

---

237 Hilary Conroy, *The Japanese Seizure of Korea; 1868~1910*, Philadelphia: University of Pennsylvania Press, 1960, pp. 379~382

내를 순행巡幸하고 싶다는 의견을 꺼냈다. 당시 황제의 시종무관이었던 어담 정령(현 대령)이 20여 년 뒤 회고한 바에 의하면, 이토가 이 같은 급작스런 제안을 한 목적은 통감부가 시행하고 있는 일본의 보호권을 한국민들에게 다시 한번 철저하게 주지시키려는 것과 아울러, 고종의 후계자인 신황제가 자기를 매우 신임하고 있음을 국민들 앞에 보여주려는 데 있었다는 것이다. 다시 말해 군대해산, 사법권 박탈 등으로 떨어져 나간 민심을 회유하는 것이 순행의 참된 목적이었다고 회고했다. 이토가 1909년 정초에 입궐하여 순종을 열심히 설득하여 1월 7일에 여행길에 나서기로 결정을 보았다. 각료들은 물론 궁중의 여관女官 30여 명까지 포함된 여행단은 남대문역에서 경부선 열차에 탑승하고 부산을 향해 출발했다. 일행은 대구에서 1박한 다음 8일 부산에 도착하여 일본 거류민단의 환영을 받았다. 순종은 9일 부산 앞바다에 임시로 정박 중인 일본 해군 제2함대 기함 아즈마吾妻에서 마련한 오찬에 초대받아 소형 군함을 타고 기함으로 이동, 함대 사령장관인 데바 시케토오出羽重遠 중장·남작의 정중한 영접을 받았다. 그러나 이때 일본 군대가 황제를 납치해 끌고 간다는 유언비어가 나돌아 흥분한 어민들이 5, 6척의 배를 몰아 소형 일본 군함을 뺑 둘러싸고 이를 저지하려는 소동이 벌어지기까지 했다. 이 제2함대는 본국 천황의 특명에 의해서 순종 황제의 부산 방문을 경축할 목적으로 급히 부산에 왔던 것이다.

여행단은 10일 마산으로 이동했고, 순종은 창원군청에서 지역유지들을 접견하여 간단한 대화를 나눴다. 순종은 11일 또다시 일본 해군 당국의 영접을 받았다. 즉 순종은 제1함대 기함인 가토리香取에서 베풀어진 오찬에 참석했는데, 이때 함대 사령장관[238]인 이주인 고로伊集院五郎 중장·남작 이하 함대의 간부들이 모두 도열한 가운데 30여 분 동안 해상전투 연습을 참관하기도 했다. 여행단은 12일 경부선 열차를 타고 대구·

---

238 전쟁 때는 제1함대 사령장관이 자동적으로 연합함대 사령장관직을 수행함.

대전을 거쳐 13일 남대문역에 도착, 순종은 곧바로 환궁했다.

이른바 남한 순시가 끝난 지 꼭 2주일 뒤인 1월 27일 순종은 역시 이토의 의견에 따라 다시 서북한 순시에 나섰다. 그러나 기차가 개성역을 통과한 지 얼마 되지 않았을 때, 술에 취한 내부대신 송병준은 황제가 있는 곳과 불과 한 칸 떨어진 열차 내의 시종실로 들어와 무엄하게도 행패를 부렸다. 포도주를 요구하여 마시던 송병준은 가까이 있던 나이 지긋한 궁녀들에게 술을 마실 것을 강요하다시피 했다. 이를 보다 못한 70세 가까운 김 상궁이 제지하자 송병준은 폭언을 늘어놓았다. 이에 29세의 시종무관인 어담이 정중하게 항의하며 나서자 그는 새파랗게 젊은 놈이 건방지다고 하면서 따귀를 갈겼다. 어담이 불복不服하는 태도를 보이자 송병준은 칼을 빼어들었고, 어담 또한 물러서지 않았다. 다행히 곁에 있던 사람들이 달려들어 칼싸움으로 번지지 않은 채 사태는 일단 수습되었지만, 결국 커다란 후유증을 낳게 되었다. 이토는 이 사건을 보고받고도 그대로 덮을 생각으로 여행을 예정대로 계속했다. 일행이 평양에 도착한 뒤 이곳이야말로 한국에서 가장 개신교가 융성하고 동시에 반일적인 열기가 강한 것을 잘 알고 있던 이토는 28일 오후 6시 공회당에 소집한 지역유지들을 상대로 고쿠부國分의 통역으로 두 시간에 걸쳐 일본은 결코 한국에 대하여 아무런 침략의 야심을 갖고 있지 않다고 열변을 토했다. 순행단은 이날 밤 늦게 신의주에 도착, 1박한 뒤 29일 의주에 들러 사적지를 관람하고 30일 신의주로 돌아왔다. 이들은 신의주를 반환점으로 하여 평양에서 2박, 개성에서 1박한 뒤 2월 3일 오후 3시 서울로 귀환했다.

여행단은 2월 2일 경의선 개성역에서 하차하여 다음 날 만월대를 관람했는데, 두 개의 좌석이 급히 야외에 마련되어 순종과 이토가 각기 착석했다. 이곳에서 일행이 잠시 휴식을 취하고 있을 때 이토는 명함을 꺼내 연필로 다음과 같은 7언 절구絶句를 지어 순종에게 바쳤다.

고려 왕조의 사업이 차가운 잿빛을 띠고 있어	王家事業付寒灰
만월대는 초목들로 황량하기만 하네	草木荒凉滿月臺
뒷날 사람들은 역사 흥폐의 이치를 깨닫지 못하고	後輩不知興廢數
천년만년 하염없이 정몽주의 재간만 들먹이네	千秋空受夢周才

이토는 평소 문인 취미를 과시하여 한국에 귀임할 때면 당시 본국에서 한시漢詩로 명성이 높은 40대 중반의 모리 가이난森槐南을 대동하기 일쑤였는데, 이때도 모리는 순행단에 끼어 행동했었다.[239] 어담은 뒤에 회고하기를 당시 한국 처리문제에 대한 이토의 복안이 과연 무엇인가를 놓고 여러 가지로 엇갈린 추측들이 나돌았으나, 그로부터 2년이 채 못 되어 한국 병합이 실현된 것으로 미루어 볼 때 그가 시에서 고려 말기의 대충신인 정몽주를 흥망성쇠의 이치를 모르는 천견淺見의 선비인 양 폄하한 것은, 닥쳐올 한국 병합을 불가피한 기정사실로 예견하면서 은근히 풍자한 것이 아닐까 하는 느낌이 들었다고 회고록에 쓴 바 있다.[240]

순행단은 만월대 외에도 선죽교와 정몽주를 기리는 숭양서원에도 들른 다음 개성역으로 돌아와 서울행 기차에 탑승했다. 그리고 이토는 서울에 귀환한 1주일 뒤인 2월 10일 송병준을 대동하고 본국으로 돌아갔다.

이토는 순행기간 중 술에 취한 송병준이 열차 내에서 저지른 난동사건을 불문不問에 부칠 심산이었지만, 세간의 여론이 황제가 계신 가까운 곳에서 칼을 빼어들어 시종무관을 위협한 것은 황제에 대한 크나큰 불경 사건이라 하며 들끓었기에 그대로 덮어버릴 수 없는 정황이 되어 버렸다. 이미 사건이 발생한 직후 서울에서 발간되는 일진회 기관지인 『국민신보』에 보도되었고, 이토 자신도 평양에서 신문 기사를 접하고 사태가 심상

---

239 모리는 이해 10월 26일 이토가 하얼빈에서 안중근 의사의 저격을 받았을 때도 근처에 있다가 총상을 입어 1년 4개월 뒤 사망했음.

240 어담은 당시의 일정을 착각하여 1월 27일 남대문역 출발 후 개성역에 하차한 것으로 기록했음.

치 않게 전개됨을 걱정했다. 이토가 여행에서 돌아온 지 1주일 뒤인 2월 10일에 본국에 귀환할 때 현직대신인 송병준을 동행한 것도 어쩌면 그를 시끄러운 한국에서 떼어놓으려는 배려에서 나온 조치로 짐작된다. 그러나 송병준을 규탄하는 각계각층의 목소리는 그가 국내에 있건 없건 한결같았다. 민중들은 송병준의 눈에는 임금과 부모가 보이지 않는다고 비판했고, 특히 여론을 주도하는 지방 유림들은 사방에 통문을 보내어 성토했다. 통감부에 비판적인 대한협회는 내각에 연서連書를 올리는 한편 송병준을 규탄하는 민중대회를 열어 여론을 고조시켰다. 그러자 여론의 압력을 느낀 중추원은 2월 17일 이 사건을 정식 의제로 올려 논의한 결과 송병준의 죄과가 매우 크다는 점을 의결하지 않을 수 없었다.

더욱이 송병준을 한층 더 궁지로 몰아넣은 것은 이때 서울에 주재하는 미국 영사가 평소 송병준이 미국 기독교 선교사들에 대해 불평을 늘어놓은 사실을 불쾌하게 생각한 나머지, 이를 정식외교 문제로 제기한 사실이다. 즉 송병준은 그전부터 한국에 와 있는 미국 선교사들이 한국인을 선동하여 일본의 굴레에서 벗어나도록 획책하고 있다고 비난해 왔었다. 그런데 이토는 송병준과 달리 오랫동안 일본에서 선교활동을 펴 온 미국 감리교 감독 해리스Merriman C. Harris 목사의 권유를 받아들여 서북한 지역, 특히 평안도 지방의 미국 선교사들을 지원해 왔었다. 그것은 이 지방의 강렬한 반일적 경향을 누그려뜨려 보려는 일종의 회유책에서 나온 것이었는데, 1907년 이래 이곳에서 시작된 대부흥운동으로 기독교도들이 폭발적인 증가세를 보임에 따라 통감부 당국자들은 잔뜩 긴장하고 있었다. 후일담이지만 일본을 제2의 고향이라고 선전한 이 해리스 감독은 일본이 한국을 병탄한 직후인 1911년 5월 하와이 호놀룰루에 들러 설교하는 가운데, "일본이 한국을 병합한 것은 하나님의 뜻"이라고 하여 한국 교민들을 크게 격분시킨다. 어쨌든 이완용이 도쿄에 있는 이토에게 송병준 사건의 진행 경과를 알리자 이토는 미국 영사관 측의 문제 제기를 각별히 중시하여 송병준을 내부대신직에서 해임하는 데 동의했다. 이에 따라 이완용은 2월 27일 자로 송을 해임하고 후임에 자신과 친분이 두터운 중추원 고문 박제순을 황제께 주청하여 앉혔다. 한편 이때 이토는 송병준이 칼을 빼든 소동에는 시종무관 어담에게도 일말의 책임이 있다고 주장하였고, 한국주차군 사령부를 통해 그 책임을 추궁하도록 한 결과 한국 정부는 어담에게 무기한 휴직처분을 내리지 않을 수 없었다. 이 같은 이토의 집요함은 실각한 송병준을 달래기 위한 방책에서 나온 것이 분명하다.

그간 특별히 비호하면서 중대한 국면마다 요긴하게 이용해 온 송병준의 예상치 못한 정치적 몰락은 이토로 하여금 보호정치에 대한 미련을 앗아간 추가적인 요인으로 작용하지 않았을까 짐작된다. 이 같은 낌새를 눈치챈 탓인지 4월 10일 수상 가쓰라가 외상 고무라와 함께 이토를 찾아와 적당한 시기에 한국 병합을 단행했으면 좋겠다는 얘기를 꺼냈고 이토는 두 사람의 예상과는 달리, 아주 순순히 그들의 제안을 받아들였다고 통감부 외무부장 고마쓰는 10여 년 뒤 회고한 바 있다. 어쩌면 이때 이토는 통감직에서 물러날 뜻을 내비친 것으로 보인다. 그것은 이로부터 1주일 뒤인 17일 가쓰라가 야마가타 원수에게 보낸 편지에서 그의 후임 통감 인선문제를 협의한 것으로 미루어 볼 때 충분히 짐작할 수 있다. 가쓰라는 여기서 머지않은 장래에 이토가 통감직에서 물러나게 되면 후임자로는 영향력이 큰 사람은 필요하지 않으므로, 현직 부통감인 소네를 승진시키는 것이 좋다고 상신上申했다. 요컨대 병약한 소네 정도라면 뒤에 필요할 때 갈아치우기 쉽다는 이유에서였던 듯하다. 이 가쓰라의 소네 추천은 이미 스기야마 등과 협의를 거친 사항으로, 스기야마는 우치다와 송병준에게 "장차 소네가 한일합방 계획을 충분히 실행에 옮기지 못한다면 우리는 즉각 그를 실각시킬 것이다"고 양언揚言하기도 했다.

바로 이 무렵 통감부 기관지를 발행하던 경성일보사의 주관으로 민영소閔泳韶·김종한金宗漢·이중하李重夏를 비롯한 전직 고관을 포함하여 1백명의 유력한 인사들로 구성된 일본 관광단이 1개월간의 일정으로 4월 11

일 서울을 출발하여 일본을 여행하고 있었는데, 이달 하순 도쿄 우에노 上野에 있는 숙소인 세이요켄精養軒에서 환영행사가 열렸다. 이때 이토는 자신의 한국 보호정치를 선전하는 연설 중에 이제 바야흐로 한·일 두 나라가 서로 협조적으로 나가는 경향이 싹트고 있으며, 앞으로 이대로 나아간다면 양국은 일가一家를 이룰 수 있다고 발언하여 듣는 사람들을 놀라게 했다. 사람들은 이토의 말뜻이 한일합방을 암시하는 것이 아닌가 의심하기도 했다는 것인데, 앞에서 보았듯이 이토는 이보다 10여 일 전에 가쓰라와 고무라에게 보호정치를 무작정 더 끌고 갈 생각은 없으며, 적당한 시기가 되면 한국을 병합하는 데 동의한다고 밝힌 바 있다.

46. 실패로 끝난 '보호'정치와 이토 암살

1909년 5월 21일 이토는 가쓰라 수상을 통해 통감직 사표를 천황에게 전달했다. 천황은 일단 이를 각하却下했으나, 20여 일간 뜸을 들인 뒤 수상의 주청奏請을 받아들이는 형식으로 이를 재가裁可, 6월 14일 자로 사표를 수리했다. 이토는 야마가타 원수의 양보를 받아 이 날짜로 네 번째 추밀원 의장에 임명되었다. 후임 통감에는 예정대로 소네 부통감을 승진 발령했으나, 공석이 된 부통감은 1년 가까운 소네의 임기 중에 끝내 임명하지 않아 공석이 되었다. 소네는 6월 22일 서울에 귀환, 다음 날 순종 황제를 알현하여 통감 신고식을 마친 다음 26일부터 공식적으로 통감직을 수행했다.

한편 이토는 통감직 인수인계를 명목으로 근 5개월 만에 서울로 돌아왔다. 그는 7월 1일 오이소大磯 소재 별장을 출발하여 4일 마산항에 당도하여 1박한 뒤 그곳까지 마중 나온 총리대신 이완용과 함께 5일 상경했다. 그는 15일 인천 제물포항을 떠나 귀국길에 오를 때까지 꼭 10일 동안 매일 전별연회에 초대받는 등 분주한 나날을 보냈다. 그는 서울에 온 다음 날인 6일 창덕궁 인정전仁政殿에서 순종 황제를 알현하고 일본 황실에서 보낸 각종 선물을 진상한 뒤 동행각東行閣에서 배식陪食했다. 바로 이날 일본 정부는 각의에서 은밀하게 적당한 시기에 한국을 병합할 방침임을 결정했다. 3일 뒤인 9일 이토는 소네와 함께 덕수궁 함녕전咸寧殿에서 고종 태황제를 알현한 뒤 사연賜宴을 받았다. 이는 고종과 이토 두 사람 사이의 마지막 만남이 되었다. 10일에는 순종이 친히 통감 관저로 이토를 방문했다. 이 밖에도 8일에 한국 내각 주최의 신구新舊 통감 영송迎送 파티가 경복궁 경회루에서, 9일에 동양척식주식회사 우사가와 총재가 주최한 연회가 국취루掬翠樓에서, 11일에 그간 하세가와의 후임으로 한국주차군 사령관에 취임한 오쿠보 대장의 연회가 진고개 화월루花月樓에서, 12일에 서울 주재 각국 영사단이 주최한 연회가 정동의 손탁Sontag 호텔에서, 그리고 13일에 한국 황족·원로·대신들이 주최한 연회가 취운정翠雲亭에서 각각 열렸다. 이토는 14일 오후 2시 남대문역을 출발, 기차로 인천에 가서 그다음 날 군함을 타고 귀국길에 올라 한국과 영원히 작별했다.

그가 이번 내한 중에 이완용 내각을 압박하여 한국의 사법권을 완전히 일본에 넘기게 한 것, 또한 무관학교마저 강제로 폐교 조치하여 명목뿐이었던 군부를 없애도록 한 것은 앞에서 지적한 바와 같다. 또한 그의 마지막 방한 기간에 맞춰 그간 건설 중이던 중앙은행 본관이 서둘러 완공된 데에는 한국의 재정·금융 정리에 끼친 그의 공적을 선전하려는 뜻이 작용했다. 현재 한국은행 본관 앞에 남아 있는 정초석定礎石의 글씨는 이토가 쓴 것으로(현재는 이토의 이름이 지워짐) 그는 13일 건물 완공식에 참석하여 이 머릿돌 설치를 지켜보았다. 그러나 무엇보다도 이토가 송병준에 대해 끝까지 배려를 아끼지 않은 점이 주목된다. 즉 그는 오쿠보 대장이 연회장에서 시종무관 어담의 복직을 허용해 달라고 간청하자 그 교환조건으로 송병준을 대신급인 중추원 고문직에 임명할 것을 주장하여 관철시켰다. 이에 따라 당시 일본에 있던 민간인 신분의 송병준은 8월 7일 자로 고문직을 발령받아 정치적으로 재기할 수 있는 발판을 마련했다.

이토는 7월 19일 오이소 별장으로 돌아온 뒤 27일 메이지 천황으로부터 당시 일본 학습원學習院 초등과에 재학 중인 한국의 황태자 영친왕 이은의 보육輔育 총재로 임명되었다. 이를 기념하여 그는 8월 1일부터 영친왕을 데리고 일본 도호쿠東北 지방 및 홋카이도로 유람차 여행했다. 그는 이보다 앞서 순종 황제로부터 황태자 훈육의 최고 책임자로 위촉받았으므로 영친왕의 성장을 돌보는 일이야말로 자신에게 부여된 직분이라고 생각했다.

당시 청국과 일본 사이의 최대 외교 현안이었던 간도협약이 9월 4일 성립되어 2년 전 일본이 간도 지방의 실효적 지배를 주장하기 위한 근거를 마련할 목적으로 설치했던 통감부 간도파출소가 폐지되고, 간도는 중국 영토로 정식 편입되었다. 당시 쇠망의 길을 걷고 있던 무기력한 청나라 조정이었지만 간도에 대해서는 유독 강한 집착을 보여 그 귀속문제를 헤이그에 있는 상설중재재판소(PCA)에 제소하겠다고 할 정도로 일본을 압박했는데, 이토 자신은 간도를 일본 육군이 만주침략의 발판으로 이용할 수 있는 화근禍根으로 여겨 그 영유에 집착하지 않는 편이었다. 그는 외무성이 실효적 지배론의 입장에서 일본 정부기관이 필요하다고 주장하자 룽징龍井에 파출소를 설치하는 데 동의하기는 했으나, 그 속셈으로는 어디까지나 일본군의 만주침략을 감시하는 초소로만 기능하기를 바랐다. 실제로 당시 구미 열강은 일본의 만주 진출에 저항하는 청나라를 두둔하는 등 은근히 일본의 행동을 견제하고 있는 실정이었다. 미국은 만주 중립론을 표방하면서 일본에 대해 남만주철도를 청나라에 돌려줄 것을 암시한 바 있으며, 영국과 독일은 청나라가 일본에 진 빚을 갚도록 대출해 줄 용의가 있다고 제안했다. 이 같은 정황이었으므로 일본은 북간도 지방에 집착할 여유가 없었다. 이 간도협약은 이토가 하얼빈에서 암살당한 10월 26일 정식으로 조인되었는데, 그는 과연 어떤 연유로 북만주 여행길에 올랐던 것인가?

그를 하얼빈에 가도록 설득하고 주선한 것은 당시 남달리 뛰어난 경륜으로 명성이 높았던 고토 신페이後藤新平였다. 그는 내무성 위생국장으로 실적을 올린 것을 인정받아 1898년 고다마 겐타로 육군중장이 대만총독에 취임하자 민정국장²⁴¹으로 발탁되어 10년 가까이 재임하면서 식민지 경영에 수완을 발휘했다. 그 결과 그는 1906년 고다마 대장의 추천으로 초대 남만주철도주식회사 총재가 되고 1908년 7월에는 가쓰라 제2차 내각의 체신대신²⁴²으로 영전한 인물이었다. 후일담이지만 고토는 1년 뒤 한국 병합이 임박한 시점에서 한국과 만주를 통합적으로 경영해야 안정성을 유지할 수 있다고 주장하면서 평양에 고려총독부를 설치할 것을 건의한 적도 있다. 그런데 고토는 오래전부터 이토를 흠모하여 한국 통감직에서 물러나 세계적인 무대에서 보다 큰 문제와 씨름하기를 은근히 기대했다. 그리하여 그는 남만주철도회사 총재 시절부터 이토가 잠시 한국에서 귀국하면 휴양지 이쓰쿠시마嚴島에서 이토를 상대로 세계 경영의 대계大計를 피력하고는 했다. 고토는 대아시아주의의 입장에서 동양사람 스스로가 동양을 위해 꾀할 근본대책이 급선무임을 주장하면서 이토에게 청나라를 움직이는 서태후西太后와 만나 볼 것을 권했다. 그러는 동안 고토는 체신상으로 입각했고, 한편 서태후가 1908년 11월 중순 사망하면서 갑자기 중심세력을 잃은 청나라 조정은 동요하기 시작했다. 그 뒤 이토가 통감직에서 물러나 도쿄로 돌아오게 되자 고토는 그에게 극동문제에 대해 상당한 견식을 갖고 있는 러시아의 유능한 재무상인 코콥초프Vladimir Kokovtsev와 한번 만나 볼 것을 종용했다. 이토가 이 제안에 동감을 표시하자 고토는 코콥초프에게 급히 편지를 보내 러시아가 실제로 지배하는 북만주의 중심지 하얼빈에서 이토와 함께 극동의 정세를 토론할 것을 강하게 제안했다. 코콥초프가 이에 적극 동조하여 러시아 동

---

241 뒤에 총독부 2인자인 민정장관.
242 철도원 총재 겸임.

부 지방 시찰 명목으로 하얼빈에 가겠노라고 전문電文으로 알려 왔다. 이토는 천황에게서 칙허를 받아 만주 출장길에 오르게 되었다.

이토는 전에 부산 총영사를 지낸 귀족원 칙선의원 무로타 요시부미室田義文, 통감부 육군무관으로 3년 반 동안 그의 측근으로 복무했다가 이토가 한국을 떠난 직후 육군중장으로 승진하여 한직인 육군축성築城본부장이 된 무라타 아쓰시村田惇, 추밀원 의장 비서관 후루야 히사쓰나古谷久綱, 그리고 그의 둘도 없는 시우詩友인 모리 가이난 등을 데리고 10월 14일 오이소의 별장을 출발했다. 16일 모지門司항에서 배를 타고 18일 랴오둥반도의 다롄大連항에 도착하여 러일전쟁 때의 격전지였던 뤼순旅順 등지를 찾아 며칠간 소일했다. 당시 영국의 아프리카 식민전쟁에서 전설적인 승리를 몇 차례 거둬 세계적인 명성을 누리고 있던 육군원수 키치너Horatio H. Kitchener 경卿이 마침 일본 방문길에 올랐을 때이므로, 이토는 코콥초프와 회견한 뒤 하얼빈이나 아니면 다롄에서 그를 만나기로 되어 있었다. 이는 이토의 예상하지 못한 돌연한 죽음으로 실현되지 못했고, 결국 키치너 원수는 다롄에서 본국으로 이토의 시신을 운구運柩 중인 차량과 맞닥뜨렸을 뿐이다. 이때 그는 서울에 들러 손탁호텔에서 1박한 뒤 일본으로 떠났다.

이토 일행은 다롄에서 남만주철도를 이용하여 25일 창춘長春에 도착, 열차를 갈아타고 밤길을 달려 26일 오전 9시 목적지인 하얼빈역에 도착했다. 그가 먼저 현지에 와 있던 코콥초프의 영접을 받으면서 러시아 철도수비대 병력의 사열에 임했을 때 약 5미터쯤 떨어진 일본인 환영단 속에서 안중근 의사가 최신식 6연발 권총으로 3발을 쏘아 이토를 명중시켰다. 당시의 정황을 묘사한 러시아 신문기사에 의하면 이토를 수행하던 사람들이 총소리에 놀라 이리저리 도망쳤을 때, 코콥초프는 당황하지 않고 땅바닥에 쓰러진 이토를 부축하여 그의 품에 안았다고 한다. 이토는 타고 온 열차로 옮겨져 응급치료를 받았으나, 10시경 69세를 일기로 죽었다. 당시 농업개혁에 정치적 운명을 걸고 매진하고 있던 러시아 수상

표트르 스톨리핀Peter Stolypin은 "러·일 양국 간의 평화 수립을 위해 진력한 위대한 인물이 '야수적인 음모'에 의해 희생되었다"고 일본 정부에 조문했다.[243] 한편 당시 원산 주재 러시아 영사로 있던 중 하얼빈으로 급파되어 조사를 벌인 전 서울 러시아어학교 교사 출신의 니콜라이 비류코프N. Birukoff 포병대위는 10월 31일 러시아군 총사령부에 보낸 보고서에서 "안가이(안중근)의 행위는 살인 행위라고 매도하기보다는 독립을 회복하기 위한 정당한 방어라고 보아야 옳다"는 견해를 피력했다. 어쨌든 이토의 암살 소식에 접하자 총리대신 이완용은 곧바로 다롄으로 달려갔고 순종 황제는 28일 오후 친히 남산 아래 통감 관저에 들러 조위弔慰의 뜻을 표하며 칙어를 발표했고, 11월 4일 도쿄에서 거행된 국장에 궁내부대신 민병석이 특사로, 내각과 중추원을 대표하여 조중응과 김윤식이 각각 참석했다.

일본 정부는 사건 직후 외무성 정무국장 구라치 데쓰키치倉知鉄吉를 급히 현지에 보내 조사활동을 벌였다. 그는 이 암살 '음모'가 실제로 연해주 블라디보스토크에 거주하는 일부 한국인들이 계획한 소규모의 것이라는 결론을 얻었다. 시종무관 어담에 의하면 당시 일본은 안중근과 한국 황실, 즉 고종 태황제의 관계에 눈독을 들이고 엄밀한 탐사를 벌였으나 끝내 그 같은 혐의를 찾지 못하여 한때 맥이 빠진 듯한 모습이었다고 증언한 바 있다.[244] 이 구라치의 현지 출장 목적은 사건의 배후에 대한 조사와 더불어 무엇보다도 일본 측이 안중근 의사의 신병을 러시아 당국에서 인계받아 그 사건 처리를 뤼순에 있는 일본의 식민지 정청인 관동도독부関東都督府 예하 지방법원 검사국이 맡도록 업무를 조정하는 데 있었다. 실제로 사건 발생 직후 러시아의 국경지대 치안판사와 국경수비대 군검찰이 초동수사를 벌여 이미 사건 보고서를 작성하고 있었다. 안중근

---

243 스톨리핀이 1911년 9월 암살되자 코콥초프가 후임 수상이 됨.
244 『어담소장 회고록』, 356쪽.

자신도 러시아 당국의 관할 아래 재판받기를 기대하지 않았을까 짐작된다. 그가 의거 장소로 선택한 하얼빈은 19세기 말 치타와 수이편하 유역의 국경도시 니콜스크-우스리스크를 연결하는 동청東淸철도[245]를 부설하면서 그 중심 도시로 급성장한 이래 러시아가 지배하고 있었으므로, 만약 이곳에서 재판을 받게 된다면 일본의 불법적인 한국 침략과 이토가 저지른 온갖 죄악상을 낱낱이 세상에 알릴 수 있을 것으로 기대했을 법하다. 그러나 당시 러시아와 일본은 만주를 두 나라의 특별한 이익 지대地帶로 분할하는 제2차 러·일협약 체결을 눈앞에 두고 있을 때였으므로[246], 러시아는 일본에 호의를 보일 필요가 있다고 판단하여 안중근의 신병 및 사건 처리를 즉각적으로 일본에 넘겼다.

안중근은 사건에 연루된 8인의 동지와 함께 일본인 영사가 이끄는 헌병 11명과 순경 4명으로 된 호송대의 엄중한 경계 속에 하얼빈을 출발하였고, 만주의 최대 도시 펑톈奉天을 거쳐 11월 3일 뤼순에 도착하자마자 도독부 감옥에 수감되었다. 이때부터 그는 미조부치 다카오溝淵孝雄 검사가 지휘하는 수사단에 의해 이듬해 1월 말까지 3개월 가까운 기간 동안 심문을 받았다. 이 과정이 끝나자 2월 7일부터 10일까지 매일 공판이 열렸고, 10일 제4회 공판에서 검사의 구형이 있었다. 11일은 일본의 기원절紀元節[247]이라는 이유로 쉬었다가 12일 제5회 공판이 열려 관선변호인들의 최후 변론이 있었다. 안중근은 공판과정에서 자신은 대한의군義軍 참모중장 자격으로 한국의 독립과 동양평화를 구현하기 위한 독립전쟁에 투신한 만큼 이토를 처단한 것은 그 전쟁의 한 부분에 해당한다고 주장했다. 그는 이토야말로 1895년 명성황후를 시해한 수모자首謀者였고, 1905년 을사조약을 강제로 체결한 주역이었으며, 그 뒤 1907년 고종 황제를 폐위시키고, 정미丁未7조약을 강제로 체결하고 한국 군대를 해산시

---

245 일명 중동철도.
246 양국 간의 협약은 1910년 7월 4일 체결됨.
247 건국기념일.

키는 등 15개 항에 달하는 범죄를 저지른 한국침략의 원흉이라고 강조했다. 그러나 이미 예상한 대로 미조부치 검사는 제4회 공판 때 안중근을 사형에 처할 것을 구형했다. 이에 맞서 변호사들은 제5회 공판에서 안중근을 위해 변론했다. 가마타 마사하루鎌田正治 변호사는 재판 관할권 문제를 들어 한국인을 일본 형법에 의해 처벌하는 것은 곤란하다는 주장을 폈으며, 또 다른 변호사인 미즈노 기치타로水野吉太郎는 죽은 이토 자신도 메이지 유신을 앞둔 질풍노도의 시절에 존왕양이를 부르짖으며 1862년 12월 동지들과 함께 도쿄 시내 시나가와品川에 건축 중이던 영국 공사관을 불태운 적이 있다고 지적하면서 안중근에게는 징역 3년이 적당하다고 주장했다. 미즈노 변호사는 이때 감히 발설하지 못한 듯하지만, 이토는 공사관 소각사건을 저지른 며칠 뒤에 동지인 야마오 요조山尾庸三와 함께 막부幕府 당국자의 자문 의뢰에 응하고 있던 이름난 학자 하나와 지로塙次郎를 칼로 베어 죽인 일까지 있었다. 아무리 하극상의 시대였다고는 하지만 메이지 시대 총리를 역임한 인물들 가운데 민간인을 죽인 정치범은 이토 외에는 달리 없다. 그러나 2월 14일에 열린 제6회 공판에서 재판장인 마나베 주조眞鍋十藏 지방법원장[248]은 안중근에게 검사의 구형대로 사형선고를 내렸다. 그리하여 안중근은 5개월 가까이 뤼순감옥에서 옥고를 치른 끝에 1910년 3월 26일 향년 32세로 순국殉國했다.

47. 일진회의 합방 청원 소동

이토의 암살로 말미암아 한국 병합의 기운이 훨씬 더 촉진된 것만은 부인하기 어려운 사실이다. 그가 죽기 전인 1909년 7월 6일 가쓰라 내각이 각의에서 병합 정책을 확정하기는 했으나, 병합의 형식을 구체적으로

---

[248] 1920년대 서울복심법원장 역임.

명시한 것은 아니었으며 막연히 적당한 시기에 단행할 것으로 방침을 정한 데 불과했다. 그것은 마치 제2차 세계대전 중인 1943년 가을에 미국·영국·중국의 수뇌들이 카이로 회담에서 장차 '합당한 절차를 밟아' 한국을 해방, 독립시키기로 합의한 것처럼 다소간 모호한 것이었다. 다만 세계대전이 연합국 측의 승리로 완전히 굳혀질 무렵인 1945년 2월 미국·영국·소련의 수뇌들이 얄타에서 모여 전후 문제 처리를 논의하는 단계에 이르러서야, 비로소 일정한 기간 연합국의 신탁통치를 거쳐 독립시킨다는 단서 조항이 첨가되면서 보다 구체성을 띠게 되었다는 것은 잘 알려진 사실이다. 그러나 한국합병 직전에 그 준비 작업에 실무적으로 깊이 관여한 외무성 정무국장 구라치의 증언에 의하면 1909년 초까지만 하더라도 한국합병의 사상 혹은 그 개념이 아직 구체적으로 명확하지 않았고, 논자에 따라 한·일 양국을 대등하게 하나로 합치는 방안과 혹은 오스트리아—헝가리 이중二重 제국과 같은 형태로 합치는 방안이 있었다고 한다. 이 후자의 방식은 일본 천황이 대한제국 황제를 겸하지만 외교업무를 제외한 모든 내정은 한국인 자치정부가 행사하는 것이다. 구라치는 당시 합방·합병 등 조금씩 뉘앙스를 달리하여 사용되는 용어를 공식문서에 병합倂合으로 통일하는 것이 무난하다는 의견을 상부에 건의하여 허락을 받았는데, 한상일韓相一 교수의 지적처럼 침략을 은폐하는 듯한 병합보다는 병탄倂呑이라는 단어가 실제의 정황과 부합된다고 할 수 있다.[249] 다만 여기서는 종전의 관례상 병합이라는 칭호를 사용하기로 한다.

이 병합의 형식을 둘러싸고서는 일진회 내부에서조차 통일된 개념이 없었다. 일진회는 1909년 12월 초 정식으로 '합병'론을 들고 나올 때까지 이 문제에 신경을 쓸 여유가 없었다. 그때까지 10여 개월 동안 일진회는 내부적인 갈등 및 경쟁적인 정파들과의 연합운동 문제에 몰두했다. 1909년 1월 하순 순종 황제의 서북한 지역 순행 때 내부대신이던 송병준

---

249 한상일, 『1910 일본의 한국병탄』, 기파랑, 2010.

이 열차 안에서 일으킨 불경사건에 대해 처음 언론에 보도한 것은 공교롭게도 일진회 기관지『국민신보』였다. 송병준은 이에 대한 문책으로 일진회에 압력을 넣어 신문사 사장 한석진韓錫振을 쫓아내게 했다.『매천야록梅泉野錄』에 의하면 이즈음 송병준은 몇 해 전 순국한 민영환의 미망인 박씨를 무고할 목적으로 그녀가 나쁜 짓을 저질렀다고『국민신보』잡보란에 싣도록 한석진에게 지시했다가 거절당하자 면직시켰다고 한다. 이로 미루어 볼 때 두 사람 사이에 평소 반목이 심했음을 짐작할 수 있다. 한석진도 일진회 총무원으로 간부였던 만큼, 송병준은 그와의 마찰이 회장인 이용구 일파의 책동 때문이 아닌가 의심하여 일진회 지도부 장악에 나섰다. 송병준은 계속 일본에 체류하고 있으면서 국내의 심복 부하들을 선동하여 3월 13일 원임原任 및 시임時任[250] 총무원들로 구성된 특별협의회를 열어 회의 규정에도 없는 총재직 선출을 꾀했다. 그 결과 54표를 얻어 각기 34표와 32표를 얻은 윤시병과 유학주를 누르고 당선되었다. 이때부터 송병준은 도쿄에서 자신이 마치 회장인 이용구의 상급자라도 되는 양 행세했으나, 동학의 전국적인 교단조직을 배경으로 둔 이용구를 마음대로 조종할 수 없었다. 송병준의 일본인 후원자들조차 그를 일진회 고문 정도로 대우했다.

이완용 내각을 옹호하던 이토가 통감직에서 물러나 한국을 떠난 뒤, 일진회는 바야흐로 이완용 내각을 압박하여 실질적인 연립내각을 꾸밀 기회가 찾아왔다고 판단했다. 그리하여 당시 항일적 성격이 강한 서북학회 및 사회 명망가들 중에서 시류에 잘 편승하는 중도파적 인사들로 조직된 대한협회를 끌어들여 정부 공격에 나서게 했다. 당시 언론에서 3파 연합운동이라고 호칭한 이 정치공작의 배후에는 신임 통감 소네와 그 보좌진의 정국구상이 일부 작용한 것이 아닐까 짐작된다. 9월 하순에 세 정파의 대표들이 진고개에 있는 일본 요리점 청화정淸華亭에서 은밀하게

---

250 전직 및 현직.

만나 지난날의 나쁜 감정을 씻고 앞으로 이완용 내각을 규탄하는 데 공동보조를 취하기로 일단 합의를 보았다. 사실 세 정파의 연합이라고 하더라도 본디 각각의 주의와 주장이 크게 달랐으므로, 진정한 의견일치를 볼 수는 없었고 다만 현 내각의 비정秕政을 공격하기로 결정했을 뿐이었다. 무엇보다도 서북학회와 대한협회 모두 일진회가 한·일합방론을 감추고 있는 것을 알아차리고 있었으므로, 일진회가 현상타파를 위한 공동선언서를 발표하자고 주장했을 때 이에 동의하지 않았다. 이때 다소간 현실타협적인 대한협회가 한국 정부는 모름지기 통감부의 보호지도를 받으면서 실력을 양성하는 방향으로 나가자고 주장했을 따름이다. 이처럼 일진회와 나머지 두 정파는 이른바 3파 연합이라는 깃발 아래 교섭을 진행시키고 있었으나, 처음부터 의견 접근에 이를 희망은 갖지 못했다. 그러던 중 이토의 암살 소식이 전해지자 그나마 접촉도 뜸해졌다. 왜냐하면 당시 도쿄에 줄곧 머물고 있던 송병준으로부터 이토의 암살을 계기로 그를 추모하는 사회 분위기가 고조되는 가운데 일본 내의 여론이 이제는 한국합방론으로 바뀌어 확고한 국론이 되어 가고 있다는 연락이 이용구를 비롯한 일진회 수뇌부에게 계속 전해졌기 때문이다. 즉, 만약 대한협회와 서북학회가 합병론을 찬성하지 않는다면 더 이상 3파연합운동을 굳이 계속할 필요가 없어졌다는 강경론으로 돌아선 것이었다.

11월 초 이토의 장례식이 끝난 직후 일진회 고문인 우치다는 도쿄 시내 시바芝구에 있는 송병준의 숙소로 찾아와 일진회장 명의로 순종 황제에게 올리는 상주문上奏文과 이완용 총리 및 한국 통감 소네에게 바치는 상서上書를 작성하기로 합의를 보고 그 구체적인 준비에 들어갔다. 이 세 통의 초안은 우치다가 회장으로 있는 고쿠류카이 측의 가와사키 사부로川崎三郎와 구즈우 요시히사葛生能久[251] 그리고 우치다 자신이 맡아서 작성했다. 초안이 완성되자 우치다는 이를 스기야마에게 제시했고, 그는 이를

---

251 호는 수량修亮.

가쓰라 총리에게 보여 동의를 얻어냈다. 그 뒤 우치다는 문필에 능한 일진회 고문 다케다 노리유키武田範之에게 수정 및 감수를 받기 위해 그를 서울에서 불러와 1주일 동안 작업을 진행하도록 했다. 우치다는 이 완성본을 가쓰라는 물론 야마가타 원수, 데라우치 육군상 등에게 보여 최종 승낙을 받았다고 한다. 그런 다음 우치다는 11월 28일 상주문·상서 3통과 관련 서류를 휴대하고 도쿄를 출발, 12월 1일 서울에 도착하여 이용구에게 넘겼다. 그다음 날 다케다는 국민신보 사장으로 문장에 능한 최영년崔永年과 함께 최종적으로 이들 문건의 자구字句를 검토 수정했다.

이렇게 만든 합병청원서를 손에 넣은 이용구는 대한협회 회장인 김가진金嘉鎭에게 12월 3일 일진회와 함께 정견 협정위원회를 열어 당면한 정치 문제에 공동으로 대처할 것을 제안했다. 그러나 당시 일진회의 속셈을 간파하고 있던 대한협회가 이를 거부하여 회담은 결렬되고 말았다. 대한협회의 실력자들인 권동진과 오세창은 동학의 정통을 계승했다고 주장하는 천도교 교주 손병희의 심복들이었으므로, 시천교를 내세워 역시 동학의 정통임을 주장하는 이용구 일파의 내부 사정에 대해서는 다른 누구보다도 꿰뚫어 볼 수 있는 정보망을 내외에 갖추고 있었다. 이용구는 일진회의 합방선언서 발표에 대한협회를 끌어들여 정치적으로 이용할 수 있지 않을까 하는 헛된 야심이 수포로 돌아가자 이날 밤 남산 밑에 있는 일진회 본부에서 긴급히 연락할 수 있는 서울 회원 250명과 지방회원 80명을 소집하여 임시총회를 열었다. 그는 참석자들에게 내일 중으로 '100만' 회원이 2천만 한국 국민을 대표하여 한일 합방을 청원하는 성명서를 발표할 예정이라고 밝혔다. 이에 어리둥절해진 참석자들이 한순간 모두 입을 다물고 있는 사이에 이용구는 재빨리 만장일치로 가결되었다고 선포했다.

급기야 일진회는 12월 4일을 기해 한일 합방을 제창하는 성명서를 불쑥 발표했으나, 정작 긴요한 합방의 구체적인 방식에 대해서는 수뇌부들 사이에서조차 의견의 일치를 보지 못했다. 일진회가 이용구 명의로 순종 황제, 이완용 총리, 소네 통감에게 올린 합방 청원서 가운데 이완용에게 올린 내용이 가장 간결하며, 또한 합방의 구체적인 방식을 제시하고 있어 주목된다. 이에 따르면 바야흐로 약육강식의 시대를 맞아 인도·버마(미얀마)·하와이·필리핀은 멸망했고, 안남安南(베트남)과 시암(타이)은 나라가 기울었는데, 현재 외교·군사·사법의 3대 권리를 위임하고 있는 일본이야말로 한국과 지리·인종·종교·문학·풍속·경제·정치적인 모든 면에서 일치하고 있는 나라인 만큼 일본과 일가一家를 이루어 합방하는 것이 나라의 앞날을 위해서 가장 바람직하다는 것이다. 그는 이 같은 합방의 사례로 독일을 들고 있다. 즉 독일은 전에 연방이 분열되어 있을 때는 프랑스에 유린당하다가 독일 통합이 이뤄지자 유럽대륙의 강국이 되었듯이 한국이 일본과 합방하는 것이 바로 사직과 인민을 보전하는 최선의 방안이라는 주장이었다. 이처럼 이용구는 막연히 한국은 일본과 대등하게 합쳐 연방 형식의 국가연합을 희망한다는 견해를 내비쳤다. 그렇지만 이 경우 당시 한·일 양국은 엄연히 국력에 현격한 차이가 있었으므로, 일본을 맹주로 인정한다는 기본 전제를 깔고 있었음이 분명하다고 하겠다.

이에 대해 송병준은 처음에는 일본 당국자에게 한국인은 쉽사리 회유하기 어려운 대상인 만큼 일단 속방으로 만들어 어루만지는 것이 좋다고 주장하다가 뒤에 가서는 병합이야말로 한국을 일본에 합쳐서 한 나라로 만드는 것이라고 공공연히 주장했다. 뿐만 아니라 한국이 일본에 병합된 지 8년 반 만에 3·1운동이 일어나고, 그로부터 몇 달 지나 총독부 정무총감으로 내무대신을 지낸 미즈노 렌타로水野錬太郎가 서울로 부임하자, 송병준은 그를 만난 자리에서 한일병합이란 것은 러시아의 연방제 형태를 희망한 것이었는데, 지금은 이와 전혀 다르다는 거짓말을 늘어놓기도 했다. 당시 경기도 경찰부장직에 있던 지바 료千葉了는 5년 뒤 미에三重현 지사를 휴직하고 『조선독립운동 비화祕話』[252]의 저술에 착수했는데, 이에

---

252 지바료千葉了, 『조선독립운동비화朝鮮獨立運動秘話』, 도쿄: 데이고쿠지호코테이

의하면 송병준은 이때 미즈노 정무총감에게 "병합할 때 일본이 한국 쪽에 지불한 돈이 너무 적다. 이번에 100만 엔[253]을 받고 싶다"고 돈을 요구했다가 거절당했다고 한다. 실제로 송병준은 한국 병합 직전에 데라우치 통감의 특별한 요청으로 귀국할 때까지 1년 5개월 동안 일본에 머물 때도 이 같은 금전적인 보상을 요구한 적이 있다. 어느 날 그는 가쓰라 총리를 찾아가 한국 병합은 매우 어려운 일이기는 하지만 만약 자기에게 공작비로 1억 엔을 준다면 이를 조만간 실현시킬 수 있다고 호언장담했다고 한다. 1920년대 중반에 총독부 재무국 사무관이었던 후지모토 슈조藤本修三가 산출한 바에 의하면 실제로 한국을 병합하는 데 들어간 행정비 및 각종 은사금恩賜金은 모두 합쳐 3,000만 엔 정도에 달했다.

도쿄 시내에 있는 철학관哲學館[254]을 졸업한 뒤 1900년에 한국에 와서 통감부 시절부터 서울에 상주하면서 월간 잡지『조선 및 만주朝鮮及滿州』를 발간했으며, 1920년대 초에는 서울에서 일간지까지 잠시 발행한 적이 있어 한국 사정에 남달리 밝았던 출판·언론인 샤쿠오 슌조釋尾春芿[255]는 송병준이 한평생 긁어모은 많은 재산을 거듭된 사업투기의 실패로 탕진한 나머지 빚에 몰려 고민하다가 죽은 이듬해 서울에서 발간한『조선병합사』[256]에서 마음 놓고 조선 귀족(백작)·중추원 고문이었던 송병준의 정체를 폭로했다. 그는 송병준의 정신상태야말로 산사山師적인 불순한 흔적으로 얼룩져 있다고 했는데, 이는 파렴치한 사기꾼이며 야심가였다는 의미이다. 이처럼 송병준이 자기의 이해利害 관계에 따라 그때그때 자주 말을 바꾼 사실과 비교한다면, 이용구는 그래도 19세기 말 일본의 대아시아주의론자들, 특히 그중에서도 다루이 도키치樽井藤吉의 대

가쿠카이帝國地方行政學會, 1925.

253 현 시가로 약 30억 엔.

254 현 도요東洋대학의 전신.

255 호는 도호東邦.

256 샤쿠오 슌조釋尾春芿,『조선병합사朝鮮併合史』, 경성: 조선 및 만주사朝鮮及滿洲社, 1926.

동大東합방론을 순진하게 액면 그대로 추종하여 한·일관계의 미래를 그 노선·방향에 따라 어리석게도 일관되게 추구한 사람이라 하겠다.

한국 병합의 형식문제는 그렇다 치더라도 이토가 죽은 지 채 1년이 되지 않은 1910년 8월 하순에 전격적으로 병합이 단행된 것은 아무리 생각해 보더라도 가쓰라 정부가 당초 예정한 것보다도 훨씬 더 앞당긴 것임이 분명하다. 주로 우치다의 관련 기록을 갖고 꾸며진 고쿠류카이의 『일한합방비사祕史』에는 1909년 초여름 소네를 이토의 후임으로 통감에 내정할 무렵 가쓰라 총리는 신·구 두 통감에게 한국 병합은 앞으로 적어도 7, 8년 내에는 단행하지 않을 것이라는 취지의 언질을 주었다고 되어 있다. 또한 이 시기의 문헌자료에 매우 정통했던 어떤 외교사 연구가도 소네 아라스케의 통감 취임은 병합을 급속히 실행하지 않는다는 양해를 전제로 한 일종의 조건부였던 것으로 간주한 바 있다.[257] 하지만 그 사실 여부에 대해서는 의문의 여지가 없지도 않다. 당시 일진회를 앞세워 병합 책동을 서둘렀던 우치다 등의 행적에 비춰 볼 때 그러한 느낌이 든다. 잘 알려져 있는 것처럼, 병합과 동시에 조선총독부에 의해서 강제로 해산당한 일진회 지도부의 잔당들은 3·1운동이 일어난 이듬해인 1920년, 우치다가 연방안을 내걸고 자기들을 속였으며, 또한 이용한 다음에는 헌신짝처럼 버렸다고 비난하면서 우치다는 병합의 책임을 지고 할복자살하라고 공공연히 대들었다. 이에 우치다는 이들의 불만을 달래기 위해 7월 중순 서울에 와서 그들을 만난 뒤 "같은 마음으로 협력하여 애초의 목적인 연방안을 달성하는 큰 책임을 다하겠으며 만약 실패할 경우 자결하겠다"고 발표했다.

그런데 마침 이 소식을 접한 당시 일본의 총리 하라 다카시原敬는 8월 1일 자의 일기에 흥미로운 논평을 가했다. 즉 우치다 등 대륙 낭인浪人들

---

257 다보하시 기요시田保橋潔, 『조선통치사논고朝鮮統治史論稿』, 서울, 성진문화사成進文化社, 1972, 37쪽.

이 한국 병합 때 일진회에 준다는 명목으로 일본 정부로부터 받은 40만 엔을 착복했는데, 이번에 또 옛 일진회원들을 이용하여 돈벌이를 하려든다는 것이었다. 어쨌든 우치다와 스기야마는 이 사건을 계기로 1921년 2월 초 우익 최고의 지도자인 도야마 미쓰루頭山滿와 러일전쟁 직전부터 대외 강경론의 선봉이었던 도쿄대학 법학부 교수 데라오 도루寺尾亨 등을 끌어들여 동광회同光會라는 단체를 만들어 도쿄에 본부를 두고, 5월에는 서울에 조선총지부를 두었다. 이 기간 중에 우치다는 한편으로는 도야마와 함께 은밀하게 추밀원 의장 야마가타 원수를 공격, 실각에 이르게 하는 정치적 음모에 열중하여 성공을 거뒀다. 이 사건은 당시의 황태자[258]의 비妃로 내정된 구니노미야 나가코久邇宮良子 여왕의 모계에 색맹 유전자가 있다는 의사의 제보에 따라 야마가타가 궁내성에 대해 혼약을 파기하도록 압력을 가한 데서 비롯되었는데, 다이쇼大正 천황이 예정대로 혼인을 진행한다고 결단을 내림에 따라 야마가타의 인책引責이 불가피하게 되었다. 야마가타는 1921년 3월 모든 공직에서 사퇴하겠다고 신청했으며, 비록 천황의 명에 의해 사퇴를 번의했으나 그 심리적 압박을 견디지 못하고 이듬해 2월 초 죽었다. 의기양양해진 우치다 등은 1922년 3월 일본 제국의회에 '조선 내정內政 독립청원서'를 제출했다. 그들이 자치 혹은 참정권의 선을 넘어 내정 독립을 주장하는 데까지 나가자, 총독부는 10월 치안유지에 해를 끼친다는 이유로 조선내정·독립기성회에 대해 해산명령을 내렸다. 그로부터 동광회는 쇠퇴의 길을 걷다가 얼마 후 자취를 감춰 버리고 말았다. 이로써 미루어 본다면 우치다의 연방제 청원운동이야말로 하라 총리가 예견한 것처럼 3·1운동을 계기로 한국에 대한 이른바 문화정치를 표방하고 있던 일본 정부를 상대로 돈을 뜯어내기 위한 하나의 막간극幕間劇이었음을 알 수 있다. 『일·한합방 비사』는 이 동광회에도 직접 관계한 우치다의 주요 협력자인 구즈우에 의해 1930년

---

258 뒤에 쇼와昭和 천황.

대 중반에 편찬된 것인 만큼 한국 병합이 우치다 등의 평소 주장과 달리 매우 성급하게, 더욱이 한국의 내정 자주권을 말살한 형태로 단행된 것이라는 변명을 늘어놓기 위한 복선伏線으로서 병합은 7, 8년 뒤에나 실행한다는 가쓰라 총리의 약속이 있었다고 특서特書한 것으로 보인다.

그렇다면 3년 반 동안 통감 자리에 있으면서 보호정치의 실적을 내외에 선전했던 이토가 급기야 가쓰라 군벌내각이 요구하는 한국 병합방침을 거부하지 않고 일단 수용했던바, 그의 의중에 있던 병합 이후의 한국 통치의 구상은 과연 어떠한 것이었을까? 이토의 첫째 사위로 장인의 수상 재임기간 중 내각법제국 장관, 체신대신, 내무대신 등의 요직을 지낸 스에마츠 겐초末松謙澄가 보관하고 있던 문서들 속에는 이토가 내각의 합병 방침에 동의한 뒤에 기록한 것으로 짐작되는 하나의 문건이 남아 있다. 이에 의하면, 첫째로 한국 8도에서 각각 10명의 의원을 선출하여 중의원[259]을 조직할 것, 둘째로 한국 문무양반 가운데서 50명의 원로를 호선하여 상원을 조직할 것, 셋째로 한국 정부 대신은 한국인으로 조직하고 책임내각제로 할 것, 넷째로 정부는 부왕副王 아래 속한다고 쓰여 있다. 또 끝에는 완전한 합병이 이뤄진다면 협상할 필요 없이 선언하는 것으로 충분하며, 한국 황실은 어떻게 처분할 것인가, 각국에 대해 취해야 할 처리는 어떻게 하면 좋을까 등이 기록되어 있다. 이 메모의 전반부에 보이는 이토의 구상이 반드시 한국 병합 이후의 통치구조를 가리키는 것인지, 아니면 병합에 이르는 과도기의 그것을 가리키는 것인지 확실히 알 수 없으나 아마도 전자일 개연성이 높다. 이에 대해 입헌국가의 테두리 속에서 의회에 기반을 둔 국민권리를 지향한 정치가로서의 이토를 적극적으로 재평가하려는 어떤 연구자는 이토가 한국을 병합한 뒤에도 한국인 의회를 개설하여 한국인에 의한 책임내각 구축을 구상했던 것은 거의 확실한 듯하다고 강조하고 있다. 다시 말해 비록 병합에 의해 하나

---

259 일종의 하원.

의 독립된 국가로서의 한국을 해소시킬지라도, 독립된 식민지의회를 열어 최대한의 자치를 보장한다는 생각을 이토가 품고 있었다는 것이다.[260]

48. 이완용 총리의 장기 부재不在와 소네 통감의 퇴진

일진회장 이용구는 1909년 12월 4일 한일 합방을 청원請願하는 이유를 기술한 이른바 상서上書를 직접 갖고 소네 통감을 남산 녹천정의 관저로 찾아가 이를 일본 요로要路에 통보해 줄 것을 요청했다. 이에 대해 소네는 가부可否의 의견을 표명하지 않은 채 글을 읽어 본 뒤 회답하겠다고 하는 등 두 사람의 회견은 냉랭한 분위기 속에서 끝났다. 통감으로서는 일진회의 당돌한 제의에 대해 그것이 국내에 끼칠 소요와 분규를 걱정하지 않을 수 없었고, 이와 동시에 합방론에 대한 본국 정부의 진정한 의도를 확인할 필요도 느꼈을 터이므로 시종 모호한 태도를 보였던 듯하다.[261]

소네의 미적지근한 반응과는 달리 이완용은 즉각 합병운동을 무력화시켜 그 확산을 막는 대책에 집중했다. 그로서는 그동안 통감부의 시책에 적극적으로 협조해 왔고, 또한 이토가 영구히 퇴장한 마당에 보호정치는 조만간 필연적으로 합방 단계로 진전될 것으로 깊이 인식하고 있었다. 그런 만큼 일진회가 선수를 치고 나오는 것을 그대로 방치한다면 자신이 '공로'를 세울 기회를 빼앗기게 된다고 판단했을 것이다. 그런 까닭으로 일진회가 자기들의 합방론을 상주上奏해 줄 것을 요청하자 이를 단호히 거부했을 뿐 아니라 한 걸음 더 나아가 합방론 그 자체를 규탄하는 시민대회를 열기로 결심했다. 그는 당시 이름난 신소설 작가이며 동시에 정부 기관지의 발행·편집을 맡고 있던 이인직李人稙에게 지시를 내려 민

---

260 다키이 가즈히로, 『이토 히로부미』, 도쿄: 주오코론신샤, 2010, 342~343쪽.
261 나라자키 간이치·도가 가오오, 『조선최근사』, 도쿄: 호우산토, 1912, 227쪽.

씨 척족 세도가들 중에서 비교적 좋은 평을 듣고 있던 원로인 민영규閔泳奎를 비롯하여 그 일족인 민영소閔泳韶 등과 접촉하여 급히 사람들을 모으도록 했다. 이에 따라 30인의 발기로 임시국민대연설회라는 간판을 내걸고 5일 첫 군중집회를 열기로 했다.

우리나라 최초의 서양식 극장으로 연극 무대를 올렸던 야조개夜照峴 원각사圓覺社에는 이날 4천여 명이 몰려들어 일진회를 통렬히 꾸짖는 연사들의 강연에 맞장구를 친다거나 혹은 이 단체에 끼어들지 않겠다는 집단 서약을 하는 등 대연설회가 주최한 시민대회는 큰 성황을 이뤘다. 일진회는 이 기세에 압도된 나머지 겁을 집어먹고 경무청의 일본인 순사들이 본부에 와서 경호해 줄 것을 요청할 정도였다. 또한 이용구는 신변의 안전을 걱정하여 진고개에 있는 일본 요리점 청화정으로 피신하기까지 했다. 『매천야록』에 의하면, 이용구는 합방론을 제창한 이래 자객이 달려들 것을 두려워하여 하룻밤에 세 번이나 거처를 옮겼으며, 급기야 일본인 상점에 숨었다고 한다. 한편 지방의 회원들은 주민들의 박해가 두려워 서울로 피신해 온 자도 있었고, 하루에 70명 내지 90여 명의 회원이 탈퇴하기도 했다. 특히 평양지부의 회원들은 거의 모두 탈퇴하여 지부를 해산할 형편이었다.

이와는 대조적으로 5일의 시민대회로 자신을 얻은 국민대연설회는 7일 회원들이 종로에 있는 상업회의소에 모여 민영소를 회장, 전 학부대신 이재극을 부회장으로 추대하고, 간사 1백 명을 뽑았다. 그들이 다시 9일 상업회의소에 집결하여 내각 및 통감부를 상대로 정치적 공세를 펼 움직임을 보이자 한국경찰의 책임자인 경시총감[262] 와카바야시 라이조若林賚藏가 일진회, 대한국민대회(대한협회), 그리고 국민대연설회의 회장을 소집하여 소동이 일어나지 않도록 위협적인 언사를 늘어놓았다. 특히 경시총감은 일진회가 공연히 합방청원서를 퍼뜨려 민심을 소란하게 했다고

---

262 경무사를 일본식으로 개칭.

문책하듯 이용구를 다그쳤는데, 이는 어쩌면 소네 통감의 의사를 대변한 것이 아닐까 짐작된다. 이처럼 치안 당국이 직접 개입함에 따라 일진회를 규탄하는 시민대회는 더 이상 열리지 않았으나, 각계에서 매국단체인 일진회의 강제 해산과 그 기관지인 『국민신보』의 폐간을 요청하는 건의서가 끊이지 않았다. 시민대회 소집과 함께 이완용이 주력한 것은 일진회 간부들 가운데 세력을 잃고 불만에 차 있는 인사들을 관직 제공을 미끼로 하여 탈회를 종용한 점이다. 이 공작의 결과 전 부회장 홍긍섭洪肯燮, 총무원 윤길병尹吉炳, 그리고 국민신보 사장을 지낸 한석진 등이 성명서를 발표하고 일진회를 떠났다.

이완용은 일진회의 합방론을 둘러싸고 제기된 찬·반 논쟁이 잠시 소강상태를 보이고 있던 12월 22일 낮 서울 종현鍾峴[263] 천주교회당에서 열린 벨기에 국왕 레오폴드 2세의 추도식에 참석했다가 식이 끝나 인력거를 타고 교회당을 떠나려던 순간 비호같이 달려든 이재명李在明 의사에 의해 칼에 찔려 중상을 입었다. 이 의사는 평양 출신으로, 미국에 가서 잠시 노동에 종사하다가 귀국한 지 얼마 안 되는 21세의 청년이었다. 그는 머지않아 이완용이 합방조약을 맺을 것으로 예상하여 그를 암살하기로 결심한 것이다. 그런데 이 암살 미수 사건은 결과를 놓고 볼 때 한국병합을 크게 앞당기는 요인이 되었다. 이완용은 대한의원에 입원하여 응급치료를 받은 뒤 2개월 만에 퇴원하여 잠시 저동에 있는 자택에서 요양하다가 온양온천으로 옮겨 본격적인 정양생활에 들어갔고, 합병을 2개월 앞둔 1910년 6월 29일 서울로 돌아와 다음 날 내각 총리대신으로 복귀했다. 그때까지 내부대신 박제순이 총리대신 임시 서리로 내각을 통괄했다. 다시 말해 이완용이 부재不在 중인 6개월 동안 사태는 도쿄에서 급진전했던 것이다.

한편 이와 거의 같은 시기에 통감 소네도 장기간 서울을 떠나 본국에

---

263 명동.

서 신병 치료를 받다가 통감직에서 물러났다. 그전부터 그는 난치병인 위암에 걸려 고생하고 있었으나, 가쓰라 내각은 공석이 된 부통감을 임명하지 않아 그는 업무처리에 많은 불편을 느껴 왔다. 더욱이 이토가 암살된 뒤로는 일본 국내에서 어떻게 해서든지 한·일관계를 근본적으로 새롭게 해결해야 된다는 여론이 비등해서 소네로서는 심리적인 압박감을 받지 않을 수 없었다. 그러던 차에 일진회의 합방 청원이 제기되어 큰 소동이 벌어졌다. 그는 이용구로부터 합방을 청원하는 상서의 내용이 일본 천황에게 전해지도록 요청을 받았으나, 이에 응하지 않았다. 그렇다고 합방론으로 말미암아 시국이 격동하고 있는 현실을 도외시할 수도 없는 노릇이었다. 그는 병약해진 몸으로 격무를 감당할 수 없게 되자 1910년 1월 서울을 떠나 귀국길에 올랐다. 그는 가타세片瀨의 별장에서 정양생활에 들어갔으나, 병세는 더욱 악화되어 대한對韓정책을 결정하는 중대한 각의에도 참여하기 어려운 형편이 되어 급기야 사의를 표하기에 이르렀다.[264] 당시 수상 가쓰라는 각의에서 대외비를 전제로 한국의 치안을 유지하고, 나아가 동양의 평화를 굳히기 위해서는 종전의 보호주의를 포기하고 명실공히 한국을 일본에 병합하는 것이 근본적인 해결책이라고 그 소신을 고백했다. 이윽고 가쓰라는 5월 30일 소네의 사표를 수리하고 새로운 통감에 육군대신 데라우치를 임명하여 두 직책을 겸임하도록 했다. 이는 바로 한국 병합을 전제로 하는 조치였다.[265] 그리고 부통감에는 내무차관·체신대신을 역임한 야마가타 이사부로山縣伊三郎를 임명했는데, 그는 바로 야마가타 원수의 양사자養嗣子였다.

　신임 통감은 서울에 부임하지 않은 상태에서 한국 정부의 경찰권을 박탈했다. 그는 6월 하순 통감부 총무장관 대리인 이시즈카 에이조石塚英藏[266]에게 지시를 내려 한국 정부를 상대로 경찰권을 일본 정부에 위탁하

264　이해 9월 13일 사망.
265　다보하시 기요시, 『조선통치사논고』, 서울, 성진문화사, 1972, 38쪽.
266　전 관동도독부 민정장관.

는 협정을 맺게 했다. 이미 지난해에 한·일 경찰을 통일한다는 미명 아래 경무고문부에 소속해 있던 일본인 경찰을 정식으로 한국 경찰관에 임명하는 길을 열어 놓았고, 경찰 최고책임자인 경시총감직은 진작 일본인이 차지하고 있었으므로 이 경찰권 이양조치는 불과 이틀 만에 협정이 체결되었다. 이때 데라우치가 서둘러 한국 경찰권 박탈에 나선 실제적 목적은 헌병이 일반 경찰의 전권을 장악하는 이른바 헌병경찰제를 조속히 시행하기 위해서였다. 군인을 취체하는 것이 직분인 헌병이 일반 국민을 상대로 경찰행정을 담당한다는 세계 어느 나라에도 없는 이 헌병경찰제도야말로 아카시 육군소장에 의해 창안되어 그대로 채택된 것이었다. 일본이 한국의 경찰권을 빼앗은 6월 25일 자로 한국주차 헌병대장 직명이 헌병대사령관으로 승격되어 아카시는 주차군 참모장직을 사카키바라 소장에게 넘기면서 초대 한국주차 헌병대사령관으로 취임했다. 그는 3개월 뒤 한국이 병합되어 총독부가 개설되자 총독부 경무총장직을 겸임하다가 1914년 봄 참모차장으로 영전되어 본국에 돌아갔다. 온양온천에서 장기간 정양을 하고 있던 이완용이 6월 29일 서울로 올라와 업무에 복귀한 이유도 경찰권 박탈 등 사태가 심상치 않은 방향으로 급박하게 돌아가고 있음을 감지感知했기 때문이었다.

　데라우치는 군함 야구모八雲를 타고 한국에 와서 7월 23일 인천항에 도착, 그날로 서울에 착임했다. 그는 이틀 뒤 순종 황제와 고종 태황제를 알현하고 부임 인사를 했는데, 29일 순종은 전례 없이 친히 통감부에 가서 답례의 뜻을 표했다. 초대 통감인 이토는 부임 인사 때 평화니 인도人道니 하는 변설을 늘어놓았고, 소네는 식산흥업의 중요성을 얘기했는데, 데라우치는 부임 직후부터 일절 입을 다물고 침묵으로 일관했다. 심지어 고종 태황제가 몇 해 전 데라우치가 육군대신으로 만주를 시찰하는 길에 한국에 왔을 때 덕수궁 돈덕전惇德殿에서 황제에게 속사포를 선물로 바쳤을 때의 이야기를 꺼내는 등 동갑同甲인 그에게 관심을 표하며 이런 저런 말을 걸었으나, 데라우치는 이에 대해 다만 "그렇습니다"라고 응답했을 뿐 다른 말이 없었다.[267] 그의 침묵은 본디 음험한 성격 탓이기도 했으나, 이는 한국 황실을 비롯하여 내각 수뇌부에게 음산한 공포 분위기를 조성하는 가운데 심리적 압박감을 고조시켰다. 실제로 통감부 쪽에서는 당시 한국과 조속히 병합조약을 체결한다는 목표 아래 빠듯한 일정표日程表에 따라 숨가쁘게 움직였다.

이완용은 총리직에 복귀한 뒤 잠시 정세의 변화를 관망하던 중 데라우치가 서울에 와서 고종·순종 두 황제에게 신고 절차를 마치자 곧 그를 만나 정식으로 업무협의에 들어갈 필요를 느꼈다. 이에 따라 그는 7월 31일 각료 중 가장 친밀한 사이인 내부대신 박제순과 농상공부대신 조중응을 한성구락부로 불러 급박해진 국내외 정황과 이를 타결할 내각의 시국 대처 방안에 대해 장시간 논의했다. 이때 오고 간 대화의 내용에 대해서는 『일당기사』에 전혀 기술되지 않아 잘 알 수 없으나, 통감부 쪽 인사 특히 외무부장직에 있던 고마쓰 미도리와 비밀리에 접촉하고 있던 조중응에게서 일본 정부가 병합을 실현시키려고 몹시 서두르고 있는 정황을 보고받았을 것이 틀림없다. 일찍이 아관파천으로 말미암아 외부 교섭국장직에서 실각하여 일본으로 망명했던 조중응은 이인직과 함께 잠시 도쿄 정치학교에서 정치학과 국제법을 수강한 적이 있었는데, 미국 유학생 출신의 고마쓰가 담당 강사였다. 이완용 등은 국내외 여건에 비춰 볼 때 일본의 병합 요구를 거부할 묘책妙策이 없다는 데 동감을 표시했을 따름이었다. 그들은 앞으로 시국문제에 대처함에 있어 각료 전원 행동을 통일하자는 결의 이상의 아무 대책도 취할 수 없었다.

---

267 나라자키 간이치·도가 가오오, 『조선최근사』, 도쿄: 호우산토, 1912, 259~260쪽.

49. 너무도 손쉽게 무너져 버린 대한제국

한국 정부의 각료들은 8월 1일 통감 관저에서 통감부 쪽 인사들과 모임을 가졌다. 하지만 신임 통감의 짤막한 인사말이 있은 뒤 한국 정부는 앞으로 통감의 지도 아래 국정에 힘쓰겠다고 표명하는 것으로 상견례는 끝났다. 이완용과 그 심복 부하들은 정식으로 데라우치와 만나 그가 품고 있는 생각을 알아내는 것이 급선무라고 판단했다. 이를 위해 8월 4일과 8일 두 차례에 걸쳐 이완용의 위임을 받은 이인직이 고마쓰와 만나 회담 날짜를 조정했다. 그 결과 16일 이완용과 데라우치 사이에 정식 회담을 열기로 합의를 보았다. 하지만 그간 조중응과 이인직을 통해서 고마쓰와 자주 접촉해 보니 일본 측이 지체 없이 한국 병합을 실현하려는 단호한 의도임을 분명히 깨닫게 된 이완용은 이미 사태를 만회할 수 없는 형편이라고 체념했다. 그리하여 담판을 벌이기 이전에 먼저 내부의 정지 작업이 필요함을 느꼈다. 그것은 첫째로 병합에 대해 부정적인 고종 태황제와 일부 원로들을 설득하여 동의를 구하는 일이었고, 둘째로 합방을 주장하는 일진회에 대해 기선機先을 제압하여 내각이 병합의 공로를 독차지하는 일이었다.

이완용과 그 심복들은 당시 원로들 가운데 가장 신망이 높았던 중추원 의장 김윤식에게 공을 들였다. 그리하여 당년 76세인 그가 시문詩文에 뛰어났다고 하여 최고의 명예직인 규장각 대제학을 제수한 뒤, 8월 5일에는 정1품 보국輔國으로 품계品階를 높여 주었다. 그런 다음 8월 12일 박제순과 조중응이 그를 찾아가 병합이 불가피하게 된 전후 사정을 설명한 뒤 동의를 요청했다. 조중응은 김윤식이 외부대신으로 있을 때 그의 직속 부하였다는 연고도 있었다. 평소 매일 빠짐없이 일기를 쓴 그의 『속음청사續陰靑史』에는 12·13·14일 연 3일치의 기록이 누락되어 있기 때문에[268]

---

268 그 뒤 8월 22일의 병합조약 체결을 목전에 둔 19·20·21일 연 3일치의 일기도 역시

그의 병합 동의 여부를 알 수 없으나, 회합이 몇 시간 끈 것으로 미루어 볼 때 아마도 거부 의사를 굽히지 않았던 듯하다. 박제순은 13일 궁내부 대신직에 있던 민병석을 방문하여 순종 황제와 고종 태황제의 재가를 받아내는 문제로 밀담을 나눴다. 이에 따라 덕수궁의 태황제를 보좌하는 책임자인 승녕부承寧府 총관總管 조민희가 몇 차례 자형인 이완용의 집을 들락거리면서 그 진척 상황을 보고했다.

이처럼 황실과 원로에 대한 설득작업은 비교적 조용하게 진행되었으나, 이미 합방 청원 성명으로 풍파를 일으킨 일진회를 따돌리면서 내각 주도로 병합을 이끄는 것은 결코 쉬운 일이 아니었다. 무엇보다도 도쿄에서 우익단체의 거물들인 스기야마·우치다 등과 빈번히 접촉하면서, 그들을 통해 가쓰라 수상을 상대로 병합공작을 추진하고 있던 일진회 고문 송병준이야말로 이완용 일파의 신경을 크게 자극하는, 진실로 만만치 않은 존재였다. 송병준은 우치다와 함께 도쿄에서 준비한 일진회 명의로 된 합방 청원 성명서가 서울에서 발표된 뒤 숨을 죽이며 그 귀추에 주목했다. 그런데 이완용이 배후에서 조종하는 임시국민대연설회 등의 시민단체가 주도한 반대집회에 부딪쳐 기대한 성과를 거두지 못했을 뿐 아니라 오히려 일진회 자체가 회원들의 대거 탈퇴로 사기가 크게 저하되는 등 차질을 빚게 되자 충격을 받지 않을 수 없었다. 그리하여 송병준은 1910년 2월 일본을 떠나 몰래 부산에 와서 19일 일본인이 경영하는 오이케大池여관에서 이용구와 만나 일진회 내부의 화합과 단결을 꾀하고 시국을 타개해 나갈 대책을 의론하기도 했다. 그러던 중 이용구는 7월 하순 서울에 부임한 신통감 데라우치를 찾아가 한 차례 만난 뒤 신변의 위험을 느낀 때문인지 갑자기 병이 났다는 핑계를 대고는 7월 30일 일진회 고문인 다케다 노리유키武田範之가 기거하고 있는 인천 팔경원八景園호텔로 와서 한가로이 은거하는 듯한 생활로 들어가 주위 사

누락되어 있음.

람들을 놀라게 했다.

바로 이 무렵 일본에 오래 머물러 있던 송병준이 귀국길에 올랐다는 소식이 전해져서 정계는 갑자기 긴장했다. 그는 8월 4일 도쿄를 떠나 시모노세키下關에 도착, 귀국할 차비를 갖췄다. 급기야 그는 18일 밤 서울에 도착하여 일순간 정계를 진동케 했는데, 이 무렵 한국 병합을 위한 제반공작은 이미 완료된 때였다. 당시 한국 내부 사정에 정통했던 일본의 출판·언론인에 의하면, 데라우치는 이완용이 한국 병합안을 수락하지 않을 경우에 대비하여 송병준을 서울로 불러 통감 관저와 가까운 남산 모처에 대기시켰다가 일이 잘 풀리지 않을 경우 그에게 새로운 내각을 구성하게 하여 반드시 병합조약을 체결할 만반의 계획을 갖고 있었다는 것이다.[269] 진실로 데라우치의 음험함과 용의주도用意周到함에는 소름이 끼칠 정도이다.

이완용은 예정된 대로 16일 통감 관저를 방문하여 데라우치와 야마가타 부통감을 상대로 세 시간 넘게 병합에 대한 이른바 제1차 예비교섭을 벌였다. 그런데 사전에 통감부 쪽에서 제안한 것은 다소간 막연하게 '중대한 안건'에 대해 논의하자는 것이었으므로, 이완용은 이 기회에 데라우치의 흉중胸中을 한번 떠본다는 정도의 탐색전을 예상하고 있었다. 하지만 데라우치는 이완용에게 다짜고짜 구체적인 병합안을 꺼낸 다음 미리 준비해 둔 병합에 관한 서면書面각서를 보여주었다. 비록 교섭이라고는 하지만, 이 무거운 주제에 대해 일본 측이 그 세부細部 이행 사항을 나열, 통고하는 형식으로 진행되었음에도 불구하고 긴 시간이 걸렸다. 교섭을 끝낸 뒤 데라우치는 이완용에게 서면각서를 넘기면서 하루이틀 이내에 이를 내각의 각의에서 통과시켜 줄 것을 당부했다. 이날 밤 조중응이 이완용의 집에 들러 은밀한 대화를 나눈 뒤 심야에 한국어 통역관 출신의 통감 비서관인 고쿠부 쇼타로國分象太郎를 만나 이완용의 밀지密旨

---

269 샤쿠오 슌조, 『조선병합사』, 경성: 조선 및 만주사, 1926, 670쪽.

를 의제로 하여 밤늦게까지 토의했다고 하지만, 그 구체적인 내용은 전혀 알 수 없다. 한편 이날 순종 황제가 백부인 운현궁 주인 완흥군完興君 이재면李載冕을 흥왕興王으로 책봉한다는 조칙을 발포하여 다음 날인 17일 자『관보』에 실렸는데, 이처럼 황실의 지친至親에 대한 갑작스런 진봉進封은 바야흐로 병합이 임박했음을 암시하는 것이기도 했다. 대한제국이 망한 다음에는 이 같은 진봉이 불가능하기 때문에 서둘렀던 것이다. 후일담이지만 흥왕 내외는 18일 순종을 찾아가 감사의 뜻을 표했고, 궁내부 당국은 19일 책봉식을 9월 3일 개최한다고 공표했으나, 돌연한 망국조약 체결로 말미암아 실행에 옮기지 못했다.

8월 17일 주요 각료들은 하루 종일 장소를 옮겨가며 회의를 거듭했다. 즉 오전에 탁지부대신 고영희가 조중응을 방문했는데, 얼마 뒤 이완용도 합석하여 세 사람은 5시간 이상이나 비밀스런 이야기를 나눴다. 그리고 오후에는 이완용의 저택에 박제순·조중응이 모여 의론했고, 밤이 되자 나머지 각료들도 찾아와 사태가 자못 긴박하게 돌아가고 있음을 보여준다. 그다음 날인 18일은 정례定例 각의가 열리는 날이었을 뿐 아니라 마침 귀국 중인 송병준이 밤에 입경入京할 예정이었으므로 정계는 잔뜩 긴장했고, 보이지 않게 동요했다. 이는 마치 3년 전 헤이그 밀사파견사건을 빌미로 고종 황제를 강압적으로 퇴위시킬 때 외상 하야시를 예고한 날짜에 맞춰 서울에 나타나게 함으로써 공포 분위기를 조성, 한국 내각에 무언의 위협을 가하여 퇴위를 쉽게 성사시킨 것과 같은 진실로 야비하기 짝이 없는 음흉한 수법이었다. 이날 각의는 오전 9시 각료들이 창덕궁 내의 내각 청사에 모여 일본 측이 요구한 병합안을 통과시키는 데 합의하고, 병합에 따르는 제반 문제들을 논의했다. 그리고 오후 4시 일단 산회散會한 뒤에는 조중응과 민병석이 화개동[270] 언덕에 있는 박제순의 집으로 찾아가 회합을 가진 것으로 미루어 볼 때 앞서 내각의 최종 합의과

---

270 현 종로구 화동.

정에 미진未盡한 사항이 남아 있었음을 짐작할 수 있다.

실제로 이날 각의에서 학부대신 이용직李容稙이 병합에 찬동하지 않아 차질을 빚었다. 그는 5년 전 을사조약 체결에 반대하여 순절殉節한 원로대신 조병세趙秉世의 사위로, 다소 모순된 구석이 있는 까다로운 인물이었다. 그는 공자를 기리는 대동교大同敎 창시(1909년)에 초대 총장으로 참여하는 등, 보수적인 유학자였으면서도 1908년 초에는 신교육을 지향하는 기호흥학회畿湖興學會가 창립되자 초대 회장에 추대되었고, 일본을 다녀온 뒤에는 학회의 회관 건립에 착수했다. 한편 그는 1909년 봄 통감부가 주선한 일본관광단의 한 사람으로 여행한 다음 정부 당국에 일본의 대한정책을 비판하는 내용의 사신私信을 제출하기도 했다. 『매천야록』에 의하면, 그는 여기서 첫째로 한국 군인을 징발하여 의병을 토벌하는 것은 옳지 않으며, 둘째로 한국인 헌병보조원 제도는 폐지해야 하고, 셋째로 동양척식주식회사도 폐지하며, 넷째로 한국 정부에 일본인 관리도 없애고, 다섯째로 국내의 세금은 한국 관리가 걷게 해야 한다고 주장했다. 또한 관광단이 일본에 머물 때 어떤 일본인이 한·일 연방제도에 대한 의견을 묻자 그는 의연히 부자否字를 써보였다고 한다. 이처럼 모순되는 행동을 보이던 그를 이완용은 1909년 10월 하순 일부 개각을 단행할 때 이재곤의 후임으로 학부대신에 임명했다. 평소 이완용을 역적이라고 비판했던 이용직은 군말 없이 각료직을 수락하여 보수적인 교육정책을 펴오다가 병합 문제에 봉착하자 망국 대신이란 오명을 회피하려 한 것이다.

결국 시간에 쫓긴 이완용은 그를 경질하는 대신, 병합조약 체결을 최종적으로 의결하는 어전회의에 참석하지 못하게 할 요량으로 마침 50년 만에 처음이라는 일본 간토關東 지방의 수해水害를 위문하는 특사라는 명목으로 그를 국외로 쫓아버리는 묘안을 채택하여 가까스로 사태를 수습할 수 있었다.

한국 정부는 18일의 각의에서 병합안이 통과되었다고 일본 측에 통보했다. 그러자 일본은 19일 각의를 열어 한국 병합을 결의했고, 가쓰라 수상은 즉각 천황에게 한국 처분에 따르는 제반 문제를 상주하여 재가裁可를 받았다. 이제 한국 병합은 일본 정부로서는 변경할 수 없는 사안이 되고 말았다. 22일 서울 시가지에 일본 헌병경찰을 삼엄하게 배치한 공포 분위기 속에서 한·일 간에 병합조약이 정식으로 체결되었다. 이날 아침 이용직을 제외한 전 각료가 참석한 가운데 각의가 열렸다. 오전 10시 민병석은 시종원경 윤덕영尹德榮과 함께 데라우치를 방문하여 병합조약 체결이 오후 통감 관저에서 열릴 수 있도록 모든 준비가 완료되었다고 알려 주었다. 이 윤덕영은 순종 황제의 계비繼妃가 된 효황후 윤씨의 백부로 30대 후반의 젊은 나이에 친임관271의 요직에 발탁된 인물이었다. 조약문서와 황제의 조서에 필수적으로 요구되는 옥새를 사전에 확보해 두는 것이 그에게 부과된 중요 임무였다. 각의에서 병합조약 체결에 합의한 뒤 각료들은 곧이어 오후 1시에 입궐하여 어전회의에서 순종에게 교섭의 전말을 상주했다. 이 자리에는 황제의 특명으로 황족을 대표한 흥왕 이재면과 원로대신을 대표한 중추원 의장 김윤식이 참석하여 황제의 자문에 응하도록 조치했다. 김윤식의 이날 일기에 의하면, 마침 흥왕의 생일인 까닭에 운현궁에 들렀다가 갑자기 소명召命이 있어 급히 귀가하여 의관衣冠을 갖춘 뒤에 창덕궁 흥복헌興福軒으로 가서 순종 황제를 알현했다고 한다. 그런데 이 자리에서 합병 이야기가 나오는 바람에 신하들이 실색失色하여 서로 쳐다볼 뿐이었는데, 흥왕이 "사태가 이에 이르렀으니 망극할 따름"이라고 말하자 이완용은 나라가 힘이 없으므로 어찌할 수 없다고 변명했다고 한다. 다음으로 발언할 차례가 되어 김윤식이 합병은 불가不可하다는 의견을 제출했으나, 대신들은 아무런 응답이 없었다고 기록했다. 그러자 황제는 곧 그 자리에서 이완용을 전권위원으로 임명하여 데라우치 통감과 의론, 병합조약을 체결하도록 재가하는 조칙

---

271 대신급에 해당함.

을 발포했다.

이 조칙에 따라 이완용은 자문 및 통역을 담당할 조중응을 대동하고 이날 오후 4시 통감 관저로 가서 데라우치와 함께 8개 조항으로 된 병합 조약에 조인했다. 이로써 한국의 통치권은 완전히 그리고 영구히 일본의 손에 넘어가고 말았다. 그런 다음 그는 조중응과 함께 덕수궁으로 태황제 고종을 찾아가 그간의 경과를 아뢴 뒤 승인을 받았다. 한편 데라우치는 즉각 본국 정부에 한국 정부는 병합조약에 이의異議가 없다고 타전打電했다. 이에 가쓰라 수상은 천황에게 병합조약에 대한 재가를 요청, 곧 임시로 소집된 추밀원 고문관회의의 자문을 거쳐 병합조약을 받아들였다. 이처럼 8월 22일에 병합조약이 조인되었음에도 불구하고 한·일 양국 정부는 이를 1주일 뒤인 29일에 정식 발표하기로 결정하고, 그때까지 병합사실을 절대로 비밀에 부치기로 했다. 종래 이 같은 조치를 취한 이유로서는 첫째로 한국민의 격렬한 저항을 우려하여 잠시 형세의 추이를 살펴볼 필요가 있다고 판단했으며, 둘째로 병합 교섭이 정식으로 시작된 이래 불과 6일 만에 조약 체결이 이루어졌으므로 통감부로서는 본국 정부와 여러 가지 사항을 협의하며 준비할 시간이 필요했고, 셋째로 한국과 영사 관계를 맺고 있던 구미 각국에 대해 미리 병합 사실을 통보하는 한편 장차 관세협정 등에 변경이 없다는 점을 알려 양해를 구할 필요가 있었다는 점 등이 거론되어 왔다.

이는 모두 그럼직한 발표연기 사유가 될 수 있다고 생각되는데, 이와는 전혀 색다른 견해도 있다. 즉 당시 도쿄에서 정치적 망명생활을 하고 있던 청나라의 변법자강파 정치인이요 탁월한 언론인·학자였던 량치차오梁啓超에 의하면, 마침 8월 27일이 순종 황제가 즉위한 3주년 기념일인 까닭에 한국 정부가 그 기념행사를 꼭 거행할 수 있도록 발표를 늦춰줄 것을 일본 측에 특별요청한 데 따른 것이라고 한다. 앞에서도 보았듯이 량치차오는 대한제국의 운명에 깊은 관심을 갖고 1904년 2월 러일전쟁이 일어난 직후 일본의 강요로 체결된 한일의정서가 내용만 보면 한국의 자주권을 심각하게 훼손한 것으로 판단하여 「조선망국사략」을 쓴 바 있었는데, 그로부터 6년 뒤 병합조약이 체결되자 일본이 조선을 병탄했음을 기술한 「일본병탄조선기」를 썼다. 그는 여기서 순종의 즉위 3주년 기념식장의 풍경을 묘사하여 "이날 대연회에 신하들이 몰려들어 평상시처럼 즐겼으며, 일본인 통감 역시 외국 사신의 예에 따라 그들 사이에서 축하하고 기뻐했다. 세계 각국의 무릇 혈기 있는 자들은 한국 군신들의 달관達觀한 모습에 놀라지 않을 수 없었다"[272]고 노골적인 야유를 퍼부었다. 한국 멸망의 최대 원인을 사리사욕을 챙기는 데 열중한 궁정과 양반층에서 찾고 있는 그는 "조선을 망하게 한 자는 최초에는 중국인이었고, 이어서 러시아인이었으며, 최종적으로 일본인이었다. 그렇지만 중·러·일인이 조선을 망하게 한 것이 아니라 조선이 스스로 망한 것이다"라고 하며 대한제국의 멸망을 안으로부터 무너져 내린 특이한 경우로 보았다.

8월 27일은 토요일이었고, 29일은 새로운 1주일이 시작되는 월요일이었다. 이날을 기해 한국 병합조약을 내외에 발표했다. 이와 결부하여 순종 황제 최후의 칙유勅諭, 일본 천황의 병합에 관한 조서 및 순종 황제를 창덕궁 이왕李王, 고종 태황제를 덕수궁 이태왕李太王에 책봉한다는 조칙 등이 동시에 발표되었다. 이에 따라 9월 1일 데라우치 통감은 본국 황제의 책문冊文[273]을 받들어 창덕궁 및 덕수궁에서 순종과 고종에 대한 봉왕식封王式을 별도로 거행했다. 이제 한국의 두 황제 부자는 일본 천황의 신하로 정식 자리매김된 것이다.

고종 황제 말년부터 순종 황제에 걸쳐 시종무관으로 궁중에서 복무한 어담 육군정령은 두 황제의 신임과 총애를 듬뿍 받았을 뿐 아니라 일본 육군사관학교 출신이라는 특수한 인연으로 한국주차 일본군사령부의 고급장교들과도 두터운 친분관계를 줄곧 유지한 매우 독특한 처지였는

---

272 량치차오 저, 최형욱 편역, 『량치차오, 조선의 망국을 기록하다』, 글항아리, 2014.
273 책봉문서.

데, 한국 병탄과 관련하여 다음과 같은 증언을 남겼다. 즉 내각 수반 이완용과 그 최고의 심복 조중응은 처음에는 일본의 병합방침에 대해 소극적인 태도를 보이다가 가쓰라 군벌내각이 송병준을 수반으로 한 일진회 중심의 후계내각을 조직하여 한국정계를 근본적으로 뒤집어엎을 것이라고 위협하자 무조건 병합조약에 찬성하는 쪽으로 급선회했다는 것이다.[274] 또한 그는 병합에 대한 소감으로, "동서고금 이처럼 손쉽게 말로 末路를 다한 나라는 세상 어디에도 없었다. 이완용 내각은 귀족의 지위 보장만 요구했을 뿐, 인민의 권리 같은 것에는 전혀 언급하지 않았다"[275]고 개탄했다.

50. 고종 황제의 승하

대한제국이 일본에 병합됨에 따라 고종 태황제는 비록 이태왕이라는 호칭으로 격하되기는 했으나, 조선의 왕공족王公族을 우대한다는 방침에 의해서 종전과 변함없이 덕수궁에서 생활하며 또한 '전하'의 경칭을 붙이고 작위를 세습하는 특권을 누렸다. 한편 종전의 궁내부가 폐지된 대신 일본 궁내성 관할 아래 이왕직李王職을 설치하여 왕가 및 공가의 관련 사무를 담당했고, 조선총독부의 특별회계에 따라 넉넉한 세비歲費를 받아 왕가의 권위와 지체를 유지하는 데 별다른 불편이 없었다. 고종은 특히 회갑을 맞은 해인 1912년 5월에 귀인 양씨梁氏에게서 덕혜옹주德惠翁主를 얻어 망국의 시름 속에서 잠시나마 위안을 얻기도 했다.

그러던 중 고종을 깊은 고뇌에 빠지게 한 큰 사건이 발생했다. 즉 11세의 어린 나이에 이토 통감의 손에 이끌려 일본에 유학의 길을 떠나 학습

---

274 『어담 소장 회고록』, 361쪽.
275 위의 책, 359쪽.

원 초등과, 육군유년학교를 거쳐 육군사관학교를 졸업하고 소위로 임관한 영친왕[276]이 22세가 된 1918년 가을 일본 궁내성에서 황족인 나시모토노미야 모리마사梨本宮守正왕의 장녀인 마사코方子 여왕과의 혼례를 내정하고, 이를 기정사실인 양 덕수궁에 통보한 것이다. 일본 정부는 이때 영친왕과 마사코 여왕의 혼인을 실현하기 위해서 1889년 황족회의 및 추밀원 고문관회의의 자문을 거쳐 제정한『황실전범皇室典範』에 손을 대어 "황족 여자는 왕족 또는 공족에게 출가出嫁할 수 있다"는 한 구절을 추가하는, 이른바 증보작업을 벌이기까지 했다. 여기서 말하는 왕족, 공족이란 본디 일본에는 없고, 일본에 병합된 옛 대한제국의 황실일족만을 지칭하는 호칭이었다. 이때의『황실전범』증보를 계기로 순종 황제가 승하한 1926년 이른바『왕공가궤범王公家軌範』이 제정되어 종래 막연히 일본 황족에 준하는 특수신분층으로 표현되어 온 조선 왕공족은 법제적으로 볼 때 일본의 황족과 화족華族 사이에 속하는 것으로 엄밀히 자리매김되었다. 공교롭게도 이때 조선 왕공족의 가독家督 문제를 심의한 왕공족 심의회 총재가 추밀원 부의장에서 막 의장으로 승격한 구라토미 유사부로倉富勇三郎였는데, 그는 한국과 인연이 깊었다. 즉 1907년 여름 한국 내각에 일본인 차관을 배치할 때 그는 도쿄 공소원[277] 검사장에서 한국 법부차관에 임명되어 한국에 부임했고 2년 뒤 일본이 한국의 사법권을 탈취한 뒤에는 통감부 사법청 장관[278], 그리고 한국을 병합하여 1910년 10월 1일 조선총독부가 설치되자 초대 사법부 장관이 된 인물이었다.

당시 일본 측은 영친왕과 마사코 여왕의 혼인이야말로 한·일 양 민족의 융화 내지 일체를 상징하는 가교가 되는 것이라고 선전했으나, 고종의 속마음은 전혀 그렇지 않았다. 하지만 그로서도 현재 영친왕의 처지와 장래를 생각할 때 이 혼약에 대해 정면으로 반대하기는 쉽지 않은 일

---

276 당시의 공칙 호칭은 이李왕세자.
277 고등법원에 해당함.
278 참여관 겸임.

이었다. 그러는 가운데 일본 측은 영친왕의 혼인 날짜를 1919년 1월 25일로 결정하고 그 준비에 착수했다. 그런데 혼인을 불과 4일 앞둔 21일 고종 황제가 거소인 덕수궁 함녕전咸寧殿에서 갑자기 68세를 일기로 승하했다[279]. 이때 조선총독은 15년 전 한국주차군 사령관으로 서울에 부임하여 고종 황제에게 신변의 안전을 절대로 보장하겠노라고 큰 소리쳤던 하세가와 육군원수였다. 그는 4년여를 서울에서 근무한 뒤 군사참의관이 되어 본국에 돌아간 뒤 참모총장을 역임하고, 총리대신으로 영전한 데라우치의 뒤를 이어 1916년 10월 총독이 되어 다시금 서울에 부임했다. 그는 고종이 승하했다는 보고를 받고 예정대로 25일 영친왕의 혼인 가례를 치른 뒤 국상國喪을 반포할 것을 넌지시 제의했다고 하는데, 당시 중추원 부의장이었던 백작 이완용[280]이 국상 발표를 미룰 수 없으며, 혼인은 모름지기 상기喪期를 모두 끝낸 뒤에 하는 것이 옳다고 주장한 까닭에 이에 따랐다고 한다.[281]

이제 그 자세한 사실의 전말을 살펴보면 다음과 같다. 이완용은 영친왕의 혼인식에 참석하기 위해 1월 18일 서울을 떠나 일본으로 향했다. 그런데 그가 21일 오후 1시경 도쿄에 도착하여 숙소로 예정된 시마야島屋 여관에 막 투숙했을 때 고종 황제의 환후患候에 대한 급보를 받아 곧바로 영친왕의 저택으로 갔던바, 역시 연락을 받은 영친왕은 22일 귀국할 예정이라고 그에게 밝혔다. 이에 이완용은 마침 잠시 본국에 들른 하세가와 총독을 방문했는데, 그는 고종의 죽음에 애도의 뜻을 표하면서 제반 의식은 이미 궁내성에서 준비하고 있다고 했다. 그러면서 그는 서울에서 보낸 야마가타 정무총감의 전보 내용을 다음과 같이 설명했다.

"서울에 있는 조중응 등 주요 인사들의 이야기하는 바로는 조선 구례舊

---

279 하루 뒤인 22일 공식 발표함.
280 1년 뒤 후작으로 승격.
281 『일당기사』, 680~682쪽.

例에는 비록 국왕이 훙거했을지라도 어떤 부득이한 사정이 있을 경우에는 며칠 동안 상喪을 발發하지 않은 적도 있다고 합니다. 지금 왕세자 전하의 가례嘉禮를 겨우 5일 앞두고 있는 만큼 국상 반포를 정지하고 25일 가례를 치른 뒤 반포할 수 있다고 하는데, 귀하의 생각은 어떻습니까?"

"조선 구례에는 국왕이 훙거했을 때 보위를 계승할 자손이 없는 경우 종실宗室 가운데서 왕통을 이을 인물을 결정짓기 위해 하루 이틀 훙거를 반포하지 않는 일이 있으나, 혼인가례 등의 사유로 말미암아 국상을 반포하지 않는 예는 일찍이 듣지 못했습니다."

그러자 하세가와는 이완용의 말에 따라 국상을 치른 뒤 혼인식을 거행하는 것이 옳다고 궁내성에 통지하여 그대로 결정되었다는 것이다. 이 때문에 영친왕의 혼인식은 본래 예정보다 1년 3개월 뒤인 1920년 4월 28일 거행되었다.

일본 정부는 고종의 장의를 국장으로 결정하고 1월 31일 장례위원회를 구성하여 위원장[282]에 야마가타 정무총감, 부위원장[283]에 이완용과 이토 히로쿠니伊藤博邦 공작 두 사람을 위촉했다. 이토는 본디 이노우에 가오루의 조카로, 이토 히로부미의 양자가 되어 부친의 작위를 습작했는데 당시 궁내성 식부式部 차장의 직함을 갖고 있었다. 그는 몇 해 뒤 친임관인 식부 장관으로 승격되었는데, 그의 후임으로 장관이 된 인물이 바로 한국 공사와 영국 대사를 역임하고 은퇴한 하야시 곤스케 남작이었다. 그런데 『매천야록』에 의하면 고종 태황제는 10년 전 이토 히로부미가 죽었다는 소식에 접하자 크게 기뻐하며 웃었다는 것이다. 마침 한국 경찰의 고위직에 있던 요부코 도모이치로呼子友一郎 경시警視가 그 소문을 듣고 몹시 유감으로 생각하여 사실 여부를 조사하여 진위眞僞를 따지고

---

282 가카리초掛長.
283 가카리지초掛次長.

자 궁중 나인內人들을 심문했다고 한다. 사람들은 말하기를 황제의 시종으로 있던 이용한李容漢이 일본인에게 아첨하려는 뜻에서 밀고한 것이라고 했는데, 이용한은 본디 일진회 교섭위원으로 있다가 1907년 농상공부 주사가 되고 곧이어 기사, 서기관으로 승진한 뒤 고종 태황제의 일거일동을 감사하는 시종직으로 영전한 인물이었다. 또한 요부코 경시는 이완용이 중상을 입고 대한의원에 입원했을 때 병문안하러 들른 사람들의 명단[284]에도 보일 정도의 활동적인 인물이었다. 그는 1917년 3월 창덕궁 경찰서장에서 이왕직 사무관으로 영전했으나, 신병으로 고향인 후쿠오카福岡에서 요양하다가 1년 뒤 죽었다. 그것은 어쨌든 고종이 그토록 마음속 깊이 미워했던 이토의 아들이 장례위원회의 최고위 간부로 이름을 올린 것은 매우 얄궂은 일이라는 생각이 든다.

고종 황제의 장례식은 3월 3일 동대문에 있는 전 한국 군대 훈련원 자리에서 거행할 것과 장지는 양주군[285] 금곡金谷으로 결정되었다. 이에 따라 24년 전 비명非命에 간 명성황후의 홍릉洪陵은 합장하기 위해 2월 중순 청량리 근처의 천장산에서 금곡으로 옮겨졌다. 한편 고종의 승하 소식에 큰 자극을 받아 3월 1일 전국 각지에서 독립만세를 부르짖는 거족적인 시위가 벌어졌으나, 장례의식은 예정대로 3일 거행되었다. 이날 오전 9시 훈련원 터에서 발인 의식을 거행한 뒤 장의 행렬은 청량리에서 노제路祭, 망우리에서 다례茶禮를 치르고 나서 오후 11시 10분 장지에 도착했다. 4일 하관식을 거행한 뒤, 5일 망우리에서 다례를 지내고 오후 5시 50분 덕수궁으로 돌아왔다. 이날 황제의 신주를 모시고 장지에서 궁궐로 돌아오는 반혼제返魂祭 행렬을 따라가던 학생 300명이 동묘 근처에서 만세를 부르는 제2차 시위가 벌어졌다.

3월 7일 삼우제三虞祭를 거행함으로써 장의 의식은 모두 끝났지만, 황

284 『일당기사』, 388쪽.
285 현 남양주시.

제의 죽음을 둘러싸고 당시 항간에서는 황제가 자진自盡했다는 소문과 더불어 독살당한 것이라는 소문이 널리 퍼져 나갔다. 윤치호尹致昊는 1월 26일 자의 영문일기에서 고종이 사랑하는 막내아들 영친왕의 일본 여성과의 혼인에 고민하던 나머지 결혼식을 나흘 앞두고 스스로 목숨을 끊었을 것이라는 소문이야말로 정말이지 말도 안 되는 소리라고 일축하고 있다. 고종이 전에 강제로 퇴위당하거나 더욱이 나라가 일본에 강제로 병탄된 것과 같은 큰일을 당하고서도 이를 감내堪耐한 터에 아들의 혼인 문제와 같은 작은 일로 목숨을 끊을 까닭이 없다는 것이었다. 그는 영친왕이 우아하고 총명한 듯한 인상을 풍기는 일본 황족의 딸과 혼인하는 것이야말로 한국 측 입장에서 볼 때 최고의 경사임에 틀림없고, 나아가 이로써 한·일 두 황실의 우호관계가 증진될 것으로 전망했다. 이 같은 생각은 당시 그가 직면하고 있던 복잡하고 미묘한 처지를 잘 반영하고 있다.

윤치호는 미국 유학생 출신으로 서구적 교양을 철저히 몸에 익힌, 당시로서는 아주 드문 인물이었다. 그는 19세 때인 1883년 한국에 부임한 초대 미국 공사 푸트Lucius H. Foote의 통역으로 자주 궁중에 출입하여 왕과 왕비를 상대로 개인적인 문제까지 상의할 정도로 친숙한 사이였다. 1884년 12월 갑신정변이 실패로 돌아간 뒤, 1885년 그는 피신 겸 유학을 목적으로 출국하여 상하이와 미국에서 10여 년간 유학생활을 하다가 1895년 2월 귀국하여 총리대신 김홍집의 정치비서관[286]으로 발탁되고, 학부협판(차관직)을 거쳐 외부협판으로 영전했다. 이때부터 몇 해 동안 일본을 비롯한 러시아·미국 등 외세가 한국 정계에 크게 작용했으므로, 영어를 자유롭게 구사할 수 있는 통역 능력을 갖춘 그로서는 황금시대였다고 할 수 있다. 다만 이들 세력 간의 암투 또한 치열하게 전개되어 그의 지위는 때때로 흔들렸다. 이 때문에 그는 1896년 민영환을 수행하여 러시아 황제 니콜라이 2세의 대관식에 참석한 뒤에도 곧바로 귀국하지 않은 채 파리

---

286 공식적으로는 차관보급의 내각 참의.

와 상하이에서 몇 달간 체류했다. 더욱이 그는 1897년 2월 서울로 돌아온 뒤로는 서재필이 만든 독립협회에 부회장 혹은 회장으로 깊이 관계하여 고종 황제와의 거리는 멀어졌다. 특히 1898년 후반에 들어와 독립협회가 소집한 만민공동회를 계기로 그는 황제와 대립한 끝에 정치적으로 실각하고 말았다. 만약 미국 공사 앨런과 선교사 언더우드의 적극적인 비호가 없었더라면 그는 틀림없이 투옥되었을 것이다. 그는 중앙 정계에서 쫓겨나 6년간 지방관직을 전전하지 않으면 안 되었다. 당시 그가 접촉한 사람들은 국내의 기독교 지도자는 물론 미국인 선교사들이 많았지만, 총독부의 요인들도 적지 않게 섞여 있었다. 그는 총독·정무총감 다음가는 실력자인 내무부 장관 우사미 가쓰오宇佐美勝夫와 업무 관계로 자주 만났고, 독실한 기독교 신자인 고등법원장[287] 와타나베 노베루渡邊暢와도 교회일로 가끔 만나 난처한 문제를 상의했다. 이 밖에도 그는 경찰계통의 간부들, 심지어 기독교청년회를 담당한 종로경찰서의 한국인 형사들로부터도 때때로 기밀정보를 제공받는 처지였다. 고종 황제의 승하를 당국이 공식 발표하기 전에 그에게 귀띔해 준 것도 한국인 형사 신철[288]이었다.

고종 황제의 자살설이 윤치호가 단정했듯이 전혀 믿기 어려운 것과는 달리 독살설은 단순히 의혹에 그치는 것이 아니라는 느낌이 든다. 당시 고종은 68세의 고령이긴 했으나 뚜렷한 병은 없었는데, 승하하기 전날 마지막으로 식혜를 마시고 몇 시간 뒤 운명했다는 것이다. 항간에 널리 퍼진 소문에는 고종의 시신이 팔과 다리가 몹시 부어올라 바지를 벗기기 위해 옷을 찢어야 할 정도였고, 치아가 빠지고 혀가 닳아 있는 듯한 처참한 상태였다는 것이다. 또한 시신의 목과 복부에는 30센티미터쯤 되는 검은 줄이 길게 나 있었다고 한다. 즉 그가 마신 식혜에는 필시 독약 성분이 섞여 있었을 것이라는 추측이다.

---

287 당시 총독부 최고 법원임.
288 본명은 신승희.

이와 비슷한 독살설은 영친왕의 왕비였던 마사코의 친정 어머니 나시모토 이쓰코梨本伊都子 여사가 오랜 세월이 지난 뒤 발표한 자서전『3대의 천황과 나』[289]에서도 피력한 바 있다. 그의 친정 아버지는 마지막 사가佐賀 번주藩主로, 메이지 유신 후에는 이탈리아 공사, 궁내성 식부장관을 지낸 후작 나베시마 나오히로鍋島直大였다. 1882년생인 그녀는 황족인 나시모토노미야 모리마사왕과 1900년에 혼인하여 이듬해에 마사코를 낳았다. 그런데 마사코가 1921년 8월 태어난 왕자 이진李晋을 데리고 영친왕을 따라 이듬해 5월 초 한국에 와서 잠시 창덕궁에 머물렀을 때 이진이 몇 차례 구토하여 급히 가까운 총독부의원에 입원했지만, 용태가 갑작스레 악화된 끝에 불과 2, 3일 사이에 죽고 말았는데, 이쓰코 여사는 이 외손자의 죽음이 공식발표한 소화불량 때문이 아니라 독살 이외에는 생각할 여지가 없다고 단정할 만큼 당시 한국 황실을 둘러싼 궁중의 분위기를 마치 복마전의 전형처럼 여기고 있었다. 그녀는 기본적으로 이 같은 인식이라, 고종의 죽음에 대해서도 여러 가지로 소문을 듣고 진상 파악에 신경을 쓴 듯하다. 그녀는 고종이 조선총독의 음모에 의해 독살된 것으로 단정했다. 마침 당시 제1차 세계대전이 끝나 파리에서 전후의 문제를 처리할 강화회의가 예정되어 있었는데, 고종이 1907년 헤이그에서 열린 만국평화회의 때 밀사를 보낸 것처럼 이때 파리에 밀사를 보내려던 움직임이 발각된 결과 총독의 비밀 지시를 받은 주치의 안상호安商鎬가 고종이 마시는 홍차에 비소砒素 성분의 물질을 섞은 것을 나이 어린 시녀에게 맡겨 바치게 했다는 것이다. 다만 증거가 되는 찻잔은 도난당하고 말았다고 한다. 다시 말해 궁궐 깊숙한 곳에서 일어난 이 같은 비밀은 심부름한 부녀자의 입을 통해서 세간에 전파되었을 것으로 보았다. 여기에 등장하는 안상호는 당시 명의로 이름 높아 서울의 상류층 인사들을 다

---

289 나시모토 이쓰코梨本伊都子,『3대의 천황과 나3代の天皇と私』, 도쿄: 고단샤講談社, 1975.

수 고객으로 확보하고 있던 처지였으므로, 이 같은 못된 짓에 관여했을 것 같지는 않다. 아마도 다른 의사일 것이다. 그러나 독살의 배경이랄까 요인에 대한 상황 설명은 비교적 설득력이 높다고 생각된다.

고종의 죽음이 총독의 비밀 지시에 따른 독살이었다는 소문은 당시 일본 궁내성의 최고위 인사들 사이에서도 화제에 올랐다. 앞에서 간단히 거론한 적이 있는 구라토미 유사부로는 총독부 초대 사법부 장관을 역임한 뒤 6년 만에 본국에 돌아가 내각법제국 장관, 귀족원 칙선의원을 거쳐 이 무렵 궁내성 제실帝室회계심사국 장관에 임시로 종질료宗秩寮 총재 사무취급을 겸하고 있었는데, 본디 입이 무겁기로 이름난 근엄한 사법관료였다. 하지만 그는 궁중의 요직에 취임한 뒤로는 매일 겪은 사실을 낱낱이 일기에 기록했다. 구라토미는 1919년 11월 1일 자의 일기에서 자기 사무실을 찾아온 궁내성 차관 이시하라 겐조石原健三에게 고종의 죽음을 둘러싼 수수께끼에 대해 다음과 같은 말을 꺼냈다고 기록했다.[290]

"조선에서는 데라우치[291]가 하세가와 현 총독을 시켜 이태왕[292] 전하를 설득하려고 한 점이 있고 이태왕이 이를 수락하지 않았기 때문에 그 입을 막기 위한 수단으로 그를 독살한 것인 양 말을 퍼뜨리는 듯한데, 데라우치한테서 설득하라고 부탁받은 내용은 알 수가 없다."

"그 같은 풍설이 있는가?"

"전 이왕직 장관 민병석 등은 독살이니 뭐니 하는 풍설이 근거 없음을 밝힐 것을 희망했고, 사표 내는 것은 그 본뜻이 아니었으나 예상과 달리 면직되자 매우 불만을 품고 있는 모양이다."

"그런가? 그렇지만 민병석 등을 쫓아낸 것은 잘된 일이다."

290 사노 신이치佐野眞一, 『추밀원의장의 일기樞密院議長の日記』(고단샤 현대신서現代新書 시리즈), 도쿄: 고단샤講談社, 2007.
291 조선총독·내각총리 역임.
292 고종 황제.

그러면 당시 한국인 가운데 최고의 정보통이었으며, 동시에 구라토미에 못지않은 방대한 분량의 영문일기를 남긴 윤치호는 과연 고종의 사인死因을 어떻게 보고 있었는지 궁금하다. 실제로 그는 몇 차례 일기에서 독살설을 기술했다. 즉 1919년 2월 11일 자 일기에서는 홍건洪健이 민영휘한테서 들었다는 이야기를 기록했는데, 이에 의하면 고종은 한약의 일종인 양위탕養胃湯을 한 잔 마시고 난 뒤 한 시간도 되지 않아 현기증과 위통을 호소했다고 한다. 그리고 곧 고종의 육신이 심하게 마비되어 민영휘가 당도했을 때는 말 한마디도 할 수 없는 상태였고, 고종이 민영휘의 두 손을 너무나 세게 움켜쥐는 바람에 환관인 나세환羅世煥이 두 사람의 손을 떼어놓느라고 힘들었다는 것이다. 그 뒤 윤치호는 국장 다음 날인 3월 4일 일기에서는 이왕직의 차관 다음가는 장시사장掌侍司長(시종장)인 윤덕영과 전의 한상학韓相鶴이 총독부 측의 회유·협박을 받아 식혜에 무엇인가를 집어넣어 독살했다는 소문이 유포되고 있다고 기록했다. 결국 총독부는 성난 한국인의 민심을 무마시키려는 속셈에서 이해 10월 이왕직 장관 민병석과 윤덕영을 경질했는데, 윤치호는 11월 22일 자의 일기에서 이 두 사람이 덕수궁의 영성문永成門 안쪽 인근의 부지를 일본인들에게 팔아넘겼다고 비난하면서, 이 비열한 매국노들을 정확하게 표현할 수 있는 단어는 웹스터 큰사전에도 없을 것이라고 개탄했다. 그는 곧이어 11월 29일의 일기에서, "나는 지난 2월에는 고종 황제의 시해에 관한 소문을 믿지 않았다. 그것이 쓸데없는 헛소문이라고 생각했다. 그러나 민병석·윤덕영의 무리가 고종의 마지막 처소였던 덕수궁을 일본인들에게 팔아넘겼기 때문에 그 소문을 믿고 싶어졌다. 이 더러운 악당들은 자기 주머니를 채우기 위해서라면 무슨 짓이든지 할 야비한 인간들이다"라고 마음속 깊이 품은 분노감을 토로했다.

한편 총독부 당국은 3·1운동이 일어나자 일부 한국인 선동자들이 고종 황제가 독살되었다는 '유언비어'를 퍼뜨려, 이에 속아 넘어간 한국민이 분노했기 때문에 '소요'를 일으킨 것이라고 변명했다. 이왕직 차관으로 장관 이상의 실권자였던 고쿠부 쇼타로는 3월 9일 취재차 방문한 일본인 소유 『조선신문』 기자에게 "고종이 독살당했다고 떠드는 것은 용서할 수 없는 일로, 우리 이왕가를 모욕하는 것"이라고 강변했다. 하지만 쓰시마 출신의 한국어 통역관으로 갑오개혁 때부터 한국을 병탄할 때까지 공사관 통역관·서기관, 통감부 비서관으로 줄곧 침략의 최일선에서 암약했을 뿐 아니라, 총독정치시대에 들어와 초대 인사국장과 중추원 서기관장으로 한국민을 짓밟고 농락한 고쿠부의 말을 그대로 믿을 사람은 세상 어디에도 없을 것이다.

51. 외국인들과 윤치호가 본 고종 황제

고종 황제는 한국 역대 군주들 가운데 보기 드물게 초상화, 즉 어진御眞이 전해지고 있을 뿐 아니라 만년에 찍은 사진도 비교적 풍부한 편이다. 즉위 10년째 되던 1872년에 고종의 지시로 제작된 태조와 본인의 어진은 현재 남아 있지 않으며, 역시 1880년대 초 사진술이 국내로 도입되었을 때 지운영池運永이 찍은 사진도 전해지지 않으나, 1884년 일본에 체류 중 잠시 한국에 들른 미국인 천문학자 로웰Percival Lowell이 찍은 사진은 현존하고 있다. 대한제국을 선포한 지 2년 뒤인 1899년 네덜란드 계통의 미국인 화가 보스Hubert Vos가 덕수궁에서 그린 고종의 전신상은 한국 최초의 서양화 중 하나로 주목된다. 비록 그 원본은 1904년 봄 덕수궁 대화재 때 소실되었으나, 보스가 궁중에서 작업하고 난 뒤 숙소로 돌아가 기억을 더듬어 한 점 더 그린 사본이 1982년 서울에서 열린 한·미수교 100주년 기념전 때 세상에 알려진 바 있다.[293] 보스의 초상화는

---

293 이 초상화는 보스 2세가 소장하고 있다가 소장자가 바뀌고 경매에 나온 것을 한 재미 한국인 사업가가 구입하여 소장하고 있음.

마치 스냅사진 같다는 평이 있거니와, 그 뒤 한국화가로 유명한 해강海
崗 김규진金圭鎭이 1905년 역시 덕수궁 중명전 1층 복도에서 익선관을 쓰
고 황룡포를 입은 고종의 사진을 찍은 뒤 채색을 해서 황색 곤룡포의 노
랑색을 강조한 초상화가 2015년 우연히 세상에 알려졌다. 이 사진은 미
국의 철도왕 해리먼Edward H.Harriman이 1905년 9월 루스벨트 대통령이
파견한 대규모 아시아 순방 외교사절단의 일원으로 한국을 방문했을 때
황실로부터 기념선물로 받은 것이라고 한다.[294] 이때 사절단의 일행 중에
는 21세의 대통령의 딸 앨리스 루스벨트Alice Lee Roosevelt도 있었는데,
그녀 역시 똑같은 초상화를 선물로 받았다.[295]

한국이 일본에 병탄된 뒤 이른바 이왕가의 가족사진도 적지 않게 남
아 있어 노년기 고종의 모습을 살피기에 충분하다. 이 같은 그의 사진 혹
은 초상화에서 풍겨지는 인상은 온화하고 부드러운 인품에 자못 총명한
느낌을 준다. 이 점은 고종을 알현했던 외국인들이 공통적으로 지적하
는 사항이다. 이를테면 청일전쟁의 불가피함을 강력히 주장했으며, 전쟁
이 일어나자 황족 출신의 참모총장을 보좌하여 실제로 전쟁을 승리로 이
끈 참모차장 가와카미 소로쿠川上操六 중장은 전쟁이 일어나기 1년 전인
1893년 참모장교 3명을 거느리고 작전 예비조사차 한국과 중국 여행에
나섰다. 그는 3월 부산에 상륙하여 대구·상주·충주를 거쳐 4월 하순
서울에 도착한 뒤 5월 4일 일본 공사관의 고쿠부 통역관을 대동하고 고
종을 알현했다. 그는 군인의 직관으로 고종의 장점을 곧 알아차렸다. 그
리하여 가까운 사람들에게 고종의 성품과 자질을 유럽 여러 나라의 국
왕과 비교해 볼 때 현명함에 있어서 전혀 손색이 없다고 피력했다. 즉 그
에 의하면 현재 한국이 직면하고 있는 실제 정세와 어울리지 않는 세 가
지 사항이 있는데, 첫째로 국왕이 현명한 점, 둘째로 서울 주위의 풍광

---

294 현재 미국 뉴어크박물관에 소장되어 있음.
295 현재 미국 스미스소니언 프리어새클러 갤러리에 소장되어 있음.

風光이 아름다운 점, 셋째로 한국인의 의관衣冠이 한아閑雅[296]한 점이라고 했다.[297]

한편 통감부가 설치된 직후인 1906년 5월, 서기관으로 서울에 와서 이토의 측근으로 활약한 고마쓰 미도리小松綠는 여러 차례 고종을 알현할 기회가 있어 그때마다 황제의 언동을 주의 깊게 관찰했던바, 고종은 인자한 눈매에 몸동작마저 전아하여 아주 관인대도寬仁大度한 군주처럼 보였다고 했다. 그렇지만 고종은 40여 년 이상 재위하는 동안 대원군을 지지하는 일파와 민비 일족이 서로 대립하는 한가운데 놓여 있었던 데다가 황제 주변을 싸고도는 환관 잡배들, 의롭지 못하게 이익만을 챙기려는 외국인들의 간계와 사기, 모략의 소용돌이 속에서 부침浮沈했던 까닭에 마치 복마전과도 같은 조정에서 당장의 안일安逸함에 빠져 버렸다고 비평을 가했다.[298]

그렇다면 서양사람들은 고종의 사람됨과 그 정치를 어떻게 보았는가? 통감부시대인 1907년 3월 한국 주재 영국 총영사였던 코번Henry Cockburn은 본국 외상 그레이Edward Grey에게 보낸 연례보고서에서 통감부 시정 1년간의 한국정세를 62개 항목에 걸쳐 분석하면서 마지막 항목에서 고종에 대해, "황제에 대한 수수께끼는 그처럼 지적知的인 사람이 어째서 그토록 어리석게 행동할 수 있는가 하는 점이다. 황제를 잘 알고 있는 많은 사람들의 증언에 따르면 그의 마음에서 우러나오는 진정한 꾸밈없는 정중함, 그리고 점잖은 태도 등은 의심할 바가 없다"고 하면서, "황제가 믿고 일을 맡길 만한 사람을 식별해낼 수 있는 능력이 부족하기 때문에 실정失政을 저지르게 된다"고 평가했다. 그러나 코번은 고종에 대한 부정적인 평가와는 대조적으로 이토 통감의 정치적 능력을 높이 평가

---

296 여유롭고 우아하다는 뜻.

297 혼마 규스케本間九介, 『조선잡기』, 쇼덴샤祥傳社, 1894; 최혜주崔惠珠 국역, 김영사, 2008, 259쪽.

298 『메이지 외교비화』, 240쪽.

했고, 또한 인품 면에서도 극찬했다. 즉 이토의 정치 참모들은 한국에서 일하는 것이 좋아서가 아니라, 이토가 서울에서 함께 일하자고 요청한 것에 만족해서 일하고 있는 것이라고 했다.[299]

당시 통감부 당국에 포섭된 미국의 저명한 동아시아 지역 평론가였던 케넌George Kennan은 한국을 시찰한 뒤 고종에 대해 매우 신랄한 비평을 가했는데, 그 역시 고종의 영리한 성품만은 정확하게 간파했다. 즉 그는 "고종 황제가 한국인 특유의 음모성을 갖고 있는 데다가 너무나도 무신경하며, 남아프리카의 보어인처럼 집요하다. 또한 황제는 중국인처럼 몽매하고, 아프리카의 호텐토트인처럼 허영심에 가득 차 있다"고 하면서 "절조節操없는 이 영리하며 교묘한 인물에게 장차 공정한 문명론자인 이토 통감은 농락당할 것이 틀림없어 보인다고 예언했던바 과연 헤이그 밀사사건으로 입증되었다"고 말했다는 것이다.[300] 이 케넌은 제2차 세계대전 직후 동서 간의 냉전상태가 깊어지기 시작하던 때에 소련에 대한 봉쇄정책을 구상하고 추진한 미국의 탁월한 외교관 조지 F. 케넌의 집안 아저씨가 되는 인물이다.[301] 그런데 그가 고종의 성격을 부정적으로 비유한 호텐토트인이란 독일이 1884년부터 제1차 세계대전 중인 1915년까지 식민지로 지배한 아프리카 서남쪽 나미비아의 원주민 헤레로족을 '이상하고 부정적인 사람들'이라는 의미로 사용한 멸칭이다.

그러나 누구보다도 고종을 측근에서 관찰한 윤치호의 평이야말로 가장 귀를 기울일 만하다고 볼 수 있다. 윤치오는 두 번째로 외부협판직에 복귀하여 일본 및 하와이에 출장 갔다가 막 귀국 했을 때 을사조약이 체결되어 관계를 떠났다. 그는 곧 미국 감리교회 선교사들의 지원 아래 개

---

299 정진석鄭晉錫, 「한일합병 전야前夜」, 『월간·정경연구』, 1978년 3월호 및 4월호 및 「영국 외교관 눈에 비친 고종과 이토」, 『조선일보』, 2010년 8월 17일.

300 고마쓰 미도리, 『메이지 외교비화』, 도쿄: 하라쇼보, 1966, 240쪽.

301 다만 캐넌이 지정학적으로 미국의 전통적인 입장에서 1947년 미국은 남북으로 분단되어 대립하고 있는 한반도 문제에 관여할 필요가 없다는 취지의 보고서를 쓴 것은 큰 실책이 아닐 수 없다고 생각됨.

성에 만든 중등학교의 경영에 전념하다가 한국이 병합된 후 헌병경찰 당국이 날조한 데라우치 총독 암살 미수사건[302]에 연루되어 2년여 옥고를 치르기도 했다. 이 때문에 그는 부친에게서 세습한 조선 귀족(남작)의 예우를 영구히 박탈당했다. 그는 1915년 출옥하여 이듬해 이상재李商在의 후임으로 YMCA 총무가 되어 사회활동을 다시 시작했다.

윤치호는 고종 황제가 승하했다는 반포를 접한 1919년 1월 22일 자의 일기에 다음과 같이 썼다. "내가 처음 황제를 알현한 것은 1883년 봄 미국 공사 푸트의 통역으로 입궐했을 때인데, (30대 초인) 황제는 상당한 미남자였다. 황제는 개인적으로 온화했으나, 대중적으로는 신망을 얻지 못했다는 점에서 영국의 찰스 1세를 닮았다."

그의 일기를 보면 미국 테네시주 내슈빌에 있는 벤더빌트대학에서 신학을 공부할 때 영국의 뛰어난 역사가이며 정치가였던 매콜리Thomas B. Macaulay의 영국사 책을 기숙사에서 거의 매일 숙독熟讀하다시피 했다. 이것은 그가 조금 뒤에 조지아주 에모리대학으로 전학하여 문과 공부를 할 때에도 계속되었는데, 그에 의하면 매콜리의 책을 읽으면 감흥이 일어 기분이 상쾌해진다는 것이었다.[303]

그의 고종에 대한 이 같은 평은 이미 23년 전의 일기에도 보인다. 윤치호는 아관파천이 단행된 직후 러시아 황제의 대관식에 축하대사로 가는 민영환의 수행원[304]으로 내정된 1896년 3월 30일 자의 일기에서, 고종이 서울 주재 러시아 공사관의 통역으로 있던 김홍륙에 한창 홀려 있는 것에 크게 분개하여, "이 무리들이 나약하고 절망적인 국왕을 오도하고 있다. 전하는 언제나 스스로 온화하지만 (이들 무리의 악행을) 못 본 체하는 군주의 모습을 보이고 있다. 나쁜 성격과 좋은 자질을 함께 지니고 있는 전하는 역사에 잘 알려진 한 영국 국왕을 생각나게 한다"고 기록한

---

302 이른바 105인 사건.
303 1890년 3월 16일 자 일기.
304 사절단의 차석임.

바 있다. 이 영국 국왕이란 곧 17세기 전반기의 찰스 1세를 가리키고 있는 것이 분명하다. 잘 알려져 있듯이 이 찰스 1세는 왕권신수설王權神授說의 신봉자로, 의회의 동의 없이 세금을 걷는다거나 청교도淸敎徒들을 탄압하여 의회와 충돌을 빚다가 크롬웰이 이끄는 반란군과의 전투에서 패하고 포로가 되어 처형된 비운의 군주였다. 찰스 1세는 내성적인 성품에 말수가 적은 편이었다고 하는데, 윤치호는 고종을 찰스 1세에 비유하면서도 그 말로末路가 각기 달랐던 점을 의식한 듯, "어쨌든 일본인들은 조선의 전 황실에 대해 무척 호의적인 모습을 보여 주었다. 동양의 역사에서 볼 때 몰락한 왕조 가운데 조선 왕실처럼 성대한 대우를 받았던 예는 찾아볼 수 없다"고 이 날짜의 일기에서 덧붙이고 있다. 이 같은 평에서 볼 수 있는 윤치호의 식견이랄까, 시대상황에 대한 인식이 일제 말기 총독정치에 협조하는 길로 나아가게 한 근본요인으로 작용하지 않았을까 짐작된다.

52. 에필로그

고종 황제가 승하한 지 7년 뒤인 1926년 4월 25일 병합 당시의 황제였던 순종이 53세로 창덕궁에서 승하하여 6월 10일 국장의 예식이 치러졌다. 이때에도 중학생들은 천도교 및 일부 사회주의 계열의 세력과 비밀리에 접촉하여 대규모 만세운동을 준비하다가 총독부 당국에 발각되어 대부분 구속되었다. 다만 요행히 검거를 면한 학생들은 장례식 날에 서울 시내 길가에 도열堵列해 있다가 장례 행렬이 지나갈 때 곳곳에서 시위를 벌였다.

순종의 죽음으로 '왕세자' 신분이었던 당년 30세의 영친왕 이은이 '이왕李王'직을 세습하고 창덕궁의 새로운 주인이 되었다. 하지만 이는 어디까지나 명목상의 것이었을 뿐, 해방 때까지 그는 도쿄 시내 한복판의 고

지마치麴町구 기오이초紀尾井町 1번지의 대저택에 계속 거주하면서 육군 장교로 복무했던 까닭으로 한국과의 인연은 실제로 끊어진 것이나 다름 없었다. 일본 육사를 제29기로 졸업하고 1917년 말에 임관한 그는 일본 황족과 똑같은 특별 우대를 받아 고속으로 승진한 끝에 1940년 말 육군 중장으로 승진하여 제51사단장을 역임했다. 그리고 제2차 세계대전 중에는 교육훈련을 담당하는 육군 제1항공군사령관을 지낸 뒤 1945년 봄 군사 참의관으로 전보되어 대장 정기 승진을 앞두고 있다가 일본의 항복으로 군에서 떠났고, 얼마 뒤에는 황족에 준하는 예우가 정지되면서 일본 국적도 잃게 되어 무국적자 신세로 떨어졌다.

창덕궁을 마지막 보루로 하여 간신히 명맥을 유지해 가던 한국 황실의 자취가 순종의 죽음과 함께 희미해진 정황을 시대적 배경으로 하여 한국 황실과 매우 유서 깊은 장충단 동쪽 언덕에 이토 통감을 추복追福하는 박문사博文寺가 창건되었다. 이 장충단의 내력을 보면 1895년 10월 8일 새벽 일본 군인 및 낭인들이 경복궁에 무단 침입하여 명성황후를 무참하게 시해했을 때 궁문을 지키다가 전사한 장병들의 충절忠節을 기리기 위해 만든 제단이었다. 그런데 1929년 6월 총독부 정무총감에 취임한 백작 고다마 히데오兒玉秀雄는 한국에 끼친 이토 공작의 '공적'을 영구히 기념할 필요가 있다는 취지에서 그 원찰願刹 건립계획을 세우고, 실현을 위한 사업 추진에 온 힘을 쏟았다. 그는 러일전쟁을 전후한 시기에 육군참모차장·만주군총사령부 총참모장·참모총장을 지낸 고다마 겐타로 대장의 장남으로, 1905년 12월 말 한국 통감부가 서울에 설치되자 서기관으로 전보 발령을 받아 서울에 부임하여 총무부 회계과장으로 근무했고, 1910년 여름 장인인 데라우치가 한국 통감이 되자 비서관직을 겸임하기도 했다. 그리고 몇 달 뒤 총독부가 설치되어 장인이 초대 총독에 취임하자 그는 회계국장·총무국장 등 요직에 발탁되고, 6년 뒤 장인이 내각총리대신으로 영전하여 귀국했을 때 그도 젊은 나이에 내각서기관장으로 발탁된 경력을 갖고 있었다. 다시 말해 고다마는 통감부 및 총독부에 10년 이상 근무한 까닭으로 한국의 내부 사정에 이해가 깊은 편이였다.

이 원찰 건립은 총독부가 예산을 편성하여 집행할 성격의 사업은 아니었으므로, 처음부터 민간 유지들의 기부금으로 소요 자금을 마련해야 했다. 다만 1929년에 시작된 세계 경제공황의 충격과 여파는 너무나도 컸다. 일본 정부나 총독부는 필사적으로 재정긴축에 의존하여 이 경제위기를 극복하려 할 때였다. 이 때문에 건립 계획도 늦춰졌으나, 고다마가 적극 주선에 나섬으로써 1931년 초 발기인회를 구성하여 이토 기념사업회를 정식 발족시킬 수 있었다. 사업회에서는 이 원찰이야말로 단순히 이토의 명복을 추수追修하는 데 그치지 않고 한국에서 불교 진흥을 위한 운동의 일환으로 한·일 양 민족 간의 정신적 결합을 꾀함으로써 한국 통치에 이바지하게 된다는 그럴 듯한 명분을 내세우기까지 했다.

이 같은 우여곡절 끝에 원찰 조성 공사가 시작되었다. 기념사업회는 경복궁 선원전의 목재를 뜯어와 건축자재로 사용했고, 광화문의 석재도 일부 떼어 썼다. 무엇보다도 경희궁의 정문이었던 흥화문興化門을 옮겨 절의 수문守門으로 했다. 공사가 끝나자 기념사업회는 이토가 생전에 사용했던 아호 춘묘春畝를 따서 춘묘산 박문사라고 이름 붙여 그의 23주기를 기해 1932년 10월 26일 성대한 낙성식을 가졌다. 고다마 정무총감은 이에 앞서 1931년 6월 중순 사이토 총독의 퇴진 때 함께 물러났고, 원찰의 준공을 고대하고 있던 이토의 양자 이토 히로쿠니 공작도 1931년 6월 초순에 죽었다. 그리하여 낙성식 때는 신총독 우가키 가즈시게宇垣一成 육군대장을 비롯하여 이토의 손자인 이토 히로키요博精 공작, 그리고 이토 통감의 간청에 따라 서울에 와서 영자신문인『The Seoul Press』를 창간했던 유명한 언론인 즈모토 모토사다頭本元貞, 총독부 경무국장 및 본국 경시총감을 지낸 마루야마 쓰루키치丸山鶴吉 이하 내외귀빈 1,000명이 참석했다. 일본 쇼와 천황은 이 절에 은제 향로를 내렸다. 그로부터 6개월 뒤 고국을 방문한 영친왕 부부는 박문사를 찾아 참배했으며, 1년 뒤 이토의 24주기를 맞아 그를 기리는 비석이 사찰 경내에 세워졌다. 한편 이 절의 주지 승려 우에노上野는 1934년 말, 한국불교는 모름지기 박문사를 총본산으로 하여 일본불교에 통합되어야 한다는 엉뚱한 주장을 내놓아 중추원에 불교통합안을 부의附議하는 사태가 발생하기도 했다. 하지만 다행히 논의는 더 이상 진전되지 않은 채 끝났다.

그러던 중 1937년 중일전쟁이 일어나 전시체제가 크게 강화되고, 이른바 황민화皇民化운동이 고조될 무렵 총독부는 이토의 30주기를 맞아 상하이에 거주하고 있던 안중근 의사의 둘째 아들 안준생安俊生을 박문사로 불러내 이토의 또 다른 양자인 이토 분키치(후미키치文吉) 남작에게 죽은 아버지를 대신하여 죄를 용서해 달라고 요청하고, 후자는 이를 수락한다는 각본을 연출했다. 이를 위해 1939년 10월 33세의 안준생이 상하이에 거주하는 한국인들의 만선滿鮮[305]시찰단을 따라 서울에 들른 기회에 박문사로 오게 하여 귀족원 의원에 일본광업사장이기도 한 55세의 이토 분키치에게 부친의 죄를 용서해 주도록 빌고, 한편 분키치는 이를 들어주는 한 막의 화해극和解劇이 연출되었다. 안준생은 부친의 하얼빈 의거 당시 겨우 세 살이었고, 이토 분키치는 25세로 농상공무성 상공국의 신참 사무관이었다. 총독부 당국은 이를 한·일 양 민족 간의 역사적인 화해라고 선전했으나, 당시 중국에 있던 대한민국 임시정부 주석인 김구는 안준생이 민족반역자로 변절했다고 규탄하면서 그를 붙잡아 죽이라는 비밀지령을 내리기도 했다.

이는 단순한 협박이 아니었다. 김구는 변절자로 의심이 가는 인물에 대해서는 한 치의 용서도 없었다. 그 때문에 안중근의 막냇동생인 안공근安恭根은 임시정부가 충칭重慶으로 옮긴 직후 의문의 죽음을 당했으며, 안중근의 딸 안현생安賢生의 남편인 황일청黃一淸은 일제 말기 중국 장쑤江蘇성 쉬저우徐州 한국교민단장이었다는 이유로 해방된 직후인 1945년

---

305 만주국과 한국.

12월 3일 광복군 제3지대원들에게 무참히 살해당했다. 이런 까닭으로 안준생은 해방 후 병마에 시달리면서도 한동안 귀국하지 못하다가 6·25 전쟁 중인 1951년 몰래 한국에 돌아와 해군참모총장 손원일孫元一 제독의 도움으로 부산 앞바다에 정박 중인 덴마크 적십자사 선박 내 병원에 입원하여 치료를 받다가 1952년 46세로 비극적인 삶을 마감했다.

IV 추정 이갑

해설

대한제국이 종막을 고하기 직전의 저 숨 가쁜 융희연간隆熙年間에 구국의 일념에서 음으로 국권회복을 위해서 비밀결사 신민회 조직을 지도하고, 양으로 국민의 정치적 계몽을 위해 서북학회를 결성하는 한편, '교육구국'의 이념 아래 국민교육운동에 앞장선 지사가 있다. 더욱이 그는 병합 직전 국외로 망명하여 독립운동에 투신하다가 3·1운동이 일어나기 2년 전에 전신불수의 신고 끝에 조용히 작고했다. 바로 추정秋汀 이갑李甲이다.

이처럼 그는 독립운동가, 사회운동가 혹은 국민교육운동의 선구자였으나 무엇보다도 행동력이 풍부한 군인이었다. 그는 일본 육사를 졸업, 러일전쟁에 종군하여 근대의 전쟁을 체험한, 그 당시로서는 보기 드문 경력의 소유자였다. 비록 군직 경력은 1904년에 임관, 1907년 군대해산 직후까지의 4년여에 계급은 참령, 주요 보직은 군부대신 부관 혹은 교육국 교무과장에 불과하였으나 그가 한말 군부의 숨은 실력자였음은 부인할 수 없다. 일본의 한국주둔군이 군부를 장악하고 있던 이 시기에 육사 출신의 러일전쟁 참전장교라는 경력은 군부의 배후 인물이 되기엔 충분한 요인이었으나, 그는 자신에게 후광을 던져주던 일본군이 차츰 한국에 대한 질곡으로 나타나자 결연히 군부를 떠나 국권회복을 위한 항일대열에 앞장섰다.

작달막한 키에 단단한 몸집, 동탕하고 둥근 얼굴에 가느스름한 눈은 그의 기백, 용단, 지모智謀, 그리고 포용성을 나타내고 있다. 실제로 이 과감한 결단력과 철석같은 심장이 아니었던들 그가 항일의 대열에 앞장서기는 불가능했을 것이다. 그는 우유부단한 군인과는 달리 비상한 점착력粘着力과 불패혼을 소유했었다. 이 글은 암흑기 한국 군대와 민족운동 진영의 대표적인 혹성惑星이었던 그를 중심으로 하여 당시의 정치상황을 추적한 것으로, 말하자면 「일심회의 야망」의 속편에 해당한다.

1. 보복일념

이갑은 1877년 6월 22일(음력 5월 12일), 평안남도 숙천군肅川郡[1] 서해면
西海面 사산리蛇山里에서 이응오李膺五의 4남 2녀 중 셋째 아들로 태어났
다. 어릴 때의 이름은 휘선彙璿이며, 갑은 뒤에 일본 유학 시절 군인을 지
망하며 개명한 것이다.

그가 출생한 숙천은 평양에서 북쪽으로 60여 킬로미터 떨어진 곳으
로 청천강으로 통하는 교통의 요지였다. 이 때문에 역참이 있었고, 뒤
에 경의선도 이곳을 통과하고 있었다. 숙천이라고 하면 고려 시대 이래
국방의 요충이요, 또한 앞에는 최령강崔令江이 있어 곡창으로도 이름난
곳이었다.

그의 집안은 비록 향반이었으나 벼농사와 면화재배로 큰 재산을 일군
호농豪農이었다. 그의 아버지는 다소간 엄격한 성격이었으나, 그는 두 형
의 사랑을 받으면서 짓궂은 개구쟁이로 자라났다. 대단한 재동才童이었
던 그는 12세가 되던 1888년 여름에 두 형을 제쳐놓고 진사 시험에 급제
하여 집안의 사랑을 한 몸에 모았다.

본래 이 시험은 고종의 왕세자[2]와 동갑의 소년들에게 은전恩典을 베풀
기 위해 시행된 이른바 광경시廣慶試라는 이름의 특별 시험이었다. 왕세
자는 갑술甲戌생이었으므로 이 시험을 갑술과甲戌科라고도 했다. 이갑은
정축丁丑생으로 그보다 세 살 아래였으므로 본디 응시 자격이 없었으나
집안에서 나이를 속여 응시하게 했던 것이다. 그 자신이 호농이면서도
'서북인'이라는 중앙정부의 색안경 때문에 정치적 진출이 완전히 막혀버

---

1 뒤에 평원군平原郡.
2 뒤에 순종 황제.

린 이갑 일가의 불만도 만만치는 않았던 듯, 어떻게 해서든지 자제들에게 진사자격을 갖춰 주려고 했다.

그의 집안에서는 소년진사의 출현을 크게 기뻐했다. 하지만 이 집안의 경사는 곧 멸문에 가까운 화를 자초하고 말았다. 즉 이갑이 나이를 속인 이른바 모년진사冒年進士임이 탄로 났기 때문이다. 사실 이 같은 종류의 시험에는 흔히 범법자가 나타나게 마련이었다. 당시 충청도 면천³에서 귀양살이하고 있던 김윤식金允植의 일기에 의하면 이때 1천 명에 달하는 진사 급제자를 뽑았는데, 그중에는 경중京中 사람이 많았고 또한 불공정하게 뽑힌 사람도 많아 조정은 합격자 발표가 있은 뒤에 이를 색출하여 파방罷榜 조치했다고 한다.⁴

한편 이 사건을 빌미로 다시없는 토색討索의 호기好機로 이용한 벼슬아치가 있었다. 당시의 평안감사 민영준閔泳駿은 민씨 척족 세력의 필두에 위치하고 있던 정계의 거물이었다. 그는 나이를 속여 진사시에 급제한 소년들의 부형을 잡아다가 갖은 공갈과 협박을 계속한 끝에 마침내 막대한 재산을 바치는 조건으로 석방했다. 이갑의 아버지도 감영監營에 끌려가 갖가지 고문에 시달렸음은 물론이다. 끝내 그는 기름진 농토 40경耕을 바친 뒤에야 풀려났다. 이리하여 그의 집안은 하루아침에 기울었고, 더욱이 고문에 시달린 데다 화병까지 겹친 그의 아버지는 시름시름 앓다가 14년 뒤 작고하게 된다.

이갑은 그 이듬해 그보다 세 살 위인 차車씨 부인과 결혼하였으나 집안의 몰락, 부친의 병환이라는 풍파를 겪고 난 직후라 마음의 안정을 찾지 못했다. 수년간 그는 집안의 원수를 갚아야 한다는 복수심에 떨었다. 이와 동시에 불의, 부패한 사회를 개혁해야 한다는 일종의 사명감이 폭발하여 20세가 되던 해 옛 토지 문권文券을 품에 간직한 채 무작정 집을 뛰

---

3 현 당진.
4 『속음청사』 1888년 5월 28일 및 6월 7일 자.

처나와 상경하였다. 서울에 올라온 그는 한동안 일정한 거처도 없이 아는 사람을 찾아서 동가식서가숙東家食西家宿하는 유랑생활을 거듭했다.

마침 이때 서울에서는 개화자강開化自强을 부르짖는 독립협회운동이 크게 일어나고 있었다. 그는 이 변법變法자강운동에 크게 공명하여 이에 몸을 던지기로 결심했다. 그러나 그가 가담한 지 얼마 지나지 않아, 1898년 독립협회가 벌인 만민공동회를 통한 대정부 투쟁이 당국의 탄압을 받아 협회가 강제로 해산당하는 등 그 활동이 중단되는 비운을 맞았다. 결국 그와 독립협회와의 관계는 막간극으로 끝난 셈이 되었다. 하지만 비록 짧은 기간의 체험이었을지언정 이것이 그에게 사회개조의 필요성을 한층 더 분명하게 일깨운 것은 말할 나위도 없다. 무엇보다도 그는 자강개혁 사상의 근대국방론에 커다란 영향을 받았다. 그리하여 그는 마침내 한 가지 뚜렷한 결론을 얻었다. 즉 군인이 되려고 결심한 것이다.

그가 군인이 되려고 마음먹게 된 데는 이 밖에도 그의 고향 친구인 김형섭에게서 받은 자극이 컸다. 김형섭의 집안은 숙천에서도 이름난 향반이었고 그와 이갑은 어려서부터 절친한 친구였다. 나이로는 이갑보다 한 살 아래로 1895년 개화당의 혁신정부가 일본에 파견한 유학생 가운데 한 사람으로 뽑혀 일본 게이오의숙 보통과를 마치고 당시 육사의 예비교처럼 되어 있던 세이조成城학교를 거쳐 육사에 재학하고 있었다.

2. 팔형제배八兄弟輩

1898년 이갑은 사비생으로 일본 유학을 떠났다. 그는 출국 직전 머리카락을 잘라 고향집에 보내어 자신의 굳은 결의를 되새겼다. 그는 세이조학교에 입교하여 악전고투 끝에 1901년 11월 이 학교를 졸업했다. 그리고 사관후보생으로서 도쿄 근위사단 예하 보병연대에 배속되어 군대실무를 익힌 다음 1902년 12월 제15기생으로 육사에 입학했다. 그의 나이 26세 때였다. 그는 일본인 동기생들보다도 6, 7세나 위였다. 그는 보병과를 택했다.

1902년이라고 하면 일본이 메이지 유신을 단행한 지도 35년째 되는 해였다. 일본의 근대화는 빠른 속도로 진행되고 있었다. 그러나 군대사회에는 아직도 막부시대의 무사도가 뿌리 깊게 남아 있었다. 봉건적인 충성심의 강조, 엄격한 선후배 관념이 사관학교 분위기를 지배하고 있었다. 그리고 호걸풍의 고무사古武士를 숭상하는 열정도 대단했다. 당시 사관학교 교육의 목표는 어디까지나 질실강건質實剛健이라는 것이었으나 무엇보다도 강조되는 것은 멸사봉공滅私奉公의 충성심이었다.

이갑은 사관학교 특유의 엄격한 내무생활에 익숙해지는 동안 어느덧 이 같은 분위기에 동화되기 시작했다. 자신이 십수 년간 염두에 두고 살아온 보복이라는 생각이 어디까지나 사심私心에 지나지 않는다는 것을 깨달았던 것이다. 이 같은 의미에서 그의 육사 유학은 독립협회운동의 짧은 체험과 함께 개인적인 보복을 일차적인 삶의 목표로 꿈꾸던 그에게 애끓는 조국애를 깨우쳐준 셈이 되었다.

당시 사관학교의 수업연한은 1년 반이라는 비교적 짧은 기간이었다. 세이조학교에서 예과과정을 이수했기 때문이었다. 그가 육사에 재학하고 있던 1903년은 바야흐로 일본이 러시아를 상대로 일대 결전을 벌일 각오 아래 만반의 준비를 서두르던 시절이었다. 그런 만큼 사관학교 교육도 어디까지나 실습위주였다. 그는 이미 27세의 청년이었으나 다른 20세 전후의 일본인 동기생들과 같이 산을 달리고 땅을 기면서 보병과 훈련에 정진하였다. 그리고 휴식시간에 혼자서 검도 수련에 많은 힘을 기울였다.

그의 육사 동기생 가운데는 그를 포함하여 모두 8명의 한국인이 재학하고 있었다. 보병과의 김응선, 남기창, 김기원, 기병과의 유동열, 박영철, 포병과의 박두영, 공병과의 전영헌 등이 그들이었다. 이들 가운데 전영헌, 박영철, 김기원, 김응선은 관비생이고 나머지 넷은 사비생이었으나 모두 뒤에 대한제국 군부의 엘리트로서 활약하게 될 운명의 사관생도 였다. 이들 가운데서도 이갑은 특히 유동열과 친교가 깊었다. 무엇보다도 두 사람 모두 '서북인'이라는 동향의식이 작용한 때문이었다.

유동열은 평북 박천博川의 부유한 집안 출신이었다. 박천은 청천강 북안北岸에 위치한 곳이다. 이갑의 고향에서도 가까운 곳이다. 그는 키가 후리후리한 장신이고 과묵한 편이었다. 후일 한국 군부의 군무국 마정과장, 상하이 임시정부의 참모총장과 군무총장을 지내고, 해방 후 군정청 통위부장[5]이 될 운명의 그는 기병과의 위재偉才였다.

유동열과 함께 기병과에 적을 둔 박영철은 한국인 동기생들 가운데서는 가장 유복한 편이었다. 그는 양반집안의 후예라고 자랑했으나, 실상 아버지 박기순朴基順은 익산의 가난한 집에 태어나 쌀가게의 점원으로 출발하였고, 뒤에 전주진위대를 상대로 군납업을 하여 적지 않은 재산을 모았고 또한 벼슬도 얻었다. 그는 이갑보다는 두 살 아래로 대단한 사교가인 데다가 성격도 원만하여 인기가 좋았다. 이 때문에 그는 동기생들로부터 '전라도 아전'이라는 애칭을 받았다. 결국 그는 타고난 처세술에 힘입어 일제 강점기에는 관리로서 강원도와 함경북도 지사를 역임하게 되고 또 미곡 대일 수출로 번 돈으로 금융계에 진출하여 삼남은행과 조선상업은행의 두취頭取(은행장)를 지내기도 했다.

포병과의 박두영은 밀양 출신이었다. 그는 이갑보다는 세 살 아래였는데, 일본에 유학하기 전 선각자 박기종朴琪淙이 설립한 부산의 개성開成학교에서 신식교육을 받았다. 후일 일본군 대좌까지 승진한 그는 퇴역후 해방될 때까지 중추원 참의를 지냈다. 그는 제1공화국 말기인 1959년 일본 정부에 대하여 연금을 신청, 세간의 이목을 끌다가 그 이듬해에 81세로 조용히 작고했다. 그도 대한제국시대에는 20대의 참령으로 시위대 포병대장을 역임한 장래가 촉망되는 인재였다.

---

5 국방부장관 격.

전영현은 인품이 고결하고 강직한 군인으로 으뜸이었다. 그는 본래 현역 부위副尉[6] 자격으로 육사에 유학 온 처지였다. 1908년 그가 군부 인사과장(부령)으로 있을 때 군부대신 이병무가 자기의 실제實弟인 이병규李秉規 정위(당시 시종무관)에게 서훈敍勳을 내릴 것을 종용한 적이 있었는데, 그는 이 정위가 아직 정기定期에 도달하지 않았다는 이유로 이를 끝까지 반대하여 상관의 미움을 샀다.

보병과의 김응선은 유학생 가운데 제일 나이가 어려 이갑보다는 네 살이나 아래였다. 그는 평안도 안주의 가난한 집안에서 태어난 총명한 소년이었는데, 마침 14세 때 청일전쟁이 일어나 안주 지방에서 병참업무에 종사하고 있던 일본 참모본부 소속 우쓰노미야 다로宇都宮太郎 대위의 눈에 띄어 그를 따라 도일하게 된 특이한 경력의 인물이었다. 영친왕의 배종陪從무관으로 20년 가까이 도쿄에서 보낸 그는 대좌에까지 진급했다. 또한 김기원은 개화파 중견관료의 아들로 후일 조선보병대 중좌에까지 승진하였는데 예편 뒤에는 운현궁 농장관리인으로 여생을 마쳤다.

한편 남기창은 지체 높은 고위관료 집안 출신이었다. 그는 유년학교와 연성학교 교관, 교육국 교무과원 등 주로 군 교육계통에서 일한 뒤 한때 군부대신 부관으로 근무하기도 했으나 군대해산 직후 군부를 떠나 야인생활로 여생을 마쳤다.

이들 8명의 동기생들은 나이가 서로 비슷비슷하고 게다가 뜻이 서로 통하여 형제처럼 행동했다. 마침 한국 문제를 둘러싸고 일본과 러시아 두 나라가 예리하게 맞서고 있을 때라 그들은 자신들을 공동운명체로 생각했고 따라서 단결의식이 더욱더 굳어져 갔다. 뒤에 러일전쟁에 함께 종군하게 됨으로써 문자 그대로 생사고락을 같이한 그들은 대한제국 군부의 가장 부러워하는 엘리트집단이 되었다. 당시 사람들은 그들을 팔형제배八兄弟輩라 불렀다.

---

6 오늘날 중위에 상당.

3. 러일전쟁에 출정

1903년 봄부터 러시아가 만주주둔군의 제2차 철병공약을 어기면서 일본 정부의 신경을 자극했다. 그러던 중 그해 6월에는 러시아의 육군대신이며 시종무관장인 쿠로파트킨 대장이 갑자기 일본을 방문했다. 그는 육사도 방문하여 한동안 사관생도들의 화제에 오르내렸다. 10월에 들어서 러시아는 역시 예정된 제3차 철병공약을 이행하지 않았고, 더욱이 의주에 군대를 침투시켜 일본인 소유의 목재를 약탈하는 등 도발적인 태도가 눈에 띄게 나타났다.

이처럼 일본이 곧 러시아와 전쟁상태에 들어갈 듯하던 이해 11월 30일, 이갑은 육사를 졸업하고 견습사관으로서 도쿄 근위사단에 배속되었다. 일본의 군사제도에 의하면 견습사관은 하사관 가운데 가장 높은 조장[7]에 준하는 대우를 받게 되어 있었다. 그리고 생도 시절에 비하면 훨씬 많은 자유가 부여되었다. 하지만 12월 말부터 견습사관의 외출이 금지되었고 전쟁이 임박했다는 낌새가 나타나기 시작했다. 동원부대의 제1호로 근위사단이 예정되어 있다는 풍문도 나돌았다. 이갑을 비롯한 팔형제배는 러일 양국이 교전하는 경우 한국 정부가 취할 태도가 궁금했다.

이갑이 박영효, 유길준, 윤치오尹致旿 등 망명인사들과의 접촉을 통해서 알고 있기로는 당시 한국 정부의 실력자들인 이용익, 심상훈, 민영환, 민영철 등은 모두 이름난 배일파였기 때문이다. 이들은 민비의 측근이었던 관계로 일본에 대한 반감이 누구보다도 컸다. 무엇보다도 황제가 일본을 싫어했던 만큼 개전할 경우 한국 정부가 러시아를 지지할지도 모를 일이었다. 그러나 일본으로서는 어쨌든 압력을 넣어서라도 한국을 자기편으로 끌어들이려 할 것이 틀림없었다.

그들이 이처럼 조국의 운명을 걱정하고 있던 1904년 2월 5일, 그들은

---

7 상사 격.

갑자기 연대장실에 호출명령을 받았다. 그들이 연대장의 권유로 의자에 앉자 연대장은 심각한 표정으로 다음과 같이 말했다.

"어제 어전 회의에서 개전이 결정되었다. 동시에 우리 사단은 제1차 출정 부대로 동원명령을 받았다. 그대들은 한국 사람이니 출정할 의무는 없다. 따라서 행동은 자유로 할 것이다. 다만 우리 부대와 행동을 같이할 의사가 있으면 출정을 허가하겠다."

이갑을 비롯한 팔형제배는 이미 자신들의 출정을 각오했던 터였으므로 연대장의 이 같은 제의에 놀라지 않았다. 벌써 일본은 자기들의 출정에 관해 한국 정부의 동의를 얻은 것이 아니겠는가. 또 사리를 따져 말하더라도 외국인인 자기들에게 신식교육을 받게 해준 일본 군부에 대해 은혜를 갚아야 한다는 도의적인 의무감도 작용하였다. 따라서 그들은 부대를 따라 출정하는 데에 동의하고 말았다.

러일전쟁에 관한 전사戰史에 의하면 개전과 동시에 출정한 부대는 제1군이었다. 제1군은 전시편제戰時編制로 근위사단, 제2사단, 제12사단의 3개 사단으로 편성되었다. 이 가운데 규슈 최북단에 배치되어 있던 제12사단이 2월 하순 서울에 진입하였고, 근위사단은 3월 초순부터 진남포鎭南浦에 상륙하기 시작하였다. 근위사단 선발대는 이달 8일, 본대는 11일에 각각 진남포에 상륙하여 도보행군으로 평양을 향했다.

이갑 등 팔형제배가 고국 땅에 발을 내디딘 것도 이때였다. 그들에게는 불과 몇 년 만의 귀국이었으나 그들이 고국을 떠날 때와는 형편이 아주 달라졌다. 위세당당한 일본군의 견습사관으로서 출정길에 고국에 들렀기 때문이다. 따라서 그들은 정부로부터 정중한 대접을 받았고 3월 12일 자로 전원 참위에 임관되었다. 그뿐만 아니라 그들에게는 원수부元帥府 관전장교觀戰將校라는 직함까지 부여되어 자유로이 일본군을 따라 시찰할 수 있게 되었다.

팔형제배는 근위사단을 따라 제1군 집결지인 평양에 입성하였다. 근위사단은 여기서 서울을 거쳐 진군해 오는 제12사단 지대支隊와 합류하기로 되어 있었다. 매일 밤 일본군 환영회가 평양 감영에서 열렸는데 그들은 그때마다 참석하여 관원들의 인기를 독차지했다.

평양에서 일단 부대를 재편성한 제1군은 주력을 다시 2개 부대로 나누어 의주로 향하였다. 이갑과 유동열이 자기 고향 땅을 밟은 것도 이때였다. 하지만 정주定州에서 러시아군과 처음으로 전투가 벌어졌다. 그 이전에 평양의 옛 성터인 칠성문七星門 부근에서 러일 양군의 척후대가 충돌한 일이 있었으나 교전은 이번이 처음이었다.

정주싸움은 그날로 승부가 나서 당시 13세의 소년이었던 이광수의 회고처럼 러시아군은 "2구의 전사자 시체를 남문 밖에 내버리고" 의주 쪽으로 후퇴하고 말았다.

제1군 주력은 후퇴하는 적군을 뒤쫓아 진군을 계속했다. 이갑 등이 본대를 따라 의주에 입성한 것이 4월 21일이었다. 여기서 제1군은 모든 예하부대를 집결시켜 압록강 도강 준비를 서둘렀다. 그리고 5월 1일을 기해 압록강을 도하, 일거에 구련성九連城을 점령하고 이어 봉황성鳳凰城으로 진출하였다. 이때쯤 되어서 일본군은 만주 각지에서 러시아군과 본격적인 교전상태에 들어갔는데, 이갑 등은 작전무대가 만주로 옮겨진 뒤에는 대한제국의 관전장교로서 일본군의 각 전선을 자유로이 시찰했다. 그들은 당시 뤼순旅順 공략전을 담당하고 있던 제3군사령부를 방문하고 군사령관 노기 마레스케乃木希典 대장과는 기념사진까지 찍었다.

4. 달라진 세태

이해(1904) 8월 초순 그들은 만주 전선에서 본국으로 귀환했다. 서울로 돌아온 지 며칠이 되지 않아 그들은 입궐명령을 받았다. 고종 황제는 그들의 노고를 치하하고 각자에게 3백 원씩의 위로금을 하사하였다. 그리고 8월 12일 자로 이갑은 유동열, 김응선, 김기원과 함께 무관학교 학도대로 보직발령을 받았다. 이들보다 먼저 귀국한 박두영, 박영철은 이미 무관학교 교관으로 근무하고 있었다.

이때는 이미 세상이 크게 바뀌어 친러파는 몰락하고 그 대신 일본세력을 배경으로 한 새로운 세력이 갑자기 대두한 뒤였다. 개전 직전 한국의 국외중립을 선언하게 한 친러파의 거두 이용익李容翊은 일본 공사관의 압력으로 군부대신에 취임한 지 이틀 만에 쫓겨나 원수부 검사국총장이라는 한직으로 내몰렸다가, 일본군이 서울에 입성한 뒤에 일본군에 의해 납치되다시피 하여 일본으로 끌려갔다.

역시 척족세력의 거두인 민영철도 원수부 군무국총장직에서 해임되어 표면상으로는 청국 공사로 부임차 출국했다고 했으나 실제로는 일본으로 끌려갔다. 또한 이갑 등이 지난해에 도쿄에서 만난 무관학교장 이학균은 귀국 후 곧 육군법원장으로 전임되었다가 개전과 동시에 상하이로 망명했다. 이 밖에도 현상건玄尙健이 상하이로 망명했고, 길영수는 진위鎭衛 제4연대장직에서 갑자기 해임되었다.

이처럼 친러파가 몰락한 대신 친일파가 득세하였다. 그리고 그 총아가 일본어에 능통한 데다가 일본인과 연줄이 있는 현영운玄暎運이었다. 대대로 왜어倭語 역관을 하던 집안에서 태어나 외부에서 번역관으로 근무하던 그는 이번 전쟁이 터지자 일본 특파대사 이토伊藤 영접위원회 위원으로서 크게 활약했다. 그로부터 얼마 뒤 그는 일약 참장으로 승진하여 군부 협판協辦(차관)이 되었다. 다시 얼마 뒤에는 원수부 군무국총장이라는 대신급의 현직에 올랐는데, 그가 이처럼 눈부신 출세를 한 이면에는 그의 처인 계향桂香의 암약도 크게 작용했다. 계향은 밀양의 기생 출신이라는 소문이 난 여자로 당시 궁중에 출입하여 황제의 은총을 받고 있었다. 현영운은 얼마 뒤 과거의 친러 행각이 드러나 실각하고 끝내 사기죄로 구속됨으로써 몰락하고 말았거니와, 어쨌든 러일전쟁 초기에 출세가

도를 달렸던 인물이다.

서울에서 이갑 등 팔형제배를 기다리고 있던 것은 각종 연회였다. 현영운과 육사 출신 장교들이 주동이 되어 조직한 일본군접대위원회에서 먼저 성대한 환영연회를 마련했다. 현영운, 이희두李熙斗 등 쟁쟁한 인물들이 그들의 노고를 극구 치하해주었다. 이희두는 육사와 도야마戶山학교 전술과를 모두 수료한 준재였으나 육사 출신으로는 드물게 척족배의 힘을 입어 친러파 전성시대에 참령으로서 무관학교 생도대장, 원수부 군무국부장副將이라는 요직을 지낸 인물이다. 그러한 그가 당시 일본군접대위원회 위원장이었던 것이다.

이갑은 이희두에 대해 괘씸한 마음마저 들었다. 그것은 2년 전 도쿄에서 만난 친우 김형섭으로부터 그에 대한 이야기를 들은 바가 있었기 때문이다. 즉 김형섭이 그의 육사 동기생인 김희선과 함께 자객으로 도쿄에 파견될 때 그들은 무관학교장 이학균 참장의 집에서 당시 무관학교 생도대장이던 이희두로부터 친일 정객 암살에 대한 구체적인 지시를 받았다는 것이었다.

"이희두가 암살의 우선순위를, 제일은 이준용, 다음은 유길준, 박영효라고 말하더군. 그도 본래는 박영효 대감을 모시던 동지가 아닌가!"

이갑은 이 같은 김형섭의 말을 머리에 새기면서 어느덧 표변한 이희두의 처세를 못마땅하게 생각했다.

그들을 위한 연회는 그 뒤에도 여러 차례 있었다. 특히 이해 9월 초 그간 대장으로 진급한 근위사단장 하세가와 요시미치長谷川好道가 한국주차군 사령관으로 임명되어 서울에 부임해오자 팔형제배의 위치는 외관상 한층 더 공고해졌다. 서울 장안의 이목耳目은 온통 그들에게 집중되었다. 그도 그럴 것이 당시 정계에 있어서 일본군의 영향력은 거의 절대적이었기 때문이다.

5. 육사 출신의 급성장

팔형제배가 보직발령을 받은 무관학교는 실제로 당시 일본 육사 출신 장교들의 집합소처럼 되어 있었다. 교장인 조동윤趙東潤 부장은 민비의 신임을 받던 대신 조영하趙寧夏의 아들로 이미 20대에 참장이 된 척족세력의 총아인지라 유학 같은 걸 한 적도 없었으나 학교 부관인 어담 정위는 육사 11기생이었다. 또 교관인 노백린 부위도 11기였다. 노백린은 저돌적인 성격으로 이름난 걸출한 장교였으나 그에게는 이 점이 오히려 출세하는 데 지장을 주어 동기생인 어담보다도 진급이 늦었다.

이 밖에도 선임 교관인 이병무도 육사 유학의 경험이 있었다. 그는 일찍이 무과에 급제하여 선전관宣傳官을 거쳐 장위영壯衛營 영관까지 지냈는데, 청일전쟁 때 보빙대사로 도일하는 의화군 이강을 따라 일본에 건너가 하사관 양성소인 육군교도단과 육사를 졸업했다. 그는 1902년까지 참령으로 지방진위대 대대장을 역임하였으나, 그의 야성적인 성격은 지방관과 마찰을 일으켜 면직되었고 한편으로는 망명 정객들과의 관계를 의심받아 귀양살이까지 했다. 그러다가 러일전쟁이 일어난 뒤 일본군의 후원을 받아 징계를 면제받고 참령에 복직되었다. 작은 키에 뚱뚱한 몸집으로 일견 오뚝이를 연상케 하였으나 네모꼴의 얼굴에 위로 치켜진 눈매와 카이저수염은 날카로운 인상을 주었다.

그러던 중 이해 9월 말에 군부에 일대 개혁이 단행되었다. 즉 원수부 관제를 개정하여 지금까지의 형식적인 4국[8]을 폐지하고 그 대신 참모부와 교육부를 신설하였으며, 군부에는 유명무실한 포공국砲工局을 없애고 그 대신 군무국을 신설하여 군사, 보병, 기병, 포병, 공병의 5과로 업무를 분담케 하였다. 이 개혁의 실무진은 군부 고문이었던 노즈 시즈타케野津鎭武 중좌로 당시 일본의 군사제도를 본떠서 개편한 것이었다. 다

---

8 군무·기록·검사·회계.

시 말하면 참모부는 참모본부를, 교육부는 교육총감부를 모방한 것이고 군무국의 사무분장도 마찬가지였다.

이 대개혁에 수반하여 광범한 인사이동이 있었으나 육사 출신 장교들은 어담이 참모국원[9]에 발탁된 것을 제외하고는 종전 그대로 무관학교에 남거나 혹은 신설된 연성研成학교 및 유년학교에 배속되었다. 다만 이번에 그들은 교육기관의 간부직을 독차지하였다. 이병무는 무관학교장으로 승진하는 동시에 유년학교장을 겸했으며 노백린은 동同 학도대장이 되었다. 한편 연성학교장에는 이희두가 발탁되었고 동 교성대장직은 조성근趙性根이 차지했다. 팔형제배는 무관학교와 유년학교로 분산 배치되었다. 무관학교의 부관에 전영헌이, 동 학도대부에는 박두영, 김응선이 임명되었고, 유년학교에는 교관에 박영철이, 학도대부에 이갑, 김기원, 유동열, 남기창이 보임되었다.

이처럼 육사 출신 장교들이 한말의 3대 군사교육기관을 통째로 장악한 것은 뜻깊은 일이었다. 군대의 생명력은 진정 미래의 간부를 육성하는 이들 학교에 있었기 때문이다. 다만 육사 출신의 입장에서 볼 때는 반드시 그렇지만도 않았다. 일대 혁신이 절실히 요망되는 군부를 끌고 나가기 위해서는 군정기관에 진출할 필요가 있었기 때문이다. 그러나 척족세력이 이를 가로막고 있었다.

그리하여 팔형제배의 욕구불만은 매우 컸었다. 그들은 이갑의 집에 자주 모여 밤새도록 통음痛飮하며 군부혁신안을 구상한다거나 혹은 세상 돌아가는 형편을 토론하며 세월을 보냈다. 어느 때는 명문가의 자제인 남기창이 술에 잔뜩 취해 민간인을 구타하여 육군법원에 갇힌 일도 있었다. 결국 그는 육군법률 제294조에 따라 매를 50대나 맞고 석방되었지만 이것은 그들의 욕구불만의 한 예에 불과했다. 마침내 그들은 자신들의 유대와 단결을 한층 공고히 하기 위해서 일심회의 예에 따라 비밀결사

---

9 참모부를 격하시킨 형태임.

효충회效忠會를 결성했다.

일대 국난기에 처한 한말에 나라를 위해 충성을 다하자는 뜻으로 널리 쓰인 구호가 바로 '효충'이었다. 조정에 반기를 들고 궐기한 동학세력이 1893년 충청도 보은군 속리면에 모여들어 대대적인 민중대회를 열었을 때도 그 장막에 "국가를 위해 효충하고, 왜倭와 양이洋夷를 물리치자"는 간판을 내걸었다. 한평생 불교 경전의 국역사업에 헌신한 운허耘虛 스님 (1892~1980)은 6·25전쟁 때 피난처에서 회갑을 맞아 지은 7언 율시律詩의 셋째 연聯에서 "效忠初志便成夢"[10]라고 한 것을 보더라도 한말 젊은 사자들의 뇌리에 '효충'이란 두 글자가 깊이 새겨져 있었음을 짐작하기에 충분하다. 이 운허 스님이야말로 입산구도入山求道하기 직전까지만 해도 이시열李時說이란 가명으로 1920년대 만주 서간도 지역에서 항일 무장투쟁의 최일선에서 활약한 인물로, 본명은 이학수李學洙이고 춘원 이광수의 삼종제三從弟[11]이다.

당시 이들의 욕구불만을 동정하고 그들의 행동에 적극 동조하는 선배로서는 노백린이 으뜸이었다. 누구보다도 군부 지도층에 불만이 가득하였던 노백린은 사관학교로는 이갑보다 4년 선배였고 나이는 두 살 위였다. 그는 황해도 풍천豊川 출신이었다. 이갑처럼 키는 작았으나 몸집은 비대했다. 어려서부터 완력이 세어 항우라는 별명이 있었는데 성미 또한 아주 급했다. 그는 호쾌한 기상이 있었고 천진난만하여 비밀이 없었다. 다만 이갑과는 달리 끈질긴 성격은 아니었고 자기주장을 굽힐 줄 모르는 저돌 일변도였다. 이갑은 그를 효충회의 좌장으로 모셨는데 툭하면 그는 직선적인 성격 그대로 급진적 혁명론을 되풀이했다.

"저 썩어빠진 대신이란 놈들부터 모조리 짚둥우리에 담아다가 똥물에다

---

10 "충성을 다하자던 처음의 뜻, 꿈결로 돌아갔는데"라는 뜻.
11 8촌 동생이라는 뜻.

496

튀겨야 해!"

그러는 가운데 시간의 흐름에 따라 그들의 앞길에 서광이 비치기 시작했다. 1905년 4월의 인사이동 때 이병무와 이희두는 정령으로 승진되어 장관이 될 날도 멀지 않았고, 조성근과 어담은 부령으로, 노백린은 참령으로 승진되어 바짝 그 뒤를 따르고 있었다. 그리고 6월에 들어서자 이희두는 군부 관방장官房長을 겸하게 되고 김응선이 대신 부관으로 발탁되어 육사 출신들이 군정기관에 진출하기 시작했다.

그뿐만이 아니었다. 이갑이 일본제도 시찰단의 일원으로 도일하여 육군 각 학교를 시찰하고 있던 7월 22일 이병무는 무관학교장에서 군부 교육국장으로 승진했다. 교육국은 지난 3월 1일 원수부 교육부가 군부로 이관되면서 개편된 것인 만큼 교육국장직은 중요한 자리였다. 이제 육사 출신 장교들도 지금까지 척족세도가나 일부 관료층에 한정되었던 요직에 오를 수 있을 정도로 급성장한 것이다. 한편 이병무의 승진에 따라 공석이 된 무관학교장직에는 연성학교 교성대장이던 조성근이 임명되고, 조성근의 후임에는 무관학교 학도대장이던 노백린이 취임했다. 이갑도 그간 유년학교에서 무관학교로 전직되어 학도대에서 일하게 되었는데 이해 10월 10일 이동 때 정위로 승진과 동시에 동 중대장으로 발탁되었다.

6. 군부혁신에 부심腐心

그로부터 일주일 뒤 일본 측의 강압에 의해서 이른바 보호조약이 체결되었다. 효충회 동지들은 이갑의 집에 모여 밤새도록 국사를 토론했으나 장래는 암담하기만 했다. 신흥 일본의 실력을 누구보다 잘 알고 있는 그들로서는 이에 대한 저항이 도저히 불가능한 것임을 알았기 때문이다. 저항은 곧 군사적 대결을 의미할 것이지만 그것은 전혀 가능한 일이 아니었다. 하세가와 대장이 지휘하는 한국주차군만도 1개 사단에 달하여 지방의 군대까지 합치더라도 9천여 명 정도에 불과한 한국군과 비교가 되지 않았다. 더욱이 일본 본국에는 15개 정도의 정규사단에다 전쟁 중에 임시로 만들어진 몇 개의 후비後備사단이 있었다.

시종무관장 민영환의 순국은 그들의 마음을 한층 침통하게 만들었다. 비록 척족세력의 선두에 있던 사람이기는 했으나 그 자신은 문벌주의를 타파하는 데 힘썼고, 군부대신 시절에는 시위대에 기병·포병·공병대를 신설한다든지 헌병사령부를 창설하는 등 군의 전력 강화에 기여한 바가 컸었다. 또한 그는 1901년 배일적인 정치상황하에서 주위의 집요한 반대를 무릅쓰고 육사 제11기생들을 무관학교 교관으로 대거 등용하게 하는 데 앞장선 일도 있었다. 노백린은 이때의 민영환의 은덕을 기리기 위해서 민영환의 아호雅號인 계정桂庭을 본떠서 스스로 계원桂園이라고 칭했을 정도였다.

이처럼 을사조약의 체결은 그들에게 절망감을 주었으나 그런 가운데서도 한 가닥 희망을 품게 하는 것은 자신들이 어느덧 군의 중진급重鎭級으로 성장하고 있다는 자각이었다. 이해 12월 5일 이갑은 군부대신 부관에 발탁되어 배후에서 영향력을 발휘할 수 있게 되었다. 그뿐만 아니라 유동열과 박영철이 군무국과 교육국 과원課員이 되어 군부에 들어왔다. 노백린도 연성학교 교성대장에다 헌병대장을 겸하여 두각을 나타내기 시작했다. 같은 달 13일 이병무와 이희두는 참장으로 승진되었고 동시에 이희두는 군부협판에 취임했다. 그리하여 육사 출신 장교들은 군부 내에서 차관 이희두, 교육국장 이병무, 대신 부관 김응선·이갑이라는 진용陣容을 이루어 군의 체질개선은 한층 활기를 띠게 되었다.

이갑이 대신 부관으로 재직한 것은 1907년 6월 7일, 그가 교육국 교무과장으로 전출할 때까지의 1년 7개월에 달하는 비교적 긴 기간이었다. 이 동안 그는 세 사람의 대신을 보좌했다. 취임한 날부터 1906년 1월까지는 이근택을, 그 후임인 권중현權重顯을 1907년 5월까지 보좌했고,

마지막 한 달 동안은 이병무를 보좌했다. 그는 부관 재직 중이던 1906년 6월 12일 참령으로 진급했다. 당시 참령이 차지할 수 있는 자리는 군부의 과장 내지 선임 과원, 그리고 위수부대의 대대장으로서 중진급에 속하였다.

팔형제배는 참령으로 승진한 뒤 군부 요직에 다수 등용되었다. 박영철은 군무국 기병과원으로, 남기창은 교육국 교무과원이 되었다. 또한 제11기생인 윤치성尹致晟은 참모국 제1과장으로 영전하였다. 이처럼 어느 정도 진용이 잡히자 그들은 위수부대의 개혁에 착수했다. 사실 위수부대는 지금까지 방치된 상태였기 때문에 구태의연한 모습 그대로였다. 이 개혁 문제는 진실로 중대한 것이었는데 일본 측의 반대에 부딪혀 결국 위수부대 검열에 그치고 말았다. 1906년 10월 7일 '진위각대검열鎭衛各隊檢閱'이라는 군부창설 이래 처음 보는 사업이 단행된 것은 이 같은 우여곡절 끝에 이루어진 것이었다.

한편 검열사 이병무 교육국장의 수원隨員으로, 진위대 검열에 실제로 종사한 남기창으로부터 진위대의 한심한 상태를 들은 이갑 등은 보다 근본적인 해결책을 강구했다. 그 결과 징병제의 채택밖에는 다른 방도가 없다는 것을 깨달았다. 요컨대 진위대의 결함은 모병제의 폐단에서 오는 것으로 보았던 것이다. 그러나 이 문제는 위수부대의 개혁보다도 한층 중대한 문제로 당시로서는 실행이 어려운 형편이었다. 그 후 1907년 7월 2일 정부는 17세에서 50세까지의 모든 남자에게 병역을 의무화한 징병령을 반포하였으나 같은 달 31일 군대해산의 비운을 겪으며 끝내 시행되지 못하였다.

7. 민 보국閔輔國과 담판하다

이 시절에 이갑은 숙원을 풀었다. 어느 날 갑자기 "이 원수를 갚아 달

라!"고 유언한 선친先親의 얼굴이 떠올랐는데, 일단 보복이라는 생각이
머리를 스치자 이를 쉽사리 지울 수 없었다. 부친은 그가 도쿄에서 육
사 진학을 눈앞에 두고 있던 1902년 여름에 별세했으므로, 그는 임종
을 지켜보지도 못했다. 그는 그 이듬해 소상 때 방학을 이용하여 잠시
귀국, 묘소를 참배할 수 있었다. 마음속으로는 '멸사봉공滅私奉公'을 외
치고 있었으나 그러면 그럴수록 복수해야 한다는 마음만 더해 갔다. 무
엇보다도 억울하게 죽은 부친의 원혼을 위로해 드리지 않으면 안 된다고
생각되었다. 하지만 동시에 그것은 사사로운 보복에 그쳐서는 안 된다
고 생각했다. 즉 보복은 하되 공의公義로써 설분雪憤하지 않으면 안 된다
고 결심했다.

그리하여 이튿날 새벽 그는 군복차림으로 정장하고 교동校洞에 있는
민영준閔泳駿의 집을 찾아갔다. 당시 민영준은 시종원경侍從院卿이라는
궁중의 요직을 차지하고 있을 뿐, 예전의 영화에 비하면 실각한 거나 다
름없었으나 그래도 그는 정1품으로 품계가 보국輔國이요, 군대계급은 육
군부장이라는 최고위급의 인물이었다.

이갑은 대뜸 그가 거처하는 방안으로 들어갔다. 이 돌연한 방문에 민
영준은 벌써 겁에 질렸다. 이갑은 먼저 그에게 공손히 절하여 예를 표하
였다.

"갑자기 웬일이요?"

민영준이 먼저 입을 열었다. 이에 이갑은 단도직입적으로 찾아온 용건
을 말했다.

"대감께서 평안감사 시절에 빼앗은 우리 집 전답을 도로 찾으러 왔습니
다."
"허허, 그건 오해야. 내가 산 땅인걸. 그대는 너무 어릴 적의 일이라 잘

모른다고……."

"여기 토지 문권文券을 갖고 왔습니다. 자 보십시오."

"……서북 놈들은 할 수 없군. 정료停料[12]를 시켜야 할까부다."

민영준의 입에서 차마 이런 말까지 나오리라고는 예상하지 못했던 이
갑은 온몸의 피가 역류하는 듯한 충동을 느꼈다.

"대감! 지금 뭐라 했소, 말이면 다 되는 줄 아시오? 대감이 갖은 악형을
다해서 폐인이 되었던 내 아버지는 그 후 얼마 안 되어 세상을 떠났소. 내
아버지가 마지막으로 유언한 말이 원수를 갚아달라는 것이었소. 내 그간
살아온 것도 오로지 아버지 원수를 갚기 위해서였소. 이봐요, 그래 대감의
배에는 이 칼이 안 들어갈 줄 아시오?"

이갑은 큰 소리로 이같이 말하면서 허리에 찬 군도를 빼들었다. 민영
준은 얼결에 방을 빠져나갔다. 이갑은 뒤쫓지 않았다.

이갑은 이날 집으로 돌아오자 평소 민영준의 집에도 출입하던 신의주
출신의 관립중학교 교관 김달하金達河와 상업활동으로 자본을 축적한 호
남의 부호인 백남신白南信의 아들 백인기白寅基 등을 불러 자초지종을 이
야기한 뒤,

"내 민영준을 죽이고 그놈의 집을 전멸하여 우리 집 원수를 갚고 말겠소."

라고 큰소리쳤다. 이갑의 말이 그날로 김달하 등을 통하여 민영준에게
전달되었음은 물론이다. 또한 그에게 양자로 입적한 민형식閔衡植이 사태
를 원만하게 수습할 것을 간청했다. 그는 당시 척족세력 출신으로는 보

---

12 정직처분을 뜻함.

기 드물게 신변의 위험을 무릅쓰고 민족운동 진영에 정신적·물질적 지원을 아끼지 않던 양심적인 인물이었다. 민영준은 괴로웠을 것이다. 바야흐로 인기 절정에 있는 청년 장교의 원한을 풀어 주지 않고서는 일신의 안전을 도모하기 어려움을 피부로 느꼈기 때문이다.

두 사람을 통해서 민영준의 의향을 전해 들은 이갑은 세 가지 요구사항을 제시하였다. 첫째로 빼앗은 토지를 무조건 반환할 것, 둘째로 그간 거둬들인 곡물 전액과 그 이자를 상환할 것, 그리고 셋째로 속죄하는 뜻에서 국가와 민족을 위해서 육영사업을 벌일 것 등이었다.

그로부터 얼마 뒤 민영준은 이갑에게 문제의 전답을 전부 반환했고, 또한 보상금으로 15만 원을 주면서 더 이상 문제 삼지 말기를 당부하였다. 이갑은 이 거금으로 창덕궁 근처 원동苑洞에 조촐한 집 한 채를 산 것 외에는 사사로이 쓰지 않았다. 이 돈은 교육사업과 동지들의 활동을 돌보는 데 모두 썼다. 그리고 원동의 집도 동지들의 뒤치다꺼리를 위해서 마련한 것이었다. 사실 그의 집은 당시 양산박으로 변모하고 있었다.

한편 이갑이 민영준과 담판하여 빼앗긴 재산을 도로 찾았다는 소문이 사방에 퍼지자 비슷한 처지에 놓여 있던 많은 사람들이 민영준의 집을 찾았으나 그중 어느 한 사람도 재산을 돌려받지 못하였다. 민영준은 이갑과 담판하기 이전인 1904년부터 사저에 서숙書塾을 개설했었는데, 이갑과의 약속이 있은 뒤 1906년에 휘문徽文학교를 일으켜 신학문 보급에 적지 않은 공헌을 했다.[13] 그 무렵 민영준은 민영휘라 개명[14]했으므로, 학교 이름에 '휘' 자를 쓴 것이다. 그리고 그는 이갑의 사람됨을 알게 된 뒤로는 지기知己로 사귀면서 거물다운 금도襟度를 보이기도 했다.

---

13 『휘문 칠십년사』, 1976.
14 1901년 4월에 개명함.

8. 노백린盧伯麟 정직사건 전후

연성학교는 1904년 9월 군대개혁 때 신설된 육군훈련소 내지 재교육기관이었다. 초대교장 이희두는 1905년 12월 군부협판에 취임한 뒤에도 한동안 교장직을 겸하고 있었는데, 1906년 10월 18일 대이동 때 보병 정령으로 승진한 노백린에게 바통을 넘겨주었다. 왕성한 근무의욕과 저돌적 추진력이 있었던 노백린 교장은 승진하자 한층 더 의욕에 불타게 되었다.

이갑도 대신 부관이라는 자리를 최대한 이용하여 노백린을 지원했다. 전영헌, 신우균申羽均 등 유능한 장교들도 연성학교에 보직되어 도왔다. 그러나 그의 저돌적인 성격은 끝내 이희두 군부협판이나 이병무 교육국장과 마찰을 일으키게 되었고, 1907년 4월 18일 군기문란죄로 정직처분을 받았다. 사유는 '불유명령不由命令'하여 '처사실당處事失當'이라는 것이었다.[15]

사실 노백린의 교장 취임 이래 이갑은 중간에서 곤란한 적이 많았다. 노백린은 유능한 훈련장교이기는 했으나 유능한 행정관은 아니었기 때문이다. 본디 그는 사무가형이 아닌 데다가 상부의 명령을 무시한 채 독단으로 일을 처리하는 경우가 많았다. 그때마다 이갑은 거중조정居中調停에 나서서 그의 입장을 변호해 주었다. 그러나 그의 호걸적인 생활태도는 상사의 불쾌감을 자극했다.

노백린은 술을 무한정 마시고 술값이 없으면 찬란한 정령 계급장이 붙은 군복을 벗어 저당잡히기가 일쑤였다. 한번은 기생집에서 자고 화대가 없어 군복을 벗어주고는 내복차림에 군도를 차고 외투로 가린 채 학교로 출근하기까지 했다. 이는 타의 모범이 되어야 하는 학교장의 체통을 더럽힌 것이라 하여 군 수뇌부 사이에 징계론이 대두했다. 그러나 이 문제로 그를 처벌하는 것은 군 자체의 명예에 관한 일이라 하여 평소의 그의

---

15 '명령을 따르지 않으며 일을 처리함에 합당함을 잃다'(실수가 많다)는 뜻.

명령불복종을 이유로 정직처분을 내린 것이었다. 군형법에 의하면 정직은 파면 일보 직전의 중형이었다.

노백린 정직사건은 육사 출신 장교들에 대한 인책의 인상이 짙었고, 일시적으로 그들은 후퇴하지 않으면 안 되었다. 이희두는 협판에서 연성학교장으로 좌천되었고, 그 후임에는 엄 귀비의 조카인 육군법원장 엄주익嚴柱益이 취임했다. 이 밖에도 육군법원장에는 군무국장 백성기白性基가, 군무국장에는 김병학金炳學의 아들인 김승규金昇圭가 각각 취임했다. 이들은 척족 출신이거나 그들과 밀접한 관계에 있던 사람들이었다. 특히 백성기는 세평이 좋지 않은 이근택과 의형제 관계를 맺고 있던 인물이었다.

이리하여 군부의 수뇌부는 대신 권중현權重顯을 위시하여 협판 엄주익, 군무국장 김승규, 참모국장 권중석權重奭 등 척족 내지 보수세력이 장악하게 되었다. 이병무만이 육사 출신으로 교육국장직에 남게 되었으나 그도 본디 무과 출신이었다. 그는 군부의 서열로 따진다면 이희두와 같은 위치에 있었으나 그 의식구조는 보수세력에 가까웠다. 따라서 그는 노백린 정직사건을 계기로 육사 출신 간부들이 일제히 사표를 냈을 때도 이에 따르지 않았다.

그 후 4월 22일 시위혼성여단侍衛混成旅團 사령부 관제가 공포되어 30일에 그 편성이 완료되었는데 육사 출신들은 동 사령부에 다수 진출했다. 박영철 참령은 사령부 유일의 참모관이 되었고, 여단장 양성환梁性煥 참장의 부관에 임재덕林在德 정위가 임명되었다. 또한 유동열, 박두영, 김기원 세 참령은 각기 그들의 병과에 따라 여단사령부 직할부대장에 취임했다. 즉 유동열은 기병대장에, 박두영은 야전포병대장에, 그리고 김기원[16]은 공병대장이 되었다. 이 3개 부대는 모두 합쳐서 4백 명에 불과했으나 그 임무는 매우 중요했다. 왜냐하면 이는 보병 6개 대대 3천 6백 명에 대한 필수적인 지원부대였기 때문이다.

---

16 원래는 보병임.

이해(1907) 5월 22일 성립된 이완용 내각의 군부대신에는 교육국장 이병무가 발탁되었다. 동시에 그는 부장으로 승진하였지만 44세의 육사 출신 장교로서는 파격적인 승진이었다. 이갑은 이제 그의 부관으로 일하게 되었다. 그가 교육국장이었던 시절부터 가까이 알고 지냈던 이갑으로서는 다른 어느 대신 때보다도 막후에서 영향력을 발휘할 수 있는 처지였다.

이갑은 무엇보다도 먼저 이병무에게 지난번 정직 처분을 받은 노백린의 재기를 강력히 건의했다. 그 결과 6월 7일 노백린은 징계가 면제됨과 동시에 일약 군부 교육국장에 임명되었다. 교육국장직은 이병무가 대신으로 취임한 뒤 공석으로 남아 있었던 것이다. 한편 노백린은 취임과 동시에 이갑에게 교무과장을 맡아 줄 것을 종용했으므로 그는 부관직을 사임하고 이에 취임하였다. 그리고 자기 후임으로 남기창을 추천했다.

이갑의 교무과장 취임과 동시에 동기생들도 다수 군부과장에 발탁되었다. 교육국 편수과장에는 공병대장이던 김기원이, 군무국 포공병 과장에는 야전포병대장이던 박두영이, 그리고 참모국 제2과장에는 기병대장이던 유동열이 각각 취임했다. 그리고 이들 직할부대장 후임에는 김형섭, 김교선, 김희선이 각기 임명되었다. 이들은 육사 제11기생이었으나 일심회사건으로 복역한 뒤 지난해 10월 복직하였기 때문에 제15기생들의 후임자가 된 것이다.

9. 고종 양위를 반대

이갑이 교무과장에 취임한 지 채 두 주일이 지나지 않았을 때 헤이그海牙 밀사사건이 일어났다. 효충회 동지들이 놀란 것은 말할 것도 없었다. 특히 평리원 검사를 지낸 이준이 이 밀사에 낀 것에 그들은 적이 놀랐다. 왜냐하면 이준은 이동휘 참령의 소개로 전에 몇 번 이갑의 집에 온 일이 있었기 때문이다. 이동휘는 일본 육사 출신은 아니었으나 그 열렬한 애국정신과 과감한 행동력 때문에 효충회 동지로 서로 기맥을 통하고 있었다. 그는 이준과 같은 함경도 출신으로 지난해(1906) 10월 동향 출신의 친목단체인 한북흥학회漢北興學會를 조직하는 데 두 사람이 주동 역할을 할 정도로 친밀한 사이였던 것이다.

일본 정부가 이에 놀란 것은 물론이다. 한국 통감부에 의한 일본의 이른바 보호정치를 소리 높여 선전하던 그들의 체면은 여지없이 손상되었다. 그들이 강경한 태도로 나올 것은 분명했다. 그런 상황에서 친일세력의 선봉인 송병준宋秉畯은 대담하게도 7월 6일에 열린 어전회의에서 황제에 대하여 도쿄에 가서 사죄하든가, 아니면 대한문 앞에서 일본군사령관 하세가와 대장에게 면박面縛의 예를 하든가, 두 가지 다 못하겠으면 선전포고를 하라고 핍박했다. 내각의 대신이란 자가 이런 식으로 황제를 협박하고 있었으니 정녕 나라꼴이 말이 아니었다.

이갑의 집에는 매일같이 효충회 동지들이 모여 사태의 움직임을 의론했다. 7월 16일 저녁에도 그들은 원동집에 모였다. '전라도 아전' 박영철이 이동휘를 돌아보며 비위를 건드렸다.

"함경도 사람은 과연 역적이야."
"뭐! 너처럼 양반 행세하는 놈이 역적이야!"
"그럼 성재誠齋[17]는 송병준이 역적이 아니란 말인가?"

이것은 송병준이 함경도[18] 출신인 것을 야유한 농담이었다. 그때 병사하나가 편지 한 장을 그들에게 내던지고 달아났다. 좌장인 노백린이 편지를 집었다.

---

17 이동휘의 아호.
18 북청北靑.

그 편지를 떼어본 그의 낯빛은 해쓱해지고 눈초리는 오르락내리락하고 숨소리는 높아졌다. 좌중이 모두 그의 태도를 바라보고는 마치 일시에 숨이 끊어지고 몸이 굳어진 듯 말이 없었다.

"황제 폐하께서 양위하시기로 오늘 내각회의에서 내정이 되었다오!"

하면서 그는 그 편지를 좌중에 내던졌다.

그 편지는 궁중에서 나온 것이었다. 내각회의를 엿들었던 사람의 편지인 듯 궁녀체의 순 한글로, 내각회의 때 총리대신 이완용, 내부대신 임선준任善準, 탁지부대신 고영희高永喜, 농상공부대신 송병준, 법부대신 조중응趙重應, 군부대신 이병무, 학부대신 이재곤李載崑 등의 여러 대신이 토의하던 말 중에서 중요한 대목을 매우 요령 있게 적은 것이었다.

이에 의하면 이 총리가 통감부의 의사라고 하며 도저히 황제가 양위하지 않고서는 안 될 것을 역설하고, 만약 양위하지 않으면 한국주둔 일본군과 한국군은 교전하게 될 것이라고 위협했다는 것이다. 이에 대해서 찬성파와 반대파로 나뉘어 송병준, 조중응, 고영희 같은 친일 대신들은 사직을 보존하기 위해서는 일본 측의 요구대로 국왕을 양위케 하자고 하고, 기타 이병무, 이재곤 등은 애매한 입장을 취하였으며, 지난달 일본에서 귀국한 뒤 며칠 전 궁내부대신이 된 박영효와 역시 지난달 전라도 지도에서 10년간의 귀양살이 끝에 풀려나와 곧 제도국 총재가 된 김윤식金允植 같은 원로가 이를 적극 반대하였으나 결국 하나씩 둘씩 총리대신의 위협에 자라 모가지 모양으로 움츠러져 끝끝내 버틴 이는 박영효 한 사람뿐이었다는 것이었다.

그래서 내일 아침에는 어전회의를 열어 국왕의 양위에 각 대신이 서명하기로 하고, 내각 서기관장 한창수韓昌洙가 양위 조서詔書를 기초할 것을 맡고, 내부대신이 전국 관민에게 공문을 낼 것을 맡고, 이완용과 송병준, 조중응이 황제의 뜻을 움직일 것을 맡고, 군부대신은 한국주차 일본군사령관에게 만약의 사태에 대비해서 서울 경비를 맡아줄 것을 부탁하기로 하였다는 엄청난 내용이었다.

이 편지를 본 효충회 동지들은 청천벽력에 얼빠진 듯했다. 함경도 단천 고을의 아전의 아들로 태어나 화로를 군수에게 던질 정도의 다혈질인 이동휘는,

"한번 해보자!"

하고 팔을 내둘렀고, 효충회 동지들 가운데는 유일한 금주가인 임재덕林在德 정위까지도,

"이놈들을! 이 나라 잡아먹는 도적놈들을!"

하고 이를 갈았다.

마침내 의론은 있는 힘을 다해서 양위에 반대하자는 것으로 결정되었다. 그리하여 교육국장인 노백린은 이희두 군무국장[19], 조성근 참모국장[20] 등 동료 국장들을 설득시키기로 하고, 박영철은 송병준과 조중응을 찾아가 양위를 반대할 것을 권고하기로 하고, 이갑은 이완용과 이병무를 찾아가 설득하기로 했다.

그리고 만약의 경우 이 같은 노력이 실패하면 군사적인 저항도 사양치 않기로 했다. 그러나 문제는 이들 가운데 실제로 부대를 지휘하고 있는 사람은 임재덕뿐이라는 사실이었다. 그는 얼마 전 여단장 부관에서 제1연대 제3대대장이 되었던 것이다. 이동휘는 큰소리는 쳤으나 이미 몇 해 전에 강화 진위대장직(참령)을 사임하여 당시에는 민간인이었다.

---

19 지난 6월 연성학교장에서 전임.
20 지난 6월 무관학교장에서 전임.

10. 실패로 끝난 대신 격살擊殺계획

이갑은 다음날 서소문 부근에 있는 이완용의 저택을 찾아갔으나 입궐하였다고 하여 만나지 못하고 그 길로 전동博洞[21]에 있는 이병무의 집을 찾아갔다. 그 역시 입궐하고 없었으나 이갑은 얼마 전까지도 그의 부관이었던 인연으로 사랑에 들어가서 군부대신이 돌아오기를 기다렸다.

얼마 지난 후 비만형의 이병무가 술에 취한 채 인력거를 타고 돌아왔다. 이갑이 예사롭게 인사하자 그는,

"어, 자네 왔나!"

라고 하면서 금줄이 찬란한 군모를 벗어서 곁에 선 노복에게 주려고 했다. 이때 이갑은 그 군모를 받아서 마당에 집어던졌다.

"이 사람 이게 웬 짓인가!"

이병무는 술이 번쩍 깨는 듯 놀랐다.

"황제 폐하께서 양위하시는 마당에 이까짓 군모가 다 무엇입니까!"

이렇게 이갑은 대답하면서 달려가 구둣발로 군모를 짓밟아버렸다. 모자는 찌그러지고 흙투성이가 되었다. 군부대신은 아무 말 없이 고개를 숙였다. 이윽고 그는 이갑을 방안으로 끌고 들어간 후 조용히 물었다.

"자네 어디서 무슨 말 들었나!"

---

21 현 수송동 부근.

그 음성은 마치 죄를 지은 사람이 용서를 빌 때의 음성처럼 착 가라앉은 것이었다. 이갑은 상관에 대한 예절도 잊어버리고 그의 팔을 꽉 붙들었다.

"대감! 대감은 군인이외다. 내각 대신들이 다 썩었기로서니 대감마저 그러실 수는 없습니다. 대감, 찬성할 수 없다고 버티시오!"

"난들 왜 반대를 하지 않았겠는가. 그러나 모두들 황제께서 양위하지 않고서는 일이 안 된다고 하니 나 혼자 어떻게 하란 말인가."

"다들이라니? 대감은 반대신데 대신들이 양위를 주장한단 말씀인가요?"

"총리대신의 뜻이 기울어진 것을 어쩌겠나. 애당초 총리대신이 얘기를 꺼낸 것이거든……. 그야 총리도 자기 뜻이야 아니겠지, 뒤에서 내리누르는 데가 있어서 그렇겠지."

이처럼 이병무는 어디까지나 이완용 총리의 뜻을 따르지 않을 수 없다는 듯이 말했다. 사실 그는 이 총리의 7대 심복 중 한 사람으로 소문이 나 있었다. 당시 사람들이 그와 조민희趙民熙 비서감경秘書監卿[22], 한창수 내각서기관장, 장헌식張憲植 한성부윤漢城府尹, 한상룡韓相龍 비서감승秘書監丞, 이회구李會九 시종원부경侍從院副卿, 이용한李龍漢 헌병대장 등을 이완용의 7대 심복이라 불렀다. 이들 중 조민희는 그의 처남이었고, 한상룡은 조카[23]였으며, 이회구는 가까운 일족이었다.

이갑은 연신 이마에서 쏟아지는 땀을 씻기에 바쁜 그를 물끄러미 쳐다보면서 다시 다그쳤다.

"총리대신의 뜻이 양위로 기울어졌으니까 대감은 따르지 않을 수 없다는

---

22 뒤에 고종 태황제 감시역인 승녕부총관承寧府摠管.
23 누이의 아들.

말씀이신가요? 그래 대감의 모가지는 이런 때 좀 내달아 보지 못하고 그렇게 아끼시면 천년이나 만년 갈 듯 싶습니까?"

이 말에 이병무는 아무런 대답도 하지 못하였다.

"대감! 아직 늦지 않았습니다. 단연코 양위에 반대한다는 성명서를 이 자리에서 쓰시오!"
"글쎄 나 혼자만 버틴다고 일이 되나. 총리대신이 한다는 것을 어찌하란 말인가."
"그러면 총리대신이 마음을 돌린다면, 대감은 끝내 반대는 안하시겠군요."
"암 그렇지."
"그러면 대감께서 양위는 불가하다는 편지를 한 장 써주십시오. 소인이 가지고 가서 총리대신 마음을 돌려보겠습니다."
"그거 안 될걸."
"되고 안 되고는 소인께 맡기시고 대감은 편지 한 장만 써주시오."

이갑의 비분강개한 태도와 정정당당한 이론에 눌려 이병무는 더 이상 핑계를 대지 못하고 자기는 "죽기로써 양위를 반대한다"는 내용의 편지를 그에게 써주었다.
이갑은 수송동에서 서대문까지 곧 인력거로 달려갔다. 이완용의 집에 전화를 걸기 위해 군부에 들른 것이다. 당시 전화는 주요 관청과 대신급의 집에만 가설되어 있었다.
이 총리의 집에 전화를 거니 통화 중이었다. 다시 전화를 걸려 할 때 그의 귀에 댄 수화기에서 난데없이 이병무의 음성이 흘러 나왔다. 이갑은 깜짝 놀라 가만히 들어보니 그것은 이병무가 이완용에게 거는 통화로 전화가 혼선이 되어 이갑의 귀에 들린 것이었다.

"지금 이갑 참령이 소인의 편지를 가지고 각하를 만나기 위해 댁으로 찾아갈 테니 안 계신다고 하고 만나지 마십시오."

"그러면 헌병대에 전화해서 그자를 잡아 가두시오."

"그럴 것까지는 없고요, 제가 그냥 놔두기로서니 무엇을 하겠습니까? 대감께서 안 만나시면 그만이지요."

이갑은 이 같은 그들의 통화 내용을 뜻밖에 도청하게 되자 피가 끓어올랐다.

"이 짐승 같은 놈들! 이젠 틀렸구나!"

그는 집으로 돌아와 벽장에서 육혈포를 꺼내 12발의 실탄을 장전하여 뒷주머니에 넣었다. 그러고 나서 다시 신설동 방면에 있는 박영효의 집을 찾아갔다. 궁내부대신으로 있는 그는 어제 저녁에 받아본 편지에 의하면 양위를 끝까지 반대한 사람이었다. 이갑은 일본 유학 시절부터 당시 일본에 망명 중이던 그가 조직한 활빈당에 관여한 일이 있었고, 또 지난 6월 그가 12년 만에 빈손으로 귀국했을 때는 상당한 액수의 돈을 기부한 일도 있었다. 그는 박영효와 함께 양위 반대운동을 벌일 생각이었다.

박영효는 그에게 양위식이 임박했다는 것과 원로 가운데 이도재李道宰 같은 사람은 결사반대를 주장하고 있다는 것을 알리면서 이렇게 알려 주었다.

"어제 시종무관 어담 정령에게도 이 사실을 이야기했더니 알겠다고 했네."

"대감의 생각으로는 언제쯤 양위식이 거행되겠습니까?"

"지금 상감계서는 원로들의 말에 따를 모양이신데 이 판국에 양위를 반대할 사람이 있을까?"

"그러면 양위식은 2, 3일 내가 되겠군요, 대감!"

"아마 그쯤 되겠지."

고종 황제가 마지막으로 기대했던 이른바 원로 대신들은 일본의 눈치를 살폈음인지 뒷걸음질을 쳤다. 민영소閔泳韶, 민영휘閔泳徽[24], 남정철南廷哲, 이윤용李允用, 신기선申箕善 등 원로들은 양위가 '불가불가不可不可'하다는 모호한 표현으로 자신들의 보신을 꾀하였던 것이다. 이것은 방점 찍기에 따라서 '불가'를 반복 강조하는 뜻도 되지만, 동시에 불가가 불가하다는, 즉 어쩔 수 없이 '가可'하다는 뜻도 되기 때문이었다. 이에 용기를 잃은 황제는 19일 결국 태자에게 양위하는 데 동의하고 말았다.

이 소식에 접한 이갑은 효충회 동지들을 원동 자기 집에 긴급히 불러 대책을 논의했다. 그 결과 양위를 저지시키는 유일한 길은 양위식에 참석할 모든 대신들을 암살하는 길밖에는 없다고 결론이 내려졌다. 이와 동시에 임재덕이 지휘하는 제1연대 제3대대가 무력시위를 벌이기로 하고, 이갑은 시위대의 전 부대를 동원하기 위해 군무국장 이희두를 설득시키기로 했다.

그러나 이 무력봉기 계획은 양위식 전날인 19일 밤 친일 대신들이 일본인 거리의 왜성구락부나 혹은 통감부 관사로 몸을 피했기 때문에 실패했다. 그리고 양위식장은 하세가와 군사령관의 수배로 일본군 1개 연대가 완전히 포위한 상태였으므로 저격할 기회는 전혀 없었다. 또한 군부의 모 간부가 이갑 등의 음모를 헌병대에 밀고한 관계로 이희두, 어담, 이갑, 임재덕은 체포되고 말았다. 이 사건은 단순한 체포로 끝나지 않아 이희두, 이갑, 임재덕 등은 군인으로서는 마지막인 면관免官 처분을 받는 동시에 육군법원에 구속되었다. 어담은 정직 처분을 받고 역시 육군법원에 갇히는 신세가 되었다.

---

24 민영준.

11. 군대해산

이갑이 육군감옥에서 방면되어 세상에 나온 것은 그로부터 한 달 남짓 뒤인 8월 23일이었다. 그와 함께 이희두, 어담이 출옥했다. 그러나 그들이 갇혀 있는 동안 황제 양위보다도 더 엄청난 사태가 이미 벌어졌던 것이다. 군대해산이 그것이었다.

한국주차 일본군사령부는 고종의 양위를 전후하여 시위대 각 대대가 동요하고 심지어 폭동을 일으키려 한 점을 중시했다. 지난날 을사조약 체결 당시만 해도 침묵을 지키던 군대가 이제는 반항적으로 나온 것이다. 요컨대 한국군대가 일본의 대한정책對韓政策을 추진하는 데 있어 잠재적인 저지세력인 점을 알게 되었다. 따라서 일본 측은 양위식이 끝나자마자 군대해산을 추진했다.

통감과 협의한 하세가와 대장은 제1차로 서울 시위대의 5개 대대와 기타 지원부대 그리고 연성학교의 교성대대를 해산하고, 제2차로 지방의 진위 8개 대대를 해산하기로 했다. 시위대의 1개 대대[25]를 남기기로 한 것은 황실의 의장대儀仗隊로 개편하기 위해서였다.

이 계획은 신황제에게 압력을 넣어 조칙詔勅을 얻는 데 성공했다. 이에 따라 군대해산의 조칙은 7월 31일 밤 10시 40분에 이른바 '군제쇄신'을 위한 방편인 양 위장한 채 공표하기로 최종합의를 보고 다음날을 기하여 해산하기로 결정되었다.

8월 1일 아침 7시 갑자기 서울에 있는 각 부대의 지휘관, 곧 양성환梁性煥 혼성여단장을 비롯한 예하 두 명의 연대장, 6명의 대대장, 그리고 3명의 지원부대장은 하세가와 군사령관의 관저인 대관정大觀亭에 초집招集되었다. 이 자리에서 이병무 군부대신이 군대해산의 칙어를 낭독하고 이어 오전 10시에 훈련원에서 해산식을 가진다고 선언했다.

---

25 제2연대 제2대대 지정.

514

해산식은 몇몇 대대의 무력봉기로 예정된 그대로는 진행되지 않았으나 어쨌든 군대는 해체되었다. 그간 육사 출신 장교들이 근대적인 군대로 만들어보려고 각고刻苦의 노력을 했던 군대가 없어진 것이다. 이제 남은 것이라고는 종래의 9천여 명에서 줄어 그 10분의 1에 지나지 않는 9백 명과 무관학교·유년학교 및 이름뿐인 군부에 지나지 않았다.

이갑은 감옥에서 풀려난 뒤 8월 30일 참령에 복직되고, 다시 9월 3일에는 군부부軍部附라는 발령까지 받았다. 그를 발령한 까닭은 9월 3일을 기해서 보직이 없는 장교를 모두 면관한다는 방침이었기 때문에 그를 구제하기 위해서 일단 대기발령을 내렸던 것이다. 사실 이 방침 때문에 이때 보직을 얻지 못한 1,255명의 장교는 면관되고 겨우 60명만이 남게 되었다. 군부의 수뇌부는 이처럼 이갑을 생각해 주었으나 그는 허구에 불과한 군부에 더 이상 머물고 싶지 않았다. 나머지 팔형제배들은 계속 군부에 남아서 끝까지 버텨보자는 것이었으나, 그는 그것이 전혀 불가능함을 알고 1908년 5월 14일 자로 군부를 떠났다.

이로써 지금까지 행동통일을 해오던 팔형제배의 전통도 일단 깨지고 말았다. 남기창은 시종무관으로, 김응선은 황태자 영친왕의 배종陪從무관으로, 박영철은 군부대신 관방부관으로, 전영헌은 군무국 인사은상과장으로, 김기원은 교육과장으로[26], 박두영은 병기과장으로, 그리고 유동열은 마정과장으로 군부에 남았다. 노백린은 군대해산 뒤인 8월 26일 무관학교장에 임명되었으나 이갑과 같은 시기에 군부를 떠났다. 무관학교장 후임에는 이희두가 취임했다. 팔형제배 중에서는 그 후 유동열과 남기창이 군부를 떠났다. 그러나 나머지 동기생들과 육사 출신 장교들은 계속 군부에 남았다.

군대해산 2년 뒤인 1909년 7월 31일을 기해서 다시 군부가 폐지되고, 무관학교가 폐교되었다. 군부에 대신하여 친위부親衛府가 신설되었을 때

---

26 곧 대신 관방부관으로 전임.

의 인사이동을 보면 육사 출신자의 동향을 알 수 있다. 이때 군부대신이던 이병무 부장은 친위부의 장관으로 격하되고, 참장 이희두·조성근은 무관, 참령 김기원은 부관, 부령 전영헌과 참령 권태한權泰翰·박두영은 부부部附로 임명되었다. 그리고 정위 김형섭金亨燮이 시종무관, 참령 김응선이 동궁무관에 임명되었다. 한편 근위보병대는 대장이던 부령 왕유식王瑜植은 유임되었고 정위 강용희姜容熙가 부관, 정위 이기옥李基鈺이 부附가 되었다. 또한 정위 김교선金教先은 근위기병대장이 되었다. 이 밖에 참령 박영철朴榮喆, 정위 장인근張寅根·권승록은 일본군 헌병대로 파견되었다. 시종무관이던 정령 어담은 송병준과의 결투사건으로 당시 휴직 중이었다. 이때 예비역에 편입된 사람이 부령 윤치성, 참령 임재덕·방영주·김희선이었다. 그리고 다시 1910년 8월 한국이 일제에 병합된 뒤 대부분의 장교는 일본군에 이적되어 이른바 이왕가李王家의 시종무관 혹은 조선군사령부 소속 장교가 되었다. 그들은 여기서 정기적인 승진을 한 결과 몇 명의 장관將官이 배출되기도 했다.

12. 서북학회와 오성五星학교

1909년 3월 한국주둔 일본군사령부 헌병대에서 당시의 주요인사 153명을 내사內査 기록한 한 기밀문서의 이갑 항목에는 그가

"기개氣槪가 있으며 서북학회西北學會 창립 이래 동회의 우이牛耳를 잡았고 융희隆熙 2년에 군직을 사퇴, 운현궁에 부속附屬하며 허장성세[27]의 행위가 있다. 장차 함경·평안·황해 3도의 청년을 교육하여 기호畿湖·삼남三南 세력을 압도함으로써 정계에 웅비雄飛하려는 야심이 있다."

---

27 三百代言(さんびゃくだいげん)은 적은 금전을 받고 움직이는 저급한 변호사로, 말을 뻔지르르하게 하여 사람을 속인다는 뜻.

고 하였는데, 이는 군직을 떠난 훗날 그의 동정을 매우 정확히 조사 관찰한 것이라고 할 수 있다.

사실 이갑은 군적에 몸을 두고 있을 때부터 당시의 우국지사들과 교분이 있었다. 다만 그가 마음을 터놓고 교제한 민간의 애국지사들은 주로 서북 출신 사람들이었다. 그 당시 서북인은 중앙정부의 호감을 사는 존재가 아니었고 그런 만큼 이들의 동향의식도 유난히 투철했었다.

당시는 을사조약이 체결된 뒤이므로 국권國權회복을 꾀하기 위한 국민운동이 활발히 일어나고 있었다. 바야흐로 국민계몽운동의 시대였다. 당시 이 운동은 크게 두 가지의 형태를 취하였는데, 하나는 교육을 통한 계몽운동이요, 다른 하나는 학회 조직을 통한 정치적 계몽운동이었다. 그러나 이 두 가지 운동은 별개의 것은 아니었으며 서로 긴밀한 관계에 있었다. 즉 정치적 성격을 띤 사회단체일지라도 교육사업을 벌이는 것이 일반적인 현상이었기 때문이다.

이갑은 군부대신 부관으로 있던 1906년 10월 평안도 출신 지명인사들을 중심으로 서우학회西友學會를 조직하였다. 당시 군부를 대표하여 그와 유동열이 조직에 참여하였고, 민간인으로는 정운복鄭雲復, 김명준金明濬, 유동주柳東作, 김달하金達河, 안병찬安秉讚, 김윤오金允五 등이 중심이 되었다.

이들 중 회장에 추대된 정운복은 일찍이 『제국신문』의 주필로 이름을 날린 언론인이었고, 부회장인 김명준은 성균관·승정원·홍문관 등에서 관리생활을 한다거나 혹은 박제순 내각 때 군수직을 역임하는 등 관료로서 잔뼈가 굵은 인물인데 본래 선교사의 집에서 성장한 관계로 신교육에 관심이 많았다.[28] 그리고 김달하는 서울 관립중학교 교관을 역임한 사람이었다.[29] 이갑은 표면상으로는 이 학회의 평의원에 지나지 않았으나

---

28 그러나 일제 강점기에 그는 변절하여 직업적 친일분자가 되었으며, 중추원참의를 거쳐 1945년 4월에는 귀족원의원에 칙선되기까지 했음.

29 그는 뒤에 일제의 밀정 혐의를 받아 1925년 베이징에서 민족운동가들에게 암살당하였음.

뒷전에서 실무를 총괄하였다. 그리고 뒤에 노백린, 김희선, 김형섭 등 군의 간부들이 평의원 자격으로 서우학회에 가입하였다.

서우학회는 평안도, 황해도 출신 인사에 한하여 그 회원자격을 인정하였는데 그 후 함경도 출신 인사로 조직된 한북흥학회漢北興學會와 합류하게 되었다. 그것은 이갑, 유동열 등이 효충회 일로 함경도 출신 인사들과 친교를 맺었기 때문이었다. 그 대표적인 인물이 바로 이동휘와 이준이었는데, 당시 학회 간의 대동단결이 요망되던 때였으므로 두 학회의 합병 논의는 1907년 5월경부터 일기 시작하여 순조롭게 진행된 끝에 1908년 1월 3일 서북학회로 통합되었다. 이 새로운 학회의 대표직은 한북흥학회의 대표였던 오상규吳相奎가 맡고, 정운복은 부회장이 되었다.

서북학회의 등장으로 서우학회의 교육사업은 한층 확대되었다. 일찍부터 학교 설립을 꿈꿔 왔던 이갑은 서우학회 창립 얼마 뒤에 우선 평안도와 황해도 지방에 흩어져 있는 학교에 보낼 교사 양성을 목적으로 자신이 소유하고 있던 낙원동 소재 민가에 서우西友사범학교를 설립했다. 그는 평소에 스승으로 떠받들던 황해도 황주黃州 출신의 박은식朴殷植을 교장으로 모시고, 김달하를 교감으로 일을 보게 했다. 박은식은 관립 한성사범학교 교관과 『황성신문』 주필을 역임한 애국계몽운동의 선구자였다. 이 사범학교는 그간 서우학교로 발전했다가 서북학회의 발족과 함께 서북협성西北協成학교[30]로 개명 확충되었다.[31] 이로써 이 학교는 평안남북도·황해도·함경남북도의 5도 지역학교를 총괄하는 입장에 놓이게 되었으므로 오성五星학교라고도 불리게 되었다. 그리고 관북세력을 대표하는 이용익李容翊의 손자 이종호李鍾浩가 교사 증축기금으로 1만 원의 거금을 내놓았으므로 이갑은 당년 24세인 그를 교장직에 앉혔다.[32]

---

30 현 광신光新고등학교의 전신.
31 『광신 칠십년사』, 1975 참조.
32 이갑의 낙원동 집터에 대지를 확장하여 1909년 준공한 3층짜리 신교사는 당시 서울의 명물 가운데 하나였는데, 현재 건국대학교 구내에 본래 모습 그대로 복원되어

서북학회는 그 후 한국이 일제에 병합되어 강제로 해산될 때까지 가장 유력한 애국계몽단체가 되었다. 물론 가장 선구적인 학회였던 대한자강회의 후신으로 등장한 대한협회가 회원 수에 있어서는 서북학회를 앞지르고 있었으나 일인日人 오가키 다케오大垣丈夫를 고문으로 영입한 이 대한협회의 성격은 시간의 흐름과 함께 변질되어 영향력이 감퇴했다. 그러므로 서북학회는 당시 송병준, 이용구李容九가 이끄는 친일단체 일진회와 맞서 가장 치열한 공방전을 벌였다. 일진회가 기관지로『국민신보國民新報』를 갖고 있었던 데 비해 서북학회는 기관지인『서북학회월보西北學會月報』이외에도『대한매일신보大韓每日申報』를 기관지처럼 이용했다. 당시 대한매일신보사에는 이갑 등이 관계하고 있던 비밀결사 신민회의 동지들인 양기탁梁起鐸, 박은식, 안태국安泰國, 신채호申采浩 등이 크게 활약하고 있었기 때문이다. 이갑은 이들에게 한국주둔 일본군 헌병대의 검열을 무시하고 과감한 논설을 펼 것을 당부하기도 했다. 이즈음 일진회를 뒤에서 조종하고 있던 일본의 침략주의 단체 고쿠류카이 정탐원들은 이갑이 대정당을 설립할 포부가 있다고 판단했다. 그러면서 서북한 사람들이 각자의 집에 그의 사진을 몰래 간직하고 아침저녁으로 이에 예배할 정도로 그에 대한 명성과 신망이 흥건히 배어 있다고 평할 정도였다.[33]

13. 비밀결사 신민회新民會

그러나 이 같은 애국계몽운동에는 많은 제약이 뒤따랐다. 당시 이미 한국의 경찰권은 통감부 손으로 넘어갔고 또 일본의 한국헌병대사령부가 도사리고 앉아 정치탄압을 강화하고 있었기 때문이다. 즉 통감부는

있음.

33 고쿠류카이 편,『메이지백년사총서明治百年史叢書』중『일한합방비사日韓合邦秘史』하권, 도쿄: 하라쇼보原書房, 1966, 597쪽(1936년 원판본의 복각본).

1907년 7월 고종 황제를 퇴위시킴과 동시에 이른바 한일신협약이라는 것을 강제로 조인케 하였는데 이에 따라 한국의 경찰사무는 일본인 손으로 넘어갔다. 통감부는 경시청과 경보국警保局이라는 이중 기구를 통해서 한국인에 대한 사찰업무를 강화했다.

그뿐만 아니라 한국주둔군 헌병대의 사찰업무는 경찰의 그것을 훨씬 능가하는 것이었다. 당시 헌병대는 이른바 치안유지를 주요업무로 하였고, 군사·경찰업무는 부차적인 업무였다. 특히 1907년 10월을 기해서 헌병대가 크게 강화되어 이제까지 육군중좌를 책임자로 하던 제14헌병대에 갑자기 육군소장 아카시 모토지로明石元二郎가 데라우치 육군대신의 특별 추거推擧로 대장으로 부임하면서 한국주둔헌병대로 확대되었다.

아카시 소장은 첩보·모략 공작의 천재였다. 그는 러시아 공사관부 무관(대좌)으로 있을 때 러일전쟁이 일어나자 스웨덴으로 잠입하여 러시아의 배후 교란을 위해 대첩보 조직을 만든 인물이었다. 그는 당시 유럽에 망명 중이던 플레하노프, 레닌 등 과격파 공산주의자들을 선동, 조종하면서 러시아의 체제 전복을 꾀했다. 육군대신이 이 같은 경력의 소유자를 특별히 한국에 보낸 데는 다 목적이 있었던 것이다.

이처럼 표면적인 애국계몽운동이 어려워진 상태에서 지하조직으로 만들어진 것이 바로 신민회新民會였다. 이 비밀결사는 1907년 초에 안창호安昌浩가 미국에서 귀국하면서 태동하기 시작하였다. 대동강 하류 강서군江西郡 도롱섬에서 출생한 그는 25세 때 도미하여 교포들의 조직사업을 지도하다가 1907년 2월 귀국했다. 그러던 중, 당년 30세의 안창호를 갑자기 유명하게 만든 것이 그의 도쿄연설이었다.

그는 귀국하는 길에 도쿄에 들려 한국인 유학생들과 접촉했다. 당시 도쿄에는 서북 지방 출신 유학생들이 중심이 되어 조직한 태극학회太極學會가 있었다. 이 학회는 새로이 유학 온 동향 후배학생들의 일어 지도와 기초과목 학습을 위해 일종의 강습소 성격을 띠고 1905년 9월 발기했는데, 1년 뒤에는 강습소에서 학교의 형태를 갖출 정도로 발전하였다.

이러한 과정에서 이 학회는 서우학회 혹은 대한자강회의 지도적 인사들과도 연결이 되어 점차 교육계몽단체의 성격을 띠게 되었다. 이 학회는 1906년 8월 이래 매월 1회씩 기관지로서『태극학보太極學報』를 발간했다.

안창호는 도쿄에서 이 학회를 방문했고 그 간부들의 요청으로 일장의 계몽 강연을 했는데, 그 평판이 매우 좋았다. 그의 당당한 풍채라든지 웅장한 음성, 무엇보다도 열성적인 그의 태도가 유학생들을 감동시켰다. 1909년 봄 한국주둔 일본헌병대사령부에서 그에 대해 내사內査 작성한 기밀문서에 지적되어 있듯이 "연설에 기교가 있어서 능히 청중을 감동시키는 것으로 가장 명성이 있었다"고 평가받는 웅변이었던 것이다. 그의 인망은 곧 유학생들의 입을 통하여 국내에까지 전해졌다.

이갑은 태극학회의 간부인 김지간金志侃의 소개로 그보다 한 살 아래인 안창호를 만났다. 김은 당시 도쿄 고마바駒場농과대학에 적을 두고 있었는데, 이갑은 그전부터『태극학보』발간 기금을 보조해왔던 관계로 태극학회 찬성원으로 선임되어 서로 잘 아는 사이였다. 안창호를 만나 이야기해 본 이갑은 곧 의기투합하여 그와 함께 국권 회복을 위한 일대 비밀결사를 조직하기로 의견의 일치를 보았다. 이제부터 안창호의 모든 활동은 이갑이라는 날개를 얻어서 전개되기 시작한 것이다.

이렇게 하여 비밀리에 조직된 신민회는 첫째로 국민에게 민족의식과 독립사상을 고취시킬 것, 둘째로 동지를 발견하고 단합하여 국민운동의 역량을 축적할 것, 셋째로 교육기관을 각지에 설치하여 청소년의 교육을 진흥시킬 것, 넷째로 각종 상공업기관을 만들어 단체의 재정과 국민의 부력을 증진할 것 등을 목적으로 했다. 이에 따라 여러 가지 사업에 착수했는데, 그중 학교 설립과 회사 경영은 외부에 노출된 것들이다. 무엇보다도 안창호 역시 이갑에 못지않은 열렬한 교육가였으므로 평양에 대성大成학교를 설립하여 인재양성에 주력했다. 이밖에 평양과 서울, 대구에는 태극서관太極書館이라는 서점을 경영하였으며, 또한 평양에는 마산동馬山洞 도자기회사를 설립하기도 했다.

물론 신민회의 운영에 있어서 이갑과 안창호의 의견이 반드시 일치한 것은 아니었다. 이갑은 무엇보다도 급진론자였기에 점진론을 주장하는 그와 때로는 의견이 맞지 않았다. 또한 이갑은 어떤 의미에서는 목적은 수단을 정당화한다는 마키아벨리적 생각을 갖고 있었던 데 비해서 안창호는 어디까지나 이상주의자였다. 사실 안창호는 이갑의 이 같은 생각을 경계하여 청년학우회青年學友會에는 그를 가입시키지 않았다.

단기적인 안목에서 본다면 신민회의 활동은 보잘것없는 것이었다. 그러나 장기적으로 볼 때 그 영향은 매우 큰 것이었다. 무엇보다도 지역을 초월한 그 인적 구성과 동지 상호 간의 연대의식이 3·1운동 이후 활발하게 진행된 민족운동에 밑거름이 되었기 때문이다. 신민회의 동지들은 서북 출신에 한하지 않고 가능한 한 전국적으로 포섭했던 것이다. 그리하여 양기탁, 안태국, 이승훈李昇薰, 최광옥崔光玉, 이동휘, 노백린, 유동열, 김희선, 김구 등 서북 출신 이외에도 전덕기全德基, 이동녕李東寧, 이회영李會榮, 이시영李始榮, 조성환曹成煥, 신채호 등 기호 사람이 이에 가담했다. 전덕기는 경기도 양평陽平 출신으로 당시 서울 상동尙洞교회 목사였고, 이동녕은 충남 천안 출신으로 을사조약 체결 후 간도間島로 건너가 교포의 교육사업에 종사하다가 귀국한 사람이었다. 그리고 이회영·이시영 형제는 서울 명문 출신으로 이시영은 평남관찰사를 역임한 바 있고, 조성환은 무관학교 재학 시절부터 군부 혁신을 꿈꾸던 서울 출신의 혁명아로 당시 상동교회를 출입하고 있었고, 신채호는 충북 청원淸原 출신의 젊은 역사가로 당시 대한매일신보사의 편집기자로 있었다.

신민회는 비밀엄수에 주력한 결과 그 후 이른바 데라우치 총독 암살음모사건이라는 것이 일제에 의해 조작되어 많은 동지들이 체포됨으로써 발각될 때까지 4년 동안이나 그 비밀이 유지되었다. 이들은 10년 뒤 상하이에서 대한민국 임시정부가 수립될 때 그 주동적 역할을 했다. 즉 1919년 6월 성립된 초대 임정臨政 국무원國務院 구성을 보면 국무총리 대리에는 이동녕, 내무총장에 안창호, 군무총장에 이동휘(차장 조성환), 법무총장에는 이시영이라는 진용을 갖추었다. 그리고 그해 9월 11일 개각 때는 국무총리에 이동휘, 내무총장에 이동녕(경무국장 김구), 군무총장에 노백린(차장 김희선), 재무총장에 이시영, 노동국총판에 안창호, 참모총장에 유동열과 같은 진용으로 새롭게 바뀌었다.

14. 수포로 돌아간 정권 인수의 꿈

1908년과 1909년은 한국 통감 이토로서는 최대의 시련기이기도 했다. 도쿄의 가쓰라 다로 군벌내각과 그 정신적 지주인 야마가타 아리토모 원수는 원로의 필두인 이토 통감을 마음대로 조종할 수 없다는 사실 때문에 그를 달갑지 않은 존재로 생각했고, 또한 그가 문관 출신으로 통감을 하고 있는 데에 은근히 반감을 품고 있었다. 그뿐만 아니라 국수주의자國粹主義者들의 압력단체인 고쿠류카이의 음모꾼들인 우치다 료헤이와 스기야마 시게마루는 이토 통감이 한국 병합을 질질 끌고 있다는 모략을 도쿄에서 퍼뜨리고 있었다. 그러나 실제로 이토가 병합을 망설인 것은 아니었다.

그는 당시 이미 한국 병합을 필연적인 사실로 인정하고 있었다. 순종 황제의 시종무관이었던 어담의 회고록에 의하면, 이토는 1909년 초에 순종 황제와 더불어 국내 여행길에 나섰을 때 고려시대의 왕궁터인 개성 만월대滿月臺에 올라 고려왕조의 흥망성쇠를 만월대에 빗대는 시를 읊었다고 한다.[34] 고려조의 대충신인 정몽주를 한낱 역사 흥폐興廢의 수를 모르는 인물로 묘사한 것은 결국 닥쳐올 병합을 예언하고 풍자한 말이 아니었겠는가고, 어담은 당시의 느낌을 회고하였는데 그럴듯한 해석으로 생각된다.

---

34 자세한 내용은 3장을 참고할 것.

사실 이토가 주저한 것은 당시 이완용 내각이 극도로 민중의 불신을 받아 매국내각이라는 여론이 들끓고 있던 점이었다. 그는 이처럼 인기 없는 내각을 상대로 병합공작을 한다면 한국민의 반대가 아주 클 것으로 판단했다. 따라서 그의 복안腹案은 한국인으로부터 인기 있는 정치가를 내세워 내각을 조직케 한 다음 그 내각을 상대로 병합공작을 꾀해보겠다는 것이었다.

　　당시 평안도 곽산郭山 출신으로 이토와도 교제가 있고 한편 이갑의 집에도 출입하던 최석하崔錫夏라는 젊은 사람이 있었다. 그는 1898년 일본 고베神戶에서 보통과를 수료한 바 있고 메이지대학에서 법학을 공부했다. 러일전쟁 때에는 일본군 통역으로 종군하여 훈장을 받기까지 했는데 이처럼 그는 일본군에 복무한 경력이 있었으므로, 전쟁 때 일본군에 크게 협력한 일진회장 이용구와도 교분이 있었다. 그는 태극학회 창립 때부터 간부로 활약했고, 또한 대한유학생회를 이끌고 있었던 관계로 이갑과도 서로 아는 처지였다. 그는 대학을 졸업한 1908년 초에 귀국한 뒤로는 통감 관저에 자주 드나들면서 이갑 등에게 통감부의 내막을 알려주었다.

　　최석하는 어느 날 이토를 찾아가 그와 이야기를 나누고 있던 중 갑자기 이토로부터,

"지금 한국 민중에게 가장 인기 있는 사람이 누구인가!"

라는 질문을 받고 안창호라고 대답하였더니 이토가 그에게 안창호와의 면담을 주선해 달라고 부탁했다는 것이다. 최석하가 이갑의 집에 달려와 이 같은 이야기를 하였으므로 이갑은 안창호에게 서둘러 이토를 만나볼 것을 권유했다. 안창호는 처음 이를 거절하다가 이갑과 최석하의 성화에 못 이겨 이토를 만나보게 되었다.

　　칠십 가까이 나이를 먹은 이토는 그의 장기인 도도한 변설로 정치가로

서의 자기의 최종적인 목적은 동양의 영구한 평화 정착에 있다고 떠벌인 다음 청일전쟁과 러일전쟁, 그리고 통감부 설치는 이 목적을 관철시키기 위해서 필요했던 것이라고 말했다. 그러고 나서 그는 안창호에게 협력을 간청했다. 그러나 안창호가 본 바로는 그것은 어디까지나 연막전술에 지나지 않았으며, 그의 진정한 목적은 한국 병합에 있다는 것을 알 수 있었다.

이갑의 집에서는 신민회 간부들이 모여 안창호가 돌아오기를 기다렸다. 이윽고 그가 나타나자 일대 토론이 벌어졌다. 안창호는 아무래도 이토의 진정한 의도가 병합에 있는 것 같으므로 그에게 협력할 수 없다고 말했다. 그러자 누구보다도 성미가 끈질긴 이갑은 이 좋은 기회를 놓칠 수 없다고 이에 맞섰다.

"우리가 이토를 이용하면 될 것이 아니겠소."

"추정, 그렇지 않소이다. 잘못되면 이토에게 역이용되어 일진회의 재판再版이 될 것이외다."

"우리가 일단 정권을 잡고 나서 무단정책을 써서 일사천리로 친일파와 수구파를 일망타진하고 서정庶政혁신을 하여 일본으로 하여금 간섭케 할 구실을 주지 않는다면, 이토로서도 어쩌지 못할 것이 아니겠소."

"그러나 이토의 뒤에는 일본제국이 있는 것이외다."

이갑은 모처럼 기회가 왔을 때 일단 정권을 잡아 개혁정치를 펴보자고 주장했으나 객관적인 정세로 볼 때 그것은 불가능한 일이었다. 이토 통감이 아무리 실력자일지라도 당시로서는 이름 없는 청년에 불과한 안창호를 내세워 조각組閣하게 할 수는 없었고, 벌써 도쿄에서는 송병준이 일진회 고문인 스기야마를 내세워 가쓰라 총리와 병합에 관한 구체적인 흥정을 벌이고 있었다.

그리고 군부와 고쿠류카이 음모꾼들의 제동을 받아 사면초가의 상태에 놓여 있던 이토 통감은 1909년 봄 통감직 사퇴의사를 밝혔고, 6월에 사표는 수리되었다. 그러자 지금까지 이갑 등 신민회 동지들을 뒤에서 돌보아주던 최석하도 이제는 힘없는 존재가 되어 그들의 신변은 위태로워졌다. 동지들 가운데는 최석하를 이용구의 밀정 혹은 분신이라 하여 경계하는 사람도 없지 않았다. 실제로 그때 이동휘는 불온한 모의를 꾸몄다 하여 붙잡혀 인천 앞바다 대무의도大舞衣島에서 귀양살이를 하는 중이었다. 그는 1909년 3월 군인 출신인 연기우延基羽, 김동수金東秀와 함께 강화도 전등사에서 의병조직을 꾀하다가 발각되었다. 비록 이 일로 다른 동지들이 연좌되지는 않았으나 그 위험성은 컸다.

이토의 뒤를 이어 통감으로 승격한 소네 아라스케曾禰荒助는 그간 부통감으로 이토를 보좌해온 만큼 전임자의 구상과 시책을 최대한 존중, 계승하려고 했다. 그 역시 인기 없는 이완용 내각이 예상외로 오래 지속되어 국민들이 염증을 느끼고 있는 점을 주시하고 그 대책 마련에 힘썼다. 그 결과 현재 각 정파로 갈라져 서로 대립하고 있는 일진회, 대한협회, 서북학회 등 이른바 세 민당民黨을 제휴 내지 단합시켜 그 단결된 힘으로 내각을 교체할 수 있는 방법이 있지 않을까 생각했다. 이는 실제로 일진회의 제안이기도 했다.

그리하여 통감부의 은밀한 주선으로 9월 초부터 3개 단체의 연합을 위한 접촉이 시작되었다. 그러나 서북학회는 일진회와는 그야말로 견원犬猿의 관계였고, 대한협회의 정치적 입장도 꽤 모호한 점이 있었던 까닭에 3파연합은 처음부터 기대하기 어려운 실정이었다. 다만 현 내각을 타도하여 그에 대체한다는 정치적 목표만은 일치했으므로 한번 시도해 봄 직하다고 느꼈다. 이즈음 최석하가 대한협회를 이끌고 있던 유능한 책사策士 윤효정尹孝定의 딸 윤정원尹貞媛과 혼인한 것도 이 같은 협상을 성사시킨 추가적인 요인이 되었다. 그녀는 아버지를 따라 일본에 가서 유학하고 돌아와 1908년 개교한 관립 한성여학교[35]의 교관이 되었다. 그러나 3

---

35 현 경기여고의 전신.

파연합운동은 시동을 건지 불과 한 달 만에 전혀 예상하지 못한 일련의 사건으로 말미암아 갑작스레 암초에 걸리고 말았다.

이토는 1909년 10월 26일 하얼빈 역두驛頭에서 안중근 의사에 의해 살해되었거니와 이갑 등 신민회 동지들은 그 배후 조종자의 혐의를 받아 일본군 헌병대 당국에 구금되었다. 마침 안 의사의 의거가 있던 날 이갑은 기차를 타고 신의주역을 출발, 서울로 향하던 중 장단역에서 일본 헌병에 의해 개성헌병대로 연행되었다. 비록 그는 정중한 대우를 받았으나 경비는 삼엄했다. 그는 저격사건과는 직접 관련된 바가 없었으므로 같은 해 연말에 풀려났다. 하지만 헌병대 당국의 감시는 더욱 엄해졌다. 무엇보다도 정국의 급변으로 말미암아 3개 정치단체는 12월 3일 열기로 한 정견협정위원회를 연기하지 않을 수 없었는데, 그다음 날 일진회가 단독으로 한일합방合邦성명서를 발표하여 정계는 파국을 맞게 되었다.

이갑은 이 같은 상태에서 더 이상 한국에 남아 활동할 수 없다고 판단했다. 그리하여 신민회 동지들은 비밀리에 국외로 망명할 것을 의논했다. 안창호는 미국에 연고가 있고 또 그곳 교포사업도 돌봐야 한다는 취지에서 미국을 망명지로 택하였고, 그밖에 이동녕은 연해주를, 이회영 형제는 서간도를, 이동휘는 북간도를, 조성환은 베이징을, 이종호는 상하이나 칭다오青島 중 한 곳을 택하기로 결정했다. 이갑은 지론인 친노친독론親露親獨論이 있어서 유럽에 머무를 결심을 했다. 물론 국내에 남기로 한 동지들도 있었으나 망명 예정자들은 일단 중국 칭다오에 모여 마지막 회의를 갖기로 약속하고 각각 헤어졌다.

15. 뒤틀려버린 망명계획

이갑은 1910년 4월경 망명길에 올랐다. 떠나기 전날 그는 양기탁에게 서북학회 교동회관 매입으로 생긴 부채의 해결을 부탁하고, 자전거로 서울 시내를 돌면서 친지들을 일일이 방문했다. 마지막 고별인사였으나 전혀 내색을 하지는 않았다. 이튿날 그는 이종호 형제와 함께 의주행 열차에 몸을 실었다. 의주에서 김기창과 합류한 일행 네 명은 전원 중국인으로 변장하고 석산石山역에서 빙판이 된 압록강을 건넜다. 일행은 펑톈[36], 상하이를 거쳐 칭다오로 향했다.[37]

동지들은 속속 칭다오에 모여들었다. 이곳은 독일이 조차租借한 곳이었으므로 안전했다. 그들은 여기서 이종호가 마련한 개인저택으로 안내를 받았다. 막대한 유산 상속자였던 그는 고국에 있을 때부터 보성학교와 출판사 보성사를 경영하였는데, 조부 이용익이 상하이 덕화德華은행에도 거금을 예금해 놓고 3년 전 블라디보스토크海蔘威에서 객사했기 때문에 국외에서의 자력資力은 풍부한 셈이었다.

이종호의 안내로 동지들은 이곳저곳 관광도 하고 매일같이 성대한 주연酒宴을 열어 자못 사기는 높았다. 그러나 정작 독립운동의 방법을 놓고서는 근본문제에 있어서 이견이 속출하여 회의는 순조롭게 진행되지 못했다. 점진적인 실력양성론의 지주인 안창호는 우선 간도, 연해주, 미국 등지에 살고 있는 동포의 산업을 진흥시키고 교육을 보급시켜 좋은 기회가 찾아올 때까지 기다리자는 것이었으나 급진론자인 이동휘는 이들 교포들을 하루빨리 무장시켜 일제와 무력 대결할 것을 주장했다.

"나라가 다 망한 이때 산업은 무엇이고 교육은 다 무엇인가, 둘이 모이면 둘이 나가 죽고, 셋이 모이면 셋이 나가 싸워 죽어야지."

"성재의 생각은 달걀로써 돌을 때리는 격이요, 그것은 무고한 교포들을 피흘리게 할 뿐이외다."

---

36 현 선양.
37 일설에는 이때 이갑이 안창호와 함께 마포에서 소형선을 타고 황해도 장연長淵까지 갔다가 다시 거기서 중국 사람의 소금 배를 얻어 타고 칭다오로 향했다고 함.

대다수의 동지들은 안창호의 실력양성론을 지지하였으나 누구보다도 발언권이 강한 이종호가 이동휘의 즉전결정론卽戰決定論을 지지하고 나섰다. 사실 이 두 사람 사이에는 깊은 연대관계가 있었다. 모두 함경도 동향 출신이었을 뿐만 아니라 이동휘는 그의 조부 이용익의 주선으로 군대에 들어가 두각을 나타냈던 것이다.

이갑 자신은 이동휘의 주장에 끌리는 면이 없지도 않았으나 먼저 동지들의 의견을 조정할 필요가 있다고 봐서 어느 한쪽도 지지하지 않았다. 그는 두 사람의 생각을 절충, 조화시키려고 노력했다. 하지만 자기주장을 관철시키지 않고서는 직성이 풀리지 않는 이동휘는 끝내 만족하지 않았다.

칭다오 회담은 이처럼 주의주장이 서로 엇갈린 데다 서북[38]이니 관북[39]이니 혹은 기호니 하는 고질적인 지역감정을 극복하지 못하여 어떤 통일된 전략을 협의하지 못한 채 끝내 해산하고 말았다. 동지들은 각자 예정된 망명지로 흩어졌다. 다만 이종호가 만주 지린吉林성 미산密山현[40]에 독립운동기지를 마련하여 사관양성을 위한 학교를 만들겠으며, 이에 따르는 비용은 본인이 부담하겠다고 약속한 것이 그나마 동지들에게 한 가닥 희망을 던져주었다. 미산은 동쪽으로 후린虎林을 경유하여 우수리강을 건너면 바로 러시아 연해주로 연결되는 소·만 국경의 교통 요지였다.

이갑은 이강李剛을 대동하고 상하이로 떠났다. 그에게는 고종 태황제로부터 하명받은 중대한 사명이 있었다. 그는 몇 해 뒤 망명지에서 매일같이 물리치료를 돕고 있던 딸에게 이때 상하이에서 겪은 일들을 상세하게 들려줬는데, 상하이에 들른 목적이 러시아에 입국할 수 있는 허가증서를 얻는 일과, '다른 조사할 사건'이 있었기 때문이라고 하며 고종 태황제의 비밀지령 사항은 감히 밝히지 않았다. 이갑은 상하이에 도착하는

---

38 평안도·황해도.
39 함경도.
40 현 헤이룽장성 미산시市.

대로 현상건玄尚健의 소재를 수소문했다. 현상건은 이름난 역관 집안 출신으로 프랑스어에 능통해 궁내부 예식과에서 통역관으로 활동했었다. 그는 이때 이용익의 신임을 얻어 궁내부 광무국장을 역임하기도 했고, 또 군 관계 최고 통수부인 원수부元帥府 기록국의 요원을 겸하기 위해 장교로 임관되기도 했다. 특히 그는 궁내부 시종원에 있으면서 고종 황제로부터 국의 중립을 실현할 방도를 추진하라는 명령을 받아 네덜란드까지 출장 간 일이 있었고, 러일전쟁이 일어나기 직전 중국 치푸[41]의 프랑스 영사관 도움으로 대한제국의 중립을 대외에 선포하는 데 성공하기도 했다. 이처럼 현상건은 황제의 신임이 두터운 친러파의 핵심분자였던 만큼 러일전쟁이 일어나자 상하이로 망명하여 6년 이상 귀국하지 못하고 있던 처지였다. 그리하여 이갑은 본국과의 연락도 끊어진 그의 소재를 찾는데 무척 고심했다. 급기야 이갑은 홍커우虹口 방면의 이집 저집을 뒤진 끝에 기적적으로 '현공관玄公館'이란 문패가 걸린 한 농장을 찾아 현상건과 대면할 수 있었다. 이갑이 딸에게 회고한 바에 의하며 이때 받은 현씨의 인상은 "키가 후리후리하고 얼굴은 깨끗하고 어딘가 영특한 빛이 보였다"는 것이다.

　서로 인사가 끝나자 이갑은 그에게 장차 행선지를 연해주 방면으로 정한 까닭에 러시아 입국 허가를 받을 수 있도록 도와 줄 것과, 또한 러시아·중국의 합작으로 운영하는 아화俄華은행에 한국인 가운데 누가 얼마만큼 예금하고 있는지를 알아봐 주었으면 한다고 협조를 요청했다. 현상건은 이를 흔쾌히 수락했다. 그리하여 이갑은 그의 소개로 은행 지배인 (러시아인)과 극동 정보국장을 만났다. 지배인 이야기로는 전에 한국인 두명이 예금한 적이 있었는데, 지금은 돈을 모두 찾아갔다는 것이었다. 현상건은 이갑이 요청한 러시아 입국 허가증 문제에 대해서는 베이징 주재 러시아 대사관에 소개장을 써주겠다고 약속했으나, 시간이 좀 걸릴 것

<hr>

41　현 옌타이.

으로 예상되어 가까운 치푸의 러시아 총영사관에 가서 허가증을 발급받았다.[42]

그러나 근래에 와서 100여 년 전 제정러시아 당시의 문서가 공개됨에 따라 1910년 여름 이갑이 상하이에서 현상건과 함께 러시아의 상하이 주재 재무성 요원인 고이예르Lev Goyer를 만나 일본의 한국강제병합을 눈앞에 둔 절박한 정황에서 고종 전 황제가 러시아 황제에게 보내는 친서를 본국 황제가 꼭 받아 볼 수 있도록 협조를 요청하는 등 중대한 외교적 사명을 펼쳤던 사실이 밝혀졌다. 고이예르가 1910년 6월 9일 작성하여 일본 주재 러시아 대사 말렙스키 말레비치N. M. Maléwitch에게 보낸 보고서에는 이갑이 현상건과 함께 자기를 찾아와 긴밀한 협조를 부탁한 사실이 다음과 같이 낱낱이 기술되어 있다. 즉 이갑은 을사조약 체결 이후 가장 영향력이 강한 항일운동 지도자로, 그가 대표하는 북한 지역을 기반으로 한 서북학회는 단기간에 5만 명에 달하는 젊은이들을 교육했다고 그의 업적을 기술했다. 보고서에는 이갑이 최근 국외로 망명하기 직전까지 전 황제와 자주 접촉했는데, 전 황제는 단호하게 한국을 떠날 결심을 했으며 가까운 장래 이 계획을 실행하려 한다고 썼다. 특히 전 황제는 함경도 지역의 반란군(의병)을 지휘하고 있는 이범윤李範允의 도움을 받아 블라디보스토크에서 안전하게 머물기를 희망하고 있는바, 이 황제의 피신계획과 관련하여 몇 명이 대책을 세우기 위해 이미 블라디보스토크로 출발했다고 기술했다. 이갑은 고이예르에게 이처럼 황제의 동정을 이야기한 뒤 황제에게서 받은 두 개의 명령을 완수할 수 있도록 도와줄 것을 요청했는데, 첫째는 러시아 황제에게 보내는 고종의 친서가 러시아 정부 대표를 통해 확실하게 전달되도록 러시아 관리의 협조를 받는 것이고, 둘째는 블라디보스토크를 중심으로 한 연해주 일대에서 실시하려는 고등군사교육이 실현될 수 있도록 현지의 러시아 군부와 연결을 주

---

42 이정희李正熙, 『아버님 추정 이갑』, 인물연구소, 1981, 172~174쪽.

선해 달라는 것이었다. 고이예르는 이 같은 이갑의 도움 요청에 대해 모두 들어주기 어렵다고 거절한 사실을 보고서에 기술했다.[43]

이상 러시아 정보원 고이예르가 작성한 보고서 내용으로 미루어 볼 때 이갑이 현상건에게 러시아은행의 한국인 예금 현황을 조회하도록 부탁한 이유는 아마도 고종 황제의 지시에 따른 것으로 짐작된다. 다시 말해 고종은 국외 망명을 계획하면서 이에 소요되는 많은 비용을 장만하기 위해 그동안 심복부하들을 동원하여 러시아은행에 맡긴 비자금을 찾으려 한 것이 분명하다. 고종은 이보다 1년 전에도 중국 내 독일은행에 맡긴 돈을 찾으려다가 실패한 경험이 있다. 이 자금은 주한 독일 공사가 주선하여 특별히 예금한 것이었는데, 통감부가 어떻게 알아차리고 이미 1908년에 전액의 꼭 절반을 인출引出해 갔다. 통감부는 이 돈이 국고금國庫金이라는 이유를 들어 전 황제에게 돌려주지 않았다. 처음 이 은행에 계좌를 열 때부터 절반의 액수는 비밀리에 별도 예치하는 조치를 취했으므로, 통감부는 이것까지 찾아가지 못하여 그대로 남았는데, 1909년 헐버트가 고종의 밀명을 받고 상하이에 나타났을 때 은행 당국은 이런저런 술수를 부려 끝내 인출을 거부했다.

고종 태황제의 러시아 영내로의 망명계획에 대해 이갑은 황태자 영친왕英親王 이은李垠의 생모인 엄 귀비가 일본에 가 있는 아들의 신변을 염려하여 심하게 반대하고 있다든가 혹은 현재 요양 중인 이완용을 대리하여 총리대신직을 임시로 맡고 있는 내부대신 박제순이 은밀히 고종의 망명계획을 돕고 있다는 등 궁중의 최고 기밀에 속하는 사실을 고이예르에게 발설한 것으로 되어 있으나, 실제로 고종의 본뜻을 헤아리기가 쉽지 않다. 왜냐하면 러시아 정부는 러일전쟁 이후 한국 문제를 둘러싸고 일본과 마찰이 발생하는 것을 극력 회피해 왔기 때문이다. 이 점은 고종 황

---

43 유리 바실리예비치·박 보리스 드미트리예비치 편, 이영준 역, 『러시아 시선에 비친 근대 한국: 을미사변에서 광복까지』, 한국학중앙연구원출판부, 2016, 296~301쪽 (원제 러시아 시선에 비친 한국Корея глазами россиян, 1895~1945).

제가 누구보다도 잘 알고 있었다. 헤이그 밀사사건 때 러시아가 고종의 희망과는 정반대로 매우 냉담한 태도를 보인 것은 잘 알려진 사실이다. 그 이듬해인 1908년 11월 일본 주재 러시아 대사인 이즈볼스키는 새로이 서울 총영사로 부임한 A. 소모프에게 고종이 러시아로 피신하려 한다는 정보를 입수했는데, 만약 황제 측이 이와 관련하여 총영사에게 접촉을 시도할 경우 이를 단호하게 차단해야 한다는 내용의 전문電文을 보냈다.[44] 그로부터 2개월 뒤 작성한 비밀보고서에서 소모프는 고종 황제의 측근들이 사태가 악화될 경우 황제가 러시아 총영사관으로 피신할 수 있는지 은근히 타진해 온 일이 있어 거부의 뜻을 밝혔다고 했다. 나아가 그는 앞으로 이와 같은 협조 요청이 있을 때는 황제 개인의 신변과 이익을 위해서 단호히 거절할 것이라고 밝혔다고 기술했다.[45] 이처럼 러시아의 비협조적 태도를 잘 알고 있을 법한 고종이 러시아에 대해 망명처를 제공해 줄 것을 거듭 간청한 것은 당시 일본의 한국 병합이 임박해 있음을 감안하더라도 과연 진심에서 우러나온 것인지 의심하지 않을 수 없다.

어쨌든 이갑의 사명은 실패로 끝났다. 그는 본래 계획한 대로 연해주 혹은 동만주 지방으로 가서 독립운동의 기반을 닦는 원대한 사업에 힘을 쏟기로 결심했다. 그는 안창호와 함께 상하이에서 홍차를 운반하는 러시아 기선을 타고 블라디보스토크로 향했다. 그는 이종호가 약속한 미산현에 조그만 농장을 마련하고, 무관학교를 세워 독립운동의 기지를 마련하고자 했다. 메이지 초년에 일본이 홋카이도 삿포로札幌 부근에서 실시한 둔전병 양성에서 힌트를 얻은 그는 이곳에 둔전병 본부 같은 것을 설치하여 독립군을 양성하려고 했다. 그가 블라디보스토크에 도착한 지 10여 일 뒤에 이종호가 어떤 이유에서인지 태도를 바꿔 군자금 조달을 거부한다고 통고했다. 그간 김희선과 김지간은 미산현까지 가서 지형정

44 유리 바실리예비치·박 보리스 드미트리예비치 편, 이영준 역, 『러시아 시선에 비친 근대 한국: 을미사변에서 광복까지』, 한국학중앙연구원출판부, 2016, 280쪽.
45 유리 바실리예비치·박 보리스 드미트리예비치 편, 이영준 역, 위의 책, 280쪽.

찰을 마친 상태였다. 이갑은 이종호를 만나 설득해 보았으나, 성공하지 못했다.

마침 이때 대한제국이 강압적으로 일본에 합병되었다는 소식이 전해졌다. 그는 이 기회에 독립운동의 본거지를 제정 러시아의 수도인 상트페테르부르크[46]로 옮기려고 결심했다. 그것은 이갑이 치타를 다녀온 뒤 구체화되었는데, 그는 거기서 교포 지도자들의 편협한 지역의식과 아집을 뼈저리게 체험했던 것이다. 한편 페테르부르크는 세계정세를 관망하기에 적합했을 뿐만 아니라 러시아 도처에 거주하는 교포의 구심 기능을 했으므로 동지 간의 연락을 취하는 데도 유리했다.

이갑은 곧 결심을 실행에 옮겼다. 그는 최광崔廣, 서초徐超 두 청년을 데리고 페테르부르크에 가서 거처를 정했다. 그리고는 개인교수를 두고 노어露語를 배우는 한편 당대 제일의 유력지有力紙인 "신시대新時代"신문사를 방문하고 협조를 구했다. 그는 신문사 대표에게 한국의 광복을 위해서 한국인 교포학생들을 정신적으로 무장시키는 일이 긴요하다고 설명한 다음, 교포학생 양성기관을 세우는 데 원조해 주기를 당부했다. 마침 신문사 대표도 한국과 러시아 양국이 대일 항쟁에 있어서 공동운명의 처지임을 강조하면서 그에게 지원을 약속했으므로 이갑은 그 세안細案 작성에 부심했다.

그는 1911년 1월 26일 난데없이 전 러시아 공사 이범진李範晉의 초청을 받았다. 1896년 이른바 아관파천의 책모자策謀者였으며, 그 후 각 부 대신과 미국 공사를 거쳐 러시아 공사로 부임한 그는 1905년 을사조약 체결로 외교권을 일제에 박탈당한 뒤에도 귀국하지 않은 채 계속 노경露京에 머물고 있었다. 이 공사는 그에게,

"내 재산이라고 할 만한 것도 아니지만 유익하게 쓸 수 있도록 하려는 것

---

46 현 레닌그라드.

이니 그 사용처를 말해보시오."

라고 말하면서 군자금을 기부할 뜻을 비쳤다. 이에 이갑은 안중근 의사와 의병 대장 민긍호閔肯鎬의 유가족에 대한 생계비 보조 및 미국 본토와 하와이에 있는 교민단체 국민회國民會에 대한 운영기금 지원을 제안했다. 이범진은 즉석에서 이를 받아들여 우편으로 송금할 수속을 밟았다.

그 이튿날 이갑은 신문보도를 통하여 이범진의 자살 소식을 접하고 큰 충격을 받았다. 그는 이미 자살을 각오하고 마지막 재산 처리를 위해서 자신을 부른 것이 아니었던가. 이갑이 전 서기관 박진태朴眞泰에게서 들은 바로는 을사조약이 체결된 뒤로는 재외공관에 대한 경비 지원이 일체 끊어진 관계로 이범진은 몇 해 동안 어려운 생활을 해왔다는 것이며, 더욱이 조국 병합 소식을 듣고 난 뒤부터는 비분의 나날을 보냈다는 것이었다. 이갑은 어제 낮에 본 이범진의 담담한 모습이 생각나서 목놓아 울었다.

16. 병마와 싸우며

그로부터 얼마 뒤 이갑은 전신마비 증세로 노상에서 쓰러졌다. 그간 혹독한 추위에 객고와 싸우며 한편으로는 학생양성소 설립계획에 골몰한 나머지 신경이 피로해진 때문이었다. 거기에 이범진의 자결이 큰 정신적 타격을 안겨 주어 온몸이 마비된 것이었다. 처음에는 연필을 깎는 데 손이 말을 듣지 않아 이상하게 여기고만 있었는데 그것이 순식간에 팔다리를 제대로 쓰지 못하는 전신불수로 악화되었다고 한다. 만약 이때 안창호가 달려오지 않았던들 그는 이곳에서 객사했을 것이 틀림없다.

안창호는 그동안 블라디보스토크를 출발하여 유럽을 거쳐 미국으로 가는 길에 이갑을 만나기 위해 페테르부르크에 들렸는데 이갑의 병상病

狀이 심상찮은 것을 보고 크게 놀랐다. 그는 한동안 이갑의 병을 간호하였으나 여기서는 도저히 치료가 어려운 것을 깨닫고 그를 미국으로 데려갈 결심을 했다. 그는 동행하던 정남수鄭南洙를 이갑의 간병을 위해 남겨놓고 먼저 미국으로 떠났다.

안창호는 미국에 도착하자마자 이갑을 초청할 계획을 추진했다. 하지만 당시 미국 정부는 특히 동양 사람의 이민 입국을 통제하던 시절이었으므로 그의 입국을 주선하는 일은 쉽지 않았다. 결국 안창호가 생각해낸 것은 이갑을 샌프란시스코에서 발행하는 대한인국민회大韓人國民會의 기관지『신한민보新韓民報』의 주필로 초빙한다는 명목이었다. 국민회는 안창호가 재미교포를 중심으로 결성한 단체다. 결국 그는 이 방법으로 입국허가를 받았다.

이갑은 그동안의 병 치료에 갖고 있던 돈을 모두 써버렸기 때문에 미국에 갈 여비조차 떨어지고 말았다. 이 같은 사정을 짐작한 안창호가 여비로 5백 달러를 보내주었다. 이 돈은 안창호가 본국에 와 있는 동안 그의 부인이 삯빨래를 하며 벌어 저축한 돈이었다. 이 때문에 안창호 자신은 운하 공사에 노동자로 나가 얻은 노임으로 생계를 꾸려나가지 않으면 안 되었다고 한다.

러시아를 떠난 이갑은 정남수의 부축을 받으면서 독일 함부르크에서 배를 타고 뉴욕에 도착했다. 그는 그동안의 여독으로 병세가 더욱 악화되어 있었으므로 뉴욕의 출입국관리사무소 당국으로부터 상륙불허 선고를 받고 말았다. 미국의 이민법에 의하면 정신적으로나 육체적으로 결함이 있거나 의사로부터 그렇게 판정받은 사람은 입국이 허가되지 않는다는 것이었다. 그리하여 그는 회선하지 않으면 안 되었다.

그는 다시 함부르크에 상륙한 뒤 베를린으로 갔다. 여기서 그는 대학병원을 찾아 병세를 진단하였다. 의사의 이야기로는 전지요양에 힘쓴다면 앞으로 몇 년간은 버틸 수 있다는 것이었다. 그가 베를린에 잠시 머물던 여관의 방 한가운데에 독일 황제 빌헬름 2세의 초상화가 걸려 있었다

는데 카이저 숭배자인 그는 매일 이 초상을 바라보며 혼자 중얼거렸다고
한다.

"폐하! 나와 같은 망명객을 비웃지 마시오. 폐하의 선왕들은 어떠하시었
습니까? 폐하의 선왕이신 프레데릭 대왕과 그보다도 폐하 선대의 모후께
서 나폴레옹에게 어떤 모욕을 당하셨습니까. 폐하! 오늘 외로운 망명객인
외신外臣이 타일他日에 우방의 일원으로 폐하의 국토를 밟는 것을 책망하지
마시오. 혹시 폐하께서 외신의 나라에 망명하시어 외신의 보호를 받으실
날이 있을지 어찌 압니까. 외신은 폐하의 국가의 만만세를 비옵거니와 인생
의 일이란 이렇게 믿을 수 없는 것이 아닙니까?"

이갑은 병구病軀를 이끌고 페테르부르크로 돌아왔다. 한때 그는 노모
와 부인, 딸이 있는 고국으로 돌아갈까 생각해 보기도 했다. 그러나 그
는 결국 시베리아 자바이칼주의 교통의 요지인 치타를 마지막 망명지로
택했다. 마침 치타에는 절친한 동지 이강李剛이 대한인국민회의 원동遠東
지부장으로 활약하고 있었다. 이강은 과거 『신한민보』 주필을 역임한 경
력도 있어 여기서도 『정교보正敎報』라는 기관지를 발행했다. 이갑은 대한
인국민회 원동위원부 총회장으로 추대되었다. 이때 그는 애국저금의 실
천을 제안하여 석 달 뒤에 3천 원을 모을 수 있었다.
　그 후 겨울에 접어들어 영하 50도, 60도의 혹한이 엄습했을 때 이동
휘, 이종호, 이상설李相卨, 정재관鄭在寬 등 4인 연서連署로 된 초청장이
날아 들어왔다. 블라디보스토크로 오라는 내용이었다. 그는 한 가닥 희
망을 안고 그곳으로 갔다. 하지만 그가 기대한 동지들의 대동단결은 요
원하기만 했다. 이제 동지들을 타이를 기력조차 상실해 버린 그는 울적
한 마음에서 중동철도에 몸을 실었다. 북만주의 지린성 무링穆棱현[47]에

47　현 헤이룽장성 무링시.

가기 위해서였다. 이종호가 사관학교를 만들겠다고 큰소리친 미산의 바로 남쪽이었다. 그곳에는 안중근의 유족이 살고 있었다. 그는 안중근의 바로 아래 동생인 안정근安定根의 집 별채에 머물렀다.

17. 그의 마지막 나날

그가 무링에서 요양 중이라는 소식이 국내의 가족에게 전해졌다. 그리하여 1912년 4월 그의 부인과 서울 진명進明여학교에 재학 중인 외동딸 정희正熙가 간병차 달려왔다. 그는 일 년 남짓 안정근의 별채에 기거하다가 가까운 곳에 방이 셋에 부엌이 붙은 목재양옥을 장만했다. 정희 모녀의 물샐틈없는 간호로 반년 뒤에는 어느 정도 건강에 대해 자신을 갖게 되었다. 그동안 그는 냉수마찰과 정좌법靜坐法을 하루도 거르지 않는 등 건강 회복에 온 힘을 기울였다. 이 오카다식岡田式정좌법이란 꼿꼿이 앉아서 한 시간가량 움직이지 않고 심호흡을 하는 것으로 요가와 비슷한 치료법인데, 블라디보스토크 동양대학 교수로 있는 김현토金顯土가 1913년 봄 이에 대한 책을 보내주어 일과처럼 실천한 것이다.

당시 그는 국내에 있는 백씨伯氏가 보낸 돈으로 생계를 꾸려가고 있었다. 그리고 간혹 안창호한테서 송금이 왔다. 그는 이 돈으로 일부는 자기와 안정근의 생활비로 쓰고 나머지 돈으로는 땅을 사서 안창호의 장남 필립必立과 안중근의 아들 분도의 공동명의로 하여 장래의 학비로 쓰게 했다.

이 동안에도 그의 나라 걱정은 끊이지 않았다. 건강에 조금 자신을 갖게 되자 그는 이강을 불러들였고 또 이동휘와 유동열의 방문을 받은 기회에 독립군 간부를 양성할 속성速成학교 설립 계획을 논의했다. 한편으로 그는 세계 각처에 흩어져 있는 동지들에게 서신을 보내어 용기를 잃지 말고 끝까지 투쟁할 것을 역설하기도 했다. 이 서신은 마침 1913년 달포

가량 무링에 체재한 이광수에게 대서代書하게 했다.

이광수는 1931년 잡지에 쓴 「시베리아西伯利亞의 이갑」에서 그의 만년의 동정을 회상하였는데, 그가 이 글을 쓰게 된 동기는 어쩌면 이해 봄부터 잡지에 연재하던 『무명씨전無名氏傳』이 어떤 사유로 중단되었기 때문에 그 후편으로서 썼던 것 같다.[48] 『무명씨전』은 이갑을 주인공으로 한 소설이었다. 어떻든 이광수는 이갑의 집에서 도보로 5분가량이면 다다르는 안정근의 집에서 자고는 아침 8시가 되면 이갑의 집에 와서 그의 전기치료를 돕거나 아니면 그가 부르는 대로 편지를 대서하곤 했다고 한다.

하루 종일 "남창南窓을 등지고 페치카를 향한 자세"로 안락의자에 앉아서 명상에 잠기곤 하던 이갑의 어음語音은 신고身苦로 분명치 못했으나 이광수의 기억으로는, 그가 한 번도 자신의 병에 관한 것을 구술한 적이 없었다는 점이다. 이갑이 그에게 쓰게 한 것은 모두 "동지 간의 오해와 소격疏隔을 풀기 위한 충고와 중재, 대동단결에 관한 의견, 청년훈련기관 설치에 관한 계획, 정보의 교환, 건강을 주의하라는 충고, 낙심 말고 분투노력하라는 격려뿐이었다"고 한다. 신고로 대개 요지만을 말하면서도 그는 때로는 감격하여 눈물을 흘리고 혹은 말이 막히고 울음소리를 진정치 못했다고 한다. 철석심장鐵石心腸이라는 평을 듣던 일대 영웅이 동포사를 말하다가 방성통곡하는 모습은 참으로 '비장悲壯' 그것이었다고 이광수는 회상했다.

이광수가 다녀간 바로 그해 가을 이갑은 무링에서 연해주의 니콜스크-우스리스크[49]로 이사했다. 외동딸 이정희의 회고에 의하면 그가 이곳으로 옮긴 까닭은 무링이 벽지여서 동지 간의 연락이 어려웠기 때문이라

---

48 1930년경 서울에 주소를 둔 출판사 조선농민사에서 이갑의 집안이 민영준 보국에게 억울하게 당하여 패가망신한 사연 및 뒤에 이갑이 통쾌하게 복수한 이야기를 주제로 한 『혈루血淚』를 발간하여 세간의 이목을 끈 일이 있다. 『무명씨전』이 이와 비슷한 내용이었으므로 중단한 것이 아닐까 짐작된다.

49 현 우수리스크.

IV 추정 이갑 539

고 한다. 청대清代에는 쌍성자雙城子라고 불린 니콜스크에는 발해시대의 성지城址도 남아있었는데, 치타에서 출발하는 중동동청東淸 철도와 시베리아 횡단 철도TSR가 교차하는 교통의 요지였고 연해주에서는 블라디보스토크 다음가는 큰 도시였다.

바로 그 이듬해 여름 제1차 세계대전이 일어났다. 러시아 영내에 살고 있던 친독론자인 이갑으로서는 러시아와 독일이 서로 싸우게 된 것을 못내 유감으로 생각했을 터이다. 더욱이 일본이 러시아와 한편이 되어 싸우는 마당에서 그가 러시아로부터 기대할 것은 아무것도 없었을 것이다.

당시 니콜스크에는 이동녕과 이상설이 살고 있었다. 그들은 권업회勸業會를 조직하여 교포의 계몽과 산업발전에 힘쓰고 있었는데, 공교롭게도 이갑과 마찬가지로 와병 중이었던 이상설은 1917년 3월 2일 48세를 일기로 죽었다. 그리고 새해 초부터 거동에 더욱 불편을 느끼던 이갑은 3개월 뒤인 6월 13일(음력 4월 24일) 밤 숨을 거두었다. 향년 41세.

그의 장례식은 5일장으로 이동녕, 이강, 안정근, 원세훈을 비롯한 60여 명의 한국인 동포와 원주민의 애도 속에 거행되었다. 그리고 이해 10월 러시아에 볼셰비키혁명이 일어나는 바람에 길이 막혀 그의 유해는 환국하지 못한 채 끝내 망명지의 공동묘지에서 한줌의 흙이 되고 말았다. 또한 '한국인 이갑 묘'라고 쓴 나무팻말도 세월의 힘을 견뎌내지 못하고 곧 사라졌다. 1962년 3·1절을 기해 정부는 그에게 건국공로훈장(단장單章)[50]을 추서하였거니와 그의 유업遺業은 이정희 여사의 부군인 이응준李應俊 장군이 계승했다고 할 수 있다.

---

50 건국훈장은 1949년 건국공로훈장령에 따라 제정되어 중장重章, 복장複章, 단장單章의 3등급으로 나누어 수여되다가 1990년 상훈법이 개정되면서 대한민국장, 대통령장, 독립장, 애국장, 애족장의 5등급이 되었다.

V 김광서의
꿈과 모험

해설

오랜 세월에 걸쳐 수수께끼로 뒤덮여 있던 김광서의 정체는 1970년대 초 백마白馬를 타고 독립군을 지휘했다는 '전설상의 김일성 장군'을 추적한 고 이명영李命英(1928~2000) 교수의 집념에 의해 1920년대 전반까지의 행적이 어느 정도 밝혀졌다고 할 수 있다. 그로부터 10여 년 뒤 구舊소련에 거주하고 있던 한말의병장 허위의 손자인 허진許鎭(1927~1997)이 북한정권 성립을 다룬 저서에서 김광서가 1933년 말 스탈린의 마수에 걸려 정치범으로 체포되었다가 4년 뒤 연해주에서 우랄산맥 동남쪽 카자흐스탄으로 강제이주를 당한 사실을 언급했었다. 그러나 1930년대 후반의 김광서의 동정은 거의 세상에 알려지지 않아, 그가 어떤 정황에서 최후를 맞았는지는 여전히 의문으로 남아 있었다.

하지만 1990년대 초 소련이 해체됨과 거의 동시에 러시아를 비롯한 카자흐스탄, 우즈베키스탄 등지에서 살았던 한국 계통의 '고려인'에 대한 정보가 국내에 공개되기 시작했다. 1920년대 초반 연해주지역에서 볼셰비키 적군과 연대하여 마침 시베리아에 침입한 일본군을 상대로 힘차게 무장투쟁을 벌인 한인 독립운동의 역사라든지, 1930년대 후반 스탈린이 자행한 '대大 공포시대'에 3천여 명의 '고려인'들이 소련 국가보안위원회[1]에 의해 반동 혹은 일본의 간첩으로 몰려 처형되었을 뿐 아니라 이들 대부분의 희생자들이 어디에 묻혀 있는지조차 알 수 없다는 사실들이 알려지게 되었다.

무엇보다도 러시아에 유학 중이던 감사원 소속 정창영鄭昌永 감사관의 노력으로 김광서의 넷째 딸 김지희金智姬(1929년생)와 둘째 아들 김기범金耆凡(1932년생)이 러시아에 생존해 있다는 사실과 더불어 그의 만년에 대

---

1 비밀경찰.

한 자료가 1998년 정부에 보고됨으로써 그의 마지막 나날에 대한 거의 모든 의혹이 순식간에 풀리게 되었다. 특히 2005년 구소련 비밀 문서국에서 고인의 유가족에게 넘겨진 유품인『경천아일록擎天兒日錄』(이하『일록』이라 약칭함)은 생전의 그의 육성녹음을 듣는 듯한 착각을 일으키게 하는 귀중한 기록이다.

그는 여기서 집안의 내력, 일본에 유학하여 일본군 기병중위로 복무하던 중 3·1운동의 충격을 받고 1919년 6월 5일 일본 육사 3년 후배인 지청천과 함께 서울을 탈출하여 만주 서간도로 망명의 길을 떠날 때까지의 전반생을 회상록 형식으로 기술한 다음, 연해주지역에서 독립운동에 나섰다가 1922년 가을 소련 당국에 의해 무장 해제를 당해 따분한 생활을 계속하고 있던 1925년 12월 말까지의 6년 반에 걸치는 시기를 일기형식으로 노트에 기술했다. 그러므로 이『일록』은 그의 생애를 살피는 데 으뜸가는 기본자료라고 할 수 있다. 이 희귀한 자료는 '고려인'을 위한 신문인『고려일보』기자로 활동하다가 귀국한 김병학金炳學 시인에 의해 정리되어 현대어역으로 출간되었다.[2] 이 소전은 이『일록』을 토대로 그 밖의 다른 자료들을 조금 곁들여 간단히 그의 행적을 살펴본 것인데, 원고가 완성된 뒤 2018년에 전기작가로 이름 높은 이원규李元揆 씨에 의해서『김경천 평전』[3]이란 본격적인 저서가 출간되어 필자의 이 소품小品은 상당부분 그 의의를 잃게 되었다. 다만 씨의 대저大著와 비교할 때 필자의 소품이 관점을 달리하는 부분이 적지 않다고 생각되어 본서에 수록했음을 밝혀둔다.

2 김경천 저, 김병학 정리 및 현대어역,『경천아일록擎天兒日錄: 연해주 지역 항일독립운동가 김경천 장군의 일기』, 학고방, 2012, 60~61쪽.
3 이원규,『김경천 평천—백마 탄 김장군의 전설』, 선인, 2018.

1. 관북 지방 토반土班의 후예

그의 집안 내력에 대해서는 『일록』에 부록으로 덧붙인 『오가세기吾家世紀』[4]가 좀 더 상세한 편이다. 이에 의하면 그의 본관은 김해이며, 집안이 함경남도 북청北靑으로 이주한 시기도 조선 왕조 건국 초기에 해당한다. 즉 입북시조入北始祖인 김종남金從南은 조선 건국 때 익성군益成君에 봉해진 김인찬金仁贊의 아들이라고 한다. 김광서 집안의 중시조中始祖라고 할 수 있는 김인찬은 『고려사高麗史』에 보이는 인물로, 우왕 초기인 1376년 북청의 천호千戶가 되어 해동청海東靑을 왕에게 바쳐 백금 50냥을 하사받았다고 한다. 그는 1388년 요동遼東정벌에 출정했다가 이성계를 따라 압록강 위화도威化島에서 회군한 공으로 1390년 밀직부사密直副使가 되었고 '공신' 호를 받았다. 1392년에는 동지밀직사사同知密直司事가 되었고 곧이어 이해 7월 17일 이성계를 추대해서 신왕조를 여는 역성혁명에 협조한 까닭에 중추원사·의흥친군위義興親軍衛 동지절제사同知節制事로 승진했다가 10여 일 뒤인 그달 29일에 세상을 떠났다. 그는 이 같은 공로로 개국 1등 공신에 익화군益和君[5]으로 추봉追封되고 충민공忠愍公이라는 시호를 받았다.

하지만 김인찬이 갖고 있던 천호는 고려왕조의 관직이 아니라 원元나라가 철령鐵嶺 이북의 고려 영토를 직할령으로 삼아 다스리던 쌍성총관부雙城摠管府 관할지역의 토호土豪에게 부여한 벼슬이었다. 이 천호직은 장남에게 세습되었는데, 공민왕 때인 1356년 고려가 쌍성총관부의 치소治所인 화주和州[6]를 함락시킨 이래 현지의 유력자인 천호들이 부하를 이끌

---

4 이하 『세기』로 약칭함.
5 『세기』의 익성군은 착오임.
6 현 함경남도 금야金野. 예전에는 영흥永興으로 불렸음.

고 고려조정에 내부來附하는 현상이 나타났다. 조선을 개창한 이성계의 집안만 하더라도 천호인 그 부친 이자춘이 1355년 고려에 내부, 쌍성총 관부 정벌에 내응하여 큰 공을 세웠다. 또한 뒤에 이성계의 절친한 동지 요, 심복부하가 된 이지란李之蘭도 본디 여진족 출신의 유력자로 천호직 을 세습한 뒤 1371년 고려에 귀화하여 북청에 둥지를 틀면서 이씨 성을 칭했다. 김인찬 집안의 내력에 대해서는 잘 알 수 없으나, 어쩌면 이성계 집안의 경우처럼 고려 말 남쪽에서 각지를 전전한 끝에 북청에 정착한 것이 아닐까 짐작해 볼 수 있다. 그러므로 김인찬의 아들 김종남이 '입북 시조'라는 김광서의 기록은 착오라고 생각된다. 김종남은 비록 개국공신 집안이라고는 하지만, 부친이 죽고난 뒤 지역적 연고가 없는 서울을 떠 나 본거지였던 북청으로 낙향했다고 보아야 할 것이다.

또한 본관이 김해라는 김광서의 기억에도 문제가 없지 않다. 왜냐하면 다른 기록에는 김인찬이 양근陽根[7] 김씨의 시조로 되어 있으며, 김광서 의 부친 김정우가 작성한 이력서에는 본관을 시흥으로 기록하고 있기 때 문이다. 『세기』에 김광서의 부친과 형 김성은의 묘지가 모두 경기도 시흥 군 북면 구로리九老里[8] 남산에 있다고 한 것으로 미루어 볼 때 시흥과 어 떤 관련이 있는 듯한 느낌이 들기도 한다. 조부의 별세로 호주가 된 김광 서는 1916년 가을 시흥 김씨로 호적을 고쳐 신고했다. 조선 후기가 되면 본관제도의 사회적 의미가 퇴색하여 거주지에 따라 제2의 본관을 칭하 는 관습이 발생했는데, 다만 『세기』에는 김정우가 1884년 북청에서 상경 한 뒤 시흥에 거주했다는 기록은 보이지 않는다.

한편 이 『세기』에는 고조부의 이름까지만 기록되어 있으며, 그 앞 세대 에 대해서는 북청에 있는 김씨문록門錄에 확인하면 알 수 있다고 했을 뿐 이다. 김광서는 자기 집안이 대대로 유학을 힘써 배웠다고 했으나, 2005

---

7 현 양평 서부 지역.
8 현 서울시 구로구.

년 광복절을 맞아 재외동포재단의 초청으로 방한한 김광서의 외손자 김발레리 비탈리예비치는 조부가 "7대를 이어 온 군인 집안에서 태어났다"[9]고 증언한 바 있다. 이 증언은 믿을 만하다고 생각된다. 즉 그의 집안은 중앙으로의 관계官界진출이 억제되어 있던 관북關北의 토반土班으로 현지에서 대대로 하급 군관직에 복무했던 것으로 짐작된다.

2. 가문을 일으킨 아버지 김정우와 윤웅렬尹雄烈의 기연奇緣

김광서는 부친 김정우金鼎禹에 대해 "입북시조 이후 제일 위대한 사람"으로 한말 공업계의 선구자였다고 예찬하고 있다. 김정우는 1908년 2월 6일 53세로 서울 순동巡洞[10] 자택에서 죽을 당시 육군 포병부령副領이었고, 다년간 군기창장을 역임하여 관직의 품계品階로 보더라도 정3품이었으니 토반 출신으로서는 크게 출세했음을 알 수 있다. 이는 그의 비범한 자질과 신분제도에 의한 정치사회적 제약이 크게 느슨해진 개화기의 시대상을 배경으로 가능한 일이었지만, 역시 특수한 인연이 작용한 결과였다. 『세기』에는 김정우가 나이 20세 때 북청에 부임해 온 함경도 남병사南兵使 윤웅렬尹雄烈(1840~1911)을 따라 서울로 갔다가, 윤웅렬이 국사범國事犯과 내통했다는 혐의를 받아 전라도 능주綾州[11]로 귀양 갔을 때 함께 9년간 유배流配생활을 했다고 기술되어 있다. 이로 미루어 볼 때 북청의 일개 선달先達이었던 김정우를 임지任地에서 발탁, 중앙의 무대로 이끌어 준 인물이 바로 윤웅렬이었음을 알 수 있다. 그러므로 여기서 북청 재임 시절의 윤웅렬에 대해 좀 더 살펴볼 필요가 있다고 생각된다.

명문가 출신이라고는 하나 서얼이라는 신분상의 하자가 있어 문관이

9 『조선일보』, 2005년 8월 15일 자.
10 현 순화동.
11 현 화순.

되지 못하고 무과에 급제한 윤웅렬은 흥선대원군이 집정했을 때 차력借力을 할 줄 안다고 하여 출세[12], 군의 중견간부로 발탁된 이래 개항 후에는 수신사 김홍집金弘集을 따라 1880년 일본에 다녀온 뒤 신식군대인 별기군別技軍 좌부영관左副領官으로 그 육성에 깊이 관여했다. 이 때문에 그는 임오군란이 일어나자 서울을 탈출하여 원산과 부산을 거쳐 일본으로 피신하기까지 했다. 그는 임오군란 직후 수신사로 일본에 온 개화당의 지도자 박영효와 접선하여 친분을 쌓은 다음 1882년 11월에 함께 귀국했다. 이처럼 시류時流를 타는 데 능했던 그는 1883년 4월 함경도 남병사로 재기再起했는데, 1년 남짓한 재임 기간은 시련의 연속이었다. 그것은 1884년 6월 초 함경도 관찰사가 북청부府 유생들의 논의에 의거하여 조정에 그의 파직을 요청하는 장계狀啓를 올린 데서 비롯되었다. 당시 그가 혐의를 받은 죄목은 부정한 방법으로 재물을 모아 2만 냥兩을 먹었을 뿐 아니라 효령대군이 조부인 태조의 명령을 받들어 세운 이른바 향헌비鄕憲碑의 비문 중에서 네 글자를 멋대로 깎아내도록 지시했다는 것이었다. 이 밖에도 윤웅렬이 전임병사가 확정한 북병北兵 조련에 관한 절목節目을 마치 국왕의 재가를 받고 시행하는 것인 양 속임수를 썼다든지 혹은 병사를 모집하는 일로 민심을 소란케 했다는 사항들이 열거되었다. 여기에 언급된 병사의 모집·훈련으로 인한 소요는 광주유수 겸 수어사로 발령을 받은 박영효가 반대파로부터 쿠데타 준비 혐의를 받아 9개월 만에 해임된 주요한 사유이기도 했다. 윤웅렬이 병사로 임명된 날 박영효도 광주유수로 임명되었다. 그런 가운데 윤웅렬은 북청에 부임한 직후인 6월 하순부터 250명의 장정을 모집하여 서양식 군사훈련을 실시했던 것이다. 만약 당시 그의 아들 윤치호尹致昊가 국왕을 상대로 적극적인 구명운동을 벌이지 않았던들 그는 틀림없이 실각했을 것이다. 윤치호는 일본에서 영어를 배우던 중 마침 1883년 5월 한국에 초대 전권공사로 부임

---

12 박제형朴齊炯(일명 박제경朴齊絅), 『근세조선정감』, 제7장.

차 일본에 들른 푸트를 따라 공사관 통역으로 함께 귀국한 뒤 자주 궁중에 출입하면서 고종과 왕비의 총애를 받고 있던 터였다. 1884년 갓 20세가 된 윤치호의 한문일기를 보면, 윤웅렬에 대한 고발사건은 실제로 당시 정계 최고 수뇌부의 암투에서 비롯된 정치적 음모의 한 곁가지였다는 느낌이 든다.

이처럼 윤치호가 입시入侍할 때마다 국왕에게 간곡하게 부친을 변호한 것이 주효했던 때문인지 1884년 6월의 파직 요청 장계에도 불구하고 고종은 윤웅렬의 죄가 확정될 때까지는 재임하도록 하는 매우 호의적인 조치를 취했다. 그러나 국왕의 하교下敎에도 불구하고 보수파 대신들은 즉각적인 파직을 주장했고, 이에 발맞추어 북청 유생들은 복궐伏闕상소에 나서기까지 했다. 이에 따라 조정에서는 북순사北巡使를 보내 현지조사를 벌였다. 이렇게 윤웅렬 사건은 3개월을 끈 끝에 1884년 9월 초, 그를 총융중군總戎中軍으로 전보함과 동시에 그에게 전영前營 정령관正領官의 직을 부여하는 것으로 낙착되었다. 즉 그로 하여금 북병을 거느리고 상경하여 당시 왕실 친위부대의 핵심인 전영에 소속토록 한다는 것이었다. 이는 10개월 전 박영효가 광주 남한산성에서 양성한 신식군대를 전영에서 인수하게 한 것과 같은 조치였다. 결국 파면 위기에 몰렸던 그에게는 오히려 영전이라고 볼 수 있었다. 그는 10월 23일 470명의 북병을 가지런히 거느리고 상경하여 한규직韓圭稷이 지휘하는 전영에 인계했다. 이때 김광서의 부친 김정우도 북병 가운데 하나로 상경하게 되었다. 김정우가 서울에 잔류하게 된 북병 70명 가운데서도 윤웅렬에게 끝까지 부하의 도리를 다한 것으로 미루어 볼 때 그는 평소 가장 신임을 받던 최측근이었음이 분명하다.

그러나 어찌된 영문인지 조정은 며칠 뒤 상경한 북병 중에서 70명에 대해서는 무과 급제의 은전을 베풀었지만, 나머지 400명은 고향 땅으로 돌려보내는 조치를 취했다. 윤치호는 일기에서 당시 한규직이 부친의 입견入見을 가로막고 있다는 소문이 돌고 있고 또한 전·후·좌·우 4개의 친위부대의 지휘관인 영사營使들이 합세하여 부친의 진로를 방해한다는 소문이 있다고 기록했는데, 이로 미루어 볼 때 4군영이 북병의 합류를 반대했음을 알 수가 있다. 당시 4명의 영사 중 민영익閔泳翊·이조연李祖淵·윤태준尹泰駿은 모두 문관 출신으로 군대 지휘가 실제로 불가능하여 서울에 주둔 중인 청군의 지도를 받고 있는 실정이었고, 4군영 중 최정예부대인 전영의 지휘관인 한규직만이 무과 출신의 직업 군인이었다. 그는 동료 영사들에 비하면 다소간 진취적이기는 했으나, 한편 거칠기 짝이 없는 무자비한 성품의 사나이였다. 윤치호가 뒤에 상하이 유학 중에 읽은 『신강신보申江新報』에 실린 한국관련 시사논평 기사에는 갑신정변 때 '사관생도' 이규완 등에게 암살당한 한규직[13]에 대해 "이지異志를 품고 사납게 영웅됨을 자처"했으며 백성들은 모두 그의 처분에 맡겨진 꼴이 되었다고 평하고 있을 만큼 그는 무시무시한 존재였다.[14] 다만 한규직의 후배장교들 가운데는 그를 나쁘지 않게 평가하는 사람도 있었다. 윤치호는 상하이 유학 시절인 1886년 늦가을 군기軍器시찰 및 구입 업무를 띠고 상하이에 들른 기기국機器局 위원 조희연趙羲淵[15]과 자주 술자리에 어울렸는데, 그는 죽은 한규직의 후광後光을 업고 군의 요직을 차지하게 된 동생 한규설韓圭卨에 대해 "사람이 좁고 무능하여 그 형과 비교한다면 더욱 볼 만한 것이 없다"고 윤치호에게 평했다고 한다.[16]

이상으로 김광서의 부친 김정우가 함경도 남병사로 북청에 부임했다가 서울로 전보된 윤웅렬을 따라 서울에 올라오게 된 배경이랄까 경위를 간단히 살펴보았다. 어쩌면 그는 윤웅렬을 끈질기게 배척한 북청 유생들을 설득하는 일에도 온 힘을 쏟지 않았을까 짐작되며, 그 뒤 병기 관계 최고

---

13 이규완의 회고에 의하면 한규직을 살해한 인물은 동대문에서 배추장사를 하고 있던 윤경순尹景純인데, 유명한 역사力士로 사납고 용맹했다고 함.
14 『윤치호 일기』, 1885년 3월 27일 자.
15 뒤에 갑오·을미개혁 때 군부대신.
16 『윤치호 일기』, 1886년 11월 6일 자.

책임자로 장기간 재임한 그의 경력으로 미루어 군사적 재간 또한 비범했을 것으로 짐작된다.

북병 400명이 서울을 떠나 북청으로 되돌아간 지 꼭 1개월 뒤인 12월 4일 갑신정변이 일어났다. 윤웅렬은 이 거사에 직접 관여하지 않았음에도 불구하고 평소 개혁을 지지하는 성향의 인물로 간주되어 형조판서로 발령받았다. 이때 윤치호도 외아문外衙門 참의에 임명되었으나, 부자 모두 사태의 진전이 순조롭지 않을 것을 관망하면서 출사出仕하지 않은 채 몸을 숨겼으므로 정변이 3일 만에 실패로 돌아간 뒤에도 아무런 박해를 받지 않았다. 이 같은 윤웅렬의 처신으로 미루어 볼 때 그가 정변의 결정적인 단계에서 개화당을 배신한 것으로 판단할 수 있다.[17] 그리고 윤웅렬이 무사하게 넘긴 까닭에 그를 따라 상경하여 무관 입격入格의 은전을 받은 김정우 등 70명의 북병의 신상에도 아무런 변동이 없었다.

다만 개혁의 주역들과 친분이 두터웠던 윤치호는 신변의 위협을 느끼고 있던 차에 그의 보호자 격인 푸트 미국 공사가 귀국하는 기회를 틈타서 유학 명목으로 1885년 1월 일본을 경유하여 상하이로 떠났다. 하지만 그로부터 1년 뒤 윤웅렬은 결국 이른바 '갑신甲申의 여당餘黨'으로 몰려 1886년 능주로 귀양 가고 말았다. 이때 김정우는 그를 따라가서 함께 고초를 겪었으나, 1894년 여름 청일전쟁이 일어나고 동시에 갑오개혁이 시작되어 개화파가 10년 만에 집권하면서 윤웅렬은 풀려나 경무사에 임명되고 다시 군부대신의 현직에 올랐다. 김정우는 북청에 부임한 윤웅렬의 눈에 띄어 심복이 된 이래 9년간 그의 귀양살이를 돌보면서 더욱 깊은 친분관계를 맺게 되었다. 김정우가 사과司果[18]·총순總巡[19] 등의 벼슬을 한 것도 윤웅렬이 경무사로 있을 때 특별 채용한 결과임은 말할 나위도 없다.

---

17 김종학金鍾學, 『개화당의 기원과 비밀외교』, 일조각, 2017, 315쪽.
18 임시 대기직.
19 경무관 바로 아래 관직.

놀라운 사실은 김정우가 경무청의 중견 간부직인 총순을 박차고 30대 후반의 늦은 나이에 일본 유학을 자원한 점이다. 그는 15세인 장남 김성은[20]과 함께 학부의 추천을 받아 관비생으로 1895년 11월 게이오의숙 보통과에 입교했다. 앞에서 보았듯이 김성은은 뒤에 세이조학교를 거쳐 제11기생으로 육사에 입교한 다음 졸업 후 한말 군부에서 젊은 공병부령으로 참모국 과장의 요직에 올랐던 인물이다. 그는 20대 후반에 의문의 죽임을 당하지만 않았더라면 틀림없이 육군 정령으로 승진했을 터이다. 어쨌든 김정우는 도쿄고등공업학교를 졸업한 뒤 1900년 여름 귀국하여 일약 군기창장에 취임했다. 그는 1908년 죽을 때까지 군의 병기관리 및 포병분야에서 제1인자였다.

3. 일본 유학의 길에 오르다

『일록』에 의하면 김광서는 김정우의 차남으로 1888년 6월 5일 북청 서문 밖에서 태어났다. 이는 일본 육사 출신 한국인 장교들의 기념사진첩인 '사막천沙漠泉'에 그가 1887년생으로 되어 있는 것과는 1년 차이가 난다.[21] 이응준은 김광서의 초명이 현충顯忠이라고 회고한 적이 있지만 『일록』에는 이 사실이 보이지 않으며, 경천아擎天兒라고 했다는 점만이 보인다. 그러나 그에게는 일본 육사 졸업 직후 광서光瑞로 개명하여 호적에 올리기 전까지 공식적으로 사용한 이름이 둘이나 더 있다. 하나는 광서로 고치기 전까지 사용한 현충인데, 이는 그가 도쿄중앙유년학교 졸업 직전까지 사용했다. 그리고 그 이전에는 영은英殷이라 했다. 뒤에서 보게 되듯이 그는 1904년 초가을 일본에 파견된 관비 유학생 50명 가운데 한

---

20 당시 이름은 경식.
21 구소련 비밀문서국에 보관되어 있는, 그가 죽은 뒤 1950년대 그에게 무죄선고를 내린 재심재판기록에는 1885년생으로 기재되어 있음.

사람으로 뽑혔는데, 그해 10월 7일 자로 한국 정부가 일본 측에 넘겨준 공문서 속의 명단에는 '김광서'가 보이지 않는 대신 '김영은'이 보인다.[22] 이처럼 4개의 이름 가운데 흔히 '김경천'으로 통용되고 있으나 이 글에서는 호적에 정식으로 등재登載된 '김광서'로 표기하기로 했다.

『일록』에 의하면 김정우는 서울에서 총순 벼슬을 하게 되자 1895년 가족을 북청에서 데리고 왔고, 경기도 광주부廣州府 초월면草月面 학현리鶴峴里에 농장을 매입하여 거주지로 삼았다. 일본 게이오의숙 입교 당시의 김정우·김성은 부자의 신상기록에도 이 학현리 마을 이름이 보인다. 김광서는 8세 때 학현리로 이사하자마자 부친과 형이 함께 일본 유학을 떠나게 되어 혼자 어머니 윤씨 부인을 모시고 한문공부를 했다. 어머니는 1899년 가을에 세상을 떠났고 그 이듬해에 부친이 5년 만에 귀국했다. 부친의 군기창 취직으로 학현리에서 서울 순동[23]으로 이사한 후 김광서는 명동에 있는 경성학당에 들어가 일본어를 비롯하여 역사·지리·물리·산술 등 신학문을 배웠다. 이 학당은 1896년 4월 대일본해외교육회가 일본어 교육을 보급할 목적으로 설립했는데, 와타세 츠네키치渡瀬常吉가 교장이 되어 외무성 기밀비를 보조받아 운영했다. 그는 뒤에 조합교회 목사가 되었다.

김광서가 1903년 3월 학당을 졸업하자 부친은 일본 유학을 주선하느라고 애썼다. 그러던 중 1904년 초 일본과 러시아 사이에 전쟁이 일어나고, 일본군이 경인지구를 장악하고 있는 상황에서 조선 정부는 일본에 위로의 뜻을 표시한다는 명목으로 사신을 보내는 편에 50명의 황실 장학생을 파견하기로 했다. 이때 선발된 유학생 중에는 김광서 외에도 15세의 최남선崔南善을 비롯하여 뒤에 유명인사가 된 조소앙趙素昻[24]·최린崔

---

22 고려대학교 부설 아세아문제연구소 편, 『구한국외교문서 제7권—일안日案 (7)』, 고려대 출판부, 1970, 319쪽의 '도일 유학생 명록名錄의 송교送交'.
23 현 순화동.
24 본명은 용은鏞殷.

麟 등이 있었다. 유학생들은 이해 8월 학부대신 이재극李載克의 인솔 아래 배를 타고 인천에서 출발했다. 김광서는 일본어 실력을 인정받아 항해 도중 유학생 대표로 통역을 맡았다. 일행은 시모노세키下關에 상륙하여 기차로 도쿄의 관문이라 할 신바시新橋역에 도착하여 주일 한국 공사관 직원의 영접을 받았다. 유학생들은 당시 일본 최고의 명문교인 도쿄부립府立 제1중학[25]에서 일본어와 일반학과를 공부했다. 다만 일본어를 이미 배운 김광서는 박용희朴容喜 등 몇 명과 도쿄 시내의 준텐順天학교에 적을 두고 보통과를 이수했다.

김광서는 도일한 이듬해인 1905년 이름난 간다神田의 고서점가를 순회하다가 서점 주인의 추천으로 보나파르트 나폴레옹 전기를 구입했다. 그는 매일 틈을 내어 이 책을 읽으면서 장차 군인이 되기로 마음을 굳히게 된다. 마침 그해 7월 표훈원表勳院총재 민병석閔丙奭과 탁지부度支部대신 민영기閔泳綺 등을 대표로 한 한국 정부의 일본제도시찰단이 도쿄에 왔는데 그중 군 관계인사로 그의 형 김성은과 전영헌[26]·이갑[27] 등 세 사람이 포함되어 있었다. 형은 러일전쟁이 일어난 직후인 1904년 4월 12일 한국에 출동한 일본군을 접대하기 위한 위원회에 노백린·어담 등 일본 육사 동기생과 더불어 위원으로 선발된 바 있었고, 1905년 3월 10일에는 26세의 공병부령으로 군부 참모국 과장에 발탁되어 부친과 같은 정3품에 올랐다. 김광서는 일본군대 시찰업무로 한창 바쁜 형과 즐거운 상봉의 시간을 갖고 장래 희망을 이야기했다. 형은 그에게 부친과 같은 공업계통의 상급학교에 진학할 것을 종용했지만, 결국 김광서는 형의 조언을 뿌리치고 최초의 결심대로 밀고 나갔다. 그러나 군인이 되려면 육사의 예비과정에 해당하는 육군유년중앙학교에 진학해야만 했다. 그는 공사관에 찾아가 공사에게 자신의 포부를 피력했고, 외무성으로부터 업무연

---

25 현 도쿄도립都立히비야日比谷고등학교의 전신.
26 당시 정위.
27 당시 부위.

락을 받은 육군성은 그의 입교신청을 허가했다.

4. 나폴레옹의 꿈을 좇아 사관학교로

김광서는 1905년 9월 1일 중앙유년학교 예과 2학년으로 편입학했다. 그는 전교생 650명 중 유일한 한국인이었다. 당시 학교의 수업연한은 예과 3년에 본과 2년이었다. 그는 4년간의 재학 시절에 형과 부친의 사망 소식을 잇달아 접하게 된다. 즉 일본 육사 11기 동기생들 가운데 선두주자로 장래가 촉망되던 형 김성은이 1906년 겨울에 26세로 죽었다는 부친의 편지를 받은 지 1년여 만에 1908년 2월 6일 부친이 세상을 떠났다는 기별을 받았다.

그는 1909년 7월 중앙유년학교 본과를 졸업하여 기병 상등병 자격으로 도쿄 시내 메구로目黑에 있는 제1사단 예하 기병 제1연대 제1중대에서 대부隊附생활을 시작했다. 그리고 9월 하사로 승진하여 복무하고 있을 때 전 한국 통감 이토 히로부미가 만주 하얼빈 역두驛頭에서 '만고용사萬古勇士'인 안중근 의사가 쏜 총탄에 맞아 즉사했다는 신문 호외號外를 보고 크나큰 정신적 충격을 받았다. 한편 이보다 한 달쯤 앞서 그는 본국에서 무관학교가 폐쇄되어 그 재학생 가운데 40여 명이 중앙유년학교 예과에 입학한 소식을 들었다. 그는 『일록』에서 30여 명이라고 썼으나, 실제로 예과에 입교한 사람은 44명이었고 도중에 이런저런 사정으로 탈락하여 5, 6년 뒤에 육사를 마치고 임관된 사람은 33명이었다.

김광서는 대부생활을 마치고 1909년 12월 1일 제23기생으로 육사에 입교했다. 일본인 동기생들은 나폴레옹에 심취한 그에게 제2의 나폴레옹이라는 별명을 붙였다. 유년학교 시절부터 군인으로 만고 불후不朽의 명성을 남겨야겠다는 그의 꿈이 동기생들에게도 신기하게 비쳤음을 알 수 있다. 『일록』 첫머리에는 유년학교 때 자신의 입지立志의 뜻을 나타내기 위해 지은 것이라고 하면서, 다음과 같은 7언절구絶句를 한 수首를 싣고 있다.

대장부가 응당 취할 것은 만고에 떨칠 명성인데	丈夫應取萬古名
어찌 하찮은 망아지 구유에 기대어 인생을 마치리오	豈了碌碌伏櫪駒
풍운이 아직 걷히지 않고 눈보라는 휘날리는데	風雲未霽雪紛紛
어찌 큰 깃발을 세울 용사를 얻을 수 있으리오	安得勇士建大旗

이 시는 제1행과 제2행, 제4행의 끝자가 각기 명·구·기 등으로 되어 있어 한시의 기본요건의 하나인 운자韻字도 맞지 않는 초보적인 것이지만, 그는 뒷날 연해주지역에서 항일무장투쟁을 벌이던 시절, 뜻한 바대로 일이 풀리지 않아 한가로이 지낼 때면 "민족에 대해 죄를 짓는 것 같다"고 자책하면서 이 시를 읊조렸다.[28]

김광서가 육사에 입학한 지 채 1년이 지나지 않은 1910년 여름, 한국병합을 눈앞에 둔 시점에서 그는 제3대 한국 통감, 곧이어 초대 조선총독으로 임명되어 한국에 부임할 예정인 육군대신 데라우치 대장으로부터 난데없는 호출명령을 받았다. 데라우치는 사관후보생인 그에게 내년(1911년) 육사를 졸업하게 되면 일본군 장교로 꼭 임관할 것이니 안심하고 학업에 계속 정진하라고 설득했다. 제I장에서 보았듯이 데라우치는 이보다 22년 전인 1888년[29] 박유굉이 육사 졸업을 1년 앞두고 자신의 귀국 거부 때문에 초래된 가정의 비극과 조국의 희망 없는 장래를 비관한 끝에 자살했을 때 마침 교장(보병대좌)으로 있었던 경험자였던 만큼, 한국 병합에 즈음하여 이번에는 김광서가 무슨 일을 일으키지 않을까 각별히 신경 쓰고 있었음을 짐작할 수 있다. 다만 김광서는 이때 군인으로 대성하

---

28 『일록』, 1922년 5월 28일 자.
29 공교롭게도 김광서가 태어난 해임.

려면 육사 졸업만으로는 군사학 연수가 충분치 않으며 실무 경험과 수준 높은 연구를 쌓을 필요가 있다고 판단했으므로 데라우치의 권고를 응낙했다고 한다.

5. 망명으로 종지부를 찍은 일본군 장교생활

김광서는 1911년 5월 27일 육사를 졸업하고 원대原隊인 기병 제1연대에서 6개월간 견습사관으로 복무한 뒤 그해 12월 26일 기병소위로 임관되었다. 그리고 이듬해 8년 만에 귀국하여 이미 집안에서 정해 둔 배우자 유정화柳貞和[30](1892~1971)와 혼인식을 치른 다음 사직동 언덕에 대지 280평이 되는 집을 장만하고 단신 귀임했다. 『세기』에 의하면 그는 1913년 1월 휴가를 얻어 귀국하여 부인과 어린 이복여동생, 그리고 70대 고령인 조부 김규준金奎濬을 모시고 도쿄로 데려와 신혼살림을 차렸다. 그리고 1915년에는 장녀가, 2년 뒤에는 차녀가 출생했다.

그는 임관된 뒤로부터 1919년 3·1운동이 일어날 때까지 7, 8년간의 일본군생활에 대해 아주 간단히 기술하고 있다. 『일록』과 『세기』를 종합해 보면 그는 1915년 9월 중위로 진급했고, 육군 도야마학교에 장교학생으로 입교하여 검술과 체조를 6개월간 수료했다. 그리고 그는 1916년 육군 기병학교에 입교, 마술과馬術科를 1년간 수료한 뒤 1917년 졸업했다.

이즈음 한국 출신인 그에게도 최고의 등용문인 육군대학교에 진학할 기회가 부여될지 어떨지에 대해 고민한 듯한 기록이 보여 눈길을 끈다. 실제로 그가 희망한 보다 높은 수준의 군사학 연구를 위해서는 육군대학교 진학이 필수 코스였다. 하지만 그 입학시험을 보려면 무엇보다도 단위부대인 기병 제1연대장의 적극적인 권유와 추천서가 필요했다. 참고로

---

30 일명 유정.

육사 제23기생 가운데 기병과 장교의 육군대학교 진학상황을 보면 그의 바람은 매우 실현되기 어려웠다. 즉 23기생은 1915년부터 육대 제30기에 응시하여 6명이 합격했지만 모두 보병과였고, 1916년 31기에는 16명이 합격했으나 그중 기병과는 3명뿐이었다. 1917년 32기에는 합격자 14명 중 기병과는 한 사람도 없었다. 또한 1918년 33기에는 17명이 합격했으나 역시 기병과는 한 사람도 없었다.[31] 육군대학교의 입교 자격 규정에는 소위 임관 후 8년까지인 자로 제한했으므로, 1919년 이후에는 아예 응시할 수도 없었다. 러일전쟁 때만 하더라도 기동성이 뛰어난 기병이 전쟁터를 누볐으나 기병 전성시대는 제1차 세계대전을 거치면서 급기야 종말을 고했고, 그에 대신하여 자동차와 장갑차 그리고 항공기에 관심을 기울이기 시작하던 때였으므로 기병과 장교의 진로에 먹구름이 끼게 된 것도 어쩔 수 없는 시대적 추세였다고 할 수 있다. 후일담이지만 1937년 중일전쟁이 시작되자 일본 기병부대는 수색대로 개편되어 장갑차와 경전차로 무장하기 시작했고, 1941년 태평양전쟁이 일어난 뒤에는 전차사단으로 발전하여 기병과 장교들이 기갑과로 전과轉科한 것은 다 아는 사실이다.

비록 『일록』에는 보이지 않으나 그는 도쿄에서 장교생활을 하면서 한국유학생들과 계속 친분을 유지했다. 그는 1912년 10월 도쿄에서 결성된 유학생 모임인 학우회學友會에 관여하여 1915년 12월 26일 망년회 때는 선배 자격으로 김정식金貞植[32], 오기선吳基善[33]과 함께 후배들에게 경험담을 피력한 사실이 학우회 기관지인 『학지광學之光』 '우리 소식'란에 실려 있으며, 또 1916년 12월 육사 26·27기 후배들이 발기인이 되어 한국인 장교들의 친목단체인 전의회全誼會가 결성되었을 때 초대 회장으로 추대된 사실은 앞에서 본 바와 같다.

---

31 조호 요시오上法快男 편저, 『육군대학교』, 도쿄: 후요쇼보芙蓉書房, 1973, 부록 제7 육군대학교 졸업자 명부 참조.
32 재在도쿄기독청년회 총무, 전 서울 황성기독교청년회 부총무, 1862~1937.
33 유학생을 위한 연합교회 목사, 1877~1946, 교육학자 오천석吳天錫 박사의 선친.

그러던 중 1918년 6월 초 몸이 매우 약해져 정양할 필요를 느낀 김광서는 휴가를 얻어 서울로 돌아왔다. 이때 그는 부양가족은 물론 사용하던 가구류까지 모두 챙겨 귀국했다. 이응준의 회고록에도 그가 1918년 신병치료를 위해 장기간의 휴가를 신청했다고 했는데, 어쩌면 제1차 세계대전이 끝나자마자 세계적으로 창궐, 유행한 스페인 독감의 영향이 아닐까 짐작되기도 한다. 그해 12월 도쿄의 연대로 복귀한 그는 도쿄에서 잘은 몰라도 혁명의 분위기가 고조되고 있는 듯한 느낌을 받았다. 1918년 1월 미국 대통령 윌슨이 전후문제를 해결하기 위한 대원칙으로서 민족자결주의를 제안했는데, 이것이 1919년 1월 파리 베르사유 궁전에서 열릴 강화회의의 지도이념이 될 것으로 예상되었기 때문이다. 바야흐로 사태가 절박하게 전개되고 있음을 감지한 그는 다시금 휴가를 얻어 1919년 1월 서울의 집으로 돌아왔다. 곧이어 1월 21일 고종 황제가 붕어崩御했다는 소식에 접했고, 그는 몇 차례 덕수궁으로 가서 상례喪禮의식에 참석했다. 『일록』에는 이러한 정세에 직면한 당시 그의 역사 인식이랄까 평소의 소신을 엿볼 수 있는 다음과 같은 글이 있다.

"우리 부여족夫餘族은 4천 수백 년의 역사를 가지고 있고 이조李朝 5백 년은 망국의 본됨이 많지만 그 전에는 극동에 웅비했으며 문화가 넘치는 나라이다. 오늘의 이 지경이 된 것은 전부 이조의 죄악 때문이다. 이조李朝는 우리의 대표적 악인이라 할 수 있다."[34]

그가 이처럼 과격한 필치로 술회述懷한 것은 조선왕조의 지배층이 관북關北[35]과 서북[36]사람을 차별하여 일절 관직을 주지 않은 데 대한 처절한 분만憤懣과 유한遺恨을 토로한 것으로 볼 수 있다. 실제로 일본 통치 아

---

34 김경천 저, 김병학 정리 및 현대어역, 『경천아일록』, 학고방, 2012, 60~61쪽.
35 함경도.
36 평안도.

래 독립운동가들 사이에서조차 지역에 따른 고질적인 파벌의식은 좀처럼 해소될 기미가 보이지 않았다.

고종의 인산因山을 이틀 앞둔 역사적인 3월 1일, 김광서는 오전 10시경 집을 나서 종로 1가에 있는 조선 기독교 청년회관에 들러 총무직을 맡은 윤치호를 만나 이야기를 나눴다. 김광서의 부친을 북청 시골에서 만나 서울의 중앙무대로 이끌어 내어 출세의 발판을 마련해 준 사람이 바로 윤치호의 부친인 윤웅렬이었고, 또 1905년 외부협판으로 있던 윤치호가 일본 시찰단의 요원으로 도쿄에 갔을 때 군부를 대표하여 김광서의 형 김성은이 동행한 인연도 있었던 만큼 두 사람에게는 당면한 시국담 외에도 할 이야기가 많았을 터이다. 마침 이때 일본인 헌병 순사들이 청년회관에 들이닥쳐 수색을 벌이면서 회관 안에 있던 모든 사람을 한 방에 몰아넣었다. 서울에 체류하는 동안 경무총감부에도 가끔 들러 경무총감[37]과도 안면이 있는 김광서였으나 부득이 잠시나마 구금상태에 놓이게 되었다. 얼마 뒤 풀려난 그는 천천히 시내를 둘러보면서 시위의 상황을 자세히 살핀 뒤 사직동 166번지의 집으로 돌아왔다.

그가 망명생활 중 『일록』에서 자주 언급한 것 중에 이 사직동 집이 있다. 이 집은 부친으로부터 물려받은 유산을 정리하여 구입한 것인데 그 뒤 인접한 땅을 매입하여 대지가 약 7백여 평으로 늘어났다. 산지山地에 약수가 솟는 용금수湧金水라 이름을 붙인 샘이 있고, 작은 연못과 돌다리가 있으며, 서쪽 산 위에는 경천각擎天閣, 동쪽 산 위에는 운심대雲深臺라고 이름 붙인 정자까지 있었으므로, 그는 '공원 같은 낙원'이라고 이에 크나큰 애착을 보였다. 망명생활 중에도 그는 이 집을 몹시 그리워하여 장차 이 집에서 살게 될 날을 꿈꿨다. 1925년 12월 2일 자의 일기에는 경천원 요도要圖라는 그림까지 그려가며 "내가 만일 훗날에라도 성공하여 서울에 들어가면 이 정원을 찾으리라"고 썼을 정도였다.

---

37 조선헌병대 사령관 겸임.

3·1운동이 있었던 뒤 그의 소문을 들은 많은 청년들이 이곳을 찾았다. 특히 육사 후배들인 이청천[38]과 이응준도 이곳에 자주 들러 함께 만주로 망명하는 이른바 출분出奔 계획을 논의했다. 그러는 동안 4월 17일 그의 셋째 딸이 출생했다. 마침내 김광서는 6월 6일을 거사일로 정하고 과감히 이를 실행에 옮겼다. 그는 이날 경무총감부의 미행·감시의 눈을 피하기 위해 이청천과 함께 자동차를 불러 타고 일단 수원으로 내려갔다가, 수원역에서 기차를 타고 신의주역까지 곧장 북상했다. 그들은 이튿날 신의주역에서 하차한 뒤 가까운 여관에서 국경을 넘을 열차 편을 알아보았다. 마침내 두 사람은 압록강 철교를 통과, 안동安東[39]역에서 내렸다. 이로써 출분 계획은 일단 성공한 셈이었다.

6. 서간도에서 연해주로 근거지를 옮기다

김광서의 『일록』은 망명의 길을 떠난 6월 6일부터 간단한 회상록에서 일기형식으로 바뀌고 있는데, 국외망명은 그야말로 고난과 좌절의 연속이었음을 알 수 있다. 그는 안내자를 따라 걸어서 보름 만에 펑톈奉天성[40] 류허柳河현에 있는 신흥무관학교에 당도했다. 이 학교는 보통과를 가르치다가 3·1운동을 계기로 군사학 중심으로 교육과정을 변경했는데, 학생은 200명쯤 되었고 대한제국시대 무관학교를 나와 육군 정위正尉로 군대를 떠난 신영균申英均[41]이 교관으로 있었다. 그런 가운데 일본 육사 출신의 두 사람이 합류하자 재만 동포 사이에 학교의 명성은 갑자기 높아

---

38 본명은 지대형池大亨.
39 현 단둥丹東.
40 현 랴오닝遼寧성.
41 본명은 팔균八均, 별호는 동천東天.

지기 시작했다. 세 사람은 남만 삼천南滿三天[42]이라 불리기도 했다.

그해 가을이 되자 무장 항일군사단체로 서간도 군정서軍政署가 편제되어 무기를 확보하는 일이 급선무가 되었다. 이에 김광서는 신영균과 함께 9월에 무기를 구입하기 위해 러시아 영내 연해주를 향해 출발했다. 다만 신영균이 지린吉林에서 남기로 하여 김광서는 혼자서 기차로 창춘長春을 거쳐 하얼빈에 도착한 뒤, 치타에서 니콜스크-우스리스크·블라디보스토크를 연결하는 중동철도[43]를 갈아타고 소·만국경을 넘어 한국인 동포들이 많이 모여 사는 니콜스크-우스리스크[44]에 도착했다. 그는 이곳에 한동안 머물면서 노령露嶺에 사는 각 방면의 동포인사들과 접촉했다. 하지만 무기구입의 사명을 달성하지 못한 채 세월만 헛되이 보내고 있다는 자책감이 든 그는 1920년 3월 남쪽으로 250리 떨어진 연해주의 중심도시 블라디보스토크를 거쳐 그 동쪽의 스챤水靑지구[45] 치모우로 거처를 옮겼다. 그는 이곳에서 정재관鄭在寬(1880~1922)을 만나 서로 의기투합하여 동지로서의 교분을 두텁게 쌓게 되었다. 정재관은 일찍이 미국으로 건너가 샌프란시스코에 거주하면서 『신한민보』의 주필을 역임했고, 그 뒤 재미한인국민회를 조직하여 그 원동遠東(극동)위원으로 블라디보스토크에 와서 지부를 설치하는 한편 1912년 신한촌新韓村에서 러시아 행정당국의 공식승인을 받은 자치기관으로 권업회勸業會를 창립한 주역 중의 한 사람이었다.

김광서가 '4월 참변'을 경험한 것도 이 스챤 지구에 머물 때였다. 이해 2월 소비에트 러시아를 지지하는 빨치산은 일본군 대대병력이 부당하게 점령하고 있는 시베리아 북쪽 오호츠크해에 인접한 니콜라옙스크尼港로 쳐들어가 일본군 수비대의 항복을 받아낸 일이 있었다. 3월 11일 일본군

---

42 경천·청천·동천.
43 일명 동청東淸북만철도.
44 현 니콜스크-우수리스크, 소왕영蘇王營, 혹은 쌍성자雙城子.
45 현 파르티잔스크. 소성蘇城이라고도 표기함.

은 항복협정을 깨뜨리고 봉기했다가 러시아인 빨치산에게 패하여 122명의 일본군인과 일본 거류민이 포로신세가 되었다. 일본군 당국은 이 러시아인 빨치산에 사할린에 거주하는 교민 2세 박일리아가 거느린 한국인 게릴라부대가 합세한 것으로 판단하여 헌병대로 하여금 4월 4일 밤과 5일 새벽에 걸쳐 연해주 일대의 볼셰비키 기관과 한국인 거주지에 기습공격을 감행, 닥치는 대로 한인들을 검거하고 학살했다. 노령 연해주 한인사회를 대표적으로 상징하던 블라디보스토크 외곽의 신한촌에서만 300여 명의 한국인이 학살당했다. 노령 한인사회의 탁월한 지도자였으며 상하이 대한민국 임시정부의 재무총장으로 추대된 바 있는 최재형은 이때 검거되어 4월 7일 총살당하고 말았다.

이때 김광서는 마침 정재관과 함께 있다가 일본군의 총포소리에 놀라 집 근처의 산 속으로 피신하여 가까스로 목숨을 건졌다. 그는 이 사건을 계기로 블라디보스토크의 동쪽 해안 나홋카 항의 북쪽에 있는 스챤 지구 계곡인 다우지미大烏吉密로 근거지를 옮겼다. 그가 처음으로 항일 무력투쟁에 나선 것은 그로부터 1개월 뒤 평소 일본군의 사주使嗾를 받고 노략질을 일삼던 중국인 마적단이 다우지미의 한인 마을로 약탈의 손을 뻗쳤을 때였다. 다만 3백 명의 마적단에 맞서 그가 갑작스레 조직한 '토벌대'는 아무런 병기도 갖추지 못한 30여 명의 초보자에 불과했으므로, 산속으로 퇴각하지 않을 수 없었다. 다행히 이때 러시아인으로 구성된 민병대들이 모여들어 그는 이들과 합세하여 마적을 포위, 2백여 명을 사살하는 전과를 올렸다.

그로부터 4개월 뒤 김광서는 북간도에서 무관학교를 열어 독립군 간부의 교육을 실시한다는 소식을 듣고, 이에 동참하기 위해 9월 말 집을 나섰다. 그는 목선을 타고 서쪽으로 블라디보스토크항을 지나 포시예트만에 상륙했다. 그러나 이때 공교롭게도 일본군의 3개월간에 걸친 이른바 '간도출병'이 막 시작되어 북로군정서가 본거지를 떠나 이동 중이었다. 그리하여 그는 북간도로 잠입하려던 당초의 계획을 포기하지 않을 수 없었고, 방향을 돌려 수이푼秋風에 있는 솔밭관 고려혁명군 본부를 찾아갔다. 그는 잠시 이곳에 머물다가 혈성단血誠團이 있는 자피거우로 가서 중대장 채영蔡英을 만난 다음 본래의 거처로 되돌아왔다.

김광서는 블라디보스토크의 민족운동가들로부터 지난해 마적단 토벌의 공로를 인정받아 1921년 1월 하순 스챤 지역의 군사책임자로 위촉받았다. 이때 정재관은 민정책임자가 되었다. 이로써 김광서는 비로소 항일 독립군의 지휘자라는 공식직함을 얻게 된 셈이다. 4월 하순 혈성단 대표인 강국모姜國模가 트리치프진에서 그를 찾아와 부대 지휘를 맡아 달라고 간청했는데, 채영이 이르쿠츠크로 떠나게 됨에 따라 지도력에 공백이 생겼기 때문이다. 또한 그동안 스챤 유격대를 지휘한 한창걸韓昌傑도 김광서의 지휘 아래 힘을 합치기로 했다. 이에 따라 김광서는 명실공히 스챤 지역 한인 유격대의 사령관이 되었다.

그는 본격적인 항일 무장투쟁을 꾀하기 위해서는 블라디보스토크의 동북방으로 근거지를 옮길 필요를 느꼈으므로 혈성단이 있는 트리치프 진으로 갔다. 그는 이곳 깊은 산속 마을에 견고한 방어진지를 만들었고, 4개월 단기과정으로 사관을 양성하고자 학도대 조직에 착수하는 한편 군대 교련에도 힘을 쏟았다. 5월 마적단이 사방에서 출몰했으나 그는 이를 쉽사리 격파할 수 있었다. 다만 독립군들이 그의 지휘에 진심으로 복종하는 모습에 강국모와 한창걸은 시기하는 마음이 생겨 그를 배척하기 시작했다. 급기야 강국모는 수하의 몇 명을 데리고 수이푼 구역으로 떠났고 한창걸은 소수 병력을 이끌고 동해 연안의 올가 구역으로 떠났다.

7. "천고에 이 같은 고난이 없으리라!"

김광서는 1921년 9월 러시아 볼셰비키혁명군, 일명 적군赤軍과 보조를 맞추기 위해 군사상의 요충인 아누치노[46]로 이동했다. 그는 이곳의 적군 수비대장과 공동작전을 펴기로 약정을 맺었다. 그리하여 10월부터 일본 군 및 그 지휘를 받는 반혁명군인 백군白軍을 상대로 한 전투가 시작되었 다. 그러던 중 그는 스챤 지역으로 일본군과 백군이 쳐들어온다는 급한 연락을 받고 남쪽으로 행군하여 스챤 터우다오거우頭道溝에 이르러 11월 중순부터 백군과 전투를 벌였다. 그의 부대는 우세한 백군에 밀려 퇴각 하다가 포위를 당하기도 했지만, 전 국면을 제대로 파악한 그의 형안炯眼 덕택에 가까스로 빠져나왔다. 그는 다시 아누치노로 돌아와 시가전을 치 른 뒤 이만 구역으로 이동했다. 그러나 12월 초 그의 부대와 함께 전투를 치르던 적군 부대가 카르톤 마을에서 백군에게 항복하는 사태가 벌어졌 다. 적군 대대장은 그 전부터 백군과 내응한 자였다. 이에 그는 카르톤에 서 100리, 이만시에서 300리 떨어진 옐레-소스노프카[47]로 들어갔다.

이만[48]은 남쪽의 블라디보스토크와 북쪽의 하바롭스크의 중간쯤에 위치한 군사적 요충지로, 일본군의 이른바 '간도출병'으로 말미암아 북 간도에서 활동하던 독립군 부대가 미산密山·후린虎林을 거쳐 후터우虎 頭에서 우수리강을 건너면 당도하게 되는 만주와 연해주 경계에 위치한 도시였다. 이청천이 이끄는 독립군단이 1921년 초 이곳에서 귀국 선편 을 기다리고 있던 체코군에게서 성능이 좋은 총기류를 구입했다가 극동 공화국 당국에 의해 무장해제를 당한 것은 잘 알려진 사실이다. 소비에 트 러시아와 일본 양국의 암묵적인 양해 아래 자바이칼주의 치타를 수 도로 하여 동시베리아 전역을 다스리는 일종의 완충국으로 등장한 극동 공화국[49]은 일본에 대해 수교를 제의하고 있었는데, 일본이 그 선결조건 으로 요구한 사항 중에는 한국 독립군에 대한 철저한 단속이 포함되어

---

46 『일록』의 도병하都兵河, 현 아르세니예프.
47 『일록』의 라부유羅扶遺.
48 현 달네레첸스크.
49 일명 치타 정부.

있었다. 추운 겨울에 김광서는 이만시에서 멀지 않은 깊은 산간계곡에서 지치고 굶주린 부하 5, 60명을 이끌고 사경을 헤매게 되는데, 무엇보다도 너무나 추워 숨 쉬는 것조차 힘들 지경이었다. 그는 당시 겪은 고통을 1922년 1월 첫날 『일록』에 "천고에 이 같은 고난이 다시 없으리라. 나는 이를 기록하지 못하겠다"고 할 정도였다. 다만 이때 지난번 적군이 백군에 항복했을 때 이를 거부한 용감한 러시아 병사 100여 명이 그의 부대를 찾아왔다. 이에 크게 고무된 그는 카르톤 마을로 진출했고, 여기서 또 다른 적군부대를 만났다. 그는 1월 말 이들과 함께 3백 명 내지 7백 명에 달하는 백군이 점령 중인 이만시를 야간에 습격하려는 대담한 계획을 실행에 옮겼다. 먼저 그의 『일록』을 보면 다음과 같다.

"이 전쟁에서 나는 가장 많은 탄환이 빗발치는 가운데서 군대를 지휘하였다. 지금껏 여러 차례 수행한 전투 중에서도 제일 많이 집중하여 쏟아지는 적탄 한가운데에 있었으며 전후좌우 장졸이 모두 여러 군데 부상을 당했으나 적탄은 나의 머리카락 한 올도 못 건드렸다. 한인·러시아인 양쪽 군인들이 내게 위험하다고 말했으나 나는 아직 일본군과 백군, 마적들은 나를 맞힐 탄환을 못 만들었다 하며 웃었다. 아누치노(도병하) 탈취전도 이번보다는 못하였다."

그는 1년 반쯤 시간이 지난 뒤 국민대표회의 취재차 상하이로 찾아온 국내 기자에게 다음과 같이 술회하였다.

"(당시) 하바롭스크에서 홍백紅白전쟁이 있었는데, 그 전쟁 중에 나는 백군의 중간 연락을 끊기 위하여 이만에 있는 백군 총공격을 시작하니, 그때는 정월 어떤 날이라, 제1차로 백군이 수백 명 죽고 대략 여섯 시간 동안 격렬히 싸우는데 백군은 대포를 걸고 냅다 질러서 탄환이 우박 쏟아지듯 하였소. 조선 군사가 참 싸움을 잘 합디다. 여러 가지 미비未備로 훈련이 부족하고 기계가 불비不備하건마는 빠득빠득 악을 쓰고 싸우는데 쏘는 총마다 그 큰 아라사[50] 군대가 떨어지지 않을 때가 없었소. 이리하여 아라사 군대가 이때는 조선 군사라면 떨게 되었소. 그들의 말이 적군뿐이라면 하잘 것없는데 그 눈 까만 놈들 때문에 결딴났다고 하였소. … 이때 나는 악에 받친 사람이라, 탄환이 비 쏟아지듯 하는 속에 말을 타고 서서 지휘하는데 백군들이 대포를 쏘다가 훤한 불빛에 나를 보고 '까레이츠[51]'란 소리를 지르고 달아나는 자가 있었소. 이리하여 이만은 완전히 점령하였으나 이때는 적군의 힘이 약할 때이라, 약 200여 명의 우리 군사로 백군 700여 명이 지키는 곳을 점령하기는 하였으나 배후背後에는 일본군사가 있는 터이라 오래 지킬 수가 없어 다시 퇴각하였소."[52]

한편 당시 김광서를 따라 유격대원으로 이만시 공탈전에 참전했던 박청림(1899~1991)의 미공간未公刊 회고록 『우리 부대의 전투 행로行路』에는 김광서가 대원들에게 한 격려사가 다음과 같이 기록되어 있다.

"이국異國 땅에서 우리의 철천지원수 일본군을 공격하고 조국의 자유와 독립을 달성하는 것이 우리들의 목적입니다. 일군은 조선을 강점한 것처럼 러시아의 광활한 극동지역을 점유할 목적으로 이곳에 온 것입니다. 때문에 우리들은 러시아의 형제들과 합세하여 10만 명의 사무라이 대군[53]을 격멸해야 합니다. 합심合心이 승리의 담보일 것입니다."[54]

그러나 박청림은 수기에서 김광서가 이끄는 유격대가 1922년 2월 5일

---

50 러시아를 뜻하는 음역어.

51 고려사람.

52 『동아일보』, 1923년 7월 29일 자.

53 일본의 시베리아 침략군.

54 김블라지미르 저, 조영환 역, 박환 편 및 해제, 『재소한인의 항일투쟁과 수난사』, 국학자료원, 1997, 50쪽.

이만시 부근에 접근했을 때 일본군 지휘관은 병사들에게 백군 군복으로 갈아입게 했고, 또한 사전에 정보원을 통해 유격대가 쳐들어오는 것을 알고 튼튼한 방어시설을 갖추고 대기 중이었다고 한다. 이에 김광서는 그다음 날 밤 기관총을 교차로 사격케 하면서 유격대를 과감히 시내로 돌진하게 한 까닭에 일본군과 백군 수비대를 제압할 수 있었다는 것이다. 마찬가지로 김광서가 부하 몇 명과 함께 방금 전투가 벌어진 곳을 시찰하고 있을 때 부상당한 백군 장교가 총을 쏘아 그가 탄 말을 쓰러뜨렸고, 이에 말 밑에 깔린 김광서는 왼쪽 다리에 골절상을 입고 뒤에 치료를 받았다고 한다.[55]

이만시에 대한 기습공격과 일시적인 탈취는 김광서가 단기간의 무장항일투쟁에서 거둔 가장 치열하고 그 자체로 성공적인 전투였으나, 그에게는 마지막 전투가 되었다. 그는 일단 트리치프진으로 돌아왔다가 4월 본거지인 아누치노로 개선했다. 실로 6, 7개월 만의 귀환인 셈이었다. 그는 6월 초순 다시금 일군과 백군 사이의 허리를 끊어 웅비雄飛를 꾀하려는 원대한 포부를 갖고 한인마을이 많이 형성된 포시예트만灣의 후배지에 위치한 수이푼秋風, 노보키예프스키[56] 등지를 향해 출발했다. 하지만 그가 수이푼에 도착했을 때 이미 강국모의 부대와 적군 사이에 충돌이 생겨 러시아 혁명세력과의 합작은 물거품이 되고 말았다. 그는 절망상태에 빠져 일본어로 된 군사학 서적을 번역하는 일로 시름을 잊으려 했다. 급기야 10월 하순 시베리아를 침공했던 일본군이 4년 2개월 만에 모두 철병함에 따라 이제 그는 무력항쟁의 목표마저 잃게 되었다. 그는 『일록』에서 일본군이 철병하니 '섭섭하다'고 토로했다. 더욱이 12월 시베리아지역의 모든 한인 유격대는 당년 26세의 적군 총사령관 우보레비치

55 김블라지미르 저, 조영환 역, 박환 편 및 해제, 『재소한인의 항일투쟁과 수난사』, 국학자료원, 56~59쪽.
56 연추煙秋. 현 크라스키노.

Ieronim Uborevich[57]의 명령에 따라 무장해제를 당하고 말았다. 바야흐로 3·1운동 이후 거세게 불타올랐던 노령에서의 한인 무장 항일투쟁은 마침내 그 대단원의 막을 내린 것이다.

8. 멀리 내다본 독립국가 실현의 꿈

여기서 제기되는 하나의 의문은, 어찌하여 김광서는 항일 무장투쟁을 더 이상 할 수 없게 된 노령을 떠나 만주로 근거지를 옮겨 계속 항쟁하지 않았는가 하는 점이다. 그가 1924년 12월 30일 자의 『일록』에서 "아! 무의미한 이 세상을 한 해 두 해 맞아들이게 됨을 경천[58]은 무엇보다도 아파한다. 정말 싫은 이 오가는 연년年年, 오직 나는 혁명에 목말라 죽겠다. 내가 이 시베리아 동단東端에 있는 것이 옳은가! 타처他處로 가는 것이 옳은가!" 라고 절규하고 있는 것을 볼 때 그가 이 문제로 크게 고민한 흔적을 엿볼 수 있다. 그러나 그는 끝내 결단을 내리지 못한 채 연해주 지방에 그대로 주저앉고 말았다. 그의 일본 육사 선후배들인 유동열이나 이청천은 1921년 6월 하순에 발생한 이른바 '자유시 참변'을 겪은 것을 계기로 노령을 떠나 만주로 숨어들었으나, 그 같은 참변을 직접 경험하지 않은 김광서는 비록 미덥지 않은 소련 공산국가체제이긴 했지만 그래도 일말의 희망을 갖고 있었던 것이 아닐까? 아니면 그도 노령에 잔류한 이동휘李東輝와 같은 관북 출신으로, 고향사람들이 많이 모여 살고 있던 연해주에 어떤 미련을 갖고 있었던 것일까?

그러나 『일록』에서 그의 시국관이랄까 전쟁관을 기술하고 있는 대목에서 이 의문에 대한 하나의 해답을 찾을 수 있다. 그가 3·1운동 직후 망

---

57 1937년 6월 백白러시아군관 구사령관으로 재임 중 스탈린에 의해 반역죄로 처형됨.
58 김광서.

명문제로 고민할 때의 심경을 기술하면서 다음과 같이 언급한 점이 주목된다.

"그런즉 나는 이번에 꼭 독립하리라고는 생각하지 않는다. 직접 독립은 제2차 세계대전이 일어나야 가능하다. 그러니까 나의 출분出奔이 좀 이르다고 할 수 있다. 그러나 나는 아직 나이가 젊고 기개와 용기가 있으므로 해외에서 몇 년간 표류漂流하여 공을 쌓을 필요가 있다고 생각하였다."

또한 그가 이만시를 성공적으로 기습 공격한 뒤 물러나 이곳저곳으로 옮겨 다니다가 본거지인 아누치노로 돌아와 잠시 그간 악전고투했던 피로를 풀고 있을 때인 1922년 5월 15일 자 『일록』에서 다음과 같이 장래를 전망한 것도 역시 주목된다.

"이 세계는 어쨌든 간에 분분紛紛할 것이다. 전날의 구주歐洲[59] 대전란은 결국 무승부가 되었다. 그래서 그 승부는 미래에 맺을 것이다. 그때에는 유럽뿐 아니라 그 주동지主動地가 극동이 되리라. 그때는 우리에게 필요 이상의 필사적 노력을 요구할 것이다."

이는 장차 제2차 세계대전이 필연적으로 극동에서 일어날 것으로 보고, 그 전쟁이야말로 인류 최후의 전쟁이 될 것으로 예견한 그의 육사 2년 선배인 이시와라 간지石原莞爾 중장의 구상과 서로 통하고 있어 흥미롭다. 이시와라는 육군소좌 때인 1925년 3년간의 독일 주재원 자격으로 유학하고 귀국하여 육군대학교 병학교관으로 복귀, 세계전쟁사를 강의하면서 멀지 않은 장래에 일본과 미국 사이에 전쟁이 도래到來할 것이라는 소신을 내비쳤다. 본디 그가 전쟁사 연구에 관심을 기울이게 된 계기는 육군대학교 재학 시절 러일전쟁에서 일본이 승리했다는 통설에 의문

---

59 유럽.

을 품고, 그것은 필경 요행이었다는 생각에서 싹튼 것이라고 한다. 그는 유학 시절 프러시아의 프리드리히 대왕과 나폴레옹의 전술 내지 군사사 상에 대한 연구를 통해서 장차 미국을 상대로 한 전쟁에서는 나폴레옹 의 대영對英전쟁, 그중에서도 육지를 갖고 해양을 제압하는 대륙봉쇄의 전략을 연구하는 것이 가장 적합하다는 확신에 도달했고, 이 전쟁은 실 로 인류가 치르는 마지막 전쟁이 될 것으로 믿었다.

제1차 세계대전이 끝날 때까지의 일본의 국방방침은 상정想定 적국 을 러시아·미국·중국 순서로 잡았으나, 1919년의 베르사유 강화조약과 1921년의 워싱턴회의[60]를 거쳐 1923년에 개정된 상정 적국은 일본 이민에 대한 제한을 강화하면서 아울러 일본의 중국에 대한 영토적 특수 권익 을 배제하는 방향으로 정책을 펴고 있던 미국 한 나라로 국한되었다. 그 때까지 상정 적국 제1위였던 러시아는 1917년 공산주의 혁명으로 매우 약체화된 것으로 간주했던 것이다. 즉 김광서와 이시와라의 견해는 제2 차 세계대전이 머지않아 극동에서 일어날 것을 예견한 점에서는 일치했 으나, 김광서가 일본이 그 전쟁에서 패배하여 조국이 광복을 맞을 기회 가 찾아올 것으로 전망한 데 반해 이시와라는 일본이 그 전쟁에서 승리 하여 미국의 갖가지 간섭과 압박에서 벗어날 수 있을 것으로 구상한 점 이 다르다. 이시와라는 1927년 육군대학교 학생들에 대한 강의안에서 최종전쟁론의 원형을 제시했고, 그 이듬해 가을 중좌로 승진하면서 뤼 순旅順에 있는 관동군關東軍 작전주임참모로 부임하여 장쥐린張作霖, 장 쉐량張學良 부자가 2대에 걸쳐 지배하고 있는 만주를 탈취할 계획을 수립 하게 되었다. 그로부터 3년 뒤인 1931년 9월 그는 이른바 만주사변을 도 발하여 단기간 내 전 만주지역 점령이라는 군사적 모험을 기적적으로 성 공시킴으로써 일약 육군의 영웅이 된다.

---

60 한국 독립운동가들은 이를 '태평양회의'라고 불렀고, 미국과 영국 두 나라의 일본에 대한 제재制裁가 현저하게 강화될 것으로 크게 기대했음.

9. 불모不毛의 계절에

김광서는 무력투쟁이 불가능해지자 스챤 구역 신흥동으로 돌아와 몇몇 청년을 데리고 군사학 서적의 번역에 몰두했다. 그가 번역본을 출간하기 위해 금갱리金坑里로 와 있던 1922년 11월 29일, 오랜만에 이청천으로부터 편지를 받았다. 즉 내년 초에 상하이에서 열리는 국민대표회의에 참석하겠다는 내용이었다. 실은 김광서도 주위에서 참석 권유를 받고 있었으므로, 이 기회에 각지의 활동가들을 만나 볼 요량으로 1923년 1월 금갱리를 출발했다. 그는 치모우에서 기차를 타고 오랜만에 니콜스크-우스리스크에 도착하여 동지들을 만났다. 그는 2월 11일 하얼빈행 기차에 탑승해 하얼빈역에서 기차를 갈아타고 창춘·선양·톈진天津·난징南京을 거쳐 2월 19일 상하이에 도착했다. 현재 『일록』 원본에는 두 장이 결락缺落되어 그가 상하이에 도착한 뒤 9월 초 기선을 타고 상하이에서 블라디보스토크로 돌아올 때까지의 행적을 전혀 알 수가 없다. 하지만 6개월간에 걸쳐 120여 명이 참석한 국민대표회의가 임정의 개조를 주장하는 이동휘 일파의 상하이파와 이를 새롭게 다시 만들자는 김규식, 여운형 등의 이르쿠츠크파 사이에서 아무런 의견일치를 보지 못한 채 지루한 논쟁 끝에 결렬되고 만 것은 잘 알려진 사실이다. 김광서는 본디 정치싸움에는 초연한 입장이었지만, 다만 그가 이동휘의 심복으로 레닌을 만나 많은 공작금을 받아온 한형권韓馨權과 평소 친분이 두터웠던 만큼 상하이파가 자신을 추천한 것만은 회의 참석 전부터 짐작하고 있었다. 한형권은 함북 경흥 출신으로 권업회 창설의 발기인 중 한 사람이었다.

국민대표회의 참석 이후 그의 공적 활동은 사실상 끝났다. 그는 연해주로 돌아온 뒤 잠시 신한촌에 숙소를 정했다가 니콜스크-우스리스크로 옮겼다. 가을철에는 블라디보스토크 해변에서 산책과 해수욕을 즐겼다. 1924년 정초에는 연해주의 유지들이 곧 개막될 국민위원회를 축하하는 성대한 연회를 열어 그를 초청했으므로, 밤늦게까지 술에 취하여 즐거운 시간을 보내기도 했다. 그는 이 연회석상에서 지난날 "실속 없는 독립운동을 비판하며 60만 원의 돈을 헛되이 쓴 것을 통절히 말했다"고 한다.[61] 그러나 무장을 해제당한 독립군 병사들이 추운 겨울에 도처에서 걸인처럼 방황하는 것을 목격했을 때는 마음이 아팠다. 그는 이 심정을 "슬픔이 그 도를 지나 낙관으로 넘어간다"고 표현했고 「불쌍한 독립군」이란 노래를 작사하기도 했다.

노령에서의 독립운동을 다룬 역사서에는 김광서가 1924년 3월 한족韓族군인구락부를 조직하여 본부를 블라디보스토크에, 지부를 니콜스크-우스리스크에 두었다고 기술하고 있다. 김광서는 『일록』의 1924년 여름 조항에서 "나는 본래 품성이 혁명아려니, 하는 일 없이 한가로이 누워 있는 것은 빨치산 시절의 신고辛苦보다도 더욱 숨이 가쁘다 함은 나의 이번 여름 표어이다. 시내[62]에 고려구락부가 있다. 그곳에서 모여 놀기도 하고 공원에서 산보하며 수이푼綏芬강에서 목욕도 한다"고 되어 있어 한족군인구락부, 곧 고려구락부의 활동은 동지 간의 모임과 친목 결속을 위한 연수에 치중했던 것 같다. 『일록』 1925년 1월 13일 자에는 "나는 지난 1923년 가을에 소왕영蘇王營[63]에 왔다. 벌써 1년 반이 된다. 그동안 군인구락부의 사업에 대하여 다소간의 일은 하였으나, 많은 날은 한가롭게 놀았다"고 혁명정신이 철저하지 못했음을 자책하면서 군인구락부의 활동에 어떤 진전이 있는 듯한 암시를 내비치고 있으나, 그 구체적인 사항에 대해서는 침묵하고 있다. 『일록』 1925년 3월 14일 자에는 "북간도 동흥東興학교 교사로 있으면서 이번 본국 『동아일보』 주최로 해외동포위문회의 물품[64]을 가지고 온 천千 아무개와 전성호全盛鎬 군이 오늘 중국 땅으로 갔다. 전군은 이번에 군인협회에 입회했다"고 되어 있는데, 여기서

---

61 『일록』, 1924년 1월 1일 자.
62 니콜스크-우스리스크.
63 니콜스크-우스리스크.
64 가격이 약 9천 원가량 됨.

언급하는 군인협회란 군인구락부를 가리키는 것이 틀림없다. 이 전성호
(1896~1950)는 함경북도 경성鏡城 출신으로, 그의 아버지는 3·1운동 직
후 상하이에서 성립된 대한민국 임시정부가 1919년 7월에 국내의 각 도·
군·면과 연결하는 조직으로 연통제聯通制를 창안했을 때 가장 먼저 이
에 호응하여 함북에 연통제를 만든 사람으로, 임시정부에 보낼 군자금
을 마련하다가 12월 발각되어 징역 4년형을 선고받은 전재일全在一이었
다. 전성호는 북로군정서 사관연성소를 수료한 뒤 간도 룽징龍井에서 부
친이 후원회장으로 있던 동흥학교 군사교련교사로 있었다. 그는 해방 후
국군에 입대하여 6·25전쟁이 일어날 당시 개성지구를 수비하는 제1사
단 예하 제12연대장이었으며, 미군과 국군이 인천상륙작전을 감행할 때
그 양동陽動작전으로 학도병 772명의 병력을 갖고 전개된 경북 영덕상륙
작전을 선두에서 지휘하다가 9월 15일 적탄에 대퇴부를 맞고 많은 피를
흘린 끝에 55세로 전사했다. 그의 직함은 임시로 편성된 유격군 총사령
부 참모장이었다.[65] 당시 작전 수행 중 침몰한 LST 2,000톤급의 문산호
는 2015년 6월 22일 영덕군청에 의해 65년 만에 복원되어 '장사상륙작전
전승기념공원 조성사업'의 일환으로 장사해수욕장에서 진수식進水式이
개최되었다.

김광서는 무료한 시간을 때우기 위해 취미 삼아 집에 화원을 만든다거
나 혹은 장기를 배우기도 했고 『해왕성海王星』[66]이나 소설 『삼국지』를 탐
독했다. 한편 그는 김리자라는 여인의 집에 자주 놀러 가서 즐거운 담소
의 시간을 갖기도 했다. 그는 『일록』 1925년 2월 5일 자에서 "나는 무슨
까닭으로 매일 그곳에 가서 놀까? 이것이 별일이 아닌가? 사랑의 교환을
하자고 그러는 것일까? 사랑에는 영웅이 없다더니 참말이다. 하지만 그
집의 누구를 사랑하는가? 두 사람 중의 하나인가. 또 양인 중 누가 나를

65 육군 준장으로 추서追敍됨, 동양사학자 전해종全海宗(1919~2018) 교수의 선친.
66 뒤마의 『몬테 크리스토백작』 중역본.

사랑하는가? 또 이 사랑이 이루어지면 어찌할까? 모두 내 앞에 주어진 문제이다. 나는 과연 이렇게 하여 옳은 것일까?"라고 자책하고 있다.

10. 갑자기 끝난 전원생활

바로 이 무렵인 1925년 2월 21일 부인이 예고 없이 서울에서 그를 찾아왔다. 어쩌면 당시 블라디보스토크에서 신문기자로 있던 그의 처남 유대진柳大鎭이 김광서의 최신 동정을 누이에게 슬며시 알려준 듯 짐작된다. 실로 6년[67]만의 만남이었으나, 3월 11일 부인은 블라디보스토크에서 배를 타고 서울로 돌아갔다. 그는 여름에 가솔을 데려와 위로하며 지내겠다고 결심했는데, 그의 뜻대로 이해 7월 5일 부인이 세 딸을 데리고 니콜스크-우스리스크에 도착했다. 그는 이날 『일록』에 "이제 나는 가정의 사람이 되었다."고 썼다. 그는 모처럼 가족과 함께 평안한 생활을 하는 여가에 지난날 일본 육군중앙유년학교 및 육사 시절에 지은 시가집 원고를 들춰보며 마음을 가다듬었다. 이들 노래는 시국에 대한 분노를 참을 수 없을 때 지은 불만이 가득 찬 시곡詩曲들이었고, 결국 자신의 입지立志가 일본 군대생활 중에 형성된 것임을 새삼스레 깨닫게 했다. 그리하여 그는 1925년 11월 6일 자 『일록』에서 "나의 정신의 견고함과 또한 모든 장점은 이 일본 유학으로 된 것이다"라고 쓰고 있다.

하지만 그의 가정생활은 외견상의 평안함에도 불구하고 내면적으로는 진정 안락한 것은 아니었다. 그는 부인과 성격이 맞지 않아 이것이 소양인少陽人과 태음인太陰人의 체질상의 차이에서 비롯된 것이 아닐까 하는 생각이 들 정도로 마음의 불편함을 느꼈다. 그는 1925년 11월 13일 자의 『일록』에서 "7년 만에 만났으니 편안히 쉴까 하였더니 오히려 홀로 생활

---

67 『일록』에는 7년으로 기록.

하는 것만도 못하다. 이같이 하여서는 도저히 안락한 가정이 되기는 틀렸다. 어떤 때는 곧 어디로 가고 싶다"고 쓰고 있다.

김광서의 『일록』은 1925년 12월 31일 자에 "다한다감多恨多感[68]이다"라고 쓴 것으로 끝났으므로, 그 뒤의 일은 잘 알 수 없다. 다만 『오가세기』에는 1926년 봄 그의 가족이 니콜스크-우스리스크를 떠나 그가 전에 자주 내왕한 스챤 구역 다우지미의 서개척지로 옮겼다고 되어 있다. 그리고 이해 9월 17일 장남 수범秀凡이 태어났다. 그는 1927년 12월 7일 가족을 데리고 같은 스챤 구역의 해안 가까운 난채蘭採시[69]로 이사했다. 이곳은 풍광이 매우 뛰어나 그는 불로원不老園이라 이름 붙였다. 또한 사람들이 많이 모여 사는 곳이었으므로, 그는 이곳에 오래도록 살며 지친 몸을 휴양하고 한가로이 농사짓는 일에 전념하기로 결심했다. 이곳에서 1929년 1월 말 넷째 딸 지희가 태어났다. 『세기』는 그가 1932년 3월 1일부터 소련 극동지역의 행정 중심지인 하바롭스크시로 와서 정치부에서 사무를 보게 된 사실, 한 달 뒤 가족이 이곳으로 와서 불로원 생활이 끝난 사실, 그리고 7월 24일 차남 기범奇凡이 출생한 것으로 끝을 맺고 있다.

『일록』을 정리하고 현대어로 고친 김병학에 의하면, 스챤 구역에서 김광서의 전원생활도 전적으로 목가牧歌적인 것만은 아니었던 듯하다. 즉 그는 유격대 활동이 끝난 뒤 남은 병사들을 이끌고 이곳으로 옮겨와 '희망'이라는 뜻의 나제즈다 콜호스[70]를 만들어 조합원들을 지도했다고 하는데, 다만 그 시기가 정확히 언제인지 모호하다. 그것은 어쨌든 1932년 봄에 그가 하바롭스크시로 옮기면서 농장생활은 끝나고 말았는데, 그가 정치부에서 어떤 일에 종사했는지 구체적인 내용을 알 수가 없다. 다만 그는 얼마 지나지 않아 1931년 블라디보스토크에 설립된 고려사범대학

---

68 한도 많고 감회도 많음.
69 일명 한성동.
70 협동농장.

의 초청을 받아 일본어와 군사학을 가르치게 되었다.

11. 그의 마지막 날들

그러나 몇 해 지나지 않아 소련 공산당 서기장 스탈린에 의한 '대공포'
의 시대가 도래하여 그는 체포되고 만다. 1934년 12월 1일 정치국원으로
레닌그라드[71] 당서기를 겸하고 있던 키로프가 집무실에서 암살된 사건을
계기로 스탈린의 비밀지령을 받은 내무인민위원부N.K.V.D 비밀경찰총국
에 의해 집행된 무자비한 숙청은 중앙에서부터 극동지역의 한인 공산당
간부들에게까지 두루 미쳤는데, 김광서는 공산당에 입당한 적이 없는
비당원 신분이었음에도 불구하고 1936년 가을 전격적으로 체포되었다.

내전內戰 시절 연해주에서 한인 빨치산부대 지휘자로 볼셰비키혁명군
대(적군)에 협력하여 일본군 및 반혁명군(백군)을 상대로 투쟁한 경력을 갖
고 있던 그가 소련 공산당에 입당하지 않은 데서 골수 민족주의자라는
의심을 받은 것은 어쩌면 당연한 일이기도 했다. 또한 이 시기 연해주 한
인 지도자들 가운데 우위를 점하고 있던 이르쿠츠크파가 평소 상하이파
와 가깝게 지낸 그를 한국 독립을 목표로 하는 민족주의자 혹은 일본의
스파이라고 무고했을 개연성도 없지 않다. 어쨌든 그는 극동지방 국경수
비대 군법회의에 회부되어 1936년 9월 29일 3년 금고형[72]을 선고받았다.
그는 2년 반을 복역한 뒤 1939년 2월 초 중앙아시아 카자흐스탄 공화국
카라간다주에 있는 정치범 수용소[73]에서 석방되었다. 처음 극동지방의
형무소에 수용되었던 그가 카자흐스탄에서 출옥하게 된 것은 그의 복역
기간 중인 1937년 가을 극동에 거주하던 16만 내지 18만 명에 달하는 모

---

71 현 상트페테르부르크.
72 자유 박탈형.
73 카를라그.

든 한인들이 중앙아시아로 강제이주 당했으므로, 그동안 가족이 거주하는 곳의 감옥으로 이감되었음이 분명하다. 가족이 카자흐스탄으로 이주하던 그해 여름 둘째 딸이 식중독으로 죽어 그의 마음을 아프게 했다.

김광서는 석방되자 곧 가족과 합류했다. 그리고 카라간다주 텔만 구역의 독일인 농장에서 작업부로 일하기 시작했다. 그러나 그는 불과 두 달만인 4월 5일 '인민의 적'이라는 혐의를 뒤집어쓰고 다시금 체포되어 카라간다주 정치범 수용소에 갇히는 몸이 되었다. 당시 소련 당국은 일단 형기를 마치고 석방된 정치범들 가운데 소비에트 연방체제에 위험한 인물로 판단되는 엘리트층을 다시 선별하여 강제 수용소에 억류하는 것이 일반적인 현상이었다. 그는 3개월 가까이 복역한 뒤 6월 25일 전 소련 내에서 가장 악명 높은 모스크바 부티르스카야 감옥으로 이감되었다. 그는 카라간다 수용소에 있을 때만 하여도 매일 정기적으로 운동을 하면서 출소의 희망을 놓지 않았다고 한다. 그리고 부인에게 보낸 편지에서 자기는 아무 잘못이 없으며 무슨 착오가 생겨 복역하고 있는 만큼 장차 풀려날 것이라고 썼다고 한다.

그러나 모스크바 감옥으로 이감된 뒤에는 가족과의 서신왕래도 끊어졌고, 그의 기대와는 정반대로 12월 17일 재판부는 그에게 간첩죄를 적용하여 강제노동수용소 수감 8년 형을 언도했다. 그는 모스크바 북쪽 코틀라스시 감옥 분소分所로 옮겨졌다가 1940년 1월 17일 우랄산맥 서북쪽 북해와 가까운 아르한겔스크주[74] 내무인민위원부의 관할 북부 철도수용소[75]로 이송되었다. 이곳은 이름 그대로 매일 철도공사장에 나가 일해야만 하는 강제 노동수용소였다. 어느덧 50대 초반에 접어든 그는 겨울이 길고 혹독하게 추운 곳에서 2년간 강제노역에 시달렸다. 무엇보다도 영양공급이 아주 부실했다. 급기야 그는 비타민 결핍으로 인한 심장질환

---

74 현 러시아 코미 자치공화국.
75 세브젤도를라그.

으로 1942년 1월 55세로 세상을 떠났다. 정확한 사망 일자는 1월 2일로 알려지기도 했으나, 사망 훨씬 뒤에 소련 당국에 의해 발급된 사망증명서는 발급기관에 따라 1월 14일[76], 혹은 1월 26일[77]로 되어 있어 장차 확인 작업이 요망된다. 또한 묘소 역시 막연히 수용소에서 8백 미터 떨어진 곳으로 되어 있는 등 모호할 따름이다.

스탈린이 1953년 죽은 뒤 그가 범한 온갖 과오와 죄악이 잇달아 폭로되는 등 전면적인 격하운동이 전개되면서 김광서는 복권되었다. 즉 1936년에 3년 형을 언도받은 사건은 1956년 재심에서 무죄선고를 받았다. 그리고 1939년 12월 8년 형을 언도받은 사건도 1959년 2월 16일 모스크바 군관구 군사재판소의 재심에서 무죄를 선고받고 다음 날 사후 복권되었다. 또한 카자흐스탄 정부는 1993년 4월 14일 그의 명예를 회복시켰다.

한편 고인의 유족들로부터 관련 자료를 제출받은 대한민국 보훈처는 1998년 8월 15일 광복절을 맞아 그에게 건국훈장 대통령장을 추서, 생존해 있는 막내딸 김지희와 막내아들 김기범이 내한하여 훈장을 대신 수령했다. 2003년에 국가보훈처는 그를 '6월의 독립운동가'로 선정했다. 이에 따라 대한민국 순국선열유족회는 6월 19일 그의 항일독립정신을 기리는 학술강연회를 개최하였다. 또한 2015년 광복 70주년을 맞아 고인의 손녀 옐레나[78]에게 특별귀화 방식으로 한국 국적을 부여했으며, 2016년에는 전쟁기념관이 고인을 '1월의 호국인물'로 선정하고 1월 7일 호국추모실에서 추모현양顯揚 행사를 열었다.

---

76 코미 자치공화국.
77 카자흐스탄 공화국 카라간다주 인민위원회.
78 김기범의 딸.

VI 비극의 장군
홍사익

해설

1967년 9월 26일, 도쿄에서 일본향우鄕友연맹 주최로 1백 명 이상의 퇴역 군인들이 모여 개최한 행사는 퍽 인상적이었다. 그들은 제2차 세계대전 말기에 필리핀 포로수용소장으로서 일본인 부하들이 연합군 포로들을 학대한 데 대한 모든 책임을 뒤집어쓰고 연합군에 의해 처형된 한국 출신 홍사익洪思翊 장군의 위패位牌를 야스쿠니 신사靖國神社에 봉안하기 위해 모였던 것이다. 고인의 지난날 동료였던 일본인 고위 장교들은 그의 영령英靈에 합장하고 와카和歌를 렌카連歌 형식으로 교영交詠했다.

마침 이 위령제가 있은 그다음 날, 우리나라 신문들은 일본의 방위청防衛廳이 외무성 직원의 자격으로 주한 일본대사관에 주재시키기로 한 무관'의 서울 도착을 알렸다. 명백히 '국군의 날' 기념행사를 참관하기 위한 것으로 생각되는 무관의 돌연한 서울 도착과 도쿄에서의 기념행사에 관한 신문기사를 동시에 읽었던 나는 미묘한 감상에 빠져들지 않을 수 없었다.

지난날 자행된 일제의 침략정책으로 인해 희생된 한국인에 대해 21년 만에 처음으로 거행된 추모식과, 과거 침략정책의 일선에서 흔히 중요한 역할을 한 전례가 있는 '무관'의 파견이라는 이 두 개의 사실 사이에는 우연이라고 보기에는 너무나 작위적作爲的인 요소가 있다는 느낌이 들었기 때문이었다. 더욱이 당시 일본의 방위청 고급관리는 지대공地對空미사일의 국내생산을 위해서 미국과 일련의 교섭을 벌이고 있었다. 일본의 재군비가 극동의 대공전략상 한몫을 차지할 것은 물론이며 주재 무관의 한국 파견은 한일 양국의 군사적 협조체제를 구축하는 데 긴요한 일임

---

1 정식명칭은 방위주재관.

에도 불구하고 이를 기쁜 마음으로 선뜻 환영할 수 없었던 것은 무엇 때문이었을까?

무엇보다도 필자는 당시 추모식의 대상이 된 홍사익 중장의 비극적 최후를 생각할 때 일말의 착잡한 느낌을 누를 수 없었다. 1930년대를 통하여 관동군의 군정부 고문 및 참모부 제3과 과원 혹은 홍아원興亞院 조사관의 자격으로 그를 만주, 상하이에 파견하여 일본의 대륙침략에 이용했을 뿐 아니라, 나아가서는 한국독립운동의 실태를 탐지하게 했던 교활한 일본 제국주의가 급기야 패전 직전 그를 사지死地인 필리핀 포로수용소장으로 내몰아 그로 하여금 책임관념과 도덕적 의무감 사이에서 갈등하고 고뇌케 한 끝에 결국은 전범戰犯의 누명을 뒤집어쓰고 죽게 한 것은 나에게 분노와 동시에 연민의 정을 일으키게 했다.

비극의 군인 홍사익은 책임관념의 권화權化였다. 이것은 구한말 육군유년학교 시절부터 시작된 40여 년간에 걸친 그의 군대생활에서 그가 무엇보다도 몸에 익힌 것이었다. 그러나 끝내 그를 죽음에 이르게 했던 것은 자신의 임무에 대한 법적인 책임관념은 아니었다. 일본의 패전이 확실해진 1944년 봄 전범이 될 확률이 매우 높은 포로수용소장으로 좌천되었을 때, 그는 충칭重慶의 대한민국임시정부로 탈출하라는 주위의 권고를 받았으나 자신의 탈출이 일본군 안에 있는 한국인 장병과 기타 노무자에게 끼칠 보복을 두려워해서 인종忍從했다고 한다.

이 의미에서의 책임관념은 법적인 의미에서의 그것과는 차원을 달리할 뿐 아니라, 자신은 일본군의 간부층에 속해 있었음에도 불구하고 그 내면에는 항상 조국이라는 것을 생각한 일면을 엿볼 수 있지 않을까. 사실 그는 해방된 조국의 군인이 될 것을 고대하면서 전술을 연마했다고 한다. 그가 전범재판에 기소되었다는 소식이 전해진 1946년 2월 국내의 각 정당과 사회단체들이 남한 주둔 미군사령관이던 하지 중장을 통하여 극동지역 연합군최고사령관 더글러스 맥아더 원수에게 그의 사면진정서를 제출했던 것은, 그가 단순히 한국인이었기 때문이 아니라 실로 그가 신생 한국에서 필요한 인물이라고 믿었기 때문이었다. 그러나 일본인 부하들의 포로에 대한 잔학행위 자체가 용서받을 수 없는 죄악이었고 이에 대해 그는 책임을 지지 않으면 안 되었다.

1. 조국의 간성干城이 되려고

홍사익은 1889년 3월 4일 경기도 안성安城 중심에서 10리쯤 벗어난 안성시 대덕大德면 소현蘇峴리에서 홍이유洪理裕의 2남 1녀 중 막내로 태어났다. 그의 일본 육사 시절 한국인 동기생들의 사진첩인 '사막천沙漠泉'에 기축생己丑生(1889년)으로 되어 있는데, 한편 1941년에 발행된 『대중인사록大衆人事錄(북지편北支篇)』에는 1890년 7월 출생으로 되어 있다. 일본의 옛 군대조직에 밝은 하타 이쿠히코秦郁彦는 그의 출생 연월일을 1890년 3월 4일이라고 명기했으나[2], 역시 유족들이 증언하고 있듯이 남양南陽 홍씨 족보에 기재된 대로 1889년 3월 4일이 옳다고 생각된다. 근래 작가 이원규李元揆 씨가 공들여 어렵게 찾아낸 '한국 육군무관학교 유학생 명부'[3]에는 홍사익의 연령을 서양식으로 20년 5월이라고 기재했는데[4], 이에 따라 출생 연월을 계산하면 1889년 2월 혹은 3월 초가 된다.

홍사익의 집안은 조선왕조시대에 많은 문관을 배출한 이른바 명문집안이었지만 그가 출생할 당시에는 빈농의 처지로 완전히 몰락했다. 그는 어릴 때 부친을 여의고 19살 많은 형님의 보살핌 속에 자랐는데, 특히 유교경전을 힘써 읽고 깨우쳐서 마을에 칭찬이 자자했다. 그는 뒷날 육군사관학교 유학시절에 뛰어난 학과성적과 더불어 한학에 대한 소양 때문에 일본인 동기생들에게 깊은 인상을 남겼다.

홍사익은 16세가 되던 1904년 가을에 마침 설립된 육군유년학교에 입교했다. 군인으로 입신하려 한 것이었다. 당시 조선의 국내외 위기는 크게 고조되어 이미 비탈길에 서 있었고, 유일한 관리 등용문인 과거제도

---

2 『일본육해군총합사전』, 도쿄대학출판회, 1991.

3 1909년 7월 30일 작성.

4 이원규, 『마지막 무관생도들』, 푸른사상, 2016.

도 10년 전에 폐지되었으므로 군인이 되는 이외에 다른 길이 없었다. 더욱이 이미 청일전쟁을 체험하고, 바야흐로 러일전쟁이 한창 진행 중에 있었던 당시로써는 군인이라는 직업이 유망한 것으로 느껴졌을 법도 하다.

당시 유년학교는 학도대 3개 중대로 매 중대 1백 명이었는데, 수학기간은 3년이었다. 그리고 졸업 학도 중 무관학도가 될 만한 자는 교성대敎成隊에서 6개월 이내의 대부隊附 근무를 거쳐야 했다. 당시 학도들이 부르던 유년학교 군가가 남아 있는데,

태극조판太極肇判하온 후에 해우동방海隅東方 삼겨셔라
아我 태조太祖 창업 흐샤 열성지덕列聖之德 누리셨다.

로 시작하여

일지승혜日之昇兮 월지항혜月之恒兮 황상성수皇上聖壽 무극無極흐샤
천세천세千歲千歲 천천세千千歲요 만세만세萬歲萬歲 만만세萬萬歲라

하듯 황실 찬양가였다. 소년들에게 국체國體관념을 주입시킬 목적으로 작사된 것이 분명하다. 유년학교 교육은 현재의 중학교 초급반 정도의 것으로 특기할 만한 것은 없었으나 러일전쟁 초기에 일본군을 따라 종군했던 일본 육사 출신 청년장교들이 학도들에게 깊은 인상을 남겼다고 한다. 당시 이갑, 유동열, 박영철, 김기원, 남기창 등이 한동안 유년학교 교관 혹은 학도대 구대장區隊長으로 정열을 쏟았다.

홍사익이 유년학교에 재학한 3년간은 대한제국의 명운命運이 돌이킬 수 없는 국면으로 기울던 때였다. 그간 일본이 강요한 을사조약의 체결로 통감부가 설치되어 이토 히로부미가 통감으로 부임해왔다. 그는 조약에 규정된 외교권뿐 아니라 사실상 나라의 전권을 박탈해 갔으며, 1907년 여름에는 서울과 지방의 모든 군대를 강제로 해산시켰다. 이 같은 상

태에서 군부와 육군법원, 시종무관부, 그리고 무관학교는 존속되었는데 홍사익이 무관학교에 진학한 것은 바로 군부가 커다란 진통을 겪고 난 뒤였다.

군대해산 직후인 이해 8월 하순 무관학교 직제가 개정되어 3년 과정에 학도[5]를 매년 25명 정도 모집하기로 결정되었다. 이것은 종전의 입학 정원에 비해서 크게 줄어든 것인데, 홍사익은 북일영北一營에서 시행된 두 차례의 입학시험에 통과하여 이해 가을 무관학교에 입교했다. 비록 군인으로서의 장래는 밝은 편이 아니었으나, 그래도 신임 교장 노백린 정령이나 생도대장 권태한權泰翰, 부관 이기옥李基鈺, 교관 김교선, 김홍남金鴻南, 강용희, 김희선 등 일본 육사 출신 청년장교들의 존재는 한 가닥 희망을 주기도 했다.

그러나 1908년 5월 말에 그들의 우상인 노백린이 교장직을 사임하고 군부를 떠나게 되자 생도들은 크게 실망했다. 하루는 노백린이 생도 전원을 학교 서북쪽 송림松林에 모아놓고 푸짐한 회식연을 마련하여 생도들을 기쁘게 했는데, 그는 식사가 끝나자

"제군! 국내 정세가 나를 이렇게 제군과 같이 있는 것을 더 이상 허락하지 않아 부득이 나는 학교를 떠나게 되었다."

고 선언하는 바람에 생도들은 깜짝 놀랐다.[6] 노백린의 후임에는 이희두李熙斗 참장이 취임했다.

그 후 국운은 급속히 기울어갔다. 그러던 중 마침내 1909년 7월 30일을 기해서 군부폐지칙령으로 무관학교는 폐교되고 말았다. 일본 측의 강압적인 지시 아래 단행된 것은 물론이다. 당시 홍사익은 2학년 재학

5 이때 생도로 호칭이 바뀌었음.
6 이응준李應俊, 『회고 구십 년』, 산운기념사업회, 1982, 61~62쪽.

중이었다.

2. 대한제국의 유복자遺腹子가 되어

다만 무관학교 폐교와 동시에 한국 정부와 일본 정부 사이에는 사관 양성을 일본 육사에 위탁하기로 합의가 이루어졌다. 이에 따라 폐교 당시의 생도들을 선발하여 국비생으로 일본에 보내기로 했는데 당시 소양시험과 신체검사를 담당한 사람이 무관학교에 감독 장교로 파견 나와 있던 오구라 유사부로小倉祐三郎 대위였다. 그는 공경公卿 출신의 자작 집안에서 출생하여 뒤에 니시요쓰쓰지 기미나리西四辻公照[7] 자작의 양자로 들어가 니시요쓰쓰지 긴타카西四辻公堯[8]로 개명한 인물인데, 20년 뒤 한국 근무 중에 소장으로 명예진급, 예편되는 등 한국과는 깊은 인연을 맺게 된다.

당시 생도들 가운데는 일본 교관 앞에 불려가 면접시험을 치르는 것을 기피하여 결국 선발에서 탈락된 사람도 있었다. 홍사익을 포함한 18명 내외의 동기생들이 소양시험에 합격한 다음 신체검사를 받았다. 이 밖에 1학년에 재학 중이던 25명 내외의 생도들이 역시 소정의 절차를 마친 다음 이해 8월 4일 도합 44명에 대한 유학이 결정되었다. 이들은 9월 3일 모국을 출발했다.

유학생들은 일본에 도착하자 곧 예정된 대로 도쿄 중앙유년학교 예과에 입학했다. 이 학교는 육군사관학교 예과에 해당했는데, 홍사익은 동기생들과 함께 예과 3학년에 편입했다. 그리고 그의 1년 후배들이 2학년에 편입되었음은 물론이다. 그들 모두는 한국이 병합될 때까지 1년 동안은 '한국 학생반'에 편성되었는데, 다만 교육 훈련은 일본 학생과 똑같았

---

7 니시쓰쓰요지 '긴나리'라고도 함.
8 통칭 구교.

다. 또한 그들은 복장에 있어서도 일본인과 같았으나 금장襟章빛깔만은 일본인의 빨간색에 비해 분홍색이었다. 사실 이것이야말로 대한제국의 건재를 표시하는 상징이기도 했다.

그들은 입교 직후 발생한 안중근 의사의 이토 전 통감 암살로 일본 교관들로부터 '간韓고로'라는 욕설을 듣기도 했었다. 더욱이 입교 후 채 1년이 되지 않은 1910년 8월 하순에는 망국의 비극을 맛보게 되었다. 이때 홍사익은 예과를 마치고 막 본과에 들어갔을 때였다. 그들은 조국의 병합 소식에 비분강개하여 요코하마横浜의 어떤 요정에 모여 밤새도록 통탄하면서 자신들의 거취를 논의했다고 한다. 하지만 결국은 이왕 군사 교육을 배우러 온 것이니 배울 것은 끝까지 배운 뒤 장차 중위쯤 되는 날에 군복을 벗어던지고 조국 광복에 일제히 궐기하기로 맹세했다고 한다. 한편 병합으로 즉각 '한국 학생반'은 폐지되어 그들의 금장은 빨간색으로 바뀌었으며 일본 학생들과 섞이도록 새로운 구대區隊배치를 받았다.

홍사익은 1912년 5월 유년학교 본과를 졸업하고 사관후보생으로서 도쿄 제1사단 예하 보병 제1연대에서 6개월간의 대부 근무를 했다. 유년학교 본과 졸업성적이 한국인 동기생 13명 중 수석을 차지했고 상으로 일본국 황태자상에 해당하는 은시계를 받았다. 그는 이 근무를 마친 뒤 이해 12월 제26기생으로 육사에 입교했다.

당시 육사의 수업연한은 1년 6개월이었다. 그것은 유년학교 본과 2년을 육사의 예과과정으로 계산했기 때문이다. 유학생들은 일본인 동기생들보다도 평균연령이 조금 더 높았고 더욱이 조국의 병합에 자극을 받아 학습에 열중했다고 한다. 그중에서도 홍사익은 이응준과 더불어 줄곧 20번대를 유지하는 좋은 성적을 올렸다. 홍사익은 1914년 5월 28일 보병과 학생 471명 중 22번으로 육사를 졸업했는데, 유학생 가운데는 수석이었다. 유학생 중 차석인 이응준은 26번[9]이었다.

---

9 32번이라는 설도 있음.

홍사익은 육사를 졸업한 뒤 원대原隊인 도쿄 아카사카赤坂 보병 제1연대에서 6개월간 견습사관으로 교육훈련과 숙직근무에 종사했다. 그런 다음 이해 12월 20일 보병소위에 임관되었는데 당시 급료는 월봉月俸 43원 50전이었다. 견습사관의 수당인 월 4원 50전의 10배에 달하는 금액이었다. 당시 일본군의 규칙으로는 초급장교는 최초 2년간은 영내에서 거주하게 되어 있었으므로 그는 한동안 부대 근무에만 정열을 쏟았다.

그가 임관된 것은 시기적으로 일본이 제1차 세계대전에 참전한 직후였다. 이때 일본군은 중국 칭다오에 출병하여 그의 동기생 이청천李靑天은 소속 부대인 제10사단을 따라 전선에 나가기도 했다. 몇 해 뒤 일본은 러시아의 공산혁명 정권이 시베리아 지방에까지 세력을 뻗치지 못하도록 시베리아에 군대를 파견했는데 그의 동기생들인 이응준, 염창섭廉昌燮 두 중위가 그 선발대의 일원으로 블라디보스토크에 가기도 했다. 그러나 홍사익은 계속 도쿄에서 부대근무에 열중했다.

당시 도쿄 제1사단에는 그와 이응준, 그리고 1년 후배인 윤상필尹相弼, 3년 선배인 김광서金光瑞가 근무하고 있었다. 즉 이응준은 보병 제3연대, 윤상필은 기병 제15연대, 김광서는 기병 제1연대 소속이었다. 그들은 같은 사단 내에 근무하고 있어서 저절로 접촉할 기회가 많았으므로 한국인 장교들의 친목단체를 만들자는 의견이 모아졌다. 그리하여 1916년 12월 동기생들의 정의情誼를 두텁게 하자는 취지에서 전의회全誼會를 결성했다. 회장으로는 김광서를 추대하였는데, 실제 사무는 홍사익이 주로 맡아 처리했다. 전의회에서는 회원들의 소식을 알리는 회보를 발간하기도 했다.

그 이듬해 6월에 대한제국의 마지막 황제였던 순종[10]이 일본 천황을 만나기 위해 도쿄에 왔다. 본래 그는 1915년 4월의 다이쇼大正 천황 즉위식에 참석할 예정이었으나 이런저런 사정으로 보류되어 오다가 이때 가까

---

10 당시 호칭은 창덕궁 이왕李王.

스로 실현된 것이었다. 하세가와 조선총독이 수행한 그의 일본 방문은 당시 큰 뉴스거리였는데, 이때 도쿄에서 근무하던 한국인 장교들에게 특별히 순종 배알의 기회가 주어졌다. 그들이 일제히 거수경례를 하자 육군대장 정복차림을 한 순종은 나직한 음성으로 "잘 있었느냐"고 응대한 뒤 일일이 악수를 했다고 한다.[11]

3. 장래를 보장받다

1919년에 일어난 3·1운동은 홍사익에게 큰 충격을 주었다. 그간 고국의 백성들이 헌병경찰정치에 짓눌려 신음하고 있다는 이야기는 익히 들어서 알고 있었으나, 3·1운동에 자극을 받은 그의 선배 김광서 중위와 동기생 이청천 중위, 1년 후배인 이종혁李種赫 중위 등이 소속 부대를 탈출하여 만주로 망명했다는 소식을 듣자 그는 자신의 거취 문제를 놓고 고민하지 않을 수 없었다. 병합 당시의 약속대로라면 중위로 진급한 지난해에 예편했어야 옳았을 것이다. 사실 그의 동기생 조철호趙喆鎬 중위는 이 약속을 지켰다. 그는 지난해 예편하여 그간 평북 정주定州에 있는 오산五山학교 교원으로 취직했다가 이번 3·1운동 때 학생들을 자극 선동했다는 혐의로 일본헌병대에 구속되기까지 했다.

그러나 홍사익은 일본군에 계속 남기로 결심했다. 그가 후일 그의 육사 후배인 이형석李炯錫에게 변명 비슷하게 한 말에 의하면 넉넉지 않은 집안 살림이 마음에 걸렸기 때문이라는 것이다. 어찌됐든 그는 3·1운동이 일어난 그해 6월 육군성 인사국으로 전보되어 군인으로서의 장래에 서광이 비치기 시작했다. 더욱이 그 이듬해 12월에는 약 10대 1의 경쟁 시험을 뚫고 제35기생으로서 육군대학교에 진학했다. 당시 입학생은 영

---

11 이응준, 『회고 구십 년』, 산운기념산업회, 1982, 91쪽.

친왕 이은 중위를 포함하여 모두 72명이었는데 육사 제26기생은 홍사익까지 합쳐 12명이었다. 당시 육군대학교 교장은 우가키 가즈시게宇垣一成 중장으로 뒤에 몇 차례 육군대신을 거쳐 조선총독을 역임했다. 일본 육군의 최고 학부이자 동시에 엘리트 코스인 육대陸大에 한국 민간인 출신으로 입학한 것은 그가 처음이자 마지막이었다. 그의 한국인 동기생들이 그 후 대좌 이상 진급할 수 없었던 데 비해 그가 중장까지 진급했던 것도 사실 여기에 근본적인 원인이 있었다.

다만 그의 육대 입학을 둘러싸고 몇 가지 엇갈린 얘기가 전해지고 있다. 그중 하나는 그의 입학이 영친왕의 이른바 '어학우御學友'로서 군부 당국에 의해 사전에 이미 예정된 것이라는 견해이다. 그러나 다른 견해에 의하면 그가 육대 입학 최종시험再審에 합격했을 때 이에 놀란 육군성 인사국장이 당시 육군대신인 다나카 기이치田中義一 대장에게 이 사실을 보고하자, 다나카는 태연한 표정으로 "일본제국 육대에 한국인 학생 한 사람쯤은 괜찮다"고 이야기했다는 것이다. 그렇다면 고위층에 의한 사전 예정설은 사실과 다른 것일까? 다만 다나카 대신의 이야기라는 것도 그대로 믿기 어려운 데가 있다. 왜냐하면 육대는 편제상 참모본부 직할이므로 육군성과는 직접 관계가 없기 때문이다. 따라서 만약 홍사익의 입학이 문제가 되었다면 그 논의는 당연히 참모본부 총무부장과 참모총장 사이에서 진행되었을 터이다.

홍사익은 3년 동안 육대에서 공부했다. 그는 재학 중 1922년 봄에는 교장 인솔하에 한국을 경유하여 만주로 전사戰史여행을 하기도 했고, 1923년 10월에는 간사[12]의 지휘 아래 나고야名古屋, 도요하시豊橋 등지로 참모연습 여행을 했다. 이 여행은 졸업반의 현지 전술연습이었는데 학생들이 군사령관 이하 각급 지휘관·참모직을 할당받아 갑·을甲乙 2개의 조로 나뉘어 대항연습을 하게 되어 있었다. 무엇보다도 그에게 감동적이

---

12 부교장 격.

었던 것은 영친왕이 군사령관직을 맡아 훌륭하게 임무를 수행한 점이다. 홍사익은 이 여행을 마치고 이해 12월 육대를 졸업했다. 당시 국내신문에서는 영친왕의 졸업소식을 전하면서 72명의 졸업생 중 홍사익이 낀 것이 하나의 '이채異彩'라고 평하였다.[13] 이제 군인으로서의 그의 장래는 일단 보장받은 것이나 다름없었고, 그는 깔아놓은 레일 위를 달리기만 하면 될 것이었다.

육대 졸업 후 홍사익은 다시 원대인 보병 제1연대로 돌아왔다. 그리고 이듬해인 1924년 3월에는 대위로 승진하여 중대장직을 맡았다. 이즈음 영친왕과의 교제가 점점 깊어갔다. 당시 일본 궁내성 종질료宗秩寮의 결정에 따라 비공식적인 경우에 한해서 창덕궁 와카미야若宮 전하로 호칭되던 영친왕은 그보다 8세 아래였으나 육사에서는 3년 후배였고 육대에서는 동기였다. 영친왕은 육대 재학 중인 1923년 7월 대위로 승진하여 당시 원대인 근위사단 예하 근위보병 제2연대에서 중대장으로 근무했다. 그는 1926년 이복형인 순종이 승하하자 이왕李王직을 세습하였는데, 이해 6월 10일에 거행된 국장 예식에 참석하기 위해 참모본부 배속 외에 일시 조선군사령부 배속 겸무 발령을 받았다. 이때 홍사익이 그를 따라 잠시 고국에 돌아와 체류했음은 물론이다.

이보다 앞서 중대장직을 마친 홍사익은 1925년 5월 권위 있는 참모본부 근무 발령을 받았다. 1926년 3월 정식부원이 된 그는 참본參本 제4부 내국전사과에 소속되어 전사戰史편찬에 종사했다. 그리고 1929년 8월 소좌로 진급과 동시에 도쿄 아자부麻布에 있는 제1사단 예하 보병 제3연대 제3대대장으로 발령을 받았다. 당시 연대장은 유명한 나가타 데쓰잔永田鐵山 대좌였는데, 1년 뒤 그 후임으로 야마시타 도모유키山下奉文 대좌가 부임해 왔다. 홍사익은 15년 뒤 필리핀방면군 병참감兵站監·

---

13 『동아일보』, 1923년 12월 3일 자.

자활감부장自活監部長[14]으로서 동 방면군 사령관[15]인 야마시타와 함께 패전을 맞게 될 뿐 아니라 함께 전범재판에 회부되어 모두 교수형을 받게된다.

홍사익이 보병 제3연대에 근무할 때 천황의 동생 지치부노미야 야스히토秩父宮雍仁 친왕親王이 동 연대 소속으로 육대에 재학 중이었는데 홍사익을 가리켜 "조선을 대표하는 걸물傑物"이라고 극찬했다는[16] 것으로 미루어 볼 때 그에 대한 평가가 높았음을 알 수 있다. 실제로 제3대대 소속 위관급 장교들 중에는 그의 인품과 특히 한학漢學 소양에 깊은 감명을 받은 사람도 있었다. 이를테면 1936년 청년장교들에 의해서 일어난 쿠데타였던 2·26사건 때 주모자의 한 사람으로 급기야 형장刑場의 이슬로 사라진 안도 데루조安藤輝三 대위만 해도, 당시 3대대 소속 중위로 대대장 홍사익에게 군인의 국가관과 사생관死生觀에 대해서 질문하곤 했다는 것이다. 그때마다 홍사익은 유교경전을 인용하면서 이 열혈熱血 장교의 훈도薰陶에 노고를 아끼지 않았다고 한다.[17]

4. 만주에서의 특수 임무

보병 제3연대에서 2년 근무한 뒤 1931년 8월 지바千葉현에 있는 육군보병학교 교관으로 전직된 홍사익 소좌는 1933년 4월 뜻밖에 만주로 전출 특명을 받았다. 일본의 만주침략이 일단락을 고하고 있던 이 시기에 그에게 주어진 보직은 신경新京[18] 소재 관동군사령부 부附라는 것이었다.

---

14 중장.
15 대장.
16 아시자와 노리유키芦澤紀之, 『새벽의 계엄령曉の戒嚴令—安藤大尉とその死』, 도쿄: 후요쇼보芙蓉書房, 1975, 55~56쪽.
17 아시자와 노리유키, 위의 책, 57~59쪽.
18 현 창춘長春.

1931년 가을에 만주사변을 도발한 관동군이 괴뢰국인 만주국을 세운 지 1주년을 기념할 때였다.

그 당시 관동군의 비중이나 인기는 매우 높아졌을 때였으므로 중견장 교들은 관동군 사령부 근무를 열망하고 있었다. 그의 육사 동기생 중에 서도 수재로 꼽힌 몇 명은 이미 관동군 참모부에서 근무하고 있었다. 이 를테면 제2차 세계대전 중에 군수성 항공병기총국장[19]이 된 엔도 사부 로遠藤三郎 중좌는 제1과[20]에서 고급장교로, 또한 1944년 여름 버마(미얀 마) 임팔 정략군의 사단장[21]직에서 전격적으로 해임되면서 유명해진 야나 기다 겐조柳田元三 중좌는 제2과[22]에서, 그리고 뒤에 흥아원興亞院에서 홍 사익과 함께 근무하게 된 시오자와 기요노부鹽澤淸宣 중좌는 제3과[23]에 서 각기 관록을 쌓고 있었다. 홍사익이 관동군에 발탁된 것도 육대 출신 의 학업 우수자라는 점이 우선 고려되었기 때문임이 틀림없다. 하지만 군의 상층부에서는 이에 못지않게 그의 온화하고 자상하며 침착한 성품 을 높이 평가한 듯하다. 원주민인 만주족을 비롯해서 중국·몽골·일본· 한국인 등 여러 민족 간의 이해관계가 복잡하게 얽혀 있는 만주에서는 무엇보다도 유연한 조정 능력이 필요하다고 판단했을 것이다. 그러나 한 국 출신인 그가 담당한 분야는 작전이나 첩보 혹은 인사와 같은 본연의 참모 업무는 아니었고 관동군의 만주국 군정부에 대한 연락장교와 같은 특수한 것이었다.

관동군은 만주국을 세운 뒤 신생 만주국을 실질적으로 지배하기 위해 서 다수의 장교를 만주국 군정부에 고문 자격으로 파견하고 있었는데, 홍사익이 관동군 참모부 인사과장 하라다 구마키치原田熊吉 대좌로부터

---

19 중장.
20 작전과.
21 중장.
22 첩보과.
23 인사과.

받은 직책이 바로 이 군정부 고문직이었다. 당시 이 군사고문단에는 최고고문 다다 하야오多田駿 소장을 비롯하여 수십 명의 좌관 및 대위급 장교들이 소속되어 있었는데 한결같이 과거 특수공작 업무에 종사한 경험이 있는 자들이었다. 1934년 3월 현재의 '관동군직원표'에 의하면 이 고문단에는 소장 1명, 대좌 3명, 중좌 5명, 소좌 21명이 있었는데 홍사익 소좌의 전체 서열은 제14위였다.[24]

군정부 고문으로서 홍사익이 맡은 일은 펑톈奉天[25]에 있는 중앙육군훈련처[26]에서 간부훈련을 지도하는 일이었다. 당시 일본 군부는 간부의 개조야말로 '잡군'인 만주국 군대 개조의 기초가 된다고 판단했었다. 무엇보다도 만군滿軍개혁이 절실했던 것은 이를 관동군에 종속시켜 대중국對中國·몽골작전에 이용하기 위해서였다.[27]

당시 군정부 고문직은 일반적으로 인기가 없는 자리였던 것 같다. 실제로 관동군 참모부에서는 고문단을 경시하는 경향마저 있었는데, 가령 만주사변 공적조사위원회에서는 "군정부는 후방근무"라고 해서 그 대상에서 제외시킬 정도였다. 홍사익의 육대 시절 병학兵學교관[28]이었던 군정부 최고 고문 사사키 도이치佐佐木到一 소장이 회고했듯이 군정부는 실로 '불유쾌한 공기'였고 요컨대 그들의 '수난시대'였다는 것이다.[29]

그러던 중 홍사익은 1934년 8월 중좌로 진급하였고 그해 12월에는 관

---

24 고바야시 다쓰오小林龍夫, 시마다 도시히코島田俊彦, 이나바 마사오稲葉正夫 편,
    『속·만주사변續·滿洲事變』, 도쿄: 미스즈쇼보みすず書房, 1965, 990쪽(『현대사자
    료現代史資料 11』).
25 현 선양.
26 군관학교의 전신.
27 전에 필자는 홍사익의 군정부 고문으로서의 임무가 관동군이 호칭한 이른바 '공산
    계불령선인단共産系不逞鮮人團'의 분쇄 내지는 전향공작과 관련이 있는 것이 아닐까
    생각하였으나, 현재까지 이를 뒷받침할 만한 자료를 찾지 못하였음.
28 병요지지兵要地誌 담당.
29 『사사키 도이치佐々木到一 저, 『어떤 군인의 자전ある軍人の自伝』, 도쿄: 게이소쇼보
    勁草書房, 1967, 226쪽(『중국신서中國新書 6』).

동군 참모부 제3과로 전임되었다. 그는 1936년 8월 육군보병학교 주사 겸 교관으로 일본에 돌아갈 때까지 이곳에서 한국인 관계 사무를 담당했다. 당시 관동군은 조선총독부 관계당국과 더불어 한국인의 만주이민 계획을 추진하여 1934년 이후 만주국에 이민 오는 한국인 수가 격증했는데, 관동군으로서는 이들 재만在滿한국인의 규합과 조직을 서둘러야 할 필요가 있었던 것이다. 관동군사령부의 '재만조선인 지도요강'이니 혹은 '선농鮮農취급요강'이니 하는 것이 작성된 것도 이때의 일이었다.

홍사익 중좌는 교민단체인 전만조선인민회全滿朝鮮人民會연합회를 통하여 교민僑民들과 접촉하면서 한국인 농민부락의 생활 개선에 주력했다. 당시 모범적인 한국인 집단부락은 창춘현長春縣 만보산萬寶山의 부락과 더불어 이통현伊通縣 고유수孤榆樹의 부락이었는데, 그는 관동군 당국을 대표하여 만주국 담당 관리들과 함께 여러모로 그 생활 개선을 지원했다. 농무계農務契를 조직한다든지 학교경영을 개선한다든지, 혹은 부업을 장려했다. 때때로 그는 조선인민회 주최 각종 간담회에 참석하여 연설하기도 했다. 홍사익의 육사 1년 후배인 윤상필尹相弼 소좌가 그간 전역하여 만주국 정부에서 척간拓墾 분야의 고위 관리가 되었으므로 두 사람은 접촉하는 기회가 많았다. 이 밖에도 1920년대에 국내에서 언론계에 종사한 적이 있는 진학문秦學文이 그간 남미로 이민을 갔다가 돌아와 만주국 국무원 참사관으로 재직하고 있어 홍사익은 그와도 접촉하곤 했다.

5. 상하이에서의 특수 임무

1936년에 발생한 이른바 2·26사건의 여파로 일본 육군에는 대대적인 숙군肅軍 바람이 일었다. 도쿄의 한복판을 점거한 젊은 장교들의 이 반란사건에 직접 간접으로 관여한 중앙 근무자들이 예편되거나 혹은 지방으로 내몰림에 따라서 관동군사령부의 간부들이 대거 중앙의 요직을 차지하게 되었다. 홍사익도 이 같은 물결에 휩쓸려 이해 8월 일본 본토로 전임되었다. 만주의 교민사회에서는 그의 공적을 치하하여 8월 11일 신경 야마토호텔[30]에서 송별회를 열어주었고 다시 공회당에서 일반 교민의 송별회를 개최, 그에게 기념품을 선사하기도 했다.

그는 3년 반 만에 본직인 보병학교 교관으로 되돌아왔다. 다만 그간의 경력을 인정받아 그는 교관에 주사主事직을 겸했고, 1937년 11월에는 군견軍犬 육성소장직을 겸했다. 당시 일본 육군은 군견의 필요성에 착안, 보병학교에 이를 길러 훈련시키는 시설을 운영했다.[31] 그러나 그가 중견 간부로 성장함에 따라 점점 식민지 출신이라는 핸디캡이 따라붙기 시작하면서 좋은 보직을 얻기가 어려워졌다. 영친왕은 1935년 8월의 정기이동 때 대좌로 진급하여 연대장이 되었으나 그의 육사 3년 선배인 홍사익이 이 계급에 진급한 것은 1938년 3월이었고, 연대장과 같은 지휘관 자리는 돌아오지 않았다.

일본의 육군조직에서 보병대좌가 맡을 수 있는 직책은 다양했다. 연대장 외에도 사단 참모장, 혹은 군사령부 참모, 육군성이나 참모본부 또는 교육총감부의 과장 내지 고급과원 등이 바람직한 직책이었으나 이 같은 자리는 끝내 그에게 주어지지 않았다. 그 대신 그에게는 관동군에서의 특수임무와 흡사한 성격의 자리가 맡겨졌다. 그는 대좌 승진을 10여 일 앞둔 1938년 2월 18일 중지中支[32]파견군 특무부원으로 전근되어 상하이로 왔다가 1939년 3월 흥아원 조사관이라는 보직을 받았다.

본래 흥아원은 1937년 중일전쟁이 일어난 이래, 일본이 점령지 중국의 행정이나 경제상의 여러 문제를 처리하기 위해 내각 직속의 전문기관으로 1938년 12월에 설치한 중국 문제의 일대 전관專管기구였다. 이 기구는 외무성과 업무상 마찰을 빚다가 제2차 세계대전 기간 중 대동아성

---

30 현 창춘시 춘의빈관春誼賓館.
31 한국군에서는 1966년 이래 군견훈련소를 운영함.
32 화중 지방.

大東亞省으로 개편되었지만, 당시 현지에서 대중국 교섭업무를 하고 있었다. 이것을 실행하는 것이 베이징 소재 화북연락부와 상하이 소재 화중華中연락부였다.

홍사익 대좌는 화중연락부에 배속되었다. 당시 그를 여기에 끌어들인 사람은 그의 육사 동기이며 관동군에서 함께 근무한 적이 있는 시오자와鹽澤 대좌였을 것으로 짐작되는데, 그는 그간 만주에서 관동군 헌병대 사령부 경비과장, 연대장, 펑톈 특무기관장을 거쳐 홍사익과 같은 날 중지파견군 특무부원이 되었다가 흥아원의 개원과 동시에 정무부 제2과장으로 전보되어 도쿄로 돌아갔다. 어떻든 간에 군 당국에서 볼 때 만주에서 특수 임무를 성공리에 수행한 홍 대좌야말로 상하이에 보낼 만한 적임자로 비쳤을 것이다.

당시 홍사익이 소속한 화중연락부가 당면한 커다란 과제는 그의 육사 및 육대 동기생인 가게사 사다아키影佐禎昭 소장이 끈질긴 공작 끝에 충칭에서 탈출시킨 왕징웨이汪精衛[33]를 도와 괴뢰정부를 수립하는 일이었다. 일본인들은 이것을 왕징웨이의 '화평건국운동'이라고 선전하였으나 이 계획은 어디까지나 일본 군부가 주도권을 잡고 있었다. 말하자면 만주국의 재판再版을 꾸미자는 것이었다. 그러나 이 운동을 추진하는 데 가장 곤란한 문제는 지난날 만주국에 있어서와 마찬가지로, 각 지역에 웅거하고 있는 친일괴뢰정권을 왕징웨이의 밑으로 끌어들여 통합하는 일이었다.

홍사익은 함께 조사관으로 발령받은 오노 다케지大野竹二 해군대좌와 더불어 상하이에 부임했다. 오노는 훗날 해군 군령부 정책반장이 되어 태평양전쟁을 준비하고 전쟁 중에는 소장으로 진급하여 군령부 제3부장, 해군성 인사국장이 된 인물로 정치적 감각이 매우 풍부한 장교였다. 그들이 부임했을 무렵에는 괴뢰정부 수립운동이 그 절정에 달하여 연일

---

33 왕자오밍汪兆銘.

구수회담이 열리는 등 부산한 움직임을 보였다. 마침내 1940년 3월 30일 '중화민국' 신정부가 난징에 환도하는 형식을 취하여 왕징웨이의 괴뢰정권이 들어섰는데, 이로써 화중연락부의 당면과제 중 하나는 달성된 셈이었다. 그의 동기생 가게사 소장은 왕汪 정부의 군사고문으로 취임했다.

그러나 홍사익의 임무는 이 같은 정치공작과는 아무런 관련이 없었던 것으로 보인다. 일반적으로 말한다면 그 같은 공작은 일본인 장교들로도 충분했으며, 굳이 한국 출신의 고급장교를 보낼 필요는 없는 것이다. 그가 조사관으로 받은 보직이 경제 제2국장으로 되어 있는데, 구체적으로 어떤 업무를 맡았는지는 알기 어렵다. 다만 철도 건설이 그 업무 중의 하나였던 것으로 짐작된다. 뒷날 총리에 오른 사토 에이사쿠佐藤榮作는 철도성 서기관으로 감독국 철도과장으로 있을 때인 1938년 9월부터 이듬해 6월까지 중국에 출장 가서 상하이에서 난징에 이르는 화중華中 철도를 건설하는 일을 추진했는데, 이때 그는 홍사익의 덕을 많이 보았다고 한다. 여담이지만 뒷날 홍사익의 미망인인 이청영李淸榮 여사가 1970년을 전후한 시기에 총리로 있던 사토를 예방하자 지난날 상하이 출장 시절에 홍사익과 맺은 정의情誼를 소중히 여긴 사토는 미망인에게 큰돈을 증여했다고 한다.

비록 홍사익이 상하이에서 특수공작에 종사하지는 않았다고 하더라도 상하이는 당시 한국인과 매우 인연이 깊은 곳이었다. 무엇보다도 그곳은 지난 20년 동안 한국임시정부가 있던 곳이었다. 중일전쟁이 일어난 뒤로는 그 근거지를 후난湖南성 창사長沙로 옮겼다고는 하지만 여전히 상하이는 한반도와의 연락중심지였다.

이 점과 관련하여 김명수金明水 씨[34]는 다음과 같이 증언한 바 있다. 김 씨는 당시 상하이에서 교민관계 일에 종사하였는데, 어느 날 홍사익 대좌가 야음을 타서 프랑스 조계租界 한구석에 병들어 누워 있던 무관학교

---

34 전 서울대 영문학과 교수로 캐나다 밴쿠버 체류 중 1985년 작고.

선배 오영선吳永善(1886~1939) 장군을 문병한 일이 있다고 한다. 오 장군은 경기도 고양 출신으로, 대한제국시대 육군무관학교를 졸업하고 신민회에 가입하여 활동했었다. 그는 1909년 도쿄물리학교에 재학 중 캐나다 선교사 그리어슨Robert Grierson 목사가 함경북도 성진에 세운 협신協信학교 교사로 초빙되었는데, 이때의 인연으로 뒤에 임시정부의 실력자가 된 이동휘李東輝 장군의 둘째 딸 이의순李義櫓(1891~1945)과 결혼했다. 그는 장인의 추천으로 국무원 비서장을 거쳐 1926~1930년에 임시정부 국무위원[35]을 역임하였다. 김 교수의 회상에 의하면 오 장군은 결국 신병 때문에 충칭에 가지 못한 채 1939년 3월 상하이에서 쓸쓸히 객사했다고 한다. 김구金九도 상하이의 오영선·이의순 내외와 그 자녀가 오영선의 와병으로 움직일 수 없어, 오영선이 연전에 죽었지만 상하이가 완전히 적[36]에게 함락된 마당에 더는 손을 써 볼 여지가 없었다고 회고한 바 있다.[37] 김 교수는 홍사익의 비밀방문이 그로서는 큰 모험이 아니었겠는가고 반문하고 있거니와, 어쨌든 이 사실만 보더라도 그가 당시 상하이의 교민 상황을 잘 파악하고 있었던 것만은 확실하다.

6. 북중국 타이항산太行山 전선에서 다시 만주로

홍사익은 홍아원 조사관으로 상하이에서 근무한 지 6개월 만인 1939년 9월 28일 자로 난징南京에 창설된 지나[38]파견군 총사령부 고요가카리御用掛로 전출명령을 받았다. 그는 이듬해 8월 1일 '루스留守' 제1사단사령

---

35 군무·외무부장.
36 일본군.
37 도진순 탈초·교감, 『정본定本 백범일지』, 돌베개, 2016, 451쪽(『백범일지』 원본 중 하권에 해당하는 내용).
38 중국.

부 부附가 되어 도쿄로 돌아오게 되는데, 난징에서 보낸 10개월간의 군대생활에 대해서는 거의 밝혀진 것이 없다. 일본이 이때 중국 전선에 총사령부를 설치하게 된 이유는 중일전쟁이 시작된 베이징에 처음으로 북지방면군을 설치한 이래 전선이 차츰 중국 전역으로 확대됨에 따라 상하이에 중지파견군을, 다시 광둥廣東에 남지파견군을 추가로 설치하였고, 그러다 보니 이 세 방면군을 통합 지휘할 필요가 생겼기 때문이었다. 더욱이 일본군 특무기관에 의해서 국민정부를 이탈한 왕징웨이를 수반으로 한 신정부 수립이 예정되어 있었으므로 더욱 서두르게 되었다.

하지만 홍사익이 총사령부에서 수행한 구체적인 업무내용이 무엇이었는지는 알 길이 없다. '고요가카리'라는 명칭 자체가 기관에 소속되어 어떤 일을 담당한다는 막연한 표현일 뿐이다. 다만 이즈음 그의 육사 동기생인 이응준 중좌가 북지방면군 사령부에서 한 일이 참고가 될 것으로 생각한다. 이응준은 서울 용산의 제20사단 예하 연대에서 근무하던 중 중일전쟁이 일어나자 부대를 따라 중국 전선으로 출동하여 베이징 서남쪽 산시山西성 일대에서 중국군을 상대로 격전을 치른 다음, 한동안 대민對民 선무宣撫공작에 종사하다가 1939년 1월 상급부대인 북지방면군 사령부로 파견명령을 받았다. 그는 여기서 북중국에 와 있던 일본인의 병사兵事업무를 다루는 한편 한국인 문제에 대한 자문에도 응했다고 한다. 당시 조선총독부 관리들이 베이징에 있는 일본 대사관 조선과로 파견 나와 한국인 문제를 다루고 있었는데, 그들은 때때로 이응준에게 업무상 의견을 구하기도 했다는 것이다. 그중에는 정상적인 직업이 없이 북중국 일대를 떠도는 한국인들을 집단농장에 정착시키려는 계획도 포함되어 있었다고 한다.[39] 그렇다면 홍사익의 경우도 파견군 총사령부의 입장에서 한국 교민 문제로 상하이에 주재하는 총독부 관리들과 일종의 협의·절충을 벌인 것이 아닐까 짐작되지만 구체적인 사항은 잘 알 수 없다.

---

39 이응준, 『회고 구십 년』, 산운기념사업회, 1982, 187~188쪽.

그가 중국에서 일본으로 귀환하여 도쿄 소재 '루스留守' 제1사단에 부임한 것은 전후 맥락으로 볼 때 대기직의 성격이 짙다. 집주인의 부재 중에 타인이 대신 집을 지킨다는 의미의 이 '루스' 제1사단은 제1사단이 1936년 북만주 소·만 국경과 가까운 쑨우孫吳로 출동한 이래 본래의 소재지에 특별히 설치한 부대였다. '루스'사단은 중일전쟁이 일어난 뒤 드문 현상이 아니었다. 홍사익이 도쿄의 '루스' 제1사단에 배속되기 2개월 전인 1940년 5월 하순, 도쿄 고노에近衛 사단 예하 고노에 보병 제2여단장 직에 있던 영친왕은 오사카 소재 '루스' 제4사단장 발령을 받았다. 당시 고노에 사단에 전선 출동명령을 내릴 예정이었는데, 영친왕의 신변을 걱정한 군 당국이 명목상의 영전 형식을 취해 '루스' 사단장으로 전보한 것이었다.[40] '루스' 사단은 주로 예비역 가운데 소집된 장교들을 주축으로 운영되었으므로, 야전부대에 비하면 규모가 축소된 한직이라고 할 수 있었다. 그런 만큼 장군 승진에 필요한 3년간의 대좌 복무기간을 거의 마쳐가고 있던 홍사익으로서는 다소간 초조한 마음으로 사태의 진전을 관망했을 것으로 짐작된다.

홍사익은 1941년 3월 1일 정기인사에서 육군소장으로 승진하여 보병 제108여단장에 보임되었다. 통칭 '스이隨'로 불린 이 여단은 중일전쟁이 일어난 직후인 1937년 9월 창설된 북지방면군 예하 부대로 베이징 서남쪽 교통의 요지인 스자장石家莊 남부 한단邯鄲의 조금 북쪽인 허베이河北성 싱타이邢臺현 옛 쑨더順德에 사령부를 두고 있었다.[41] 북지방면군은 9개의 전구戰區로 나누어진 중국 국민당정부의 항일전투지구 가운데 제1전구와 대치하고 있었는데, 전쟁 초기에 일본군이 점령한 곳이었으므로 주로 치안 확보에 주력하는 정도였다. 그러나 징한선京漢線 철도 서쪽은 네이멍구內蒙古 자치구에서 남쪽으로 허난河南성까지 이어지는 남북 길

---

40 사단장은 이른바 친보親補직으로 중장으로 보임하는 것이 원칙이었으므로, 영친왕은 이해 12월 초 승진기간을 앞당겨 중장으로 승진됨.
41 해방 당시 이 여단은 제주도 서귀포에 사령부를 두고 미군의 상륙에 대비했음.

이 약 600킬로미터, 동서 길이 약 250킬로미터에 달하는 타이항산맥이 뻗쳐 있어 일본군은 치안확보에 어려운 점이 많았다. 특히 타이항산맥의 남쪽 지구는 옌안延安에 본부를 둔 공산당의 팔로군八路軍이 황허黃河를 건너 침투하는 통로가 되어 타이항산맥을 중심으로 산시·허베이·허난 3성에 걸친 항일근거지가 구축되었다. 다시 말해 일본군은 등 뒤에서 유격전을 벌이는 팔로군 때문에 적지 않은 피해를 입었다. 일본군은 이 팔로군을 제압·소탕하기 위해 1939년 11월 타이항산맥 일대에서 동계冬季 작전을 벌였다가 독립혼성 제2여단장 아베 노리히데阿部規秀 중장이 도리어 적군의 유인전술에 말려들어 황토령黃土嶺에서 포위당한 채 박격포탄 공격을 받아 전사한 일까지 있었다.

장제스蔣介石는 1941년을 '승리 반공反攻의 해'로 명명하고 모든 전구에 대하여 대대적인 공세를 취할 것을 명령했다. 홍사익이 부임한 지 4개월 뒤 직속상관인 북지방면군 사령관으로 오카무라 야스지岡村寧次 대장이 부임해 왔다. 그는 홍사익의 대위 시절부터 줄곧 같은 곳에 근무하며 배려를 아끼지 않던 인물이었다. 오카무라는 홍사익이 참모본부 제4부[42]·제8과[43] 과원으로 있을 때 과장[44]이었고, 남들이 선망하는 관동군으로 전출될 때 사령부 참모부장副長[45]이었다. 어쩌면 그의 선발에 직접 관여했을 수도 있다. 또한 오카무라는 중일전쟁 초기 동방의 마드리드라고 불린 우한武漢 3진의 격전에서 장제스 군대의 주력부대를 압박한 제11군을 지휘했으며, 우한을 함락시킨 뒤 군사 참의관으로 전보되어 도쿄에 돌아왔다. 그는 대기 중 대장으로 승진하여 베이징에 부임했는데, 앞에서 보았듯이 이 기간 중에 홍사익도 도쿄의 루스 제1사단에 근무했으므로 두 사람 사이에 교류가 있었던 것은 거의 확실하다.

---

42 편찬부.
43 내국內國 전사과.
44 대좌.
45 소장.

공교롭게도 홍사익이 여단장으로 있을 때 좌파계통의 젊은 한국 독립 운동가들과 타이항산맥 기슭의 한 마을에서 총격전을 벌인 사건이 발생했다. 그 경위를 이해하려면 조선의용대의 초기 역사를 조금 살펴볼 필요가 있다. 중일전쟁이 일어나자 김원봉金元鳳을 따르는 젊은 한국인 좌파 투사들은 1938년 10월 최대의 격전지였던 후베이湖北성 우한에서 서둘러 조선의용대를 결성했으나, 곧이어 우한이 일본군에게 함락되면서 그 주력은 중국 국민당 지구에서 활동하게 된다. 다만 이때 일부 대원들은 옌안으로 이동, 그중 20여 명이 1941년 1월 타이항산맥의 팔로군 정치부 소재지에서 화북華北조선청년연합회를 결성하였다. 한편 국민당지구에 있던 의용대 주력은 충칭에서 1940년 9월 한국임시정부의 중앙군으로 한국광복군이 창건되자 상대적으로 의용대의 지위랄까 위상이 약화된 데다가, 1941년 1월 공산당의 신사군新四軍이 국민당군의 급습을 받은 사건[46]에 불만을 품고 1941년 봄 80여 명의 대원이 팔로군 지구를 향해 북상北上을 시작했다. 이때 대원들은 집결지인 뤄양洛陽에서 북쪽으로 화북지방에 들어가 6월에 타이항산맥의 팔로군 근거지[47]에 도착했다. 이들은 이곳에서 이미 화북조선청년연합회를 꾸미고 있던 동지들과 합세하기로 의견의 일치를 본 뒤 중일전쟁이 일어난 4주년을 기념해 7월 7일 조선의용대 화북지대로 개편 통합했다. 당시 대원은 140여 명으로 그다지 큰 규모는 아니었다.

이즈음 중국 국민당과 공산당 세력의 국공합작國共合作에 금이 가기 시작하여 팔로군은 가급적 일본군과의 정면충돌을 회피하는 경향이 노골화되었다. 그것은 장차 국민당 중앙군과의 무력대결을 예상하고 병력을 최대한 보존하려는 속셈에서였다. 조선의용대 화북지대는 스스로 중국 공산당으로부터 독립된 국제지원부대라고 자부했으나, 실제로 팔로군

---

46 이른바 환남사변晥南事變.
47 산시성 동남부.

의 재정적 지원과 작전지도를 받았으므로 팔로군의 정치노선에 따라 이른바 무장선전 활동에 치중할 수밖에 없었다. 즉 일본군의 경비가 소홀한 초소라든가 열차·공장·광산들을 습격한다거나, 혹은 철도·도로·교량·통신시설을 파괴하는 등 일본군의 후방 교란활동에 나섰다. 같은 해 12월 2일부터 의용대원 20여 명은 허베이성 싱타이 부근 위엔시현元氏縣 후자장胡家莊 마을에서 주민을 상대로 좌담회 혹은 군중집회를 열고 있었는데, 제108여단은 현지 중국인 첩자의 제보를 받고 이를 주시해 오다가 12일 새벽 병력 300명을 동원하여 박격포 사격을 가하면서 후자장 마을 포위작전을 전개했다. 다행히 팔로군 4, 5백여 명이 엄호해 준 덕분으로 대원들은 가까스로 포위망을 벗어나는 데 성공했으나, 5명의 대원이 전사했고 대장 김세광金世光은 팔 하나를 잃었으며, 분대장 김학철金學鐵[48]은 다리 한쪽을 잃고 포로가 되었다.

김학철은 스자장의 일본군 헌병대로 넘겨진 뒤 치안유지법 등을 위반한 죄목으로 나가사키長崎형무소에서 복역하던 중 해방이 되어 풀려났다. 작가가 되기로 결심한 그는 중학교를 다닌 서울로 와서 1년 동안 문학수업에 열중했고, '조직'[49]의 지령에 의해 월북하여 『노동신문』 기자로 활동했다. 다만 그는 북한체제를 비판한 기사 때문에 어려움을 겪던 중 6·25전쟁이 일어난 1950년 가을 베이징으로 가서 본격적인 문학 공부를 시작했다. 그 뒤 1952년 그는 옌벤延邊에 조선족 자치주가 신설된 것을 계기로 이곳에 정착하여 창작생활에 들어갔다. 자전적 장편소설인『격정시대』·『항전별곡』·『태항산맥』 등은 항일 빨치산문학의 백미白眉로 평가받고 있으며, 자서전『최후의 분대장』은 후자장전투를 널리 알리는 데 결정적 역할을 했다. 그는 의용대원들이 자기들과 싸운 일본군 여단장이 한국인 홍사익 소장임을 잘 알고 있었다고 회고했으며, 또한 걸을 수 없

---

48 1916~2001, 본명은 홍성걸洪性杰.
49 독립동맹의 후신인 조선신민당인 듯.

는 포로 신세가 된 자신을 들것에 실어 목숨을 건지게 한 것도 다름 아닌 일본군 퇴각부대였다고 시인했다.

북지방면군이 타이항산맥의 팔로군 근거지에 대해 대대적인 소탕전을 전개한 것은 1942년 5월의 일이었다. 이때 일본군 2만 명이 팔로군 총부總部를 포위하자 조선의용대 30여 명이 펑더화이彭德懷 등 수뇌부의 철수를 엄호하려다가 윤세주尹世胄[50] 등 간부들이 전사했다.[51] 그러나 이 대작전이 시작되기 직전 홍사익은 타이항산맥의 여단사령부를 떠났다.

홍사익은 1942년 4월 17일 자로 만주 지린성 화이더현懷德縣 소재 공주령公主嶺학교로 전출 특명을 받아 처음에는 동교 부附, 뒤에 간사[52]로 근무했다. 그는 6년 만에 만주로 되돌아왔다. 이 학교는 1941년 8월 일본이 장차의 대소전對蘇戰을 위해 만주에 무려 50개 사단, 80만 명에 달하는 대병력을 동원 배치한 이른바 관특연關特演, 관동군 특종特種연습의 준비 작업으로 만주사변 이래 공주령 이외의 여러 곳에 설치된 독립수비대사령부를 일괄 폐지하면서 1939년 8월에 신설한 일종의 종합학교의 성격을 띤 군사교육기관이었다. 본래 공주령은 1909년 이래 관동도독부[53] 예하 주력부대의 하나인 독립수비대사령부가 설치된 군사상의 요충지였고, 1935년경부터 이곳에는 일본 유일의 기갑부대가 자리 잡은 덕분에 그 특성을 활용하여 장차 전차학교를 만들 예정이었으므로[54], 공주령학교는 급조된 대부대의 장병을 재교육하고 새로운 야전교리野戰敎理를 만드는 것이 임무였다.

이처럼 공주령학교에 부과된 임무가 매우 컸으므로 일본군 당국에서는 1943년 12월 무라카미 게이사쿠村上啓作 중장을 교장에 임명하기도

---

50 일명 석정石正.
51 염인호廉仁鎬, 『조선의용군의 독립운동』, 나남출판, 2001, 133~134쪽.
52 부교장.
53 뒤에 관동군.
54 1940년 10월 공주령전차학교 개교.

했는데, 그는 육군과학학교[55]장과 내각 직속의 총력전 연구소장을 역임한 군부의 으뜸가는 학자형 군인이었다. 일본의 군관계 학교에는 참모장이 따로 없었기 때문에 홍사익이 학교의 제2인자로서 참모장의 역할까지 맡았음은 물론이다. 한 사람의 군인으로서 그는 10년 전 관동군사령부 고문시절에 비하면 훨씬 큰 보람을 느꼈을 법하다.

당시 그는 만주에 사는 교민과 접촉이 없지는 않았지만 만주국이 1937년 치외법권을 철폐함에 따라 재만조선인민회가 해산되어 유지들 사이의 공식적 모임은 전에 비해 저조한 편이었다. 그는 만군에 소속되어 있는 한국인 초급장교들과 사귀었다. 때때로 그는 신경 소재 군관학교[56]를 방문하였는데 그때마다 한국 출신 학생들을 따로 불러 격려했다고 한다. 마침 초대 보병 제108여단장을 지낸 나구모 신이치로南雲親一郎 소장이 일본군에서 예편한 뒤 군관학교장으로 재임하고 있어[57] 홍사익과 교분을 맺을 수 있었다. 또한 일본군에 있는 한국인 하사관들이 신년에 관사로 그를 찾아오면 한복을 입고 그들을 맞이했다고 한다. 그리고 이들과 헤어질 때는 자신이 사냥한 멧돼지와 선물로 받은 술병을 나눠주면서 소속 중대장에게 선사하라고 지시하기도 했다는 것이다. 부인 한양 조씨가 1942년 9월에 별세한 뒤 1943년 5월 영천 이씨와 재혼하여 학교 관사에서 신혼생활을 할 때였다.

7. 필리핀 포로수용소장으로

홍사익 소장은 1944년 3월 2일 자로 공주령학교에서 필리핀 부로俘虜수용소장으로 전출특명을 받게 되는데 종래 한국인 사이에서는 이를 좌

---

55 포공포砲工학교의 후신.
56 동덕대同德臺.
57 1943년 3월 '학교장' 퇴직.

천으로 보는 견해가 유력하였다. 물론 당시는 장군 인플레이션시대라 할 만했기 때문에 육군소장을 포로수용소장에 임명하는 것은 조금도 이상하지 않았다. 사실 말레이시아와 자바의 포로수용소에도 소장급의 고급 장교를 배치했다. 그렇지만 결코 영직榮職이라 할 수 없는 이 자리에 단 한 사람밖에 없는 한국인 출신 장군을 굳이 임명해야 할 필연성이라도 있었던 것인가.

이광수는 그의 포로수용소장 전출을 좌천으로 보며, 그 이유는 그가 재만동포들에게 애경愛敬을 받은 죄 때문이라고 하였는데[58], 혹 그럴지도 모르겠다. 그가 일본의 식민지정책에 의해 희생되어 만주로 이민 온 동포들 사이에 인망이 높았던 것은 사실이다. 교민뿐 아니라 전쟁이 막바지에 다다른 당시에는 많은 한국인들이 이런저런 사정으로 일본군 부대에서 근무하고 있었는데 홍사익이 그들의 우상적인 존재였던 것도 사실이다. 홍사익의 일본인 친구 시오자와鹽澤 중장의 회상에 의하면 패전 당시 그가 지휘한 보병 제119사단[59]에는 약 7백 명의 한국인 병사가 있었다고 한다. 당시 관동총군 예하 각 사단이 남방총군 지원으로 말미암아 감소 편성되어 있었던 점을 고려할 때 이는 가볍게 볼 숫자는 아니었다.[60]

그러나 그의 포로수용소장 전보 이유를 달리 해석하는 견해도 있다. 얼마 전에 자바의 포로수용소에서 징용으로 끌려온 한국인 포로경비원들이 이활李活의 지도하에 '고려독립청소년당高麗獨立靑少年黨'이란 항일 비밀결사를 조직하여 반란을 일으킨 일이 있어[61] 그 재발이 신경 쓰인 군 당국이 인망이 있는 한국 출신의 홍 소장을 특선한 것이라고 본 것이다.

그 '좌천'의 이유는 어떻든 패전이 확실해진 이때 포로수용소를 맡게

58 『이광수전집』13, 삼중당, 1962, 287쪽.
59 만주 하이랄 주둔.
60 시오자와는 1966년 2월 일본향우연맹 부회장의 자격으로 한국재향군인회 초청을 받아 서울에 왔는데, 이는 당시 74세의 고령이었던 그의 회고담에 근거한 것임.
61 우쓰미 아이코內海愛子 · 무라이 요시타카村井吉敬 공저, 『적도赤道하의 조선인 반란』, 도쿄: 게이소쇼보勁草書房, 1980.

된다는 것은 여러 가지 의미에서 불리한 일이었다. 그렇지 않아도 당시 필리핀포로수용소는 미국인들에게 악명 높은 곳이었다. 그것은 1942년 필리핀 공략 당시 일본군사령관 혼마 마사하루本間雅晴 중장이 바타안 반도에서 항복한 7만 5천 명의 미군 및 필리핀군 포로들을 포로수용소로 옮기기 위해 무리한 행군을 강요하여 많은 사망자를 낸 나쁜 전례가 있었기 때문이다. 엄격히 말하면 이 '죽음의 행군'은 포로수용소의 책임은 아니었고 어디까지나 군사령부의 책임이었다. 포로수용소는 이 행군이 끝난 뒤 그해 8월 말에 마닐라 부근의 캠프 오도넬에 신설되었다. 하지만 미국인들은 강행군을 수용소와 결부시켜 생각했다. 또한 계속 전세가 불리하게 되어 연합군이 필리핀에 상륙이라도 하게 되면 제2의 '죽음의 행군'은 피할 수 없게 될 것이 틀림없었다. 요컨대 홍 소장은 사지死地에 몰린 것이었다.

그 역시 이 같은 사실을 잘 알고 있었을 터였다. 그는 필리핀에 부임하기 전 서울에 와서 가족 친지들과 최후의 작별을 고한 뒤 도쿄로 향했다. 그는 도쿄에서 영친왕 이은 중장을 예방하고 그간의 후원에 대하여 감사하는 마음을 표했다. 당시 영친왕은 도쿄 미야케사카三宅坂 소재 제1항공군사령관으로서 전시하의 항공교육과 보충업무를 총괄하고 있었다.

이때 그는 서울에 본사를 두고 있는 『매일신보』 도쿄지사의 김을한金乙漢 기자와도 만났다. 그는 김 기자와 다음과 같은 대화를 나누었다고 한다.

"필리핀으로 가지 말고 충칭에 있는 임시정부로 가서 장군의 육사 동기 이청천李靑天 씨가 총사령관으로 있는 광복군에 가입하는 것이 어떻겠는가?"

"이번에 가는 길이 죽는 길이라고 하더라도 그렇게 해서는 안 된다."

"일본군에 대한 의리 때문인가?"

"그런 의미에서가 아니다. 지금 한국 사람이 수십만 명이나 전쟁에 동원되었는데 명색이 최고 지위에 있다는 내가 만일 배신을 한다면 병사들은 물론 징용된 노무자들까지 보복을 받을 것이므로 다만 나만을 생각해서 그런 경솔한 짓을 할 수 없다."[62]

홍사익은 육군성에 가서 포로관리의 책임자인 포로정보국장관 하마다 히토시浜田平 소장을 만나 자신의 임무와 필리핀 포로수용소의 전반적인 상황에 대한 이야기를 들었다. 멕시코 주재 무관 경력이 있으며 펑톈 특무기관장을 역임한 하마다 장관은 1942년 총리대신 도조東條의 특별지시에 따라 육군성에서 결정된 사항이라고 하면서 그에게 포로에 대한 헤이그협약에 불구하고 장교 이하 전원에게 강제노동을 시킨다는 점을 분명히 밝혔다. 요컨대 포로의 무위도식은 용납되지 않는다는 것이었다. 이같은 예비지식을 갖고 그는 마닐라를 향해 도쿄를 출발했다.

8. 무너지는 필리핀 전선

홍 소장이 필리핀에 부임할 무렵 일본 남방총군 주력부대는 이미 마샬제도에서 미군 기동機動부대에 의해 고립되어 있었다. 이로 말미암아 콰절런Kwajalein섬과 루옷Ruot섬의 일본군 수비대가 전멸했고 트루크Truk섬에 대한 공중폭격으로 일본군 제8방면군 총사령부가 있는 뉴브리튼섬의 라바울은 그 파멸이 재촉되고 대본영大本營이 설정한 이른바 절대국방권의 전초가 무너지기 시작했다. 따라서 대본영은 결정적인 전투지대를 필리핀으로 보고 이에 대비하기 위하여 마리아나제도의 중앙 태평양기지로 병력과 군수물자를 집결하기 시작했다. 마리아나제도는 일본 본토에 대한 태평양상의 방파제였으며 사이판이 그 중심부였다.

---

62 김을한, 『여기 참사람이 있다』, 신태양사, 1960, 124쪽.

대본영은 동시에 지휘의 단일체계를 위해서 남방총군사령관 백작 데라우치 히사이치寺內壽― 원수에게 태평양상의 광대한 작전지역을 맡겼다. 이해 5월 말 데라우치 원수는 막료 전원을 거느리고 싱가포르에서 마닐라로 이동해 왔다. 이제 바야흐로 필리핀은 미·일 최후의 결전장이 될 것 같았다.

당시 필리핀에는 제14군이 주둔하고 있었다. 그러나 제14군은 2개의 보병사단과 4개의 혼성여단으로 편성되어 있었을 뿐이었다. 이는 점령지 행정부대로서는 손색이 없었으나 전투부대로서는 아주 부족한 것이었다. 곧 지난해 평양에서 신설된 제30사단이 파견될 예정이었으나 데라우치 원수는 17개 사단과 이에 상응하는 항공력을 요청하고 있었다. 하지만 대본영의 필리핀 결전개념은 어디까지나 항공결전주의에 입각해 있었으므로 7월까지 2개 보병사단과 1개 전차사단을 만주에서 전용轉用 지원한다는 한심한 수준으로, 이 밖에 필리핀 주둔 4개 혼성여단을 사단으로 증편하기 위해 약간의 추가적인 지원을 하는 데 불과했다. 이것은 데라우치 원수가 요청한 사단병력의 절반 정도에 불과했고 실력으로 따진다면 3분의 1 이하의 수준이었다.

그 사이 6월 6일 유럽에서 연합군이 프랑스 노르망디해안에 상륙했다는 소식이 들려오고, 이어 이달 15일에는 미군이 사이판섬에 상륙을 개시했다. 일본군은 여기서 20일간 필사적인 방어전투를 벌였으나 마침내 7월 5일, 수뇌부는 대본영에 옥쇄玉碎의 고별인사를 보내고 이어 섬은 함락되었다. 사이판섬의 함락은 일본의 척골을 부러뜨린 것이었다. 이제 연합군의 다음 목표는 필리핀이 될 것이 분명했다.

한편 필리핀 방어시설은 계획대로 진행되지 않았다. 현지인의 징용이 곤란한 데다 자재의 입수난, 우기의 도래, 더욱이 대공對空 공포 등이 겹쳐 남방총군사령부가 중시한 진지구축 작업은 순조롭지 않았다. 7월 28일 대본영은 제14군의 전투서열을 해제하고 제14방면군의 전투서열을 명령했다. 아울러 남부 필리핀 방위를 위한 제35군사령부가 제14방면군 전투서열에 들어갔다. 그리고 이어 9월 말에는 종래 대본영 방침에 대해 비판적이었던 제14방면군사령관 구로다 시게노리黑田重德 중장을 해임하고 관동총군 예하 제1방면군사령관인 야마시타 도모유키山下奉文 대장을 만주에서 마닐라로 전출시켰다. 대본영은 싱가포르의 영국군을 격파할 때의 '맹용猛勇'으로 이름난 야마시타 대장에게 큰 기대를 걸었다. 그가 마닐라에 착임한 것이 10월 3일이었다.

홍사익은 10월 26일 자로 중장으로 승진했다. 당시 데라우치 원수[63]가 진급 상신자上申者 명단 속에 그의 이름을 직접 써 넣었다고 한다.[64] 그러나 그는 승진의 기쁨에 잠길 여유도 없었다. 전세의 악화로 포로관리 업무가 더욱 어려워졌기 때문이다. 특히 9월 하순부터 시작된 미군 항공기에 의한 마닐라 공습은 지금까지 잠자던 미군 포로들의 마음을 뒤흔들어버렸다. 이에 따라 지금까지 맹종하던 포로들은 소극적이 되고 회피적이 되고 조금씩은 반항적이 되어 갔다. 비록 필리핀 전역에 걸쳐 계엄령이 내려졌으나 공습은 확실히 포로관리의 최고책임자인 그에게는 큰 위협이 되었다.

이해 10월 필리핀 중동부 레이테에서 미일美日 간의 사상 최대의 해전이 벌어졌다. 일본의 전쟁수행에서 필리핀이 차지하는 의미가 너무나 큰 것이었기 때문에 대부분의 함대를 잃을 것을 알면서도 만약 필리핀 점령을 막을 수만 있다면 그만한 가치가 있다고 생각한 일본은 전 함대를 레이테 해전에 투입했다. 그러나 결국 항공모함의 엄호를 받지 못한 일본의 연합함대는 여기서 전멸하다시피 했다. 레이테전투의 참패는 남방총군사령관 데라우치 원수로 하여금 지휘소를 방콕으로 옮기게 했다. 그는 홍 장군에게 별 하나를 더 달아주고 필리핀을 떠난 셈이다.

곧이어 레이테섬에서 일본 제35군과 미군의 결전이 벌어졌다. 홍 중장

63　초대 조선총독 데라우치 마사타케寺内正毅의 아들.

64　그는 1911년 대위 시절에 상처喪妻하였을 때, 당시 그의 아버지가 조선총독이었으므로 이왕직李王職에게 500원이라는 거액의 위로금을 하사받은 일이 있음.

의 육사 동기생인 와치 다카지和知鷹二 중장이 이 결전지도를 위해서 제35군 참모장으로 특파되고 더욱이 공주령학교 교도대敎導隊로 편성된 손꼽히는 강병 제68여단이 이 전투를 위해서 만주에서 달려오기까지 했으나 일본군은 참패했다. 그리하여 12월 19일 야마시타 대장이 제35군사령관에게 '자전자활自戰自活'을 명령하였을 때 이미 필리핀전투의 서막은 끝났던 것이다.

9. 지난至難의 포로수용소 이동

레이테섬전투가 실패로 돌아간 뒤 야마시타 대장은 루손섬에서 결전이 아닌 전략지구戰略持久 작전을 벌이기로 했다. 그는 이것을 '구속작전'이라고 호언하였으나 문제는 얼마나 오래 지탱할 수 있는가 하는 점이었다. 어떻든 이 방침에 따라서 마닐라를 무혈리에 방기하게 됨으로써 포로수용소는 갑자기 제14방면군 주력을 따라 루손섬 북부로 이동하게 되었다.

보통 때라면 수용소 이동은 그리 큰 문제가 아닐 수도 있었다. 그러나 홍 중장의 경우에는 사정이 달랐다. 당시 포로수용소에서 장악하고 있던 포로 및 민간억류자는 1만여 명에 가까웠다. 즉 포로는 약 1,300명으로 카바나투안에 5백 명, 뉴 빌리비드 교도소New Bilibid Prison[65]에 470명, 포트 윌리엄 매킨리[66]에 3백 명이 수용되어 있었다. 또 민간억류자는 7천여 명으로 산토 토마스대학University of Santo Tomas에 약 4천 명, 로스바뇨스Los Baños Internment Camp에 약 2,500명, 바기오에 470명이 있었다. 무엇보다도 포로의 지상이동에 필요한 차량이 절대적으로

---

65 1936년 미군이 건설. 가끔 올드 빌리비드 교도소Old Bilibid Prison와 혼용되는데, 올드 빌리비드 교도소는 스페인이 1865년에 지은 것으로 지방 교도소로 전환되었다고 하며, 포로는 뉴 빌리비드 교도소에 수용했다고 함.
66 현 포트 보니파시오Fort Bonifacio.

부족했고 또 거기에 식량부족이라는 문제가 있었다. 본래 일본군의 수송력은 미군의 그것에 비할 바가 못 되는 빈약한 것이었지만, 당시 방면군이 보유한 자동차는 4,500량에 불과했다. 이것은 식량을 비롯한 군수품을 이동시키기에도 부족했다.

이 같은 실정이었으므로 야마시타 대장은 12월 24일 밤 전투사령부를 포트 윌리엄 매킨리에서 바기오 부근의 산악지대로 옮길 때 포로 관리에 대한 조치를 홍 중장에게 명령했다. 즉 미군이 장차 루손섬에 상륙하게 되면 적당한 시기를 잡아서 마닐라에 있는 이익利益대표국[67]을 통해 포로들을 명부를 첨부하여 미군 당국에 인도한다는 방침이었다. 또한 이때 될 수 있는 한 많은 식량을 휴대하게 하라고 홍 중장에게 주의를 주었다. 이 명령은 방면군 참모장 무토 아키라武藤章 중장이 직접 그에게 구두로 전달하고 뒤에 문서로 작성하여 넘겨주었다.

그러나 이것은 매우 중대한 문제였기 때문에 무토 중장이 사이공의 총군사령부에 보고했다. 그러자 총군참모장으로부터 "포로들에 대한 해방 시기는 서두르지 말라"는 주의가 있었다. 다만 총군사령부의 영구명령으로서 "전황이 진실로 어쩔 수 없는 상태에 이르면 포로를 해방시킬 것"이라는 단서但書가 있었다. 이에 대해 야마시타 대장은 "전황이 진실로 어쩔 수 없다고 판단을 내리는 것은 나의 권한이므로 나는 미군이 루손섬에 상륙해 온 이후를 이에 해당하는 시기로 판단한다"는 견해를 갖고 이 명령을 변경하지 않았다. 이에 따라 홍 중장은 바기오와 포트 매킨리 소재 포로를 마닐라수용소로 옮겼고 그 명부를 작성했다. 그리고 식량은 1개월분을 목표로 준비했다.[68]

---

67 일명 protecting power.
68 구리하라 요시히사栗原賀久 저, 『운명의 야마시티 병단: 필리핀작전의 실상運命の 山下兵團: フィリピン作戦の實相』, 도쿄: 고단샤講談社, 1974, 107~108쪽; 오키 슈지沖修二 저, 『야마시타 도모유키: 지극한 정성이면 하늘도 통한다山下奉文: 至誠通 天』, 도쿄: 아키타쇼텐秋田書店, 1968, 315쪽.

이해 12월 30일 홍 중장은 방면군의 병참감을 겸임하게 되었다. 그의 전임자인 시모노 잇가쿠下野一霍 중장은 육사 23기 출신으로 포병에서 항공병과로 전과하여 시모시즈下志津비행학교장과 제58사단장을 역임한 뒤 남방총군 병참감이 되어 총군 예하 전 지역의 포로수용소를 관리했었다. 그는 총군사령부가 싱가포르에서 마닐라로 옮겨올 때 따라왔다가 전세의 급작스런 악화로 다시 돌아갈 무렵인 10월 20일 제14방면군 예하로 편입되어 계속 필리핀에 체류했다. 이때 마침 홍사익이 중장으로 승진하여 군 당국은 그에게 계급에 어울리는 새로운 보직을 주는 문제로 신경을 썼을 것으로 짐작된다. 그 결과 고안한 것이 바로 병참감직이었던 듯하다. 시모노 중장은 병참감 재임 7개월 만에 예비역 편입이 결정되어 12월 본국에 돌아가면서 전속부관 사이토 마사카즈齋藤正一 중위를 후임자에게 맡겼다. 홍사익은 그를 인계받아 패전할 때까지 8개월간 업무 일정표를 작성하게 했다. 발령 경위는 어쨌든 병참감 취임은 그에게 영전榮轉이라 할 수 있었으나 그렇다고 해서 포로수용소의 전망이 밝아진 것은 물론 아니었다. 다만 다행이었던 것은 행군이동이 겨울에 시작되었던 만큼 초기에는 비교적 조건이 좋았다. 더위도 없었고 질병도 아직 만연하지 않았다. 그러나 곤란한 것은 무엇보다도 행군 이동 그 자체였다.

여기에 포로의 경비 문제가 대두되지 않을 수 없다. 사실상 홍 중장을 죽음으로 몰아넣었던 것은 다름 아닌 포로들을 직접 관장하는 경비병, 즉 기간요원들의 행패였던 것이다. 그들 가운데는 징용으로 끌려온 한국인도 상당수 있었으나 일반적으로 거친 사람들이었다. 일본군의 악습인 사적私的 제재를 체험하고 그 위에 남용되기 쉬운 그들의 직권의식은 초비상사태라는 혼란기에 한층 난폭한 풍조를 조장하게 하였다. 생각해보면 그들만의 잘못도 아니었다. 왜냐하면 기간요원이 아주 적었던 데에도 그 원인이 있었기 때문이다. 당시 포로와 경비병의 비율은 1백 대 1에 가까운 놀랄 만큼 적은 숫자였다.

더욱이 1945년 초 마닐라가 함락된 뒤 이곳에 기지를 둔 미군 폭격기가 쉴 사이 없이 일본군의 대열을 추적하게 되자 포로장악은 몹시 곤란해졌다. 본래 공습은 루손섬의 북부로 후퇴 이동하는 일본군에게 가해진 것이었으나 이것은 때로는 포로의 대열까지도 추적하여 행군을 저지시키는 한편 포로들에게 도망갈 기회를 마련해 주기도 했다. 특히 하천을 건널 때가 그러하였다. 이 때문에 다수의 포로에 대한 소수의 경비병의 신경은 한층 더 예민해졌고 난폭해졌다. 요컨대 폭격에 시달린 경비병들이 미군 포로에 대해 보복적인 태도로 나올 수 있는 상황이었다.

10. 자활감부自活監部의 장長으로

미군이 필리핀 탈환에 끝까지 총력을 기울였다면 포로들의 희생은 적었을 것이다. 그러나 미군은 북부 루손섬의 산악지대에서 게릴라 상태로 저항하는 일본군 부대를 남겨둔 채 일본 본토를 공격할 목적으로 오키나와로 주력부대를 이동하였다. 이 때문에 일본군은 패전 시까지 굶주림과 말라리아와 싸우며 버텼다.

이 기간 동안 일본군은 이른바 '자활유격'의 생활을 영위했다. 4월 전투사령부를 산중의 휴양도시 바기오에서 반반으로 옮긴 뒤부터 일본군은 외부와 연락이 거의 차단되어 고립 상태에 있었다. 식량은 모두 떨어졌고 여름이 되자 밀림 속의 생활에는 말라리아가 창궐하기 시작했다. 루손섬은 본래 농지 부족으로 식량의 자급자족이 불가능한 지역이었다. 따라서 일본군은 식량 매수를 무리하게 강제함으로써 원주민을 게릴라 부대원으로 만들어 버렸다.

이윽고 6월 하순 미군은 루손섬 북쪽 끝인 아파리항에 상륙하여 남진, 남쪽에서부터 공격해 올라오는 부대와 오리온만 부근에서 악수하게되었다. 이로서 카가얀 산악지역의 거대한 동굴지대를 제외한 평원은 완전히 미군의 손에 들어갔고 맥아더 원수는 6월 28일 루손전투는 끝났다고 선언했다. 그러나 제8군을 주력으로 하는 미군을 남겨두어 토벌전을 계속했다.

7월 8일 일본군의 포탄은 단 한 발이 남았다. 군의 간부 전원은 대포를 둘러싸고 정렬하여 거수의 예로서 최후의 한 발을 날려 보냈다. 곧이어 제19사단 제76연대[69]가 맘카얀 방면에서 폭사 전멸하자 최후가 임박했다. 맘카얀 일대는 유수한 동광銅鑛 산지였고 이때까지 일본군의 무기 자족자급의 큰 공창工廠 역할을 했던 곳이었다. 그간 일본군은 다이너마이트를 이용하여 수류탄과 폭뢰爆雷를 제조했던 것이다.

1945년 7월 맘카얀 광산에서 궁지에 몰려 사활死活의 경지를 헤매고 있던 야마시타 대장은 최후의 참모 수뇌회의를 열었다. 여기서 금후작전이 기탄없이 논의되었다. 항공참모를 비롯해서 통신참모 그리고 심지어 작전참모까지 항복을 주장했다. 그러나 항복이란 본래 일본군의 전통에는 없는 것이어서 의론이 갈라져 아무런 결정도 내리지 못한 채 산회散會했다.

이윽고 야마시타 대장은 참모장 무토 중장만을 상대로 밀의密議를 거듭했다. 그 결과 군의 방침을 다음과 같이 확정했다.

(1) 제14방면군은 전군이 이 복곽複郭진지에 머물러 식량을 아껴 써서 항전을 계속한다.
(2) 마침내 아사선餓死線을 맞기에 이르면 정예부대만은 루손섬 서북부로 탈출한다.
(3) 잔류부대는 진지를 축소하여 최후의 반격을 행하고 가능하다면 탈출하여 게릴라대隊로 전환한다.
(4) 사령관과 참모장은 통일지휘의 종말과 함께 자결한다.

즉 항복을 부정하고 어디까지나 싸우겠다는 것이었다. 그러나 문제는

---

69 전쟁 전 함북 나남羅南 소재.

언제까지 먹을 수 있느냐에 달려 있었다. 밀의가 끝난 뒤 야마시타 대장은 병참책임자인 홍 중장을 불러 최후시간이 다가올 때까지 주력부대를 먹일 수 있는 방법을 고안하도록 지시했다. 이때의 사정을 일본의 한 저명한 군사평론가는 다음과 같이 쓰고 있다.

"여기서 조선 출신의 홍 중장을 장으로 하는 자활감부를 신설하여 식량의 수집, 분배, 배양을 일괄 지도하여 장기생존을 획책하였으나 입수량은 점점 줄어들어 병사는 마르고 병자는 속출하여 점차 자멸의 비운에 가까워졌을 때 전쟁은 도쿄에서 끝나게 되었다."[70]

자활감부의 필사적인 활동에 대하여는 당시 야마시타 대장의 정보참모였던 구리하라 요시히사栗原賀久 중좌의 회고록에도 잘 나타나 있는데, 일본군은 미군기의 폭격 아래서도 씨를 뿌려야 했다고 한다. 그러나 경사지에 이룬 계단식 논에서 자란 쌀을 원주민에게 도난당하곤 했다는 것이다.[71]

식량 문제는 병사들뿐 아니라 일본군과 행동을 같이하던 일본 민간인들에게 있어서도 큰 문제였다. 당시 비참한 상황에 놓여 있던 민간인들은 미군기가 투하하는 항복권고문을 보고 투항을 희망하는 형편이었다. 민간인들을 지도하고 있던 영사가 이 문제로 야마시타 대장에게 협의를 구하였으나 그는 "비전투원이 개인으로서 미군 측에 도망치는 것은 어쩔 수 없으나 군으로서는 미군과 교섭하는 것이 지금 상태로서는 불가능하다"고 달랠 뿐이었다. 한편 야마시타 대장이 홍 중장에게 이 민간인 식량

70 이토 마사노리伊藤正德, 『제국육군의 최후帝國陸軍の最後』 4, 도쿄: 분게이슈주신
    샤文藝春秋新社, 1961, 50쪽.
71 구리하라 요시히사, 『운명의 야마시타 병단』, 도쿄: 고단샤, 1974, 268~269쪽.

문제를 해결하도록 지시하였음은 물론이다.[72] 결국 홍 중장은 마지막 판에 일본 민간인을 먹이기 위한 식량 조달의 책임마저 떠맡은 셈이다.

11. 전범재판에

마침내 1945년 8월 15일, 일본의 정식항복이 발표되었을 때 홍 중장은 완전히 게릴라화한 제14방면군의 주력부대와 함께 북부 루손섬에 고립된 채 있었다. 방면군 참모장 무토武藤 중장의 수기 『히토比島』[73]에서 스가모巢鴨로』[74]에 의하면 이날 그는 홍 중장에게 다음과 같은 이야기를 했다고 한다.

"연합국은 조선의 독립을 기도하고 있으니 항복 후 당신은 우리들과 분리 수용될지도 모른다. 또 그렇게 되기까지 조선 출신 병사와 내지內地[75] 출신 병사들 사이에 말썽이 생길지도 모른다. 여러 가지 당신으로서는 기분나쁜 일이 있었을지 모르나 일선日鮮 양국의 장래를 통찰하여 어떤 일이 있더라도 종전의 교의交誼를 바란다."

그러나 그의 수기에 의하면 그가 이런 말을 홍 중장에게 한 것은 과거에 홍 중장이 아주 불쾌한 일을 겪었다는 이야기를 들었기 때문이라는 것이다. 그의 수기는 다음과 같이 계속되고 있다.

---

72 구리하라 요시히사, 『운명의 야마시타 병단』, 도쿄: 고단샤, 1974, 278쪽.
73 필리핀.
74 무토 아키라武藤章 저, 조호 요시오上法快男 편, 『군무국장 무토 아키라 회상록軍務局長武藤章回想錄』, 도쿄: 후요쇼보芙蓉書房, 1981, 394쪽.
75 일본 본토.

"이번 전쟁에 많은 조선인이 종군하고 있다. 그중에는 일본인이 따라갈 수 없는 뛰어난 사람이 있음에도 불구하고 어떤 한 사람의 조선인이 나쁜 짓을 하면 그 인간 개인을 가리키지 않고 '저놈은 조선인이다'라고 하여 총괄적으로 나쁘게 말한다. 이런 말을 들을 때 홍 장군의 안색이 갑자기 변했다는 이야기다. 당연한 일이다. 종전終戰사무의 수행을 위해 홍 중장이 노력해 주지 않으면 안 될 일이 산적해 있을 때 그를 불쾌하게 만드는 많은 사건이 발생할 것을 예상하여 사전에 간담懇談한 것이다. 홍 장군은 내 마음을 잘 양해하고 나에게 안심하라고 말했다."

항복 당시 일본군은 외계와 완전히 차단되어 있었기 때문에 방면군 사령관 야마시타 대장이 전투 정지에 관한 남방총군사령부[76] 명령을 받은 것이 8월 21일이었다. 방면군에서는 24일 오전 11시에 사령부 가까운 개활지 언덕에서 합동위령제를 거행했다. 야마시타는 무토 참모장과 오코우치 덴시치大河內傳七 해군중장을 대동하고 산을 내려와 9월 3일 바기오에 도착하여 미군에 항복했다.

이에 따라 홍 중장도 무장 해제된 장병들과 함께 마닐라에 진주한 미국 서태평양 육군사령부의 포로 신세가 되었다. 그는 마닐라 수용소 내의 통칭 17호 캠프로 불린 장군막사에 수용되었다. 역사의 수레바퀴는 한 바퀴 돌았던 것이다.

종전 직후, 미국에서는 전쟁범죄조사위원회WCC가 설치되어 유럽과 아시아에 있어서의 주요 전쟁범죄자에 대한 처리 문제가 결정되었고, 미국 정부는 도쿄에 설치된 태평양최고사령부에 대하여 전범 체포를 지시했다. 최고사령부는 일본 국내에 있는 전범 용의자를 체포하여 수용했다.

최고사령부는 확실한 자료와 근거에 입각하여 신중하게 군사재판을 열 계획이었다. 하지만 지난날 일본이 점령하였던 각지의 사정은 이와

---

76 싱가포르.

달랐다. 일본군의 온갖 만행과 학대를 직접 체험한 원주민들이 독자적인 전범 처리를 주장하고 나선 것이었다. 필리핀도 그 예외가 될 수는 없었다. 더욱이 필리핀은 곧 미국으로부터 완전 독립될 예정이었기 때문에 현지 주둔군의 입장에서 볼 때 이들의 요구를 묵살할 수가 없었다. 그 결과 필리핀에서의 전범재판은 미국 서태평양 육군사령관 W. D. 스타이어 중장에게 위임되었다.

이에 따라 현지 전범재판이 열려 대장으로부터 하사관에 이르기까지 많은 군인들이 심판대 위에 섰다. 홍 중장은 포로 학대의 최고책임자로서 기소되었다. 그는 미군의 맹습과 일본군의 패주라는 절박한 사태 아래서 언제나 탈출할 기회를 노리던 포로들을 감시하지 않으면 안 되었던 자신의 고뇌를 알 사람은 알 것이라고 믿었다. 그리고 이는 반드시 재판을 통해서 밝혀질 것으로 기대했다.

재판을 기다리는 동안 장군막사 주위에 설치된 귀환자 캠프에서는 매일같이 귀환장병의 노래소리가 들려왔다. 마침 장군막사에서는 제19사단장 오자키 요시하루尾崎義春 중장도 수용되어 있었는데 하루는 한국해방의 노래를 부르며 출발하는 한국 출신 병사 한 무리의 소리가 들려오기도 했다. 홍 중장은 오자키 중장과 함께 직립부동의 자세로 이들을 전송했다고 한다.

12. 간과된 민족문제

재판은 시작되었다. 수뇌급 전범 가운데 제1호로 필리핀방면군 사령관 야마시타 대장이 사형선고를 받고 1946년 2월 23일 교수형에 처해졌다. 그 다음번 차례는 1942년 이른바 '죽음의 행군' 명령자인 전 필리핀공략군사령관 혼마本間 중장이었다. 그는 필리핀 정복과정에서 작전에 차질을 빚었다고 하여 경질된 뒤 곧 예편되어 패전 당시에는 일본 국내에

624

있었으나 필리핀에 끌려와 재판을 받고 역시 사형을 선고받았다. 그에 대한 사형 집행은 이해 4월 3일에 있었다.

한편 홍 중장이 전범재판에 회부되었다는 소식은 1945년 12월 중순경 서울에도 알려졌다. 이에 따라 그를 아끼는 사람들이 각 정당·사회단체를 움직여 여러 단체의 이름으로 그의 구명 진정서를 점령군사령관 하지 중장에게 제출하기에 이르렀다. 이응준은 진정서를 하지 장군의 한국인 비서 이묘묵李卯默 씨에게 수교했다. 1946년 2월 중순의 일이었다. 당시 제1차 미소공동위원회가 막 개최되어 한창 떠들썩하였고 좌익세력에 의해 부일附日협력자의 처리가 강경히 요구되던 때였다. 따라서 그의 구명 운동은 매우 불리한 형편이었으나 그를 이해했던 많은 사람들은 구명시위까지 벌였다. 다만 하지 장군의 반응은 극히 냉담했다. 뒤에 이묘묵이 이응준에게 한 말에 의하면 이 진정서는 도쿄의 맥아더 사령부에 전달되지 않았을 것이라 한다.[77]

홍 중장에 대한 재판은 이해 3월 15일부터 18일까지 4일간 마닐라에서 열렸다. 판사, 검사, 변호인 모두가 미국인이었다. 그의 재판기록은 영어 타이프 인쇄로 1,430페이지에 달하는 방대한 것인데 현재 도쿄 모처에 보관 중이라 한다. 이 기록과 필자의 구고舊稿를 토대로 하여 일본인 쓰쿠바 쇼지筑波常治가 집필한 「홍 육군중장의 형사刑死」[78]에 의하면 당시 검사가 열거한 죄상은 무려 107개조에 달했다. 그중 검사단이 강조한 것이 포로수용소의 기아, 의료시설의 불비不備, 실내 환경의 불량, 기타 일본 병사에 의한 포로의 구타, 상해傷害, 강제노동, 살해, 혹은 포로수송 중에 있어서의 일본병의 발포 등이었다.

홍 중장은 다만 "나는 무죄인 것을 주장한다"고 했을 뿐 다른 발언은 허가되지 않았다. 변호인 측의 증언도 불충분했다. 쓰쿠바는 그가 한국

77 이응준, 『회고 구십 년』, 산운기념사업회, 1982, 248쪽.
78 『문예춘추文藝春秋』, 1973년 8월호.

인이었다는 사실이 거의 문제시되지 않았음을 지적하고 있다. 홍 중장은 그보다 앞서 야마시타 대장에 대한 재판 때 증언대에 서서 "나는 한국인으로 국적은 일본이다"라고 했으나 재판장은 이 점에 주목하지 않았다. 변호인의 최후 변론에 가서야 이 문제가 거론되었다.

"본건에 있어서는, 이 군사재판이 일찍이 부딪친 일이 없는 사정이 있다. 이 자리에 있는 홍사익은 일본군의 일원으로 지금 사령관으로 책임을 지고 있는 한국인이다. 이 사실을, 본 법정이 특별히 고려해 주기를 바란다. 한국 사람들은 오랫동안 일본인에 억압되어 왔다. 일본 육군에 들어온 한국인이 어떤 지휘관 자리에 앉았건 간에 거의 중요하지 않았던 것은 확실하다. 본 사건의 피고는 일본군대 내부에서 거의 영향력을 갖지 못했다. 그는 부하들로부터는 반항을 받았고 상관들로부터는 경멸을 받았다."

그러나 변호인 측의 이 같은 정상 참작론에 대해 검사 측의 최종 논고는 이와 반대로 응수하고 있다.

"변호인은 피고를 한국인이라고 한다. 하지만 기록에 의하면 피고는 일본 국적을 갖고, 일본의 육군대학을 졸업하고, 북중국에서는 일본군 여단장을 한 것이 나타나 있다. 그 점에서 본다면 피고는 '오퍼튜니스트'(기회주의자)인 셈이다. … 변호인은 피고를 환경의 희생자라고 한다. 설령 그렇더라도 그것은 변호의 이유가 되지 않는다. 중요한 것은 기록에 있는 사실뿐이다."

판사단은 홍사익을 둘러싼 '민족문제'에 대해서 조금만큼의 배려도 하지 않았다. 단지 이를 일본군인의 포로학대사건으로 처리하여 검사단이 주장한 107개조의 죄상 가운데 84개조를 유죄로 인정했다. 그 결과 홍 중장에게는 교수형이 선고되었다. 그가 교수형 언도를 받고 법정을 나온 뒤 한 친구가 재판 결과를 묻자 그는 '고슈 고가쿠甲種合格──絞首合格[79]'라는 유머에 넘치는 답변을 하여 주위 사람들을 놀라게 했다고 한다.

그에 대한 사형선고 소식은 곧 국내에 전해졌다. 그의 부인과 장남 부처가 하지 중장을 방문하고 구명을 애원했으나 그들은 일루의 희망도 얻지 못한 채 되돌아서야 했다.

13. '평화세계의 실현을….'

그의 최후에 대하여는 1970년대 일본 기후岐阜현에 살고 있는 가타야마 고지片山弘二 목사에 의해 비교적 상세한 것이 알려졌다. 간사이關西학원 출신의 젊은 기독교신자로서 육군항공대에 입대했다가 패전 후 루손 섬에서 미군의 포로가 된 그는 수용소에서 때때로 미군 종군목사의 심부름을 하면서 사형 집행에도 입회했다고 한다.

가타야마 목사의 회상에 의하면 1946년 여름 그는 일본군 고급장교들이 수용되어 있던 캠프의 어느 좁은 독방에서 "성서를 읽어볼 수 없을까요?"라고 호소하는 소리를 들었다. 그가 바로 홍 장군이었다. 가타야마 씨가 성서 이야기를 해 주고 나서 헤어지려 할 때 홍 장군은 "후일 한 번 더 성서 얘기를…" 하였다고 한다. 목사 지망생이기는 했으나 포로의 신분이었던 가타야마는 결국 이 약속을 지키지 못한 채 이해 9월 26일 심야를 맞이했다.

그는 갑자기 호출되어 홍 장군의 사형 집행에 입회했다. 그가 장군에게 "가족에게 무슨 유언은?" 하고 묻자, 장군은 "아무것도 없다. 다만 성서를 읽어주시오"라고 했다.

---

79 갑종은 징병 신체검사에서 정하던 신체 등급의 하나로 갑종합격은 이른바 제1급으로 신체검사에 합격했다는 뜻. 홍사익은 갑종(こうしゅ)과 교수(こうしゅ)의 일본어 발음이 같으므로 일종의 언어유희를 구사한 것임.

가타야마 목사가 구약성서 시편詩篇 39편의 후반부터 40편의 처음 부분을 읽기 시작했다.

"주主여 내가 무엇을 바라리오. 나의 소망은 주께 있나이다. 나를 모든 죄과에서 건지시며… 주는 나를 용서하사 내가 떠나 없어지기 전에 나의 건강을 회복시키소서…."

홍 장군은 조용히 듣고 있었다. 성경 낭독이 끝나 칸루방 수용소에 신설된 형장刑場의 제1호 처형수로서 형장에 오르기 직전 그는 가타야마를 향해,

"최후로 당신에게 원합니다. 아무쪼록 이제부터는 평화세계의 실현을 위해서 힘을 다해 주시오."

라고 말했다. 이 말이 당시 아직 단순한 기독교 신자에 불과했던 가타야마의 마음을 움직여 후일 목사의 길을 결정짓게 했다고 한다.

홍 장군은 이렇게 전범의 불명예를 씻지 못한 채 천추千秋의 한을 품고 갔다. 향년 58세.

그로부터 9개월이 지난 1947년 6월 중순 일본 외무성 중앙연락사무국에서 보낸 고인의 유품이 미군정청 외무처를 통해 유가족에게 전달되었다. 그것은 홍 장군이 평소 사용하던 손목시계, 물부리, 안경, 수첩, 그리고 저금통장이었다.

고인의 일본군 동료였던 사람들에 의해서 1967년 그의 기일忌日인 9월 26일 도쿄 야스쿠니靖國신사에 고인의 위패를 봉안하는 의식이 거행되었다. 하지만 민간 차원에서는 이보다 앞서 1957년에 지난날 일본군에 복무했다가 전범재판을 받아 사형이 집행된 홍사익을 비롯한 23명의 한국

628

인 위패가 교토시 동쪽 히가시야마구東山區의 료젠靈山 관음묘觀音廟에 안치되었고, 그 뒤 1968년 12월에는 역시 같은 장소에서 전범 사망자 외에도 한국의 독립운동가, 징용을 당했다가 죽은 한국인, 원자폭탄의 희생자가 된 한국인까지를 합사合祀한 '제2차 세계대전 한국인 희생자 합동위령 및 위령탑 제막식'이 거행되었다. 이때 홍사익의 미망인과 장남 홍국선洪國善 씨가 참석했다. 이 민간행사를 주선한 일본의 한국문화협회 대표 고미야마 노보루小見山登 씨는 1977년 11월 한국 신문기자에게 말하기를 해마다 두 차례씩 한국인을 위한 위령제를 갖는 이유는 한일 간의 정신적 화해를 꾀하려는 취지에서 우러나온 것일 뿐이라고 밝혔다.

VII 이우 공, 저항의 생애

해설

고종 황제의 손자로 큰집인 운현궁에 입양入養되어 호주 상속인이 된 이우李鍝 공은 히로시마廣島 원폭의 희생자이기도 하다. 한국 병합 직후 의친왕[1]의 아들로 서울에서 태어난 그는 한국의 이른바 왕공족을 어떻게든 일본에 동화시키려는 일제의 간계奸計에 의해 어려서 일본에 끌려가 학습원에서 공부했다.

그 후 일본황족의 관례에 준하여 육군유년학교와 육사를 마친 그는 포병장교 생활을 하지 않으면 안 되었다. 그러던 중 일제 당국에 의해 그는 일본귀족의 딸과 혼인하기로 예정되었다. 사실 일본 궁내성에서는 한·일 양 민족의 융화를 꾀한다는 명분으로 조선의 왕공족을 일본에 동화시키기 위하여 왕가의 피에 일본인의 피를 섞는 것을 통치의 비결로 삼았었고, 이에 따라 그의 숙부 영친왕, 그의 이복형 이건李鍵 공, 그의 고모 덕혜옹주는 일본황족 혹은 화족華族과 혼인했다. 이 같은 정략결혼은 일제의 괴뢰국가 만주국황실에도 손을 뻗쳐 1930년대에 황제의 동생 부걸溥傑이 일본 화족의 딸과 혼인했다.

그러나 이우 공은 이를 단호히 뿌리치고 급기야 한국 여성과 결혼하는 데 성공했다. 그는 자신의 의사가 처음 일본 궁내성 당국의 완강한 반대에 부딪히자 이른바 조선공족의 지위를 희생해서라도 자기주장을 관철시키려고 했다. 이 성공의 배후에는 신부의 조부인 당시 조선 총독부 중추원 부의장·일본귀족원의원·후작 박영효의 공작이 크게 주효했던 것이 사실이지만 어찌됐든 이로써 그는 왕공족 중 일본인과 혼인하지 않은 유일한 인물이 되었다.

자신의 혼인 문제에서 보여준 것처럼 이우 공은 일제의 식민통치에 대

---

1 당시 호칭은 이강李堈 공.

하여도 자못 비판적이어서 대세에 순응하는 길을 택한 다른 왕공족과는 크게 대조가 되었다. 이 글은 그의 34년에 걸친 저항의 생애와 비극적 종말을 추적한 것이다.

1. 공 전하의 육군장

운현궁의 주인 이우 공 전하가 주검이 되어 말없이 환궁한 것은 1945년 8월 8일의 일이었다. 공 전하는 당시 히로시마廣島 소재 제2총군 사령부 교육담당 참모로 재직하던 중 8월 6일 미군의 원자폭탄 세례를 받고 그다음 날 죽었다.

전하는 중좌로 죽을 때까지[2] 십수 년간 육군에 복무했기 때문에 당국에서는 그를 육군장陸軍葬으로 모시기로 했다. 처음 장례의 문제를 놓고 종친이나 이왕직李王職에서는 어떤 종류의 식을 치러야 할지 좋은 생각이 떠오르지 않았다. 물론 전례가 없는 것은 아니었다. 운현궁 '공公 전하殿下'의 장례식은 한국 병합 이후 1912년과 1917년에 두 번이나 있었다. 그러나 두 사람 모두 비록 일본 육군중장 혹은 소장의 예우를 받고 있었을 뿐 실제로 군직에 있던 분은 아니었고, 게다가 모두 병합 직후였던 관계로 조용하게 모셨던 것이다.

그러던 차에 총독부 당국은 도쿄의 궁내성과 협의를 거친 다음 육군장을 제의해 왔다. 당국은 비상시국이라는 점을 역설하면서 유가족과 종친대표들을 설득했다. 결국 장례식은 서울 용산의 조선군관구사령부[3] 주관으로 15일에 치르기로 결정했다.

육군장이라고는 해도 고인을 향한 온정의 표시로 일본 천황은 사자使者를 보냈다. 궁내성 식부차장式部次長 호죠 도시요시坊城俊良 백작이 이 일로 14일 밤 서울로 날아왔다. 백작은 서울에 도착하는 길로 이왕직 장관 장헌식張憲植의 안내를 받아 빈소가 있는 운현궁을 찾아갔다. 한밤중

---

2 사망과 동시에 대좌로 명예진급.
3 전투서열로 육군 제17방면군 사령부.

인데도 궁은 붐볐다. 이씨 왕가의 근친들인 이달용李達鎔 후작, 이영주李永柱 백작, 이기용李埼鎔 자작과 이해승李海昇·이덕용李德鎔 후작, 이택주李宅柱 자작 등이 서성거리고 있었고, 이겸성李謙聖 이왕직 예식과장 겸 주전主殿 과장은 고인의 처남 박찬범朴贊汎 후작과 함께 내일로 박두한 장례식 준비를 최종점검하고 있었다.

호죠 백작은 공작의 미망인에게 조의를 표한 다음 궁을 나왔다. 그는 일이 몹시 공교롭게 되었다고 생각했다. 도쿄를 떠나기 직전 그는 천황이 부득이 항복하기로 결심했다는 것을 소문으로 들어 알고 있었다. 사태의 절박함으로 미루어 항복발표가 언제 있을지 모르는 판국인 이때, 장례식 일로 외지에 왔다는 것이 조금은 불안하게 느껴졌다.

서울의 장례위원회 당국도 이와 비슷한 것을 느꼈다. 위원장의 책임을 맡은 조선군관구사령부 참모장 이하라 준지로井原潤次郎 중장은 14일 오후 1시경 동맹통신사 서울지국을 통해서 15일 정오 천황이 항복을 수락하는 방송연설을 할 것이라는 소식을 들었던 것이다.

"제국이 항복을 선언하는 날에 조선 공족을 위해 육군장을 치르게 되다니…"

참모장은 이런 감상이었을 것이다.

15일 정오 일본 천황의 항복 발표 방송이 있은 직후인 1시에 서울운동장에서 공 전하의 장례식이 거행되었다. 이른바 조선신궁의 궁사宮司가 제주祭主였던 관계로 서울 신사를 비롯한 서울에 있는 신직神職이 거의 모두 동원되었다. 여기에 천황의 사자가 참례하고 그 밖에 총독, 정무총감, 그리고 조선군관구사령관이 자리를 함께했으므로 장례식은 더할 나위 없이 엄숙한 가운데 진행되었다. 이 경우 침통하다는 것이 더 적절한 표현이 될 것이다. 공 전하의 젊은 미망인과 상주인 11세, 6세의 어린 두 아들의 모습이 식전式典의 분위기를 구슬프게 했다. 천황의 항복방송을 들은 직후 달려 나온 일본인 현관顯官들의 표정에서도 침통한 빛이 뚜렷했다.

이 날 오후 늦게 공 전하의 시체를 양주楊州[4] 선영 아래 묻고 돌아오면서 고인의 근친들은 죽은 공 전하에 대해 서로 이야기했다.

"공 전하께서는 부임하신 지 꼭 두 달 만에 참변을 당하신 거야. 전하께서는 중국에서 돌아와 궁에 머무르시면서 히로시마에 가시지 않으려고 무진장 애를 쓰셨어."

"무슨 불길한 예감이라도 드셨던 게로군."

"설마 거기서 비명횡사하실 줄이야 생각이나 하셨을까! 전하께서 본디 일본을 싫어했던 거지."

"전하의 그 성향이야 어디 새삼스런 일인가! 10년 전 결혼 때를 생각해 보면 알 수 있는 일이지. 형님 되시는 이건李鍵 공 전하와는 가위可謂 대조적이라 할 만하지."

"해방을 1주일 앞두고 가시다니 정말 원통한 일이야."

"너무 아까운 나이에 가셨어."

"전하께서는 그림 그리기를 매우 좋아하셨어. 사군자 중에 난蘭과 죽竹을 즐겨 그리셨지만 말馬도 많이 그렸어요."

"이건 공 전하는 음악을 좋아한다더군. 바이올린 선생을 두고 배울 정도라니까 말이야."

"두 분 전하께서는 여러모로 대조적이었어. 그런데 이건 공 전하는 B29 공습이 심한 도쿄에서 무사하셨는지 몰라."

"전쟁이 끝났으니 머지않아 무슨 소식이 있을 거요."

---

4 현 남양주시 화도읍 마석우리.

2. 남자의 정조

도쿄 서쪽 야마나시山梨현 고후甲府에 소개疏開되어 있는 육군대학교에서 연구부 주사 겸 병학교관을 하고 있던 육군중좌 이건 공에게 8월 12일 오전 즉시 상경하여 참내參內[5]하라는 기별이 왔다. 그는 동생의 죽음으로 복상服喪 중이라는 것을 이유로 이를 일단 사양했다. 그러자 궁내성에서는 아무래도 좋으니 급히 들어오라는 것이었다.

한여름의 찌는 듯한 날씨였다. 군복차림으로 궁전으로 향하는 그에게도 태양은 사정없이 그 볕을 퍼붓고 있었다. 그는 차중에서 심상치 않게 느꼈다. 이처럼 급히 오라는 이유는 과연 무엇일까? 히로시마의 참사에 뒤이은 소련의 선전포고는 일반 국민을 위시하여 군인, 정치가들에게 커다란 충격을 던져 주었다. 이와 동시에 어떤 일련의 움직임이 일어나고 있다는 것은 그도 어렴풋이 듣고 있었다. 천황이 부른 것은 혹시 그 일과 관계가 있는 것이 아닐까?

이건 공이 궁내성 청사 안에 설치된 황족휴소皇族休所에 들어가 보니 20명 정도의 재경在京황족들이 말굽 모양[6]으로 정렬해서 천황이 나타나기를 기다리고 있었다. 휴소라고는 하나 아주 깊은 지하 방공호였다. 그 깊이 때문인지 천황의 좌소座所로 통하는 낭하 등에는 물이 철철 흐르고 있었다. 나이 많은 황족들은 묵묵히 앉아 있었다. 비교적 젊은 사람들은 낮은 목소리로 서로 인사를 교환했다.

잠시 후 천황은 누구 하나 뒤따르는 사람도 없이 혼자 방공호로 들어왔다. 이건 공이 이 이례적인 일에 놀라 어리둥절해 있는 동안 벌써 천황은 종전에 대한 이야기를 시작했다.

---

5 천황을 만나는 일.
6 마제형馬蹄形.

"전쟁을 종결할 결의를 했다. 어쩌면 국체國體는 호지護持될 것으로 생각
된다. 이것을 전제로 하여 포츠담 선언을 수락한다. 금후 모든 사람에게 어
떤 큰 변화가 있겠으나 서로 잘 협력하기 바란다."

이건 공은 천황이 그렇게까지 강렬한 말을 하리라고는 미처 생각지 못
했다. 그는 문득 천황이 엄청난 변설辯舌의 소유자라고 생각했다. 동시에
한국 문제가 머리에 떠올랐다. 그것은 자신이 앞으로 처신해야 할 문제
와 직접 관련이 있었다. 그로서는 절실한 문제였다.

이건 공은 자신이 언제 어디서 태어났는지 그 정확한 것을 알지 못했
다. 정씨 부인으로 알려진 어머니를 본 일도 없었다. 일본 궁내성 기록에
는 1909년 10월 28일 출생으로 명기되어 있으나 그 밑에 '근거 없음'이라
는 주가 붙어 있으니 신용할 수 없는 노릇이다.

어려서부터 그는 일본 사람 밑에서 자랐다. 유치원도 소학교도 서울의
일본인 학교에 다녔다. 장난감도 일본 것만을 가지고 놀았다. 열 살이 될
까 말까 할 때 일본에 끌려와서 25년 이상을 지내온 그였다. 그리고 그동
안 그는 한국에 가는 것을 줄곧 금지당해 왔다. 그것은 무엇보다도 부친
의친왕의 의사였다. 부친은 이상하게도 그를 싫어했다. 그의 유년시절,
부친은 술기운이 돌면 언제나 그에게 이상한 말을 했다.

"얼른 일본으로 가버려라."
"한국에 오래 있지 말아라."
"일본 사람과 결혼하는 게 좋으니라. 그리되면 나는 네 치다꺼리를 하지
않아도 된다."

이 때문에 이건 공은 벌써 오래 전부터 어차피 인연이 먼 아버지라고
생각해 왔다. 그는 인연을 끊고 싶을 정도로 아버지가 싫었다.

인간관계 이외에 그는 한국을 좋아했다. 한국의 풍물은 그가 좋아하

는 바였다. 그러나 부친에게서 느낀 소외감은 그로 하여금 그 나름대로
의 왕족관을 싹트게 했다. 그는 한국 왕실의 왕족을 대하는 태도와 일
본 황실의 황족에 대한 그것에는 아주 다른 점이 있다고 믿었다. 즉 일본
황실에는 따뜻한 맛이 있는 반면 한국 왕실에는 냉담함만 있다고 생각
했다. 그는 한국 왕실의 제1급 친족인 자신이 한국에 가면 남작 취급도
받지 못할 것이라고 스스로 생각했다.

이와는 반대로 그는 자신에 대한 일본 황실의 온정을 잊을 수 없었다.
한 달에 한 번씩 일본 황족과 부부 동반해서 밤새 거리낌 없이 마시고 놀
고 하던 기억이 그립게 느껴졌다. 이런 생각을 하면서 그는 자신이 천황
을 존경하고 있다고 생각했다.

"존경하니까 그에게 절조節操를 지키련다. 1대 1의 사나이 절조 말이다."

이건 공은 8월 12일의 황족회의에서 자신의 절조의 방향을 간단히 결
정하고 말았다.

3. 뜻밖의 행운, 운현궁에 입양되다

이우 공은 한국 병합 다음다음 해인 1912년 11월 15일 의친왕의 둘째
아들로 태어났다. 어머니 수인당修仁堂 김흥인金興仁 여사는 부친의 측실
이었다. 의친왕에게는 본부인 덕인당德仁堂 김씨가 있었으나 두 사람 사
이에는 소생이 없었다. 그리고 이우 공과 그보다 세 살 위인 이건 공과는
이복형제 사이였다.

의친왕은 그 만년에 이르기까지 여자관계가 복잡해, 12남 9녀를 두었
으나 청년 시절에는 매우 고독한 생활을 보냈다. 1877년 고종과 장 귀인
사이에서 출생한 그는 어린 시절 민비의 질시를 받았고 18세가 되던 해

에 일본에 보빙報聘대사라는 명목으로 파견된 이래 10년 이상을 외국에서 떠돌지 않으면 안 되었다. 민비가 시해당한 뒤에는 새로이 태어난 동생 영친왕의 생모인 엄 귀비가 그의 귀국을 방해했다. 그 때문에 그는 유럽 일대를 떠돌아다니다가 미국에 정착하여 한때 로노크대학에서 공부하기도 했다. 그 후 1906년 그는 한국 통감 이토의 주선으로 귀국하여 사동궁寺洞宮을 비롯한 토지전답과 진해만·영흥만 일대의 어장 등 약간의 재산을 물려받았다. 그의 귀국 경위에 대하여는 제Ⅲ장 「고종 황제와 이토 통감의 확집」에서 상세히 언급한 바 있다. 그러나 고종 황제의 사랑을 받지 못한 그는 1907년 순종 즉위 후, 황태자 책봉 때 20살이나 어린 영친왕에게 그 자리를 빼앗긴다. 이 때문에 그는 감정이 상하게 되고 곧이어 망국의 설움까지 겹치게 되어 완전히 실의낙담失意落膽 상태에서 분노와 반항의 세월을 보내고 있었다.

이우 공의 생모인 수인당 김씨는 의친왕이 가장 총애한 여성으로 이우 공보다 5, 6세 아래인 이수길李壽吉도 그녀 소생이었다. 의친왕에게는 다섯째 아들인 수길은 여러 형제 중에서 뛰어난 자질을 지녔던 인물로 기억되고 있다. 김씨 부인은 수인당이라는 당호堂號로서도 짐작할 수 있듯이 거의 본부인에 준하는 우대를 받았다. 그녀는 평소 일기를 쓸 만큼 교양도 갖췄다고 한다. 후일 3·1운동이 일어나 상하이에 임시정부가 수립되자 의친왕은 중국으로 망명하기로 결심하여 이를 실행에 옮겼다가 안동[7]에서 저지당했는데 그때 그가 동반했던 유일한 여성이 바로 이 김씨 부인이었다.

이우 공이 출생했을 때는 대한제국 황실이 이른바 이왕가로 격하된 뒤였으므로 덕수궁의 고종 태황제는 이태왕李太王, 창덕궁의 순종 황제는 이왕李王, 그리고 일본에 유학 중인 황태자 이은은 왕세자로 불렸다. 이세 사람이 이른바 왕족이었다. 한편 사동궁 주인 의친왕은 이강 공으로

---

7 현 단둥丹東.

격하되었고, 역시 병합 직전에 흥친왕興親王으로 책봉을 받은 운현궁 주인 이희李熹[8]는 이희 공으로 떨어졌다. 이 두 집안을 일컬어 공족이라 했다. 다만 한국의 왕공족에 대해서는 일본 황족의 예로 대우한다는 방침에 따라 특별히 전하殿下의 존칭을 허가했다. 이는 일본 천황 메이지의 이른바 성지聖旨에 의한 것이라고 선전했다.

마침 이우 공이 출생하기 두 달쯤 전인 1912년 9월 9일 이희 공이 68세로 세상을 떠나 그의 장남인 이준용李埈鎔[9]이 운현궁의 '가독家督'을 상속했다. 그런데 평소 비만증으로 허덕이던 이준 공은 생후 1년 된 딸 하나를 남긴 채 1917년 3월 22일 48세를 일기로 죽고 말았다. 이에 따라 유서 깊은 운현궁의 상속 문제가 발생했다.

본래 이준 공에게는 이민용李玟鎔이라는 동생이 한 사람 있었으나 그는 1901년 조사早死하고 말았다. 그때는 이준 공 자신이 국사범國事犯으로 일본에서 망명생활을 하고 있었던 까닭으로 민용이 다음번 운현궁 상속자로 예정되어 있을 때였다. 그러한 민용이 죽자 당시 운현궁 주인이던 50대의 이재면은 후사를 얻기 위해 젊은 이씨 부인과 재혼까지 했으나 소생을 얻지 못했었다. 그 후 정세의 변동으로 1907년 다행히 이준용이 국사범의 오명을 씻고 귀국하게 되자 이 후사後嗣 문제는 저절로 해결되었다. 그런데 이제 그 이준 공이 죽자 운현궁의 직계는 끊어지고 만 것이다.

이럴 경우 고종의 직계자손 가운데서 양사자養嗣者를 맞는 것이 당연한 순서였을 터이다. 그러나 황실과 운현궁은 오래전부터 좋은 사이가 아니었다. 운현궁 초대 주인 흥선대원군은 고종의 생부였으나 정치적으로는 국왕, 특히 민비와 암투가 그치지 않았다. 제2대 주인 이재면은 정치에는 초연한 인물이라 별로 문제가 없었다. 그러나 제3대 주인 이준용은 대원군의 사랑받는 장손이라는 독특한 위치와 그 자신이 정치적으로

---

8 초명은 재면載冕으로 고종 황제의 친형임.
9 당시 호칭은 이준李埈 공.

야심이 많았기 때문에 숙부인 고종으로부터 심한 경계를 받아야 했다. 한때 그는 고종의 최대 정적으로까지 간주되어 교동喬桐섬에서 귀양살이를 했으며, 1897년부터 10년간 일본에서 망명생활을 하지 않으면 안 되었다. 이 시기에 그가 고종 황제의 암살 대상 첫 번째 인물로 본국에서 몰래 파견되는 자객의 손길을 피해야 했던 사실은 제Ⅱ장 「일심회의 야망」에서 다룬 바 있다.

운현궁과 황실 사이에는 전통적으로 이 같은 긴장관계가 있었으나 마침내 1917년 5월 28일 의친왕의 둘째 아들을 이준 공의 호주권 상속자로 결정했다. 이에 따라 당년 6세의 이 소년이 이우 공 전하의 존칭을 갖게 되었다. 당시 이왕직 사무관이었던 일본인 곤도 시로스케權藤四郎介가 쓴 『이왕궁李王宮 비사』[10]에 의하면 이 결정은 순종[11]의 특지特旨에 의한 것이었다고 하지만 그 내막은 확실히 알 수 없다.

그 이듬해인 1918년 봄 이우 공은 한말 정계의 원로였으며, 특히 그의 양할아버지(이재면)와 친분이 두터웠던 운양雲養 김윤식金允植을 찾아가 인사를 드렸다. 당년 84세인 김윤식은 7세인 이우 공이 총명하고 영리할 뿐 아니라 행동거지擧止 또한 엄연한 것을 보고 운현궁의 장래를 위해서 매우 다행이라고 그 감상을 일기에 썼다.[12] 이우 공은 비공식적으로 흥영군興永君이란 군호를 사용했는데, 이는 증조부 흥선군興宣君[13]과 양할아버지 흥친왕[14], 그리고 양아버지 영선군永宣君[15]에서 각각 앞 글자를 따온 것으로 짐작된다. 이우 공은 아호雅號를 염석念石 혹은 상운尙雲이라고 했는데, 전자는 흥선대원군의 석파石坡, 양할아버지의 우석又石을 유념

10 곤도 시로스케權藤四郎介 , 『이왕궁비사李王宮秘史』, 경성京城: 조선신문사朝鮮新聞社, 1926.
11 당시의 호칭은 창덕궁 이왕.
12 『속음청사』 권 17, 무오 2월 17일 자.
13 이하응.
14 이재면.
15 이준용.

하겠다는 의지의 표현으로 보인다. 그가 문인화의 정수인 사군자를 그리는데 열중한 것도 어쩌면 흥선대원군의 취향을 기리는 마음에서 비롯된 것이 아닐까 짐작된다.

운현궁은 이왕직을 통해서 총독부로부터 적지 않은 세비歲費[16]를 받고 있었는데, 1930년대 후반에는 매월 쌀 150가마에 상당하는 예우를 받았다고 한다.[17] 다만 이는 고증을 필요로 하는 사항이다. 매월 쌀 150가마라고 하면 일 년에 1,800섬石이 되는데, 이는 적지 않은 액수이다. 그렇지만 운현궁을 관리하고 도쿄의 저택에서 식솔을 거느리고 생활하는데 풍족한 금액이라고 할 수도 없었다. 물론 운현궁에는 토지·건물·공채公債 등 세습재산이 있었으나 세비가 설정된 것은 1937년 4월이었다. 즉 이때 추밀원의장이던 히라누마 기이치로平沼騏一郞[18]를 총재로 하는 조선왕공족심의회가 열려 궁내대신, 이왕직 장관, 몇몇 추밀원 고문관의 참석 아래 최종 확정된 것이었다. 이처럼 세습재산이 있었음에도 공가公家 경비의 가장 큰 재원은 역시 총독부 특별 회계를 통해 받는 세비였다.

4. 학습원에서 육사로

운현궁의 새 주인이 된 소년 이우 공은 서울의 일본인 소학교에 다니던 중 3·1운동을 목격했다. 그로부터 얼마 지나지 않아 그의 이복형인 이용길李勇吉[19]이 일본에 건너가 학습원에 입학했다. 이우 공은 그를 뒤쫓아 1922년 7월 도일하여 곧바로 학습원 초등과 4년생으로 입교했다. 이때부터 도쿄 생활이 시작되었다.

---

16 연봉.
17 안천安天, 『황실은 살아있다』 하권, 인간사랑, 1994, 187쪽.
18 뒤에 총리대신 역임.
19 뒤에 이건 공.

그는 1925년 3월 이 과정을 마치자 중등과에 진학하는 대신 도쿄육군유년학교에 제30기생으로 입교했다. 이 학교는 중학과정으로서 장차 사관학교에 들어갈 사람을 위한 예비학교에 해당하였다. 물론 그의 입학은 본인의 의사와는 관계없는 것이었다. 일본은 한국의 왕공족을 황족에 준하여 다루고 있었는데 일본 제실帝室의 이른바 황실전범典範의 규정에는 황족 남자라면 누구라 할 것 없이 만 18세에 달하면 육해군 군인으로 복무해야만 했던 것이다. 영친왕은 이 도쿄육군유년학교를 제14기로 졸업한 뒤 다시 육사를 마치고 이미 대위로 복무하고 있었다. 후일의 이건 공도 이미 3년 전 이 유년학교에 입학했다.

이우 공은 1929년 3월 유년학교를 졸업하자 곧이어 제45기생으로서 육사 예과에 입학했다. 육사 재학 중 그는 일반 후보생과 달리 황족사皇族舍에서 기숙했다. 일본황족 아사카노미야 다카히코朝香宮孚彦 왕이 그의 황족사 친구였다. 그는 메이지明治 천황의 외손자로 이우 공과 동갑이었다.

예과 시절이라고 하면 그의 10대 말이었다. 이 기간 중 특별히 그에게 즐거웠던 것은 한여름의 유영遊泳 연습 때였다. 이 연습기간은 매년 2주간이었는데 보통 지바千葉현 다테야마館山에서 실시되었다. 그런데 이 고장은 그의 양부인 이준 공과는 인연이 깊은 곳이었다. 즉 그는 망명 시절 이곳에 숨어 자객의 기습을 피하며 살았던 것이다.

1930년 4월 그가 예과 2학년으로 진급한 직후 그의 주변에는 커다란 변화가 일어나고 있었다. 즉 육사 졸업반이었던 그의 형 이용길이 이해 6월 12일 사동궁의 '가독家督'을 상속받은 것이었다. 당시 이강 공은 아직 50대 초반이었으나 당국은 그에게 질병이 있다는 이유를 붙여 호주권을 아들에게 넘기도록 조치했다. 사실 그전부터 그는 당국의 주목을 받아 왔다. 그것은 공의 장인인 김사준金思濬 남작이 병합 직후 한국 독립운동가들과 기맥을 통하다가 발각되어 체포된 일이 있었을 뿐 아니라[20], 공

---

20 나중에 옥사했다는 설이 있음.

자신은 앞에서 지적했듯이 3·1운동 직후 국외로 탈출하다가 만주 안동에서 저지되어 되돌아온 일이 있었기 때문이다. 따라서 당국은 그전부터 사동궁의 호주 권한을 그로부터 박탈할 계획이었는데 마침 그의 장남인 이용길이 성년이 된 것을 좋은 기회로 여겨 반강제로 호주상속을 단행한 것이었다. 이후 이용길은 이건 공 전하라는 경칭敬稱을 받게 되는 등 공족으로서의 지위가 한층 확고해졌다.

이우 공은 이해 포병과로 병과가 결정되었다. 대개 일본 황족들은 보병 아니면 기병을 택하였는데[21] 그는 이례적으로 포병을 선택했다. 이는 물론 어떤 군사적 야심과는 관계없는 선택이었고 단지 그의 취향에 따른 선택이었을 뿐이다. 그는 1931년 3월 하순 예과를 졸업하고 약 6개월간 도쿄에 있는 보병 제1사단 예하 야전중포병 제3여단 야포병野砲兵 제1연대에서 사관후보생으로 근무했다.

사관학교 재학 중 그의 반골 기질이 은연중에 나타나기 시작했다. 그가 학교 구내에서 태연히 우리말을 쓰는 장면이 가끔 목격되었다. 당시 육사에는 이례적異例的으로 한국 출신의 이형석李烱錫이 이우 공의 동급생으로 재학하고 있었다. 신의주고등보통학교 출신인 그는 1928년 제44기생으로 예과에 들어왔다가 건강 문제로 1년간 휴학한 까닭에 이우 공의 동급생이 되었다. 이형석의 회고에 의하면 하루는 육사생들이 구내식당에 들어와 늘 하던 대로 줄을 서서 배식配食을 받고 있었는데, 이우 공은 그를 보자

"어, 형석이! 자네한테 온 편지가 어쩐 일인지 나한테 잘못 왔어. 이따 가져가! 그런데 무심코 그만 편지를 뜯어보았어. 미안해!"

라고 우리말로 큰 소리를 내질렀다. 많은 일본인 동기생들이 주시하는

---

21 영친왕은 보병, 이건 공은 기병.

가운데 이우 공이 아무렇지도 않은 듯 우리말로 소리 지르는 것을 듣고 그는 너무나 큰 충격을 받아 모골이 송연해지며 땅속으로 기어들어가고 싶은 심정이 되었으나, 정작 당사자인 이우 공은 안색 하나 바꾸지 않고 태연한 표정을 지었다고 한다.[22] 그렇다고 이우 공이 평소 일본인 동기생들과 다툰 일도 없었다. 이형석에 의하면 "우리들 동기생들은 전하가 훌륭한 군인이었다고 생각했다. 동기생들에게 친절했고, 모두들 전하를 존경했다"는 것이다.[23]

이우 공과 4년 동안 황족사에서 함께 지낸 아사카노미야 다카히코 왕은 이우 공을 주인공으로 하여 1988년 9월에 방영된 히로시마 주코쿠中國방송의 '민족과 해협'이란 제목의 TV다큐멘터리에 출연하여 60여 년 전의 오래된 기억을 더듬은 바 있다.

"그는 총명한 사람이었어요. 화가 나면 조선말을 곧잘 했기 때문에 무슨 말인지 알아듣지 못했어요. 글도 잘 쓰고 노래도 아주 잘 불렀지요……. 조선은 독립해야 한다고 항상 마음속으로 새기고 있었기 때문에 이우 공은 일본인에게 결코 뒤지거나 양보하는 일 없이 무슨 일에서든지 일본인을 앞서려고 노력했지요. 말로 표현하지는 않았으나 조선인이라는 의식이 매우 강했지요. 그의 형인 이건 공은 일본인처럼 행세하고 민족의식이 없었으나, 이우 공은 전혀 달랐어요. 조선은 독립해야 한다고 머릿속에 항상 생각하고 있었지요. 당시 조선이 놓인 처지를 생각할 때 그가 조선을 걱정한 것은 당연한 일이었지요."[24]

한편 아우가 우리말을 전혀 알아듣지 못하는 일본인 동급생들 앞에서 한국어를 사용한다고 비난하는 소문을 듣고 이건 공은 이우 공을 불러

22 안천, 『황실은 살아있다』 하권, 인간사랑, 1994, 180~181쪽.
23 위의 책 하권, 246쪽.
24 위의 책 하권, 244쪽.

어찌하여 쓸데없이 자꾸 우리말을 써서 분란을 자초하느냐고 타일렀다고 한다. 그러자 이우 공은 "형님은 씨도 없고 배알도 없단 말입니까!"라고 크게 성을 내고 돌아섰다는 것이다.

이우 공이 1931년 10월 1일 육사 본과에 진학한 직후인 10월 5일 그의 형 이건 공이 결혼했다. 그런데 그 배우자가 일본 여성이었을 뿐 아니라 영친왕비 마사코方子 여사의 근친이었다. 즉 마사코 여사의 이모가 되는 도시코俊子 여사의 장녀였다. 따라서 이건 공의 비는 마사코 여사의 이종사촌 동생이 되는 셈이다.

물론 이 결혼은 이건 공의 자유의사에 의한 것이 아니었다. 그의 수기인 『왕가의 낙조落照』[25]에 의하면 그는 이 결혼이 있기 전에 어떤 여성을 아내로 삼으려고 했으나 끝내 당국의 승낙을 얻지 못했다는 것이다.

"그래서 나는 퍽 고민했다. 그때까지 마시지 않던 술을 마시게 되었다. 그것을 보고 근심해 준 사람이 나를 근 20년 동안 보살펴 준 호리바 류타로堀場 立太郎[26] 씨였다. 그의 주선으로 결혼 이야기가 진행되었다. 나는 그때 결혼할 필요가 있다면 여자라면 누구든지 좋다고 생각해서 만나 본 일도 없는 한 여인 즉 해군대좌 마쓰다이라 유타카松平胖 씨의 딸 요시코佳子와 결혼해 버렸다."

이건 공은 수기에서 자신의 결혼이 '정략적'인 것이라는 인상을 되도록 주지 않으려고 마음을 쓴 것 같다. 그러나 실제에 있어서 그의 결혼은 고도로 정략적인 것이었다. 마사코 여사가 그의 수기 『비운悲運의 왕비』에서 쓰고 있듯이 당시 한국의 이른바 왕공족의 자주성은 언제나 조선총독부 즉 일본 당국의 손에 쥐어져 있었던 것이다. 나아가 순수 혈통을

---

25 이방자, 이건, 『재일在日 영친왕비英親王妃의 수기手記─부附·왕가王家의 낙조落照』, 신태양사, 1960, 163쪽. 즉 『비운의 왕비』와 『왕가의 낙조』는 같은 책임.
26 이왕직 관리.

끊으려던 것임을 다음 글을 통해 엿볼 수 있다.

"원래 총독부에서는 왕공족을 극력 일본에 동화시키는 동시에 순수한 왕가의 피에 일본인의 피를 섞는 것을 통치의 비결로 삼고 있었습니다."[27]

이 때문에 이건 공의 결혼이 있기 5개월 전인 이해 5월 8일, 고종 황제의 고명딸인 덕혜옹주는 대마도 번주藩主의 후예인 소 다케유키宗武志 백작과 결혼했던 것이다. 이우 공과 동갑인 덕혜옹주는 복녕당福寧堂 양씨梁氏의 소생으로 여섯 살 때 가까스로 입적入籍되어 명동에 있던 일본 거류민단에서 설립한 히노데日出소학교에 다녔다. 그러던 중 1924년경 일본 다이쇼大正 천황의 황후가 마침 도쿄에 들른 조선총독 사이토 마코토齋藤實를 불러 이왕가의 여성교육에 대해 신경을 쓰라고 지시한 것이 계기가 되어 1925년 봄, 유학을 명분 삼아 도쿄로 가게 되었다.

5. 기선을 잡은 혼약공작

이건 공의 결혼은 장차 있을 이우 공의 결혼에 어떤 암시를 준 것이나 다름없었다. 실제로 당시 궁내성에서는 야나기자와 야스츠구柳澤保承 백작의 딸을 그의 배우자로 정해 놓고 있었다. 영민한 이우 공은 이 사실을 눈치 챘다. 그는 이 같은 정략결혼 그 자체에 불만이었을 뿐 아니라 무엇보다도 일본식의 근친혼에 대해서 혐오감을 갖고 있었다. 야나기자와 백작이라고 하면 그의 형 이건 공의 장인 마쓰다이라 대좌와 동서가 되는 사람이었다. 게다가 그의 숙부가 되는 영친왕의 장인 나시모토노미야 모리마사梨本宮守正 왕과도 동서지간이었다.

---

27 이방자, 이건,『재일 영친왕비의 수기』, 신태양사, 1960, 68~69쪽.

본래 도쿠가와德川 막부 시대 규슈 사가佐賀지방 35만 석의 대영주였던 나베시마鍋島가의 후예인 나베시마 나오히로鍋島直大 후작은 5녀를 두었다. 그 첫째 사위가 마에다 도시쓰구前田利嗣 후작이요, 둘째 사위가 모리마사 왕이요, 셋째 사위가 후일 궁내대신이 된 마쓰다이라 쓰네오松平恒雄 영국 대사인데 그의 사위가 히로히토裕仁 천황의 바로 아랫동생 지치부노미야 야스히토秩父宮雍仁 친왕인 것이다. 또한 넷째 사위가 마쓰다이라 해군대좌이며, 다섯째 사위가 문제의 야나기자와 백작이었다.

결국 궁내성계획대로 한다면 한국의 왕공족 남자 모두는 나베시마 후작의 외손서外孫婿가 되는 셈이었다. 하지만 이것은 이우 공이 절대로 승복할 수 없는 것이었다. 그에게는 전부터 하나의 확고한 결심이 서 있었다. 그것은 어떤 일이 있어도 한국 여성과 결혼한다는 사실이었다.

그러나 이를 실현시키기 위해서는 일본 궁내성에서 정식으로 혼인 말을 해오기 전에 자신이 기선機先을 잡을 필요가 있었다. 그는 육사 예과 시절 휴가를 이용하여 잠시 귀국했을 때 만나 본 박찬주朴贊珠 양을 생각했다. 박 양이라면 가문, 연령, 재능, 용모 등 모든 점에 있어서 그의 배우자로 부족함이 없어 보였다. 박 양은 철종의 사위인 금릉위錦陵尉 박영효[28]의 손녀로 그보다 두 살 아래이며 한국인 학교인 경성여자고등보통학교[29] 학생이었다.

이우 공은 일본에 끌려가기 전 아직 어린 소년이었을 무렵에 궁중에서 박 양을 한두 번 본 일이 있었다. 그 후 10여 년 만에 휴가를 얻어 귀국했을 때 그는 박영효의 부인 박씨 주선으로 장충단 공원에서 박 양을 만나게 되었다. 이때부터 두 사람의 관계는 친숙해지기 시작했다. 그러던 차에 이건 공의 결혼을 계기로 이우 공은 박 양과의 약혼을 서두르게 되었다.

---

28 당시 후작.
29 현 경기여자고등학교.

이우 공이 육사 본과를 졸업하려면 1933년 7월까지 기다려야 했다. 궁내성에서도 그때까지는 정식으로 결혼 얘기를 꺼내지는 않을 것이다. 그러나 그동안 궁내성이 그와 야나기자와 백작 딸과의 결혼에 대한 일본 천황의 칙허勅許라도 받아 놓는다면 이를 뒤집기는 어려울 것이었다. 따라서 이우 공은 박 양과의 혼약을 기정사실로 만들어 놓고 그의 생부 의친왕과 장조丈祖가 될 박영효의 양해를 얻어 약혼반지와 사주단자를 박 양에게 보내어 혼약의 증거로 삼기로 했다. 동시에 그는 이왕직李王職 장관 한창수韓昌洙 남작을 불러 "약혼은 이미 성립되었다"고 통고했다.

6. 이왕직 장관의 반대

이우 공의 전격적인 약혼 선언에 한창수 장관은 크게 놀랐다. 무엇보다도 그는 미성년인 이우 공에 대한 후견인으로서의 자신의 체면이 크게 손상되었다고 생각했다. 법적 후견인인 자기에게 한마디 상의도 없이 몰래 약혼을 한 다음 이를 기정사실로 통고한다는 것은 분명히 이왕직 장관인 자신의 존재를 깡그리 무시한 처사라고 그는 분개했다. 1919년 10월 이왕직 장시사장掌侍司長[30]에 취임한 이래 1927년 4월 장관으로 승격되기까지 10여 년간 이왕직의 크고 작은 일을 모두 자신의 손으로 처리한 그로서는 당연한 반발이었는지도 모르겠다.

그는 이 문제를 시노다 지사쿠篠田治策 차관과 상의했다. 이 시노다라는 인물은 러일전쟁 때 육군의 법률고문으로 만주에서 군정업무에 종사한 바 있고, 1907년 통감부 간도파출소가 설치되었을 때부터 한국 문제에 관여해 왔는데, 그간 총독 정치 아래서 평안남도지사로서 행정수완을 발휘한 사람이었다. 그 자신이 노련한 법률행정가로서 문서를 꾸미는

---

30 시종장.

데는 남다른 취미와 재간이 있는 자였다. 간도파출소 총무과장 시절의 그의 수기는 현재 귀중한 사료가 되어 있으며, 또한 1927년 5월부터 이듬해 4월까지 영친왕 부처가 유럽 일대를 여행하였을 때는 이왕직 차관으로 직접 수행하여 자질구레한 것까지를 일일이 메모해 둔 인물이기도 하다. 그는 한 장관에게 이우 공의 처사가 법률위반이라고 지적했다. 즉 그는 1926년 12월 1일 황실령皇室令 제17호로 제정 공표된 이른바 왕공가궤범王公家軌範 제119조에 "왕공족의 혼가婚嫁는 기약其約을 하기 전에 칙허를 받아야 한다"는 구절이 있음을 상기시켰다.

이에 자신을 얻은 한 장관은 이우 공의 약혼을 무효화하기로 결심했다. 그는 먼저 도쿄 궁내성에 대해 아주 주관적으로 사건의 전말을 보고했다.

"이우 공 전하가 혼약을 하기 전에 칙허를 얻어야 함은 왕공가궤범에 규정되어 있음에도 불구하고 칙허를 받지 않고 혼약하고 또 칙선勅選에 의한 후견인을 무시한 것은 분명히 유감스러운 일이라고 생각됨."

이에 대해 궁내성에서도 마찬가지로 유감의 뜻을 표하면서 아울러 이 혼약을 철회하도록 이우 공을 설득시킬 것을 이왕직에 지시했다.

이에 따라 한창수 장관은 도쿄에 와서 이우 공을 만나 정식으로 혼약 반대의 뜻을 전했다.

"전하께서 칙허를 받지 않고 혼약을 한 것은 왕공가궤범 위반입니다."
"그것은 나로서도 유감으로 생각하오."
"뿐만 아니라 박 양의 부친 박일서朴日緖는 박 후작의 서자입니다. 운현궁은 조선 최고의 문벌인데 어찌하여 서출庶出 계통과 혼인하려는 것입니까? 종친 가운데서도 이에 반대가 많습니다. 어떻든 박 양은 운현궁의 비로서는 적당치 않습니다."

"조선의 옛날 관습으로 문벌가는 서자계통과 혼인을 하지 않는다고 하나 시대의 변천으로 그러한 악습은 이미 타파된 지 오래라오. 또 친척들 중에서 반대를 하는 사람이 있다고 하나 일일이 그에 구속받을 필요는 없소. 더욱이 부친[31]께서는 이 결혼에 반대하시지 않는다고 하셨소."

"박 후작은 일찍이 1894~95년 갑오·을미개혁 때에 내부대신으로 있으면서 부하인 경무관으로 하여금 운현궁을 침입케 하여 전하의 선대인 이준 공 전하를 포박하고 전하를 사형에 처하려다가 안 되어 교동섬에 유배를 보낸 일이 있습니다. 따라서 그러한 사람의 손녀를 비妃로 삼는다는 것은 선대의 영靈을 편안히 모시는 방법이 못 됩니다."

"박 후작이 나의 양아버지를 어떻게 했다 하지만 그것은 당시의 정치적 관계 때문일 것이며 결코 사원私怨에 의한 것이 아니었다고 생각하오."

"공 전하! 어쨌든 이 혼약은 철회하셔야만 합니다."

"이 결혼에 대한 나의 신념은 확고하며 따라서 변경할 수 없소."

"그러나 칙허를 받지 않은 이 혼약을 성사시키려 하신다면 이왕직 책임자인 저로서는 매우 난처한 입장이 됩니다."

"이 결혼으로 인해서 장차 어떤 문제가 발생한다면 그 책임은 모두 내가 질 것이요. 결코 장관에게 누를 끼치게 하지는 않겠소. 그러니 장관은 속히 그 절차를 밟아 주시오."

그러나 70세의 노련한 한창수 장관은 이에 따를 의사가 조금도 없었다. 그것은 비단 이우 공이 법적 후견인인 자기를 무시했다는 사실 때문만은 아니었다. 본래 그는 박영효와는 좋은 사이가 아니었다. 한 장관은 정치적 계보로 따진다면 이완용의 직계로서 병합 당시 매국내각의 내각 서기관장이었다. 그런데 박영효는 이완용과 견원지간이었다. 더욱이 1907년 헤이그 밀사사건 직후 오랜 망명생활 끝에 귀국하여 궁내부대신이 되었

---

31 의친왕.

다가 며칠 뒤 이완용 내각이 획책한 고종 양위를 반대하여 결국 대신 암살모의를 꾸몄다는 죄목으로 제주도에서 귀양살이를 한 적이 있었다. 이에 대하여는 제Ⅲ장 『고종 황제와 이토통감의 확집』에서 상세히 언급한 바 있다. 1926년 이완용이 죽자 박영효가 한국 귀족대표로서 그 뒤를 이어 중추원 부의장이 되었는데[32] 이때부터 한 장관은 박영효로부터 무언無言의 압박감을 느껴왔다. 1928년 5월 순종 황제의 3년상이 끝난 뒤 이름뿐인 '창덕궁 이왕'의 지위를 승계한 영친왕의 제안에 따라 종묘에 모시게 될 순종의 배향配享공신 몇 명을 선정하게 되었을 때 한창수는 부하인 장시사장 이항구李恒九 남작[33]과 짜고 전형위원들이 뽑은 네 명 가운데 두 명을 보류하는 대신 원안에도 없던 이완용을 집어넣어 세 명을 선정하는 무리수를 감행했다. 이때 박영효는 원로 대신으로 구성된 전형위원을 대표하여 득표수가 크게 미달未達할 뿐 아니라 시호조차 없는 이완용을 최종 선정한 이유가 무엇이냐며 한창수를 신랄하게 추궁한 일도 있었다.

또한 한 장관으로서는 가급적 궁내성계획대로 이우 공과 야나기자와 백작 딸과의 혼인을 성사시키고 싶었는데, 그것은 자기변명도 되는 것이었기 때문이다. 그는 자기 손녀를 일본 사법성司法省 촉탁으로 있는 오타太田라는 변호사의 아들과 혼인시켰고, 또한 덕혜옹주의 결혼도 실현시켰다. 그가 옹주의 배우자를 대마도주의 후예로 선정한 결과 일본 정부의 혼인비용이 크게 절감되는 등 묘안妙案이었다고 하여 궁내성에서는 그를 명장관이라고 칭찬했다고 한다.[34] 물론 이 때문에 그렇지 않아도 친일파라는 욕을 먹던 그의 세평은 더욱 나빠지고 말았다. 식자들은 그의 이 절조 없는 짓을 그의 아버지 한장석韓章錫의 배일적인 태도와 비교하여 말하기도 했다. 그의 아버지는 1890년 함경감사로 재직 중 일본상인에 의한 대일 미곡 수출을 금지하는 조치를 단행하여 이름을 날렸던 것이다.

---

32 의장은 총독부 정무총감의 당연직임.
33 이완용의 차남.
34 김화진金和鎭, 『한국의 풍토와 인물』, 을유문고, 1973, 181쪽.

7. 주효한 박영효의 공작

이우 공의 태도는 강경했다. 당시 그는 공 전하의 지위는 희생하더라도 자기의 주장을 관철시킬 결심이었다. 그러나 그의 태도가 강경하면 할수록 이왕직과 그 상급관청인 궁내성의 반대공작도 맹렬했다. 그들은 이우 공의 생부 의친왕과 양모인 이준 공비 김씨 부인을 움직여 그에게 반설득 반위협으로 혼약의 취소를 종용했다. 그러나 이우 공은 끝내 자신의 의지를 굽히지 않았다.

사태가 이에 이르자 지금까지 침묵을 지키던 박영효 후작이 마침내 활동을 개시했다. 그는 먼저 손녀가 받은 사주단자와 반지를 이우 공에게 되돌려 주게 하여 자의恣意로 된 혼약이 일단 철회된 것처럼 해놓고 직접 자신이 도쿄로 가서 궁내성 간부들과 담판에 들어갔다.

당시의 궁내대신은 이치키 기도쿠로一木喜德郎, 차관은 세키야 데이사부로關屋貞三郎였다. 이 세키야 차관은 한국 병합과 동시에 조선총독부 내무부 학무국장으로 한국에 와서 10여 년간 재직한 사람이었다. 그는 한때 중추원 서기관장으로 근무하기도 했다. 또한 대신과 마찬가지로 친임관인 식부장관式部長官이 하야시 곤스케林權助 남작인데, 그는 최후의 한국 공사로 여러 해 동안 재직한 인물이었다. 그가 한국에 있을 때는 박영효가 일본에 망명 중이었으므로 그 당시 두 사람은 만난 일은 없었으나,박영효의 정치적 비중을 누구보다도 잘 알고 있는 사람이었다.

한편 박영효는 중추원 부의장이라는 현직을 이용하여 추밀원, 귀족원 쪽에도 공작을 벌였다. 당시의 추밀원의장 구라토미 유사부로倉富勇三郎 남작은 한국 정부의 법부차관과 총독부 초대 사법부장관을 지낸 자인데 박영효와는 잘 아는 사이였다. 또한 추밀원고문관인 아라이 겐타로荒井賢太郎도 한국 정부의 탁지부차관과 총독부 초대 탁지부장관을 지낸 자로 박영효와 아는 사이였다. 귀족원에는 아는 사람들이 더 많았다. 병합 때까지 한국 정부 경시총감을 지낸 와카바야시 라이조若林賚藏, 총독부 정무총감을 지낸 미즈노 렌타로水野鍊太郎, 병합 때까지 한국 정부 내부 차관을 지낸 오카 기시치로岡喜七郞, 통감부 총무장관서리와 총독부 초대 취조국장관 및 제2대 농상공부장관을 지낸 이시즈카 에이조石塚英藏, 총독부 초대 총무부장관과 정무총감을 지낸 아리요시 주이치有吉忠一, 통감부 대심원장과 총독부 초대 고등법원장[35]으로 10여 년간 재직했던 와타나베 노베루渡邊暢 등 많은 사람들을 찾아다니면서 박영효는 후원을 간청했다. 이왕가의 근친이 되는 어떤 사람은 박영효가 궁내성 고관에게 50만 원[36]을 뇌물로 주었다는 증언을 하고 있으나,[37] 이는 혼인을 성사시키기 위한 로비에 많은 비용이 들었다는 의미일 것이다.

박영효의 공작은 마침내 성공을 거두었다. 궁내성에서는 칠십노인 박옹의 열성에도 감탄했거니와 이우 공의 결심도 도저히 꺾을 수 없는 일이라고 판단했다. 이리하여 이번에는 궁내성이 이왕직에 대하여 박 양과의 결혼을 추진하도록 명령을 내리게 되었다. 그러자 지금까지 맹렬히 이 결혼을 반대하던 한창수는 1932년 7월 초 사퇴하게 되고 시노다 차관이 승격했다. 그리고 이해 12월 박영효는 한국인으로는 최초로 일본제국 귀족원의원에 칙선되었다.[38] 이것은 사이토 마코토齊藤實 총리대신의 배려라고 생각되는데 그는 얼마 전까지 10여 년 가까이 총독으로 한국에 있었다. 그 후 궁내대신에 취임한 유아사 구라헤이湯淺倉平는 몇 해 전까지 총독부 정무총감을 역임한 관계로 박영효와는 잘 아는 사이여서 이우 공의 혼인 절차는 더욱 순조롭게 진행될 수 있었다.

이 같은 소동이 벌어지는 동안 이우 공은 육사 본과의 마지막 과정을 밟고 있었다. 마침내 그는 1933년 7월 육사를 졸업하고 3개월간 견습사관 과정에 들어갔다. 그리고 10월 20일 포병소위로 임관된 그는 과거 사

---

35 당시 최고재판소에 해당함.
36 현재 가치로 대략 100억 원에 상당함.
37 안천, 『황실은 살아있다』 하권, 인간사랑, 1994, 119쪽.
38 이것이 뒤에 관례가 되어 총독부 중추원 부의장은 재임 중 귀족원의원에 칙선되었음.

관후보생과 견습사관으로 근무했던 도쿄 야포병 제1연대에 배속되었다. 그는 얼마 후 다시 야전포병학교를 수료하여 초급장교로서의 교육과정을 일단 끝마쳤다. 그리하여 1935년 5월 3일 그는 도쿄에서 박 양과 화촉을 밝혔고[39] 이해 6월 말에는 공족부公族附 무관 요시토미 도쿠조吉富德三 포병소좌, 이이타카 지에이飯高治衛 이왕직 사무관 등을 거느리고 2년 만에 귀국하여 사묘祠廟에 참배하고 혼인 피로연을 열었다. 그리고 이듬해 4월에는 장남이 출생했다.

8. 조선왕공족王公族의 본질

이우 공은 다시 육군포공砲工학교[40]에 입학하여 포병 병과의 제반 학술을 공부했다. 그는 1936년 11월 이 학교를 졸업하자 도쿄 야전포병 제8연대에서 근무하게 되었다. 이 연대는 근위近衛사단 예하 야포병 제4여단에 속해 있었다. 처음 그가 근무했던 야포병 제1연대는 제1사단 소속이었는데 1사단은 하급장교들에 의한 2·26사건이란 군부 쿠데타를 겪은 뒤인 이해 여름 만주 수비의 임무를 띠고 북만주 쑨우孫吳로 이동했기 때문에 그는 재교 중 전보 발령을 받았던 것이다.

그는 1938년 3월 대위로 진급하여 야전포병학교 교관이 되었다. 동시에 이 학교 교도연대 중대장을 겸임했으나 그 기간은 짧았다. 그는 이해 12월 제54기생으로서 육군대학교에 입교명령을 받았다. 당시 육대는 육군에 있어서 최고학부로서 극소수의 장교들만이 입학할 수 있는 엘리트코스였거니와 황족에 준하는 대우를 받고 있던 그에게는 당연히 밟아야 할 과정이기도 했다. 그의 형 이건 공 대위는 그가 입학하던 바로 그해에

---

39 혼인에 대한 천황의 칙허가 결혼식 16일 전인 4월 17일에 내려졌다고 하여, 이에 의미를 부여하려는 견해도 있음.
40 제2차 세계대전 중 개편된 육군과학학교의 전신.

제51기생으로 육대를 졸업했다.

이우 공은 만 2년 동안 육대에서 공부했다. 다만 이 과정은 그에게 있어서는 비교적 느슨한 편이었다. 그는 재학 중 때때로 전선시찰에 나섰다. 이때는 일제가 중일전쟁을 일으켜 일본군이 중국에서 싸우고 있을 때였다. 이 때문에 그는 준황족의 자격으로서 중국 전선을 시찰하고 그 결과를 천황에게 보고하기도 했다. 그는 1941년 봄 육대를 졸업했다.

이즈음 그는 일본 육군의 행보를 대단히 못마땅하게 여기고 있었다. 육군에서 저희들이 일을 저질러 놓고 비상사태라고 떠들어 대는 것을 깜찍하다고 여겼다. 특히 그의 마음을 상하게 한 것은 형의 태도였다. 본래 음악을 좋아하는 이건 공에게는 야무진 데가 없었다. 그는 인간적으로는 더 좋을 수 없는 호인이었으나 거기에는 일정한 절도가 결여되어 있었다. 그는 타고난 사교가인 부인 요시코佳子에 이끌려 일본 상류층 인사들과 분주하게 어울렸다.

1938년경 이건 공은 오랜만에 서울에 왔다. 그는 총독 관저에 초대되어 저녁 식사를 한 다음 뉴스영화를 보았다. 그런데 그중에 한국 귀족부인네들이 모여 순금 비녀를 헌납하는 장면이 있었다. 뉴스 해설자는 이를 설명하기를, 비녀는 한국부인네들이 정조 다음으로 귀중하게 여기는 것으로 그것을 중일전쟁에 협력하기 위해서 아낌없이 내던지고 있다는 것이었다. 이 이야기에 귀를 기울이고 있던 오노 로쿠이치로大野綠一郎 정무총감이 "이번에 상경하면 조선통치가 대성공을 거두고 있는 예로서 꼭 총리대신 각하께 보고할 필요가 있습니다"라고 아주 진지한 표정으로 미나미 지로南次郎 총독을 향해서 이야기했다.

이 이야기를 후에 형에게서 들은 이우 공은 형이 천연스럽게 말을 꺼내는 데 불쾌한 생각이 들어 이를 공박했다.

"지금 누가 보더라도 조선 통치가 대성공을 거두고 있다고는 생각되지 않습니다."

"나도 물론 동감이야. 그런데 책임 있는 지위에 있는 정무총감이 그렇게 진지하게 이야기하고 있거든."

"형님께 죄송한 말씀이지만, 지금처럼 일본인에게 마음을 내주다가는 장차 반드시 곤란할 때가 올 것입니다."

"뭐, 그럴 일이라도 있을까?"

"도대체 우리들 소위 왕공족이라는 게 뭡니까?"

"……."

이건 공은 당시는 깨닫지 못했으나 1945년 일본 패전 후가 되어서야 비로소 자신들의 본질이 일본 황실의 식객이며, 천황제 기구의 부록이고, 인격이 없는 괴뢰였다는 사실을 알게 되었노라고 1965년에 발표된 그의 또 다른 수기 『조선왕조의 말예末裔』에서 실토한 바 있다.

9. 북중국 타이위안太原으로

육대 졸업 후 이우 공은 다시 원대에 복귀하여 근무했다. 그동안 그는 1941년 10월 15일 소좌로 진급했는데, 12월 일제는 미영美英을 상대로 하는 태평양전쟁을 일으켰다. 일본 육군은 재빨리 동남아시아 일대를 석권했다. 이우 공은 1942년 3월 2일자로 육군대학교 연구부원으로 발령받고 관례에 따라 5월에는 3주간에 걸쳐 남방 전선의 일본군부대를 시찰하고 돌아왔다.

이우 공은 이로부터 2년간 육군대학에 소속되어 평온한 나날을 보냈으나, 전세는 급속히 악화되어 갔다. 중국 전선은 소강상태를 보이는 가운데 차츰 지구전의 늪 속에 빠져들어 수습될 전망이 희박해졌다. 특히 태평양전쟁의 양상은 1942년 6월 미드웨이해전에서 미군에 참패한 이래 단 한 번도 항공력의 열세를 만회할 기회를 포착하지 못한 채 차츰 붕괴의 조짐을 보이고 있었다. 이처럼 일본은 미국과 중국을 상대로 한 이른 바 총력전체제에서 허덕이던 정황이었으므로, 최고신분인 황족 출신 군인들도 일선 부대에 배치되어 일반 군인들의 모범을 보여야 할 필요성이 절실해졌다.

실제로 전황이 악화되기 몇 해 전부터 황족 출신 군인들 가운데 제일선 부대에서 고초를 겪는 경우가 없지 않았다. 이를테면 영친왕 이은은 중일전쟁이 일어난 이듬해 즉 1938년 여름 육군소장에 승진한 뒤 12월 베이징의 북지北支[41]방면군 사령부로 전출되어 8개월간 군대교육에 관해 방면군 참모장 야마시타山下 중장을 보좌했다. 그때 방면군 예하 제1군 사령부의 참모로 다케다노미야 쓰네요시 왕竹田宮恒德王이 복무했다. 이 다케다 소좌는 이건 공의 육사 동기생으로 특히 마술馬術에 능했다.[42] 영친왕은 1939년 6월 중순, 마침 참모본부 작전부 제2과원으로 있던 쇼와 천황의 맏동생 지치부노미야 야스히토 친왕秩父宮雍仁親王 중좌가 베이징에 출장 온 기회에 다케다 소좌를 불러 세 사람이 모임을 갖기도 했다. 주로 일본인 장교들의 증언을 모아 편찬한 영친왕 전기에는 이를 소황족회小皇族會라고 표기했다.[43]

일본 황실은 군대의 사기 진작振作을 위해서 황족의 일선부대 근무를 환영하는 처지였으나, 그렇다고 전쟁터에 지휘관으로 차출하는 데는 매우 소극적이었다. 신변의 안전을 위한 배려 때문이었다. 영친왕의 경우만 하더라도 베이징에서 돌아와 도쿄의 근위사단 예하 근위보병 제2여단장으로 영전했으나, 1940년 5월 근위사단에 동원령이 내려 전선으로 떠나게 되자 군 당국은 영친왕을 중장 계급이 아닌데도 서둘러 루스留守 제4

---

41 중국의 화북(북부) 지방. 베이징과 허베이성河北省, 산시성山西省, 톈진天津, 네이멍구 자치구內蒙古自治區 등으로 이루어짐.

42 뒤에 일본 올림픽위원장 역임.

43 이왕은전기간행회李王垠傳記刊行會 편, 『영친왕 이은전: 이왕조 최후의 황태자英親王 李垠傳: 李王朝最後の皇太子』, 도쿄: 교에이쇼보共榮書房, 1978, 326쪽.

사단장으로 임명하여 동원 대상에서 제외시켰다.[44] 또한 영친왕이 1941년 7월 한직閑職인 루스사단장에서 우쓰노미야宇都宮 소재 제51사단장으로 전보되어 이른바 관특연關特演[45]의 일환으로 8월에 남만주 경계지역인 진저우錦州로 이동하고, 다시 10월에는 남지南支[46]파견군으로 소속이 변경되어 광둥廣東으로 전출, 곧 태평양전쟁의 개시와 함께 동부 뉴기니섬으로 투입되기 직전인 11월 중순 교육총감부 배속 발령을 받아 도쿄로 돌아왔다. 영친왕은 이때부터 1년 8개월 뒤 제1항공군사령관에 취임하는 1943년 7월 20일까지 그 동정을 통 알 수 없을 정도인데, 이는 그의 전기 편찬자가 의문을 제기할 정도이다.

1942년 초 이우 공이 육군대학교 연구부원이 된 날, 이건 공은 숙부인 영친왕이 몇 해 전에 복무했던 북지방면군 참모로 발령을 받아 베이징으로 갔다가 1년 뒤인 1943년 2월 3일 지바千葉 전차학교 연구부주사로 임명되어 도쿄에 귀환했다. 그는 3월 1일 자로 중좌로 승진했다. 한편 1943년에는 쇼와 천황의 막내 동생으로 이우 공의 육사 3년 후배인 미카사노미야 다카히토三笠宮崇仁 친왕[47]이 지나[48]파견군 총사령부의 참모로 전보되어 난징으로 떠났다. 그는 1년 뒤 대본영 참모로 도쿄에 돌아왔다. 또한 앞에서 본 다케다노미야 쓰네요시 왕[49]은 1943년 8월 2일 4년간 근무했던 대본영 참모에서 관동군사령부 작전주임참모로 전출했다. 이처럼 천황의 동생을 비롯한 젊은 황족 출신 장교들이 예외 없이 본국을 떠나 외지[50]의 사령부 참모로 복무하고 있었던 만큼 이우 공만 홀로 후방근무

---

44 영친왕은 이해 12월 중장 승진함.
45 관동군 특종特種 대연습.
46 중국의 화남(남부) 지방. 푸젠성福建省, 광둥성廣東省, 구이저우성貴州省 등으로 이루어졌으며, 중국에서도 가장 온도가 높고 다습한 아열대기후 지역임.
47 대위.
48 중국.
49 중좌.
50 주로 중국 전선.

를 계속 고집할 수 있는 처지가 아니었다. 결국 그는 1944년 3월 1일 정기 인사 때 외지 전출특명을 받았다. 즉 그는 북중국 산시성山西省 수도인 타이위안太原에 있는 북지방면군 예하 제1군사령부 참모로 임명되었다. 이우 공은 이 기회에 도쿄생활을 청산하고 부인과 두 아들을 서울로 보냈다.

그가 1945년 4월 초까지 1년 남짓한 기간 동안 복무한 제1군은 그 모태가 1906년 2월부터 톈진天津에 주둔하고 있던 지나주둔군이었다. 일본은 중일전쟁을 도발한 직후 종래 수비대의 성격이 강했던 주둔군을 전략군으로 대폭 증강하여 베이징 서남부에 남북으로 길게 뻗친 천연의 요새 타이항太行산맥 서부지역을 방어하는 임무를 부여했다. 다만 이곳은 일본군이 점령한 지 여러 해 되는 까닭에 제1군은 차츰 치안유지를 주목적으로 한 경비부대의 성격이 농후해졌다. 그러나 당시 개혁적 성향의 모범적인 중국 정치가로 한때 장제스에 도전하기도 한 군벌 옌시산閻錫山이 산시성 서쪽[51]의 10여 개 현을 지배하면서 국민당 정부의 지원 아래 고토故土 수복의 기회를 노리고 있는 데다가 중국공산당의 당군인 팔로군이 이곳의 지리적 이점利點을 최대한 이용하여 도처에 유격투쟁의 근거지를 설정하면서 끊임없이 일본군에 대항하고 있었다.

그렇지만 역시 제1군지역은 당시 중국 전선에 출정 중인 일본군 부대들 가운데서는 비교적 평온한 편이었다. 이우 공이 부대에 부임한 지 얼마 안 되어 당시 62만 대군을 거느리고 있던 일본의 지나파견군은 통칭 대륙타통打通작전으로 알려진 제1호작전을 개시했다. 이 작전은 중국을 남북으로 관통하는 대동맥에 해당하는 징한선京漢線 등 중요 철도의 연결, 중국 군대의 행동 억제, 해상교통에 의존하지 않는 버마(미얀마)·베트남 등 지역과의 물자 보급 및 연결통로 확보, 장차 미군 B29기의 기지로 사용될 우려가 있는 광시성廣西省 일대 주요 군사거점의 확보를 목

---

51 이른바 진서晉西.

적으로 중국 정저우鄭州에서 창사長沙, 헝양衡陽, 구이린桂林, 류저우柳州, 난닝南寧에 이르는 남북방향으로 1,400킬로미터에 달하는 야심찬 것이었다. 그런데 그 북쪽 기점起點이 제1군 관할구역을 벗어난 남쪽의 패왕성霸王城이었다. 이는 황하 연변의 정저우와 카이펑開封 중간 지점으로, 북지방면군 예하 제12군의 관할구역이었다. 당시 중국 전선의 주축主軸은 한커우漢口에서 이창宜昌에 이르는 창강 유역 화중 지역에 집중되어 있었고, 제6방면군 예하 제11군이 8개 사단을 갖고 지탱하는 실정이었다. 대륙타통작전이 한창이던 8월 하순 북지방면군 사령관이던 오카무라岡村 대장이 제6방면군 사령관으로 전보된 것도 화중 전선의 중요성을 고려한 때문으로 보인다. 그는 3개월 뒤 하타 슌로쿠畑俊六 원수의 뒤를 이어 지나총군사령관이 되었지만, 모처럼의 대륙타통작전은 남방과의 육상교통로도 확보하지 못하고 또한 미국 항공기지를 파괴하는 효과도 거두지 못한 채 1945년 봄 유야무야로 끝나고 말았다. 오카무라는 이 대작전이 시작될 때부터 마치 "맨손으로 비행장을 뺏으러 가는 격"이라고 회의적인 태도를 보였다.

이처럼 이우 공은 당시 중국 전선에 나와 있던 어느 누구보다도 이곳 타이위안에서 평온한 가운데 비교적 한가롭게 시간을 보냈다. 그는 이곳에서 비로소 자신의 내면을 성찰할 수 있는 소중한 기회를 가졌던 것으로 짐작된다. 번잡하고 화려한 도쿄에서 생활할 때는 결코 누릴 수 없는 기회였다. 그가 사령부에서 접촉한 상관, 동료들도 대체로 무난한 인물들이었다. 그의 부임 당시 군사령관이었던 요시모토 데이이치吉本貞一 중장은 육군대학교를 우등으로 졸업하고 프랑스에 주재한 경험이 있는 보병과 출신이었다. 그는 1938년 10월 말 일본군이 격전 끝에 우한삼진武漢三鎭을 함락할 당시 제11군 참모장[52]으로 사령관 오카무라 중장을 보좌했었다. 그 뒤 그는 중장에 승진하여 사단장과 관동군참모장을 거쳐

---

52 소장.

마침 오카무라 대장이 지휘하는 북지방면군 예하 제1군사령관에 부임했다. 그는 뒤에 제11방면군 사령관 재임 중에 대장으로 승진하여 패전을 맞았는데, 그 직후 최고위 장교로서의 도덕적 책임을 느껴 자결한 인격자였다. 요시모토 중장이 1944년 11월 하순 타이위안을 떠난 뒤 후임으로 온 스미타 라이시로澄田睐四郎 중장은 대륙타통작전 때 제11군 예하 제39사단장으로 참가한 인물이었다. 그 역시 요시모토 중장과 공통점이 많았다. 그는 육군대학교를 수석으로 나온 뒤 프랑스에 주재원으로 파견되었고, 중좌·대좌 때 프랑스 주재무관을 지낸 포병과 출신이었다. 그는 군 내부에서는 잘 알려진 프랑스통通이었다. 1940년 초여름 프랑스가 독일에 항복하자, 일본 정부는 베트남지역을 군사적으로 이용할 목적에서 베트남을 실질적으로 지배하는 프랑스와 협상을 벌여 일본군의 베트남지역 통과 및 그 비행장시설을 사용할 권리를 강요했다. 이 협상에 따라 그는 대본영참모[53] 자격으로 '불인佛印[54] 파견단장'이 되어 일본 육군부대가 베트남에 진주進駐할 수 있도록 공작을 펼쳤던 인물이었다.

무엇보다도 이우 공은 타이위안에서 처음으로 고독한 생활에 적응하지 않으면 안 되었다. 가족 혹은 친지들과의 내왕이 완전히 끊어졌으므로 우리말을 사용할 기회도 없었고, 또 거리낌 없이 장난을 친다거나 혹은 화를 낼 만한 상대도 사건도 없었다. 그는 호쾌한 성격에서 우러나온 탓인지 평소 가까운 사람에게 짓궂은 장난하기를 좋아했다. 일본에 있다가 고국에 돌아오면 여러 이복형제들을 모아놓고 오락을 즐겼고, 특히 자신보다 14세 어린 여덟째 동생 이경길李慶吉[55]에게는 보자기를 씌운 다음 여자 흉내를 내게 하여 그 사진을 찍기도 했다.[56] 또한 어떤 상궁의 증언에 의하면 타이위안으로 떠나기 전 도쿄에서 생활할 때 야간 등화

---

53 소장.
54 프랑스령 인도차이나.
55 일명 이현李鉉.
56 안천, 『황실은 살아있다』 상권, 인간사랑, 1994, 292~293쪽.

관제 훈련이라도 있게 되면 그는 귀가하면서 몰래 시부야澁谷구 도키와 마쓰초常盤松町의 저택 유리창 밖에서 동전을 던져 가족을 깜짝 놀라게 한 다음, 부인을 데리고 어둠이 짙은 길가를 산책하곤 했다는 것이다.[57]

격정적인 성품으로 주위 사람들의 말을 쉽게 듣지 않는 고집불통이었다는 이우 공은 노래 부르기를 무척 즐겼다. 그리고 특히 「황성荒城옛터」를 좋아하여 술자리에서는 꼭 우리말로 불렀다는 것이다. 아마도 노래 가사 속에 보이는 허물어진 옛 성의 빈터라든가 폐허에 서린 회포, 혹은 외로운 나그네니 하는 표현들이 망한 나라의 왕손인 자신의 처지와 심경을 잘 나타내 준다고 여겨 이 노래에 더욱 애착을 느끼게 되었는지도 모르겠다. 이 노래의 작곡자인 전수린全壽麟의 회고에 의하면 1920년대 후반의 어느 날 악극단의 전국순회 연주 중 마침 황해도 백천白川에 이르렀을 때 장마로 어느 여인숙에 여러 날 묵고 있었는데, 창 밖에 떨어지는 빗발을 보고 있자니 문득 며칠 전 개성 만월대滿月臺[58]에서 느낀 서글픈 감회가 치밀어 올라 오선지에 나타낸 선율이 바로 「황성옛터」의 악보였다고 한다. 그리고 가사는 급한 대로 악극단의 대표였던 왕평王平에게 부탁하고 당대의 가희歌姬 이애리수李愛利秀에게 부르게 한 결과 급기야 전 국민의 애창곡이 되었다는 것이다.[59] 비록 극단장이 작사한 것이라고 하지만, 이는 1901년 일본에서 장차 시인으로 높은 명성을 갖게 될 도이 반스이土井晚翠가 작사하고 20대 초반의 다키 렌타로瀧廉太郎가 작곡한 「황성의 달月」을 참고한 것으로 보인다. 제1절 모두冒頭에 "황성옛터에 밤이 되니 월색月色(달빛)만 고요해"라고 한 데서 충분히 짐작할 수 있다.

그것은 어쨌든 「황성옛터」가 일제 강점기 조선 민중의 세레나데로 애창된 것은 식민지 백성의 서러운 회포랄까, 허무한 느낌에 호소하는 바가 적지 않았기 때문이다. 실제로 그것은 유독 왕실의 후예만이 느낄 수 있

57 안천, 『황실은 살아있다』 하권, 인간사랑, 1994, 140쪽.
58 고려시대 왕궁.
59 한국문화방송 편저, 『가요반세기』, 성문사省文社, 1967, 22~23쪽, 60쪽.

는 것도 아니었다. 그런데 「황성옛터」의 가사를 보면 제1, 2절이 폐허와 허무한 심사를 노래한 반면, 마지막 제3절은 괴로운 심사를 가슴속 깊이 묻어버리고 비록 정처定處는 알 수 없지만 산을 넘고 물을 건너가겠노라는 굳센 희망의 의지를 나타내고 있다. 이우 공의 도쿄 생활이 정신적으로 볼 때 폐허와 허무에 대한 반항의 연속이었다면, 이 타이위안에서의 고독한 생활은 체념과 비관을 극복한 터전 위에서 새로운 도전과 희망을 모색하던 심적 전환의 시기가 아니었을까 짐작된다. 험준한 산과 황허黃河로 둘러싸인 산시성의 고립된 지형구에서 일상적으로 흔히 접하게 되는 것이 바로 황폐해진 성곽의 옛 자취였다. 이곳이야말로 중국민족이 북쪽 몽골지방의 기마 유목민족의 남침에 대비하는 제일선 군사기지였다. 그리고 지난날의 전쟁이란 필경 이 성곽의 쟁탈전에 다름 아니었다.

10. 내키지 않는 히로시마廣島로의 전속

이우 공의 타이위안 시절의 행적에 대해 구전 자료를 통해 기술한 어떤 책에는 그가 여기서 3년간 몰래 심복부하들을 양성했고, 급기야 이들을 데리고 탈출하려다가 군 당국에 적발된 것이 그가 히로시마로 전출특명을 받게 된 이유라고 기술하고 있다. 즉 그는 이 때문에 건강한 몸인데도 베이징에 있는 병원에 강제로 입원 조치를 받았는데, 실제로 감금된 상태였다고 한다.[60]

그러나 이 같은 '증언'은 실제와 다를 것으로 짐작된다. 그의 타이위안 근무기간은 3년이 아니라 정확히 13개월에 불과하다. 무엇보다도 고급사령부의 참모직에 있는 한국인 장교가 부하들을 포섭한다는 발상 자체가 어색하게 여겨진다. 또한 이우 공이 타이위안 근무를 독립운동을 은밀

---

60 안천, 『황실은 살아있다』 하권, 인간사랑, 1994, 208~209쪽.

히 전개할 수 있는 좋은 기회로 활용하여 타이항산맥 일대의 한국인 유격대와 접촉했다거나 만주의 항일유격대를 규합하려 했다는 것[61]도 믿기 어려운 일이다.

전세가 극도로 악화되자 일본 군부는 1945년 봄부터 이른바 본토결전 준비에 착수하기 시작했다. 이에 따라 새로이 많은 부대가 창설되어야 했고 아울러 기간基幹장교의 확보가 절실해졌다. 이우 공은 이해 4월 6일 자로 본토결전을 위해 전출특명을 받았다. 즉 히로시마廣島에 창설된 제2총군사령부 참모부 제1과 교육담당 참모로 임명되었다.

당시 그는 전국戰局이 매우 급박해진 것을 알고 가족이 있는 한국에서 근무하기를 열망했다. 그는 굳이 전보발령을 내릴 바에는 서울의 조선군 관구사령부로 해줄 것을 군 당국에 요청했다. 그러나 당국은 본토결전의 중대성에 비추어 그가 모름지기 '모범적으로' 그 준비에 참여해줄 것을 요망했다.

이우 공은 히로시마 사령부로 귀임하기 전 서울에서 두 달 이상을 머물렀다. 그는 시국의 추이가 걱정되어 이에 정통한 사람을 만나 이야기를 듣고 싶었다. 양가養家 쪽으로 그의 매부가 되는 윤원선尹源善의 주선으로 그는 비밀리에 언론인 김을한金乙漢을 운현궁으로 불러들였다. 그는 김씨에게 물었다.

"대관절 시국은 어떻게 되어 가는 겁니까? 그리고 일반 민중들은 이 판국을 어떻게 보고 있나요?"

"공 전하! 일본의 압박으로 민중들은 아무 소리 못하고 있으나 마음속으로는 이미 일본이 전쟁에 진 것으로 생각하고 있습니다."

"남에게 말할 수는 없으나 내가 보기에도 일본의 패전은 결정적이요. 패전 후의 한국 문제가 큰일이요. 나도 이제는 그만 군복을 벗고 운현궁에서

---

61 안천, 『황실은 살아있다』 하권, 인간사랑, 1994, 193~195쪽.

여생을 보내고 싶으나 마음대로 안 되는군요."

"곧 히로시마로 가신다는 말을 들었습니다."

"그래요. 처음에는 서울에도 군대가 있으니 되도록 본국에 있게 해달라고 한 것인데 그것이 잘 안 되어서……. 지금 꾀병을 부리며 출발을 연기하고 있으나 이젠 더 핑계를 댈 수도 없고, 그래서 어린애에게 일부러 설사약을 먹여 병중이라는 이유로 며칠 더 여유를 얻은 것이지요."

이날 이우 공과 만나서 이야기를 나눈 김을한은 「이우 공의 최후」라는 그의 글에서 쓰고 있거니와[62] 이우 공은 일본 군대생활을 통해서 일본 음식 때문에 제일 혼이 났다고 말했다는 것이다.

이우 공은 마지막으로 그에게 한 가지 부탁을 했다.

"내가 전에 도쿄를 떠나 귀국할 때 영친왕을 뵈러 갔더니 그 어른 말씀이 시국은 앞으로 혼란해질 터이니 우리나라 고유의 문화를 보존해둘 필요가 있다, 그러니 명창들이 취입한 레코드판을 한 벌 구해 달라고 하셨어요. 김 선생께서 한번 알아봐 주시오."

이우 공은 제17방면군 사령관 겸 조선군관구사령관을 앞세운 군 당국의 성화같은 독촉에 하는 수 없이 육군중좌로 정기 승진하는 6월 10일에 맞춰 도일했다. 다만 출국에 앞서 이우 공은 은밀하게 운현궁의 가재도구를 철원 동북방의 김화군 산속으로 옮기고, 가족도 이곳에서 지내도록 조치했다. 히로시마에 부임하기 전 도쿄에서 만난 형 이건 공 중좌는 그에게 자신은 전차 연대장으로 본토결전에 임할 것을 희망했는데 거절되었다고 자못 불만스럽다는 어투로 이야기했다. 형도 그보다 앞서 북중국에서 근무하다가 도쿄로 왔던 것이다. 형은 전차 연대장이 되는 대

---

62 김을한, 『여기 참사람이 있다』, 신태양사, 1960, 49~51쪽.

신 연초에 발령받은 육군대학교 병학교관으로 만족해야 했다. 또한 이우 공은 7월 16일 영친왕 부부를 찾아뵙고 인사를 드렸는데, 당시 영친왕은 제1항공군사령관직을 마치고 최고위 장성의 대기직인 군사참의관으로 재임 중이었다.

이우 공이 히로시마 부대에 귀임했을 때 사령부는 한창 바쁘게 움직이고 있었다. 6월 8일 어전에서 결정된 본토결전 계획에 따른 제반 준비가 진행되고 있었다. 이 계획에 따르면 본토결전이야말로 일본군 최후의 전투였다. 그러니까 일본군은 이 최후의 일전에 모든 것을 걸고 있었다는 이야기가 된다.

이 계획에는 승리의 열쇠가 적[63]이 상륙할 찰나에 필사적인 강습強襲을 하는 것밖에는 다른 도리가 없음을 강조하고 있었다. 일단 적이 교두보를 굳히게 되면 일군의 빈약한 화력이나 돌격장비로서는 무찌를 수 없다는 것이었다. 그러나 문제는 그러한 강습에 필요한 병력이 충분한가 어떤가에 달려 있었다. 히로시마에 사령부를 둔 이른바 제2총군은 극단적으로 말하자면 일종의 허설虛設부대로서 당시는 병력과 장비를 한창 모으고 있는 중이었다. 총군사령관 하타畑 원수를 보좌하는 참모장 와카마쓰 다다카즈若松只一 중장이 발령난 지 3개월 만에 육군차관으로 전보되고 7월 21일 오카자키 세이사부로岡崎清三郎 중장이 부임했는데, 그는 10년 전 영친왕이 우쓰노미야 소재 제14사단 예하 제59연대장으로 있을 때 부연대장 격[64]으로 성실하게 보좌했던 인물이었다. 그런 만큼 자신의 부하 참모가 된 이우 공에 대해서는 남다른 이해심을 갖고 대했을 것으로 짐작된다.

한편 히로시마의 전략적인 비중은 매우 컸다. 이곳은 청일·러일 양 전쟁 때 대본영大本營이 설치된 군사기지였고 미쓰비시三菱조선회사를 비롯

---

63 미국.
64 중좌.

한 군수공장이 집결된 곳이었다. 또한 해변가에는 항공대가 있었고 부근에 군항 구레吳와 육군 최대의 운수기지인 우지나宇品에는 선박사령부[65]가 있었다. 요컨대 히로시마는 미국이 전략적인 견지에서 첫 번째로 신형원자탄을 떨어뜨릴 만한 곳이었다.

11. 최후의 날에

이우 공의 최후에 대하여는 총군사령부 작전주임참모였던 육사 동기생 하시모토 마사카쓰橋本正勝의 증언이 상세하므로 이를 주로 참고하여 서술하기로 한다. 하시모토의 증언은 요미우리讀賣신문사에서 간행한『쇼와사昭和史의 천황』[66]에 실려 있다.

8월 6일 새벽은 유난히 맑았다. 이우 공은 시의 남쪽 외곽 고이己斐의 가어전假御殿에서 내려쬐는 아침햇살을 받으며 출근길에 올랐다. 그가 말에 올라타고 여느 때처럼 두 명의 승마 호위헌병을 데리고 숙소를 떠난 것이 7시 반경이었을 것으로 추측된다. 그는 시내 거리를 남쪽에서 북쪽으로 종단하여 총군사령부로 향했다. 마침 이때 라디오 소리가 거리에서 들려왔다. 이에 의하면 미군 비행기 한 대가 히로시마 동쪽으로 기수를 돌리고 있다는 것이었다. 라디오 소리와 동시에 히로시마 일대에는 곧 경계경보가 발해졌다.

그 후 8시 10분경 B29 한 대가 다시 히로시마 쪽으로 오고 있다는 라디오 방송이 있었다. 과연 몇 분이 지나지 않아 비행기가 히로시마 중앙 상공에 이르렀다. 이때 그는 시 중앙인 후쿠야福屋백화점 부근에 이르렀

---

65 통칭 아카쓰키曉 부대.
66 요미우리신문사讀賣新聞社,『쇼와사의 천황昭和史の天皇』제4권, 도쿄: 요미우리신문사, 1968, 240~242쪽.

는데[67] 비행기에서 낙하산 하나가 떨어졌고 그 끝에 조그만 물체 하나가 매달려 있었다. 그가 '이상하다'고 생각했을 순간 폭음인지 무엇인지 알 수 없는 이상한 소리가 들려왔다. 그 순간 그는 다른 원폭 피해자들과 마찬가지로 눈이 화끈거리며 정신이 아찔해지는 것을 느꼈을 터이다. 동시에 그는 '확!' 하는 화염을 마셨을 것이 틀림없다. 이때 그는 '쾅!' 하는 진동소리와 함께 말 위에서 떨어졌다. 순간 그는 정신을 잃고 말았다.

이우 공은 온 몸이 불덩어리가 된 것처럼 뜨거워 견딜 수가 없었다. 몽롱한 가운데서도 그는 군인의 직감으로 물이 있는 곳을 찾아야겠다고 생각한 듯 일어서려고 했으나 하반신이 말을 듣지 않았다. 그는 개천을 찾아 기어가기 시작했다.

이날 공족부 무관인 요시나리 히로시吉成弘 중좌는 주인이 사령부에 출근하지 않자 행방불명된 것을 깨달았다. 당시 요시나리는 무좀으로 고생 중이어서 말을 탈 수가 없었고 이날도 이우 공의 승용차를 타고 한발 먼저 사령부에 도착하여 주인의 출근을 기다리고 있었던 참이었다. 그의 신고로 사령부에서는 수색에 나섰다. 수색명령은 우지나의 선박사령부에까지 하달되었다.

이 날 오후 늦게야 흙투성이가 되어 있는 이우 공이 폭심지 근처인 혼카와本川의 아이오이 다리相生橋 밑에서 발견되었다. 그는 곧 혼카와초등학교 방공호로 옮겨졌다가 다시 선박사령부 요원들에 의해 세토나이카이瀬戸内海 니노시마似島에 위치한 육군검역소의 임시 구호소로 옮겨졌다. 여기서 그는 의식을 되찾았다. 그는 외상이 전혀 없는 데 안심하고 오히려 불행 중 다행이라고 기뻐했다.

그러나 이날 밤부터 그의 용태는 갑자기 악화되어 갔다. 그는 한마디 유언도 남기지 못한 채 그 이튿날 오후 4시[68] 쓸쓸하게 외딴섬에서 숨을

---

67 이곳은 폭심지에서 불과 한 블록 반쯤 떨어진 거리라고 함.
68 하시모토의 증언으로는 새벽 4시.

거두고 말았다. 그의 나이 34세였다.

한편 요시나리 무관은 주인의 죽음을 확인한 직후 병실 앞 잔디밭에 정좌正座한 채 피스톨로 자결했다. 이우 공의 유해는 8일 요시지마吉島비행장에서 총군기에 실려 서울로 향했다. 그런데 이때 수고한 총군사령부 경비참모 시라이시 미치노리白石通敎 중좌는 임무를 마치고 본국에 돌아간 지 1주일 만에 참변을 당하고 말았다. 즉 그는 하타 원수에게 복명復命한 뒤 14일 밤 마침 근위사단장으로 있는 자형姊兄 모리 다케시森赴 중장을 도쿄에 있는 집무실로 찾아갔다가 항복 수락을 한사코 거부하면서 궐기를 강요하는 하타나카 겐지畑中健二 중좌 등 반란 장교들에 의해 자형과 함께 피살되었던 것이다. 이우 공의 죽음에 얽힌 이상한 인연이라고나 할까.

그로부터 18년이 지난 뒤인 1963년 11월 7일 미망인 박찬주 여사가 히로시마시 아이오이 다리 위에서 혼카와本川 개천 위로 꽃을 뿌리며 고인의 명복을 빌었다. 한편 원자폭탄 투하 당시 히로시마시에 살고 있던 약 2~3만 명으로 추정되는 한국인이 목숨을 잃었으므로, 1967년 히로시마에 사는 재일동포들이 평화공원 안에 한국인 피폭자를 위한 추모비를 건립하려는 계획을 세웠다가 히로시마시 당국에게 거절당하자, 궁여지책으로 1970년 폭격으로 쓰러진 이우 공이 발견되었던 아이오이 다리 근처에 위령비를 세웠다. 그 뒤 재일동포들과 일본 시민사회의 노력으로 위령비는 1999년 5월 평화공원 안으로 옮겨져 현재에 이르고 있다.

VIII 계림회 시말기

해설

　한국인의 일본 육군사관학교 유학은 한국이 일제에 병합된 뒤 20년간은 사실상 중단상태였다. 그러던 중 1933년 채병덕蔡秉德과 이종찬李鍾贊이 육사에 입학한 뒤로부터 유학열이 불붙기 시작하여 해방 당시까지 12년간 모두 72명의 한국인이 유학하게 되었는데, 이 한국 유학생들의 친목단체가 계림회鷄林會였다. 이는 당시 일본 학생들의 이른바 현인회縣人會의 관례를 따른 것이었다.

　계림회는 처음에는 영친왕의 후원으로 도쿄 요쓰야四谷에 있는 한 운송점 뒤채 2층짜리 독립건물을 빌려 일요하숙日曜下宿집으로 이용했다. 이 건물은 한국 병합 직후 육사에 재학 중이던 그들의 대선배들이 망국의 설움을 달래던 곳이기도 했는데 계림회원들은 일요일이면 이곳에 모여들어 1주일 동안 학교생활에서 겪었던 갖가지 일을 털어놓으면서 웅지雄志와 회포를 어루만졌다.

　제2차 세계대전에서 살아남은 대부분의 계림회원들은 신생 대한민국 육군과 공군 창건에 주역으로 참여하여 6·25전쟁 때 크게 활약하였고, 제1공화국시대의 군부를 사실상 주름잡았다. 또한 그들 중 일부는 1961년의 5·16군사정변을 주도하여 오랫동안 권력의 추요부樞要部를 독점하였다.

　이 이야기는 약동하는 젊은 계림회원들의 토론의 광장이었으며 조국과 고향을 그리는 마음의 안식처이기도 했던 일요하숙생활의 시말을 기록하는 동시에, 특히 지인태池麟泰, 최명하崔鳴夏, 최정근崔貞根, 채병덕, 박범집朴範集, 그리고 이용문李龍文 등 일소日蘇 국경분쟁, 제2차 세계대전 혹은 6·25전쟁 때 전사한 회원들의 최후를 추적한 것이다.

1. 육사의 문호개방

1931년 이른바 만주사변을 도발한 일제는 일본 본토와 한반도, 여기에 만주를 연결하는 블록화에 박차를 가하기 시작했다. 이에 따라 일본 세력권 내부에서 한반도가 차지하는 전략적 중요성은 더해 갔다.

1932년 여름 한국 내의 각 일본인이 운영하는 중학교에 나와 있던 배속장교들은 한국인 학생들에게 육군사관학교에 지원할 것을 권유하고 나섰다. 이것은 전에 없던 일이었다. 사실 이때까지 한국인에게는 육사 입학의 문호가 열려 있었다고 할 수 없었다. 병합 직전 대한제국의 무관학교가 폐쇄되자 그 재학생 44명이 관비유학생의 자격으로 일본 중앙유년학교에 입학했다가, 병합 후 다시 육사에 들어가 1914년[1]과 1915년[2]의 두 차례에 걸쳐 도합 33명이 졸업한 뒤 영친왕 이은[3], 조대호趙大鎬[4], 엄주명嚴柱明[5], 사동궁 이건 공[6], 운현궁 이우 공[7] 등 몇몇 조선왕공족과 귀족 자제들이 유학한 외에 이때까지 육사에 입학한 사람은 1928년에 입교한 이형석李炯錫[8]밖에는 없었다. 그것은 한국인들이 일본 육사 진학에 의욕이 적었던 것을 말해 주는 것이기도 하지만, 한편 그때까지 한국인 중학교인 이른바 고등보통학교[9]에는 교련과목이 없어 육사 입학에 지장을

---

1 제26기생.
2 제27기생.
3 제29기생.
4 제29기생.
5 제30기생.
6 제42기생.
7 제45기생.
8 제44기생으로 입교했으나 휴학하여 제45기생으로 졸업.
9 '고보'라 약칭.

받았던 것도 사실이다.[10] 그런데 갑자기 배속장교들이 우수한 한국 학생들을 찾아다니면서 귀찮을 정도로 육사 지원을 권한 것이다.

이것은 일본 군부의 방침에 따른 것이 아니었을까 생각된다. 즉 1932년 5월 조선군사령관이던 하야시 센주로林銑十郎 대장이 교육총감이 되어 본국으로 돌아가고 그 후임에 교육총감부 본부장[11]이던 가와시마 요시유키川島義之 중장이 취임했는데, 일본의 군제에 의하면 육사의 생도선발사무는 교육총감부 본부장을 책임자로 했다. 다시 말해 육사생도의 선발 경험이 있는 조선군사령관이 부임 후 배속장교들을 시켜서 한국인 학생들의 육사 유학을 권하게 한 것이 아닌가 하는 느낌이 든다.

어쨌든 배속장교뿐만 아니라 학교장의 간절한 권유도 있어서 한국인 학생들 가운데 일부는 이에 따르기로 했다. 당시 중학교는 5년제였으나 육사의 규정으로는 4학년 1학기를 마치게 되면 응시 자격이 부여되었다. 또한 당시 입학시험 요령은 먼저 각 지구별로 시행하는 신체검사를 받은 다음 이에 합격한 사람에 한해서 역시 각 지구별로 시행하는 필기고사를 치르게 되어 있었다. 그리고 여기에 합격한 사람도 도쿄 교육총감부에서 직접 시행하는 최종 신체검사에 합격해야만 비로소 입학이 허가되었다.

1932년 11월, 당시 평양공립중학교 4학년생인 채병덕은 1차 신체검사장으로 지정된 조선군사령부 장교구락부인 서울 용산 해행사偕行社 근처에 있는 육군병원에서 검사를 받았다. 검사장에는 건장하고 장대한 소년들로 붐비고 있었다. 유도로 단련된 그는 현장에서 합격 판정을 받았다.

학과시험은 신체검사일로부터 약 1주일 뒤에 실시되었다. 이 시험을 그는 평양에서 치렀다. 그러나 학과시험 결과는 신체검사 때처럼 그날로 판정이 나는 것은 아니었고 적어도 2, 3개월 뒤에야 합격 여부를 알 수

---

10 고보에 군사교련이 실시된 것은 1934년 9월 이후임.
11 교육총감의 차석.

678

있었다.

1933년 2월 중순, 채병덕은 합격 통지서를 받았다. 이에 따라 3월 하순 그는 도일하여 도쿄에서 제2차 신체검사를 받았다. 이 검사는 일종의 정밀검사로 까다로운 면이 있었다. 그러나 검사관은 그가 원로遠路여행으로 피로해진 점과 또 그가 중학시절 유도부장으로 과도한 연습을 했었다는 이야기를 참작하여 합격판정을 내렸다.

그런데 채병덕은 이 검사장에 모인 5백여 명의 최종합격자 가운데서 뜻밖에 동포 한 사람을 발견했다. 본디 감격하기 쉬운 기질인지라 반갑고 궁금한 마음에서 곧장 그에게로 달려갔다.

"네래 조선사람 아니가!"

"채병덕 군이지? 알고 있었어. 나 이종찬李鍾贊이야."

"거, 어떻게 내 이름을 알고 있어?"

"지난번 용산 해행사에서 군을 보았어. 그때 군이 호명되는 것을 주의해서 들었지."

이종찬은 경성중학교 출신으로 1차 신체검사장이었던 용산 해행사에서 우연히 옆줄에서 검사 준비를 하고 있던 채병덕을 보았다. 그때 그는 남달리 우람한 채병덕의 몸집에 내심 감탄하여 그가 호명될 때 주의해서 들었던 것이다.

최종합격자들은 그날부터 도쿄 이치가야市谷에 있는 육사 영내營內에서 4월 1일 거행될 입교식을 위해 대기상태에 들어갔다. 그동안 두 사람은 틈나는 대로 만났고 그 사이에 우정이 싹트게 되었다.

입교식은 이치가야 교정에서 교장 이나가키 다카테루稻垣孝照 중장의 훈시를 듣는 것으로 예정대로 거행되었다. 이날로부터 두 사람은 육사 예과생으로서 완전히 군인이 되었으며 군인 가운데서도 가장 규율이 엄한 장교생도가 되었다.

2. 등용문登龍門의 생활

당시 예과의 일과는 아침 6시 기상나팔소리와 함께 일어나 일조점호를 받는 것으로 시작된다. 점호가 끝나면 생도들은 막사인 생도사生徒舍 안팎을 청소하고, 이어 각자 세면을 한다. 이것을 한 시간 안에 끝내고 아침식사를 한다. 식사가 끝나면 곧 생도사로 돌아와서 학과 준비를 서두른다. 오전학과가 시작되기 전 예과생도들은 일단 생도사 앞뜰에 정렬하여 주번사관의 복장검사를 받는다. 복장검사 때 주번사관은 두발과 복장, 그리고 군화를 세밀히 검사하는데, 때로는 생도들을 정렬시킨 채 생도사 안을 둘러보면서 정돈과 청소상태를 검사하기도 한다. 이러한 복장검사는 학과 시작 5분 전까지 매일 실시된다.

오전 중에는 강당에서 이른바 일반학一般學이라는 것을 배운다. 이 시간에 생도들은 일반교과와 군대예절을 비롯한 군대의 각종 전범령典範令 등을 학습한다. 정오가 되면 식당에 가서 점심을 먹고 오후 1시부터는 오후학과가 시작된다.

대개 오후에는 군사학을 2시간 정도 배우고 그다음은 이른바 술과術課라고 불리는 교련, 체조, 마술馬術, 유도, 검술 가운데 어느 한 가지를 매일 번갈아 실시한다. 오후학과가 끝나면 1시간의 수의隨意운동시간이 부여된다.

이 운동시간에 생도들은 각자 체조, 검술, 유도 중에서 어느 한 가지를 마음대로 골라 연습하게 되어 있다. 이 시간은 생도들에게 한 가지 스포츠의 숙련자가 될 수 있고 또한 심신을 단련할 수 있는 좋은 기회이기도 했다. 학교 당국에서도 이를 중시했으므로 이 시간에 생도들이 막사 안에서 쉬거나 눕는 것을 엄금했다.

이 수의운동시간이 끝나면 목욕을 하고 저녁식사 신호를 기다리게 된다. 이 저녁 시간은 생도들에게 즐거운 시간이었다. 특히 한국인 유학생들인 두 사람에게는 더욱 간절한 시간이었다.

"우리 두 사람이 자유로이 만나서 우리나라 말로 이야기를 주고받을 수
있는 시간이 이때밖에는 달리 없었으므로 우리들은 최대한 노력을 해가면
서 거의 매일 이 시간에 만났다."

라고 이종찬은 회고한 바 있다.

　하루 동안 단 한 번 우리말을 쓸 수 있다는 즐거움 외에도 이 시간에
는 구내매점酒保에 가는 맛도 있었다. 학교식당의 식사는 상당히 좋았으
나 그들은 될 수 있는 대로 식사를 적게 하고 주번사관이 식당에서 퇴장
하면 쏜살같이 매점으로 뛰어가 닥치는 대로 먹고 마셨다. 매점 문은 앞
을 다투어 밀려드는 생도들로 꽉 차서 이곳을 통과하기란 결코 쉬운 일
이 아니었다.

　"채병덕은 태산 같은 몸집을 날쌔게 달려 집회소 문 앞으로 갔고 거기서
가진 바 당당한 체력으로 전후좌우를 밀어제치면서 비호같이 앞장을 서곤
했다."

라고 역시 이종찬은 회고했다.

　이종찬은 우동 두 그릇에 커피 한 잔, 과자 한 봉지 정도가 표준이었으
나 채병덕은 우동 세 그릇에 과자 두 봉지, 사이다 두 병이 표준이었다.
때때로 그는 그것도 부족해서 우동을 두 그릇이나 더 주문하곤 했다. 몸
이 남보다 크고 유달리 건장해서이기도 했으나 그는 참으로 대식가라 할
만 했다. 그러나 자습시간이 시작되는 7시까지 집회소에서 먹을 수 있는
시간이란 30분 정도에 불과했으므로 이 경우 먹는다기보다는 쓸어담는
다는 표현이 더 알맞았다. 그래도 소화는 잘 되었다고 한다.

　구내매점에서 일찍 나오는 경우 두 사람은 구내식당 앞에 있는 비와코
반琵琶湖畔[12]을 산책하기도 했고 시간이 없을 경우에는 생도사 쪽을 향해

12　시가滋賀현의 호수 비와코琵琶湖와는 이름만 같고 아예 다른 곳임.

발길을 옮기면서 지난 하루 동안의 일을 서로 이야기했다. 대부분 상대방을 격려하고 위로하는 내용이었다.

입교 초기에 채병덕은 일본식 식사가 비위에 맞지 않아 크게 애를 먹었다. 이 일로 그는 이종찬에게 퇴교하겠다는 결심까지 말한 적이 있었다.

"내래 이대로는 견딜 도리가 없으니 다 집어치우고 귀국하겠다."
"조금만 참게. 일요일에 외출하면 중국요리나 우리나라 음식을 사 먹을 수 있어."

3. 일요하숙

육사 재학기간을 통하여 일요일만은 천당에 가듯 즐거운 날이었다. 육사는 보통날은 일반 병영에 비해 융통성이 없었으나 일요일만은 아침식사가 끝나는 대로 곧 외출이 허가되었다. 그러나 그들이 시내로 외출하더라도 마음대로 음식점을 이용할 수 없었다. 그들이 출입할 수 있는 곳이란 제국帝國호텔이나 혹은 재향군인회관인 해행사의 식당 정도였다. 따라서 외출하게 되면 생도들은 각각 자기 향토 출신 선배장교들이 운영하는 이른바 현인회縣人會의 일요하숙에 가는 것이 상례였다.

이 일요하숙은 물론 보통 하숙과는 달라서 상당한 시설을 갖춘 건물인 경우가 많았고 대개는 재단법인으로 운영되고 있었다. 특히 지난 반세기 이상 일본 육군을 지배해 온 수많은 인재를 배출한 야마구치山口현이나 가고시마鹿兒島현의 일요하숙 같은 데는 3백 명가량을 수용할 수 있는 대회관이었다.

그러나 이것은 한국 출신 생도들에게는 인연이 없는 이야기였다. 그들은 동향회가 없었으므로 아는 사람의 집이나 찾는 것이 고작이었다. 단한 번 그들은 입교 직후 유일한 한국인 생도였던 이형석 선배의 안내로 히로시마廣島현인회의 일요하숙인 초수회草水會에 간 일이 있었다. 이형석 선배는 평북 선천宣川 출신으로 1928년 신의주고등보통학교 4학년 재학 중 육사에 입학했었는데 그간 신병으로 1년 휴학하여 당시 졸업반에 있었던 것이다. 이 선배가 초수회에 참석할 수 있었던 것은 그가 히로시마현 후쿠야마福山에 있는 보병 제5사간 예하 제41연대에서 이른바 대부隊附생활을 했기 때문이었다.[13]

그해 6월 이 선배는 육사를 제45기생으로 졸업하고 원대인 후쿠야마 연대로 배속되어 떠나버렸다. 이에 그들은 더욱 쓸쓸하고 답답하여 향수병이 날 지경이었다. 물론 그들은 일요일에는 꼭 함께 시내로 외출하고는 했으나 일본인 생도들처럼 현인회에 가서 편안히 쉴 수 있는 것도 아니었다. 더욱이 그들이 시내로 외출하여 시간적으로 여유가 있어 보이고 또 감독 없는 환경 아래에서 생활하는 유학생들을 볼 때에는 부러운 마음까지 들기도 했다. 유학생들은 집에서 부쳐주는 돈으로 개인하숙을 얻어 자유로이 공부할 수 있었으나 자신들은 고통스러운 내무생활 속에서 젊은 호시절을 썩히는 것으로 생각되었던 것이다. 이런 생각이 들 때마다 그들은,

"민족의 독립은 역량을 배양함에 있고 모든 역량 중에서도 가장 중대 긴요한 군사적 역량을 위해서 이러한 고초는 극복해야만 한다."

라고 장래를 굳게 다짐하면서 서로를 격려하며 인내와 용기로써 이를 이겨냈다.

그러던 어느 날 육척 장신의 당당한 체구를 가진 김인욱金仁旭이라는 소좌가 학교로 그들을 면회 왔다. 김 소좌는 육사 제27기생으로서 당시

---

13 이형석은 자신이 육사를 졸업할 때인 1933년 채병덕과 이종찬이 입학한 것으로 미루어 자신의 이례적인 입학 허가는 "한국인도 앞으로 쓸 만한가 어떤가를 시험해 보기 위한 것"이 아니었을까 회상한 바 있다.

교육총감부에 근무하고 있던 영친왕 이은 중좌의 왕족부무관으로 근무하고 있었다.[14] 김 소좌는 그들을 데리고 나가 음식을 사주면서 일요하숙 설치에 관한 이야기를 꺼냈다.

"그대들이 일요하숙 문제로 고통을 당하고 있을 것이 짐작되어 이왕李王 전하께옵서 나에게 그 설치문제를 하명下命하셨다. 마침 내가 잘 아는 집이 있으니 주선하겠다."

4. '사막천沙漠泉'의 교훈

그로부터 얼마 지나지 않아 그들은 도쿄 요쓰야四谷에 작게나마 그들 만의 안식처인 회관을 갖게 되었다. 그것은 데라타寺田 씨가 소유한 고토 後藤운송점의 뒤채에 있는 2층짜리 독립건물이었는데, 이 운송점은 김 인욱 소좌를 포함한 지난날 한국 유학생들과 깊은 인연이 있었다. 즉 과 거 육사 제26기와 제27기의 한국인 선배들이 사관후보생 시절 바로 이 집을 구락부로 사용했던 것이다.

그러한 인연 때문인지 집주인은 그들을 대단히 친근하게 대해 주었고 또 20여 년 전 그들 옛 선배들의 젊은 시절을 이야기해 주기도 했다. 그 리고 그들이 감명받은 것은 집주인이 20여 년 전의 것이라고 하면서 그 들에게 사진첩 하나를 보여 주었을 때였다.

이 앨범은 사막의 오아시스라는 뜻인 '사막천沙漠泉'이라는 이름이 붙여 진 것이었는데 그들의 선배들이 육사 재학 당시 이 집에 신세진 것을 기 념하여 남겨 놓은 사진첩이었다. 앨범에는 김광서金光瑞[15]를 비롯한 홍안

---

14 김인욱은 해방 직전 예편하여 평양에서 살고 있다가 소련군에 피랍되어 생사불명 이 됨.
15 제23기생.

의 소년 34명의 단독 사진들이 붙어 있었다. 즉 김광서와 제26기생들인 홍사익洪思翊, 이응준李應俊, 신태영申泰英, 염창섭廉昌燮, 지석규池錫奎[16], 유승렬劉升烈, 안종인安鍾寅[17], 권영한權寧漢, 이호영李昊永[18], 조철호趙喆鎬, 박승훈朴勝薰, 김준원金埈元, 민덕호閔德鎬 등 13명과 제27기생들인 윤상필尹相弼, 원용국元容國, 백홍석白洪錫, 박창하朴昌夏, 장석윤張錫倫, 서정필徐廷弼, 김종식金鍾植, 김석원金錫源, 이강우李降宇, 장성식張星熄, 남우현南宇鉉, 이희겸李喜謙, 이종혁李種赫, 정훈鄭勳, 김중규金重圭, 유관희柳寬熙, 장유근張裕根, 장기형張璣衡, 이동훈李東勛, 김인욱金仁旭 등 20명의 사진이었다.

'사막천'은 그들에게 참으로 무한한 암시와 교훈을 주는 것이었다. 그 앨범 가운데는 민족의 독립을 위해서 시베리아 연해주에서 일본군과 싸운 김광서를 비롯해서 만주에서 항일운동에 투신했다가 체포, 투옥된 이종혁[19]의 어린 모습도 보였고, 당시 일본군과 투쟁 중이던 이청천의 모습도 볼 수 있었기 때문이다.

더욱이 이 앨범의 표지 이름이 사막의 오아시스로 되어 있었기에 그들은 조국병합 직후 선배들의 말로 표현할 수 없었던 열렬한 조국애와 한 없는 통분을 역력히 헤아릴 수 있었다.

"이 앨범을 보니 선배님들의 울분 맺힌 원한을 알 수 있을 것 같네."

"거, 지금 관동군은 이청천 선배님을 잡으려고 혈안이 되어 있다는데, 관동군에 몸담고 있는 홍사익, 윤상필 등 선배님은 얼마나 입장이 괴롭겠어!"

이 앨범은 그들 두 사람은 물론 다음 해부터 입교해 들어오는 후배들

16 혹은 이청천李靑天.
17 혹은 안병범 安秉範.
18 혹은 이대영李大永.
19 마덕창馬德昌.

에게 둘도 없는 경전이 되었다. 그들은 이 데라타 씨 집을 일요하숙처로 정하고 이를 학교 당국에 등록하기 위해서 회명을 계림회라 정했다. 처음 그들은 앨범 이름대로 사막천회라 할까도 생각했으나 회명으로는 자수字數가 1개 더 많아서 결국은 삼국을 통일하여 단일 민족국가를 이룩한 신라의 옛 칭호인 계림을 쓰기로 했다. 사실 당시에는 계림이란 말이 한국을 지칭하는 뜻이기도 했었다.

이때부터 학교 당국에서도 계림회라 표시했고 또한 학교에서 발간되는 회보에도 이를 사용했다. 그런데 이 명칭에 대해 조선군사령부 일각에서 약간의 논란이 있었다고 한다. 요컨대 계림이란 표현이 민족적 색채가 짙은 것이 아닌가 하는 논의였었는데, 그러나 일본인 현인회에도 지역적 색채가 강한 회명이 있었으므로 별문제 없이 끝났다고 한다.

5. 한국인 사관생도의 고민

1934년 4월 두 사람이 예과 2학년에 진급했을 때 새로이 두 명의 한국인이 입교했다. 평양고보 출신의 이용문李龍文과 전북 옥구 출신으로 군산중학을 4년 수료한 지인태池麟泰였다. 이로써 육사에는 모두 4명의 한국인 생도가 재학하게 되었다. 두 사람은 후배가 생기자 한층 용기가 솟았고, 일요일 외출 시에는 이들을 대동하여 일요하숙을 찾곤 했다. 특히 이용문은 채병덕과 평양 종로보통학교 동기동창이었던 관계로 그의 향수병도 크게 누그러졌다.

두 사람은 2학년 후반기에 접어들자 병과구분을 받았다. 즉 채병덕은 포병과[20]로, 이종찬은 공병과로 결정되었다. 그들이 기술병과를 지망했던 까닭은 그들의 대선배인 제26 · 27기생들이 거의 모두 보병과였던 관

---

20 중포병과重砲兵科.

계로 장차 우리나라 군대가 발족될 경우 기술병과 출신자가 크게 부족할 것이라고 판단했기 때문이라 한다. 계림회 회원들은 그 후 이들의 영향을 받아 대부분 기술병과를 지망했다. 즉 제50기의 이용문과 지인태는 각각 기병과와 항공병과를, 제52기의 최명하와 박범집은 각각 항공병과와 포병과를 지망했다. 그 후 특히 항공병과가 인기를 끌게 되자 제54기의 김정렬부터 매기每期에 한두 명씩 이를 지망하여 육사에서 독립해 나간 육군항공사관학교를 졸업했는데 이들 중 제2차 세계대전에서 살아남은 사람들은 후일 한국 공군에서 크게 활약하게 된다.

채병덕 등은 1935년 3월 2년간의 예과생활을 마치고 사관후보생으로서 6개월간의 대부생활에 들어갔다. 그들은 병과결정 직후 예과 졸업 후의 부임지를 지망하라고 했을 때 낯익은 고향을 희망했었는데[21] 막상 발표를 보니 두 사람 모두 일본 내에서 대부생활을 하도록 결정되어 버렸다. 즉 채병덕은 규슈 나가사키현 사세보佐世保 중포연대로, 이종찬은 보병 제3사단 예하 공병대대가 있는 아이치愛知현 도요하시豊橋로 결정되었다.

당시 도요하시 공병대는 이름 있는 부대이기는 했으나 고향에서 멀고 먼 데로 격리시킨 것이 한없이 원망스러워서 그들은 다시 한 번 절치부심했다. 그러나 그들은 "사람이 되려면 고생을 해봐야 한다"는 옛말을 생각하며 이를 달게 받아들였다. 그리고 예과 졸업식 그날로 그들은 밤차를 이용하여 도쿄를 떠났다. 부임하기 전의 약 1주일간의 휴가를 고향에서 보내기 위해서였다.

두 사람은 이해 10월 대부생활을 마치고 다시 육사로 돌아왔다. 이제부터 본과 과정이 시작되었다. 본과의 내무생활은 예과시대와 대체로 비슷했으나 반면 본과에서는 일반학 대신 군사학 공부에 치중했다. 그리고 군사학 가운데서도 가장 비중이 컸던 것은 전술학이었다.

---

21 즉 조선군 예하 부대.

이처럼 본과시대는 군인으로서 가장 기본적인 것을 배우는 기간이었으나 동시에 후보생들도 이제는 약관을 넘어 점차 인간성장의 과정으로 돌입하는 때였으므로 졸업 뒤에 올 군인생활, 즉 장교로서 어떤 생애를 보낼 것인가 하는 문제를 심각히 생각해 보는 기간이기도 했다. 이 문제는 특히 한국 학생에게 그러했다. 이종찬은 「채병덕 평전」[22]에서 당시의 심정을 다음과 같이 쓴 적이 있다.

"처음부터 민족적 역량을 양성하는 데에 군사지식이 가장 긴요하다고 생각해서 군문軍門에 들어온 우리들이었기에 졸업은 그 의의가 있었으나 그 후의 임관에는 그다지 관심이 없었고, 오히려 자칫 잘못하면 지금까지 연마한 노력이 뜻하지 않은 방향으로 아무 가치 없게 봉사하게 되지는 않을까 걱정되기도 했다."

그들의 본과 시대는 1935년 가을부터 1937년 초 여름에 이르는 시기로 당시 국제정세는 미묘하게 작용했고 일본은 바야흐로 국제적 고립 속에서 군국화의 길을 걷고 있던 때였다. 고조된 군국주의는 영토 확장으로 그 야망을 드러내어 중국과의 관계는 일촉즉발의 위험에 직면해 있었다. 따라서 두 사람의 걱정은 단순한 기우杞憂는 아니었고 심각한 당면 문제였다.

그들은 1937년 6월 29일, 제49기생으로서 마침내 육사를 졸업했다. 4년여의 형설螢雪의 공이 이루어진 것이다. 당시 육사에는 그들의 1년 후배인 이용문, 지인태 외에 1936년 4월 제52기생으로서 입학한 3년 후배가 2명 있었다. 즉 대구중학 출신의 최명하와 함흥고보 출신의 박범집이었다. 그리고 그들이 졸업하던 해 4월 다시 제53기생으로 박재흥朴在興과 신응균申應均이 입학했다. 박재흥은 니혼日本대학 부속중학 출신이었

22 「자유민에게 전해다오」, 국방부 정훈국, 1955, 31~32쪽.

으며 신응균은 대전중학 출신이었는데 특히 후자는 제26기생인 신태영 申泰英 선배의 아들이기도 했다.

6. 노몬한 전투에서 전사한 지인태

1937년 7월 7일 중일전쟁이 터졌다. 일본은 처음 전쟁 불확대방침을 선언했으나 이달 11일에는 서울 용산에 있던 보병 제20사단이 북중국으로 동원명령을 받았다. 제20사단 예하 제78연대 대대장인 육사 제27기생 김석원金錫源 소좌는 곧 베이징 부근 남원행궁南苑行宮 병영 공격에 성공하여 그 이름이 국내에 널리 회자되었다. 1939년 3월 그가 전지에서 귀국했을 때는 마치 개선장군의 대환영을 받았고, 그간「김석원 부대장을 찬양하는 노래」까지 작사 작곡된 것을 알고는 깜짝 놀랐다는 것이다. 이종찬이 속해 있던 제3사단도 그해 8월 하순 상하이 전선에 투입되어 이때부터 3년 가까이 그는 중국 전선에서 사선死線을 헤매게 되었다. 다만 채병덕은 사세보 해안 요새를 지키는 중포병이었으므로 출전할 기회가 찾아오지 않았다.

전쟁이 점차 치열해지자 육사의 교육연한도 단축되어 제50기생은 1937년 12월 졸업했다. 이용문은 제1사단 예하 기병 제1연대에 배속되어 북만주 쑨우孫吳의 기지에서 초급장교 생활을 시작하게 되었다. 다만 지인태는 항공병과를 지망한 관계로 육사 졸업 후 다시 사이타마埼玉현에 있는 도코로자와所澤분교에서 학업을 계속했다. 이 분교는 얼마 뒤 도요오카豊岡[23]로 이전되었고 다시 육군항공사관학교로 독립되었는데 지인태는 그 이듬해, 즉 1938년 6월 항사航士 제1회 졸업생이 되었다. 더욱이 그는 여기서 발군拔群의 성적을 올려 40명 졸업생 가운데 2등으로 졸

---

23 현 이루마入間.

업했다. 그의 항사 후배인 김정렬에 의하면 한국인이 아니었던들 그가 수석을 차지했을 것이라 한다.

지인태는 임관 후 정찰 조종사가 되었다. 당시 일본의 비행장교는 정찰·전투·경폭輕爆·중폭重爆의 네 전문분야로 나누어져 각기 지바千葉현 시모시즈下志津비행학교, 미에三重현 아케노明野비행학교, 이바라키茨城현 호코타鉾田비행학교, 그리고 시즈오카靜岡현 하마마쓰浜松비행학교에서 교육을 받았었다. 그는 물론 시모시즈비행학교를 수료했다.

지인태가 처음 부임한 곳은 만주 주둔 제2비행집단 예하 비행대였다. 그리고 그는 임관 1년 만에 노몬한 전투에 참가했다가 전사했다. 노몬한 일전一戰은 일본군이 소련군의 신전술로 일패도지一敗塗地한 참담한 전투였다. 일본의 저명한 군사 평론가였던 이토 마사노리伊藤正德가 적절히 평한 바와 같이, 일본군은 노몬한에서 소련군 신전술의 실험용 모르모트가 되어 커다란 희생을 치른 끝에 참패했다.

이 전투는 1939년 5월 만주국군을 도우려고 소만국경지대에 진입한 일본군 수색연대가 소련군 전차군에 유린되어 전멸당한 것으로부터 시작되었다. 지상 전투는 일본군에 매우 불리하게 진행되어 2명의 연대장이 전사하고 제23사단은 괴멸되었다. 다만 항공군 쪽은 처음에는 일본군이 유리하여 소련군을 제압했다. 일본 육군의 97식九七式 전투기는 성능에 있어 소련의 그것보다 우월했을 뿐만 아니라 조종사들의 조종기술도 훌륭했다. 이 97식 전투기는 일본 육군이 최초로 개발한 저익단엽제식低翼單葉制式 전투기로서 1940년 신형 하야부사隼[24]가 등장할 때까지는 근거리 일기타一騎打에 최적이란 평이 있었다.

이해(1939) 6월 이후 제2비행집단 소속 전투기들이 연일 소련 국경을 넘어가 적기를 격추시키는 한편 외몽고[25] 내지의 탐스크 비행기지를 공습

24 '송골매'라는 뜻.
25 몽골인민공화국.

했다. 경찰기 조종사로서의 지인태 소위의 활약도 눈부셨다. 그러나 전투기 수량에 있어서는 소련군이 우세하여 7월에 들어서자 일본 항공대가 밀리기 시작했다. 이때 지인태 소위는 정찰차 외몽고 상공에 들어갔다가 쌍베이즈桑貝子[26] 부근에서 조난을 당하여 자폭, 전사하고 말았다. 그의 나이 21세였다. 사후 중위로 추서追敍된 그는 계림회 회원 중 최초의 전사자가 되었다.

한편 제50기생이 졸업함과 동시에 제54기생이 입학했는데 그들은 나남羅南중학 출신의 강석호姜錫祜, 평양중학 출신의 노태순盧泰順, 그리고 경성중학 출신의 김정렬金貞烈이었다. 후자는 제26기생 김준원 선배의 아들이다.

이즈음 영친왕은 육군예과사관학교 교수부장으로 근무했다. 즉 1937년 8월 육사 예과가 분리 독립하여 예과사관학교가 되었는데 그는 대좌로 초대 교수부장이 된 것이다[27]. 그는 계림회의 일요하숙을 위해 그전부터 비용을 대주고 있었다. 일요하숙의 집세는 매월 15원이었는데 그는 20원을 내놓아 남은 5원은 회원들의 회식비로 쓰게 했다. 더욱이 그는 고오지마치麴町에 있는 그의 저택[28]으로 가끔 회원들을 불러다가 성적표를 꺼내놓고 그들을 분발시키기도 했다. 그는 그 후 1938년 12월 베이징의 북지北支방면군 사령부로 전출되었다.

7. 수마트라에서 전사한 최명하

1939년 9월 제52기생들이 그간 가나가와神奈川현 자마座間로 옮긴 육사 교정에서 졸업했다. 박범집은 육사 포병과野戰砲兵를, 최명하는 항공

---

26 현 초이발산.
27 곧 소장 진급.
28 현재 도쿄 아카사카赤坂 프린스호텔 자리.

사관학교를 제3회로 졸업했다. 박범집은 그 후 대위시절에 항공부대가 크게 확장됨에 따라 지원 반 강제 반으로 도코로자와所澤 소재 육군항공 정비학교에 들어가게 된다. 그리하여 항공분야와 인연을 맺게 되어 해방 후 한국 공군에서 활약했다.

한편 최명하는 임관 직후 중국 방면에 있는 제3비행집단에 배속되어 처음에는 97식 전투기를, 뒤에는 신형 하야부사 전투기를 조종했다. 그런데 그의 직속상관이 유명한 가토 다테오加藤建夫 중좌였다. 그는 홋카이도 출신의 육사 37기생이었는데, 비행 제64전대장으로 용명을 날린 끝에 1942년 5월 버마(미얀마) 전선에서 전사, 두 계급이 특진되어 소장이 된 '공空의 군신軍神'이었다. 그는 젊은 시절 평양 비행 제6연대에서 근무한 일이 있었다고 한다. 그 때문에 그는 한국을 잘 알고 있었으며 또한 뛰어난 하야부사 전투기 조종사였던 경북 선산善山 출신의 최명하를 특히 사랑했다고 한다. 최명하는 제64전대의 고참이 되자 전대장 요기僚機로 가토 측근에서 활약했다.

1941년 12월 8일 일본이 미영美英을 적으로 하는 태평양전쟁을 일으키자 최명하 중위가 속해 있던 비행집단은 사이공[29]을 거쳐 프놈펜으로 사령부를 이동시켰다. 최 중위는 가토 전대의 본부편대장으로 말레이시아 작전에서 분전했다. 그는 이해 12월 22일 새벽 가토 전대가 말레이시아로 진주한 뒤 쿠알라룸푸르 상공에서 혹은 텡아 비행장 상공에서 용감히 싸웠다.

당시 일본 군부는 네덜란드 지배하의 인도네시아[30]에 눈독을 들이고 있었다. 군부에서는 인도네시아 제일의 유전지대와 제유製油시설을 네덜란드가 파괴하기 전에 점령할 것을 주안主眼으로 하는 수마트라 작전을 벌였다. '하늘의 신병神兵'으로 자부하던 육군항공대는 지상부대의 협력

---

29 현 호치민시.
30 이른바 난인蘭印.

없이 단독으로 공중으로부터 낙하 점령하는 모험전법을 쓰게 되었다. 이에 따라 1942년 1월 초부터 가토 하야부사 전대가 수마트라 팔렘방 비행장을 공습하기 시작했다.

최명하 중위가 이끄는 돌격편대는 1월 17일 팔렘방 비행장을 공습, 네덜란드기 6기와 지상건물 다수를 파괴했다. 그러나 최 중위의 하야부사는 귀환 도중 적탄에 맞아 불시착不時着하고 말았다. 그는 사이토齋藤 조장曹長과 함께 한 원주민 집에 숨어들어서 상처를 치료했다.

사흘이 지난 20일 부락장을 앞세운 네덜란드 군인 1개 분대가 그들이 숨어 있는 집으로 다가왔다. 최 중위는 권총으로 분대병력과 총격전을 벌이고는 이윽고 마지막 남은 한 방으로 자결했다. 그의 나이 25세였다. 그의 최후는 6개월 뒤인 7월 21일 일본군이 수마트라섬을 점령한 후 현지부대의 수색으로 밝혀졌다. 이에 그는 관례에 따라 대위로 추서追敍되고 수훈갑殊勳甲의 은상恩賞을 받았다.

최명하의 최후에 대하여는 그의 항사航士 동기생으로 마침 그와 같은 부대에서 근무했던 일본인 히노키 요헤이檜與平가 소상히 알고 있었다. 히노키는 수마트라 작전이 끝난 뒤 이해 9월 아케노明野비행학교에 갑종甲種학생으로 입학하였는데 역시 그와 함께 갑종학생으로 입학한 김정렬에게 최명하의 최후소식을 들려주었다. 김정렬의 회상에 의하면 처음 군 당국은 최명하의 전사가 확인되지 않아 훈장 수여를 보류하기까지 했다고 한다. 이로부터 2년 뒤 작가 정인택鄭人澤이 그를 주인공으로 하여 쓴 장편 전기소설『무산대위武山大尉』[31]는 이른바 전시 보도문학의 귀감이라는 선전 속에서 1945년 3월 총독상을 받기도 했다.

1941년 12월 태평양전쟁이 터지는 순간 전투에 참가한 계림회 회원은 최명하 외에도 두 명이 더 있다. 즉 제54기생들인 노태순, 김정렬 두 중위가 그들이다. 노 중위는 처음 말레이시아작전에 참전했다가 뒤에 미얀

---

31 최명하의 창씨명이 다케야마 다카시武山隆이였음.

마 전선으로 이동했는데 그는 거기서 전사했다. 그는 무공武功이 뛰어난 군인에게 수여하는 긴시金鵄훈장을 받았으므로 대전 기간 중 그의 모교인 평양제1중학교[32] 강당에 이 훈장이 전시되었다고 한다. 한편 김정렬 중위는 전투기 조종사로서 필리핀작전에 참전했다.

제54기생 이후 계림회원은 해마다 늘어나 55기생이 1941년 7월 육사를 졸업한 이래 해방 직전인 1945년 6월 58기생들이 졸업했는데, 그 숫자는 16명에 달하며, 해방 당시 육사 본과와 예과에 재학 중인 제59·60·61기생이 18명으로 이들을 합하면 모두 34명이나 된다. 특히 제55기생의 본과 시절에는 만주국의 한국 출신 현역장교 한 명이 육사본과에 진학했고, 56기부터는 60기까지는 매년 만주국 군관학교 예과를 수료한 한국 출신들이 본과생으로 입교하여 모두 25명이 된다. 다시 말해 이들 만주국군에 복무한 한국 출신까지 포함하면 1938년 12월 이래 1945년 4월까지 모두 59명의 한국인이 일본 육사에 입학한 셈이다.

제2차 세계대전 중 일본군의 최일선 지대에서 전사한 사람으로는 최명하, 노태순 이외에도 여러 명이 있다. 즉 54기생인 강석호는 파푸아뉴기니 북쪽에 있는 애드미럴티 제도 전투에서, 57기생인 김영수金泳秀[33]는 필리핀 전투에서 각각 전사했다. 특히 항사 출신의 전사율이 높아서 55기생인 전원상田源上은 버마 서단 치타공[34]과 인도 캘커타 중간의 상공에서, 그리고 57기생인 정상수鄭祥秀는 오키나와 전투에서 각각 전사했다.

8. 가미카제神風 특공으로 전사한 최정근

오키나와 전선에서 죽은 한국인 비행장교는 정상수 한 사람이 아니었

---

32 1938년 평양고보를 평양제2중학교로 개명할 때 평양중학교를 이처럼 고침.
33 제27기 김석원의 아들.
34 현 방글라데쉬 영토임.

다. 그보다 육사 1년 선배인 제56기생 최정근崔貞根도 오키나와 전투의 초창기에 전사했는데, 그것이 이른바 가미카제로 불려지는 자살 특공特攻에 의한 것이었으므로 그 전말을 좀 더 알아볼 필요가 있다. 과연 어떤 연유로 장교인 그가 자살 특공을 자원하게 되었는지는 아직도 의문이기 때문이다. 그의 죽음이 최초로 세상에 널리 알려진 것은 30여 년 전 작가 이이오 겐시飯尾憲士(1926~2004)가 쓴 『가이몬다케開聞岳』(1985)를 통해서였다. 이 가이몬다케는 규슈 남쪽 해안에 있는 특공의 본산 가고시마鹿兒島현 미나미큐슈南九州시 치란知覽의 동남쪽 해안에 있는데, 이이오에 의하면 1945년 4월 2일 최정근 중위가 정찰 조종사로 오키나와 상공을 비행하고 귀환하던 중 미국 함대를 발견하고 특공을 감행, 최후를 맞이했다고 한다. 일찍이 아쿠타가와芥川상 후보에도 오른 적이 있는 이이오는 한국인 아버지 강씨와 일본인 어머니 사이에서 태어난 육사 60기생이라는 특이한 경력의 소유자였다. 최정근에 대한 이야기는 그 뒤 작가 나고시 후타라노스케名越二荒之助가 『일한日韓 2000년의 진실』[35]에서 역시 다룬 바 있다.

최정근은 1921년 1월 11일 함경북도 경흥慶興에서 태어나 고향의 명문인 경성鏡城중학교[36]를 우수한 성적으로 졸업했다. 그런데 그의 1년 선배인 전원상田源上이 비행장교를 지원하여 육사에 진학한 것이 그에게 영향을 끼친 듯하다. 전원상은 경원慶源 출신으로 그보다 한 살 위였다. 최정근은 육사를 지원하여 합격, 제56기생으로 1939년 12월 육군예과사관학교에 입교했다. 유족의 증언에 의하면 그는 육사 외에도 경성제국대학 예과 시험에도 응시하여 합격했으나, 부친의 권유로 육사를 선택했다고

---

35 후나고시 후타라노스케名越二荒之助, 『일한 2000년의 진실—사진 400장으로 말하는 양 국민에게 보내는 메시지日韓2000年の眞實—寫眞400枚が語る兩國民へのメッセージ』, 도쿄: 쥬피터출판ジュピター出版, 1997.
36 1938년 이전의 경성고등보통학교.

한다. 이때 그와 함께 세 명의 한국인이 입교했다. 그들은 경기중학교[37] 출신인 김종석, 수원고등농림학교에 다니다가 입학한 이형근, 경복중학교[38] 출신인 최창식이었다. 이들 3인은 모두 해방 후 국군에 입대하여 두각을 나타냈으나, 육군참모총장과 연합참모본부총장을 지낸 이형근 대장을 제외하면 두 사람 모두 불행한 최후를 맞았다. 즉 김종석 중령은 여단장대리까지 올랐으나 좌파장교의 수괴라는 혐의로 체포되어 1949년 형장의 이슬로 사라졌고, 최창식 대령은 육군본부 공병감으로 한강 다리를 조기早期에 폭파시킨 혐의로 군법회의에 회부되어 사형선고를 받고 죽었다. 최정근은 최창식과 동갑인 데다가 창씨명이 비슷하여 주위 사람들에게 혼동을 초래하기도 했다. 두 사람 모두 다카야마高山로 창씨했고 이름만 노보루昇[39], 다카시隆[40]로 다를 뿐이다.

최정근이 1942년 12월 육사를 졸업한 뒤 2년간의 경력은 잘 알려져 있지 않다. 다만 그가 소속된 비행 제66전대가 1944년 가을 필리핀 레이테 전투에서 미군에 완패完敗당한 뒤 전투력을 회복하기 위해 1944년 12월 말 본국 지바千葉현 비행기지로 돌아온 것이 확인된다. 당시 일본의 항공 전력은 거듭된 패전으로 전투기와 전투원 부족, 그리고 연료부족 등 모든 면에서 깡그리 소진된 상태였다. 지난날 맹위猛威를 떨쳤던 제로零전투기도 동이 나서 성능이 크게 떨어지는 99식으로 습격전대를 편성할 정도로 한심한 형편이었다.

비행 제66전대는 새로운 부대 편성에 따라 제6항공군 예하 제9비행단에 소속되었다. 66전대의 자매부대가 65전대였다. 하긴 전대라고 해야 3개 중대로 편성된 소규모로, 최정근의 직속 상관인 66전대장 후지이 겐

---

37 1938년까지 경성京城제1고등보통학교.
38 1938년까지 경성제2고등보통학교.
39 최정근.
40 최창식.

키치藤井權吉는 육사 44기생으로 고참 소좌에 불과했다.[41] 오키나와 결전을 눈앞에 두고 있던 1945년 2월 본토 중부로 이동 중이었던 제6항공군은 규슈로 이동하라는 명령을 받았다. 처음 제66전대는 후쿠오카福岡현 다치아라이太刀洗[42]에, 그리고 65전대는 사가佐賀현에 각기 전개展開할 예정이었으나 사태가 갑작스레 급박해지자 3월 하순 66전대는 요로즈요萬世비행장에, 65전대는 지란비행장에 전개했다. 이 지란비행장은 본디 육군 다치아라이비행학교의 분교였던 까닭에 어느 정도 기지가 정비되어 있었다. 하지만 요로즈요비행장은 가고시마현 동중국해 쪽 후키아게하마吹上濱해안의 소나무 습지대에 급히 만들었으므로 활주로도 짧았다. 그래서 부근 도쿠노시마德之島에 간이 비행장을 만들기도 했다. 하지만 바닷바람이 모래를 날리는 등 불편한 점이 적지 않았다.

최정근은 평소 군의 동료 혹은 동기생들에게 "천황 폐하를 위해서라면 죽고 싶지 않다"고 말했다고 한다. 이 때문에 확고한 황국정신으로 단련된 유년학교 출신 동기생들은 분개하기도 했다는 것이다. 그러나 뒤에 그가 특공으로 전사했다는 소식을 듣고 지인知人들은 큰 충격을 받았다고, 육사 동기생 후지와라 마코토藤原誠는 마루베니丸紅상사 서울지점에 근무할 때 전 육군본부 전사과장 이성재李性宰 씨에게 피력한 일이 있다. 최정근은 부대 이동을 끝낸 며칠 뒤인 4월 2일 99식 전투기에 탑승하고 도쿠노시마비행장을 출발했다. 그는 오키나와해안까지 비행 정찰했으나 미군함정을 발견하지 못한 채 귀환하다가 미군선단을 만나 부딪쳐 산화했다. 그의 나이 25세였다. 군 당국은 그를 육군소좌로 두 계급 특진시켰다. 그리하여 그는 2천여 명에 달하는 제56기생 가운데 처음으로 소좌에 승진한 기록을 남기게 되었다. 2000년 8월 이시카와石川현 가나자와金澤시 한복판 혼다노모리공원에 세워진 이른바 대동아성전大東亞聖戰

---

41 패전 직후 자결함.
42 옛 비행 제4연대 주둔지.

대비大碑의 한구석에는 최정근의 이름이 제6항공군 예하 비행대원 중 가미카제 특공으로 죽은 탁경현卓庚鉉·김상필金尙弼·박동훈朴東薰과 함께 새겨져 있어 보는 이의 마음을 착잡하게 한다.

일본 육사 56기는 57기와 더불어 제2차 세계대전 때 가장 많은 전사자를 낳은 기수基數라고 말해진다. 그 때문인지 56기는 유별나게 우애심友愛心과 단결력이 강해 철통과 같은 결속을 자랑한다고 사람들은 부러워한다. 그들은 6·25전쟁 서두에 30세로 비명非命에 죽은 최창식을 동정하여 그 아들을 일본으로 초청, 대학 진학의 길을 열어 주고 돌보아 준 미담도 있다. 한편 최정근에게는 사망 당시 18세 되는 일본인 약혼녀가 있었다고 하는데, 평생 미혼으로 산 그녀는 56기생의 모임이 있을 때면 출석했다고 한다.

이른바 특공이 항공부대에 국한된 것이 아니라, 물속에서 어뢰를 조종하는 가이텐回天이 있었으며, 또한 적의 선단이 상륙하기 전에 수상水上에서 이를 격파하는 육군부대의 해상 정진挺進전대의 활약이 있었음이 밝혀진 바 있다. 앞서 전사자 명단에서 언급한 제57기생 김영수야말로 이 해상 정진전대 중대장으로 전사한 것이 차츰 밝혀지고 있다. 그는 한국인 장교 중 유일한 전차병과 출신이었는데, 1944년 4월 육사를 졸업한 뒤 필리핀 전선에 투입되어 복무할 때 크게 확장하고 있던 선박부대와 인연을 맺었다. 일본 육군은 1942년 8월 솔로몬군도 전투 때부터 선박의 중요성을 새삼스레 깨닫게 되어 수송이 곧 전투라는 인식 아래 급속히 선박부대를 확대시켰다. 선박병과가 신설된 것도 1943년이었다. 그런데 히로시마 우지나宇品에 있는 육군선박사령부는 1944년 4월 선박부대가 해상 방위에 기여할 수 있는 방안을 강구하도록 지시했다. 그 결과 가벼운 공격정艇을 미리 적의 예상되는 상륙 정면에 배치했다가 기습하도록 했다. 이에 따라 이 특공훈련을 담당할 기술하사관 양성이 절실해져서 4개월 과정의 선박특별간부후보생제도를 만들어 가가와香川현의 한 섬에서 훈련에 착수하게 되었다. 이해 가을 히로시마 에타지마江田島의 포구에 30개 전대의 편성을 완료했는데, 각 전대는 3개 중대로 구성되어 중대장은 육사 57기를 주체로 한 중위들이 주로 임명되었다. 이들은 미군이 1945년 초에 필리핀 루손섬에 상륙할 때부터 활동을 개시했는데, 김영수의 전사도 이처럼 250킬로그램의 폭뢰爆雷를 매단 모터보트를 몰고 적선에 달려들었다가 발생한 것이 아닐까 짐작된다.

9. 해방과 건군

채병덕 대위는 사세보 중포연대에서 근무하다가 1939년부터 이듬해에 걸쳐 도쿄육군포공학교에서 공부했다. 그는 졸업 후 재학 중의 탁월한 성적을 인정받아 육군병기학교 교관으로 발탁되었는데, 이때부터 그는 군인과학자로서, 특히 병기에 관한 연구가로서 장래를 촉망받게 되었다. 얼마 뒤 그는 오사카 조병창造兵廠에 배속되어 근무했다. 그 후 1944년 소좌로 승진한 그는 1944년 말 부평富平 산곡동 일대에 신설된 인천 조병창 제1공장 책임자로 전임되어 한국에 돌아왔다. 그가 해방을 맞이한 것도 부평에서였다.

한편 그의 동기 이종찬 대위는 상하이 등지에서 분전하다가 채 대위가 포공학교를 졸업할 즈음 도쿄에 돌아와 역시 이 학교에 입학했다. 이를 졸업한 뒤 그는 다시 남방 전선에 투입되었고 1943년에는 소좌로 승진했다. 그리고 독립공병 제15연대장 대리로 뉴기니에서 해방을 맞이했다. 그는 전선에 나와 있던 동포들을 집결시켜 1946년 6월 중순 가까스로 인천항을 통해 귀국했다.

제50기생인 이용문 대위는 그간 만주 쑨우孫吳 기지 근무를 거쳐 북중국 카이펑開封으로 이동하여 여기서 처음 전투에 참가했다. 그러던 중 그는 1942년 도쿄 참모본부로 전직되어 1년간 근무했다. 그동안 그는 일요일마다 계림회의 일요하숙에 들러 후배들과 사귀었다. 이즈음 일요하숙은 본래의 고토後藤운송점 뒤채에서 당시 사업가로 크게 성공하여 부호로 이름난 손창식孫昌植 소유의 집으로 옮겨졌다. 그 후 남방총군 예하 교통사령부 참모로 남방 전선에 투입된 그는 1944년 소좌로 승진하여 말레이시아, 버마 등지를 전전하다가 사이공에서 해방을 맞이했다. 그는 곧 한국 출신의 군인, 군속, 위안부 등 1,150명을 모아 집단생활을 시키다가 이들을 후배인 김정렬 항공대위에게 인계했다. 당시 이용문은 중국인 이름으로 여권을 얻어 당분간 베트남에 머물기로 했다. 이때 그는 프랑스로부터 베트남을 독립시키려는 민족주의자들에게 동정을 느껴 은밀히 그들을 돕는 일에 관여했다고 한다.

한편 1946년 4월 초순경 일본으로부터 구축함 요쓰키宵月가 여성 330명을 포함한 한국인 1,110명을 수송하기 위해 사이공에 왔다. 김정렬은 이들을 인솔하고 이해 5월 무사히 부산항에 도착했다.

해방으로 일본 군복을 벗게 된 계림회 회원들은 곧 미군정 아래에서 국방경비대 창설에 참여했다. 당시 그 산파역은 제26기생 이응준이 주로 담당했다. 처음에는 채병덕, 이형근李亨根, 유재흥劉載興, 김종석金鍾碩, 오일균吳一均, 신상철申尙澈, 장창국張昌國 등 일부 회원들만이 참여했으나, 그 후 1948년 8월 경비대가 대한민국 국군으로 개편될 때쯤 되어서는 나머지 회원 거의 모두가 이에 참여했다.

채병덕은 정부 수립 후 충주 제4여단장에서 초대 국방부 참모총장에 임명되어 최고 통수부統帥府 자리에 들어앉았다. 소장으로 승진한 그는 1949년 5월 이응준 소장 후임으로 육군본부 총참모장에 취임하여 실권을 장악했다.[43] 한편 1948년 베트남에서 귀국한 이용문은 한때 설탕장사를 하다가 군에 입대하여 초대 기갑연대장이 되었거니와, 1949년 여름에는 대령으로 육본 정보국장이 되어 채병덕의 주요 막료가 되었다. 또한 1949년 6월 육본에 항공국이 창설되자 박범집이 대령으로 초대 국장

---

43 이와 동시에 국방부 참모총장 직제는 폐지됨.

에 취임하여 역시 그를 보좌했다. 한편 이종찬은 그간 재야에서 채병덕을 돕고 있었는데 1949년 6월에는 국군에 입대하여 대령으로 국방부 제1국장 겸 정훈국장이 되었다. 이처럼 제2차 세계대전에서 살아남은 초창기 계림회 회원들은 거의 모두 육군의 중추부에서 활약하게 되었다.

한편 육군항공사관학교 출신회원들은 그간 공군 창설에 노력하여 마침내 1949년 10월에는 공군이 육군에서 독립되었다. 초대 공군본부 총참모장에는 김정렬 대령이, 참모부장副長에는 박범집 대령이 각각 취임하여 공군도 육군과 마찬가지로 계림회 출신들이 실권을 장악했다.

그러나 그동안 사상적으로 좌경화左傾化한 일부 회원들은 1948년 가을부터 밀어닥친 숙군파동肅軍波動으로 처형되기도 했다. 김종석을 핵심으로 한 오일균, 조병건趙炳乾, 황택림黃澤林, 김학림金鶴林 등이 그들이었다. 김종석은 1940년 경기중학[44]을 졸업하고 제56기생으로 육사에 진학하여 1942년 12월 이를 우수한 성적으로 졸업한 뒤 곧바로 세계대전에 출전하였는데 전쟁 말기 20대 중반의 대위로 오키나와의 한 동굴에서 굶주림과 싸웠다. 식량이 떨어지자 그는 한동안 동굴 벽에 기어 다니는 구더기를 잡아먹으며 연명했다고 한다. 이 참담한 체험이 그를 허무주의자로 만들었을 것이라는 설도 있다. 그는 미군 포로가 되어 오키나와 본섬에서 남서쪽으로 430킬로미터 떨어진 이시가키石垣섬 수용소에 있을 때 징용으로 게라마慶良間제도에 끌려왔다가 포로가 된 동포들에게 우리 글과 영어를 가르쳤다고 한다.[45] 어쨌든 그는 국방경비대 시절 채병덕의 총아寵兒로서 총사령부 작전교육처장, 육사 교장 임시 대리, 연대장, 여단참모장을 거쳐 채병덕이 국방부 참모총장으로 영전해간 뒤에는 충주 여단장 대리를 하고 있다가 남로당 군사책임자 혐의로 체포되어 처형당하였다.

<hr />

44 명칭이 여러 번 바뀌어 1922년에 '경성제일공립고등보통학교'가 되었다가 1938년에 '경기공립중학교'로 개칭함.
45 권병탁權丙卓, 『게라마열도』, 영남대학교 출판부, 1982, 201쪽.

10. 채병덕 장군의 죽음

채병덕 소장은 총참모장 취임 직후부터 과거 일본군의 대선배인 제1사단장 김석원 대령과 이른바 남북교역사건 뒤처리를 둘러싸고 감정적으로 대립된 상태였다가 1949년 가을 돌연 실각했다. 그 이듬해 4월 10일 그는 다시 총참모장에 취임했으나 그로부터 두 달 뒤 북한군이 38선 정면에서 전면적인 남침을 개시했다. 6·25전쟁이 터진 것이었다.

아무런 전쟁 준비를 갖추지 못했던 국군은 서전緒戰에서 참패했다. 적은 남침 개시 이틀째에 이미 의정부 전선에 진출했다. 채 소장은 역습을 시도했으나 실패로 끝나고 말았다. 6월 27일 그는 사태가 절망적인 것으로 판단, 서울을 일단 포기하기로 했다. 그는 대신 한강 이남에 방어선을 구축하는 재정비계획을 구상했다.

28일 새벽 2시경 적 탱크가 서울 시내로 진입하기 시작했다. 채 소장은 곧 용산 육군본부를 떠나 한강을 건넌 뒤 곧장 수원으로 가서 이곳 농업시험장에 임시 설치된 유엔군사령부 전방지휘소에 들렀다. 그는 동同 사령관 처치 준장과 만나 육군본부를 이곳으로 옮기기로 합의를 본 다음 다시 시흥始興으로 갔다. 이날 밤까지 그는 6개 대대의 편성을 완료했다. 그는 이를 한강방어선에 투입했다.

그러나 30일 그는 전격적으로 육해공군총사령관 겸 육군총참모장직에서 해임되어 정부가 임시 머물고 있는 대전으로 내려갔다. 국방장관은 그에게 이름뿐인 예비군총사령관 직함을 주면서 한동안 휴양할 것을 권유했다. 그 자신도 최근 갑자기 악화되기 시작한 신병을 치료하고 또 저상沮喪된 의기를 회복하기 위해서 잠시 쉬는 것이 필요하다고 생각했다.

하지만 급박해진 사태는 그것을 용납하지 않았다. 한국 전선에 투입된 미 제24사단이 7월 12일 금강錦江선을 포기함에 따라 적군이 무방비 상태인 호남지방을 석권席卷해버렸기 때문이다. 이로써 낙동강 방어선의 서부정면은 큰 위협을 받게 되었다.

702

채 소장은 이즈음 부산에서 영남지구 편성사령관직을 새로이 맡았다. 그러던 중 그는 7월 23일 국방장관으로부터 다급해진 서부 방면의 위협에 대처할 것을 명령받았다. 이에 따라 그는 자신이 직접 부산, 마산 등지에 있는 각 병원을 찾아다니면서 활동할 수 있는 부상병들을 수습했다. 그는 이렇게 하여 1개 대대를 편성 완료했는데 장비는 소총뿐이었으며 그나마 부족하여 사기는 극도로 저하되어 있었다. 그는 이 병력을 지휘하여 24일 부산에서 진주晋州로 이동했다.

그는 이 병력으로 당시 호남일대를 남하하고 있던 1개 사단의 적군[46]을 막을 수 있다고는 생각하지 않았다. 다만 그는 이번의 출전이 명예회복의 기회가 되기를 바라고 있었다. 당시 그가 얼마나 북진의 집념에 사로잡혀 있었나 하는 것은 다음의 에피소드로도 알 수 있다. 그는 출전에 앞서 마침 부산에 피난 와 있던 그의 부인이 둘째 아들을 낳았다는 소식에 접하자 '영진榮進'이라 이름 지으라고 했다는 것이다.

그는 진주에 도착하는 길로 대구에 있는 국방부에 출두, 장관에게 신고했다. 장관은 그에게 하동河東 방면 수호의 중요성을 되풀이하며 강조했다. 그 역시 동감이었으므로 25일에는 이곳을 현지시찰까지 했다. 그는 동진東進 중인 적군을 여기서 저지시켰으면 했고, 하동에서 돌아오는 길에 미 제19연대장에게 그의 결심을 피력했다. 그러자 연대장은 그에게 제19연대에 배속된 미 제29연대 제3대대와 함께 하동에 출동해 줄 것을 권했다. 다만 채병덕 소장이 지휘하는 부대는 미군의 길 안내와 통역임무에 그치고 그 자신은 미군 대대장의 '고문[47]'으로 임무를 수행하기로 합의를 보았다.

26일 새벽 그는 미군과 함께 차량으로 진주를 출발했다. 일행이 원전리院田里 남쪽에 도착한 것은 이미 날이 밝은 뒤였다. 그는 여기서 15명

---

46 인민군 6사단.
47 문맥상 어색한 표현이지만 공간 전사公刊 戰史에 따름. 여기서 공간 전사는 개인 저술이 아닌, 국가 전사 편찬기구에서 공식적으로 편찬된 책임 있는 간행물이라는 뜻임.

정도의 국군을 싣고 달려오는 트럭 한 대를 만났다. 그가 그들을 붙잡고 어떻게 된 사정이냐고 묻자 그들은,

"하동에서 오는 길입니다. 어젯밤 하동에 있던 국군 4백여 명이 적 대부
대의 기습을 받아 살아남은 사람은 우리뿐입니다."

라고 대답했다. 이로써 채병덕 소장은 하동이 이미 적군의 수중에 들어간 것을 알았다. 그리고 위험이 급박해졌다는 것을 짐작했다. 그러나 그는 이 출전을 강행하기 위해서 상황을 덜 비관적으로 미군 대대장에게 알려 주었다.

그는 이날 밤 하동 동쪽 8킬로미터 지점인 횡천리横川里에 도착했다. 여기서 하룻밤을 숙영宿營한 그는 다음 날 즉 27일 아침 8시 45분경 하동을 향해 출발했다. 그들이 소고개牛峙에 이르렀을 때 적군이 움직이는 것이 눈에 띄었다. 그는 재빨리 58고지로 올라갔다.

잠시 후 적 1개 중대가 전방에서 별다른 경계 없이 2열 종대로 전진해 왔다. 채병덕 소장은 이 접근부대를 주시했다. 그런데 이들은 국군과 미군 작업복을 각기 혼착混着하고 있었으므로 식별이 곤란했다. 이들이 약 1백 미터 앞까지 접근했을 때 그는 그들을 향해 소리쳤다.

"적이가! 아군이가!"

행군해 오던 부대는 이에 아무런 대답 없이 곧 산개하여 도로 양편 도랑으로 뛰어들었다. 그와 동시에 적군은 기관총, 박격포, 기타 소화기의 집중사격을 가해왔다. 그리고 그 최초의 사격으로 채 소장은 머리에 관통상을 입고 쓰러졌다. 실로 순간적인 죽음이었다. 그의 나이 36세였다. 그는 국군 최초의 중장으로 추서追敍되었다.

11. 박범집 장군의 죽음

6·25전쟁이 터졌을 때 공군에는 단 한 대의 전투기도 없었다. 육군에서는 하루에도 몇 번씩이나 적 탱크군群을 폭격해 달라는 요청을 해왔으나 이를 들어줄 수가 없었다. 당시 공군총참모장이었던 김정렬은 "공군에 대한 협조 의뢰란 말도 안 되는 이야기였다. 기관총조차 없었던 공군으로서 어떻게 적 탱크를 처치할 수 있었단 말인가!"라고 회상한 바 있다.

당시 공군이 보유한 비행기란 미군으로부터 인수한 20여 대의 연락기 외에 10대의 T6 연습기(건국호建國號)에 불과했다. 이 건국호는 전쟁이 터지기 직전 각계에서 헌납운동을 벌인 결과 국민성금 35만 달러로 도입한 캐나다산 훈련기였다. 이 헌납운동의 배후에서 크게 진력한 참모부장副長 박범집 대령은 각계 인사들에게 공군의 실정을 이렇게 토로했었다.

"우리는 정말 빌 공空 자字 공군입니다. 이러다가는 10년 뒤에도 공군 본연의 임무를 수행하기가 어려울 것입니다."

과연 전쟁이 터졌을 때 공군은 본연의 임무를 다할 수 없었다. 다만 연습기를 가지고 지상군의 유도와 정찰 그리고 전단 살포에 전력을 다했을 뿐이었다. 그러나 그 전의戰意만은 왕성했다. 조종사들은 국산 폭탄을 2개씩 껴안고 조준기 없이 목측目測 투하를 감행하곤 했다.

그러던 중 7월 2일 재일 미공군으로부터 실전용 F51 전투기를 10대 수령했다. 이때부터 공군은 지상군 엄호라는 군 본연의 임무를 수행하게 되었다. 9월 국군의 총반격작전이 개시되자 공군의 활약은 한층 눈부셨다. 박 대령은 총참모장과 협의하여 정찰비행대의 전기全機 14대를 육군의 2개 군단에 파견하여 지상작전을 돕게 했다. 동시에 그는 적 후방선 차단작전에도 참가하게 했으며 때때로 긴박한 방면에 출동하여 지상작전에 협력하게 했다. 이러한 공로로 그는 10월 20일 준장으로 승진했다.

그러나 10월 하순 북진 중이던 국군은 평북 운산과 함남 장진호長津湖에서 적의 강력한 저항을 받았다. 적은 북한군이 아니라 중공군이었다. 국군의 진격은 인해人海전술을 구사하는 중공군의 완강한 저항에 부딪혀 저지되었을 뿐 아니라 철수가 불가피하게 되었다. 특히 부전지구赴戰地區의 사태는 절망적이었다.

이것은 함남 신흥新興 출신으로 함흥고보를 다닌 박 준장에게는 견디기 어려운 일이었다. 그는 11월 12일 공군본부 작전국장 서한호徐漢浩 중령을 대동하고 몸소 함흥 부근 상공에서 작전을 지휘했다. 그러다가 이날 비행기 사고로 추락하여 애기愛機와 더불어 산화했다. 당시 그의 나이 34세였다. 그는 공군소장으로 추서되었다.

12. 이용문 장군의 죽음

이용문 대령은 이른바 남북교역사건 처리문제로 채병덕 총참모장이 실각하자 연쇄반응으로 육군본부 정보국장직에서 밀려나 한직인 전주全州병사구 사령관으로 좌천되었는데, 6·25전쟁이 터지기 직전 6월 10일 육군참모학교 부교장이 되어 서울로 올라왔다. 곧이어 전쟁이 터지자 그는 일선의 전황이 궁금하여 의정부·창동 전선을 관전觀戰하였는데 결국에는 28일 적군이 입성할 때까지 소수의 병사와 더불어 정릉·미아리 일대에서 분전하는 형편이 되었다. 그는 한때 게릴라작전의 가능성을 모색하기도 했으나 적 탱크의 위력에 눌려 마침내 병사들을 해산시켰다.

이때는 이미 한강철교가 폭파된 뒤였다. 그는 몇 번이나 도강渡江을 시도했으나 끝내 성공하지 못했고 따라서 적 치하에서 3개월간을 은신하지 않으면 안 되었다. 그가 군에 복귀한 것은 9·28 수복 후였다. 그러나 그동안 낙동강 전투에서 활약한 바 있는 그의 동료들은 실전경험을 쌓고 또한 장군으로 승진하여 거기에 알맞은 직책을 차지하고 있었으므로 이른바 잔류殘留장교인 그에게 맡겨진 직책이란 남강원도 계엄민사부장, 육군종합학교 기획처장이라는 보잘것없는 자리였다.

그러던 중 1951년 3월 그는 창설된 지 얼마 안 되는 제9사단 부사단장으로 임명되었다. 사단장은 학병 출신이었고, 참모장은 일본 육사를 나온 만군중위 출신인 박정희朴正熙 중령이었다. 당시 사단은 강원도 인제지역에서 적의 공세에 눌려 밀리고 있는 중이었다. 그는 사태가 심상치 않음을 느끼고 상부에 조기 후퇴를 건의했다. 그러나 이것은 묵살되었다. 그 결과 사단은 적에게 교통을 차단당하였고 완전 포위되고 말았다. 일단 사태가 이처럼 악화되자 그는 적의 호구虎口에서 벗어나기 위한 기린면 현리縣里작전을 지휘하게 되었다. 이 작전은 성공적으로 수행되었다.

이해 6월 그의 지기知己 이종찬 소장이 총참모장에 취임하자 그는 7월 육군본부 작전교육국장에 임명되고 곧이어 준장에 승진되었다. 이제 그의 기량을 마음껏 시험할 좋은 기회가 찾아온 것이었다. 실제로 육군병력 증강과 육군항공대 창설 등 그의 일련의 계획은 미8군사령부로부터 상당한 평가를 받았다고 한다.

그러나 그가 육본陸本에 재직한 1년간은 정치적으로 매우 혼탁한 시기였다. 그의 부임 직전 국민방위군사건, 거창사건 등이 터져 그는 방위군사건 고등군법재판 때에는 심판관으로 이를 심리하기도 했다. 뒤이어 1952년 5월 26일 임시수도 부산에서 일어난 이른바 정치파동은 미군의 작전지휘를 받고 있던 국군을 진퇴양난의 숨 막히는 지경에까지 몰아넣었다. 총참모장의 단호한 태도로 국군은 정치불간여政治不干與의 입장을 고수하는 데 성공했다. 당시 국방부 기관지를 맡고 있던 시인 구상具常의 회고에 의하면 총참모장과 그의 막료들은 발췌개헌안의 무효를 선언하기로 논의를 진행한 일까지 있었다고 한다. 그러나 그 직후 총참모장 이 중장이 실각함에 따라 그의 측근 막료였던 이용문 준장도 육본을 떠나지 않으면 안 되었다.

이 준장은 이해 7월 수도사단장에 임명되었다. 당시 판문점 휴전회담이 결렬상태로 돌아가 적에 대한 유엔군의 군사적 압력이 그 어느 때보다도 가중해진 때였다. 이에 따라 적군도 맹렬히 저항하여 중공군 제12군 제34사단은 6월부터 수도사단의 전투지대인 수도고지에 대해 대규모 공격을 가해왔다. 치열한 전투는 고지와 능선에서 계속 반복되었다. 그것은 주로 수류탄전이었으며 백병전白兵戰이었다. 2주간에 걸친 이 수도고지전투에서 사단은 4천여 명의 중공군을 사살하고 그들의 공격을 격퇴했다. 이 전투야말로 제9사단의 백마고지전투와 함께 6·25전쟁 전 기간을 통해서 최대의 격전이었으며 동시에 가장 성공적인 전투였다. 그러나 그는 그 공을 용감히 싸운 병사들에게 돌렸다.

그는 수도고지의 격전을 치른 직후 이해 10월 남부지구 경비사령관에 임명되어 후방으로 돌아왔다. 이 부대는 지리산에 잔류하고 있는 공비토벌을 주 임무로 하고 있었는데 그는 이 일에 8개월간 종사했다. 휴전이 임박해진 1953년 6월 24일 그는 대구 육군본부로 가기 위해 남원사령부를 출발했다. 기상상태가 좋지 않았음에도 이를 무릅쓰고 대구로 향하던 중 운봉雲峰 상공에서 비행기 사고로 산화했다. 그의 나이 38세였다. 그는 소장으로 추서되었다.

부록 일본
육군사관학교
졸업생 명부

〔사관생도 제11기〕

1882년 임오군란 뒤 수신사로 도일한 박영효의 수행원 중 1명이 육사 유년과정에 입교함.

- **박유굉**朴裕宏(1867~1888): 1883년 정월 유년생도로서 일본 육사에 입교, 1886년 사관생도로 승격함. 1888년 5월 졸업을 1년 앞두고 자결함. 1900년 4월 도쿄 아오야마 묘지에 '타루비墮淚碑'가 세워짐.

〔사관후보생 제8기〕

『육군사관학교』 연표에는 1896년 정월 한국 육군장교 11명이 유학생으로서 입교하였다는데, 이들 중 실제로 현직 장교는 모두 6명(부위副尉급 2명, 참위參尉급 4명)이며, 나머지 5명은 생도(사관후보생) 자격이었음. 다만 이들의 입교 직후인 2월 아관파천이 일어나는 등 본국 정세의 급격한 변동으로 장교 전원은 회국 명령을 받게 됨. 이들 장교의 명단은 다음과 같음.

- **성창기**成暢基(1867년생): 대한제국 참령參領·육군무관학교 교관 역임.
- **조성근**趙性根(1876~1938): 대한제국 참장參將·군부 군무국장 역임. 1928년 일본군 중장에 승진함. 중추원 참의에 칙선됨. 초명은 희범羲範.
- **권태한**權泰翰(1871년생): 대한제국 부령副領·육군무관학교 생도대장 역임. 초명은 학진學鎭.
- **왕유식**王瑜植(1870~1930): 대한제국 정령正領·근위보병대 대장 역임. 대한제국이 일본에 병합된 뒤 1925년 2월 일본군 소장에 승진함.
- **이대규**李大珪: 대한제국 참령.
- **김상열**金商說: 경력 미상.

한편 생도 4명은 1895년 관비유학생으로 도일, 게이오의숙에 입학하여 보통과에 적을 두고 있던 인물들인데 그 명단은 다음과 같음.

- **박장화**朴莊和(1873년생): 서울 출신 고위 관료 박준우朴準禹의 아들. 1895년 9월 게이오의숙에 입학. 귀국한 지 3년 뒤에 함경남도 북청 제5진위대에서 김상열과 함께 복무함.
- **장명근**張明根(1873년생): 경기도 고양군 지도면 출신으로 의친왕의 생모 장귀인 일족. 1895년 5월 게의오의숙에 입학함.
- **최병태**崔炳台: 1896년 정월 게의오의숙에 입학한 최만순崔萬淳(1873년생)과 같은 인물이 아닐까 추정됨.
- **박희병**朴羲秉(1871~1907): 마전군麻田郡(철원·연천) 출신으로 민족운동가 박용만朴容萬(1881~1928)의 숙부임. 그의 다채로운 경력은 조카의 명성에 힘입어 비교적 널리 알려졌음. 그는 1894년 관립 영어학교를 졸업하고 대외교섭업무를 담당하는 외아문外衙門 주사로 채용되었다가 얼마 뒤 관비유학생으로 뽑혀 1895년 6월 게의오의숙에 입학했음. 그러나 6개월 뒤 육사에 사관후보생으로 입교한 그는 마침 보빙대사로 일본에 와 있던 의화군(뒤의 의친왕) 이강李堈 공公이 유학차 도미하게 되자 그를 수행하여 미국에 와서 버지니아주 로노크대학에 적을 두고 2년간 수학했음. 그는 1899년 귀국한 뒤 외부 주사로 복직하여 평안북도 운산금광의 통역 및 외국과의 교섭을 담당했음. 이때 그는 선천宣川에 신성학교를 설립하는 한편 박용만에게 8명의 소년을 데리고 도미하도록 주선함(그중 한 명이 훗날 유한양행을 설립한 9세의 유일한이었음). 그 뒤 정부당국의 부주의로 1천여 명에 달하는 한국 이민들이 멕시코 유카탄반도의 농장에 노예로 팔려간 사실이 국내에 전해지자 그는 상동교회 청년회의 부탁을 받아 1906년 정월 멕시코에 도착했으나, 현지 농장에 접근할 길이 막히게 되어 미국으로 들어가 콜로라도주 덴버에 정착했음. 그는 신분의 노출을 염려하여 장현章鉉이란 가명을 쓰고 직업소개소를 운영하면서 박용만을 앞세워 교민들을 뒤에서 돌보

다가 1907년 6월 13일 병사했음. 한편 『대한계년사』에는 박희병이 황제의 측근인물, 특히 이용익을 처단케 하려고 모반을 꾸민 죄목으로 1903년 8월 22일 종신징역 처분을 받고 황해도 장연군 백령도로 귀양갔다고 했는데, 이는 저자의 착오이거나 동명이인일 개연성이 크다고 생각됨.

그런데 이들 4인의 생도들과 함께 군대 경력이 있는 1명이 입교하여 주목을 끈다.

• **이희두**李熙斗(1869~1925): 1897년 7월 육사 졸업. 대한제국 참장·연성研成학교장·군부협판(차관)·육군무관학교장 역임. 일본군 소장 대우 받음.

이 밖에 1896년을 전후한 시기에 육사에 유학한 사람으로는 다음 1명이 확인됨.

• **이병무**李秉武(1864~1926): 무과 출신으로 연무공원에서 수학한 경력이 있으며, 1894년 9월 의화군의 수행원으로 도일한 뒤 1895년 5월 육사에 입교, 이듬해 3월 10일 수학증서 받음. 이완용 내각 군부대신(육군부장) 역임. 1909년 7월 30일 군부가 폐지된 후에는 친위부장관親衛府長官에 특임됨. 일본군 중장 대우받음.

〔제11기〕

(이하 모두 사관후보생임)

1895년 개혁정부의 국비생으로 뽑혀 도일한 유학생 중 21명이 게이오의숙·세이조학교를 거쳐 1898년 12월 육사에 입교, 이듬해 11월 졸업함.

- **강용희**姜容熙(1873년생): 대한제국 정위正尉·육군무관학교 교관 및 근위 보병대대 부관 역임. 초명은 용구容九. 도일 당시는 강태웅임.
- **권승록**權承祿(1878~1928): 대한제국 정위 및 조선군사령부 중좌 역임.
- **권호선**權浩善(1872~1903): 대한제국 참위參尉. 일심회 쿠데타 음모사건 수모자로서 수감 중 옥사함. 대한제국이 일제에 병합되기 직전 사면되 어 정3품을 증직贈職받음.
- **김관현**金寬鉉(1876~1948): 대한제국 정위 및 내부 회계국장 역임. 총독정 치 아래서 도지사를 역임하고 중추원 참의에 칙선됨.
- **김교선**金敎先(1880년생): 대한제국 정위·야전포병 대장. 무관학교 교관 역임. 군대해산 뒤에는 근위기병 대장 역임.
- **김규복**金奎福(1880~1900): 대한제국 참위. 자신과 동기생들의 보직운동 을 위해 도쿄에서 서울에 왔다가 병사함.
- **김상설**金相卨(1880~1938): 대한제국 부위 및 경무청 경시(서울 남부서장). 경무관(감옥서장) 역임. 사이토 마코토 총독의 브레인으로 암약하였으 며 동학 계통의 청림교靑林敎를 만들고 장훈長薰소학교를 설립함. 중추 원 참의 역임. 초명은 봉석鳳錫.
- **김성은**金成殷(1881~1906): 대한제국 공병 부령·군부 과장 역임. 김광서 (제23기)의 형.
- **김형섭**金亨燮(1878~1929): 대한제국 정위·시위공병 대장 및 시종무관 역 임. 일본군 대좌 역임.
- **金홍남**金鴻南(1875년생): 대한제국 정위·무관학교 교관 역임.
- **김홍진**金鴻鎭(1873~1904): 대한제국 참위. 일심회 쿠데타 음모사건 수모 자로서 형사刑死함. 뒤에 사면되어 정3품을 증직받음.
- **김희선**金義善(1876~1950): 대한제국 정위·시위기병 대장 역임. 총독정치 아래서 평안남도 개천·안주군수로 복무하다가 3·1운동을 계기로 중 국에 망명하여 대한민국 임시정부 군무차장에 추대된 일이 있음. 그 뒤 총독부의 회유로 귀국함. 9·28 서울 수복 직후인 9월 29일 서울

근교에서 사망.

- **노백린**盧伯麟(1875~1926): 대한제국 정령. 군부 교육국장 및 육군무관학교장 역임. 대한민국임시정부 군무총장 및 국무총리에 추대됨. 그는 한말 광무光武 연간(1897~1907)에 신식군대를 표상表象하는 군인으로 많은 일화를 남겼음. 꽉 짜여진 장대한 체구에 늠름한 기상, 호탕한 성품인 그가 육군무관학교장으로 말을 타고 거리를 지날 때면 시민과 학생들은 그의 위풍당당한 모습을 선망의 눈으로 바라보았다고 함. 그는 호방한 장재將材를 갖춘 무부武夫에 그치지 않고 매우 치밀한 두뇌의 소유자였음. 어릴 때 그는 서당에서 한문과 유교경전을 배울 때 신동神童 소리를 들었다고 함. 1907년 한여름 전격적으로 하달된 군대 해산 명령에 불복不服한 한국군 병사들이 광화문 근처 전동典洞의 영문營門을 뛰쳐나와 종로에서 일본군과 시가전을 벌이다가 죽어 광희동 수구문水口門 밖으로 시신들이 잇따라 실려 나가는 모습을 부하 장교 신규식申圭植(무관학교 출신으로 뒤에 상하이 임시정부 법무총장)과 함께 구리개 네거리에서 목격한 노백린은 거의 실신失神 상태가 되어 길바닥에 털썩 드러누워 하늘을 쳐다보며 "오냐! 지금은 어쩔 수 없으나 어디 두고 보자"고 뇌까렸다는 일화는 유명함. 그가 뒤에 대한민국 임시정부 초대 군무총장으로 추대되었음에도 쌀농사로 재산을 일군 이주노동자 출신 김종림의 재정 지원으로 미국 캘리포니아주 글렌카운티 윌로우스Willows에 비행학교를 세워 한국인 비행사 양성에 힘쓴 것을 볼 때 그의 불굴의 신념과 뛰어난 식견을 짐작할 수 있음.
- **방영주**方泳柱(1877년생): 대한제국 참령·무관학교 교관 역임.
- **어담**魚潭(1881~1943): 대한제국 정령·시종무관 역임. 일본군 포병대좌에 임관한 뒤 1922년 9월 소장, 1930년 12월 중장에 승진하여 곧 예편함. 중추원 참의에 칙선됨.
- **윤치성**尹致晟(1875~1936): 대한제국 부령·군부과장 역임. 윤보선尹潽善 전 대통령의 숙부.

- **이기옥**李基鈺(1879년생): 대한제국 정위·무관학교 부관 역임.
- **임재덕**林在德(1870년생): 대한제국 참령·시위 혼성여단 부관, 제1연대와 제3대대장 역임.
- **장인근**張寅根(1872년생): 대한제국 정위·무관학교 교관 역임. 일본 군적을 갖고 이강공부公附 무관.
- **장호익**張浩翼(1871~1904): 대한제국 참위·일심회 쿠데타 음모사건 수모자로서 형사刑死함. 뒤에 사면되어 정3품을 증직받음.
- **조택현**趙宅顯(1874~1904): 장호익과 같음.

〔제15기〕

대한제국 정부의 국비생 혹은 사비생으로 도일 유학한 8명이 세이조학교를 거쳐 1902년 12월 육사에 입교, 이듬해 11월 졸업함.

- **김기원**金基元(1878~1934?): 대한제국 참령·군부 과장 및 친위부 부관 역임. 일본군 중좌로 운현궁 이준(대원군의 손자, 뒤에 영선군)공부무관 역임. 김준원金埈元(제26기)의 형.
- **김응선**金應善(1881~1932): 대한제국 참령·군부대신 부관, 동궁무관 역임. 영친왕(왕세자, 뒤에 이왕)부 무관으로 도쿄에서 20여 년간 근무하였으며 일본군 대좌로 승진함.
- **남기창**南基昌(1875년생): 관찰사·판서를 지낸 남일우南一祐의 아들로, 대한제국 참령·무관학교 교관 및 시위 제1연대·제2연대대장 역임. 초명은 규대圭大.
- **유동열**柳東說(1879~1950): 대한제국 참령·군부 과장 역임. 대한민국임시정부 초대 참모총장 및 군무총장, 국무위원에 추대되었으며, 해방 후 귀국하여 미군정하에서 통위부장으로서 국방경비대를 통합함. 6·25전쟁 때 납북되어 평안북도 희천에서 병사함. 북한에서 천도교청우당

위원장을 지낸 류미영(1921~2016)은 그의 수양딸임.

- **박두영**朴斗榮(1880~1960): 대한제국 참령·군부과장 역임. 일본군 대좌 역임. 중추원 참의에 칙선됨. 초명은 중수重琇.
- **박영철**朴榮喆(1879~1939): 대한제국 참령·군부 과장·시위혼성여단 참모관 역임. 총독정치 아래서 도지사를 역임하고 조선상업은행 두취(은행장)로서 재계에서도 활약함. 만주국 서울 주재 초대 명예총영사로 위촉됨. 중추원 참의에 칙선됨.
- **이갑**李甲(1877~1917): 대한제국 참령·군부 과장 역임. 한말 애국계몽운동의 일선에서 활약하고 대한제국이 일본에 병합된 뒤에는 노령에서 독립운동에 종사함. 이응준(제26기)의 장인.
- **전영헌**全永憲(1875년생): 대한제국 부령·군부 과장 역임.

〔제23기〕

대한제국 정부의 황실장학생으로 1904년 도일한 1명이 1909년 12월 육사에 입교, 조국이 일본에 병합된 직후인 1911년 5월 졸업함.

- **김광서**金光瑞(1888~1942): 대한제국 군기창장(포병부령)을 역임한 김정우金鼎禹의 아들로 어릴 때의 이름은 영은英殷·현충顯忠임. 함경남도 북청 출신. 일본 육군 기병소위로 임관된 후 도쿄 제1사단 예하 기병 제1연대에서 근무하다가 중위 때에 3·1운동이 일어나자 일군을 탈출, 만주를 거쳐 시베리아에 가서 독립군 양성에 주력함. 당시 그의 눈부신 항일무력투쟁의 소문이 함경도 지방 사람들 사이에 널리 퍼져 '김일성 장군'의 전설을 낳았다는 설이 있음. 당시 그는 김경천金擎天 장군으로 불렸음. 그러나 내전이 끝난 1922년 그의 부대는 무장해제를 당하여 1926년부터 연해주에서 협동농업생활을 시작함. 1931년 만주사변 이후 그는 하바롭스크의 소련 국가보안부에서 일본정세 분석관으

로 일하다가 블라디보스토크에 있는 한국인 국제사범대학 교수로 옮겼음. 그는 1935년 가을 종파주의 및 반역 혐의로 체포되어 군법재판에서 3년 징역형을 받아 1939년 2월 풀려나 그간 중앙아시아 카자흐스탄으로 강제 이주당한 가족을 찾아 합류함. 그로부터 2개월 뒤 그는 다시 체포되어 카라간다주 정치범수용소에 갇혔다가 모스크바감옥으로 이관되어 노동교화 8년 형을 선고받고 1941년 1월 아르항겔스크주 철도수용소로 옮겨져 철도건설 노역에 종사했음. 그리고 1년 뒤인 1942년 1월 굶주림과 혹한으로 사망하여 수용소 내의 공동묘지에 매장되었음.

〔제26기〕

대한제국 육군무관학교 2학년 생도로 재학 중 일본의 압력으로 1909년 7월 동교 폐지와 동시에 사관士官 양성을 일본정부 당국에 위탁한다는 한일 두 나라의 협약에 따라 국비생으로 도일한 18명이 도쿄중앙유년학교 예과 3학년으로 편입되었다가 조국이 일본에 병합된 뒤인 1912년 12월 육사에 진학, 13명이 1914년 5월 졸업함.

• **권영한**權寧漢(1887년생): 일군 중위 역임. 보병 제23연대 및 뤼순수비군에서 근무함. 예편 후 다롄大連상업학교 교사.
• **김준원**金埈元(1888~1969): 일군 대위 역임. 예편 후 배재중학·오산중학 교사. 해방 후 대한민국 호국군 참모장, 육군준장 역임. 김정렬(제54기)의 아버지.
• **민덕호**閔德鎬(1887년생): 일군 중위 역임. 보병 제39연대 및 만주 랴오양수비대에서 근무함.
• **박승훈**朴勝薰(1890~1963): 일군 소좌 및 만주국군 상교上敎 역임. 해방 후 대한민국 육군본부 방위국장·국방부 병무국장 및 헌병총사령부

부사령관 역임. 육군소장.

- **신태영**申泰英(1891~1959): 일군 중좌 역임. 해방 후 대한민국 제3대 육군총참모장 역임. 육군중장. 예편 후 국방부장관 역임. 신응균(제53기)의 아버지.
- **안병범**安秉範(1890~1950): 일군 중좌 역임. 해방 후 대한민국 호국군 여단장·청년방위대 고문관 역임. 6·25전쟁 때 한강을 건너지 못한 채 적 치하에서 피체의 위험을 예견하여 인왕산에서 할복 자결함. 육군준장准將으로 명예 진급함. 국립묘지에 '순의비殉義碑'가 건립됨. 어릴 때의 이름은 종인鍾寅. 안광호·광수(제58기)의 아버지.
- **염창섭**廉昌燮(1890~1949): 일군 중위 역임. 예편 후 교토제국대학 경제학부에서 수학함. 오산중학 교사. 만주국 참사관을 역임하고 성동고등학교 교감으로 별세. 작가 염상섭의 형.
- **유승렬**劉升烈(1893~1958): 일군 대좌 역임. 해방 후 대한민국 사단장·육군본부 민사감民事鑒 역임. 육군소장. 유재흥(제55기)의 아버지.
- **이대영**李大永(1892~1976): 일군 소좌 역임. 해방 후 대한민국 제주·전남병사구사령관, 경기지구위수사령관 역임. 육군준장. 어릴 때의 이름은 호영昊永.
- **이응준**李應俊(1890~1985): 일군 대좌 역임. 해방 후 대한민국 초대 육군총참모장 역임. 육군중장. 예편 후 체신부장관 역임. 이형근(제56기)의 장인.
- **이청천**李青天(1888~1957): 일군 중위 때에 3·1운동이 일어나자 김광서와 함께 망명, 만주·시베리아·중국 등지에서 독립운동에 종사. 1940년 충칭에서 발족된 대한민국 임시정부 예하 광복군 총사령관에 취임하여 해방과 동시에 개선 귀국함. 제헌국회의원·초대 무임소장관·제2대 국회의원 역임. 민주국민당 최고위원으로 반독재투쟁을 지도함. 본명은 지석규池錫奎(혹은 대형大亨)로 이청천은 독립운동을 전개할 때 사용한 가명임. 일명 지청천池青天.

- **조철호**趙喆鎬(1890~1941): 1918년 일군 중위 때에 예편하여 정주 오산학교 교사로 재직 중 3·1운동이 터지자 학생운동을 지도하다 체포됨. 그 후 6·10만세운동 때 중앙고보 교사로 학생을 선동하였다 하여 체포되는 등 몇 차례 총독부 당국에 체포됨. 만년에는 동아일보사와 보성전문학교에서 근무함. 1922년 '조선소년군朝鮮少年軍'을 창설하여 한국 보이스카우트 운동의 선구자가 됨.
- **홍사익**洪思翊(1889~1946): 일군 중장으로 필리핀 포로수용소장 및 필리핀방면군 병참감·자활감부장 역임. 일본의 항복과 동시에 연합군 전범재판에 회부되어 형사함.

〔제27기〕

대한제국 육군무관학교 1학년 생도로 재학 중 일본의 압력으로 1909년 7월 동교 폐지와 동시에 사관 양성을 일본 정부 당국에 위탁한다는 한일 두 나라의 협약에 따라 국비생으로 도일, 도쿄중앙유년학교 예과 2학년으로 편입한 25명이 조국이 일본에 병합된 뒤에 중앙유년학교 본과를 졸업하고 1913년 12월 육사에 진학, 20명이 1915년 5월 졸업함.

- **김석원**金錫源(1893~1978): 일군 대좌 역임. 해방 후 대한민국 사단장 역임. 육군소장. 예편 후 국회의원으로 잠시 활동함. 성남중·고등학교 설립자로 동교同校 교장 및 재단이사장 역임. 김영수(제57기)의 아버지.
- **김인욱**金仁旭(1892년생): 일군 중좌 역임. 해방 후 북한에 진주한 소련군 당국에 체포되어 시베리아 형무소로 이감되었다가 뒤에 중앙아시아 지역으로 송환되었다고 함.
- **김종식**金鍾植(1890년생): 일군 대위 역임. 3·1운동 후 나남 보병 제73연대에서 근무함. 배속장교로 있던 대동大東상업학교 교장으로 해방 직전까지 근무함.

- **김중규**金重圭(1894년생): 일군 중위 역임. 예편 후 조선은행에서 근무함.
- **남우현**南宇鉉(1891년생): 일군 중좌 역임. 경북중학 배속장교. 초명은 태현兌鉉.
- **박창하**朴昌夏(1894년생):일군 대위 역임. 예편 후 배재중학 학생감 및 중앙중학 교사. 연희전문 교수, 조선체육회장 역임.
- **백홍석**白洪錫(1889~1960): 일군 중좌 역임. 해방 후 대한민국 국방부 병무국장, 제33사단장 역임. 육군소장. 채병덕(제49기)의 장인.
- **서정필**徐廷弼(1891년생): 일군 중위 역임. 예편 후 한일은행에서 근무함.
- **원용국**元容國(1891~1935): 일군 대위 역임. 나남 기병 제27연대에서 근무함.
- **유관희**柳寬熙(1891~1963): 일군 대위 역임. 숭실중학 교사로 있다가 중일전쟁 때 소집되어 근무함. 해방 후 용인여중 초대 교장으로 있다가 1949년 군에 입대. 육군대령으로 충남지구 병사구사령관 역임. 만년에 창경원 수위로 봉직함.
- **윤상필**尹相弼(1890년생): 일군 소좌 역임. 예편 후 만주국 개척총국의 고위 관리로 근무함. 해방 후 만주에 진주한 소련군 당국에 체포되어 시베리아 형무소로 이감되었다가 뒤에 북한으로 강제 송환되었다고 함.
- **이강우**李降宇(1889년생): 일군 중좌 역임. 경기중학·보성전문학교 배속장교.
- **이동훈**李東勛(1890~1920): 일군 소위로 복무하다가 동기생 중 제일 먼저 예편하여 평양에서 사진기술을 배우고 평양청년회 운동부장으로 활동했음. 3·1운동이 일어나자 그는 평양 광성光成고등보통학교 교사로 있으면서 학생들의 시위를 유도한 뒤 상하이로 탈출하려다가 당국에 체포되어 심한 물고문을 당한 끝에 1920년 4월 말 사망했음. 근래 건국훈장(애족장)에 추서됨.
- **이종혁**李種赫(1892~1935): 일군 중위 때에 3·1운동이 일어나자 부대를 탈출, 만주로 망명하여 육군 주만참의부駐滿參議府 군사위원장으로서

독립운동을 전개함. 1928년 평톈奉天에서 일본 관계당국에 체포되어 평양형무소로 압송, 5년간 복역한 뒤 석방되었으나 곧 지병인 늑막염이 악화되어 선천宣川에서 요양 중 병사함. 독립운동을 벌일 때 가명으로 사용한 마덕창馬德昌으로 더 잘 알려져 있음.

- **이희겸**李喜謙(1887년생): 일군 중위 역임. 예편 후 광성고등보통학교 배속장교, 함흥영생중학 교사.

- **장기형**張璣衡(1889년생): 일군 중위 역임.

- **장석윤**張錫倫(1892~1970): 일군 중위 역임. 예편 후 휘문중학 및 오산중학 교사. 경선학교 학감. 해방 후 동기생 중 제일 먼저 국방경비대에 참여하여(군번 4번) 대한민국 제2사단 부사단장·경남지구 병사구사령관·육군본부 휼병감恤兵監 역임. 육군대령에 그침. 1953년 예편한 뒤 이듬해 의정부중고교 교장에 취임함.

- **장성식**張星熄(1891년생): 일군 중위 역임. 회령 보병 제75연대에서 근무함.

- **장유근**張裕根(1892년생): 일군 중위 역임. 예편 후 남대문상업학교·오산중학 교사. 1941년 조철호가 죽은 뒤 보성전문학교 교련교관으로 취임.

- **정훈**鄭勳(1950년대 사망): 일군 중좌 역임. 서울 출신으로 알려진 그는 초급장교 시절 후쿠치야마福智山 소재 보병 제20연대에서 복무했을 때 일본인 가바蒲 집안의 데릴사위가 되었으며, 뒤에 본국에 전근하여 회령 소재 제19사단 예하 보병 제75연대에 배치되었음. 1937년 중·일전쟁이 일어날 무렵 육군소좌였던 그는 조선군사령부 한국문제 담당 참모로 부임한 이하라 준지로井原潤次郎 중좌(육사 제28기로 일제 말 3년 동안 조선군관구 참모장·중장)의 보좌역으로 뽑혀 전시체제하의 민족지民族誌에 대한 검열·통제를 비롯하여 지원병제도, 뒤에는 학병제도·징용제도 등을 적극 선전·강요하는 등 이른바 황민화운동을 앞장서서 지도했음. 그는 일본의 항복 때까지 조선군 보도부에 소속되어 가바 이사오로 행세했음. 이 때문에 한국이 해방된 뒤 국내에서 처신하기 어렵게 된 그는 가족을 데리고 일본으로 이주하여 아들(경성제국대학 의학부

졸업)은 후쿠치야마에서 개업했고, 그는 도쿄 부근의 나라시노習志野에 설치된 후생성 예하 인양引揚원호청에 취직하여 국외에서 돌아온 군인 및 민간인을 안정·구호하는 데 종사했음. 이 인양원호청은 1954년 4월 후생성 직속 인양원호국으로 개편되었는데, 1966년 이하라는 그 무렵 정훈이 죽었다고 회고한 바 있음(가쿠슈인學習院대학 동양문화연구소, 『동양문화연구』 6호, 2004, 359쪽 및 381쪽). 그런데 평소 정훈이 동기생들과 연락을 끊고 지낸 때문인지 동기생들의 기념 앨범집에도 누락되어 있으며, 유학 출발 직전인 1909년 7월 30일에 작성된 43명의 유학생 명부에도 보이지 않아 의문을 자아냄. 이 명부를 발굴한 작가 이원규는 정훈이 신체검사에 불합격하여 최초 선발대상에서 제외되었다가 뒤에 유학생 대열에 합류했을 것이라고 추정하고 있는데(『마지막 무관생도들』, 푸른사상, 2016, 69쪽), 저자는 이 명부에 보이는 유일한 정씨 성을 가진 정동춘鄭東春(1891년생)이야말로 정훈이 아닐까 짐작함. 그는 다른 유학생들처럼 중앙유년학교 혹은 육사 재학 중 퇴교했다는 기록이 보이지 않으므로 재학 중 정훈으로 개명한 것으로 볼 수밖에 없음.

한편 유학생들 가운데 10명이 한국 병합 반대, 혹은 질병·성적불량 등의 이유로 중앙유년학교 혹은 육사 재학 중 퇴학했음. 이들은 이은우李殷雨·이건모李建模·윤우병尹佑炳·강우영姜友永, 남상필南相弼, 유춘형柳春馨, 민병은閔丙殷, 이응섭李應涉, 이교석李敎奭, 신우현申佑鉉, 정동춘鄭東春 등인데, 이 중 이응섭(1891년생)은 뒤에 승려가 되어 법명은 진해震海, 용주사 주지를 역임함.

〔제29기〕
고종 황제의 셋째 아들 영친왕은 그의 백형伯兄인 순종의 등극과 동시에 황태자로 책봉되었는데, 그 직후인 1907년 12월 당시 한국 통감 이토 히로부미의 손에 이끌려 유학 명목으로 도일, 학습원學習院과 중앙유년학교를 거쳐 1915년 11월 육사에 입교, 1917년 5월 졸업함. 한편 그의 이른바 '어학우御學友'로서 함께 일본에 건너간 사람이 당시 이완용 내각의 대신인 조중응의 아들 조대호趙大鎬와 영친왕의 외사촌에 해당하는 엄주명嚴柱明이었음. 다만 후자는 중앙유년학교 시절 신병으로 1년간 휴학하여 졸업이 늦어짐.

• **영친왕**英親王(1897~1970): 본명은 이은李垠. 대한제국이 일본에 병합된 후 왕족 대우를 받아 처음에는 왕세자, 순종이 죽은 뒤로는 이왕으로 호칭됨. 일군 중장으로 제51사단장·제1항공군사령관·군사참의관 역임. 1963년 귀국. 부인 마사코비方子妃는 정신박약아 및 신체장애 아동을 위한 시설을 경영하다가 한국에서 별세했음.
• **조대호**趙大鎬(1895~1935?): 일군 소위 역임. 1919년 부친 사망으로 자작을 습작함. 조선총독부 촉탁.

〔제30기〕

• **엄주명**嚴柱明(1895~1976): 일군 중위 역임. 중일전쟁 때 소집되어 근무함. 해방 후 대한민국 육군준장으로 경기병사구사령관 역임. 진명여자중·고등학교재단 상속인으로 동교同校 재단이사장 역임.

〔제42기〕

고종 황제의 둘째 아들 의친왕의 장남으로 태어난 이건李鍵 공은 어려서 도일, 학습원과 도쿄중앙유년학교를 거쳐 1926년 4월 육사에 입교, 1930년 7월 졸업함.

- **이건**李鍵 **공**(1909~1990): 일군 중좌로 육군대학교 병학교관 역임. 해방 후 일본에 귀화함. 만년에 일본원자력산업회에 근무. 일본 이름은 모모야마 겐이치桃山虔一.

〔제45기〕

의친왕의 둘째 아들로 태어난 이우李鍝 공은 어려서 운현궁의 호주권을 상속한 뒤 도일, 학습원과 도쿄유년학교를 거쳐 1929년 4월 육사에 입교, 1933년 7월 졸업함. 한편 이형석李炯錫은 1928년 4월 제44기생으로 육사에 입교하였다가 신병으로 1년 휴학, 제45기생으로 졸업함.

- **이우**李鍝 **공**(1912~1945): 일군 중좌로 히로시마 소재 제2총군사령부 교육참모로 있다가 원폭으로 전사함. 육군대좌로 명예진급.
- **이형석**李炯錫(1909~1991): 일군 소좌 역임. 해방 후 대한민국 군관구사령관 역임. 육군소장. 예편 후 국방부 전사편찬위원장으로 다년간 근무함. 한국 보이스카우트 연맹 부총재 역임. 『임진전란사壬辰戰亂史』6책(1974)을 저술함.

〔제49기〕

1933년 4월 2명이 육사에 입교하여 1937년 6월 졸업함.

- **채병덕**蔡秉德(1915~1950): 일군 소좌 역임. 해방 후 대한민국 초대 국방부 참모총장과 제2대·제4대 육군총참모장 역임. 6·25전쟁이 일어난 직후 육군총참모장직에서 면직되고 그 후 하동 전선에서 전사. 육군 중장으로 명예 진급.
- **이종찬**李鍾贊(1916~1983): 일군 소좌 역임. 해방 후 대한민국 제6대 육군

총참모장 역임. 육군중장. 예편 후 국방부장관·이탈리아 대사·국회 의원(유신정우회) 역임.

1934년 4월 2명이 육사에 입교하여 1937년 12월 졸업함. 다만 지인태 池麟泰는 그 뒤 1938년 6월 육군항공사관학교를 졸업함.

- **이용문**李龍文(1916~1953): 일군 소좌 역임. 해방 후 대한민국 육본 작전 교육국장·사단장·남부지구경비사령관 역임. 남원 운봉 상공에서 비행기 사고로 전사. 육군소장으로 명예 진급.
- **지인태**池麟泰(1919~1939): 일군 항공(정찰) 소위로 노몬한 전투에 참전했다가 몽골 공화국 쌍베이즈桑貝子(초이발산)에서 전사. 중위로 명예 진급.

1936년 4월 2명이 육사에 입교하여 1939년 9월 졸업함.

- **박범집**朴範集(1917~1950): 일군 소좌 역임. 해방 후 대한민국 초대 공군 참모부장副長 역임. 함흥 부근 상공에서 비행기 사고로 전사. 공군소장으로 명예 진급.
- **최명하**崔鳴夏(1918~1942): 일군 항공(전투) 중위로 제2차 세계대전 때 수마트라 팔렘방비행장 폭격 중 추락하여 권총 자살함. 대위로 명예 진급.

1937년 4월 2명이 육사에 입교하여 1940년 2월 졸업함.

- **신응균**申應均(1921~1996): 일군 소좌 역임. 해방 후 대한민국 육군본부 행정·기획·관리·인사참모부장 역임. 육군중장. 예편 후 터키 대사· 국방부차관·독일 대사·국방과학연구소장 역임.
- **박재흥**朴在興: 일군 소좌 역임. 해방 후 일본에서 사업. 일본 이름은 데 라타 하지메寺田肇.

〔제54기〕

1937년 12월 3명이 육군예과사관학교에 입교, 1940년 9월 육사를 졸업함.

- **강석호**姜錫祜: 일군 중위로 제2차 세계대전 때 파푸아뉴기니 북방 애드 미럴티 제도에서 전사.
- **김정렬**金貞烈(1917~1992): 일군 항공(전투) 대위 역임. 해방 후 대한민국 초대·제3대 공군총참모장 역임. 공군중장. 예편 후 국방부장관·미국 대사·국회의원(민주공화당)·국무총리서리 역임.
- **노태순**盧泰順: 일군 대위로 제2차 세계대전 때 버마 전선에서 전사.

이 밖에 만주국군 장교 2명이 1939년 3월 육사 본과에 편입, 졸업함.

- **김석범**金錫範(1915~1998): 해방 후 대한민국 해병대사령관 역임. 해병중 장. 예편 후 행정개혁조사위원회 부위원장 역임.
- **석희봉**石希峰: 사망.

〔제55기〕

1938년 12월 3명이 육군예과사관학교에 입교, 1941년 7월 육사를 졸업함.

- **김창규**金昌圭(1920년생): 일군 항공대위 역임. 해방 후 대한민국 공군참모총장 역임. 공군중장. 예편 후 영남화학 사장·국회의원(유신정우회) 역임.
- **유재흥**劉載興(1921~2011): 일군 대위 역임. 해방 후 대한민국 야전군사령관·연합참모본부총장 역임. 육군중장. 예편 후 태국·스웨덴·이탈리아 대사 및 대통령 안보담당 특별보좌관·국방부장관·대한석유공사 사장 역임.
- **전원상**田源上(1920~1943): 일군 항공(폭격) 대위로 제2차 세계대전 때 현 방글라데시 동남쪽 치타공에서 전사.

이 밖에 만주국군 장교 1명이 1940년 4월 육사 본과에 편입, 졸업함.

- **정일권**丁一權(1917~1994): 만군 상위上尉 역임. 해방 후 대한민국 제5대·제8대 육군총참모장·연합참모본부총장 역임. 육군대장. 예편 후 터키·프랑스·미국 대사 및 외무부장관·국무총리·국회의장 역임.

〔제56기〕
1939년 12월 4명이 육군예과사관학교에 입교, 1942년 12월 육사를 졸업함.

- **김종석**金鍾碩(1918~1949): 일군 대위 역임. 해방 후 국방경비대 연대장·여단장대리 역임. 육군중령. 대한민국 정부 수립 직후 남로당 관계 숙군파동으로 피체, 형사함.
- **이형근**李亨根(1920~2002): 일군 대위 역임. 해방 후 대한민국 초대 연합

참모본부총장·제9대 육군참모총장 역임. 육군대장. 예편 후 필리핀·
영국 대사 및 행정개혁조사위원장 역임.

- **최정근**崔貞根(1921~1945): 일군 항공(경폭輕爆) 중위로 제2차 세계대전 때
  오키나와에서 특공特攻으로 전사. 두 계급 특진하여 동기생 중 최초로
  소좌가 됨.
- **최창식**崔昌植(1921~1950): 일군 대위 역임. 해방 후 대한민국 공병감 역
  임. 육군대령. 6·25전쟁 때 한강교 조기폭파의 책임을 물어 군법재판
  에 회부, 형사함. 뒤에 재심에서 무죄 판결을 받아 명예 회복됨.

이 밖에 만주국 군관학교(제1기) 예과 수료자 6명이 1941년 8월 육사
본과에 편입, 졸업함.

- **김민규**金敏奎: 해방 후 육군대위 역임.
- **박임항**朴林恒(1919~1985): 대한민국 야전군사령관·국가재건최고회의위
  원·건설부장관 역임. 육군중장.
- **이주일**李周一(1918~2002): 대한민국 사단장·제2군 참모장·국가재건최고
  회의 부의장 역임. 육군대장. 예편 후 감사원장 역임.
- **조영원**趙永遠: 사망.
- **최창언**崔昌彦(1921~1988): 대한민국 군단장·국방대학원장 역임. 육군
  중장.
- **최창윤**崔昌崙(?~1950): 6·25전쟁 때 전사.

〔제57기〕
1941년 4월 3명이 육군예과사관학교에 입교, 1944년 4월 육사를 졸
업함.

- **김영수**金泳秀(?~1945): 그는 한국인 육사 출신 가운데 유일한 전차병과 장교였는데, 소위로 임관되어 필리핀작전에 투입, 복무할 때 선박부대와 인연을 맺게 되었음. 당시 육군선박사령부는 미군의 선단船團이 미처 상륙하기 직전에 수상水上에서 250킬로그램의 폭뢰爆雷를 매단 모터보트를 몰고 적진에 달려들어 격파하는 일종의 특공작전을 구상하여 실제 활동을 개시했음. 김영수(창씨명 가나야마 히데오金山秀雄) 중위는 이 선박부대의 해상 정진挺進 전대의 중대장으로 뽑혀 1945년 4월 필리핀 레이테섬 전투에서 전사했음.
- **김호량**金鎬樑(1923~1950): 해방 후 대한민국 육사 8기 특별과정 수료. 6·25전쟁이 일어났을 때 소령으로 육군포병학교 부교장이었는데, 한강을 건너지 못해 서울 돈암동의 친지집에 피신 중 7월 15일 북한 당국에 적발되어 살해당함.
- **정상수**鄭祥秀: 제2차 세계대전 때 오키나와에서 전사.

이 밖에 만주국 군관학교(제2기) 예과 수료자 4명이 1942년 10월 육사 본과에 편입, 졸업함.

- **김재풍**金在豊: 소식 불명.
- **박정희**朴正熙(1917~1979): 만군 중위 역임. 해방 후 조선경비사관학교(제2기) 졸업. 대한민국 군관구사령관·육본 작전참모부장·제2군 부사령관 역임. 1961년 5·16 군사혁명 주도하여 국가재건최고회의 부의장과 의장 역임. 육군대장. 1963년 예편 후 대통령 출마 당선. 1979년 10월 26일 대통령 재임 중 피격 절명.
- **이섭준**李燮俊: 부산해운 사장 역임.
- **이한림**李翰林(1921~2012): 대한민국 야전군사령관 역임. 육군중장. 예편 후 수산개발공사 사장·건설부장관·국제관광공사 총재 및 터키·호주 대사 역임.

〔제58기〕

1942년 4월 6명이 육군예과사관학교에 입교, 1945년 6월 육사를 졸업함.

- **박원석**朴元錫(1923~2015): 대한민국 국가재건최고회의위원·공군참모총장 역임. 공군중장. 예편 후 대한석유공사 사장 역임.
- **신상철**申尙澈(1924~2005): 대한민국 공군사관학교장·국방부 정훈국장 역임. 공군소장. 예편 후 베트남 대사·체신부장관·스페인 대사 역임.
- **안광수**安光銖(1925~1975): 대한민국 육군대령. 예편 후 외무부 의전실장·본부 대기대사 역임.
- **정래혁**丁來赫(1926년생): 대한민국 국가재건최고회의위원·제2군 사령관 역임. '육군중장. 예편 후 한국전력 사장·국방부장관·국회의원(민주공화당)·국회의장 역임.
- **최복수**崔福洙: 대한민국 육군정보학교장으로 6·25전쟁 때 전사. 육군대령.
- **한용현**韓鏞顯: 대한민국 공군본부 인사국장 역임. 공군대령.

이 밖에 만주국 군관학교(제3기) 예과 수료자 2명이 1944년 5월 육사본과에 편입, 졸업함.

- **강태민**姜泰敏(1922~1960): 대한민국 군수기지사령부 부사령관 역임. 육군준장.
- **최주종**崔周鍾(1922~1998): 대한민국 사단장·국가재건최고회의 위원·군수기지 사령관 역임. 육군소장. 예편 후 대한주택공사 사장 역임.

〔제59기〕

1943년 4월 3명이 육군예과사관학교에 입교하여 1944년 10월 육사에 진학, 재학 중 제2차 세계대전 종료.

- **김재곤**金載坤: 제2차 세계대전 종결 직후 일본인 구대장에게 사살되었다고 함.
- **장창국**張昌國(1924~1996): 대한민국 야전군사령관·합동참모회의 의장 역임. 육군대장. 예편 후 수자원개발공사 사장·브라질 대사·국회의원(유신정우회) 역임.
- **홍승화**洪承華: 해방 후 귀국하여 광주여학교에서 교편을 잡았다가 대한민국 공군장교로 6·25전쟁 때 전사했다는 설이 있으나, 도일하여 조총련사업에 관계했다는 설도 있음.

이 밖에 만주국 군관학교(제5기) 예과 수료자 5명이 1944년 10월 육사 본과에 편입, 수업 중 제2차 세계대전 종료.

- **강문봉**姜文奉(1923~1988): 대한민국 제2군 사령관 역임. 육군중장. 예편 후 국회의원(민정당·전국구) 및 스웨덴·스위스 대사·국회의원(유신정우회) 역임.
- **김태종**金泰鍾: 소식 불명.
- **이용술**李容述: 소식 불명.
- **황택림**黃澤林(?~1949): 해방 후 조선경비사관학교(제2기) 졸업. 육군대위. 숙군파동으로 피체, 형사함.
- **이모**李某: 소식 불명.

〔제60기〕

1944년 3월 6명이 육군예과사관학교에 입교하여 1945년 7월 육사에 진학, 재학 중 제2차 세계대전 종료.

- **김태성**金泰星: 대한민국 육군대위 역임.
- **이성구**李成九: 소식 불명.
- **이연수**李連洙: 대한민국 공군본부 정보·인사국장 역임. 공군준장. 예편 후 국토통일원·전사편찬위원회·중앙공무원교육원 근무.
- **이재일**李在鎰: 해방 후 서울대학교 물리학과에서 수학함.
- **장지량**張志良(1925~2015): 대한민국 공군참모총장 역임. 공군중장. 예편 후 행정개혁조사위원회 부위원장 및 에티오피아·필리핀 대사 역임.
- **조병건**趙炳乾(1925~1949): 해방 후 군사영어학교 수료. 육사교관·생도대장 역임. 육군소령. 숙군파동으로 피체, 형사함.

이 밖에 만주국 군관학교(제6기) 예과 수료자 7명이 1945년 7월 육사 본과에 편입, 1개월 뒤에 제2차 세계대전 종료.

- **김기준**金基濬: 사망.
- **김석권**金錫權: 사망.
- **김세현**金世鉉: 대한민국 육군중위 역임.
- **김윤근**金潤根(1926년생): 해병여단장으로 5·16 군사혁명에 가담하여 국가재건최고회의 위원·수도방위 사령관 역임. 해병중장. 예편 후 호남비료 사장·수산개발공사 사장 역임.
- **김학림**金鶴林(?~1949): 해방 후 조선경비사관학교(제1기) 졸업. 육군소령 역임. 숙군파동으로 피체, 형사함.
- **이우춘**李遇春: 사망.
- **정정순**鄭正淳: 6·25전쟁 때 부연대장으로 전사. 육군중령.

〔제61기〕

1945년 4월 9명이 육군예과사관학교에 입교, 재학 중 제2차 세계대전 종료.

- **김은수**金銀銖(1927~1975): 경제기획원 과장·감사원 국장·도로공사 이사·쌍용산업 상무 역임.
- **김중환**金仲煥: 소식 불명.
- **김차경**金次經: 대한민국 해군사관학교 전기교관 역임. 한국전력회사 근무.
- **오일균**吳一均(1926~1949): 해방 후 군사영어학교 수료. 육사 생도대 중대장, 대대장 역임. 육군소령. 숙군파동으로 피체, 형사함.
- **정만영**鄭萬永(1926년생): 원자력연구소 전자공학 실장·한국과학기술연구소 제2연구담당 부소장·한국통신기술연구소장 역임. 공학박사.
- **조병하**趙炳夏(1926~1990): 경북대학교·한국과학기술원 교수. 이학박사.
- **조철형**趙哲衡: 소식 불명.
- **최용기**崔鎔基: 일본 도쿄도都에서 고허高墟진료소 경영.

성명 미상자 1명 있음. 해방 직후 미군정 초기에 군사영어학교를 수료하여 병기사령부 과장으로 있을 때 군수품 부정사건으로 파면된 한인준韓麟俊을 육사 61기생으로 보는 견해가 있으나(한용원韓鎔源, 『창군創軍』 박영사, 1984, 36·53·78쪽), 사실 여부를 확인할 길이 없음.

비극의 군인들
근대한일관계사의 秘錄

초   판 1쇄 펴낸날 1982년 7월 30일
개정증보판 1쇄 펴낸날 2020년 7월 30일

지은이 | 이기동
펴낸이 | 김시연

펴낸곳 | (주)일조각
등록 | 1953년 9월 3일 제300-1953-1호(구 : 제1-298호)
주소 | 03176 서울시 종로구 경희궁길 39
전화 | 02-734-3545 / 02-733-8811(편집부)
      02-733-5430 / 02-733-5431(영업부)
팩스 | 02-735-9994(편집부) / 02-738-5857(영업부)
이메일 | ilchokak@hanmail.net
홈페이지 | www.ilchokak.co.kr

ISBN 978-89-337-0775-3 93910
값 42,000원

* 지은이와 협의하여 인지를 생략합니다.

* 이 도서의 국립중앙도서관 출판예정도서목록(CIP)은 서지정보유통지원시스템 홈페이지(http://seoji.nl.go.kr)와 국가자료종합목록 구축시스템(http://kolis-net.nl.go.kr)에서 이용하실 수 있습니다.
(CIP제어번호 : CIP2020027587)